漢英分類插圖詞典

A CLASSIFIED AND ILLUSTRATED CHINESE-ENGLISH DICTIONARY

本詞典主要編寫人員

Chief Compilers

吳　楚　王多恩　翁顯良　蔡文顯　張鸞鈴
張華斌　梁洪浩　吳繼輝　黎　導　曾憲才
林成榮　許國烈　鍾鳴砧　陳兆忠　劉初昆
周佐倫　徐學嫻　白健純

總　編

General Editors

王多恩　翁顯良　梁洪浩　曾憲才

責任編輯

Edition Editor

曾　戈

插　圖

Illustrator

若　峪

漢英分類插圖詞典

A CLASSIFIED AND ILLUSTRATED CHINESE-ENGLISH DICTIONARY

廣州外國語學院《漢英分類插圖詞典》編寫組編

By the Compiling Group of

A Classified and Illustrated Chinese-English Dictionary

Guangzhou Institute of Foreign Languages

HIPPOCRENE BOOKS, INC.

漢英分類插圖詞典
廣州外國語學院《漢英分類插圖詞典》編寫組編

出版及美、加獨家發行人
Hippocrene Books, Inc.
171 Madison Avenue,
New York, NY 10016
U.S.A.

中華商務彩色印刷有限公司承印
香港九龍炮仗街七十五號

1988年6月美、加版第一版第一次印刷

國際書號 ISBN 0·87052·714·2

本社徵得廣東人民出版社同意出版美、加版

This edition is published with the permission of
Guangdong People's Publishing House.

Published and distributed in U.S.A. and Canada by:
Hippocrene Books, Inc.
171 Madison Avenue,
New York, NY 10016
U.S.A.

This edition is arranged by Joint Publishing (H.K.) Co., Ltd.
It is solely and exclusively distributed in U.S.A. and Canada.

First published June 1988

Printed in Hong Kong by
C & C Offset Printing Co., Ltd.
75 Pau Chung Street, Kowloon, Hongkong

ISBN 0·87052·714·2

目录

Contents

出版说明

《汉英分类插图词典》是由广州外国语学院特设编写组编写的一部以事物名称为主、从汉语查英语的词典。同类型的词典，坊间也有一些，但大都是从外语词典翻译过来，有关中国事物的词条当然很少，甚至没有。这本《汉英分类插图词典》因为是由中国学者编写的，不但具备一般分类词典的优点，而且补充了不少中国事物的词条。

本词典共收常用词条35,000条。词典按内容分为大众科技；文教卫生；财贸、服务；工业、交通、通讯及农业五个部分；各部分均收有具参考用途的附录。为利便使用者理解词条的含意，一些词条配有简明插图。

本词典不但内容较新，词条较多，而且在准确性、知识性和实用性上均达到一定的水平。对以汉语或英语为母语的人士学习对方语言文字、翻译工作者和从事中国贸易的人士都有参考价值。

本词典除由广东人民出版社及三联书店(香港)有限公司分别在广州、香港出版外，另由本社出版美、加版，发行美国和加拿大。

读者在使用本词典过程中，如发现任何缺点、错误和疑问之处，欢迎赐函本社编辑部，以便转达编写单位。

FOREWORD

A Classified and Illustrated Chinese-English Dictionary is a bilingual dictionary compiled by the special compiling group of the Guangzhou Institute of Foreign Languages. It is a specialized dictionary dealing with the names of things in the main. Though other dictionaries of the kind can also be found, special requirements of the public are still not met as most of these dictionaries are mere translations of dictionaries in foreign languages and, therefore, are lacking in entries of things Chinese. Compiled by Chinese scholars, *A Classified and Illustrated Chinese-English Dictionary* has not only all the merits of a classified dictionary but is also enriched with the inclusion of numerous entries of terminology particular to Chinese usage.

Containing 35,000 entries of common terms, the Dictionary is divided according to the nature of things into five parts under the headings of: Popular Science and Technology; Culture, Education and Health; Finance, Commerce and Service Industries; Industry, Transport and Communications; and Agriculture. Attached to each of the five parts are appendices of great reference values. To give the users a clearer idea, some of the entries are precisely illustrated.

Not only is the Dictionary comparatively new in content and rich in entries, it is highly commendable for its accuracy and academic and practical values. It is, therefore, an important reference work for translators, China traders, and all those who are learning Chinese and English.

The Dictionary is published in Guangzhou and in Hong Kong separately by the Guangdong People's Publishing House and the Joint Publishing (Hong Kong) Company Limited. For the purpose of distribution in the U.S.A. and Canada, this edition is published.

We sincerely hope that users of the Dictionary will gratefully point out what they find to be shortcomings and mistakes of the Dictionary so that we can have their friendly comments conveyed to the compilation committee.

凡　例

1．本词典是按内容分类、从汉语查英语的，利用每部分正文前面的详细目录检索词目。各部分内容分若干大类，每类分若干项，每项又分若干目。

2．词目的排列顺序，或按照事物的科学分类，或按照生产（业务）程序，视各项目的具体内容而定。

3．凡是有插图的词目均用数码标明。

4．词目形式包括单词、词组和句子。

名词一般用单数形式，必要时才用复数形式；冠词一般省略；

表现行动一般用动名词，偶尔也用动词的其他形式；

凡属布告性质的词句，一律加引号，以示区别。

5．一物多名，选最常用的，有时也列俗名，加上括号；

一物二名，一英一美，一并列举，必要时注明（Br.）、（Am.）或（U.S.）。

6．括号内的词语，或表示可省略，或表示可换用，或表示学名，或作说明、注释等。

7．单词拼写采用英国通行形式。

8．连字号可用可不用时，一律不用。

HOW TO USE THIS DICTIONARY

1. This dictionary being classified according to the nature of its content and indexed in Chinese, the user will have to look up the appropriate entry in the index preceding the text of each part. The contents of the parts of the book are grouped under a number of main headings, further subdivided into several items and subitems.
2. The order in which the entries are arranged may fall in line with scientific classification or with the operational process, depending on the specific nature of the case.
3. Illustrated entries are marked with numerals.
4. Entries appear in the form of individual words, phrases, or sentences.

   Nouns are generally given in the singular but, if required, the plural form is used instead.

   The article is usually omitted.

   As a rule, the gerund is used to express an action, the use of the other forms of a verb being an occasional deviation.

   For purposes of distinction, expressions partaking of the tone of a public notice are given in quotation marks without exception.
5. When an object is known under several names, the

one most commonly used is chosen. Sometimes, a popular name is also given with brackets attached. When two different words, one British English and the other American English, are used for the same thing, they are given side by side with labels to indicate their origin where necessary.

6. A word or term thrown in brackets may mean an omissible part, or an alternative, or a scientific name. It may also serve as an explanation, an annotation, etc.
7. Conventional spelling forms used in Great Britain are followed in this book.
8. A hyphen, if not essential, is always dispensed with.

第一部分

大众科技

Part I

Popular Science and Technology

目　录

Contents

学科名称 Fields of Study

分类学 **taxonomy, systematics**
拓扑学 **topology**
统计力学 **statistical mechanics**
结构力学 **structural mechanics**
流体力学 **hydrodynamics**
磁流〔体〕力学 **magnetohydrodynamics**
高能物理学 **high energy physics**
分子电子学 **molecular electronics, molectronics**
微电子学 **microelectronics**
放射化学 **radiation chemistry**
海洋化学 **oceanographic chemistry**
空气热动力学 **aerothermodynamics**
航海天文学 **nautical astronomy**
射电天文学 **radio astronomy**
恒星天文学 **stellar astronomy**
行星学 **planetology**
火星学 **areology**
火〔星表〕面学 **areography**
月面学 **selenography**
宇宙学 **cosmology**
天体演化学 **cosmogony**
宇宙化学 **cosmochemistry**
天体地质学 **astrogeology**
天体物理学 **astrophysics**
天体力学 **celestial mechanics**
高层大气物理学 **aeronomy**
天文地球物理学 **astrogeophysics**
天体照相学 **astrophotography**
天体测量学 **astrometry**
宇宙航行动力学 **astrodynamics**
陨星学 **meteoritics**
光谱学 **spectroscopy**
天体光谱学 **astrospectroscopy**
分光光度学 **spectrophotometry**
干涉量度学 **interferometry**
地质学 **geology**
地质力学 **geomechanics**
地质年代学 **geochronology**
构造地质学 **tectonics**
地球化学 **geochemistry**
地球物理学 **geophysics**
地壳构造物理学 **tectonophysics**
地层学 **stratigraphy**
岩石学 **petrology**
火山学 **volcanology**
地貌学 **geomorphology**
大地测量学 **geodesy**
地理学 **geography**
自然地理学 **physical geography**
气候学 **climatology**
冰川学 **glaciology**
水文学 **hydrology**

物候学 **phenology**
水文地理学 **hydrography**
水文地质学 **hydrogeology**
地图学 **cartography**
摄影测量学 **photogrammetry**
生物学 **biology**
植物学 **botany**
动物学 **zoology**
微生物学 **microbiology**
外层空间生物学 **exobiology**
细菌学 **bacteriology**
血清学 **serology**
免疫学 **immunology**
生物化学 **biochemistry**
生物物理学 **biophysics**
生物群落学 **biocoenology**
天体生物学 **astrobiology**
胚胎学 **embryology**
细胞学 **cytology**
组织学 **histology**
遗传学 **genetics**
生物统计学 **biometrics, biometry, biostatistics**
古生物学 **paleontology**
古植物学 **paleobotany**
古动物学 **paleozoology**
新生物学 **neontology**
孢粉学 **palynology**
生态学 **ecology**
生物生态学 **bioecology**
古生态学 **paleoecology**
灵长类学 **study of Primates**
人类学 **anthropology**
人类形态学 **human morphology**
人体测量学 **anthropometry**
人类社会学 **anthroposociology**
人类地理分布学 **anthropography**
古人类学 **paleoanthropology**
人种学 **ethnology**
人种起源学 **ethnogeny**
淡水生物学 **fresh water biology**
海洋生物学 **marine biology**
生物气候学 **bioclimatology**
生物气象学 **biometeorology**
植物形态学 **plant morphology**
植物解剖学 **phytotomy**
植物分类学 **phytotaxonomy, systematic botany**
植物胚胎学 **plant embryology**
植物病理学 **phytopathology**
植物生理学 **plant physiology**
植物区系学 **florology**
植物地理学 **plant geography, phytogeography**
植物生态学 **plant ecology, phytoecology**
植物群落学 **phytocoenology**
植物寄生物学 **phytoparasitology**
植物化石学 **phytopaleontology**
藻类学 **algology, phycology**
真菌学 **mycology**
地衣学 **lichenology**
苔藓〔植物〕学 **bryology, muscology**
蕨类〔植物〕学 **pteridology**
动物分类学(动物系统学) **zootaxy**
动物胚胎学 **zooembryology**
生理学 **physiology**
动物生理学 **zoonomy, animal physiology**
生物生态学 **bioecology**

动物生态学 zooecology
动物地理学 zoogeography
动物病理学 zoopathology
动物心理学 zoopsychology
动物〔比较〕解剖学 zootomy
寄生虫学 parasitology
人体寄生虫学 human parasitology
家畜寄生虫病学 veterinary parasitology
无脊椎动物学 invertebrate zoology
原生动物学 protozoology
蚁学 myrmecology
蠕虫学 helminthology
贝类学 conchology
昆虫学 entomology
脊椎动物学 vertebrate zoology
鱼类学 ichthyology
鱼族学 ichthyography
爬虫学(爬行类学) herpetology
鸟类学 ornithology
哺乳动物学 mammalogy
优生学 eugenics
植虫学 zoophytology
两栖类学 amphibiology
宇宙医学 space medicine
环境工程学 environmental engineering
人居学 ekistics
系统工程学 systems engineering

数学 Mathematics

算术 Arithmetic

数 number
自然数 natural number
奇数 odd number
偶数 even number
合数 composite number
倒数 reciprocal
名数 denominate number
复名数 compound number
素数(质数) prime number
互素(互质) relatively prime
基数 cardinal number
序数 ordinal number
倍数 multiple
公倍数 common multiple
最小公倍数 least common multiple (LCM)
约数 divisor
因数 factor
公约数 common divisor
公因数 common factor

最大公约数 greatest common divisor (GCD)
分数 fraction
分子 numerator
分母 denominator
约分 reduction of a fraction
既约分数 reduced fraction
不可约分数 irreducible fraction
真分数 proper fraction
假分数 improper fraction
普通分数 common fraction, vulgar fraction
带分数 mixed fraction
繁分数 complex fraction
通分 reduction of fractions to a common denominator
公分母 common denominator
连分数 continued fraction
收敛连分数 convergent continued fraction
循环连分数 recurring continued fraction
有尽连分数 terminating continued fraction
小数 decimal
有尽小数 finite decimal, terminating decimal
无尽小数 infinite decimal
循环小数 recurring decimal, repeating decimal
比 ratio
比例 proportion
百分比(百分率) percentage (percent)
正比例 direct proportion
反比例 inverse proportion
正比 direct ratio
反比 inverse ratio
复比 compound ratio
连比 continued ratio
比例中项 mean terms of proportion
黄金分割 golden section
四则运算 four fundamental operations
加法 addition
减法 subtraction
乘法 multiplication
除法 division
被加数 summand
加数 addend
被减数 minuend
减数 subtrahend
被乘数 multiplicand
乘数 multiplier
被除数 dividend
除数 divisor
和 sum
差 difference
积 product
商 quotient
乘数表(九九表) multiplication table, nine-times table
交换律 commutative law
结合律 associative law
分配律 distributive law
整除 exact division, exactly divisible
辗转相除法 division algorithm
十进制 decimal system
舍入法 rounding-off method
舍入数 rounded number, rounding number
四舍五入 rounding off
速算法 short-cut method of counting
捷乘法 abridged multiplica-

tion
捷除法 **short division, abridged division**
珠算 **operation on the abacus**
优选法 **optimum seeking method**
运筹学 **operations research**

初等代数 Elementary Algebra

正数 **positive number**
负数 **negative number**
整数 **integer**
有理数 **rational number**
无理数 **irrational number**
实数 **real number**
代数数 **algebraic number**
超越数 **transcendental number**
绝对值 **absolute value**
近似值 **approximate value**
代数和 **algebraic sum**
对数 **logarithm**
底数 **base**
对数的首数与尾数 **characteristic and mantissa of logarithms**
常用对数(布里格斯对数) **common logarithm (Briggs' logarithm)**
自然对数(讷皮尔对数) **natural logarithm (Napierian logarithm)**
余对数 **cologarithm**
幂 **power**
分指数幂 **fractional exponent**
负指数幂 **negative exponent**
乘方 **involution**
阶乘 **factorial**
复数 **complex number**
复数的模 **modulus of a complex number**
幅角 **argument (amplitude)**
共轭复数 **conjugate complex numbers**
共轭虚数 **conjugate imaginary numbers**
虚数 **imaginary number**
纯虚数 **pure imaginary number**
棣莫佛定理 **De Moivre's theorem**
棣莫佛公式 **De Moivre's formula**
指数 **exponent, index**
平方 **square**
立方 **cube**
开方 **evolution, extraction of a root**
开平方 **extraction of a square root**
开立方 **extraction of a cube root**
根号 **radical sign**
平方根 **square root**
立方根 **cube root**
不尽根 **surd root**
代数式 **algebraic expression**
多项式 **polynomial**
多项式的次数 **degree of polynomial**
单项式 **monomial**
二项式 **binomial**
三项式 **trinomial**

有理式 rational expression
有理分式 rational fraction
无理式 irrational expression
齐次多项式 homogeneous polynomial
不可约多项式 irreducible polynomial
部分分式 partial fraction
等式 equality
不等式 inequality
恒等式 identity
最高公因式 highest common factor (HCF)
因式分解 factoring, factorization
根式 radical
共轭根式 conjugate radicals
行列式 determinant
对称多项式 symmetrical polynomial
方程 equation
方程的根 root of an equation
一次方程 first-order equation, equation of first-order
二次方程 quadratic equation
双二次方程(四次方程) biquadratic equation (quartic equation)
高次方程 equation of higher degree
线性方程(一次方程) linear equation (simple equation)
联立方程(方程组) simultaneous equations
联立线性方程(联立一次方程) simultaneous linear equations
联立二次方程 simultaneous quadratic equations
有理方程 rational equation
有理整方程 integral rational equation
无理方程 irrational equation
分式方程 fractional equation
齐次方程 homogeneous equation
代数方程 algebraic equation
超越方程 transcendental equation
不定方程 indefinite equation
代数基本定理(高斯定理) fundamental theorem of algebra (Gauss' theorem)
综合除法 synthetic division
判别式 discriminant
剩余定理(余数定理) remainder theorem
因子定理 factor theorem
二项式定理 binomial theorem
二项展开式 binomial expansion
二次公式 quadratic formula
中国剩余定理(孙子剩余定理) Chinese remainder theorem
算术平均(等差中项) arithmetic mean, average (av)
几何平均(等比中项) geometric mean
数学归纳法 mathematical induction
同余 congruence
组合 combination
排列 permutation
置换 substitution

三角学 Trigonometry

平面三角学 **plane trigonometry**
球面三角学 **spherical trigonometry**
三角函数 **trigonometric function**
正弦 **sine**
余弦 **cosine**
正切 **tangent**
余切 **cotangent**
正割 **secant**
余割 **cosecant**
正矢 **versed sine (versine)**
余矢 **coversed sine(coversine)**
互反函数 **reciprocal function**
插值法(内推法) **interpolation**
正角 **positive angle**
负角 **negative angle**
反三角函数 **inverse trigonometric function**
函数的周期性 **periodicity of functions**
反正弦 **arc sine (inverse sine)**
反余弦 **arc cosine (inverse cosine)**
反正切 **arc tangent (inverse tangent)**
反余切 **arc cotangent (inverse cotangent)**
主值 **principal value**
三角方程 **trigonometric equation**
单位根 **roots of unity**
欧拉公式 **Euler's formula**
正弦定理 **law of sines**
余弦定理 **law of cosines**
正切定理 **law of tangents**
倍角 **double angle**
半角 **half angle**
角度 **degree of an angle**
弧度 **radian**
象限 **quadrant**
球面三角形 **spherical triangle**
正弦—余弦定理 **sine-cosine law**
球面直角三角形 **spherical right triangle**
讷皮尔定律 **Napier's rules**
斜角球面三角形 **oblique spherical triangle**
球面度 **spherical degree**
圆的极点 **pole of a circle**
极三角形 **polar triangle**
原始三角形 **primitive triangle**
象限球面三角形 **quadrantal triangle**

几何学 Geometry

平面几何学 **plane geometry**
立体几何学 **solid geometry**
解析几何学 **analytic geometry**
几何学基础 **foundations of geometry**
几何元素 **geometrical element**
几何作图 **geometric construction**

几何图形 geometric figure
点 point
线 line
面 surface
平面 plane
曲面 curved surface
立体 solid
直线 straight line
线段 line segment
射线(半线) ray (half line)
折线 broken line
两线相交 intersection of two lines
相交线 intersecting lines
交点 intersection point, point of intersection
端点 end point
边 side
底边 base
角的始边 initial side of an angle
角的终边 terminate side of an angle
平行 parallel
垂直(正交) perpendicularity
平行线 parallel lines
垂线 perpendicular, vertical
平行公理 axiom of parallels
面积 area
体积(容积) volume
距〔离〕 distance
勾股定理 Pythagoras' theorem, Pythagorean theorem
中心对称 central symmetry
对称轴 axis of symmetry
角度制 degree measure (of an angle)
弧度制 circular measure (of an angle)
角 angle
平角 straight angle
直角 right angle
周角 round angle
锐角 acute angle
钝角 obtuse angle
余角 complementary angle
补角 supplementary angle
邻角 adjacent angles
对顶角 vertical angles, vertically opposite angles
错角 alternate angles
外错角 alternate exterior angles
内错角 alternate interior angles
同傍外角 exterior angles on the same side
同傍内角 interior angles on the same side
同位角 corresponding angles
角等分线 angular bisector
三等分角 trisection of an angle
三角形 triangle
锐角三角形 acute (-angled) triangle
直角三角形 right (-angled) triangle
钝角三角形 obtuse (-angled) triangle
等腰三角形 isosceles triangle
等边三角形(正三角形) equilateral triangle
不等边三角形 scalene triangle
中垂线 perpendicular bisector
中线 median line, median

顶垂线(高线) **altitude**
垂心 **orthocentre**
形心(重心) **centroid, centre of figure**
垂足 **foot of a perpendicular**
内心 **incentre**
外心 **circumcentre**
旁心 **excentre**
三角形旁切圆 **escribed circle of a triangle**
多边形 **polygon**
凸多边形 **convex polygon**
凹多边形 **concave polygon**
四边形 **quadrilateral**
平行四边形 **parallelogram**
梯形 **trapezoid**
等腰梯形 **isosceles trapezoid**
长方形(矩形) **rectangle**
正方形 **square**
菱形 **rhombus**
正多边形 **regular polygon**
五边形 **pentagon**
多边形的角 **angles of a polygon**
内角 **interior angle**
外角 **exterior angle**
对角线 **diagonal**
相似形 **similar figures**

1 2

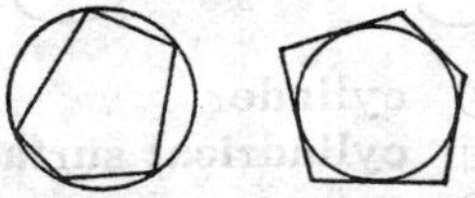

圆内接多边形① **inpolygon (inscribed polygon)**
圆外切多边形② **circumscribed polygon**

外接圆 **circumcircle (circumscribed circle)**
内切圆 **incircle (inscribed circle)**
圆 **circle**
圆心 **centre of a circle**
圆周 **circumference**
半径 **radius**
直径 **diameter**
半圆 **semicircle**
弦 **chord**
弧 **arc (of a circle)**
圆心角 **central angle**
圆周角 **angle of circumference**
圆周率 **π(pi) (the ratio of the circumference of a circle to its diameter)**

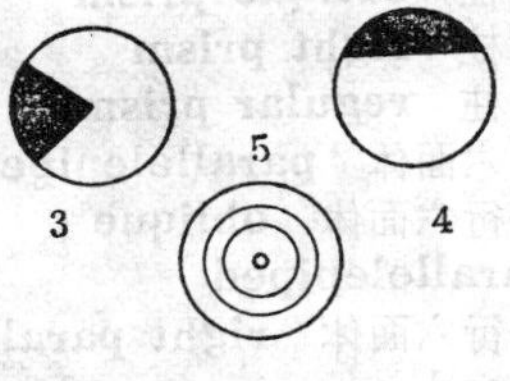

扇形③ **sector**
弓形④ **segment of a circle**
同心圆⑤ **concentric circles**
曲线 **curve**
割线 **secant**
切线 **tangent line**
公切线 **common tangent**
切点 **point of tangency**
抛物线 **parabola**
椭圆 **ellipse**
椭率 **ellipticity**
双曲线 **hyperbola**
正弦曲线 **sine curve**
余弦曲线 **cosine curve**

正切曲线 **tangent curve**
余切曲线 **cotangent curve**
二面角 **dihedral angle**
三面角 **trihedral angle**
四面角 **tetrahedral angle**
平面角 **plane angle**
多面角 **polyhedral angle**
面角 **face angle**
多面体 **polyhedron**
凸多面体 **convex polyhedron**
凹多面体 **concave polyhedron**
四面体 **tetrahedron**
五面体 **pentahedron**
六面体 **hexahedron**
八面体 **octahedron**
十二面体 **dodecahedron**
二十面体 **icosahedron**
棱柱 **prism**
斜棱柱 **oblique prism**
直棱柱 **right prism**
正棱柱 **regular prism**
平行六面体 **parallelepiped**
斜平行六面体 **oblique parallelepiped**
直平行六面体 **right parallelepiped**
长方体 **cuboid**
正方体(立方体) **cube**

1
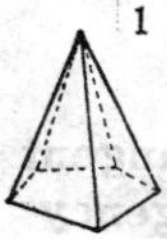
2
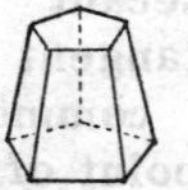

棱锥① **pyramid**
棱〔锥〕台② **truncated pyramid**
棱 **edge**
侧棱 **lateral edge**

侧面 **lateral face**
截面 **cross section**
正多面体 **regular polyhedron**
正四面体 **regular tatrahedron**

3
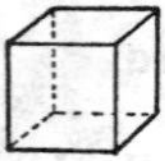
4
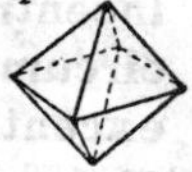
5
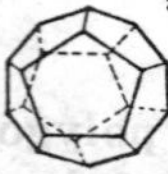
6
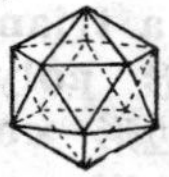

正六面体③ **regular hexahedron**
正八面体④ **regular octahedron**
正十二面体⑤ **regular dodecahedron**
正二十面体⑥ **regular icosahedron**
旋转体 **solid of rotation**
母线 **generatix, generator**
旋转轴 **axis of rotation**
旋转面 **surface of revolution**

7
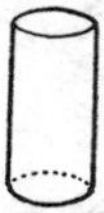
8

9

圆柱⑦ **cylinder**
圆柱面 **cylindrical surface**
圆锥⑧ **cone**
圆锥面 **circular conical surface**
圆〔锥〕台⑨ **truncated cone**
球 **sphere**
球体 **spheroid**

球心 centre of a sphere
球面 spherical surface, surface of a sphere
大圆 great circle
小圆 small circle
球冠 spherical crown
球带 spherical zone
球面角 spherical angle
立体角 solid angle
向量 vector
张量 tensor

解析几何(平面) Analytic Geometry in the Plane

笛卡儿直坐标 rectangular Cartesian coordinate
正射影 orthogonal projection
倾角(直线的) inclination of a line
斜率(直线的) slope of a line
分点 point of division
内分 internal division
外分 external division
分割比 ration of division
中点 middle point
闭合线 closing line
轨迹 locus
方程式的轨迹 locus of an equation
比较原则 principle of comparison
方程式的讨论 discussion of an equation
闭曲线 closed curve
对称曲线 symmetrical curve
双曲挠线(三次双曲线) cubical hyperbola
代数曲线 algebraic curve
截距 intercept
超越曲线 transcendental curve
波状曲线 wave curve
方程的图 graph of equation
范式(法线式) normal form
直线系 system of straight lines
完全四线形(完全四边形) complete quadrilateral
直线的参数方程 parametric equation of straight line
方向角 direction angle
方向余弦 direction cosine
点圆(半径为零的圆) point-circle (a circle whose radius is zero)
圆系 system of circles
正交圆 orthogonal circles
极限点 limiting point
坐标 coordinate
极坐标 polar coordinates
向量径 radius vector
向量角(极角) vectorial angle
极轴 polar axis
双纽线 lemniscate
坐标的变换 transformation of coordinates
变换方程式 equation of transformation
轨迹方程式 equation of a locus
心脏线 cardioid
轴的平移 translation of axes

轴的平移方程式 **equations for translating the axes**
轴的旋转 **rotation of axes**
轴旋转方程式 **equations for rotating the axes**
圆锥曲线 **conic section**
焦点 **focus**
准线 **directrix**
离心率(偏心率) **eccentricity**
主轴 **principal axis**
极点(顶点) **vertex**
中心二次曲线(有心二次曲线) **central conic**
长轴 **major axis**
短轴 **minor axis**
横截轴 **transverse axis**
共轭轴 **conjugate axis**
等轴双曲线(直角双曲线) **equilateral hyperbola**
共轭双曲线 **conjugate hyperbolas**
渐近线 **asymptote**
退化的 **degenerate**
二次曲线系 **system of conics**
共焦的 **confocal**
辅助圆 **auxiliary circle**
切距 **length of tangent**
法距 **length of normal**
次切距 **subtangent**
次法距 **subnormal**
相切条件 **condition for tangency**
渐近方向 **asymptotic direction**
共轭直径 **conjugate diameters**
参数方程式 **parametric equation**
箕舌线 **witch of Agnesi**
蚌线 **conchoid, conchoidal curve**
旋轮线(摆线) **cycloid**
圆内旋轮线(内摆线) **hypocycloid**
四尖圆内旋轮线(四尖内摆线) **hypocycloid of four cusps**
长辐旋轮线 **prolate cycloid**
短辐旋轮线 **curtate cycloid**
圆的渐伸线 **involute of a circle**
圆外旋轮线(外摆线) **epicycloid**
同位曲线 **corresponding curves**
准圆 **director circle**
不变式 **invariant**
绝对不变式 **absolute invariant**
欧几里得变换 **Euclidean transformation**
位移 **displacement**
不变点 **fixed point, invariant point**
对称变换 **symmetry transformation**
〔同〕位〔相〕似变换 **homothetic transformation**
〔同〕位〔相〕似图形 **homothetic figures**
相似变换 **similitude transformation**
反演 **inversion**
蔓叶线 **cissoid**
环索线 **strophoid**
三等分角线 **trisectrix**
极点 **pole**
极线 **polar**
配极 **polar reciprocation**
对射 **correlation**

数学分析 Mathematical Analysis

常量(常数) constant
变量(变数) variable
区间 interval
序列(数列) sequence (number sequence)
有限序列(有限数列) finite sequence
无限序列(无限数列) infinite sequence (unending succession of numbers)
递增序列(递增数列) increasing sequence
递减序列(递减数列) decreasing sequence
有界序列(有界数列) bounded sequence
无界序列(无界数列) unbounded sequence
极限 limit
无穷大 infinity
无穷小 infinitesimal
集 set
元素 element
函数 function
自变量 independent variable
定义域 field of definitions
函数的图 graph of function
极大和极小 maximum and minimum
极大极小判据 maxi-min criterion
反函数 inverse function
线性函数(一次函数) linear function
二次函数 quadratic function
指数函数 exponential function
对数函数 logarithmic function
周期函数 periodic function
微积分〔学〕 calculus
原函数 primitive function
级数 progression, series
算术级数(等差级数) arithmetic(al) progression (AP), arithmetic(al) series
公差 common difference
几何级数(等比级数) geometric(al) progression (GP), geometric(al) series
公比 common ratio
计算尺 slide rule

微分学 Differential Calculus

有界量 bounded quantity
无界量 unbounded quantity
邻域 neighbourhood
邻域半径 radius of neighbourhood
邻域中心 centre of neighbourhood
允许值 permissible value
闭区间 closed interval
开区间 open interval
显函数 explicit function
隐函数 implicit function

初等超越函数 **elementary transcendental function**
自变数 **argument**
增量 **increment**
连续函数 **continuous function**
不连续函数(间断函数) **discontinuous function**
导数〔微商〕 **derivative**
导出函数 **derivative function, derived function**
线性函数变化率 **rate of change of linear function**
函数在点X上的导数 **derivative of the given function at the point X**
求已知函数的微分 **differentiating a given function**
微分法 **differentiation**
极限位置 **limiting position**
曲线的法线 **normal to a curve**
曲线的斜率 **slope of a curve**
微分公式 **formula of differentiation**
幂函数 **power function**
合成函数 **composite function**
模数 **modulus**
单调函数 **monotonic function, monotone function**
递增函数 **increasing function**
递减函数(下降函数) **decreasing function**
严格单调函数 **strictly monotonic function**
一阶导数 **first derivative, derivative of the first order**
二阶导数 **second derivative, derivative of the second order**
高阶导数 **derivatives of higher order**
逐次微分 **successive differentiation**
极值 **extreme, extremum**
极值点 **extreme point, extremum point**
平稳点 **stationary point**
凹向下的 **concave downward**
凹向上的 **concave upward**
拐点(反凹点，变曲点) **point of inflection**
中值定理(平均值定理) **theorem of mean**
近似计算 **approximate calculation**

积分学 Integral Calculus

逆运算 **inverse operation**
反导数(反微商) **antiderivative**
积分 **integral**
不定积分 **indefinite integral**
积分符号 **sign of integration**
被积函数 **integrand**
任意常数 **arbitrary constant**
展开法 **expansion method**
置换积分法(换元积分法) **integration by substitution**
三角函数置换法 **trigonometric substitution**
定积分 **definite integral**
定积分下限 **lower limit of**

the definite integral
定积分上限 **upper limit of the definite integral**
积分之和 **integral sum**
子区间 **subinterval**
牛顿—莱布尼兹公式 **Newton-Leibniz formula**
瓦雷斯公式 **Wallis formula**
梯形公式 **trapezoid formula**
辛卜生公式 **Simpson formula**
分部积分法 **integration by parts**
递化积分法 **integration by successive reduction**
部分分数积分法 **integration by partial fraction**
微分方程的积分 **integral of differential equation**
积分微分方程 **integrodifferential equation**

计算数学 Computational Mathematics

运算器 **arithmetic-logic unit**
存贮器 **storage unit**
输入输出部件 **input-output unit**
控制器 **control unit**
程序编制 **program composition**
数据 **data**
二进制 **binary system**
二进制运算 **binary operation**
逻辑代数(开关代数) **logic algebra (switching algebra)**
八进制 **octal system**
二—十进制转换 **binary-to-decimal conversion**
二—八进制 **binary octal system**
十—二进制转换 **decimal-to-binary conversion**
完点 **fixed point**
浮点 **floating point**
完点运算 **fixed point operation**
浮点运算 **floating point operation**
原码形式 **true form**
补码 **(true) complement**
补码形式 **complement form**
n进制补码 **complement on n**
n进制反码 **complement on n-1**
编码 **coding**
循环码 **cyclic code**
奇偶校验 **even-odd check**
算术运算 **arithmetic operation**
逻辑运算 **logical operation**
逻辑加法(“或”运算) **logical addition (OR-operation)**
逻辑乘法(“与”运算) **logical multiplication (AND-operation)**
反相(“非”运算) **inversion (NOT-operation)**
逻辑函数 **logical function**
“或非” **NOR**
“与非” **NOT-AND, NAND**
代入规则 **rule of substitution**
反演 **reversing**
对偶 **pairing**
最小项 **lowest term**
逻辑网络 **logical network**

溢出检验 **overflow check**
循环移位 **cyclic shift**
误差 **error**
绝对误差 **absolute error**
相对误差 **relative error**
舍入误差 **rounding error**
舍入误差累加器 **round-off accumulator**
乘法电路 **multiplying circuit**
除法电路 **dividing circuit**
乘法同余法 **multiplicative congruential method**
加同余法 **additive congruential method**
寄存器 **register**
计数器 **counter**
计数寄存器 **counter register**
译码器 **decipherer, decoder**
译码网络 **decoding network**
五一二码 **quibinary code**
商一差算法 **quotient-difference algorithm**
乘数一商数寄存器 **quotient-multiplier register**
脉冲编码器 **pulse encoder**
脉冲分配器 **pulse distributor**
时序电路 **sequential circuit**

物理学 Physics

总　类 General

经典物理学 **classical physics**
统计物理学 **statistical physics**
统计力学 **statistical mechanics**
量子统计 **quantum statistics**
费米一狄拉克统计 **Fermi-Dirac statistics**
玻色一爱因斯坦统计 **Bose-Einstein statistics**
物质 **matter**
运动 **motion**
静止 **rest**
时间和空间 **time and space**
空间 **space**
时空连续统 **space-time continuum**
实物 **real object**
场 **field**
能量守恒 **conservation of energy**

能的转变 **transformation of energy**
能量守恒定律 **law of conservation of energy**
质量守恒定律 **law of conservation of mass**
质量能量守恒 **conservation of mass and energy**
质能方程式 **mass-energy equation**
能量不守恒 **non-conservation of energy**
宇称不守恒 **non-conservation of parity**
数学物理 **mathematical physics**
固态物理学 **solid-state physics**
超高压 **supervoltage**
原子说 **atomic theory**
宏观的 **macroscopic**
物理量 **physical quantity**
标量 **scalar**
矢量 **vector**
量纲 **dimension**
单位制 **system of units**
绝对单位制 **absolute units**
厘米克秒制 **centimetre-gram-second system (cgs system)**
米公斤秒制 **metre-kilogram-second system (mks system)**
米吨秒制 **metre-ton-second system**
测量误差 **measuring error**
视差 **parallax**
测量精度 **measuring accuracy**
公制 **metric system**
厘米 **centimetre (cm)**
米 **metre (m)**
公里 **kilometre (km)**
平方厘米 **square centimetre (sq cm)**
平方米 **square metre (sq m)**
平方公里 **square kilometre (sq km)**
公亩 **are (a)**
公顷 **hectare (h)**
立方厘米 **cubic centimetre**
立方米 **cubic metre**
升 **litre**
克 **gram (g)**
公斤 **kilogram (kg)**
公吨 **metric ton, tonne**
英美制 **British and US system**
英寸 **inch (in)**
英尺 **foot (ft)**
码 **yard (yd)**
英里 **mile (mi)**
海里 **nautical mile**
节 **knot**
链 **cable's length**
平方英寸 **square inch (sq in)**
平方英尺 **square foot (sq ft)**
平方码 **square yard (sq yd)**
平方英里 **square mile (sq mi)**
英亩 **acre**
立方英寸 **cubic inch**
立方英尺 **cubic foot**
立方码 **cubic yard**
品脱 **pint (pt)**
夸特 **quart (qt)**
加仑 **gallon (gal)**
蒲式耳 **bushel (bu)**
盎司 **ounce (oz)**
磅 **pound (lb)**

力 学 Mechanics

理论力学 theoretical mechanics
运动学 kinematics
动力学 dynamics
静力学 statics
质点 material particle, particle
物体 body
刚体 rigid body
参照构架(参照系) frame of reference, reference frame
坐标系 coordinate system
直线运动 rectilinear motion
曲线运动 curvilinear motion
圆周运动 circular motion
机械运动 mechanical movement
平动(平移) translation
移动 shift
转动 rotation
位移 displacement
角位移 angular displacement
速度 velocity
线速度 linear velocity
瞬时速度(即时速度) instantaneous velocity
平均速度 average velocity
速率 speed
角速度 angular velocity
加速度 acceleration
线加速度 linear acceleration
角加速度 angular acceleration
匀速运动 uniform motion
匀加速运动 uniformly accelerated motion
减速度 deceleration
匀减速运动 uniformly decelerated motion
变速运动 variable motion
匀变速运动 uniformly varying motion
切向加速度 tangential acceleration
法向加速度 normal acceleration
切向力 tangential force
法向力 normal force
向心力 centripetal force
离心力 centrifugal force
相对运动 relative motion
绝对运动 absolute motion
相对速度 relative velocity
绝对速度 absolute velocity
绝对时空 absolute space-time (absolute time)
三维空间 three-dimensional space
四维空间 four-dimensional space
力 force
大小 magnitude
方向 direction
作用点 point of application
力的合成 composition of forces
合力 resultant force, resultant
分力 component of force, component
力的平衡 equilibrium of forces

达因 **dyne (dyn)**
牛顿 **newton (N)**
力矩 **moment of force**
力偶 **couple**
力臂 **arm of force**
万有引力定律 **law of universal gravitation**
万有引力 **gravitation**
重力 **gravity**
重力加速度 **acceleration of gravity**
自由落体运动 **ideal unimpeded falling motion of a body**
引力场(重力场) **gravitational field**
重量 **weight**
重心 **centre of gravity**
质心 **centre of mass**
碰撞 **collision**
摩擦 **friction**
摩擦力 **friction force**
滑动摩擦 **sliding friction**
静摩擦 **static friction**
动摩擦 **dynamical friction**
滚动摩擦 **rolling friction**
稳定平衡 **stable equilibrium**
不稳定平衡 **unstable equilibrium**
随意平衡 **indifferent equilibrium**
稳度 **stability**
牛顿运动定律 **Newton's laws of motion**
牛顿第一定律(惯性定律) **Newton's first law (law of inertia)**
牛顿第二定律 **Newton's second law**
牛顿第三定律(作用与反作用定律) **Newton's third law (law of action and reaction)**
惯性(惯量) **inertia**
质量 **mass**
转动惯量 **moment of inertia**
转矩 **torque**
扭力 **torque force**
能〔量〕 **energy**
机械能 **mechanical energy**
动能 **kinetic energy**
势能(位能) **potential energy**
功 **work**
功率 **power**
尔格 **erg**
动量 **momentum, quantity of motion**
动量守恒定律 **law of conservation of momentum**
平行四边形法则 **principle of parallelogram**
张力 **tension**
压力(压强) **pressure**
巴(压强单位) **bar**
大气压 **atmospheric pressure**
回转稳定器 **gyrostabilizer**
回转罗盘 **gyrocompass**

1

回转仪(陀螺仪)① **gyroscope**
密度 **density**
比重 **specific gravity**
流体力学 **fluid mechanics**
流体静力学 **hydrostatics**

流体动力学 hydrodynamics
伯努利定理 Bernoulli's theorem
涡流 vortex flow
稳定流(稳流) steady flow
紊流(湍流) turbulent flow, turbulence
层流(片流) laminar flow
射流 efflux
射流技术 fluidics
阿基米德原理 Archimedes' principle
浮力 buoyancy
帕斯卡定律 Pascal's law
液压机(水压机) hydraulic press
虹吸现象 siphonage
流率 flow rate, rate of flow
空吸作用 suction
机械效率 mechanical efficiency
滑轮① pulley
轮轴 wheel and axle
斜面② inclined plane
螺旋 screw

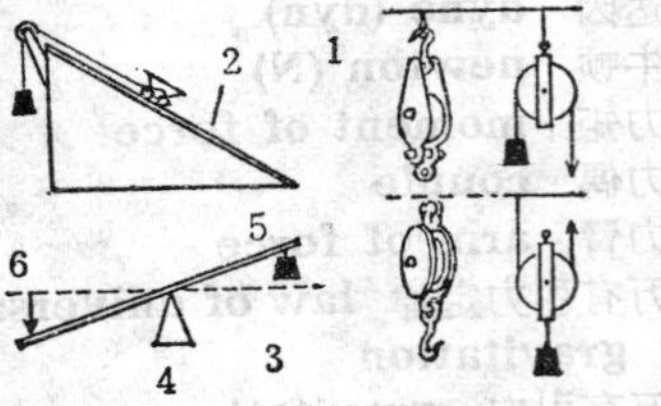

杠杆③ lever
杠杆原理 lever principle
支点④ fulcrum (point of support)
重点⑤ weight, load
力点⑥ force, effort
形变 deformation
弹性 elasticity
塑性(范性) plasticity
展性 malleability
延性 ductility
应力(胁强) stress
应变(胁变) strain
胡克定律 Hooke's law
弹簧秤 spring balance
弹性极限 elastic limit
硬度 hardness

分子物理学 Molecular Physics

热运动 thermal motion
布朗运动 Brownian movement
分子运动 molecular motion
起伏(涨落) fluctuation
扩散 diffusion
固体 solid
液体 liquid
分子力 molecular force
内聚力 cohesion (cohesive force)
附着力 adhesion (adhesive force)
表面张力 surface tension
毛细现象 capillarity
毛细管 capillary tube
毛细下降 capillary depression
毛细上升 capillary rise
弯月面 meniscus
渗透 osmosis
渗透压强 osmotic pressure
半透膜 semipermeable membrane

聚集态 **state of aggregation**
物态 **state**
固态 **solid state**
气态 **gaseous state**
液态 **liquid state**
熔化 **melting**
熔解 **fusion**
熔点 **melting point**
熔解热 **heat of fusion**
凝固 **solidification**
凝固点 **freezing point**
冰点 **ice point**
液化 **liquefaction**
凝结 **coagulation**
汽化 **vaporization**
蒸发 **evaporation**
沸腾 **boiling (ebullition)**
沸点 **boiling point**
升华 **sublimation**
汽化热 **heat of vaporization**
蒸气 **vapour**
蒸汽(水蒸气) **steam**
饱和汽 **saturated vapour**
饱和蒸汽 **saturated steam**
未饱和汽 **unsaturated vapour**
未饱和蒸汽 **unsaturated steam**
饱和汽压 **saturated vapour pressure**
过饱和汽 **supersaturated vapour**
临界状态 **critical state**
临界点 **critical point**
临界温度 **critical temperature**
临界压强 **critical pressure**
临界体积 **critical volume**
临界常数 **critical constant**
相平衡 **phase equilibrium**
相变 **phase change**
湿度 **humidity**
绝对湿度 **absolute humidity**
相对湿度 **relative humidity**
气体 **gas**
气体分子运动论 **kinetic theory of gases**
理想气体(完全气体) **ideal gas (perfect gas)**
永久气体 **permanent gas**
实际气体(非理想气体) **real gas (imperfect gas)**
阿伏伽德罗定律 **Avogadro's law**
玻意耳—马略特定律 **law of Boyle-Mariotte**
盖—吕萨克定律 **Gay-Lussac's law**
查理定律 **Charles' law**
气体常数 **gas constant**
阿伏伽德罗常数(阿伏伽德罗数) **Avogadro constant (Avogadro number)**
物态方程(状态方程) **equation of state**
标准状况 **standard conditions**
托 **torr**
标准大气压 **standard atmospheric pressure**
气压计 **barometer**
水银气压计 **mercury barometer**
无液气压计(膜盒气压计) **aneroid barometer**
真空 **vacuum**
真空泵(抽气机) **vacuum pump**
流体 **fluid**
雷诺耳数 **Reynolds' number**

热 学 Heat

热 heat
热质说 caloric theory of heat
热能 thermal energy
热力学 thermodynamics
准静态过程 quasi-static process
热动平衡 thermodynamic equilibrium
动态平衡 dynamical equilibrium
热平衡 thermal equilibrium
等温过程 isothermal process (constant temperature process)
等温变化 isothermal transprocess
等压过程 constant pressure process
等容过程 constant volume process
绝热过程 adiabatic process
循环 cycle
热效率 thermal efficiency
热力学第一定律 first law of thermodynamics
热力学第二定律 second law of thermodynamics
永恒运动 perpetual motion
内能 internal energy
温度 temperature
温标 thermometric scale
摄氏温标 Celsius' thermometric scale
华氏温标 Fahrenheit's thermometric scale
绝对温标(开氏温标) absolute (temperature) scale (Kelvin scale)
温度计 thermometer
摄氏温度计 Celsius thermometer
华氏温度计 Fahrenheit thermometer
气体温度计 gas thermometer
高温计 pyrometer
辐射高温计 radiation pyrometer
光测高温计 optical pyrometer
电阻温度计 resistance thermometer
恒温器 thermostat
低温物理学 low temperature physics
量热学 calorimetry
热量 quantity of heat
量热器(卡计) calorimeter
热功当量 mechanical equivalent of heat
焦耳 joule (J)
卡〔路里〕 calorie
大卡 major calorie
热容量 thermal capacity
比热 specific heat
原子热 atomic heat
分子热 molecular heat
热绝缘 thermal insulation
热传递 heat transfer
传导 conduction
对流 convection
辐射 radiation
红热 red heat

白热 white heat
膨胀 expansion
收缩 contraction
热膨胀 thermal expansion
线性膨胀 linear expansion
膨胀系数 coefficient of expansion
线胀系数 coefficient of linear expansion
体胀系数 volume expansion coefficient
压缩系数 coefficient of compressibility, compressibility

振动和波 Vibration and Wave

振动 vibration, vibratory motion
谐运动(谐振动, 简谐运动) harmonic motion (harmonic vibration, simple harmonic motion (SHM))
周期 period
频率 frequency
赫兹 hertz (Hz)
振幅 amplitude
固有振动 natural vibration
固有频率 natural frequency
阻尼谐动 damped harmonic motion
阻尼振动(阻尼振荡) damped oscillation
受迫振动 forced vibration
共振 resonance
相角 phase angle
波(波动) wave (wave motion)
波阵面 wave front
平面波 plane wave
表面波 surface wave
球面波 spherical wave
重力波 gravity wave
纵波 longitudinal wave
横波 transverse wave
纵振动 longitudinal vibration
横振动 transverse vibration
弹性波 elastic wave
冲击波 shock wave
波峰 crest
波谷 trough
波速 wave velocity
行波 travelling wave
驻波 standing wave
波长 wavelength
反射 reflection
折射 refraction
干涉 interference
衍射 diffraction
衍射栅 diffraction grating
偏振 polarization
单摆(数学摆) simple pendulum (mathematical pendulum)
复摆(物理摆) compound pendulum (physical pendulum)

声　学 Acoustics

几何声学 geometrical acoustics, ray acoustics
物理声学 physical acoustics
分子声学 molecular acoustics
水声学 underwater acoustics, hydroacoustics
电声学 electroacoustics
超声学 ultrasonics
大气声学 atmospheric acoustics
音乐声学 musical acoustics
建筑声学 architectural acoustics
噪声控制 noise control
声 sound
声源 sound source
声音的传播 propagation of sound
次声 infra-audible sound, infrasonic sound
响度 loudness
音量(声量) volume
声强 sound intensity
回声 echo
拍 beat
拍频 beat frequency
声共鸣 acoustic resonance
音品(音色) timbre, tone quality
谐音 harmonics
基音 fundamental tone
泛音 overtone
乐音 musical sound
噪声 noise
声波 sound wave
声速 speed of sound, sonic velocity, velocity of sound
音调 pitch

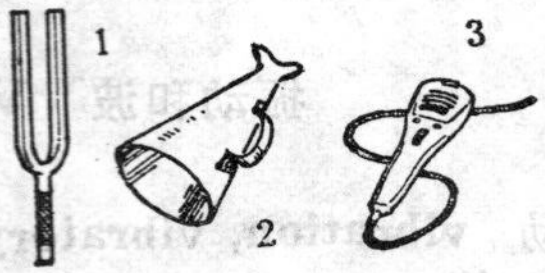

音叉① tuning fork
共鸣器 acoustical resonator
传声筒② megaphone
传声器③ microphone
探声器 sound probe
声纳(水声测位仪) sonar (sound navigation and ranging)
留声机 gramophone, phonograph
录音(录声) sound recording
超声物理学 ultrasonic physics
超声波 ultrasonic wave
超声波发生器 ultrasonic generator
超声振荡器 ultra-sonator
超声波发射器 ultrasound transmitting transducer
超声波洗涤 ultrasonic cleaning
超声波探伤器 ultrasonic reflectoscope, ultrasonic flaw detector
超声钻孔 ultrasonic drilling
超声显微镜 ultrasonic microscope

超声波接收器 **ultrasonic receiver**
超声透镜 **ultrasonic lens**
超声鱼群探测器 **ultrasonic fish-detector, ultrasonic fish-finder**
超声凝聚 **ultrasonic coagulation**

光学 Optics

光 **light**
光度学 **photometry**
光源 **light source**
可见光 **visible light**
光线 **light ray**
光波 **light wave**
光的波动说 **wave theory of light**
惠更斯原理 **Hugens' principle**
光的电磁说 **electromagnetic theory of light**
光的微粒说 **corpuscular theory of light**
光子说 **photon theory**
光的直线传播 **rectilinear propagation of light**
光速 **velocity of light, speed of light**
光束 **light beam**
埃 **angstrom (A)**
色 **colour**
单色光 **monochromatic light**
多色光 **heterochromatic light**
光程 **optical path, optical length**
镜 **mirror**
平面镜 **plane mirror**
球面镜 **spherical mirror**
凸镜 **convex mirror**
凹镜 **concave mirror**
透镜 **lens**

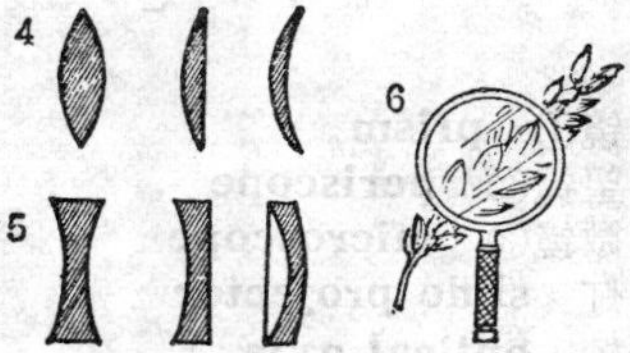

凸透镜(会聚透镜)④ **convex lens (converging lens)**
凹透镜(发散透镜)⑤ **concave lens (diverging lens)**
放大镜⑥ **magnifier, magnifying glass**
望远镜 **telescope**
天文望远镜 **astronomical telescope**
折射望远镜 **refracting telescope**
反射望远镜 **reflecting telescope**
伽利略望远镜 **Galilean telescope**
棱镜双目望远镜 **prismatic binocular telescope**
双目望远镜(观剧镜) **binocular telescope, binoculars (opera glasses)**
放大率 **magnifying power, magnification**
物镜 **object lens, objective**

目镜 **eyepiece, eyeglass**

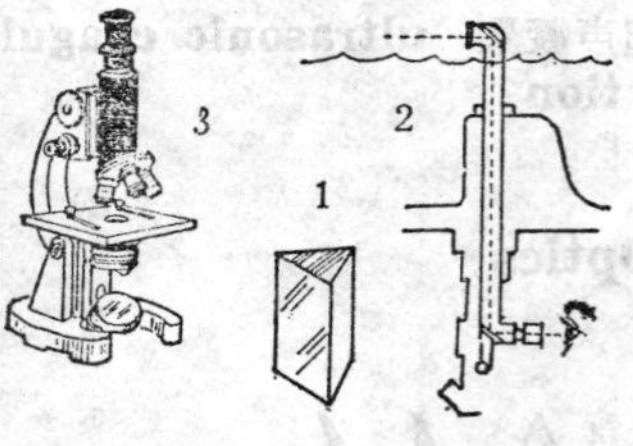

棱镜① **prism**
潜望镜② **periscope**
显微镜③ **microscope**
幻灯 **slide projector**
光轴 **optical axis**

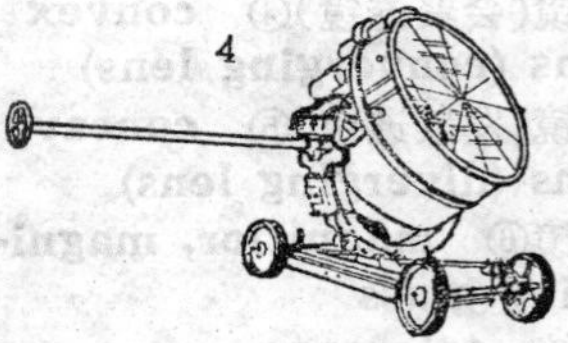

探照灯④ **searchlight**
视角 **visual angle**
本影 **umbra**
半影 **penumbra**
反射定律 **law of reflection**
折射定律 **law of refraction**
折射率 **refractive index, index of refraction**
光密媒质 **optically denser medium**
光疏媒质 **optically thinner medium**
入射线 **incident ray**
入射点 **point of incidence**
入射角 **angle of incidence**
反射角 **angle of reflection**
折射角 **angle of refraction**
漫反射 **diffuse reflection**
全反射 **total reflection**
临界角 **critical angle**
偏向角 **angle of deviation**
焦距 **focal length, focal distance**
焦点 **focus (focal point)**
主焦点 **principal focus**
实焦点 **real focus**
虚焦点 **virtual focus**
焦平面 **focal plane**
聚焦 **focusing**
焦度 **focal power**
屈光度 **diopter, dioptre**
可变焦距透镜 **zoom lens**
象 **image**
实象 **real image**
虚象 **virtual image**
倒象 **inverted image**
光心 **optical centre**
天然光 **natural light**
散射 **scattering**
色散 **dispersion**
红 **red**
橙 **orange**
黄 **yellow**
绿 **green**
蓝 **blue**
靛 **indigo**
紫 **violet**
紫外线 **ultraviolet ray**
红外线 **infrared ray**
红外跟踪 **infrared tracking**
红外线摄影 **infrared photography**
红外通信 **infrared communication**

远红外通信 far-IR communication
红外步枪瞄准镜 sniperscope
黑体 blackbody
黑体辐射 blackbody radiation
发光 luminescence
荧光 fluorescence
磷光 phosphorescence
吸收 absorption
光度计 photometer
发光强度 luminous intensity
光通量 luminous flux
照度 illuminance, illumination
发光率 luminance
亮度 brightness
烛光 candle power
流明 lumen (lm)
勒克司(米烛光) lux (metre-candle)
熙提(亮度单位) stilb
摄谱仪 spectrograph
分光镜 spectroscope
光谱学 spectroscopy
光谱 spectrum
太阳光谱 solar spectrum
原子光谱 atomic spectrum
带光谱 band spectrum
连续光谱 continuous spectrum
发射光谱 emission spectrum
吸收光谱 absorption spectrum
明线光谱 bright line spectrum
暗线光谱 dark line spectrum
夫琅和费谱线 Fraunhofer's lines
光谱分析 spectrum analysis
荧光灯 fluorescent lamp
日光灯 daylight lamp
白炽灯 incandescent lamp
激光光普 laser spectrum
激光通讯 laser communication

电磁学 Electromagnetics

电〔学〕 electricity
电动力学 electrodynamics
麦克斯韦方程组 Maxwell (field) equations
电荷 electric charge
正电荷(阳电荷) positive charge
负电荷(阴电荷) negative charge
电量 electric quantity
自由电子 free electron
自由电荷 free charge
库仑定律 Coulomb's law
摩擦起电 frictional electricity
电场 electric field
磁场 magnetic field
电磁场 electromagnetic field
电场强度 electric field strength
电子论 electron theory
电力线 line of electric force
磁力线 magnetic line of force
电通量 electric flux
磁通量 magnetic flux
导体 conductor
电介质 dielectric
绝缘体 insulator
电势(电位) electric potential

零电势(零电位) **zero potential**
电势差(电位差) **electric potential difference**
电压 **voltage**
路端电压(端电压) **terminal voltage**
电动势 **electromotive force (E.M.F.), electromotance**
静电感应 **electrostatic induction**
感生电荷 **induced charge**
电流 **electric current**
电流密度 **electric current density**
直流电 **direct current (DC)**
交流电 **alternating current (AC)**
变压器 **transformer**
电流强度 **current intensity, current strength**
电容 **capacitance, electric capacity**
电导 **electric conductance**
电路 **electric circuit**
串联 **series**
并联 **parallel, multiple**
电阻 **resistance, electrical resistance**
电源 **power supply**
内电阻 **internal resistance**
电阻率 **resistivity**
欧姆定律 **Ohm's law**
安培定律 **Ampere's law**
焦耳—楞次定律 **Joule-Lenz's law**
楞次定律 **Lenz's law**
充电 **charging**
左手定则 **left-hand rule**
右手定则 **right-hand rule**
逆电动势 **counter electromotive force (counter E.M.F.)**
磁学 **magnetics**
磁性 **magnetism**
磁现象 **magnetic phenomenon**
磁体(磁铁) **magnet**
磁铁矿(磁石) **magnetite (lodestone)**
天然磁铁 **natural magnet**
人造磁铁 **artificial magnet**
永久磁铁 **permanent magnet**

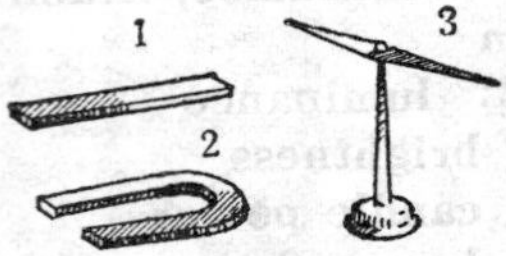

条形磁铁① **bar magnet**
蹄形磁铁② **horseshoe magnet**
磁针③ **magnetic needle**
磁极 **magnetic pole**
〔指〕北极 **north pole**
〔指〕南极 **south pole**
地球磁场 **geomagnetic field**
地磁 **geomagnetism, terrestrial magnetism**
磁偏角 **magnetic declination**
磁倾角 **magnetic dip, magnetic inclination**
磁场强度 **magnetic intensity**
磁力 **magnetic force**
洛伦磁力 **Lorentz force**
磁感应 **magnetic induction**
电磁感应 **electromagnetic induction**
感生电动势(应电动势) **induced electromotive force (induced E.M.F.)**

电感 **inductance**
自感现象 **self inductance**
感生电流(应电流) **induced current**
磁化 **magnetization**
去磁 **demagnetization**

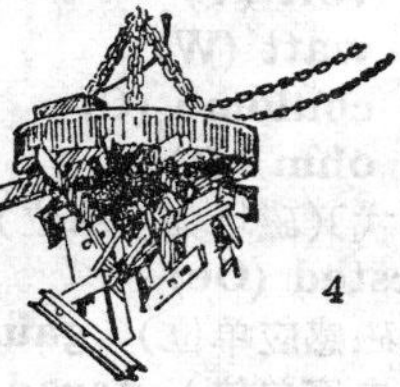

4

电磁铁④ **electromagnet**
电谐振(电共振) **electric resonance**
电磁振荡 **electromagnetic oscillation**
电磁波 **electromagnetic wave**
电弧 **electric arc**
放电 **discharging**
尖端放电 **point discharge**
螺线管 **solenoid**
电池 **battery**
伏打电池 **Voltaic cell**
干电池 **dry battery, dry cell**
蓄电池 **storage battery**
电极 **electrode**

5

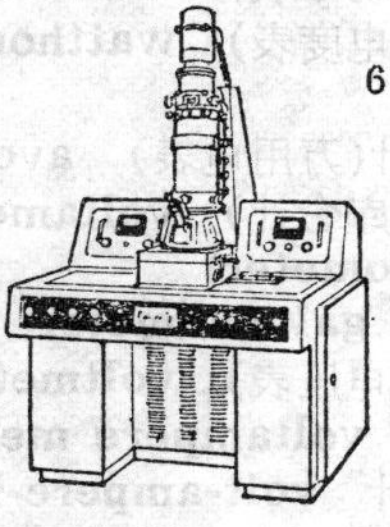

6

阴极 **cathode (negative electrode)**
阳极 **anode (positive electrode)**
光电管⑤ **photocell, photoelectric cell**
电子学 **electronics**
微波 **microwave**
整流器 **rectifier**

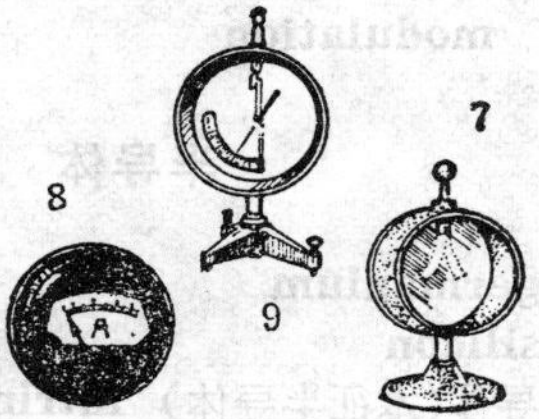

7 8 9

阴极射线管 **cathode ray tube**
同步 **synchronism**
电子计算机 **electronic computer**
电子显微镜⑥ **electron microscope**
验电器⑦ **electroscope**
安培计⑧ **ammeter, amperemeter**
静电计⑨ **electrometer**

瓦特计(功率表) **wattmeter**
瓦时计(电度表) **watthour meter**
安伏欧计(万用电表) **avometer**
电量计(库仑计) **voltameter (coulometer)**
电流计 **galvanometer**
伏特计(电压表) **voltmeter**
伏安计 **voltampere meter**
伏安时计 **volt-ampere-hour meter**

1

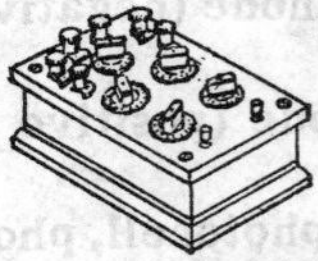

电阻箱① **resistance box**
电阻器 **resistor**
变阻器 **rheostat**
电容器 **capacitor**
检波(探测) **detection**
调制 **modulation**
调幅 **amplitude modulation (AM)**
调频 **frequency modulation (FM)**
调相 **phase modulation (PM)**
放大 **amplification**
安培 **ampere (A)**
伏特 **volt (V)**
瓦特 **watt (W)**
库仑 **coulomb (C)**
欧姆 **ohm (Ω)**
奥〔斯忒〕(磁场强度单位) **oersted (Oe)**
高斯(磁感应单位) **gauss (G)**
法拉(电容单位) **farad (F)**
微法〔拉〕 **microfarad (μF)**
韦伯(磁通量单位) **weber (Wb)**
麦〔克斯韦〕(磁通量单位) **maxwell (Mx)**
亨〔利〕(电感单位) **henry (H)**
静电系单位 **electrostatic units (esu)**

半导体 Semiconductor

锗 **germanium**
硅 **silicon**
纯半导体(本征半导体) **intrinsic semiconductor**
杂质半导体 **impurity semiconductor**
半导体中掺杂质 **doping the semiconductor**
施主 **donor**
施主杂质 **donor impurity**
受主 **acceptor**
受主中心 **acceptor centre**
掺杂补偿 **doping compensation**
空穴传导 **hole conduction**
储孔效应 **hole storage effect**
扩散电容 **diffusion capacitance, diffusion capacity**
冲穿效应 **punch-through effect**
搿断效应 **pinch-off effect**
霍耳效应 **Hall effect**
霍耳迁移率 **Hall mobility**
复合作用 **recombination action**
n型半导体 **n-type semiconductor**
p型半导体 **p-type semicon-**

ductor

p—n结 **p-n junction**

半导体整流器 **semiconductor rectifier**

点接触整流器 **point-contact rectifier**

阻挡层 **blocking layer**

p—n—p 结构 **p-n-p structure**

n—p—n 结构 **n-p-n structure**

单晶 **single crystal**

复晶 **compound crystal**

晶体生长 **crystal growth**

籽晶 **seed crystal**

引上法单晶 **Chochralski single crystal**

单晶拉制炉 **crystal pulling furnace**

区域平均法 **zone levelling method**

区熔提纯法 **floating zone refining method**

温差电效应(塞贝克效应) **thermoelectric effect (Seebeck effect)**

晶体管 **transistor**

单极晶体管 **unipolar transistor**

二极晶体管 **diode transistor**

三极晶体管 **triode transistor**

四极晶体管 **tetrode transistor**

场效应晶体管 **field effect transistor**

结型场效应晶体管 **junction field effect transistor**

p—n—i—p 晶体管 **p-n-i-p transistor**

漂移晶体管 **drift transistor**

晶体检波器 **crystal detector**

源 **source**

栅 **grid**

漏 **drain**

沟道 **channel**

发射极 **emitter**

发射区 **emitter region**

基极 **base**

基区 **base region**

集电极 **collector**

集电区 **collector region**

隧道效应 **tunnel effect**

隧道二极管 **tunnel diode**

多数载流子 **majority carrier**

少数载流子 **minority carrier**

半波整流器 **half-wave rectifier, single-way rectifier**

锗整流器 **germanium rectifier**

可控硅整流器 **silicon-controlled rectifier**

硒整流器 **selenium rectifier**

半导体化合物 **semiconducting compound**

金属间半导体 **intermetallic semiconductor**

超金属 **supermetal**

半导体光电池 **semiconductor photocell**

光生伏打效应 **photovoltaic effect**

光生伏打电池 **photovoltaic cell**

太阳能电池 **solar battery**

光敏电阻 **photoresistance**

光电导管 **photoconductive tube**

阻挡层光电池 **blocking layer photocell**

固体电路 **solid-state circuit**

集成电路 **integrated circuit**
大规模集成电路 **large scale integrated circuit**
温差发电器 **thermal converter, thermoelectric generator**
温差致冷器 **thermoelectric cooler**
热敏电阻 **thermistor, thermal resistor**
微电子学 **microelectronics**

原子物理学 Atomic Physics

原子核物理学 **nuclear physics**
波粒二象性 **wave-particle duality**
德布罗意波 **de Broglie wave**
物质波 **matter wave**
薛定谔方程 **Schrödinger equation**
宇称 **parity**
宇称守恒定律 **law of parity conservation**
相对论 **relativity theory, theory of relativity**
质能关系式 **equation of mass-energy relation**
相对性原理 **relativity principle**
以太 **ether**
光速不变原理 **the axiom that the velocity of light is absolute**
量子论 **quantum theory**
量子 **quantum**
玻尔学说 **Bohr theory**
量子数 **quantum number**
量子力学 **quantum mechanics**
场论 **field theory**
经典场论 **classical field theory**
量子场论 **quantum field theory**
统一场论 **unified field theory**
玻尔轨道 **Bohr orbit**
卢瑟福实验 **Rutherford experiment**
能级 **energy level**
能级图 **energy level diagram**
跃迁 **transition**
自旋 **spin (spinning)**
基态 **ground state**
激发态 **exited state**
电离 **ionization**
电离电势(电离电位) **ionization potential**
电离能 **ionization energy**
阴极射线 **cathode ray**
阳极射线 **anode ray**
阳射线 **positive ray**
X射线(伦琴射线) **X-ray (Röntgen ray)**
光电效应 **photoelectric effect**
超导性 **superconductivity**
超导体 **superconductor**
电子云 **electron(ic) cloud**
等离子体(物质第四态) **plasma (fourth state of matter)**
同位素分离 **isotope separation**
基本粒子 **fundamental particle**
微观粒子 **microscopic particle**

电子 **electron**
正电子 **positron (positive electron)**

1

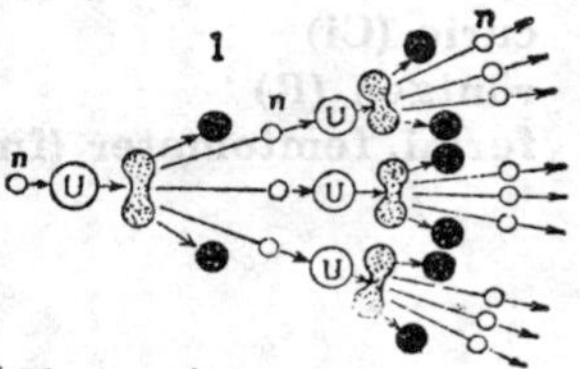

质子 **proton**
中子 **neutron**
核子 **nucleon**
中微子 **neutrino**
介子 **meson, mesotron**
超子 **hyperon**
光子(光量子) **photon (light quantum)**
反粒子 **antiparticle**
反物质 **antimatter**
宇宙射线 **cosmic ray**
原子核 **atomic nucleus**
核力 **nuclear force**
裂变 **fission**
核反应 **nuclear reaction**
链式反应① **chain reaction**
氘核 **deuteron, deuton**
原子能(核能) **atomic energy (nuclear energy)**
原子能发电站 **atomic power plant**
原子核反应堆 **nuclear reactor**
反应堆 **reactor**
核燃料 **nuclear fuel**
减速剂 **moderator**
靶 **target**
热核反应 **thermonuclear reaction**
聚变 **fusion**
放射性 **radioactivity**
人工放射性 **artificial radioactivity**
天然放射性 **natural radioactivity**
核辐射 **nuclear radiation**
嬗变 **transmutation**
衰变 **decay**
α蜕变 **alpha disintegration**
γ辐射 **gamma radiation**
β蜕变 **beta disintegration**
蜕变 **disintegration**
α粒子 **alpha particle**
β粒子 **beta particle**
α射线(甲种射线) **alpha ray (α-ray)**
β射线(乙种射线) **beta ray (β-ray)**
γ射线(丙种射线) **gamma ray (γ-ray)**
放射性尘埃 **radioactive ash**
放射性微粒回降 **radioactive fallout**
放射性雨 **radioactive rain**
放射性沾染 **radioactive contamination**
半衰期 **half-life, half-value period**
X射线管(伦琴射线管)② **X-ray tube (Röntgen ray tube)**
云室(威尔逊云室) **cloud chamber (Wilson cloud chamber)**

2

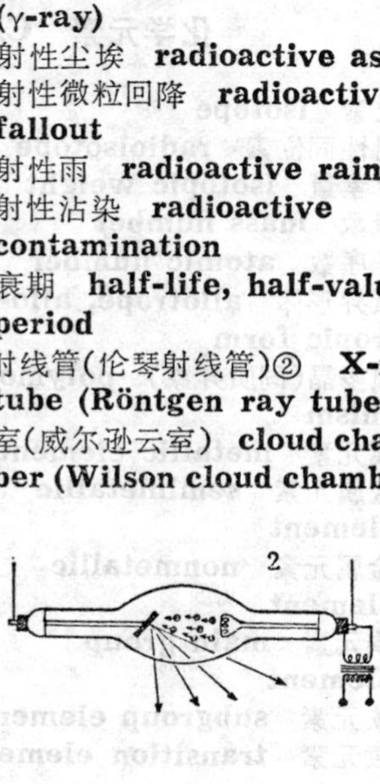

加速器 **accelerator**
计数管 **counter tube**
盖革—弥勒计数管 **Geiger-Müller tube**
盖革—弥勒计数器 **G-M (Geiger-Müller) counter**
电离室 **ionization chamber**
普朗克常数(普朗克恒量) **Planck constant**
原子质量单位 **atomic mass unit**
电子伏特 **electron-volt (eV)**
居里 **curie (Ci)**
伦琴 **röntgen (R)**
费米 **fermi, femtometer (fm)**

化 学 Chemistry

化学元素 Chemical Elements

同位素 **isotope**
放射性同位素 **radioisotope**
同位素量 **isotopic weight**
质量数 **mass number**
原子序数 **atomic number**
同素异形体 **allotrope, allotropic form**
同质多晶(同质异象) **polymorphism**
金属元素 **metallic element**
半金属元素 **semimetallic element**
非金属元素 **nonmetallic element**
主族元素 **main group element**
副族元素 **subgroup element**
过渡元素 **transition element, transition metal**
元素符号 **symbol of element**
化学符号 **chemical symbol**
铂族元素(贵金属元素) **platinum family element (precious metallic element)**
稀有元素 **rare element**
稀土元素(稀土金属) **rare-earth element (rare-earth metal)**
镧系元素 **lanthanide series**
放射性元素 **radioactive element, radioelement**
超铀元素(铀后元素) **transuranium element, transuranic element**
超钚元素 **transplutonium element**
锕系元素 **actinide series**

物理化学 Physical Chemistry

理论化学 **theoretical chemistry**
热化学 **thermochemistry**
电化学 **electrochemistry**
胶体化学 **colloidal chemistry**
表面化学 **surface chemistry**
放射化学 **radiochemistry**
辐射化学 **radiation chemistry**
〔元素〕周期律 **periodic law**
〔元素〕周期表 **periodic table**
化合价(原子价) **valency, valence**
原子团 **atomic group**
基 **radical**
物理性质 **physical property**
化学性质 **chemical property**
克分子体积 **molecular volume**
阿伏伽德罗常数 **Avogadro number, Avogadro constant**
组成 **composition**
混合物 **mixture**
化合物 **compound**
分子结构 **molecular structure**
化学键 **bond**
共价键 **covalent bond**
离子键(电价键) **ionic bond (electrovalent bond)**
极性键 **polar bond**
非极性键 **non-polar bond**
氢键 **hydrogen bond**
金属键 **metallic bond**
共价化合物 **covalent compound**
物理变化 **physical change**
化学变化 **chemical change**
化学反应 **chemical reaction**
化学作用 **chemical action**
氧化 **oxidation**
还原 **reduction**
氧化剂 **oxidizing agent, oxidizer**
还原剂 **reducing agent**
自燃 **spontaneous ignition**
燃烧 **combustion**
火焰 **flame**
氧化焰 **oxidizing flame**
还原焰 **reducing flame**
着火点(燃点) **ignition temperature, ignition point**
气体常数 **gas constant**
分解 **decomposition**
化合 **chemical combination**
复分解 **metathesis**
潮解 **deliquescence**
风化 **efflorescence**
挥发 **volatilization**
升华 **sublimation**
可逆反应 **reversible reaction**
不可逆反应 **irreversible reaction**
理想气体 **ideal gas**
标准情况(标准状况) **normal conditions**
理想溶液 **ideal solution**
浓度 **concentration**
当量浓度 **normality**
当量溶液 **normal solution**
克分子浓度 **molarity, molar concentration**

重量克分子浓度 **weight-molarity, weight molar concentration**
百分浓度 **percentage concentration**
重量百分浓度 **concentration expressed in percentage by weight**
体积百分浓度 **concentration expressed in percentage by volume**
〔体积〕克分子分数 **molar fraction**
饱和溶液 **saturated solution**
过饱和溶液 **supersaturated solution**
母液 **mother liquor, mother solution**
稀释 **dilution**
蒸馏 **distillation**
固溶体 **solid solution, sosoloid**
阿伏伽德罗定律 **Avogadro's law**
法拉第定律 **Faraday's law**
原子说(原子论) **atomic theory**
分子说(分子论) **molecular theory**
燃素说 **phlogiston theory**
结晶 **crystallization**
晶体 **crystal**
晶形(结晶单形) **crystal form**
光合作用 **photosynthesis**
溶解热 **heat of solution**
燃烧热 **heat of combustion**
汽化热 **heat of vaporization**
熔化热 **heat of fusion**
生成热 **heat of formation**
热效应 **heating effect**
反应热 **heat of reaction, reaction heat**
吸热反应 **endothermic reaction**
放热反应 **exothermic reaction, exothermal reaction**
离解 **dissociation**
化学平衡 **chemical equilibrium**
反应速度 **reaction velocity**
催化作用 **catalytic action**
催化反应 **catalytic reaction**
助催化剂(促进剂) **promoter**
链式反应 **chain reaction**
放射性 **radioactivity**
蜕变 **disintegration**
原子的蜕变 **atomic disintegration**
原子嬗变 **atomic transmutation**
价电子 **valence electron**
电离 **electrolytic dissociation**
电离度 **degree of electrolytic dissociation**
离子化合物 **ionic compound**
电极 **electrode**
电解 **electrolysis**
电解氧化 **electrolytic oxidation**
电解还原 **electrolytic reduction**
电子云 **electron cloud**
胶体(胶质) **colloid**
胶体溶液(溶胶) **colloidal solution**
吸附 **adsorption**
化学吸附(活化吸附) **chemical adsorption**

物理吸附 **physical adsorption**
扩散 **diffusion**
凝结 **coagulation**
丁铎尔现象 **Tyndall phenomenon**
胶体颗粒(胶粒) **colloidal particle**
悬胶体(悬浊液，悬浮体) **suspension colloid(suspensoid)**
布朗运动 **Brownian movement,Brownian motion**
质能守恒定律 **law of conservation of mass and energy**
气体反应定律 **law of gas reaction**

无机化学 Inorganic Chemistry

无机化合物 **inorganic compound**
氧化物 **oxide**
酸性氧化物 **acid oxide, acidic oxide**
碱性氧化物 **basic oxide**
过氧化物 **peroxide**
超氧化物 **superoxide, hyperoxide**
酸酐 **acid anhydride**
氢氧化物 **hydroxide**
碱 **base**
碱性反应 **alkali reaction, alkaline reaction**
强碱 **strong base**
弱碱 **weak base**
酸 **acid**
无机酸(矿酸) **inorganic acid (mineral acid)**
强酸 **strong acid**
弱酸 **weak acid**
酸根 **acid radical**
含氧酸 **oxy-acid, oxygen acid**
氢酸(无氧酸) **hydro-acid, hydrogen acid**
酸性反应 **acid reaction**
中性反应 **neutral reaction**
两性〔化合〕物 **amphoteric compound**
两性氧化物 **amphoteric oxide**
两性氢氧化物 **amphoteric hydroxide**
氢离子浓度 **hydrogen ion concentration**
氢离子指数 **hydrogen ion exponent**
pH值 **pH value**
盐 **salt**
碱式盐 **basic salt**
酸式盐 **acid salt**
正盐 **normal salt**
复盐 **double salt**
硬水 **hard water**
软水 **soft water**
重水(氧化氘) **heavy water (deuterium oxide)**
水合物(水化物) **hydrate**
结晶水 **water of crystallization**
水解 **hydrolysis**
金属 **metal**
非金属 **nonmetal**
碱金属 **alkali metal**
碱土金属 **alkaline-earth metal**
重金属 **heavy metal**
轻金属 **light metal**

贵金属 **noble metal**
合金 **alloy**
催化剂 **catalyst**
接触剂 **contact agent**
单质 **simple substance**
原子 **atom**
分子 **molecule**
当量 **equivalent**
原子量 **atomic weight**
分子量 **molecular weight**
克分子 **mol(e), gram molecule**
克原子 **gram atom**
克当量 **gram equivalent**
化学式 **chemical formula**
分子式 **molecular formula**
化学反应式(化学方程式) **chemical equation**
反应物 **reactant**
生成物 **product**
离子 **ion**
阳离子(正离子) **cation(positive ion)**
阴离子(负离子) **anion(negative ion)**
电解质 **electrolyte**
强电解质 **strong electrolyte**
弱电解质 **weak electrolyte**
非电解质 **non-electrolyte**
离子反应 **ionic reaction**
离子方程式 **ionic equation**
溶剂(溶媒) **solvent**
溶质 **solute**
溶液(溶体) **solution**
溶解度 **solubility**
氘(重氢) **deuterium (heavy hydrogen)**
氚 **tritium**
氢化物 **hydride**
氯化钠(食盐) **sodium chloride (common salt)**
次氯酸盐 **hypochlorite**
硝酸盐 **nitrate**
硝酸钠(智利硝石) **sodium nitrate(Chile saltpetre)**
亚硝酸盐 **nitrite**
磷酸钠 **sodium phosphate**
硅酸钠(水玻璃) **sodium silicate(water glass)**
过氧化钠 **sodium peroxide**
氢氧化钠(烧碱,苛性钠) **sodium hydroxide (caustic soda)**
硫酸钠 **sodium sulfate**
碳酸钠(纯碱, 苏打) **sodium carbonate (washing soda)**
碱灰(苏打灰) **soda ash**
氨碱法(苏尔维法) **ammonia soda process (Solvay process)**
碳酸氢钠(小苏打,焙烧苏打) **sodium bicarbonate (baking soda)**
溴化钠 **sodium bromide**
硫化钠 **sodium sulfide**
氯化钾 **potassium chloride**
氯酸钾 **potassium chlorate**
溴化钾 **potassium bromide**
碘化钾 **potassium iodide**
硝酸钾 **potassium nitrate**
硝石(火硝) **nitre**
碳酸钾(钾碱,珠灰) **potassium carbonate (potash)**
氢氧化钾(苛性钾) **potassium hydroxide (caustic potash)**
过硫酸钾 **potassium persulfate**
高锰酸钾(灰锰养) **potassium permanganate**
硫酸钾 **potassium sulfate**

黄铜矿 **chalcopyrite, copper pyrites**
硫酸铜(胆矾，蓝矾) **copper sulfate, cupric sulfate**
氧化铜 **copper oxide**
氯化铜 **copper chloride**
氧化银 **silver oxide**
溴化银 **silver bromide**
氯化银 **silver chloride**
碘化银 **silver iodide**
硝酸银 **silver nitrate**
氯化镁 **magnesium chloride**
碳酸镁 **magnesium carbonate**
硫酸镁(泻盐) **magnesium sulfate (Epsom salt)**
氧化镁(苦土) **magnesium oxide**
氯化钙 **calcium chloride**
磷酸钙 **calcium phosphate**
过磷酸钙 **calcium superphosphate**
碳化钙(电石) **calcium carbide**
碳酸钙 **calcium carbonate**
石灰(生石灰) **lime (quicklime)**
氧化钙 **calcium oxide**
氢氧化钙(熟石灰) **calcium hydroxide (slaked lime)**
石灰水 **limewater**
石灰乳 **milk of lime**
硫酸钙 **calcium sulfate**
石膏(生石膏) **gypsum (plaster stone)**
烧石膏(熟石膏) **calcined gypsum (plaster of Paris)**
硫酸钡 **barium sulfate**
重晶石 **barite, baryte(s), heavy spar**
氧化钡(重土) **barium oxide**
硫化钡 **barium sulfide**
氯化钡 **barium chloride**
硫化锌 **zinc sulfide**
硫酸锌(皓矾) **zinc sulfate**
氯化锌 **zinc chloride**
汞(水银) **mercury**
硼酸 **boric acid**
氧化铝 **aluminium oxide**
矾土 **bauxite**
氢氧化铝 **aluminium hydroxide**
硫酸铝 **aluminium sulfate**
明矾 **alum**
金刚石(金刚钻，钻石) **diamond**
石墨 **graphite**
炭黑 **carbon black**
活性炭 **activated carbon, active carbon**
碳化物 **carbide**
二氧化碳(碳酸气) **carbon dioxide (carbonic acid gas)**
碳酸 **carbonic acid**
碳酸盐 **carbonate**
一氧化碳 **carbon monoxide**
二硫化碳 **carbon disulfide**
碳化硅(金刚砂) **silicon carbide (carborundum)**
二氧化硅(硅石) **silicon dioxide (silica)**
石英 **quartz**
水晶 **rock crystal**
硅酸 **silicic acid**
硅酸盐 **silicate**
石棉 **asbestos**
硅酸铝 **aluminium silicate**
一氧化铅(密陀僧，黄丹) **lead monoxide**
四氧化三铅(铅丹，红铅) **trilead tetroxide (minium, red lead)**
碱式碳酸铅(铅白) **basic lead**

carbonate (white lead)
氯化铅 **lead chloride**
氮化物 **nitride**
氧化氮 **nitrogen oxide**
一氧化二氮(笑气) **nitrous oxide (laughing gas)**
硝酸 **nitric acid**
发烟硝酸 **fuming nitric acid**
亚硝酸 **nitrous acid**
王水 **aqua regia**
合成氨 **synthetic ammonia**
氨水 **ammonia water, aqua ammonia**
氢氧化铵 **ammonium hydroxide**
铵盐 **ammonium salt**
氯化铵(硇砂) **ammonium chloride (sal ammoniac)**
硫〔酸〕铵 **ammonium sulfate**
硝酸铵 **ammonium nitrate**
碳酸铵 **ammonium carbonate**
碳酸氢铵(酸式碳酸铵) **ammonium bicarbonate (ammonium acid carbonate)**
白磷(黄磷) **white phosphorus (yellow phosphorus)**
五氧化二磷(磷酸酐) **phosphorus pentoxide (phosphoric anhydride)**
磷酸 **phosphoric acid**
磷酸盐 **phosphate**
臭氧 **ozone**
过氧化氢(双氧水) **hydrogen peroxide**
黄铁矿(硫铁矿) **pyrite**
硫化氢 **hydrogen sulfide**
氢硫酸 **hydrosulfuric acid**
硫化物 **sulfide**
三氧化硫(硫酸酐) **sulfur trioxide (sulfuric anhydride)**
二氧化硫 **sulfur dioxide**
硫酸 **sulfuric acid**
发烟硫酸 **fuming sulfuric acid**
亚硫酸 **sulfurous acid**
硫酸盐 **sulfate**
亚硫酸盐 **sulfite**
二氧化硒 **selenium dioxide**
钨酸 **tungstic acid**
卤素(卤族元素) **halogen**
卤化物 **halide, halogenide**
氟化氢 **hydrogen fluoride**
氢氟酸 **hydrofluoric acid**
氟化物 **fluoride**
氟化钙(荧石) **calcium fluoride (fluorite, fluorspar)**
氯化氢 **hydrogen chloride**
盐酸(氢氯酸) **hydrochloric acid**
氯酸 **chloric acid**
氯酸盐 **chlorate**
高氯酸 **perchloric acid**
高氯酸盐 **perchlorate**
氯化物 **chloride**
溴化物 **bromide**
溴化氢 **hydrogen bromide**
碘化氢 **hydrogen iodide**
碘化物 **iodide**
二氧化锰 **manganese dioxide**
惰性气体(稀有气体) **inert gas, noble gas (rare gas)**
氧化铁 **iron oxide**
硫酸亚铁 **ferrous sulfate**

有机化学 Organic Chemistry

高分子化学 **high polymer chemistry, macromolecular**

chemistry
立体化学 stereochemistry, spatial chemistry
有机合成 organic synthesis
同分异构 isomerism
互变异构 tautomerism
立体异构 stereoisomerism
光学异构(旋光异构) optical isomerism
几何异构(顺反异构) geometric isomerism
同系列 homologous series
同系物 homologue, homolog
结构式 structural formula
衍生物 derivative
游离基(自由基) free radical
官能团(功能团) functional group
烃基 hydrocarbon, hydrocarbon group
烷基(有时指烃基) alkyl, alkyl group
甲基 methyl, methyl group
乙烯基 vinyl, vinyl group
苯基 phenyl, phenyl group
苄基(苯甲基) benzyl, benzyl group
氢氧基(氢氧根,羟基) hydroxy, hydroxyl group
氢硫基(巯基) sulfhydryl, mercapto group
羰基 carbonyl, carbonyl group
羧基 carboxyl, carboxyl group
磺基 sulfonic group
硝基 nitro-, nitro group
氨基 amino-, amino group
氰基 cyano-, cyano group
偶氮基 azo-, azo group
自动氧化 auto-oxidation
氢化 hydrogenation
水合(水化) hydration
烷基化 alkylation
卤化 halogenation
氯化 chlorination
磺化 sulfonation
氯磺化 chloro-sulfonation
芳构化 aromatization
异构化 isomerization
硝化 nitration
氨化 ammoniation
脱水 dehydration
脱氢 dehydrogenation
偶合 coupling
聚合 polymerization
单体 monomer
聚合物 polymer
缩合 condensation
缩聚〔反应〕 condensation polymerization
银镜反应 silver mirror reaction
分子重排 molecular rearrangement
置换反应(取代反应) substitution reaction
加成反应 addition reaction
有机〔化合〕物 organic compound
高分子化合物 high molecular compound, macromolecular compound
有机金属化合物(金属有机化合物) organometallic compound
有机硅〔化合物〕 organosilicon (compound)
硅烷 silane

油脂 **fat**
蛋白质 **protein**
碳水化合物(糖) **carbohydrate**
还原糖 **reducing sugar**
纤维素 **cellulose**
淀粉 **starch**
生物碱 **alkaloid**
饱和化合物 **saturated compound**
不饱和化合物 **unsaturated compound**
脂肪族化合物 **aliphatic compound**
碳环化合物 **carbocyclic compound**
芳族化合物 **aromatic compound**
脂环族化合物 **alicyclic compound**
杂环化合物 **heterocyclic compound**
烃(碳氢化合物) **hydrocarbon**
饱和烃 **saturated hydrocarbon**
烷烃(石蜡烃) **methane series (paraffin series)**
不饱和烃 **unsaturated hydrocarbon**
烯烃 **ethylene series**
炔烃 **acetylene series**
环烃 **cyclic hydrocarbon, ring hydrocarbon**
脂环烃 **alicyclic hydrocarbon**
芳族烃(芳香烃) **aromatic hydrocarbon**
蜡 **wax**
醇〔类〕 **alcohol**
酚〔类〕 **phenol**
醚〔类〕 **ether**
醛〔类〕 **aldehyde**
酮〔类〕 **ketone**
醌〔类〕 **quinone**
羧酸〔类〕 **carboxylic acid**
有机酸 **organic acid**
脂肪酸 **fatty acid**
氨基酸(胺酸) **amino acid**
磺酸 **sulfonic acid**
酯〔类〕 **ester**
腈〔类〕 **nitrile**
胩〔类〕 **carbylamine**
肼〔类〕 **hydrazine**
腙〔类〕 **hydrazone**
肟〔类〕 **oxime**
脎〔类〕 **osazone**
胍〔类〕 **guanidine**
胂〔类〕 **arsine**
砜〔类〕 **sulfone**
胺〔类〕 **amine**
重氮盐 **diazonium salt**
重氮化合物 **diazo compound**
偶氮化合物 **azo compound**
甲烷 **methane**
乙烷 **ethane**
丙烷 **propane**
丁烷 **butane**
戊烷 **pentane**
己烷 **hexane**
庚烷 **heptane**
辛烷 **octane**
乙烯 **ethylene**
乙炔 **acetylene**
苯 **benzene**
萘 **naphthalene**
乙醇(酒精) **ethyl alcohol**
葡萄糖(右旋糖) **glucose (dextrose)**
麦芽糖 **maltose**
乙酸(醋酸) **acetic acid**

尿素(脲,碳酰胺) **urea (carbamide)**

芥子气(双氯乙基硫, 二氯乙硫醚) **mustard gas, yperite (dichloroethyl sulfide)**

糖精 **saccharin**

分析化学 Analytical Chemistry

化学分析 **chemical analysis**

无机分析 **inorganic analysis**

有机分析 **organic analysis**

定性分析 **qualitative analysis**

定量分析 **quantitative analysis**

重量分析 **gravimetric analysis**

容量分析 **volumetric analysis**

微量分析 **microanalysis**

半微量分析 **semimicroanalysis**

超微量分析 **supermicroanalysis**

元素分析 **elemental analysis**

碳氢氮元素分析仪 **CHN analyzer**

气体分析 **gas analysis**

吹管分析 **blowpipe analysis**

光谱分析 **spectrum analysis**

原子吸收光谱法 **atomic absorption spectrometry (AAS)**

原子发射光谱法 **atomic emission spectrometry (AES)**

极谱分析 **polarography**

色谱分析 **chromatography**

滴定法 **titration, titrimetric method**

酸碱滴定法 **acid-base titration**

氧化还原滴定法 **oxidation-reduction titration**

(滴定)突跃 **break**

差示扫描量热法 **differential scanning calorimetry (DSC)**

焰色反应 **flame reaction**

火焰光度计检测器 **flame photometric detector (FPD)**

标准溶液(规定溶液) **standard solution**

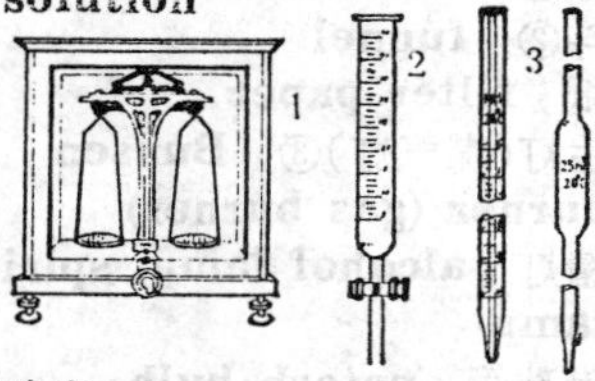

准确度 **accuracy**

灵敏度 **sensitivity**

试剂 **reagent**

分析纯试剂 **analytical reagent (AR)**

指示剂 **indicator**

试纸 **test paper**

石蕊试纸 **litmus paper**

姜黄试纸 **turmeric paper**

酚酞 **phenolphthalein**

化学天平 **chemical balance**

分析天平① **analytical balance**

砝码 **weight**

滴定管② **burette, buret**

吸量管(移液管)③ **pipette,pipet**

量瓶(容量瓶)④ **measuring flask (volumetric flask)**

量筒⑤ **measuring cylinder**

蒸发皿⑥ **evaporating dish**

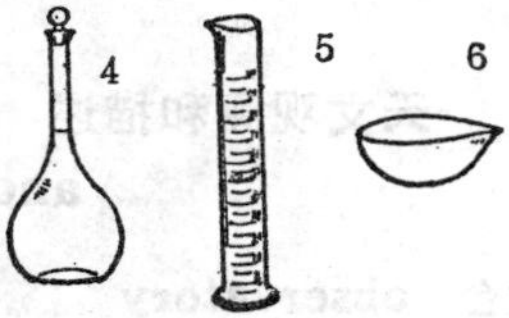

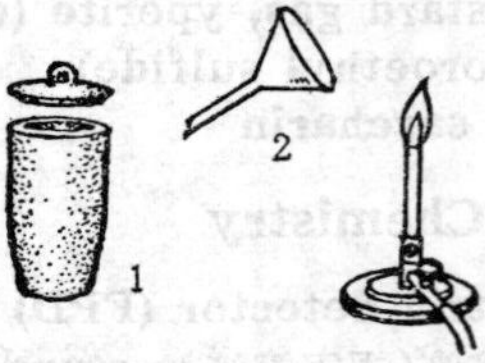

坩埚① **crucible**
漏斗② **funnel**
滤纸 **filter paper**
本生灯(煤气灯)③ **Bunsen burner (gas burner)**
酒精灯 **alcohol lamp, spirit lamp**
钾碱球管 **potash bulb**
烧杯④ **beaker**
烧瓶⑤ **flask**
试管⑥ **test tube**
洗气瓶⑦ **gas washing bottle**
干燥器⑧ **desiccator, exsiccator**
基普发生器⑨ **Kipp generator**
化学纯 **chemically pure (CP)**
化学电离 **chemical ionization (CI)**

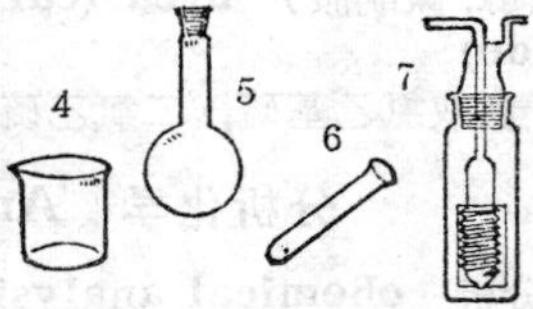

离子交换剂 **ion exchanger**
极谱仪 **polarograph**
比浊计 **turbidimeter**
比色计 **colorimeter**
酸度计 **acidimeter**
折射计 **refractometer**
沉淀 **precipitation**
共沉淀 **coprecipitation**
中和作用 **neutralization**

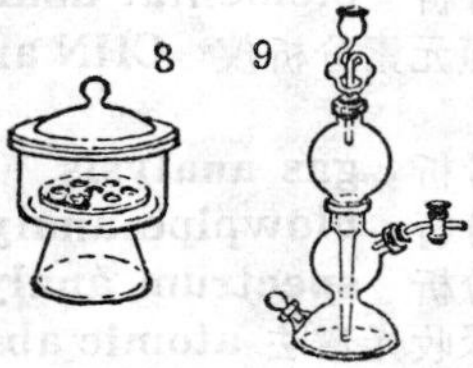

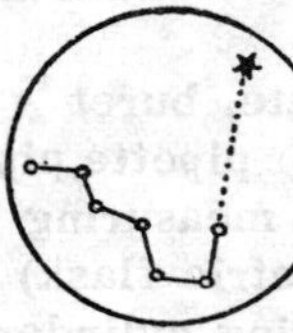

天文学 Astronomy

天文观测和描述 Astronomical Observation and Description

天文台 **observatory**

射电天文学 **radio astronomy**

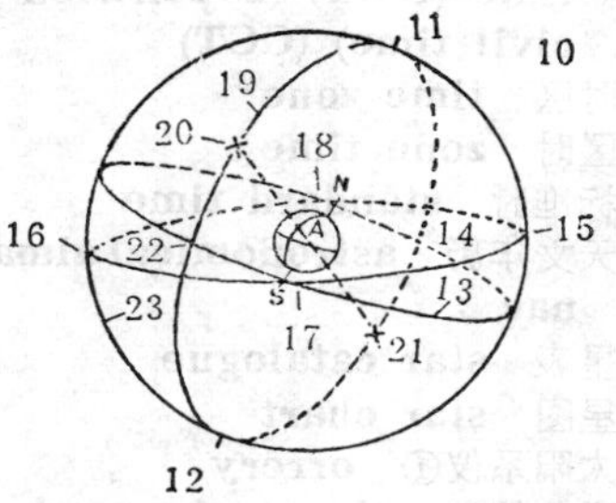

天球⑩ **celestial sphere**
天轴 **celestial axis**
天极 **celestial pole**
北天极⑪ **north celestial pole**
南天极⑫ **south celestial pole**
天〔球〕赤道⑬ **celestial equator**
黄道⑭ **ecliptic**
夏至点⑮ **summer solstice**
冬至点⑯ **winter solstice**
春分点⑰ **vernal equinox**
秋分点⑱ **autumnal equinox**
(地面A点的)天球子午圈⑲ **celestial meridian (for point A on Earth's surface)**
(A点的)天顶⑳ **zenith (for A)**
(A点的)天底㉑ **nadir (for A)**
交点㉒ **node**
二至圈㉓ **solstitial colure**
天球坐标 **celestial coordinates**
赤道坐标系 **equatorial system of coordinates**
赤经 **right ascension**
赤纬 **declination**
黄道坐标系 **ecliptic system of coordinates**
黄极 **ecliptic pole**
黄经 **ecliptic longitude**
黄纬 **ecliptic latitude**
黄道带 **zodiac**
黄道十二宫㉔ **12 signs of the zodiac**
天体 **celestial body**
恒星自行 **proper motion of stars**
视差 **parallax**
视差位移 **parallactic displacement**
秒差距 **parsec (pc)**
视位〔置〕 **apparent position**
视〔运〕动 **apparent motion**
大气折射(蒙气差) **astronomical refraction**
周日运动 **diurnal motion**
周日〔平行〕圈 **diurnal circle**
中天 **meridian transit**
星等 **magnitude**
绝对星等 **absolute magnitude**
光度 **luminosity**
视星等 **apparent magnitude**
视亮度 **apparent brightness**
赫罗图 **Hertzsprung-Russell diagram (HRD)**
光谱型 **spectral type**

24

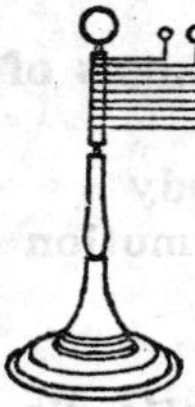

1

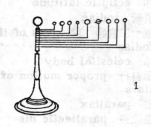

质光关系 **mass-luminosity relation**
主星序 **main sequence**
主序星 **main sequence star**
天文单位 **astronomical unit (AU)**
光年 **light year**
时间计量 **time measurement**
恒星日 **sidereal day**
恒星时 **sidereal time (ST)**
真太阳日 **true solar day**
太阳时 **solar time**
平〔太阳〕时 **mean solar time**
历书时 **ephemeris time (ET)**
格林威(尼)治平时(格林威(尼)治民用时) **Greenwich mean time (GMT) (Greenwich civil time) (GCT)**
时区 **time zone**
区时 **zone time**
标准时 **standard time**
天文年历 **astronomical almanac**
星表 **star catalogue**
星图 **star chart**
太阳系仪① **orrery**
天象仪② **planetarium**

2

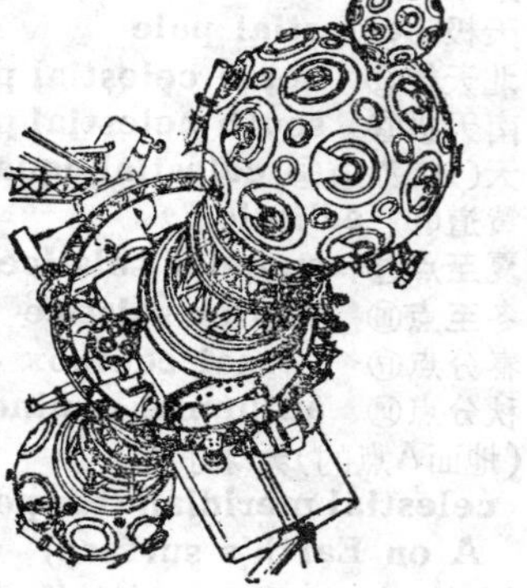

天文仪器 Astronomical Instruments

圭表③ **gnomon**
日规(日晷)④ **sundial**
漏壶⑤ **water clock, clepsydra**
沙漏⑥ **hourglass**
浑仪⑦ **armillary sphere**
天球仪⑧ **celestial globe**
象限仪⑨ **quadrant**
望远镜 **telescope**
折射望远镜 **refractor**
物镜 **objective, object glass**
目镜 **eyepiece**
十字丝 **cross hair, spider line**
光阑 **diaphragm**
入射光瞳 **entrance pupil**
出射光瞳 **exit pupil**
放大率 **magnifying power**
测微器 **micrometer**
反射望远镜 **reflector, mirror telescope**

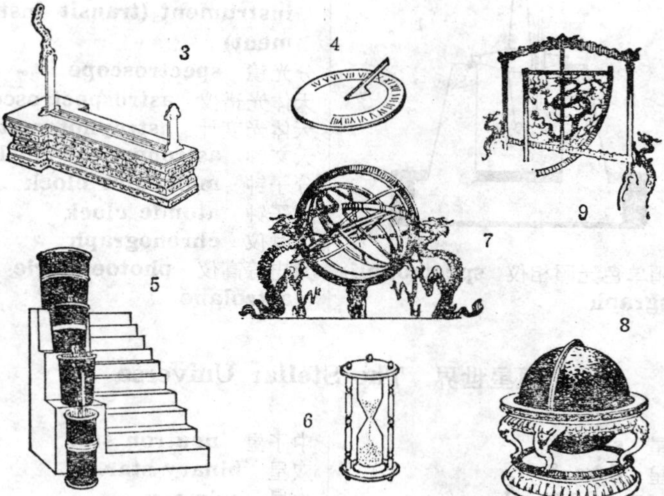

牛顿〔式〕反射望远镜 **Newtonian reflector**
平面镜 **flat mirror**
抛物面镜 **parabolic mirror**
卡塞格林〔式〕反射望远镜 **Cassegrain reflector**
照相望远镜 **photographic telescope**
导星镜 **guiding telescope**
寻星镜 **finder**
寻彗镜 **comet seeker**
施密特〔式〕照相望远镜 **Schmidt photographic telescope**
改正镜片 **correcting plate**
曲焦面 **curved focal surface**
球面镜 **spherical mirror**
赤道〔式〕装置 **equatorial mounting**
望远镜筒 **telescope tube**
赤纬轴 **declination axis**
极轴 **polar axis**
转仪装置 **driving mechanism**
转仪钟 **driving clock**
光电倍增管 **photomultiplier**
光电象管 **photoelectric image tube**
折轴望远镜 **coude telescope**
浮动天顶仪 **floating zenith telescope (FZT)**
射电望远镜 **radio telescope**
赤道仪 **equatorial**
经纬仪 **theodolite**
日冕仪 **coronagraph**
天文摄影机 **astrophotocamera**
双筒天体照相仪 **double astrograph**
摄谱仪 **spectrograph**

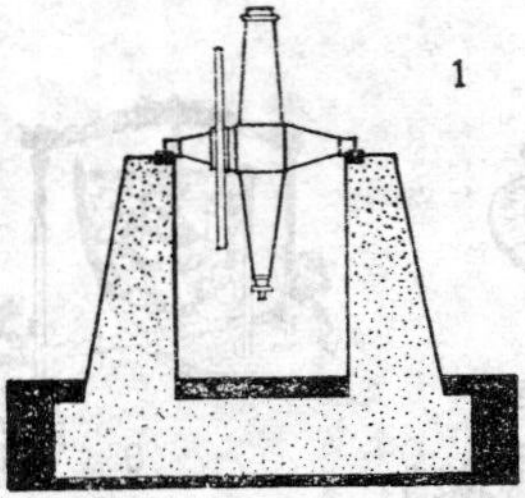

太阳单色光照相仪 **spectroheliograph**

子午仪(中星仪)① **meridian instrument (transit instrument)**
分光镜 **spectroscope**
天体光谱仪 **astrospectroscope**
天体光度计 **astrophotometer**
天文钟 **astronomical clock**
分子钟 **molecular clock**
原子钟 **atomic clock**
记时仪 **chronograph**
光电等高仪 **photoelectric astrolabe**

恒星世界 The Stellar Universe

恒星 **star**
矮星 **dwarf**
白矮星 **white dwarf**
亚巨星 **subgiant**
巨星 **giant**
红巨星 **red giant**
超巨星 **supergiant**
红超巨星 **red supergiant**
变星 **variable star**
食变星(食双星) **eclipsing variable (eclipsing binary)**
脉动变星 **pulsation variable**
造父变星 **Cepheid**
光变周期 **light pcriod**
周光关系 **period-luminosity relation**
天琴RR型变星 **RR Lyrae variable**
爆发变星 **explosive variable**
新星 **nova**
超新星 **supernova**
脉冲星 **pulsar (pulsating radio source)**

中子星 **neutron star**
双星 **binary star**
主星 **primary**
伴星 **secondary, companion**
分光双星 **spectroscopic binary**
聚星 **multiple star**
巴纳德星 **Barnard star**
柯伊伯星 **Kuiper star**
佛耳夫—拉叶星(W型星) **Wolf-Rayet star (W star)**
哈罗—赫比格天体 **Haro-Herbig object**
星团 **star cluster**
疏散星团 **open star cluster**
昴星团 **Pleiades**
毕星团 **Hyades**
球状星团 **globular star cluster**
星协 **association**
O星协 **O-association**
T星协 **T-association**
岛宇宙 **island universe**
星系 **galaxy**

旋涡星系 **spiral galaxy**
银河 **Milky Way**
银河系 **Milky Way Galaxy**
银〔河系中〕心 **galactic centre**
银盘 **galactic disc**
银核 **galactic nucleus**
银晕 **galactic halo**
星族 **stellar population**
银道坐标② **galactic coordinates**
银道③ **galactic equator**
北银极④ **north galactic pole**
南银极⑤ **south galactic pole**
银心方向⑥ **direction of galactic centre**
银经⑦ **galactic longitude**

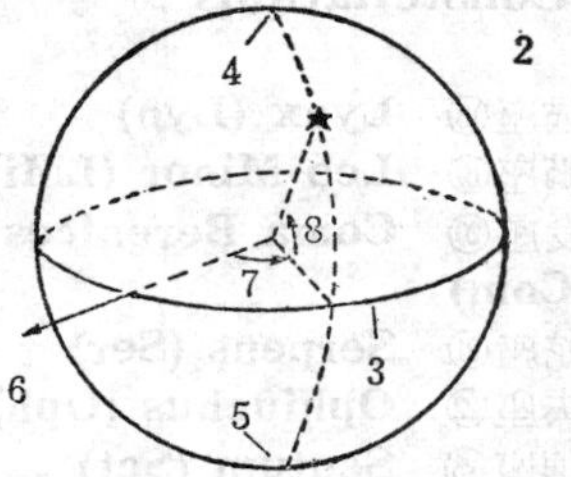

银纬⑧ **galactic latitude**
棒旋星系 **barred spiral galaxy**
椭圆星系 **elliptical galaxy**
不规则星系 **irregular galaxy**
双重星系 **binary galaxy**
三重星系 **triple galaxy**
射电星系 **radio galaxy**
类星射电源 **quasar (quasi-stellar radio source, QSS)**
类星星系 **quasi-stellar galaxy (QSG)**
星系团 **cluster of galaxies**
超星系 **supergalaxy**
总星系 **metagalaxy**
宇宙〔射〕线 **cosmic rays**
宇宙起源 **origin of the Universe**
天体演化 **cosmogony**
宇宙模型 **cosmological model**
膨胀〔宇宙〕模型 **expanding model**
大爆炸宇宙论 **Big Bang theory**
稳恒态宇宙论 **Steady State theory**
振动宇宙论 **Oscillation theory**

星 云 Nebula

银河星云 **galactic nebula**
弥漫星云 **diffuse nebula**
亮星云 **luminous nebula, bright nebula**
尘埃星云 **dust nebula**
反射星云 **reflection nebula**
气体星云 **gaseous nebula**
发射星云 **emission nebula**
猎户座大星云 **great nebula in Orion**
麒麟座玫瑰星云 **Rosette nebula in Monoceros**
金牛座蟹状星云 **Crab nebula in Taurus**
天鹅座网状星云 **Network nebula in Cygnus**
天鹅座北美洲星云 **North America nebula in Cygnus**
天鹅座鹈鹕星云 **Pelican nebula in Cygnus**

暗星云 **dark nebula**
猎户座马头星云 **Horse-Head nebula in Orion**
"煤袋"〔暗星云〕 **Coalsack**
变光星云 **variable nebula**
行星状星云 **planetary nebula**
宝瓶座耳轮星云 **Helical nebula in Aquarius**
狐狸座哑铃星云 **Dumbbell nebula in Vulpecula**
天琴座环状星云 **Ring nebula in Lyra**
河外星云 **extragalactic nebula, anagalactic nebula**
椭圆星云 **elliptical nebula**
旋涡星云 **spiral nebula**
纺锤状星云 **spindle nebula**
不规则星云 **irregular nebula**
仙女座星云 **Andromeda nebula**
三角座旋涡星云 **Triangulum Spiral**
大麦〔哲伦〕云 **Large Magellanic Cloud (LMC)**
小麦〔哲伦〕云 **Small Magellanic Cloud (SMC)**
北冕座河外星云团 **cluster of extragalactic nebulae in Corona Borealis**

星座名称 Names of Constellations

北天星座① **northern constellations**
小熊座② **Ursa Minor (UMi)**
天龙座③ **Draco (Dra)**
仙王座④ **Cepheus (Cep)**
仙后座⑤ **Cassiopeia (Cas)**
鹿豹座⑥ **Camelopardalis (Cam)**
大熊座⑦ **Ursa Major (UMa)**
猎犬座⑧ **Canes Venatici (CVn)**
牧夫座⑨ **Boötes (Boö)**
北冕座⑩ **Corona Borealis (CrB)**
武仙座⑪ **Hercules (Her)**
天琴座⑫ **Lyra (Lyr)**
天鹅座⑬ **Cygnus (Cyg)**
蝎虎座⑭ **Lacerta (Lac)**
仙女座⑮ **Andromeda (And)**
英仙座⑯ **Perseus (Per)**
御夫座⑰ **Auriga (Aur)**
天猫座⑱ **Lynx (Lyn)**
小狮座⑲ **Leo Minor (LMi)**
后发座⑳ **Coma Berenices (Com)**
巨蛇座㉑ **Serpens (Ser)**
蛇夫座㉒ **Ophiuchus (Oph)**
盾牌座㉓ **Scutum (Sct)**
天鹰座㉔ **Aquila (Aql)**
天箭座㉕ **Sagitta (Sge)**
狐狸座㉖ **Vulpecula (Vul)**
海豚座㉗ **Delphinus (Del)**
小马座㉘ **Equuleus (Equ)**
飞马座㉙ **Pegasus (Peg)**
三角座㉚ **Triangulum (Tri)**
黄道星座 **zodiacal constellations**
白羊座㉛ **Aries (Ari)**
金牛座㉜ **Taurus (Tau)**
双子座㉝ **Gemini (Gem)**
巨蟹座㉞ **Cancer (Cnc)**
狮子座㉟ **Leo (Leo)**

1

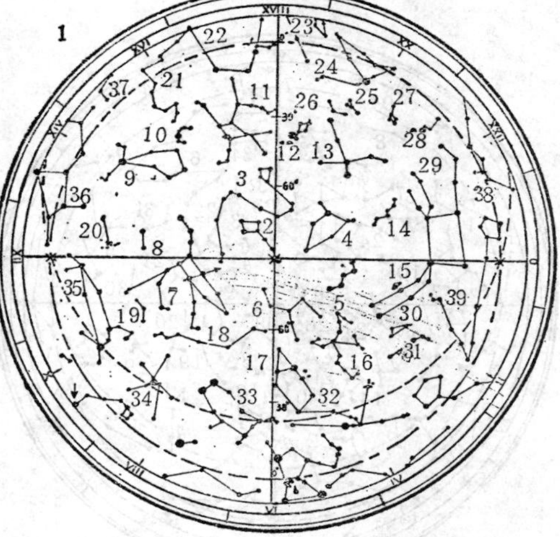

室女座㊱ **Virgo (Vir)**
天秤座㊲ **Libra (lib)**
宝瓶座㊳ **Aquarois (Aqr)**
双鱼座㊴ **Pisces (Psc)**

南天星座① **southern constellations**
天蝎座② **Scorpius (Sco)**
人马座③ **Sagittarius (Sgr)**
摩羯座④ **Capricornus (Cap)**
鲸鱼座⑤ **Cetus (Cet)**
波江座⑥ **Eridanus (Eri)**
猎户座⑦ **Orion (Ori)**
麒麟座⑧ **Monoceros (Mon)**
小犬座⑨ **Canis Minor (CMi)**
长蛇座⑩ **Hydra (Hya)**
六分仪座⑪ **Sextans (Sex)**
巨爵座⑫ **Crater (Crt)**
乌鸦座⑬ **Corvus (Crv)**
豺狼座⑭ **Lupus (Lup)**
南冕座⑮ **Corona Australis (CrA)**
显微镜座⑯ **Microscopium (Mic)**
天坛座⑰ **Ara (Ara)**
望远镜座⑱ **Telescopium (Tel)**
印第安座⑲ **Indus (Ind)**
天鹤座⑳ **Grus (Gru)**
凤凰座㉑ **Phoenix (Phe)**
时钟座㉒ **Horologium (Hor)**
绘架座㉓ **Pictor (Pic)**
船帆座㉔ **Vela (Vel)**
南十字座㉕ **Crux (Cru)**
圆规座㉖ **Circinus (Cir)**
南三角座㉗ **Triangulum Australe (TrA)**
孔雀座㉘ **Pavo (Pav)**
南鱼座㉙ **Piscis Austrinus (PsA)**
玉夫座㉚ **Sculptor (Scl)**
天炉座㉛ **Fornax (For)**
雕具座㉜ **Caelum (Cae)**

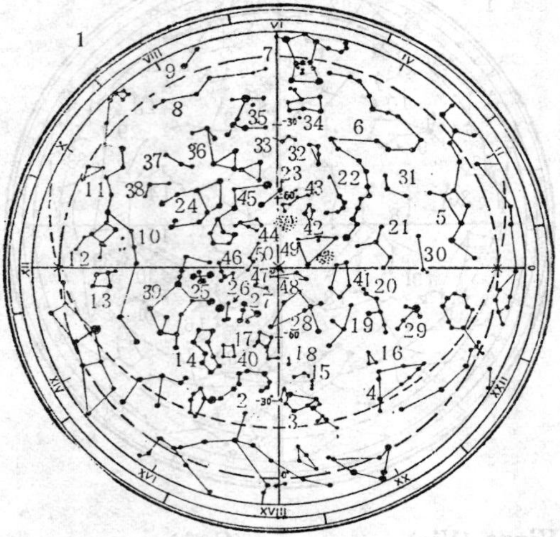

天鸽座㉝ **Columba (Col)**
天兔座㉞ **Lepus (Lep)**
大犬座㉟ **Canis Major (CMa)**
船尾座㊱ **Puppis (Pup)**
罗盘座㊲ **Pyxis (Pyx)**
唧筒座㊳ **Antlia (Ant)**
半人马座㊴ **Centaurus (Cen)**
矩尺座㊵ **Norma (Nor)**
杜鹃座㊶ **Tucana (Tuc)**
网罟座㊷ **Reticulum (Ret)**
剑鱼座㊸ **Dorado (Dor)**
飞鱼座㊹ **Volans (Vol)**
船底座㊺ **Carina (Car)**
苍蝇座㊻ **Musca (Mus)**
天燕座㊼ **Apus (Aps)**
南极座㊽ **Octans (Oct)**
水蛇座㊾ **Hydrus (Hyi)**
蝘蜓座㊿ **Chamaeleon (Cha)**

重要星名 Names of Important Stars

北极星(勾陈一，小熊座α)(51)
Polaris (α Ursae Minoris), polestar

北斗七星(52) **Big Dipper**

天枢(北斗一，大熊座α) **Dubhe (α Ursae Majoris)**

天璇(北斗二，大熊座β)
Merak (β Ursae Majoris)

天玑(北斗三，大熊座γ)
Phecda (γ Ursae Majoris)

51

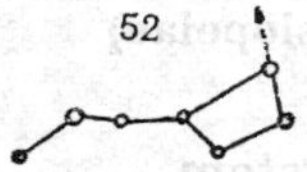

52

天权(北斗四, 大熊座δ)
Megrez (δ Ursae Majoris)
玉衡(北斗五, 大熊座ε)
Alioth (ε Ursae Majoris)
开阳(北斗六, 大熊座ζ)
Mizar (ζ Ursae Majoris)
辅(大熊座ζ_2) **Alcor (ζ_2 Ursae Majoris)**
摇光(北斗七, 大熊座η)
Alkaid, Benetnasch (η Ursae Majoris)
右枢(紫微右垣一, 天龙座α)
Thuban (α Draconis)
大角(牧夫座α) **Arcturus (α Boötis)**
天船三(英仙座α) **Mirfac (α Persei)**
大陵五(英仙座β) **Algol (β Persei)**
天狼星(大犬座α) **Sirius (α Canis Majoris), Dog Star**
老人星(船底座α) **Canopus (α Carinae)**
天津四(天鹅座α) **Deneb (α Cygni)**
五车二(御夫座α) **Capella (α Aurigae)**
五车五(金牛座β) **Elnath (β Tauri)**
毕宿五(金牛座α) **Aldebaran (α Tauri)**
昴宿六(金牛座η) **Alcyone (η Tauri)**
大火(心宿二, 天蝎座α)
Antares (α Scorpii)
北河二(双子座α) **Castor (α Geminorum)**
北河三(双子座β) **Pollux (β Geminorum)**
北落师门(南鱼座α) **Fomalhaut (α Piscis Austrini)**
角宿一(室女座α) **Spica (α Virginis)**
牵牛星(河鼓二, 天鹰座α)
Altair (α Aquilae)
织女星(织女一, 天琴座α)
Vega (α Lyrae)
南河三(小犬座α) **Procyon (α Canis Minoris)**
水委一(波江座α) **Achernar (α Eridani)**
轩辕十四(狮子座α) **Regulus (α Leonis)**
五帝座一(狮子座β) **Denebola (β Leonis)**
参宿四(猎户座α) **Betelgeuse (α Orionis)**
参宿五(猎户座γ) **Bellatrix (γ Orionis)**
参宿七(猎户座β) **Rigel (β Orionis)**
室宿一(飞马座α) **Markab (α Pegasi)**
室宿二(飞马座β) **Scheat (β Pegasi)**
壁宿一(飞马座γ) **Algenib (γ Pegasi)**

星宿一(长蛇座α) **Alphard (α Hydrae)**
娄宿三(白羊座 α) **Hamal (α Arietis)**
天囷一(鲸鱼座α) **Menkar (α Ceti)**
蒭藁增二(鲸鱼座O) **Mira (o Ceti)**
奎宿九(仙女座β) **Mirach (β Andromedae)**
候(蛇夫座α) **Rasalhague (α Ophiuchi)**
王良四(仙后座α) **Schedar (α Cassiopeiae)**

太阳系 The Solar System

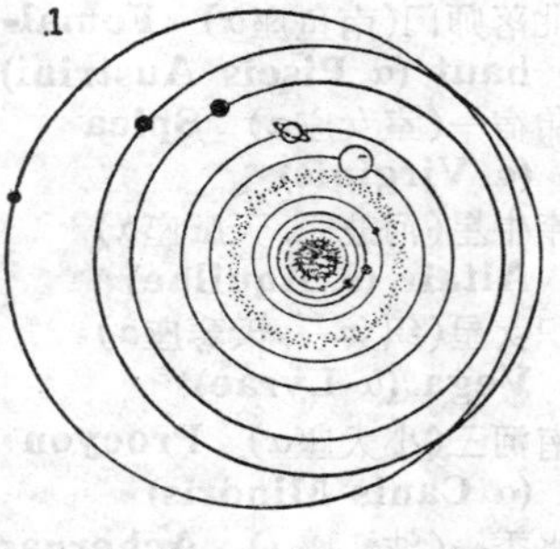

太阳系① **the solar system**
太阳 **sun**
光球 **photosphere**
太阳圆面 **disc of the sun**
(圆面)边缘 **limb**
临边昏暗 **limb darkening**
太阳黑子(日斑) **sunspot**
前导黑子 **leading sunspot**
后随黑子 **following sunspot**
黑子周 **sunspot cycle**
光斑 **facula**
(日面)米粒 **granule**
色球〔层〕 **chromosphere**
日珥 **solar prominence**
日冕 **solar corona**
太阳单色光观测② **spectroheliographic investigation**
棱镜③ **prism**
透镜④ **lens**
狭缝⑤ **slit**
光谱⑥ **spectrum**
太阳单色光照片 **spectroheliogram**
谱斑 **plage**
太阳辐射 **solar radiation**
射电宁静太阳 **radio quiet sun**
电离层暴 **ionospheric storm**

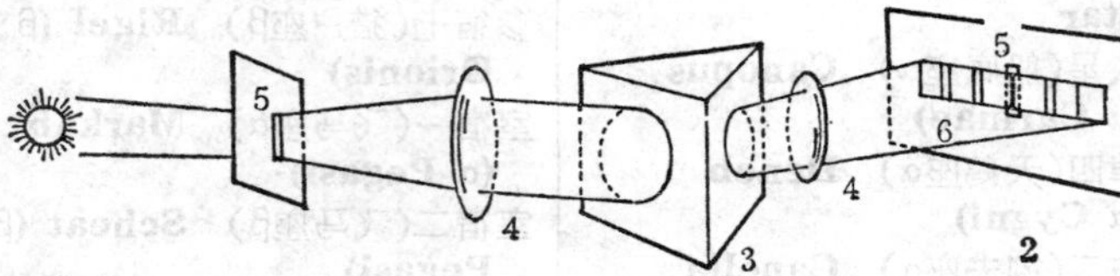

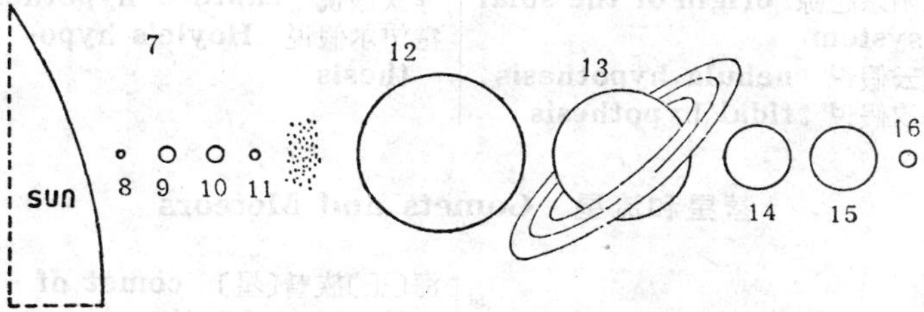

耀斑 **solar flare**
磁暴 **magnetic storm**
太阳风 **solar wind**
黄道光 **zodiacal light**
行星 **planet**
九大行星⑦ **9 principal planets**
水星⑧ **Mercury**
金星⑨ **Venus**
地球⑩ **Earth**
火星⑪ **Mars**
木星⑫ **Jupiter**
土星⑬ **Saturn**
土星光环 **Saturn's rings**
天王星⑭ **Uranus**
海王星⑮ **Neptune**
冥王星⑯ **Pluto**
冥外行星 **trans-Plutonian planet**
小行星 **asteroid, planetoid, minor planet**
谷神星 **Ceres**
智神星 **Pallas**
婚神星 **Juno**
灶神星 **Vesta**
义神星 **Astraea**
爱神星 **Eros**
阿基里斯小行星 **Achilles**
阿多尼斯小行星 **Adonis**
阿波罗小行星 **Apollo**
赫米斯小行星 **Hermes**
伊卡鲁斯小行星 **Icarus**
小行星带 **asteroidal belt**
(小行星带外的)外行星 **outer planets**
(小行星带内的)内行星 **inner planets**
(地球轨道外的)外行星 **superior planets**
(地球轨道内的)内行星 **inferior planets**
类木行星 **Jovian planets**
类地行星 **terrestrial planet**
卫星 **satellite**
火卫 **Martian satellites**
木卫 **Jovian satellites**
土卫 **Saturnian satellites**
天〔王〕卫 **Uranian satellites**
海〔王〕卫 **Neptunian satellites**
开普勒行星运动三定律 **Kepler's three laws of planetary motion**
托勒密体系(地心体系) **Ptolemaic system (geocentric system)**
哥白尼体系(日心体系) **Copernican system (heliocentric system)**

太阳系起源 origin of the solar system
星云假说 nebula hypothesis
潮汐假说 tidal hypothesis
俘获假说 capture hypothesis
霍伊尔假说 Hoyle's hypothesis

彗星和流星 Comets and Meteors

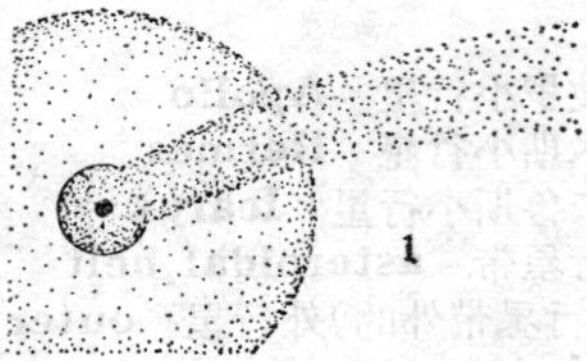

1

彗星① comet
彗头 head of comet
彗核 nucleus of comet
彗发 coma
氢云 hydrogen cloud
彗尾 tail of comet
直彗尾 straight tail
曲彗尾 curved tail
多重彗尾 multiple tail
反常彗尾 anomalous tail
恩克彗〔星〕 Encke's comet
哈雷彗〔星〕 Halley's comet
彗星群 comet group
木族彗〔星〕 comet of Jupiter family
土族彗〔星〕 comet of Saturn family
天〔王〕族彗〔星〕 comet of Uranus family
海〔王〕族彗〔星〕 comet of Neptune family
交食彗 eclipse comet
母彗星 parent comet
彗生流星雨 cometary stream
流星 meteor, shooting star
火流星 fireball
仙女流星群 Andromedids
宝瓶流星群 Aquarids
仙后流星群 Cassiopeids
天龙流星群 Draconids
双子流星群 Geminids
天琴流星群 Lyrids
狮子流星群 Leonids
天秤流星群 Librids
麒麟流星群 Monocerids
猎户流星群 Orionids
英仙流星群(八月流星群) Perseids (August meteors)
金牛流星群 Taurids
小熊流星群 Ursids
流星雨 meteor shower
流星雨辐射点 meteor shower radiant
流星尘 meteoric dust
流星轨迹 meteor trajectory
流星余迹 meteor trail
陨星 meteorite
陨星雨 meteorite shower
陨星坑 meteorite crater

地月系统 The Earth-Moon System

质量中心 **centre of mass**
地球自转 **rotation of the Earth**
地〔球自转〕轴 **rotation axis of the Earth**
地球公转 **revolution of the Earth**
轨道 **orbit**
轨道面 **orbital plane**
近日点 **perihelion**
远日点 **aphelion**
地平圈 **horizon**
地球进动 **precession of the Earth**
地球章动 **nutation of the Earth**
月球 **moon**
白道 **moon's orbit, lunar orbit**
近地点 **perigee**
远地点 **apogee**

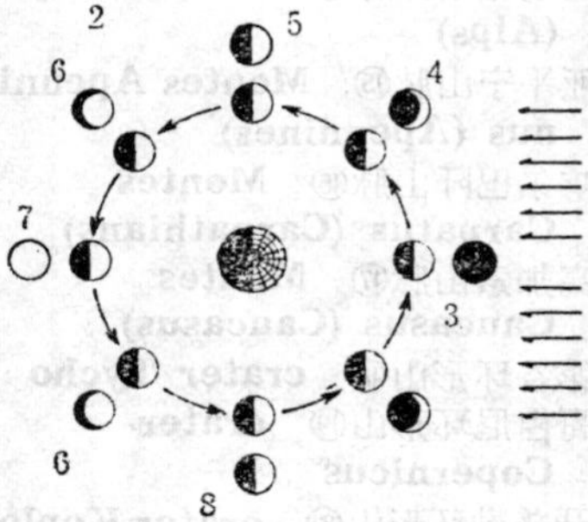

黄白交角 **inclination of the lunar orbit**
交点 **node**
交点线 **line of nodes**
偏心率(离心率) **eccentricity**
月球天平动 **lunar libration, libration of the moon**
月相② **phases of the moon**
朔(新月)③ **new moon**
蛾眉月④ **crescent**
上弦⑤ **first quarter**
凸月⑥ **gibbous moon**
望(满月)⑦ **full moon**
下弦⑧ **last quarter**
盈月 **waxing moon**
亏月 **waning moon**
地月交互作用 **Earth-moon interaction**
潮汐 **tides**
太阴潮 **lunar tide**
太阳潮 **solar tide**
涨潮 **flood tide**
落潮 **ebb tide**
大潮 **spring tide**
小潮 **neap tide**
大气潮 **atmospheric tide**
陆潮 **earth tide**
长潮力 **tide raising force**
潮汐力 **tidal force**
潮汐摩擦 **tidal friction**
月震 **moonquake**
月面 **lunar surface**
(月面)环形山 **lunar crater**
(月面)圆谷 **lunar circus**
(月面)沟纹 **rill (rille)**

1

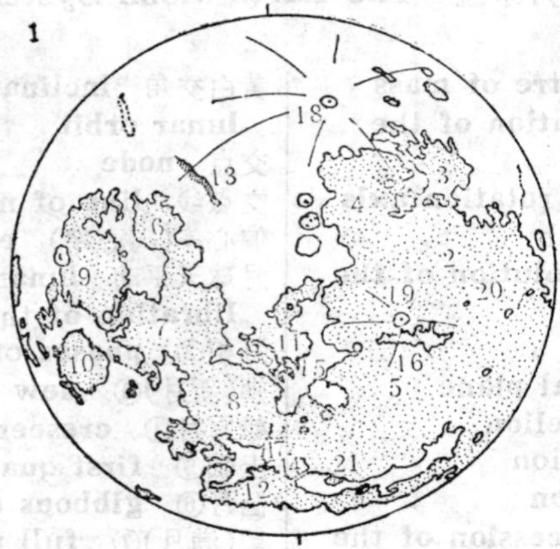

月面图① **lunar map**

风暴洋② **Oceanus Procellarum (Ocean of Storms**

湿海③ **Mare Humorum (Sea of Moisture)**

云海④ **Mare Nubium (Sea of Clouds)**

雨海⑤ **Mare Imbrium (Sea of Rains)**

酒海⑥ **Mare Nectaris (Sea of Nectar)**

静海⑦ **Mare Tranquillitatis (Sea of Tranquillity)**

澄海⑧ **Mare Serenitatis (Sea of Serenty)**

丰富海⑨ **Mare Foecunditatis (Sea of Fertility)**

危海⑩ **Mare Crisium (Sea of Crises)**

汽海⑪ **Mare Vaporum (Sea of Vapours)**

冷海⑫ **Mare Frigoris (Sea of Cold)**

阿尔泰山脉⑬ **Montes Altai (Altai Mountains)**

阿尔卑斯山脉⑭ **Montes Alpes (Alps)**

亚平宁山脉⑮ **Montes Apenninus (Apennines)**

喀尔巴阡山脉⑯ **Montes Carpatus (Carpathians)**

高加索山脉⑰ **Montes Caucasus (Caucasus)**

第谷环形山⑱ **crater Tycho**

哥白尼环形山⑲ **crater Copernicus**

开普勒环形山⑳ **crater Kepler**

柏拉图环形山㉑ **crater Plato**

交食和掩星 Eclipses and Occultations

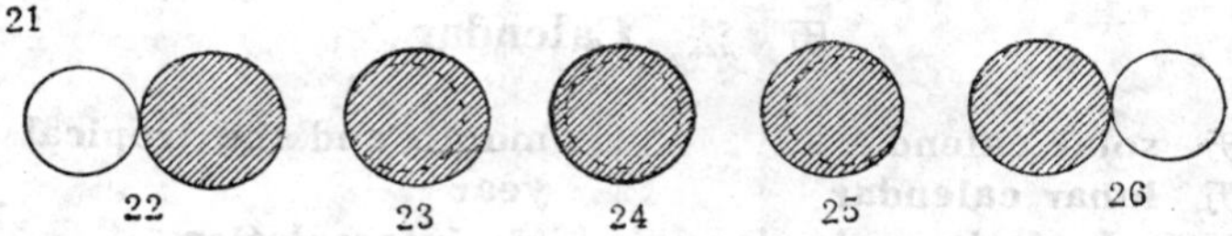

交食 **eclipse**
食年 **eclipse year**
沙罗周期 **saros**
食限 **eclipse limit**
交食预测 **prediction of eclipses**
偏食始(初亏) **beginning of partial eclipse (first contact)**
食甚 **middle of eclipse, maximum phase**
偏食终(复圆) **end of partial eclipse (last contact)**
日全食五个阶段㉑ **five phases of a total solar eclipse**
初亏㉒ **first contact**
食既(全食始)㉓ **second contact (beginning of totality)**
食甚㉔ **totality, middle of eclipse**
生光(全食终)㉕ **third contact (end of totality)**
复圆㉖ **fourth contact, last contact**
日食㉗ **solar eclipse, eclipse of the sun**
本影㉘ **umbra**
半影㉙ **penumbra**
全食㉚ **total eclipse**
偏食㉛ **partial eclipse**
环食㉜ **annular eclipse**
日全食 **total solar eclipse**
日偏食 **partial solar eclipse**
全食带 **belt of totality**
月食 **lunar eclipse, eclipse of the moon**
月全食 **total lunar eclipse**
月偏食 **partial lunar eclipse**
半影月食 **penumbral lunar eclipse, lunar appulse**
卫星食 **satellite eclipse**
食分 **magnitude of eclipse, degree of obscuration**
掩食时间 **duration of eclipse**
全食时间 **duration of totality**
掩星 **occultation**

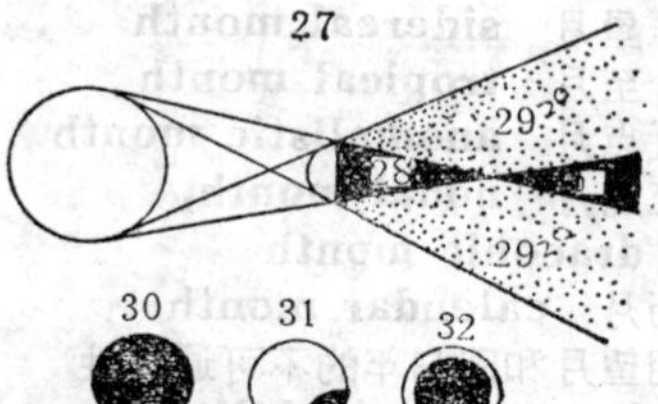

掩始 **immersion**
复现 **emersion**
水星凌日 **transit of Mercury**
金星凌日 **transit of Venus**
初切 **ingress**
终切 **egress**

历 法 Calendar

阳历 **solar calendar**
阴历 **lunar calendar**
阴阳历 **lunisolar calendar**
太初历(三统历)(公元前 104 年 采用) **Taichu calendar (Santong calendar) (adopted in 104 B. C.)**
祖冲之创制的大明历 **Daming calendar constructed by Zu Chongzhi**
郭守敬的授时历 **Shoushi calendar by Guo Shoujing**
儒略历 **Julian calendar**
格〔雷果〕里历(1582年开始颁行) **Gregorian calendar (introduced in 1582)**
恒星年 **sidereal year**
回归年(太阳年) **tropical year (solar year)**
历年 **calendar year**
平年 **common year**
闰年 **leap year**
月 **month**
朔望月 **synodic month**
恒星月 **sidereal month**
分至月 **tropical month**
近点月 **anomalistic month**
交点月 **nodal month, draconic month**
历月 **calendar month**
朔望月和回归年的不可通约性 **incommensurability between the synodic month and the tropical year**
置闰 **intercalation**
闰月 **intercalary month**
闰日 **intercalary day**
太阴周(默冬章) **lunar cycle (Metonic cycle)**
十九年七闰月 **7 intercalary months in 19 years**
十二次 **12 intervals on the ecliptic**
二十四节气 **24 solar terms**
季 **season**
春 **spring**
夏 **summer**
秋 **autumn**
冬 **winter**
春分 **vernal equinox**
秋分 **autumnal equinox**
岁差 **precession of the equinoxes**
夏至 **summer solstice**
冬至 **winter solstice**
二十八宿 **28 lunar mansions**
甲子周期(干支周期) **sexagenary cycle**
天干 **'celestial stems'**
地支 **'terrestrial branches'**
星期(周) **week**
日 **day**
平太阳日(民用日) **mean solar day (civil day)**

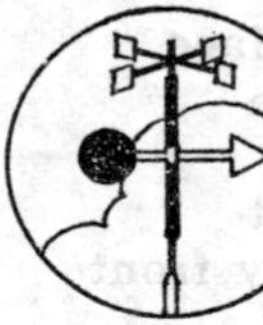

气象学 Meteorology

大　气　The Atmosphere

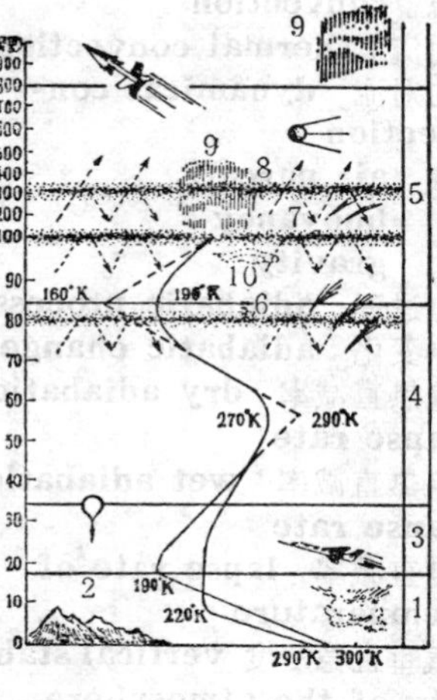

对流层① troposphere
对流层顶② tropopause
平流层③ stratosphere
中间层④ mesosphere
热成层⑤ thermosphere
D层⑥ D-layer
E层⑦ E-layer
F层⑧ F-layer
极光⑨ aurora
夜光云⑩ noctilucent clouds
臭氧层 ozonosphere
光化层 chemosphere
电离层 ionosphere
外逸层 exosphere
磁性层 magnetosphere
摩擦层 frictional layer
自由大气 free atmosphere
空气密度 air density
气压 atmospheric pressure
标准大气压 standard atmosphere pressure
毫巴 millibar (mb)
气温 air temperature
度 degree
摄氏温〔度〕标(百分温标) Celsius' temperature scale (centigrade temperature scale) (C)
华氏温〔度〕标 Fahrenheit temperature scale (F)
绝对温〔度〕标 absolute temperature scale (K)
绝对湿度 absolute humidity

相对湿度 relative humidity
饱和空气 saturated air
饱和水汽压 saturation vapour pressure
露点 dew point
气团 air mass
冷气团 cold air mass
暖气团 warm air mass
锋 front
锋面 frontal surface
锋线 frontal line
冷锋 cold front
暖锋 warm front
静止锋 stationary front

风 Wind

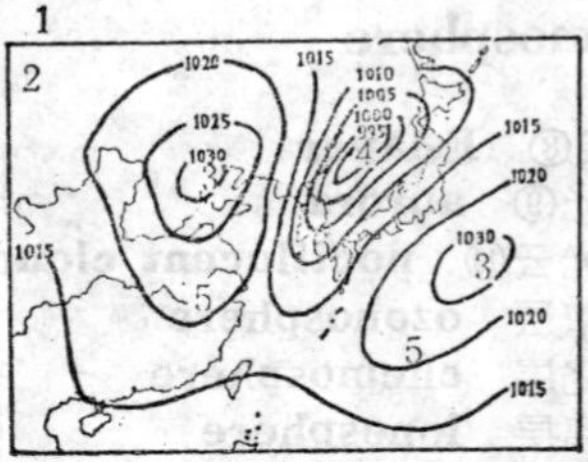

大气环流 atmospheric circulation
海平面气压 sea level pressure
气压图① pressure chart
等压线② isobar
高气压③ high pressure
低气压④ low pressure
高压脊⑤ pressure ridge
低压槽⑥ pressure trough
高压等值线 pleiobar
低压等值线 meiobar
槽线 trough line
气压梯度 pressure gradient
气压梯度力 pressure (-gradient) force
地球自转偏向力 deflection force of Earth rotation
热量平衡 heat balance
平流 advection
平流变化 advective change
辐合 convergence
辐散 divergence
对流 convection
热对流 thermal convection
动力对流 dynamical convection
气块 air parcel
浮力 buoyancy
重力 gravity
绝热过程 adiabatic process
绝热变化 adiabatic change
干绝热直减率 dry adiabatic lapse rate
湿绝热直减率 wet adiabatic lapse rate
温度直减率 lapse rate of temperature
大气垂直稳定度 vertical stability of the atmosphere
涡旋运动 vortex motion
切变 shear
小〔型〕环流 minor circulation
陆风 land breeze
海风 sea breeze
谷风 valley breeze
山风 mountain breeze
焚风 foehn wind

融雪风 snow eater
气旋 cyclone
反气旋 anticyclone
热带气旋 tropical cyclone
热带扰动 tropical disturbance
热带低压 tropical depression
中等热带风暴 moderate tropical storm
强热带风暴 severe tropical storm
飓风 hurricane
台风 typhoon
台风眼 typhoon eye
飑 squall
水龙卷(海龙卷) waterspout
陆龙卷 landspout, tornado (twister)
尘卷 dust devil, dust whirl
尘暴 dust storm
沙暴 sandstorm
风带 wind belt
东风带 easterly belt
西风带 westerly belt
东风槽 easterly trough
西风槽 westerly trough
东风波 easterly wave
西风波 westerly wave
赤道无风带 doldrums, equatorial calms
副热带无风带 horse latitudes
信风 trade winds
反信风 antitrades
季风 monsoon

云 雾 Cloud and Fog

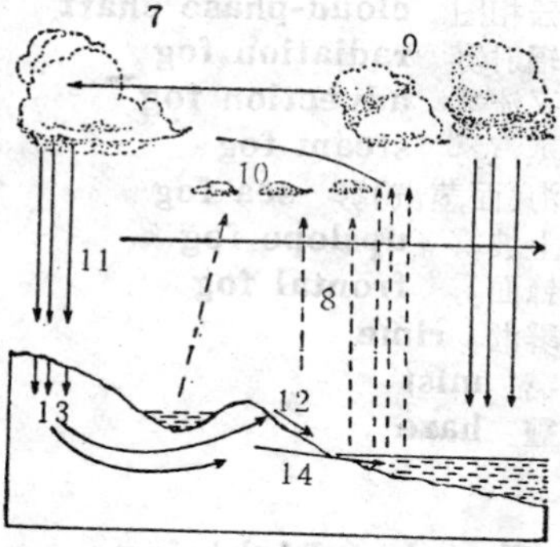

水分循环⑦ hydrological cycle
蒸发⑧ evaporation
水汽 water vapour
海洋气团⑨ maritime air mass
大陆气团⑩ continental air mass
凝结 condensation
降水⑪ precipitation
河流和片流⑫ streams and sheet flow
渗透⑬ infiltration
潜水面(地下水面)⑭ water table
绝热冷却 adiabatic cooling
辐射冷却 radiation cooling
尘粒 dust particle
凝结核 condensation nucleus
凝华 sublimation
凝华核 sublimation nucleus
悬浮于空中的微细水滴 fine particles of water suspended in the air
云滴 cloud droplet
雾滴 fog drop

国际云图 **International Cloud Atlas**
云属 **cloud genera**
高云 **high clouds**
卷云① **cirrus (Ci)**
卷层云② **cirrostratus (Cs)**
卷积云③ **cirrocumulus (Cc)**
中云 **middle clouds**
高层云④ **altostratus (As)**
高积云⑤ **altocumulus (Ac)**
低云 **lower clouds**
层积云⑥ **stratocumulus (Sc)**
层云⑦ **stratus (St)**
雨层云⑧ **nimbostratus (Ns)**
直展云 **heap clouds, (Am.) clouds with vertical development**
积云⑨ **cumulus (Cu)**
积雨云⑩ **cumulonimbus (Cb)**
旗状云 **banner cloud**
盔云 **crest cloud**
云底 **cloud base**
云顶 **cloud top**
云幂 **ceiling**
云带 **cloud band**
云堤 **cloud bank**
云的调控 **cloud modification**
消云 **cloud dissipation**
云的催化 **cloud seeding**
云催化剂 **cloud-seeding agent**
卫星云图 **satellite cloud picture**
云相图 **cloud-phase chart**
辐射雾 **radiation fog**
平流雾 **advection fog**
蒸汽雾 **steam fog**
海〔面蒸汽〕雾 **sea fog**
上坡雾 **upslope fog**
锋面雾 **frontal fog**
雾淞 **rime**
霭 **mist**
霾 **haze**

雨雪雷电 Rain, Snow, Thunder, Lightning

雨 **rain**
梅雨 **plum rain**
台风雨 **typhoon rain**
毛毛雨 **drizzle**
晴空雨 **serein**
阵雨 **shower**
雷阵雨 **thunder shower**
连续雨(绵雨) **continuous rain**
暴雨 **cloudburst**

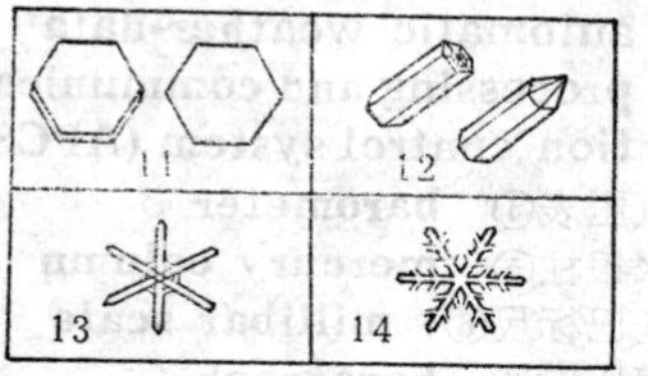

冻雨 **freezing rain**
雨淞 **glaze**
雪 **snow**
雪花 **snow-flake**
雪晶 **snow crystal**
片状晶⑪ **plate crystal**
柱状晶⑫ **columnar crystal**
星状晶⑬ **stellar crystal**
枝状晶⑭ **dendritic crystal**
雪花环 **snow garland**
雪阵 **snow flurry**
高吹雪 **blowing snow**
低吹雪 **drifting snow**
大风雪 **driving snow**
雪暴 **snowstorm**
米雪 **snow grains**
霰(软雹) **snow pellets, graupel (soft hail)**
冰雹 **hail**
冰雹胚胎 **hail embryo**
雹块 **hailstone**
雹暴 **hailstorm**
防雹 **hail suppression**
消雹 **hail mitigation**
霜 **frost**
白霜 **hoarfrost, white forst**
黑霜(霜冻) **black frost**
永冻 **permafrost**
冰晶 **ice crystal**
冰核带电 **electrification of ice nucleus**
闪电 **lightning**
枝状闪电 **streak lightning**
片状闪电 **sheet lightning**
球状闪电 **ball lightning**
雷 **thunder**
霹雳 **thunderclap**
雷暴 **thunderstorm**
虹 **rainbow**
虹彩 **iridescence**
晕 **halo**
日晕 **solar halo**
月晕 **lunar halo**
彩光〔环〕 **glory**
华盖 **aureole**
峨眉宝光 **Brocken spectre, Brocken bow**
海市蜃楼 **mirage**
上现蜃景 **upper mirage**
下现蜃景 **lower mirage**

气象观测 Meteorological Observation

探测 **sounding**
气球火箭探测 **rockoon sounding**
气象火箭 **meteorological rocket**
火箭探空仪 **rocketsonde**
气象卫星 **meteorological satellite**
同步气象卫星 **synchronous meteorological satellite (SMS)**
卫星探测 **satellite sounding**

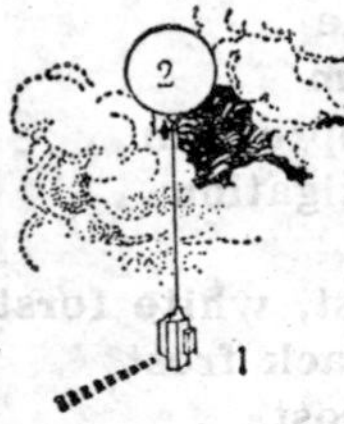

无线电探空仪① radiosonde
探空仪气球② radiosonde balloon
气象区 meteorological region
气象台站网 meteorological network
气象台 meteorological observatory
气象站 meteorological station
气象哨 meteorological post
气象雷达 meteorological radar
多普勒雷达 Doppler radar
激光雷达 lidar (light detecting and ranging)
多色激光雷达 polychromatic lidar
声雷达 sodar (sound detecting and ranging)
天气监视雷达 weather surveillance radar (WSR)
测云雷达 cloud detection radar
云的回波 cloud echo
测云镜 mirror nephoscope, cloud mirror
彩色自旋扫描摄云照相机 multi-colour spin scan cloud camera (MSSCC)
天气雷达资料处理分析器 weather radar data processor and analyzer (WERAN)
自动天气资料加工和通信控制系统 automatic weather-data processing and communication control system (APCS)
气压表④ barometer
水银柱⑤ mercury column
毫巴标尺⑥ millibar scale
气压计⑦ barograph
记录筒⑧ recording drum
空盒⑨ aneroid boxes
记录杆⑩ recording lever
温度表⑪ thermometer
温度计⑫ thermograph
测量元件⑬ measuring element
湿度表⑭ hygrometer
毛发⑮ hair
标尺⑯ scale
干湿球湿度表⑰ wet and dry bulb hygrometer
风杯风速表⑱ cup anemometer
旋转风杯⑲ revolving cups
风向标⑳ wind vane
雨量器㉑ rain gauge
漏斗㉒ funnel
收集器㉓ collector
量杯㉔ graduated glass cylinder
百叶箱㉕ instrument shelter, thermometer screen, thermoscreen
直接日射强度表㉖ pyrheliometer
量雪器 snow gauge
〔量〕雪尺 snow stake, snow scale
气象资料 meteorological data
气象要素 meteorological element
气象图 meteorological map

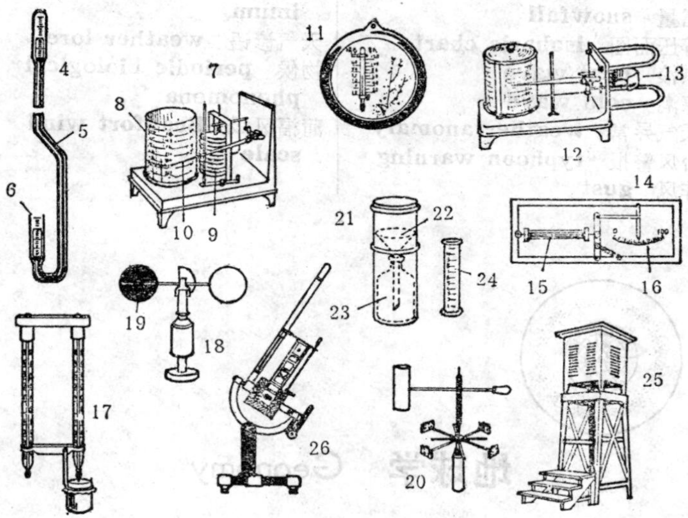

天气预报 Weather Forecasting

天气型 **weather type**
天气分析 **weather analysis**
数值天气预报 **numerical weather prediction (NWP)**
单站预报 **single station forecast**
中期预报 **medium-range forecast (MRF)**
长期预报 **long-range forecast (LRF)**
(预报)时效 **valid time**
订正预报 **forecast amendment**
预报准确率 **forecast accuracy**
预报检验 **forecast verification**
预报员 **forecaster**
天气图 **weather map**
填图 **plotting**
填图符号 **plotting symbols**
风向 **wind direction**
风速 **wind speed, wind velocity**
云量 **cloud cover, cloudage, cloudiness**
云高 **cloud height**
无云 **clear, cloudless**
晴 **fine**
少云 **somewhat cloudy**
多云 **cloudy**
阴 **overcast**
鱼鳞天 **mackerel sky**
能见度 **visibility**

雨量 **rainfall**
雪量 **snowfall**
等压面图 **isobaric chart**
热浪 **heat wave**
寒潮 **cold wave**
天气异常 **weather anomaly**
台风警报 **typhoon warning**
阵风 **gust**
最低气象条件 **weather minimum**
天气谚语 **weather lore**
物候 **periodic biological phenomena**
蒲福风级 **Beaufort wind scale**

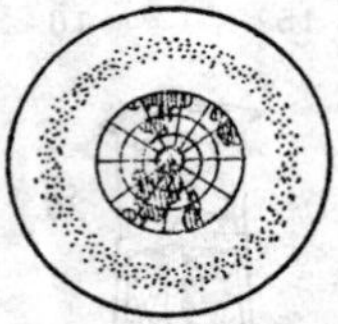

地球学 Geonomy

地球结构 Structure of the Earth

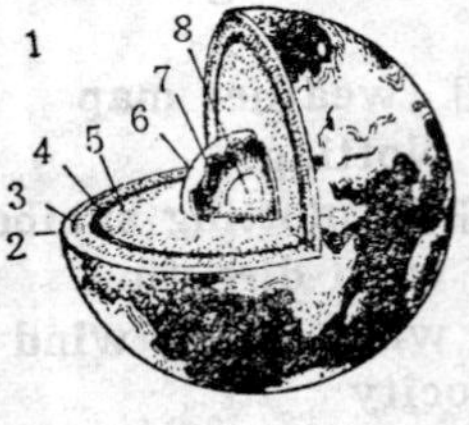

地球的主要分层① **main layers of the Earth**
地壳② **Earth crust**
上地幔③ **upper mantle**
过渡带④ **transition zone**
下地幔⑤ **lower mantle**
地核⑥ **Earth core**
外核⑦ **outer core**
内核⑧ **inner core**
海洋⑨ **ocean**
大陆阶地⑩ **continental terrace**
大陆地壳⑪ **continental crust**
硅铝带⑫ **sial**
海洋地壳⑬ **oceanic crust**
硅镁带⑭ **sima**
莫霍〔洛维奇契〕不连续面（莫霍面）⑮ **Mohorovičić discontinuity (Moho)**
地幔⑯ **mantle**

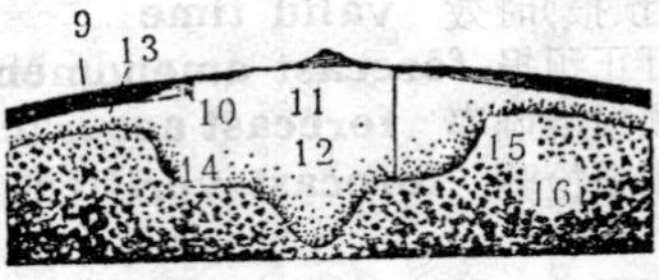

岩石层 **lithosphere**
软流层 **asthenosphere**
地壳运动 **crustal movement**
收缩说 **contraction theory**
大陆漂移说 **continental drift theory**
大陆块 **continental block**
联合古陆⑰ **Pangaea**
劳亚古陆⑱ **Laurasia**
冈瓦纳古陆⑲ **Gondwana**
当代各大陆的位置⑳ **contemporary position of the continents**
板块大地构造 **plate tectonics**
板块 **plate**
板块运动 **plate movement**
海底扩张 **sea floor spreading**
(软流层中的)对流 **convection currents (in the asthenosphere)**
地壳均衡 **isostasy**
均衡补偿 **isostatic compensation**
地壳翘曲 **crustal warping**
褶皱 **folding**
断裂 **faulting**
地壳变形㉑ **deformation of the Earth crust**
单斜褶皱㉒ **monocline**
对称向斜㉓ **symmetrical syncline**
对称背斜㉔ **symmetrical anticline**
倾斜背斜㉕ **inclined anticline**
伏褶皱㉖ **recumbent fold**
逆掩褶皱㉗ **overthrust fold**
正常断层㉘ **normal fault**
逆断层㉙ **reverse fault**
横推断层㉚ **transcurrent fault**
斜滑正常断层㉛ **oblique-slip normal fault**
旋转断层㉜ **rotation fault**
地垒㉝ **horst**
地堑㉞ **graben**
盐丘㉟ **salt dome**
盐栓㊱ **salt plug**
水平断层 **horizontal fault**
转换断层 **transform fault**
造陆 **continent making, epeirogeny**
上升 **uplift**
下沉 **subsidence**
造山 **mountain building, orogeny**
造山带 **orogenic belt**
地槽 **geosyncline**

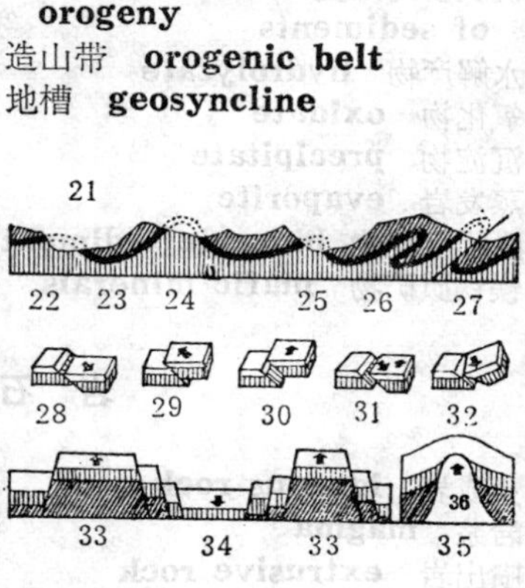

地球化学循环 Geochemical Cycle

大循环 **major cycle**
小循环 **minor cycle**
元素的丰度 **abundance of elements**
元素在岩石带中的迁移 **migration of elements in the lithosphere**
花岗岩化〔作用〕 **granitization**
深熔作用 **anatexis**
再生作用 **palingenesis**
花岗岩精 **granitic ichor**
混合作用 **migmatization**
混合岩 **migmatite**
交代〔作用〕 **metasomatosis**
内成作用 **endogenic process**
深成作用 **deep-seated process**
外成作用 **exogenic process**
地表作用 **surficial process**
化学风化 **chemical weathering**
沉积物的分类 **classification of sediments**
水解产物 **hydrolyzate**
氧化物 **oxidate**
沉淀物 **precipitate**
蒸发岩 **evaporite**
生物沉积物 **biogenic sediment**
镁铁质矿物 **mafic minerals**
长英矿物 **felsic minerals**
粘土矿物 **clay minerals**
成岩作用 **diagenesis**
地球化学异常 **geochemical anomaly**
异常集中 **abnormal concentration**
分散 **dispersion**
分散模式 **dispersion pattern**
成矿区 **metallogenetic province**
分散晕 **dispersion halo**
渗漏晕 **leakage halo**
元素的释放和再分布 **release and redistribution of elements**
胶体溶液 **colloidal solution**
胶体悬浮 **colloidal suspension**
侧向迁移 **lateral migration**
分散扇 **dispersion fan**
分散流 **dispersion train**
比色分析 **colorimetric analysis**
色谱分析 **chromatographic analysis**
极谱分析 **polarographic analysis**

岩 石 Rock

火成岩 **igneous rock**
岩浆 **magma**
喷出岩 **extrusive rock**
侵入岩 **intrusive rock**
岩基 **batholith**
岩株 **stock**

岩颈 **neck, plug**
粒状岩 **granular rock**
细粒岩 **fine-grained rock**
粒度 **grain size**
花岗岩 **granite**
玄武岩 **basalt**
斑状〔结构〕 **porphyritic**
斑晶 **phenocryst**
基质 **matrix**
黑曜岩 **obsidian**
浮岩 **pumice**
火成碎屑岩 **pyroclastic rock**
凝灰岩 **tuff**
火山角砾岩 **volcanic breccia**
隐晶结构 **aphanitic texture**
流纹岩 **rhyolite**
沉积岩(水成岩) **sedimentary rock**
成层岩 **stratified rock**
砾岩 **conglomerate rock**
砂岩 **sandstone**
石英 **quartz**
方解石 **calcite**
粘土 **clay**
粉砂岩 **siltstone**
页岩 **shale**
石灰岩 **limestone**
白云岩 **dolomite**
变质岩 **metamorphic rock**
板岩 **slate**
千枚岩 **phyllite**
片岩 **schist**
片麻岩 **gneiss**
大理岩(大理石) **marble**
石英岩 **quartzite**
酸性岩 **acid rock**
中性岩 **intermediate rock**
基性岩 **basic rock**
生物岩 **biolith**
响岩 **phonolite, clinkstone**
侵蚀 **erosion**
风化 **weathering**
页状剥落 **exfoliation**
溶蚀 **solution**
刻蚀 **corrasion**
磨蚀 **abrasion**
冰蚀 **glaciation**
风棱石 **ventifact, glyptolith, rillstone**
巨砾 **boulder**
中砾 **cobble**
小砾 **pebble**
粗砾 **shingle**
砂砾 **gravel**
岩溶 **karst**
洞穴 **cave, grotto**
桂林岩洞 **Kweilin's karst grottoes**
地下洞穴 **cavern**
落水洞 **sinkhole, sink**
石笋 **stalagmite**
钟乳石 **stalactite**
石枝 **helictite**

地质调查 Geologic Survey

矿物资源 **mineral resources**
分布 **distribution**
储〔藏〕量 **reserve**
勘探 **prospecting**
矿床 **ore deposit, mineral deposit**

矿脉 vein, lode, ledge
矿脉结构 vein texture
脉尖 apex of vein
露头 outcrop
地球物理勘探 geophysical prospecting
重力法 gravitational method
重力仪 gravimeter
扭秤 torsion baldnce, torsion gravimeter
磁法 magnetic method
磁力仪 magnetometer
电法 electrical method
电位测量 measurement of electric potential
电位计 potentiometer
电阻率法 resistivity method
地震法 seismic method
反射法 reflection method
折射法 refraction method
地下岩系 subsurface rock formation
构造 structure
层理 bedding
节理 jointing
劈理 cleavage
矿层 ore bed
矿体 ore body
砂矿 placer
钻孔 borehole, drillhole
电测井 electrical logging
初探浅井 trial pit
表生矿床 superficial deposit
厚度 thickness
基岩 bedrock
采样 sampling
采样单位 sampling horizon
槽探取样 pit sampling
取样器 sampler
岩样 rock sample
(岩石)薄片 slice (of rock)
偏振光显微镜 polarizing microscope
电子显微镜 electron microscope
放射性元素 radioactive element
子原素 daughter element
放射性衰变率 radioactive decay rate
半衰期 half-life (period)
放射性碳(碳14) radiocarbon (C14)
放射性碳测定年代 radiocarbon dating
地质图 geological map

地 貌 Land Form

地块 land mass
地盾 shield
地台 platform
大陆 continent
亚洲 Asia
非洲 Africa
欧洲 Europe
美洲 America
大洋洲 Oceania
次大陆 Subcontinent
大陆边缘 continental margin
大陆坡 continental slope
大陆架 continental shelf
褶皱山 fold mountain

断块山 **fault-block mountain**
山系 **mountain system**
山链 **mountain chain**
山脉 **mountain range**
(美洲)雁列山脉 **cordillera**
山岭 **mountain ridge**
山梁 **flat-topped ridge**
刃岭 **arête**
山口 **pass**
山脊垭口 **saddle**
山肩 **shoulder**
高山口 **col**
峰 **peak**
山嘴 **mountain spur**
平顶山 **table mountain**
山麓 **foot of the mountain, piedmont**
丘陵 **hill**
小丘 **hillock**
圆丘 **knoll**
土岗 **earth hummock**
山麓丘陵 **foothills**
山麓冲积平原 **mountain apron**
高山平地 **alb**
盆地 **basin**
山间盆地 **intermontane basin**
锅状盆地 **ca(u)ldron basin**
阶地 **terrace, bench**
谷 **valley**
宽谷 **dale**
峡谷 **gorge**
大峡谷 **grand canyon**
幽谷 **dingle**
悬崖 **cliff**
断层崖 **fault scarp**
断线崖 **fault-line scarp**
巉崖 **crag**
高原 **plateau**
黄土高原 **loess plateau**
准平原 **peneplain**
平原 **plain**
剥蚀平原 **plain of denudation**
冲积平原 **alluvial plain**
海岸平原 **coastal plain**
湖成平原 **lacustrine plain**
泛滥平原 **flood plain**
黄土平原 **loess plain**
洼地 **depression**
地峡 **isthmus**
半岛 **peninsula**
岬角 **cape, promontory**
海岸 **coast**
海岸线 **coastline**
海滩 **beach**
海湾 **gulf, bay**
开展海湾 **bight**
小湾 **cove**
峡湾 **fiord**
海峡 **strait**
岛 **island**
陆边岛 **continental island**
洋中岛 **oceanic island**
列岛 **island chain, islands**
岛弧 **island arc**
群岛 **islands, isles, archipelago**
礁 **reef**
暗礁 **sunken reef, submerged reef**
裙礁 **fringing reef**
珊瑚礁 **coral reef**
堤礁 **barrier reef**
环礁 **atoll**

江河湖沼 Streams, Lakes, Swamps

水系 **river system**
江河 **river**
幼年河 **young river**
壮年河 **mature river**
老年河 **old river**
小河 **rivulet, (Am.) creek**
溪 **brook**
细流 **rill**
分水岭 **watershed**
分水界 **water parting**
集水面积 **catchment area**
流域 **drainage basin**
河源 **river source**
源头 **headwater**
河道 **river course, river channel**
河岸 **riverbank**
河边陡岸 **riverside bluff**
河床 **riverbed**
干流 **trunk stream**
支流 **tributary, affluent**
汇流点 **confluence, junction**
侧流 **effluent**
网状水道 **braided channel**
上游 **upper reaches**
中游 **middle reaches**
下游 **lower reaches**
急流 **rapids**
石滩 **rocky shallows**
河口 **river mouth**
河口湾 **estuary**
冲积扇 **alluvial fan**
三角洲 **delta**
沙洲 **sandbar**
沙嘴 **spit**
浅滩 **shoal**
河川径流 **stream flow**
流量 **discharge**
河流坡降 **stream gradient**
水位 **water level**
(河流)改道 **diversion**
(河流)袭夺 **piracy, beheading**
断头河 **beheaded river**
断尾河 **betrunked river**
运河 **canal**
冲刷 **scour**
沉积 **deposit**
淤积 **siltation**
河泥 **river silt**
塘泥 **pond silt**
瀑布 **waterfall**
小瀑布 **cascade**
(瀑布)跌水潭 **plunge basin, plunge pool**
牛轭湖 **oxbow lake**
泻湖 **lagoon**
内陆湖 **inland lake, interior lake**
堰塞湖 **dammed lake, barrier lake**
火〔山〕口湖 **crater lake**
苦湖 **bitter lake**
盐湖 **salt lake**
低盐湖 **brackish lake**
沼泽 **swamp, marsh**
红树林沼泽 **mangrove swamp**
高沼 **moor**
泥炭沼泽 **peat bog**
颤沼 **quaking bog**

潮沼 **tidal marsh**
盐沼 **salt marsh**
盐碱滩 **alkali flat**
淤泥滩 **mud flat**
蓄水层 **aquifer**
受水区 **intake area**
地下水 **groundwater**
泉 **spring**
喷泉 **fountain**
矿泉 **spa**
温泉 **hot spring**
自流泉 **artesian spring**

冰 川 Glaciers

高山冰川 **mountain glacier, alpine glacier**
谷冰川 **valley glacier**
山麓冰川 **piedmont glacier**
高原冰川 **plateau glacier**
大陆冰川 **continental glacier**
小冰川 **glacieret**
极地冰川 **polar glacier**
温带冰川 **temperate glacier**
雪线 **snow line**
雪原 **snow field**
粒雪 **firn, névé**
冰原 **ice field**
冰盖 **ice sheet**
冰帽 **icecap**
冰碛 **moraine, glacial drift**
侧碛 **lateral moraine**
中碛 **medial moraine**
终碛 **terminal moraine**
冰隙 **crevasse**
冰斗 **cirque, cwm, corrie**
冰塔 **sérac**
冰川瓯穴 **moulin, glacier mill**
冰瀑 **ice cascade**
冰桌 **glacier table**
雪面波纹 **sastrugi**
(冰川)动态 **regime**
堆积 **accumulation**
消融 **ablation**
融水 **meltwater**
(冰)崩解 **calving**
冰水沉积 **outwash**
冰水沉积平原 **outwash plain, outwash apron**
冰山 **iceberg**
浮冰 **ice floe**
积冰 **pack ice**
盘冰 **ice pan**
饼冰 **pancake ice**
碎冰 **brash ice**
雪崩 **avalanche**

植 被 Vegetation

植被型 **vegetation type**
北部林 **boreal forest**
泰加林(西伯利亚针叶林) **taiga**
针叶林 **conifer forest**
混合林 **mixed forest**
阔叶林 **broadleaf forest**
温带雨林 **temperate rain forest**

热带雨林 **tropical rain forest**
原始林 **virgin forest, primeval forest**
季雨林 **monsoon forest**
亚热带林 **subtropical forest**
热带旱生林 **thorn forest**
热带丛林 **jungle**
高山矮曲林 **elfinwood**
红树林 **mangrove**
灌木 **shrub**
密灌丛 **scrub**
冻原 **tundra**
草原 **grassland**
干草原 **steppe**
(北美)高草原 **prairie**
(南美)大草原 **pampas**
热带稀树草原 **savanna**
热带稀树草原林地 **savanna woodland**
热带无树大草原 **llano**
草甸 **meadow**
灌丛地 **bushland**
石楠荒原 **heath**
沙漠 **desert**
戈壁 **gobi**
沙丘 **sand dune**
流沙 **shifting sand**
石〔质沙〕漠 **stone desert**
盐漠 **salt desert**
绿洲 **oasis**

气 候 Climate

大气候 **macroclimate**
中气候 **mesoclimate**
小气候 **microclimate**
赤道 **equator**
北回归线 **Tropic of Cancer**
南回归线 **Tropic of Capricorn**
北极圈 **Arctic Circle**
南极圈 **Antarctic Circle**
热带 **torrid zone**
温带 **temperate zone**
寒带 **frigid zone**
热带气候 **tropical climate**
温带气候 **temperate climate**
副极带气候 **subarctic climate**
极地气候 **polar climate**
干燥气候 **arid climate, dry climate**
湿润气候 **humid climate**
潮湿气候 **wet climate**
大陆〔性〕气候 **continental climate**
海洋〔性〕气候 **maritime climate**
岛屿〔性〕气候 **insular climate**
高山气候 **alpine climate**
山岳气候 **mountain climate**
高原气候 **plateau climate**
森林气候 **forest climate**
草原气候 **steppe climate**
季风气候 **monsoon climate**
地中海气候 **Mediterranean climate**
沙漠气候 **desert climate**
气候循环 **climatic cycles**
气候变化 **climatic change**
气候异常 **climatic anomaly**
第四纪冰期 **Quaternary Ice Age**
冰期 **glacial period**
间冰期 **interglacial period**

冰后期 **postglacial period**
洪积期 **pluvial period**
小冰期 **Little Ice Age**
气候要素 **climatic elements**
气候因子 **climatic factors**
温度变化 **temperature variation**
温度日较差 **diurnal temperature range**
平均年温差 **mean annual temperature range**
等温线 **isotherm**
平均年降水量 **mean annual rainfall**
气候图 **climate map, climatic map**
气候图表 **climograph, climagraph, climatograph**

地图制作 Map Making

地图 **map**
裱装地图 **mounted map**
地图册 **atlas**
普通地图 **general map**
国际百万分之一地图 **international map**
半球图 **hemisphere map**
平面图 **planimetric map**
地形图 **topographic map, relief map**
政区图 **political map**
经济地图 **economic map**
交通图 **communications map**
土地利用图 **land-use map**
地籍图 **cadastral map**
分片着色地图 **colour-patch map**
分层着色地图 **layer-tinted map**
略图 **outline map, sketch map**
详图 **detailed map**
(大地图内的)插图 **inset**
(地图)编绘 **compilation**
草绘 **drafting**
清绘 **delineation**
刻图 **scribing**
绘等高线 **contouring**
等高线 **contour line**
等高距 **contour interval**
晕滃 **hachure**
晕渲 **shading**
着色 **colouring**
(地图)比例尺 **scale**
直线比例尺① **linear scale**
地图坐标系 **map coordinates system**
坐标格网 **grid**
经度 **longitude**
纬度 **latitude**
经线 **meridian**
纬线 **parallel**
地图符号 **map symbols**
图例 **map legend**
注记 **lettering**
图幅 **sheet**
图廓注记 **border information, marginal information**

1

图廓 **map border, map margin**
地图投影 **map projection**
圆锥投影① **conic projection**
多圆锥投影 **polyconic projection**
圆柱投影② **cylindrical projection**
墨卡托投影 **Mercator projection**
球心投影 **gnomonic projection**
球面投影 **stereographic projection**
正射投影 **orthographic projection**

1

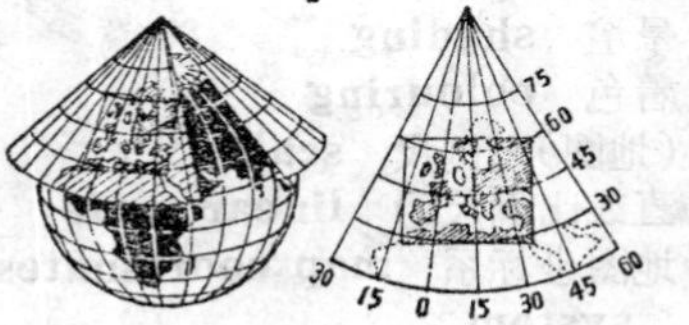

正形投影 **conformal projection, orthomorphic projection**
方位投影(天顶投影)③ **azimuthal projection (zenithal projection)**
等距投影 **equidistant projection**
等积投影 **equal-area projection**
等距方位投影 **azimuthal equidistant projection**
全球投影 **globular projection**

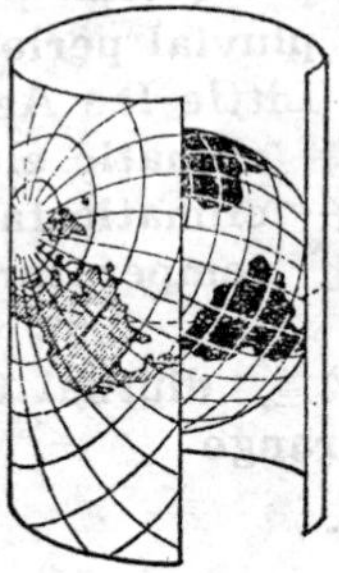

2

椭圆投影 **oval projection**
航摄像片 **aerial photo**
航空摄影制图 **aerial photomapping**
精密立体测图仪 **stereoplanigraph**
视距仪 **tacheometer**
光电测距仪 **geodimeter**
雷达测距仪 **tellurometer**
面积仪 **planimeter**
体视比较仪 **stereocomparator**
地图数据库 **cartographic data bank**
计算机图形处理 **computer-graphics**

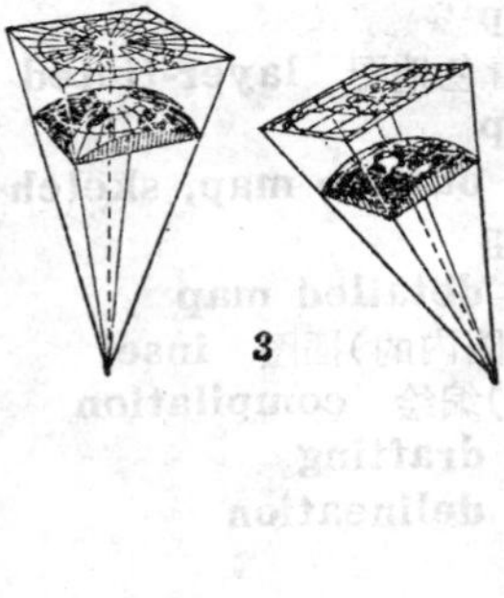

3

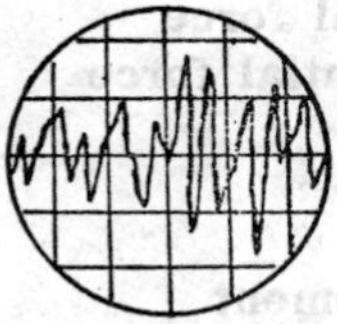

地震学 Seismology

地震成因 Generation of Earthquakes

地震 **earthquake**
地震构成线 **seismotectonic lines**
活动带 **mobile belt**
地震带 **earthquake zone, seismic zone**
环太平洋带 **circumpacific belt**
喜马拉雅——地中海带 **Himalayas—Mediterranean belt**
火山 **volcano**
火山带 **volcanic belt**
活火山 **active volcano**
休眠火山 **dormant volcano**
死火山 **extinct volcano**
复合火山横断面④ **cross-section through composite volcano**
岩浆房⑤ **magma chamber**
火山筒⑥ **pipe**
火山锥⑦ **cone**
火山口⑧ **crater**
熔岩灰⑨ **lava ash**
熔岩流⑩ **lava flow**
岩墙(岩脉)⑪ **dike, dyke**
岩床⑫ **sill**
岩盖⑬ **laccolith, laccolite**
盾形火山⑭ **shield volcano**
复合火山⑮ **composite volcano**
火山渣锥⑯ **cinder core**
溶岩滴丘⑰ **hornito**
破火山口⑱ **caldera**
喷发 **eruption**

喷溢口 vent of eruption
喷硫期 solfatara stage
喷气期 fumarole stage
碳酸喷气孔 mofettelava
熔岩 lava
块状熔岩 block lava
绳状熔岩 corded lava, pahoehoe
火山弹 volcanic bomb
火山砾 lapilli
火山云 volcanic cloud
火山灰 volcanic ash
地震区 earthquake region, seismic region
震群 earthquake swarm
构造地震 tectonic earthquake
挤压力 compressional force
张力 tensional force
切向力 tangential force
应力 stress
断层 fault
滑动 slip
位移 displacement
深成地震 plutonic earthquake
爆裂地震 explosion earthquake
火山地震 volcanic earthquake
间歇泉 geyser
泥火山 mud volcano

地震观察和预报 Earthquake Observation and Prediction

地震台站 seismic station
强震 strong shock, macroseism
弱震 weak shock
微震 slight shock, microseism
地颤 earth tremor
发震时刻 time of occurrence of earthquake
初期微震 preliminary tremor
前震 foreshock
主震 main shock
余震 aftershock
震源 focus, hypocentre
震源深度 depth of focus
震源距 focal distance
浅源地震 shallow earthquake
中源地震 intermediate earthquake
深源地震 deep earthquake
海(底)震 submarine earthquake
海啸 tsunami, seismic sea wave
湖震 seiche
裂缝 fissure
山崩 landslide
泥石流 debris flow
地下喷水 ground water discharge
震中 epicentre
震中距 epicentral distance
震中区 epicentral area
地震波 earthquake waves
体波 body waves
纵波(P波) longitudinal wave, primary wave (P wave)
横波(S波) transverse wave, secondary wave (S wave)
面波 surface waves
勒夫波(Q波) Love wave

(Q wave)
瑞雷波(R 波) Rayleigh wave (R wave)
弹性波 elastic wave
冲击波 shock wave
走时 travel time
时距曲线 travel time curve
(地震)烈度 intensity
烈度表 intensity scale
麦氏烈度表 Mercalli Scale of Felt Intensity
震级 magnitude
里氏震级表 Richter magnitude scale
六级地震 Force Six earthquake
地震仪 seismograph
张衡于公元 132 年发明的世界上第一台地震仪 the first seismograph in the world invented by Zhang Heng in the year 132
地震(波曲线)图 seismogram
测震表 seismometer
地震检波器 seismic detector
地震放大器 seismic amplifier
扭地震计 torsion seismometer
加速度地震检波器 accelerometer-type seismometer
地震波显示仪 seismoscope
等震线 isoseismal line
等震线图 isoseismal map
地震征兆 premonitory symptoms of earthquake
地球磁场变化 fluctuations in the geomagnetic field
磁场强度 magnetic field intensity
磁倾角 magnetic inclination
磁偏角 magnetic declination
地下水位变化 changes in the water table
地下水中氡气含量的变化 changes in radon content of groundwater
海平面变化 sea level fluctuations
地震波传播速度的变化 variations in the speed of propagation of seismic waves
重力异常 gravity anomaly
地温异常 ground temperature anomaly
地面倾斜 inclination of the ground
反常的天气 abnormal weather
动物的异常反应 strange reactions of animals
地震警报 earthquake alarm
地震破坏 earthquake damage
抗震建筑 earthquake-proof construction, earthquake-resistant structure

海洋学 Oceanography

海　洋　Ocean

太平洋　**Pacific Ocean**
大西洋　**Atlantic Ocean**
印度洋　**Indian Ocean**
北冰洋　**Arctic Ocean**
南冰洋　**Antarctic Ocean**
海　**sea**
滨线　**shoreline**
高潮线　**high watermark**
低潮线　**low watermark**
潮间带　**intertidal zone**
滨海带　**littoral zone**
亚滨海带　**sublittoral zone**
浅海带　**neritic zone**
半深海带　**bathyal zone**
远洋带　**pelagic zone**
光亮带　**euphotic zone**
深海底带　**abyssal zone**
远洋生物　**pelagic organism**
游泳生物　**nekton, swimming organism**
浮游生物　**plankton, floating organism**
浮游动物　**zooplankton**
浮游植物　**phytoplankton**
海底生物　**benthos**
生物发光　**bioluminescence**
海洋沉积　**marine sediment, marine deposit**
沉积速率　**rate of sedimentation**
深海软泥　**deep-sea ooze, abyssal ooze**
抱球虫软泥　**globigerina ooze**
有孔虫软泥　**foraminiferal ooze**
翼足虫软泥　**pteropod ooze**
放射虫软泥　**radiolarian ooze**
硅藻软泥　**diatom ooze**
海水的自然性质　**physical properties of sea water**
盐度　**salinity**
氯含量　**chlorinity**
赤潮　**red tide**
马尾藻海　**Sargasso Sea**
海洋同温层　**oceanic stratosphere, cold-water sphere**

海洋水流 Ocean Currents

海洋环流 **oceanic circulation**
风海流 **wind current**
密度流 **density current**
倾斜流 **slope current**
补偿流 **compensation current**
暖流 **warm current**
北赤道海流① **north equatorial current**
南赤道海流② **south equatorial current**
赤道逆流③ **equatorial counter current**
北太平洋海流④ **North Pacific current**
阿拉斯加海流⑤ **Alaska current**
东澳大利亚海流⑥ **East Australian current**
日本海流(黑潮)⑦ **Japan current (Kuroshio)**
厄加勒斯海流⑧ **Agulhas current**
莫桑比克海流⑨ **Mozambique current**
马达加斯加海流⑩ **Madagascar current**
北大西洋海流⑪ **North Atlantic current**
(墨西哥)湾流⑫ **Gulf Stream**
西格陵兰海流⑬ **West Greenland current**
挪威海流⑭ **Norwegian current**

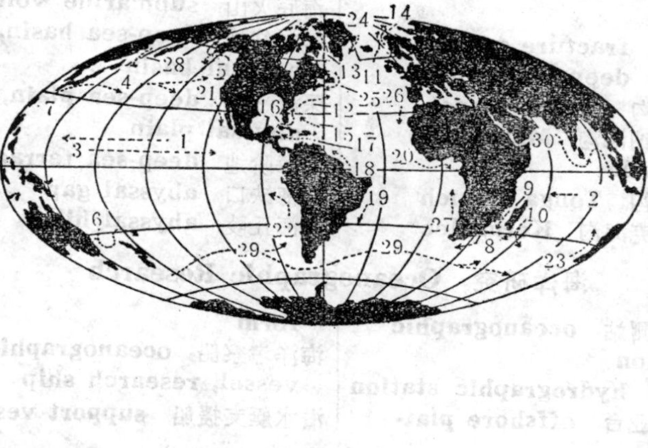

安的列斯海流⑮ **Antilles current**
佛罗里达海流⑯ **Florida current**
加勒比海流⑰ **Caribbean current**
圭亚那海流⑱ **Guiana current**
巴西海流⑲ **Brazil current**
几内亚海流⑳ **Guinea current**
埃尔——宁诺海流 **El Ninɔ**
寒流 **cold current**
加利福尼亚海流㉑ **California current**
秘鲁海流㉒ **Peru current**
西澳大利亚海流㉓ **West Australian current**
东格陵兰海流㉔ **East Greenland current**
拉布拉多海流㉕ **Labrador current**
加那利海流㉖ **Canaries current**
本格拉海流㉗ **Benguela current**
亲潮㉘ **Oyashio**
漂流 **drift**
西风漂流㉙ **west wind drift**
季风漂流㉚ **monsoon drift**

海底地形 Submarine Topography

洋底 **ocean floor**
洋盆 **ocean basin**
海脊 **midocean ridge**
大西洋中央海脊 **Mid-Atlantic Ridge**
洋底地堑 **midocean rift**
洋底峡谷 **midocean canyon**
海丘 **oceanic rise**
东太平洋海丘 **East Pacific Rise**
破裂带 **fracture zone**
深海沟 **deep-sea trench**
日本海沟 **Japan Trench**
马里亚纳海沟 **Marianas Trench**
汤加海沟 **Tonga Trench**
克马德克海沟 **Kermadec Trench**
秘鲁海沟 **Peru Trench**
智利海沟 **Chile Trench**
海台 **oceanic bank**
海渊 **ocean deep**
海床 **seabed**
海山 **seamount**
平顶海山 **guyot**
海底谷 **sea valley**
海底火山 **submarine volcano**
深海盆地 **deep-sea basin, abyssal basin**
深海平原 **deep-sea plain, abyssal plain**
深海阶地 **deep-sea terrace**
深海缺口 **abyssal gap**
深海丘陵 **abyssal hill**

海洋研究 Oceanographic Research

海洋观测站 **oceanographic station**
水文站 **hydrographic station**
海洋作业台 **offshore platform**
海洋考察船 **oceanographic vessel, research ship**
潜水艇支援船 **support vessel**

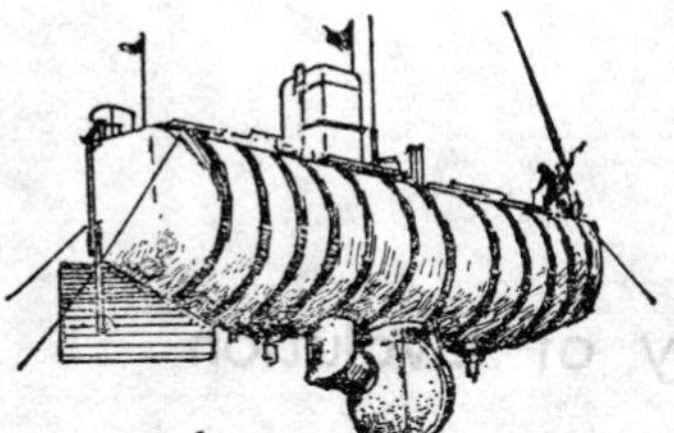
1

for submersible
小型潜水艇 **small submersible**
深海潜水器① **bathyscaph(e)**
球形深海潜水器 **bathysphere**
潜水钟 **diving bell**
碟形潜水器 **diving saucer**
深海探测器 **seaprobe**
测深仪 **bathymeter**
回声测深仪 **echo sounder**
海洋地质研究 **marine geological research**
洋底剖面 **profile of the ocean floor**
海水测温仪 **bathythermometer (BT)**
南森采水器 **Nansen bottle**
水样 **water sample**
(海底)采泥器 **bottom sampler**
浮游生物采集网 **plankton net**
盐度计 **salinometer**
流速计 **current meter**
海流板 **drogue**
遥控水下电视摄影机 **remote-controlled underwater television camera**
遥控水下操作器 **remote-control underwater manipulator (RUM)**
海洋磁力仪 **marine magnetometer**
海洋重力仪 **sea gravimeter**
锰结核 **manganese nodules**

进化论 Theory of Evolution

物种学 **speciology**
达尔文主义 **Darwinism**
新达尔文主义 **Neo-Darwinism**
拉马克主义 **Lamarckism**
新拉马克主义 **Neo-Lamarckism**
用进废退说 **theory of use and disuse**
创造进化论 **creative evolution**
异变说 **emergent evolution**
有生源说(生生说，生源说) **biogenesis**
无生源说 **abiogenesis**
无生源新说 **neo-abiogenesis**
自然发生说 **autogenesis, spontaneous generation**
后成说 **epigenesis**
自然更生 **spontaneous regeneration**
个体发育(个体发生) **ontogeny, ontogenesis**
系统发育(系统发生) **phylogeny, phylogenesis**
渐进发育 **gradual development**
重演〔性〕发生 **palingenesis**
后生变态 **c(a)enogenesis**
重演性变态 **palingenetic metamorphosis**
生物演化 **organic evolution**
生物发生律 **biogenetic law**
重演 **recapitulation**
重演律 **law of recapitulation**
进化 **evolution**
人类的起源与进化 **origin and evolution of mankind**
进化的机械基础 **mechanical basis of evolution**
退化 **devolution, degeneration**
变态 **metamorphosis**
渐进变态 **gradual metamorphosis**
变异 **variation**
变型 **aberration**
适应 **adaptation**
彷徨变异 **fluctuation**
物种变异 **mutation of species**
自然选择(自然淘汰) **natural selection**
人工选择 **artificial selection**
定向选择 **consecutive selection**
无意识选择 **unconscious selection**
性选择 **sexual selection**
系统选种 **line selection**
生存竞争 **struggle for existence**

种内竞争 intraspecific competition
种间竞争 interspecific competition
分异 segregation
分离规律 law of segregation
系统树 genealogical tree, family tree
进化树 evolution tree
同源 isogeny
物种 species
细胞演发 cell development
物种形成 speciation, formation of species
亚种 subspecies
亚变种 subvariety
变种(突变) mutation
品种 variety
系 line
纯系 pure line, inbred line
纯种 purebred
宗 race
生物宗 biological race
杂种 hybrid
栽培 cultivation
栽培〔变种〕 cultivation variety
趋异〔作用〕 divergence
趋同〔作用〕 convergence
极端趋同原理 principle of extreme convergence
种内进化 intraspecific evolution
跳跃演化 saltatory evolution
更代 substitution
更生 regeneration
演变 transmutation
植物群进化 floral evolution
微进化 microevolution
倒位杂种 inversion hybrid
营养杂种 vegetative hybrid
嫁接杂种 graft hybrid
居间杂种 intermediate hybrid
直向演化 orthogenesis

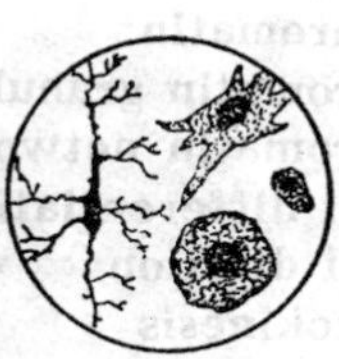

细胞学 Cytology

细胞生理学 cytophysiology
细胞生物学 cytobiology
细胞化学 cytochemistry
细胞形态学 cytomorphology
细胞结构(细胞性) cellularity

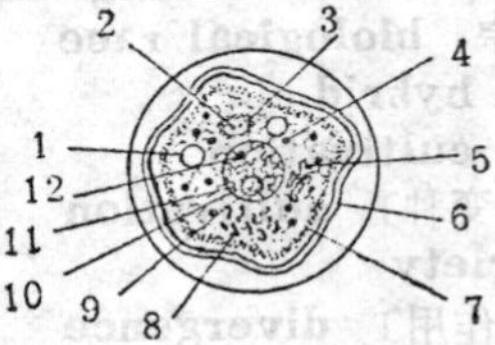

细胞 **cell**
液泡① **water vacuole, vacuole**
中心粒② **centriole**
中心球③ **centrosphere**
后成质④ **metaplasm**
高尔基体⑤ **Golgi body (dictyosome)**
细胞壁⑥ **cell wall**
原生质膜⑦ **protoplasm membrane**
腺粒体⑧ **mitochondrion, chondriosome**
真细胞核⑨ **plasmosome**
核液⑩ **karyolymph, nuclear sap**
染色质⑪ **chromatin**
染色质核仁⑫ **chromatin nucleolus, karyosome**
细胞板 **cell plate**
细胞体 **cell body**
细胞液 **cell sap**
细胞肛 **cytopyge**
细胞膜 **cell membrane**
细胞口 **cytostome**
细胞质 **cytoplasm**
胞质丝 **cytoplasmic filament**
核仁 **nucleolus**
细胞核穿壁运动 **intercellular migration of nucleus**
核配合 **karyogamy**
核外染色粒 **chromidium**
有色体 **chromoplast, chromoplastid**
叶绿体 **chloroplast, chlorophyll body**
微粒体 **microsome**
无性生殖单体 **parthenogonidium**
载色体(色素细胞) **chromatophore**
赤道板 **equatorial plate**

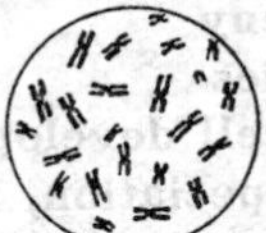
13

染色体⑬ **chromosome**
〔正常男性人体〕淋巴细胞染色体 **chromosome from a lymphocyte (of a normal human male)**
异染色体 **heterochromosome**
常染色体 **autosome, euchromosome**
性染色体 **sex chromosome**
染色性 **chromaticity**
丝间质 **paramitome**
滋养质 **deutoplasm**
非染色质 **achromatin**
染色质粒 **chromatin granule**
染色质网 **chromatin network**
细胞分化 **cell differentiation**
细胞分裂 **cell division**
胞质分裂 **cytokinesis**
无丝分裂 **amitosis, amitotic division**
有丝分裂 **mitosis**
减数分裂 **meiosis**
异型分裂 **heterolypic division, allotypic division**
核分裂 **nuclear division,**

karyokinesis
单价〔染色〕体 **monovalent chromosome**
双价〔染色〕体 **bivalent chromosome**
多价〔染色〕体 **multivalent chromosome**
细胞发生 **cytogenesis**
细胞变态 **cytomorphosis**
细胞并合 **cell fusion**
细胞反应 **cell effect**
细胞混合 **cytomixis**
细胞集合 **cell aggregation**
细胞增殖 **cell multiplication**
细胞张力 **cell turgidity**
细胞感应性 **irritability of cell**
胞质运动 **cytoplasmic movement**
细胞内运动 **intracellular movement**
胞间消化 **intercellular digestion**
细胞外消化 **extracellular digestion**
母细胞 **mother cell**
子细胞 **daughter cell**
生殖细胞 **generative cell, reproductive cell**
生殖母细胞(性母细胞) **auxocyte**
性细胞 **sex cell**
无核细胞 **akaryote**
单核细胞 **uninuclear cell**
营养细胞 **vegetative cell**
滋养细胞 **nutrient cell**
蜜腺细胞 **nectarous cell**

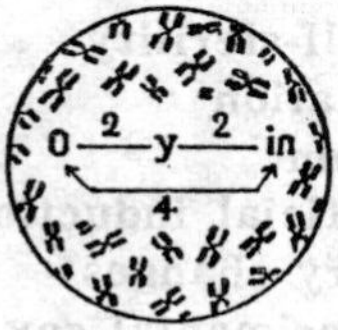

遗传学 Genetics

遗传学说 **theory of heredity**
遗传生态学 **genecology**
细胞遗传学 **cytogenetics**
群体遗传学 **colony genetics**
米丘林学说 **Michurinism**
孟德尔主义 **Mendelism**
变性 **denaturation**
代谢型 **metabolic type**
生存条件 **condition for existence**
发育条件 **condition for development**
生活规律 **law of life**
发育规律 **developmental mechanism, law of development**
生活力 **vigour, vitality, viability**
遗传器官 **organ for inheritance**
遗传物质 **substance of heredity**
遗传影响 **genetic implication**
遗传变异性 **variability of**

heredity
遗传基本规律 fundamental laws of heredity
遗传的保守性 conservatism of heredity
融合遗传(混合遗传) blending heredity
定向育种(定向培育) directive breeding
引种 introduction
嵌合体 chimera
杂交 hybridization
有性杂交 sexual hybridization
无性杂交 asexual hybridization
营养杂交 vegetative hybridization
混精杂交 heterosperminous hybridization, hybridization by means of mixed sperms
嫁接杂交 graft hybridization
相反杂交(反交) reciprocal crossing
媒介法(居间法) intermediary method
嫁接 grafting
胚芽嫁接 embryo-grafting
属间胚芽嫁接 intergeneric embryo-grafting
远距离杂交(远缘杂交) distant hybridization
〔品〕种间杂交 intervarietal crossing
属间杂交 intergeneric hybridization
远缘杂种不育性 infertility of distant hybrid
单倍体育种 monadic breeding
异花授粉 cross-pollination
异花受粉 cross-fertilization
人工授粉 artificial pollination
异体受精 allogamy, cross-fertilization
人工受精 artificial insemination, artificial fertilization
远亲交配 outbreeding
近亲交配 inbreeding
异型有性世代交替 heterogeny, heterogenesis
传粉 pollination
传粉媒介 fertilizer, pollinator
遗传性载体 genetic carrier
自由授粉 free pollination
自体能育性 self-fertility
自体不育性 self-sterility
去雄 emasculation
去势 castration
人工引变 artificial induction of hereditary changes
人工变性 experimental sex reversal
诱变剂(诱变因素) mutagenic agent
性特征 sexual characteristics
遗传性状 hereditary character
数量性状 quantitative character
获得性状 acquired character
获得性状遗传 inheritance of acquired character
机体再生说(泛生说) pangenesis
亲本(母本) parent
亲株 parental plant

子株 daughter plant
子代₁ first filial generation (F_1)
子代₂ second filial generation (F_2)
杂交 crossbrceding, hybridization
杂交结合力 crossability
杂交物种 hybrid species, crossbreeding species
后代 progeny, descendent, descendant, offspring
杂种后代 offspring of hybrid, descendent of hybrid
显性性状 dominant character, dominant
隐性性状 recessive character, recessive
基因型(遗传型) genotype
表〔现〕型 phenotype
生活型 life form
反交杂种 reciprocal hybrid
居间杂种 intermediate hybrid
单杂交种(单性杂种) unisexual hybrid
双杂交种(两性杂种) bisexual hybrid
回交(逆代杂交) backcross
分离 segregation
有性分离 sexual segregation
无性分离 asexual segregation
两性融合 amphimixis
杂种优势 heterosis
遗传因子 genetic factor
遗传性载体 genetic carrier
复制 replication
遗传信息 genetic information
遗传密码 genetic code
遗传组合 genetic composition, genetic combination, genetic constitution
遗传变量(遗传方差) genetic variance
遗传相关 genetic correlation
遗传性阻碍 genetic block
遗传工程 genetic engineering (GE)
遗传获得量(遗传进展) genetic gain, genetic advance
配子生殖 gametic reproduction
单亲生殖 monogony, monogenetic reproduction
有性生殖 sexual reproduction
人工单性生殖(人为孤雌生殖) artificial parthenogenesis
分裂生殖 schizogamy, schizogenesis
授精 insemination
繁殖 propagation
营养繁育 vegetative multiplication
自体繁殖 self-reproduction
无性繁殖 vegetative propagation
无性生殖 asexual reproduction, vegetative reproduction
单性生殖 parthenogenesis, parthenogeny
有性生殖 sexual reproduction
单性〔生殖〕世代 parthenogenetic generation
(有性生殖与无性生殖)世代交替

metagenesis
自体受精 **self-fertilization**
体外受精 **external fertilization**
体内受精 **internal fertilization**
闭花受精 **cleistogamy**
因子 **factor**
基因 **gene**
显性基因 **dominant gene**
隐性基因 **recessive gene**
等位基因 **allele, allel, allelomorph**
基因学说 **theory of genes**
配子 **gamete**
雌配子 **female gamete**
雄配子 **male gamete**
数量遗传 **quantitative heredity, quantitative inheritance**
性〔别〕决定 **sex determination**
雌雄同体 **hermaphrodite**
细胞质遗传 **cytoplasm heredity**
返祖遗传(隔代遗传) **atavism**
母体遗传 **parental heredity**
突变 **mutation**
基因突变 **gene mutation**
突变型(突变体) **mutant**
突变子 **muton**
突变学说 **theory of mutation**
变异 **variation**
定向变异 **directed variation**
芽条变异 **bud variation**
倒位 **inversion**
受孕 **impregnation**
性状稳定 **stabilization of characteristics**
异体性别 **heterogametic sex**
取向 **orientation**
自体能育性 **self-fertility**
自体不育性 **self-sterility**
雄性不育性 **male sterility**
基因重新组合 **recombination of genes**
电离辐射引起的突变 **mutation induced by ionizing radiation**
遗传的基本规律 **fundamental laws of heredity**
分离规律 **law of segregation**
自由组合规律 **law of independent assortment**
连锁和交换规律 **law of linkage and exchange**

遗传工程 Genetic Engineering (GE)

遗传工程设计 **genetic engineering project**
分子生物学 **molecular biology**

微生物学 **microbiology**
遗传工程实验 **genetic engineering experiment**
遗传结构 **genetic structure**
遗传胶质 **genetic glue**
遗传指令 **genetic command**
遗传杂种 **genetic hybrid**
遗传特性 **hereditary trait**
遗传移植技术 **genetic transplantation technique**
遗传畸形(遗传异常) **genetic abnormality, genetic freak**
遗传适应性 **genetic adaptation**
遗传进展 **genetic advance, genetic gain**
遗传选型交配 **genetic assortative mating**
遗传性阻碍 **genetic block**
遗传密码 **genetic code**
遗传组分 **genetic component**
遗传缺陷 **genetic defect**
遗传死亡 **genetic death**
遗传异质性 **genetic heterogeneity**
遗传参数 **genetic parameter**
重复力 **repeatability**
遗传力 **heritability**
遗传相关 **genetic correlation**
从性遗传 **sex-influenced inheritance**
限性遗传 **sex-limited inheritance**
伴性遗传 **sex-linked inheritance**
核 **nucleus**
染色体 **chromosome**
减数分裂 **meiosis**
有丝分裂 **mitosis**
核酸 **nucleic acid**
核糖核酸 **RNA (ribonucleic acid)**
脱氧核糖核酸 **DNA (deoxyribonucleic acid)**
嘌呤 **purine**
嘧啶 **pyrimidine**
胸腺嘧啶 **thymine**
分子模型 **molecular model**
双螺旋 **double helix**
双螺旋DNA **duplex DNA**
双链DNA **twin-stranded DNA**
单链DNA **single-stranded DNA**
染色体DNA **chromosomal DNA**
环状DNA **circular DNA, cyclic DNA**
DNA病毒 **DNA virus**
RNA病毒 **RNA virus**
质粒 **plasmid**
质粒嵌合体 **plasmid chimera**
重组 **recombination**
重组技术 **recombinant technique**
重组子(交换子) **recon**
生命的主要分子 **master molecule of life**
创造新的生命形式 **creating new forms of life**
遗传工程育出的细菌 **bug developed by genetic engineering**
人造细菌 **artificial bacteria**
对抗菌素有免疫力的人造细菌 **artificial bacteria immune to antibiotics**
"安德洛墨达种"细菌 **"Andromeda strain" bacteria**

人工突变 **man-made mutation**
繁育杂交动物 **breeding hybrid animals**
培育杂交植物 **cultivating hybrid plants**
基因 **gene**
结构基因 **structural gene**
控制基因 **control gene**
调节基因 **regulator gene**
操纵基因 **operator gene**
阻遏物(阻遏蛋白) **repressor**
诱导物 **inducer**
操纵子 **operon**
表〔现〕型 **phenotype**
异体基因 **foreign gene**
基因的复制品 **replica of genes**
制造移植基因的复制品 **making duplicates of a transplanted gene**
抑制基因 **inhibitory gene**
基因库 **gene bank, gene pool**
基因基础 **gene basis**
基因流动 **gene-flow**
基因位点 **gene locus**
基因突变 **gene mutation**
基因激素 **genohormone**
胞质基因(类基因) **genoid**
基因组合 **gene combination**
基因移植 **gene transplantation, implantation of genes**
基因重组 **gene recombination**
生长激素释放的抑制因子 **somatostatin**
新品系 **new strain**
杂交 **cross-breeding, hybridization**
分子杂交 **molecular hybridization**
DNA—RNA杂交物 **DNA—RNA hybrid**
杂交分子 **hybrid molecule**
物种屏障 **species barrier**
酶 **enzyme**
限制性内切酶 **restriction enzyme**
修饰酶 **modification enzyme**
细菌酶 **bacterial enzyme**
核酸内切酶 **endonucleases**
核酸外切酶 **exonucleases**
纤维素酶 **cellulase**
酶解剖刀 **enzymatic scalpel**
大肠杆菌 **Escherichia coli, E. coli**
大肠杆菌的变种 **mutated strain of E. coli**
K—12大肠杆菌 **E. coli K—12**
病原体 **pathogen, disease organism, disease carrying bacteria**
肾上腺素 **adrenalin(e), adrenine**
激素 **hormone**
胰岛素 **insulin**
胰〔腺〕 **pancreas**
制造固氮细菌 **creation of nitrogen-fixing bacteria**
退化碳氢化合物 **degrading hydrocarbons**
无害细菌基因 **harmless bacterial gene**
极安全的实验室 **ultra-secure laboratory**
完全密封的环境 **totally sealed environment**
防污染系统 **decontamination system**
密封的培育箱 **sealed cabinet**
抑制程序 **containment proce-**

dure
保护措施 **safeguard**
致病力强的病菌 **virulent bug**
突变种 **mutant variety**
突变型(突变体) **mutant**
保护膜 **protective membrane**
(中间)缺失 **deletion**
特制的细菌 **tailor-made microbe**
变形细菌 **transmuted bug**

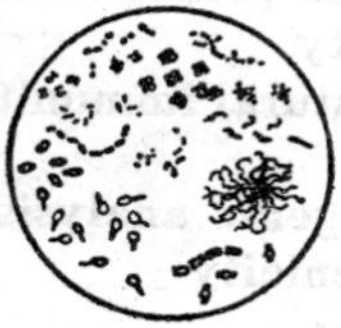

微生物学 Microbiology

细菌学 **bacteriology**
病毒学 **virology, inframicrobiology**
血清学 **serology**
免疫学 **immunology**
微生物 **microorganism, microbe**
病毒 **virus**
天花病毒 **variola virus**
过滤性病毒 **filterable virus**
粘病毒 **mucous virus**
虫媒病毒 **entomophilous virus**
腺病毒 **glandular virus**
噬菌体 **fungivorous body**
细菌 **bacterium (pl. bacteria)**

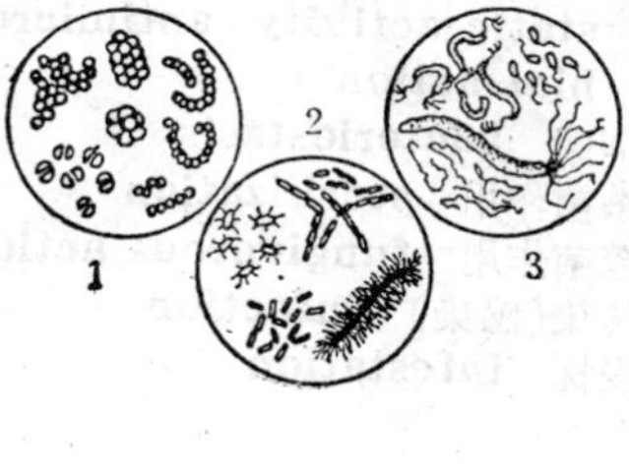

球菌状① **coccus forms**
杆菌状② **bacillus forms**
螺旋菌状③ **spirillum forms**
真菌 **fungus (pl. fungi)**
菌根 **mycorrhiza**
菌丝 **hypha**
菌〔丝〕体 **mycelium**
杆菌 **bacillus (pl. bacilli)**
球菌 **coccus (pl. cocci)**
敏感菌 **sensitized bacterium**
敏感菌苗 **sensitized vaccine**
磷细菌 **phosphorous bacterium**
好气细菌 **aerobic bacterium**
厌气细菌 **anaerobic bacterium**
厌气性微生物 **anaerobic microorganism**
好气性微生物 **aerobic microorganism**
分解纤维细菌 **cellulolytic bacterium**
链球菌 **streptococcus**
葡萄球菌 **staphylococcus**

大肠杆菌 colibacillus, Escherichia coli (E.coli)
痢疾杆菌 shigella, dysentery bacterium, bacteria of the Shigella genus
嗜血杆菌 haemophilus
自生固氮菌 azotobacter
根瘤菌 rhizobium, root-nodule bacterium
毛霉 mucor
氨细菌 ammonium bacterium
螺菌 spirillum
硫〔黄〕细菌 sulphur bacterium
原生质体 protoplast

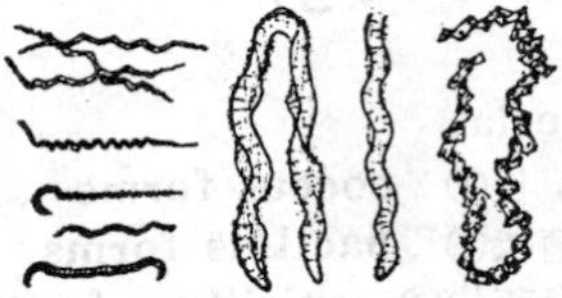
1

螺旋体① spirochaete, spirochaetale
镰刀菌 fusarium
霉菌(丝状菌) mould, mold
酵母菌 saccharomycete
酵母菌的芽生情况② blastogenesis of saccharomycetes

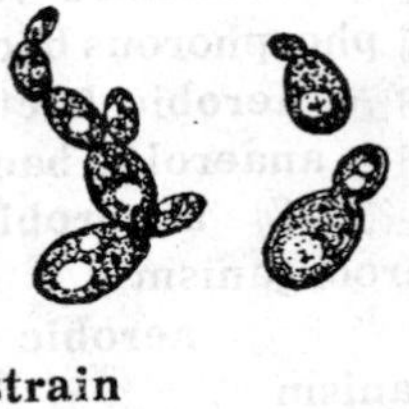
2

菌珠 strain
曲霉 aspergillus
抗生菌(拮抗菌) antagonistic microorganism
包涵体 inclusion body
芽胞 gemma
抗菌素 antibiotic
毒素 toxin
疫苗(菌苗) vaccine
疫源(疫病中心) epidemic focus
生物制品 biotic preparation
免疫 immunity
自然免疫性 natural immunity
抗原 antigen
抗原分析 antigenic analysis
抗原性 antigenicity
抗体 antibody
抗毒素 antitoxin, toxolysin
抗霉素 antimycin
腐生 saprophytism
兼腐生 facultative saprophytism
产腐菌 saprogenic bacterium
腐生菌 saprophytic bacterium
自养微生物 autotrophic microorganism
异养微生物 heterotrophic microorganism
氮素循环 nitrogen cycle
细菌光合作用 bacterial photosynthesis
化能合成作用 chemosynthesis
自溶作用 autolysis
溶菌作用 bacteriolysis
溶菌素 bacteriolysin
抑菌作用(制菌作用) bacteriostatic activity, antimicrobial action
抑菌 bacteriostasis
杀菌作用 sterilization
噬菌作用 fungivorous action
传染(感染) infection
侵扰 infestation

接触传染 contagion, contagious infection
发酵 fermentation
菌种保藏 type culture collection
微生物培养法 culture of microorganism
接种 vaccination
冷冻干燥(冷藏干燥) freeze-drying lyophilization
消毒 sterilization, disinfection
防腐 antisepsis
培养基 culture medium
发酵培养基 fermentation medium
发酵管 fermentation tube
杜汉氏发酵管③ Durham's fermentation tube
斯密司氏发酵管④ Smith's fermentation tube
培养皿 Petri dish, petri dish
生长曲线 curve of growth

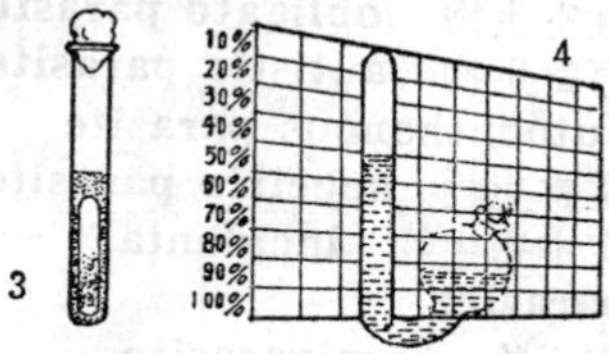

碳源 origin of carbon
氮源 origin of nitrogen
生长因子 growth factor
敏感性 sensibility
耐受性 tolerance
耐药性(抗药性) resistance to drugs
补体 complement
抗毒血清 antitoxic serum
发酵饲料 fermented fodder
菌类饲料 fungus fodder
曲酶 inulase, inulinase
玉米浆 maize jelly
原胶原 procollagen
抗原性 antigenicity
抗原分析 antigenic analysis

寄生虫学 Parasitology

寄生物形态学 morphology of parasites
人体寄生虫学 parasitology of humans
寄生现象 parasitism
共生现象 commensalism
互惠共生现象 mutualism
转主寄生现象 heteroecism
寄生物 parasite
外寄生物 ectoparasite
兼性寄生物 facultative parasite

专性寄生物 **obligate parasite**
固有寄生物 **autistic parasite, autochthonous parasite**
定主寄生物 **specific parasite**
不定主寄生物 **incidental parasite**
半寄生物 **hemiparasite**
相互寄生物 **reciprocal parasite**
依生生物 **mutualist**
共生生物 **commensal**
寄生〔蠕〕虫 **parasitic worm, helminth**
人体寄生虫 **parasite of humans**
多宿主寄生虫 **pleophagous parasitic worm**
体内寄生虫 **endoparasite**
寄生变形虫 **parasitic amoeba**
寄生纤毛虫 **parasitic ciliate**
寄生细菌 **parasitic bacterium**
腐生物(死物寄生菌) **saprophyte**
(寄生于动物的)真菌 **epiphyte**
细胞内寄生菌 **intracellular parasite**
病原 **pathogen, pathogene**
寄生生活方式 **parasitic mode of life**
宿主(寄主) **host**
终宿主 **final host**
暂时寄主 **temporary host**
定局宿主 **definitive host**
中间宿主 **intermediate host**
营养体(滋养体) **vegetative organ, nutrient body**
利杜体 **Leishman-Donovan body, LD body**
毛蚴 **caterpillar larva**
稚虫 **naiad**
尾蚴 **cercaria**
囊蚴 **bladder larva, encysted cercaria**
原尾蚴 **procercoid**
囊尾蚴 **cysticercous cercaria**
幼虫 **larva**
丝虫(血丝虫) **filaria**
肝胫 **fluke**
线虫 **nematode**
钩虫 **hookworm**

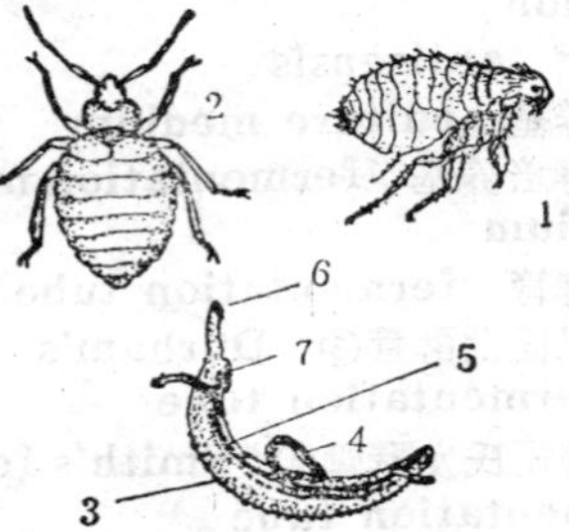

蚤① **flea**
虱② **louse**
血吸虫 **schistosoma, blood fluke**
雄血吸虫③ **male schistosoma**
雌血吸虫④ **female schistosoma**
腹沟⑤ **ventral groove**
口⑥ **mouth**
腹吸盘⑦ **ventral sucker**
传染媒介 **intermediate vector**
病媒昆虫(媒介昆虫) **insect vector**
传病媒介 **vector**
漂浮法 **floating method, floatation**

沉淀法 **precipitating method, precipitation**
寄生虫的生活周期 **life cycle of parasites**
纤毛胚 **ciliated embryo**
幼虫期 **larval stage**
吸盘 **sucking disc**
产卵器 **ovipositor**
白血球 **leucocyte**
抗体 **antibody**
遗传变异 **heritable variation**
寄生虫毒力(寄生虫毒性) **parasite virulence**
寄主免疫 **host immunity**
寄主专一性 **host specificity**
寄生物寄生生态系统 **parasitocenose**
综合防治措施 **comprehensive preventive health measures**
相互作用 **interplay, interaction, mutual action**
宿主病毒相互作用 **host-virus interaction**
相关性 **correlation**

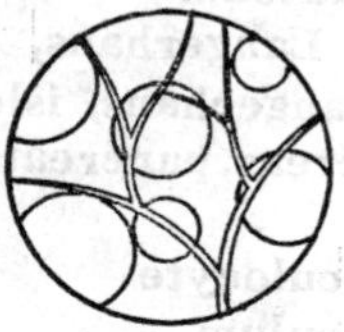

组织学 Histology

上皮组织 **epithelial tissue, epithelium**
间皮 **mesothelium**
内皮 **endothelium**
分泌上皮 **secretory epithelium**
毛囊 **hair follicle**
汗腺 **sweat gland**
皮下组织 **subcutaneous tissue**
结缔〔组〕织 **connective tissue**
纤维〔组〕织 **fibrous tissue**
间质组织 **interstitial tissue**
淋巴组织 **lymphoid tissue**
胶原纤维 **collagen fibre**
弹性组织 **elastic tissue**
网状纤维 **reticular fibre**
软骨膜 **cartilage membrane**
骨化 **ossification**
哈弗氏系统 **Haversian system**
血液 **blood**
血浆 **blood plasma**
血清(浆液) **blood serum, serum**
血清白蛋白 **serum albumin**
血清球蛋白 **serum globulin**
血细胞 **haemocyte, haematocyte**
血球 **blood corpuscle, corpuscle**
红〔血〕细胞(红血球) **red blood cell, red blood corpuscle (RBC)**
白血细胞(白血球) **white blood cell, white blood corpuscle (WBC)**
血小板 **blood platelet, throm-**

bocyte
淋巴 lymph
肌肉组织 muscle tissue
肌原纤维 muscular fibril, muscle fibril, myofibril
心内膜 endocardium
心外膜 epicardium
神经 nerve
神经原 neuron
神经组织 nerve tissue
神经鞘(神经膜) neurilemma
神经细胞 nerve cell
神经末梢 nerve ending
神经节 ganglion
神经纤维网 neuropil
味蕾 taste bud
角膜 cornea
巩膜 sclera
视网膜 retina
结膜 conjunctiva
虹膜 iris
釉质 enamel
齿质 dentine
腺 gland
无管腺 ductless gland
内分泌腺 endocrine gland
唾液腺(涎腺) salivary gland
甲状腺 thyroid gland
泪腺 lacrimal gland
淋巴结(淋巴腺) lymph gland
乳腺 mammary gland
胃腺 gastric gland
浆膜层 serosa
粘膜 mucous membrane, mucosa
肺泡 alveolus
肾小管 uriniferous tubule
黄体 corpus luteum
胰岛 islet of Langerhans, island of Langerhans, islet of the pancreas, pancreatic island
网状细胞 reticulocyte
网状组织 reticulum
网状内皮组织 reticuloendothelium
基质 stroma
共生体 symbiont
组织再生 tissue regeneration
组织培养 tissue culture

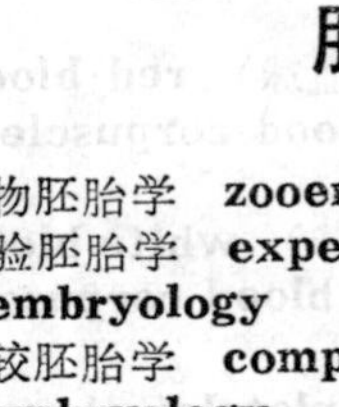

胚胎学 Embryology

动物胚胎学 zooembryology
实验胚胎学 experimental embryology
比较胚胎学 comparative embryology
化学胚胎学 chemical embryology
生殖细胞(性细胞) generative cell, reproductive cell, sex cell

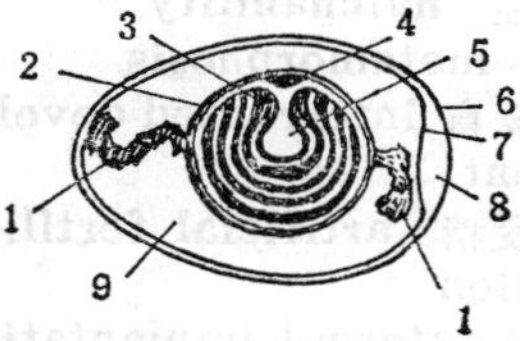

卵 **egg, ovum**
鸡蛋 **hen's egg**
卵〔黄系〕带① **chalaza**
卵黄膜② **yolk membrane**
黄养料卵黄③ **yellow food yolk**
胚泡④ **germinal vesicle**
白卵黄⑤ **white yolk**
壳⑥ **shell**
壳膜⑦ **shell membrane**
气腔⑧ **air chamber**
白蛋白(白朊)⑨ **albumin, white of the egg**
精子 **sperm, spermatozoon**
卵子发生 **oogenesis, ovogenesis, ovigenesis**
精子发生 **spermatogenesis**
精子形成 **spermiogenesis**
排卵 **ovulation**
受精 **fertilization**
体内受精 **internal fertilization**
体外受精 **external fertilization**
受精卵 **fertilized egg**
有性生殖 **sexual reproduction**
同配生殖 **homogamy**
异配生殖 **heterogamy**
单性生殖(孤雌生殖) **partheno genesis, parthenogeny**
无性生殖 **asexual reproduction**
卵胎生 **ovo-viviparity**
胎生 **viviparity**
胎盘 **placenta**
胎盘循环 **placental circulation**
(哺乳动物的)胎儿 **foetus, fetus**
动物〔性〕极 **animal pole**
植物极 **plant pole**
〔受精〕卵〔分〕裂 **cleavage**
胚胎 **embryo**
胚胎发生 **embryogeny**
囊胚 **blastula**
囊胚形成 **blastulation**
胚基 **blastema**
囊胚基质 **blastostroma**
原肠胚 **gastrula**
胚层(胚盘) **blastoderm**
胚根 **radicle**
胚乳 **endosperm**
胚乳细胞 **endosperm cell**
胚外体壁 **extra-embryonic somatopleure**
胚外体腔 **exocoelom, extra-embryonic coelom**
胚胎发育 **embryonic development**
胚细胞 **blastocyte**
胚膜 **embryonic membrane**
羊膜 **amnion, amniotic membrane**
羊膜腔 **amniotic cavity**
羊水 **amniotic fluid, amnion fluid**
羊膜细胞 **amniotic cell**
绒毛膜 **chorion**
尿〔囊〕膜 **allantois**
卵泡 **follicle**
卵囊 **nidamental capsule**
卵黄囊 **vitellus capsule**

脐带 **umbilical cord**
胞衣(胞囊) **chorion**
植入(着床) **implantation**
分化 **differentiation**
原基 **primordium, anlage**
神经胚 **nerve embryo**
神经板 **nerve plate**
神经管 **nerve duct**
神经嵴 **nerve ridge**
鳃裂 **cleft**
孵育 **incubation**
孵化 **hatching**
孵化性 **hatchability**
变态 **metamorphosis**
变态发育 **interrupted development**
人工受精 **artificial fertilization**
外植 **external implantation**
卵子移植 **transplantation of ovum**
受精卵移植 **transplantation of fertilized egg**

植物学 Botany

植物分类学 **Phytotaxonomy**
常绿植物 **evergreen plant**
常绿草本植物 **evergreen herbage**
常绿小灌木 **evergreen undershrub**
蕨类植物 **fern, pteridophyte, pteridophyta**
蕨类一年生植物 **pteridotherophyte**
有花植物 **flowering plant**
显花植物 **phanerogamia, phanerogam**
隐花植物 **cryptogamia, cryptogam**
隐芽植物 **cryptophyte**
单子叶植物 **monocotyledon, monocotyledonous plant**
双子叶植物 **dicotyledon, dicotyledonous plant**
食虫植物 **insectivorous plant**
食菌植物 **fungivorous plant**
自养植物 **autophyte**
树上附生植物 **epiphyte arboricosa**
半附生植物 **hemiepiphyte**
寄生植物 **parasite plant**
寄主植物 **host plant**
内长植物 **endogenous plant, endophyte**
外长植物 **exogenous plant**
土著植物(乡土植物) **indigenous plant**
外来植物 **exotic plant, introduced plant**
阳性植物 **light-demanding plant**
阴性植物 **shade-demanding**

plant
木本植物 ligneous plant
草本植物 herbaceous plant
高草本植物 altoherbosa
短生植物 ephemeral plant
春季短生植物 vernal ephemeral plant
针叶植物 conifer
阔叶植物 broadleaved plant
高山植物 alpine plant, acrophyte
草原植物 psilophyte
森林植物 forestry growth
砂土植物 silicicole
先锋植物 pioneer
优势植物 dominant plant
广域分布植物 eurychoric plant
气生植物 aerial plant
陆生植物 terrestrial
水生植物 aquatic plant, hydrophyte
沼生植物 helophyte
两栖植物 amphiphyte, amphibious plant
沉水植物 submerged plant
水底植物 benthophyte, phytobenthon, benthon
多年生植物 perennial, perpetual
一年生植物 annual
水生一年生植物 hydrotherophyte
维管植物 vascular plant
水生维管束植物 aquatic vascular plant
动物形植物 zoophyte
酸性土指示植物 oxylophyte
单细胞植物 unicellular plant
种子植物 seed plant
中温植物 mesotherm
无叶植物 aphyllous glant
阴地植物 shade plant, sciophyte
兽媒植物 zoophilous plant
虫媒植物 entomophilous plant
近亲植物 close relative plant
伴人植物 synanthropic plant
古老植物 relic plant
裸子植物 gymnosperm
鳞茎植物 bulb plant
肉茎植物 stem succulent
喜雨植物(适雨植物，好雨植物) ombrophile, ombrophilous plant
喜湿植物(好湿植物，适湿植物) hygrophilous plant
喜温植物(适温植物，好温植物) thermophilous plant
旱生植物 xerophilous plant
喜蚁植物(适蚁植物，好蚁植物) ant plant, myrmecophilous plant, myrmecophyte
喜砂植物(适砂植物，好砂植物) psammophilous plant
喜硷植物(适硷植物，好硷植物) alkaline plant, basephilous plant
喜盐植物(适盐植物，好盐植物) halophilous plant
喜氮植物(适氮植物，好氮植物) nitrophilous plant
喜钙植物(适钙植物，好钙植物) calciphilous plant
嫌雨植物(避雨植物) ombrophobe, ombropholous plant
嫌风植物(避风植物) anemo-

phobe
嫌钙植物(避钙植物) **calciphobous plant, calcifuge, calciphobe**
嫌寒植物(避寒植物) **frigofuge**
嫌硷植物(避硷植物) **basifuge**
嫌酸植物(避酸植物) **oxyphobe**
嫌雪植物(避雪植物) **chionophobous plant**
嫌盐植物(避盐植物) **halophobe**
栽培植物 **cultivated plant**
木材植物 **xylplant**
纤维植物 **fibrous plant**
油料植物 **oil-pressing plant, oil plant**
染料植物 **dye plant**
芳香植物 **scent plant**
蜜腺植物 **nectarous plant**

植物生理学 Plant Physiology

叶绿素 **chlorophyll**
叶绿体 **chloroplast**
光合作用 **photosynthesis**
碳水化合物的新陈代谢 **carbonhydrate metabolism**
渗透作用 **osmosis**
渗透压 **osmotic pressure**
外渗 **exosmosis**
膨压(涨压) **turgor pressure**
根〔部〕压〔力〕 **root pressure**
吸水力 **water-absorbing power**
吸胀作用 **imbibition**
蒸腾作用 **transpiration**
气孔 **stoma**
呼吸作用 **respiration**
气孔运动 **stomatal movement, stomatic movement**
吐水 **guttation**
光周期 **photoperiod**
临界光周期 **critical photoperiod**
叶黄素 **xanthophyll**
花青素 **anthocyanidin, cyanidin**
黄化现象 **aetiolation, etiolation, blanching, yellowing**
白化现象 **albinism**
固氮作用 **nitrogen fixation**
半纤维素 **semicellulose**
木〔质〕素 **lignin**
营养生长 **vegetative growth**
生殖生长 **reproductive growth**
植物激素 **phytohormone, plant hormone**
光敏色素 **phytochrome**
脱落现象 **abscission**
脱果现象 **abscission of fruit**
春化(春化作用,春化处理) **vernalization**
人工催熟 **artificial ripening**
向性运动 **tropic movement**
向光性 **phototropism**

向日性 **heliotropism**
向热性 **thermotropism**
向地性 **geotropism**
感性运动 **nastic movement**
感夜性 **nyctinasty**
感应性 **irritability**
感药性 **chemonasty**

植物解剖学 Phytotomy

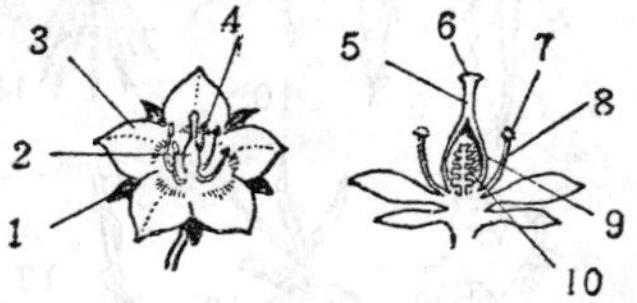

花 **flower**
萼片① **sepal**
雌蕊② **pistil**
花瓣③ **petal**
雄蕊④ **stamen**
花柱⑤ **style**
柱头⑥ **stigma**
花药⑦ **anther**
花丝⑧ **filament**
子房⑨ **ovary**
胚珠⑩ **ovule**
叶型 **leaf types**
长叶片⑪ **linear leaf**
披针形叶⑫ **lanceolate leaf**
渐尖叶⑬ **acuminate leaf**
急尖叶⑭ **acute leaf**
匙形叶⑮ **spatulate leaf**
圆头叶(钝叶)⑯ **obtuse leaf**
卵圆形叶⑰ **ovate leaf**
齿状叶⑱ **serrate leaf**
箭头形叶⑲ **sagittate leaf**
双生叶⑳ **binate leaf**
抱茎叶㉑ **amplexicaul leaf**
十字形对生叶㉒ **decussate leaf**
掌状叶㉓ **digitate leaf**
复叶㉔ **compound leaf**
叶各部分 **leaf parts**
完全叶 **complete leaf**
无托叶的叶 **exstipulate leaf**
无柄叶 **sessile leaf**
草叶 **leaf of grass**
松树针状叶 **needlelike leaves of pine**
草片(叶片) **blade**
叶柄 **petiole**
托叶 **stipule**
鞘 **sheath**
叶舌(舌状叶) **ligule**
矮枝 **dwarf branch**

叶脉序 **leaf venation**
平衡脉① **parallel vein**
羽状脉② **pinnate vein**
掌状脉③ **palmate vein**
二叉脉④ **dichotomous vein**
叶脉 **vein**
中〔肋〕脉 **midrib vein**
根的种类 **kinds of roots**
不定根⑤ **adventitious roots**
支撑根和其它不定根⑥ **prop and other adventitious roots**
纤维不定根⑦ **fibrous adventitious roots**
主根(直根，初生根)⑧ **taproot (primary root)**
肉质主根⑨ **fleshy taproot**
肉质簇生不定根⑩ **fleshy fascicled adventitious root**
水生不定根⑪ **aquatic adventitious roots**
气生不定根⑫ **aerial adventitious roots**

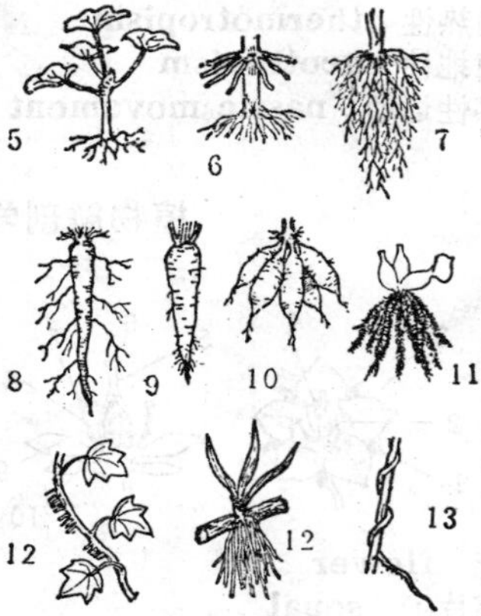

寄生根(吸根)⑬ **parasitic roots (haustorial roots)**
果 **fruit**
瓣⑭ **valve**
隔膜(中隔)⑮ **septum**
囊果皮⑯ **pericarp**
胚胎⑰ **embryo**
胚乳⑱ **endosperm**
籽⑲ **seed**
空间⑳ **space**
外皮㉑ **periderm**
翼瓣㉒ **wing**

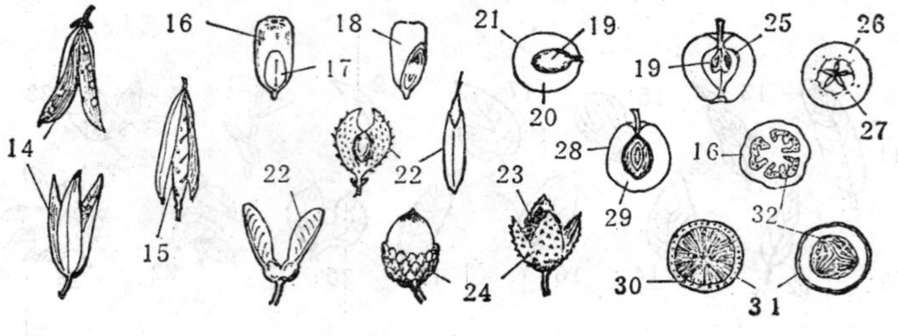

坚果〔仁〕㉓ **nut**
花被㉔ **involucre**
内果皮㉕ **endocarp**
花管㉖ **floral tube**
核仁㉗ **core**
外果皮㉘ **exocarp**
中果皮㉙ **mesocarp**
油腺㉚ **oil gland**
果皮㉛ **rind, peel**
胎座㉜ **placenta**

动物学 Zoology

动物生理学 **zoophysiology, animal physiology**
电生理学 **electrophysiology**
机体 **organism**
机制 **mechanism**
神经反射性机制 **nervous reflex mechanism**
肌肉无力 **myasthenia**
肌肉疲劳 **muscular fatigue**
肌萎缩 **muscular atrophy**
肌觉 **muscular sensation**
肌体吸收 **absorption by tissue**
刺激作用 **stimulation**
条件刺激 **conditioned stimulus**
暂时刺激 **temporary stimulus**
反应 **response**
抑制 **inhibition**
兴奋与抑制 **excitation and inhibition**
兴奋性 **excitability**
刺激阈 **stimulus threshold**
潜伏期 **incubation, period of incubation**
神经冲动 **nervous impulse**
神经统御 **nervous control**
神经性诱发 **neural induction**
生物电流 **bioelectric current**
生物电势 **bioelectric potential**
(神经的)膜电位 **membrane potential (of nerve)**
网状结构 **reticular formation, reticular structure**
神经中枢 **nerve centre**
突触 **synapse**
介质(递质) **medium**
锥体神经原 **pyramidal neuron**
反射 **reflex**
条件反射 **conditioned reflex**

非条件反射(无条件反射) unconditioned reflex
腹壁反射 abdominal reflex
二头肌反射 biceps reflex
三头肌反射 triceps reflex
角膜反射 corneal reflex
瞳孔反射 pupilary reflex
翻正反射 righting reflex
腱反射 tendon reflex
跖反射 plantar reflex
姿势反射 postural reflex
不随意反射动作 involuntary reflex action
分析器 analyzer
本能 instinct
睡眠 sleep
催眠 hypnosis
冬眠 hibernation
信号系统 signal system
第一信号系统 first signal system
第二信号系统 second signal system
感觉 sensation
色觉 sense of colour
五种官能 the five senses
触觉 sense of touch
视觉 sense of sight
听觉 sense of hearing
味觉 sense of taste
嗅觉 sense of smell
直觉(第六官能) cenesthesia (the sixth sense)
内脏感觉(第七官能) visceral sense (the seventh sense)
错觉 illusion
错视 optical illusion
体液 body fluid
血型 blood groups, blood types
给血者的红血细胞 red blood cells of donor
受血者的血清 serum of acceptor
有凝集反应 having agglutination reaction
无凝集反应 having no agglutination reaction
血液循环 blood circulation
体循环(大循环) systemic circulation
肺循环(小循环) pulmonary circulation
血压 blood pressure
心音 cardiac sound
心〔搏频〕率 heart rate, heart beat frequency
心输出量 cardiac output
脉搏 pulse
呼吸作用 respiration
内呼吸 internal respiration
外呼吸 external respiration
肺活量 vital capacity
缺氧 anoxia, oxygen deficit
消化 digestion
绒毛运动 ciliary movement
新陈代谢(代谢) metabolism
基础代谢 basal metabolism
呼吸商 respiratory quotient
体温 body temperature
排泄 excretion
分泌 secretion
内分泌 endocrine
性周期(动情周期) estrous cycle
月经 menstruation
性征 sex character
再生 regeneration

吞噬作用 **phagocytosis**
代偿现象 **compensation phenomenon**
动物分类学 **animal taxonomy**
门 **phylum**
亚门 **subphylum**
纲 **class**
目 **order**
科 **family**
属 **genus**
种 **species**
无脊椎动物 **invertebrate**
原生动物 **protozoa**
原口动物 **protostomia**
腔肠动物 **coelenterate**
海绵动物 **sponge**
蠕形动物 **verme**
节肢动物 **arthropod**
软体动物 **mollusc**
棘皮动物 **echinoderm**
脊索动物 **chordate**
脊椎动物 **vertebrate (craniate)**
鱼 **fish**
两栖动物 **amphibian**
爬行动物 **reptile**
鸟 **bird**
哺乳动物 **mammal**
啮齿动物 **rodent**
食虫动物 **insectivore, insectivorous animal**
食肉动物 **carnivore, carnivorous animal, zoophagous animal**
食腐动物 **scavenger, saprophagous animal**
食草动物 **herbivore, herbivorous animal, phytophagous animal, vegetarian**
吸血动物 **bloodsucker**
游行动物 **nekton**
食鱼动物 **piscivorous animal**
单食性动物 **monophagous animal**
多食性动物(杂食性动物) **omnivore, omnivorous animal, polyphagous animal**
单配偶动物 **monogamous animal**
多配偶动物 **polygamous animal**
多足动物 **myriapod**
四足动物 **quadruped**
有蹄动物 **ungulate**
外寄生动物 **ectoparasite**
寄生动物 **parasitic animal, zooparasite**
反刍动物 **ruminant**
温血动物(定温动物) **warm-blooded animal (homoiothermic animal)**
冷血动物(变温动物) **coldblooded animal (poikilothermic animal)**
甲壳动物 **crustacean**
常见动物 **common animal**
稀有动物 **rare animal**
野生动物 **wild animal**
热带动物 **tropical animal**
亚热带动物 **subtropical animal**
温带动物 **animal of the temperate zone**
寒带动物 **animal of the frigid zone**
大洋动物 **pelagic fauna, oceanic fauna**
蜘蛛类动物 **arachnid**

多细胞动物 multicellular animal
单细胞动物 unicellular animal, single-cell animal
共生动物 commensal

动物界 Animal Kingdom

原生动物亚界 Subkingdom Protozoa
原生动物门 Phylum Protozoa
原生质 protoplasm
细胞质 cytoplasm
细胞器 organelle
鞭毛纲 Class Mastigophora (Flagellata)
全植型营养(自养型营养) holophytic nutrition
全动型营养(异养型营养) holozoic nutrition
肉足纲 Class Sarcodina (Rhizopoda)
伪足 pseudopodia

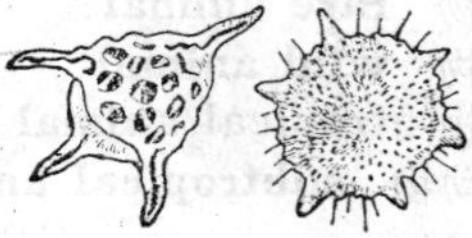

1

放射虫① radiolarian
有孔虫② foraminifera
变形虫③ amoeba
变形虫目 Order Amoabida
孢子纲 Class Sporozoa
配子形成 gamete formation
复分裂 multiple fission

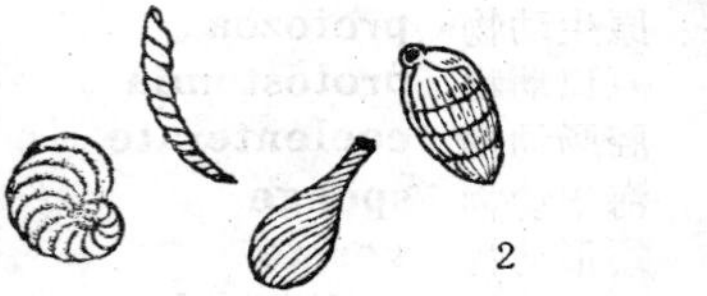

2

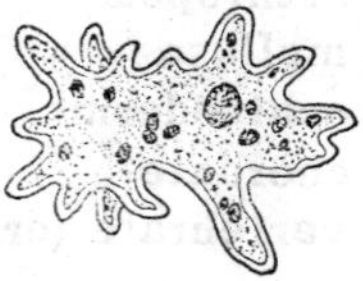

3

合子 zygote
营养体 trophozoite
裂殖子 schizozoite
孢子被 sporocyst
孢子虫 sporozoite
单食性动物 monophagous animal
多食性动物(杂食性动物) omnivore, omnivorous animal, polyphagous animal
纤毛纲 Class Ciliophora
表膜 outer pellicle
纤丝 fibril
外质 ectoplasm
大核 macronucleus
小核 micronucleus

多孔动物门(海绵动物门) **Phylum Porifera (Spongia)**
海绵 **sponge**
多细胞动物 **multicellular animal**
固着(座生)的幼体 **sessile larva**
海绵排水孔 **osculum**
针状体 **spicule**
海绵硬蛋白 **spongin**
后生动物亚界 **Subkingdom Metazoa**
无脊椎动物 **invertebrate**
腔肠动物门 **Phylum coelenterata**
外胚层 **ectoderm**
内胚层 **endoderm**
中胶层 **mesogloea**
辐射对称 **radial symmetry**
浮浪幼体(腔肠动物幼体) **planula**
刺细胞腔肠动物亚门 **Subphylum Cnidaria**
刺细胞 **cnidoblast**
水螅纲 **Class Hydrozoa**
钵水母纲 **Class Scyphozoa**
珊瑚虫纲 **Class Actinozoa (Anthozoa)**
螅形 **polypoid form**
水母形 **medusoid form**
二态〔形〕性 **dimorphism**
水螅④ **hydra**

4

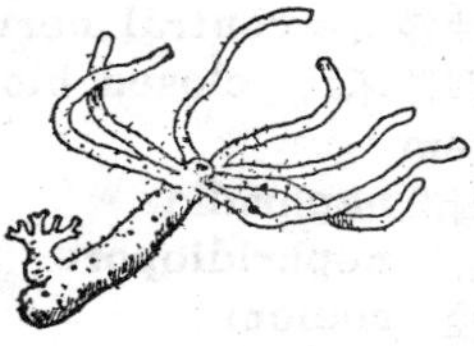

刺丝囊 **nematocyst**

5

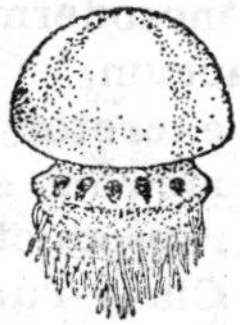

海蜇⑤ **jellyfish**
生殖腺 **gonad**
芽体 **bud**
钵口幼体 **scyphistoma**
碟状幼体 **ephyra larva**
眼点 **ocellus**
腔肠 **enteron**
隔膜 **mesentery**

6

海葵⑥ **(sea) anemone**
共生动物 **commensal**
珊瑚 **coral**
隔膜 **septum**
珊瑚环礁 **coral atoll**
栉水母亚门 **Subphylum Ctenophora**
侧腕水母 **sea goosebury**
触手 **tentacle**
粘细胞 **colloblast**
生物光 **bioluminescence**
扁形动物门 **Phylum Platyhelminthes**
扁虫 **flatworm**
两侧对称 **bilateral symmetry**
背腹扁平 **being flattened dorso-ventrally**

酶 enzyme
中胚层 mesoderm
盲囊 caecum
排泄系 excretory system
神经系 nervous system
生殖系 reproductive system
涡虫纲 Class Turbellaria
吸虫纲 Class Trematoda, fluke
有尾幼虫 cercaria
绦虫纲 class cestoda
绦虫 tapeworm
节裂(横裂) strobilization, strobilation
节裂体(横裂体) strobila
节片 proglottis, proglottid
(绦虫)头节 scolex
纽虫门 Phylum Nemertea (Nemertinea)
线形动物门 Phylum Nematoda

1

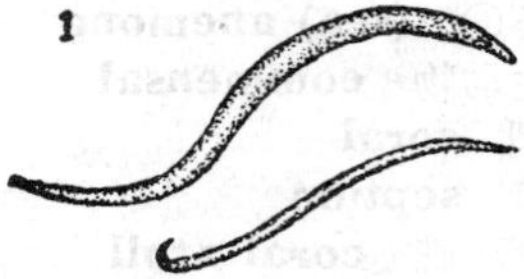

蛔虫① roundworm
化感器 amphid
植物寄生线虫 plant nematode
可外翻喙 eversible proboscis
刺体动物门 Phylum Nematomorpha
棘头虫门 Phylum Acanthocephala
轮虫门 Phylum Rotifera
轮虫② rotifer
轮器 wheel-organ

2

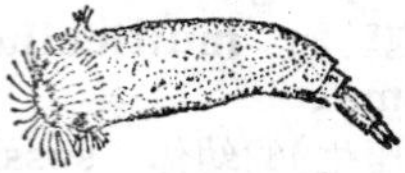

腹毛门 Phylum Gastrotricha
动吻虫门 Phylum Kinorhynchia (Echinoderida)
鳃曳虫门 Phylum Priapulida
内肛动物门 Phylum Endoprocta (Entoprocta)
环节动物门 Phylum Annelida
多毛纲 Class Polychaeta
沙蚕 Nereis
寡毛纲 Class Oligochaeta
蚯蚓 earthworm
水蛭纲 Class Hirudinea
原环虫纲 Class Archiannelida
螠虫纲 Class Echiuroidea
星虫纲 Class Sipunculoidea
分节现象 metameric segmentation, metamerism
头向集中 cephalization
角质层 cuticle
几丁质 chitin
背神经节 dorsal ganglia
腹神经节 ventral ganglia
腹神经索 ventral nerve cord
开型循环系 closed blood system
原肾 nephridia
肾孔 nephridiopore
体腔 coelom
腔 lumen

3

4 4

水蛭③ **leech**
吸盘④ **sucker**
前吸盘 **anterior sucker**
后吸盘 **posterior sucker**
口前叶 **preoral lobe**
两性体 **hermaphrodite**
雌雄异体 **dioecism**
卵袋 **cocoon**
寄生 **parasitism**
外寄生 **ectoparasitism**
食腐动物 **scavenger**
捕食动物 **predator**
疣足 **parapodia**
打地洞 **burrowing**
触毛 **cirri**
节肢动物门 **Phylum Arthropoda**
附肢 **appendage**
颚 **jaw**
硬外骨骼 **hard exoskeleton**
抓爪 **grasping claw**

5

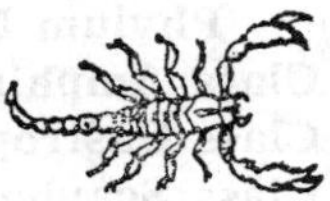

蝎子⑤ **scorpion**
尾倒刺 **tail barb**
呼吸结构 **respiratory structure**
鳃片 **gill**
气管 **trachea**

6

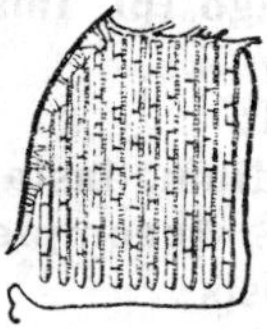

书肺⑥ **book lung**
有爪纲 **Class Onychophora**
大颚 **mandible, mandibula**
多足纲 **Class Myriapoda**
毒腺 **poison gland**
双节 **diplo-segment**
蜈蚣亚纲 **Subclass Chilopoda**
马陆亚纲 **Subclass Diplopoda**
结合纲 **Class Symphyla**
昆虫纲 **Class Insecta (Hexapoda)**
头 **head**
胸 **thorax**
腹 **abdomen**

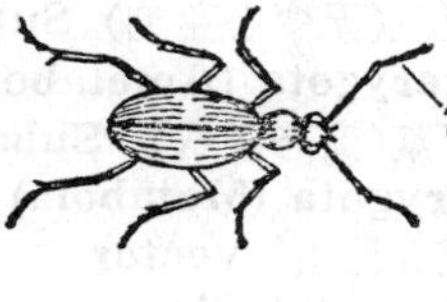

7

触角⑦ **antenna**
复眼 **compound eye**
气门 **spiracle**

8

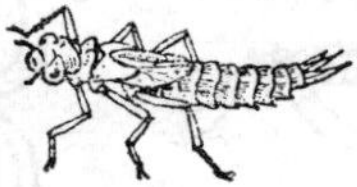

若虫⑧ **nymph**

成虫 **imago (pl. imagines or imagos)**
脱皮 **molt**
龄期 **stadium, instar**
不完全变态 **incomplete metamorphosis**
蛴螬 **grub**
静止期 **resting stage**
蛹 **pupa**
完全变态 **complete metamorphosis**
独居的 **solitary**
聚生的 **gregarious**
集群组合社会 **society**
成群迁徙的 **swarming and migratory**
螫针 **sting**
隐藏色 **cryptic colouration**
保护性拟态 **protective mimicry**
保护性形肖 **protective resemblance**
无翅亚纲(无变态亚纲) **Subclass Apterygota (Ametabola)**
有翅亚纲(变态亚纲) **Subclass Pterygota (Metabola)**
传病媒介昆虫 **vector**
虱 **louse (pl. lice)**
蚤 **flea**
蝇 **fly**
蚜虫 **aphid**
产卵力 **fecundity**

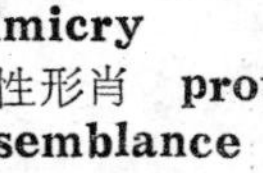
1

2
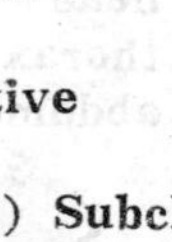

蚊① **mosquito**
蜘蛛② **spider**
纺绩器 **arachnidium**
丝腺 **silk gland**
吐丝器 **spinneret**
前体 **prosoma**
后体 **opisthosoma**
捕握螯 **prehensile pincers**
须肢 **pedipalp (pl. pedipalpi)**
毒液 **venom**
螯肢 **chelicera**

3
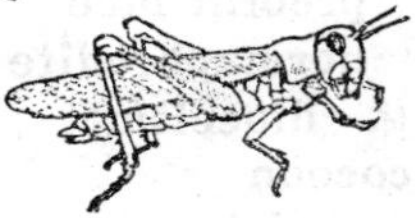

蝗虫③ **locust**
甲壳纲 **Class Crustacea**
鳃足亚纲 **Subclass Branchiopoda**
躯干 **trunk**
小颚 **maxilla**
颚足 **maxilliped**
蔓足 **cirri**
胸肢 **thoracic appendage**
螯 **chela**
藤壶 **barnacle**
等足类 **isopod**
十足类 **decapod**
软体动物门 **Phylum Mollusca**
石鳖纲 **Class Amphineura**
腹足纲 **Class Gastropoda**
掘足纲 **Class Scaphopoda**
双壳纲(瓣鳃纲) **Class Lamellibranchiata (Bivalvia)**
头足纲 **Class Cephalopoda**
大脑神经节 **cerebral ganglia**
内脏囊 **visceral sac**
软体套膜 **mantle**
介壳 **shell**

排泄管 **excretory duct**
血管肺 **vascular lung**
齿舌 **radula**
闭壳肌 **adductor muscle**
滤食性动物 **filter feeder**
水管 **siphon**
丝足 **byssus**
(介壳的)真珠层 **nacreous layer**
真皮 **dermis**
载色体 **chromatophore**
墨囊 **ink sac**
发光器 **light organ, luminous organ**
蹼 **web**
外肛动物门 **Phylum Ectoprocta**
腕足动物门 **Phylum Brachiopoda**
毛颚动物门 **Phylum Chaetognatha**
帚虫门 **Phylum Phoronidea (Phoronida)**
棘皮动物门 **Phylum Echinodermata**
海星纲 **Class Asteroidea**
阳遂足纲(蛇尾纲) **Class Ophiuroidea**
海胆纲 **Class Echinoidea**
海参纲 **Class Holothuroidea**
有柄亚门 **Subphylum Pelmatozoa**
小骨片 **ossicle**
蕈体 **stalk**
蕈体冠 **calyx**
育幼袋(育囊) **brood pouch**
五跗节对称 **pentaonerous symmetry**
管足 **tube foot**
前月面 **lunch**
羽枝 **pinnule**
脊索动物门 **Phylum Chordata**
半索动物亚门 **Subphylum Hemichorda**
须腕动物亚门 **Subphylum pogonophora**
尾索类(被囊类)亚门 **Subphylum Urochorda (Tunicata)**
头索动物亚门(无头亚门) **Subphylum Cephalochordata (Acrania)**
脊索 **notochord**
脊髓 **spinal cord**
脊柱 **vertebral column**
脑 **brain**
颅骨 **skull, cranium**
鳍 **fin**
肢 **limb**
吻 **proboscis**
脊椎动物亚门(有头亚门) **Subphylum Vertebrata (Craniata)**
无颌总纲 **Superclass Agnatha (Marsipobranchii)**
圆口纲 **Class Cyclostoma**
软骨骼 **cartilaginous skeleton**
鼻囊 **nasal sac**
有颌总纲 **Superclass Gnathostomata**
鱼类 **Pisces**
软骨鱼纲 **Class Elasmobranchii (Chondrichthyes)**
游行动物 **nekton**
胸鳍 **pectoral fin**
腹鳍 **pelvic fin**
背鳍 **dorsal fin**
臀鳍 **anal fin**
鳞 **scale**

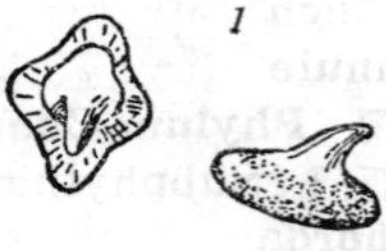

盾鳞① **placoid scale**
食鱼动物 **piscivorous animal**
心房 **atrium**
动脉圆锥 **conus arteriosus**
腹侧主动脉 **ventral aorta**
鳃动脉 **gill artery**
变温动物 **cold-blooded animal, poikilotherm**
肠 **intestinum**
螺旋瓣 **spiral valve**
有黄卵 **yolky egg**
(某些鳐和魟的)硬壳卵 **mermaid's purse**
卵胎生 **ovoviviparity**
卵子发生 **ovogenesis, oogenesis**
鳍脚 **clasper**
硬骨鱼纲 **Class Osteichthyes**
鳃盖骨 **operculum**
气鳔 **air bladder**
游泳鳔 **swim bladder**
瓣胸鳍 **lobed pectoral fin**
吻鼻 **snout**
韦伯氏器 **Weberian apparatus**
发光器 **photophore**
放电器 **electric(al) organ**
食草动物 **herbivore**
食肉动物 **carnivore**
伪眼 **mock eye**
两栖纲 **Class Amphibia**
五趾型肢 **pentadactyl limb**
蝌蚪 **tadpole**
卵囊 **egg capsule**
幼征滞留 **neolony**
无尾总目 **Superorder Salientia (Anura)**

蛙② **frog**
蟾蜍③ **toad**
口腔 **buccal cavity**
子宫 **uterus**
副性征(次级性征) **secondary sexual characteristics**
爬行纲 **Class Reptilia**
多次换齿 **polyphyodonty**
龟鳖类 **chelonians, (Am.) turtles**
鳖 **turtle**
龟 **tortoise**

蜥蜴④ **lizard**
蚺蛇属大蟒 **python**

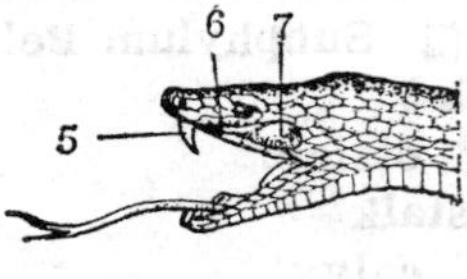

毒蛇 **viper**
毒蛇的毒牙⑤ **fang**
毒管⑥ **venom duct, poison duct**

毒腺⑦ **venom gland, poison gland**

8

鳄鱼⑧ **crocodile**
鸟纲 **Class Aves**
羽 **feather**

9

羽根(翮)⑨ **quill**
外气囊 **extra air sac**
胸骨 **sternum**
锁骨 **clavicle, clavicula**
胸部飞行肌 **pectoral flight muscle**
脊棱 **keel**
肋骨 **rib**
翼 **wing**
角质喙 **horny beak**
恒温动物 **warm-blooded animal, idiothermous animal**
食虫鸟 **insectivorous bird**
嘴 **bill**
卵白 **albumen**
一窝(蛋) **clutch**
雏鸟 **fledgeling**
平胸类鸟(不能飞的鸟) **ratitae, (primitive flightless bird)**

10

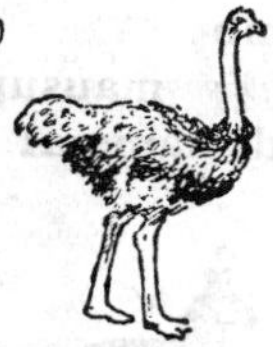

驼鸟⑩ **ostrich**
食肉鸟 **bird of prey**

12

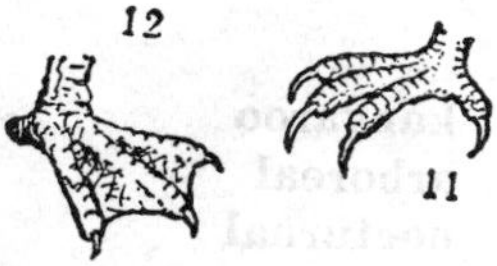

11

爪⑪ **claw**
鹰爪 **talons**
蹼足⑫ **webbed foot**
哺乳动物纲 **Class Mammalia**
毛 **hair**
毛皮 **fur**
汗腺 **sweat gland**
皮脂腺 **sebaceous gland**
乳腺 **mammary gland**
乳头 **nipple, teat**
肺 **lung**
膈 **diaphragm**
双循环 **double circulation**
左动脉弓 **left systemic arch**
异形齿 **heterodont teeth**
两次生齿的 **diphyodont**
双后头髁 **double occipital condyle**
骨化中心 **centre of ossification**
外耳壳 **external ear, finna**
脑半球 **cerebral hemisphere**
胎生 **viviparity**

胎生动物 **viviparous animal**
子宫 **womb**
有袋哺乳动物 **mausupial, pouched mammal**

1

袋鼠① **kangaroo**
林栖的 **arboreal**
夜出的 **nocturnal**
蝙蝠 **bat**
感音器 **sonar**
翅膜 **patagium**

獠牙② **tusk**
门齿③ **incisor**
犬齿④ **canine tooth**
臼齿⑤ **molar**
前臼齿 **premolar**
啮齿动物 **rodent**

6

穿山甲(鲮鲤)⑥ **pangolin**
有蹄动物 **ungulate**

角⑦ **horn**

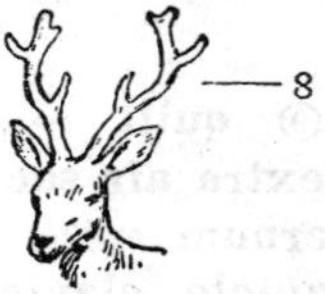

茸角⑧ **antler**
角蛋白 **keratin**
指甲(趾甲、喙甲) **nail**
四足动物 **quadrupedal animal, quadruped**
双足走路习惯 **bipedal habit**
灵长类 **primates**
鬼狒 **drill**

山魈⑨ **mandrill**
狒狒 **baboon**
类人猿 **anthropoid ape, man-like ape**
长臂猿 **gibbon**
大猩猩 **gorilla**
单配偶动物 **monogamous animal**
多配偶动物 **polygamous animal**

生态学 Ecology

森林生态学 **forest ecology**
动态生态学 **dynamic ecology**
群落生态学 **synecology**
昆虫生态学 **insect ecology**
鸟类生态学 **bird ecology**
海洋生态学 **marine ecology**
淡水生态学 **fresh water ecology**
陆地生态学 **terrestrial ecology**
港湾生态学 **estuarine ecology**
溪流生态学 **stream ecology**
草地生态学 **grassland ecology**
个体生态学 **autecology**
古生态学 **palaecology**

人类生态学 Human Ecology

人类社会 **human community**
社会 **society**
社会组织形式 **pattern of social organization**
社会制度 **social system**
原始社会 **primitive society**
阶级社会 **class society**
奴隶制度 **slavery**
封建制度 **feudalism**
资本主义制度 **capitalist system**
社会主义制度 **socialist system**
共产主义制度 **communist system**
社会形态学 **social morphology**
政治制度 **political institution**
政体 **polity, system of government**
政府 **government**
权力所在地 **locus of authority**
政权 **state power**
国家 **state, country**
阶层 **stratum**
阶级 **class**
资产阶级 **bourgeoisie**
小资产阶级 **petty bourgeoisie**
无产阶级 **proletariat**

工人阶级 working class
农民 peasantry
地主阶级 landlord class
阶级斗争 class struggle
生产斗争 struggle for production
科学试验 scientific experiment
人在自然的地位 man's place in nature
改造自然 transformation of nature, transforming nature
适应方式 mode of adaptation
人种论 ethnography
部落 tribe
少数民族 minority nationality
民族 nation
家庭 family
家属关系结构 kinship structure
住宅区 settlement unit
人口聚集 aggregation of population
人口生态学 population ecology
出生率 natality, birth rate
死亡率 mortality, death rate
人口增长 population growth
人口增长决定因素 determinant of population growth
农业人口 agricultural population
工业人口 industrial population
人口规模 population size
人口密度 density of population
人口稀少 underpopulation
人口过剩 overpopulation
计划生育 family planning
节制生育 birth control
人口突增 population explosion
人口可容量 population potential
最适宜的人口 optimal population
人口循环 population cycle
人口平衡 population equilibrium
人口调查 census
人口普查 taking a census
人口统计学 demography
人类地理分布学 anthropography
生活方式 way of life
农村生活方式 rural mode of existence, rural style of life
城市生活方式 urban mode of existence
当代大城市社会 contemporary metropolitan community
城市社会学 urban sociology
经济活动 economic activity
社会分工 social division of labour
生产 production
生产劳动 productive labour
生产力 productivity
生产方式 mode of production
生产关系 relations of production
生产资料 means of production
生产资料所有制 ownership of

the means of production
生活资料 means of livelihood, means of subsistence
生活必需品 subsistence needs, necessities of life
文明 civilization
创造 creation
发现 discovery
发明 invention
开发(发展) development
技术革新 technical innovation
工业化 industrialization
现代化 modernization
革命化 revolutionization
城市化 urbanization
污染 pollution
环境公害 environmental hazard
环境污染 environmental pollution
环境 environment
自然环境 natural environment
人类同环境的斗争 man's struggle with his environment
保护自然环境 preservation of the natural environment
植物覆盖率 rate of plant coverage, rate of vegetation
水土保持 conservation of soil and water
造林 forestation
重新造林 reforestation, reafforestation
自然保护区 nature reserve

动物生态学 Animal Ecology (Zooecology)

共生 symbiosis
共栖 messmatism
蛰伏(休眠) dormancy
休眠期 resting period
冬眠(冬蛰) hibernation, winter sleep
冬眠场所(越冬巢) hibernaculum
夏眠 aestivation, estivation
夏眠场所 estivaculum
季节调整 seasonal adjustment
空中调整 aerial adjustment
水中调整 aquatic adjustment
陆上调整 terrestrial adjustment
空中呼吸 respiration in air
水中呼吸 respiration in water
特化适应性 specialized adaptation
专化特性 specialized feature
生态平衡 ecological balance
种间关系 interspecies relation
生物量 biomass
食物链(营养链) vegetative chain
植食性 herbivorous character
肉食性(捕食性) carnivorous character (predacity)
多食性(泛食性,杂食性) polyphagia
腐食性 saprophagous character
单食性(寡食性) monophagous character
动物区系 fauna

动物群落 **zoocoenosis, zoobiocoenose, zoocoenosium**
大生物群落 **macrofauna, macrobiocoenosium**
顶极 **apical pole**
周期变形 **periodical metamorphosis**
种群生长型 **growth form of population**
复苏现象 **resurgence**
风土驯化 **acclimation**
生态气候 **ecological climate**
生态价(生态值) **ecological value**
动物性极 **animal pole**
动物地理学 **zoogeography**
动物地理区 **zoogeographical region**
生境 **habitat**
小生境 **microhabitat**
生态小生境 **ecological niche**
生境变坏(生境退化) **habitat deterioration**
地理宗(地理亚种) **geographic race**
生态宗 **ecological race**
本地种(地方种) **aboriginal species**
固有种 **autochthonous species**
迁入种 **ecdemic species**
迁移(迁徙,洄游) **migration**
广温性生物 **eurythermal organism**
广温动物 **eurythermal (animal)**
广盐性生物 **euryhalin(e) organism**
广生性动物(广适性动物) **eurytopic animal**
广分布种 **eurytopic species**
永久留兽 **permanent resident**
永久群落 **permanent community**
大洋动物 **pelagic fauna**
海底动物区系 **bottom fauna**
留鸟 **resident bird**
漂鸟 **wandering bird**
候鸟 **migratory bird, bird of passage**
冬候鸟 **winter resident**
旅鸟 **travelling bird**
迷鸟 **stray bird**
移栖 **migration**
洄游鱼 **migratory fish**
迁徙区 **zone of migration**
大陆漂移说 **theory of continental drift**
南陆区(南极区) **Antarctic realm**
新陆区 **New Continental realm**
北寒带 **Frigid zone**
澳大利西亚区(澳大利亚区) **Australasian region (Australian region)**
热带区(埃塞俄比亚区) **tropical realm (Ethiopian realm)**
新热带区 **New Tropical realm, neotropical region**
东洋区(东方区) **Oriental realm, oriental region**
新北区 **neoarctic realm, nearctic region**
古北区 **palaeoarctic realm, palaearctic region**
区系简化 **faunal simplification**

物质和生物环境 **physical and biotic environments**
生理要求 **physiological requirement**

1
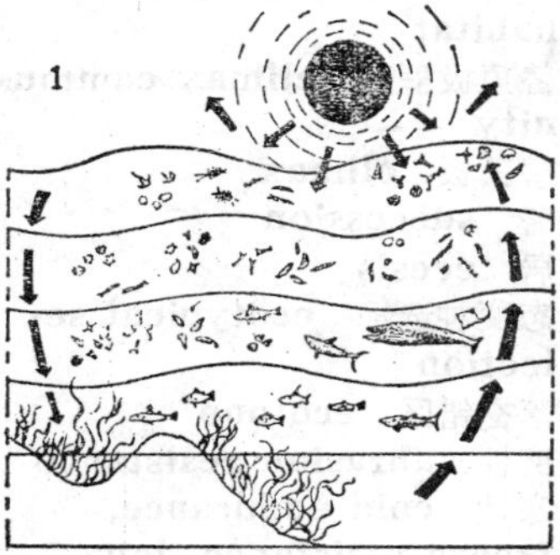

海洋食物循环① **marine food cycle**
太阳能 **solar energy**
浮游植物 **phytoplankton**
光 **light**
热 **heat**
浮游动物 **zooplankton**
浮游动物以浮游植物为食物 **zooplankton feeds on phytoplankton**
鲸鱼和鱼类以浮游动物和浮游植物为食物 **Whales and fish feed on zooplankton and phytoplankton**
深海无光地区 **abysmal region (lightless)**
营养盐 **nutrient salt**
营养化学物 **nutrient chemical**
演替原理 **principle of succession**
自然地理演替 **physiographic succession**
生物演替 **biotic succession**
光底(发端)期 **bare bottom (pioneer) stage**
沉水植被 **submerged vegetation**
浮现植被 **emerging vegetation**
山毛榉和枫树林(演替顶极)期 **beech and maple forest (climax) stage**
趋同现象 **convergence**
趋同现象原理 **principle of convergence**

植物生态学 Plant Ecology (Phytoecology)

生态环境 **ecological condition, ecotope**
生态幅度 **ecologic(al) range**
生态分布 **ecological distribution**
生活型 **life form**
植被型 **vegetation form**
生态型 **ecotype**
生态种 **eco-species**
生态系统 **ecosystem**
植被 **vegetation, vegetation cover**
草本植被 **herbosa**
沼泽植被 **swamp vegetation**
荒漠植被 **desert vegetation, eremo-vegetation**
自然植被 **natural vegetation**
地面植被(地被) **ground layer, ground vegetation**
木本植被 **lignosa**
针叶林 **forest of conifer species**
落叶林 **deciduous forest**
温带落叶林 **temperate decidu-**

ous forest
泰加林(泰加群落) taiga
阔叶林 broad-leaved forest
常绿阔叶林(照叶林) evergreen broad-leaved forest
常绿季雨林 evergreen seasonal forest
苔原 tundra
赤道雨林 equatorial rain forest
雨绿林 hiemisilvae
丛林 jungle
季雨林 seasonal rain forest, monsoon forest
防风林 windbreak forest
多层林 polylayer forest
红树林 mangrove
草原 grassland
热带草原 tropical grassland
草甸 meadow
草地 grassland
热带雨林 tropical rain forest
植物群落 phytocommunity, phytocoenosium, botanical colony
小植物群落 plantlet community
残留种 deleted species
世界种 world species
特有种(特产种) endemic species
偶见种 rare species
亚优生种 sub-dominant species
优势种 dominant species
休眠 dormancy, quiescence
样方 quadrat
植被〔类型〕图 vegetation chart
生态系统 ecosystem
生态系列 ecological spectrum
演替系列 succession spectrum
演替环境 successional habitat
演替顶极群落 climax community
演替顶极 climax
演替 succession
定居 ecesis
生态变种选择 ecotypical selection
群落交错区 ecotone
耐磨性 abrasion resistance
耐寒性 cold endurance, freeze resistance, low-temperature resistance
耐病性 disease tolerance
耐荫性 shade tolerance
耐旱性 drought hardiness
耐雨性 rain fastness
向食性 sitotropism
向湿性 hygrotropism
趋湿性 hygrotaxis
向水性 hydrotropism
向地性 geotropism
向光性 phototropism
向气性(向氧性) aerotropism
向日性 heliotropism
向性 tropism
抗滑性 skid resistance
抗风性 wind resistance
野生性 wildness
生境因素 site factor
生境型 site type
森林生境 site
集群 colony
植物类群 phyto-group
植物群丛复合体 association

complex
演替植物群丛 associes
复合群丛 multiple association
植物群丛 plant association
群丛 association
稀疏群系 open formation
群系 formation
植物区系 flora

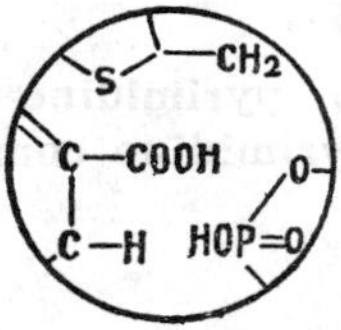

生物化学 Biochemistry

有机生物化学 organic biochemistry
有机矿物 organic mineral
有机磷化物 organic phosphorous compound
碳水化合物 carbohydrate
多糖 polysaccharide, polysaccharose
葡萄糖 glucose
右旋糖 dextrose
果糖 fructose
核糖 ribose
糖甙(配糖体) glucoside
蔗糖 cane sugar
麦芽糖 maltose, malt sugar
乳糖 lactose
乳糖酶 lactase, milk sugar
糊粉 aleurone
糊精 dextrin, starch gum
糊精酶 dextrinase
果胶 pectin
淀粉 starch
淀粉胶 amylan
淀粉酶 amylase
纤维素 cellulose
纤维蛋白(纤维朊) fibrin
纤维蛋白原(纤维朊原) fibrinogen
丝〔心〕蛋白(丝纤朊) fibroin
糖元(动物淀粉) glycogen, animal starch
氨基糖 aminosugar
葡聚糖 dextran
脂肪(真脂) fat
脂肪粒 fat granule
脂肪蛋白 lipoprotein
醛 aldehyde
醛固酮(醛甾酮) aldosterone
脂肪族化合物 aliphatic compound, fatty compound
脂肪酸 fatty acid
棕榈酸(软脂酸) palmitic acid
硬脂酸(油脂酸) stearic acid
葡萄糖酸 gluconic acid
叶酸 folic acid
乳酸 lactic acid
草酸 oxalic acid
磷脂 phosphatide
谷氨酸 glutamic acid
氨基酸 amino acid
胆酸 bile acid
甾族化合物(类固醇) steroid

甾醇(固醇) **sterol**
麦角甾醇(麦角固醇) **ergosterol**
谷甾醇 **sitosterol**
胆甾醇(胆固醇) **cholesterol**
肌醇 **inositol**
精氨酸 **arginine**
丙氨酸 **alanine**
多肽 **polypeptide**
杆菌肽 **bacitracin**
蛋白质 **protein**
白蛋白 **albumin**
糖蛋白 **glycoprotein, glucoprotein**
脂蛋白 **lipoprotein**
核蛋白 **nucleoprotein (NP)**
球蛋白 **globulin**
蛋白酶 **proteinase**
胆红素 **bilirubin**
胆绿素 **biliverdin**
血红素 **heme**
肌球蛋白 **myosin**
肌动蛋白 **actin**
卵白蛋白 **egg albumin (EA)**
精朊 **protamin**
乳蛋白 **lacto-protein**
乳白朊 **lactalbumin**
血浆蛋白 **plasma proteins**
胨 **peptone**
胶体(胶质) **colloid**
等电点 **isoelectric point**
电泳 **electrophoresis**
氢键 **hydrogen bond**
变性作用 **denaturalization**
核酸 **nucleic acid**
核糖核酸 **ribonucleic acid (RNA)**
正常核糖核酸 **normal ribonucleic acid**
脱氧核糖核酸 **de(s)oxyribonucleic acid (DNA)**
核糖〔核蛋白〕体 **ribosome**
核苷酸 **nucleotide**
多核苷酸 **polynucleotide**
核苷 **nucleoside**
嘌呤 **purine**
嘧啶(间二氮苯) **pyrimidine**
嘧啶化合物 **pyrimidine compound**
脒 **amidine**
醚 **ether**
酶 **enzyme**
生物氧化 **biological oxidation**
细胞色素 **cytochrome**
转氨酶 **transaminase**
酚酶 **phenolase**
激活作用 **activation**
抑制作用 **inhibition, inhibitory action**
解脂作用 **hydrolysis of fat, lipolysis**
新陈代谢 **metabolism**
同化代谢 **assimilation**
组成代谢 **anabolism**
分解代谢 **catabolism**
生物合成 **biosynthesis**
生物测定(生物检定) **bioassay**
解毒作用 **antidotal action**
尿素 **urea, carbamide**
尿酸 **uric acid**
糖化作用 **saccharification**
抗代谢物 **antimetabolite**
维生素 **vitamin**
激素 **hormone**
甲状腺素 **thyroxine**
胰岛素 **insulin**
肾上腺素 **adrenalin, epinephrin**
雄性激素 **androgen, male**

hormone
雌性激素 estrogen, female hormone
前列腺素 prostaglandin
抗体 antibody
抗体生成 antibody formation
蛋白质密码学 protein cryptography
促性腺激素 gonadotrop(h)in
催产素(放乳激素) oxytocin (let-down hormone)

生物物理学 Biophysics

放射生物学(辐射生物学) radiobiology, radiation biology
分子生物学 molecular biology
生物力学 biomechanics
生物动力学 biodynamics
致死量(致死剂量) lethal dosage, lethal dose
半致死量(半数致死剂量) half lethal dose (HLD), median lethal dose, lethal dose50 (LD50)
最小致死量(最小致死剂量) minimal lethal dose, minimum lethal dose (MLD)
示踪元素 tracer element
示踪原子 tracer atom
同位素标记法 isotope labelling method
渗入作用 infiltration
渗透分析(渗析) dialysis
冷冻真空干燥(冻干) vacuum freeze-drying
离子运转 ion revolution
生物电流 bioelectric current
生物电势 bioelectric potential, biopotential
生物发光现象 biological luminescence
生物高分子 biological high polymer
荧光计 fluorometer, fluorimeter
高空恐怖 aerophobia
动作电流 action current
致死基因 lethal gene
致死突变 lethal mutation
光适应 light adaptation
暗视野显微镜 dark-field microscope
光生物学 photobiology
生物声学 bioacoustics
生物电 bioelectricity
生物电子学 bioelectronics
生物电源 biogalvanic source
生物宇宙航行学 biocosmonautics
生物工程学 bioengineering
助听器 acouophone, hearing

aid
人造器官 **artificial organ**
人造耳 **artificial ear, bionic ear**
人造眼 **visilog**
人造心脏 **artificial heart**
人造动脉 **artificial artery**
人造肺 **artificial lung**
人造肾 **artificial kidney**
人造臂(假臂) **artificial arm**
人造腿(假腿) **artificial leg**
人造牙(假牙) **artificial tooth**
人造喉 **artificial larynx**
人造细胞 **artificial cell**
人工呼吸器 **biomotor, spirophore**
仿生学 **bionics**
仿生自动机 **bio-robot**
生物环境调节技术 **biotronics**
生物宇航试验 **biological space probe**
载生物卫星 **biosatellite**
生物磁效应 **biomagnetic effect**
磁生物学 **magnetobiology**
动物磁性 **zoomagnetism**
生物发光 **bioluminescence**
生物钟 **biological clock**
生物运动摄影术 **biography**
失重 **weightlessness**
语音打字机 **voice actuated typewriter**
语音合成器 **voder**
自动语音合成仪(音码器) **vocoder**
语音控制器 **voice controller**
静脉波图 **venogram**
脉搏描记图 **arteriograph**
心电场 **cardioelectric field, cardiac electric field**
心音图 **cardiophonogram**
心脏起搏器 **cardiac pacemaker**
心动图 **cardiogram**
心电图 **electrocardiogram (ECG)**
心电学 **elecyrocardiology**

考古学 Archaeology

古动物 Ancient Animals

恐龙 **dinosaur**
马门溪龙 **Mamenchisaurus**

梁龙① **diplodocus**
雷龙 **brontosaur(us)**
霸王龙 **tyrannosaur(us)**
禄丰龙② **Lufengosaurus**
青岛龙③ **Qingdaosaurus**
剑龙 **stegosaur**
甲龙 **ankylosaur**
蛇颈龙④ **plesiosaurus**
鱼龙 **ichthyosaur**
翼指龙 **pterodactyl**
准噶尔翼龙⑤ **Dsungaripterus**
始祖鸟⑥ **archaeopteryx**
古鸟 **archaeornis**
洞熊 **cave bear**
洞狮 **cave lion**
剑齿虎⑦ **sabre-toothed tiger**
乳齿象 **mastodon**
始祖象 **moerithere**
剑齿象 **stegodon**
猛犸⑧ **mammoth**
始祖马⑨ **hyracothere**
三趾马 **hipparion**
爪蹄兽 **chalicothere**
雷兽 **brontothere**
板齿犀 **elasmothere**
披毛犀⑩ **woolly rhinoceros**
大角鹿⑪ **megaloceros**
洞穴鬣狗 **cave hyena**
化石 **fossil**

人类进化 Evolution of Man

森林古猿 **Dryopithecus**
西瓦古猿 **Sivapithecus**
拉玛古猿 **Ramapithecus**
(非洲)南方古猿 **Australopithecus**
傍人 **Paranthropus**
迩人 **Plesianthropus**
东非人 **Zinjanthropus**
巨猿 **Gigantopithecus**
中国猿人 **Sinanthropus**
元谋人 **Yuanmou man**

1 2

蓝田人① **Lantian man**
北京人② **Beijing man**
直立猿人(爪哇人) **Pithecanthropus erectus (Java man)**
非洲猿人 **Africanthropus**
弗洛里斯巴德人 **Florisbad man**
罗得西亚人 **Rhodesian man**
海德堡人 **Heidelberg man**
原始人 **primitive man**
古人 **Paleoanthropus**
尼安德特人 **Neanderthal man**
马坝人 **Maba man**
长阳人 **Changyang man**
丁村人 **Dingcun man**
梭罗人 **Solo man**
博斯科普人 **Boskop man**
新人 **Neoanthropus**
瓦贾克人 **Wadjak man**
奥瑞纳人 **Aurignacian man**
克罗马努人 **Cro-Magnon man**
河套人 **Hetao man**
山顶洞人 **Shandingdong man**
柳江人 **Liujiang man**
资阳人 **Ziyang man**
麒麟山人 **Qilinshan man**
格里马尔迪人 **Grimaldi man**
桑地亚人 **Sandia man**
福尔索姆人 **Folsom man**
人种 **race**
蒙古人种 **Mongoloid**
尼格罗人种 **Negroid**
欧罗巴人种(高加索人种) **Europoid (Caucasoid)**

文化遗存 Cultural Remains

石器时代 **Stone Age**
石器 **stone tool, stone implement**
砾石石器 **pebble tool**
石核石器 **core tool**
石片石器 **flake tool**
尖状器 **point**
砍砸器 **blade**
刮削器 **scraper**
雕刻器 **graver**

钻孔器 **borer, perforator**
手斧 **hand ax(e)**

石锛③ **stone adz(e)**
磨光燧石镞 **polished flint arrowhead**
细石器④ **microlith**
角器 **horn tool**
(鹿角制成的)指挥棒 **baton de commandement**
骨器 **bone tool**
鱼叉⑤ **harpoon**
投矛器 **spear thrower**
曙石器 **eolith**
旧石器 **paleolith**
新石器 **neolith**
曙石器时代 **Eolithic Age**
旧石器时代 **Paleolithic Age**
中石器时代 **Mesolithic Age**
新石器时代 **Neolithic Age**
新石器时代早期文化 **early Neolithic culture**
新石器时代中期文化 **mid-Neolithic culture**
新石器时代晚期文化 **late Neolithic culture**
仰韶文化 **Yangshao culture**
马家窑文化 **Majiayao culture**
大汶口文化 **Dawenkou culture**
青莲岗文化 **Qingliangang culture**
屈家岭文化 **Qujialing culture**
齐家文化 **Qijia culture**
龙山文化 **Longshan culture**
良渚文化 **Liangzhu culture**
细石器文化 **microlithic culture**
典型遗址 **type station, type site**
发掘 **excavation**
遗骸 **skeletal remains**
器物 **artifact**
半地穴式房屋 **pit house**
(巴基斯坦)索安文化 **Soan culture**
(缅甸)安雅特文化 **Anyathian culture**
(越南)和平文化 **Hoa Binh culture**
(越南)北山文化 **Bac Son culture**
(巴勒斯坦)那图夫文化 **Natufian culture**
(欧洲)阿布维尔文化(舍利文化) **Abbevillian culture (Chellean culture)**
(欧洲)阿修尔文化 **Acheulean culture**
(欧洲)穆斯特文化 **Mousterian culture**
(欧洲)奥瑞纳文化 **Aurignacian culture**
(欧洲)梭鲁特文化 **Solutrean culture**
(欧洲)马格德林文化 **Magdalenian culture**
(欧洲)阿齐尔文化 **Azilian culture**
(欧洲)塔登诺阿文化 **Tardenoisian culture**

(美洲)桑地亚文化 **Sandia culture**
(美洲)福尔索姆文化 **Folsom culture**
大石文化 **megalithic culture**
大石 **megalith**
独石 **monolith, menhir**

1

大石棚(支石墓)① **dolmen**
图腾 **totem**
洞画 **cave painting**
岩画 **rock picture**
石刻书画 **petroglyph, petrograph**
金石并用时代 **Aeneolithic Age**
青铜器时代 **Bronze Age**
殷墟 **Waste of Yin**
卜骨 **oracle bone**
龟甲 **tortoise shell**
卜辞 **oracular inscription**
(印度河流域)哈拉帕文化 **Harappa culture**
摩亨约—达罗 **Mohenjo-daro**
(欧洲)米诺斯文化 **Minoan culture**
(欧洲)迈锡尼文化 **Mycenaean culture**
(两河流域)乌鲁克文化 **Uruk culture**
(越南)东山文化 **Dong Son culture**
木乃伊 **mummy**
罗塞达碑 **Rosetta stone**
铁器时代 **Iron Age**

空间技术 Space Technology

航　天 **Space Flight**

宇宙空间 **space**
近地空间 **terrestrial space**
外层空间 **outer space**
地月间空间 **cislunar space**
行星际空间 **interplanetary space**
行星〔轨道〕外空间 **extra-planetary space**
恒星际空间 **interstellar space**
星系际空间(银河际空间) **inter-**

galactic space
空间探测 **space exploration**
空间探测器 **space probe**
装备测量仪表的空间探测器 **instrumented space probe**
航天器 **spacecraft, space vehicle**
载人航天 **manned space flight (navigation)**
航天员(宇航员) **astronaut, (USSR) cosmonaut**
航天服 **spacesuit**
引力范围 **gravisphere**
地球重力场 **gravitational field of the Earth**
轨道速度(环绕速度) **orbital velocity (circular velocity)**
分离速度 **separation velocity**
逃逸速度 **escape velocity**
宇宙火箭 **cosmic rocket**
(火箭)点火试车 **test firing**
发射 **launching**
离地直升 **lift-off**
发射场 **launch(ing) site**
发射台 **launch(ing) pad**
发射塔 **launch(ing) tower**
发射井 **silo**
加速阶段 **boost period**
动力飞行阶段 **powered period**
惯性飞行阶段 **coasting period**
初始加速度 **initial acceleration**
最大加速度 **peak acceleration**
飞出大气层 **exit from the atmosphere**
(由发射轨道进入飞行轨道的)转向 **doglegging**
航天轨道② **space-flight trajectory**

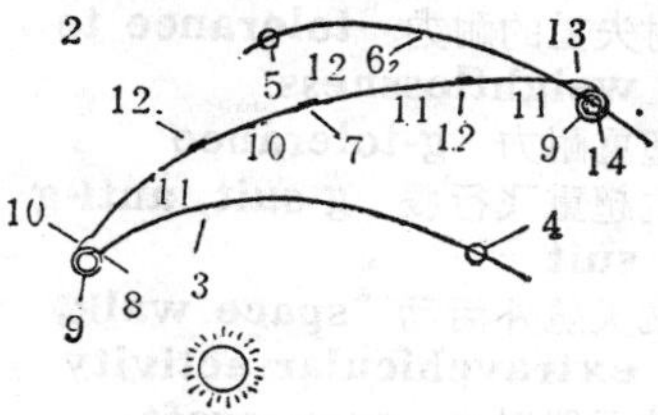

出发行星的轨道③ **path of departure planet**
出发行星的最终位置④ **final position of departure planet**
目的行星的初始位置⑤ **initial position of target planet**
目的行星的轨道⑥ **path of target planet**
行星际过渡轨道⑦ **interplanetary transfer trajectory**
上升到驻留轨道⑧ **ascending and attaining parking orbit**
驻留轨道上惯性飞行⑨ **coasting in parking orbit**
进入行星际过渡轨道⑩ **going into interplanetary transfer trajectory**
行星际过渡轨道上惯性飞行⑪ **coasting in interplanetary transfer trajectory**
临时校正轨道的飞行动作⑫ **occasional trajectory correction manoeuvres**
到达新的驻留轨道⑬ **attaining new parking orbit**
下降着陆⑭ **descending and landing**
失重 **weightlessness, zero gravity**

对失重的耐力 **tolerance to weightlessness**
超重耐力 **g-tolerance**
抗超重飞行服 **g-suit, anti-g suit**
航天舱外活动 **space walk, extravehicular activity**
航天器对接 **spacecraft docking**
会合对接 **rendezvous docking**
再入(重返) **reentry**
利用升力再入 **lifting reentry**
再入热防护系统 **reentry thermal protection system**
减速度 **deceleration**
硬着陆 **hard landing**
软着陆 **soft landing**
溅落 **splashdown**
回收 **recovery**
回收系统 **recovery system**
航天器上的计算机 **on-board computer**
空间飞行器试验发射中心 **spaceport**
空间站① **space station**
空间渡船 **space shuttle**

1

天空实验室 **skylab**
地面站 **ground station**
跟踪站 **tracking station**
光跟踪 **optical tracking**
光传感器 **optical sensor**
电子跟踪 **electronic tracking**
跟踪〔问答〕信标 **tracking beacon**
米尼跟踪系统(干涉仪跟踪系统,飞行器载无线电跟踪装置) **minitrack**
干涉仪 **interferometer**
空间探测跟踪系统 **space detection and tracking system (SPADATS)**

宇宙飞船 Spaceship

航天封舱 **space capsule**
适配舱 **adapter module**
服务舱 **service module**
指挥舱 **command module**
登月舱 **lunar module**
蜂窝夹层板 **honeycomb sandwich panel**
高温材料 **high-temperature material**
超合金 **superalloy**
耐火合金 **refractory alloy**
微粒辐射 **corpuscular radiation**
宇宙辐射 **cosmic radiation**
辐射防护屏 **radiation shield**
烧蚀 **ablation**
抗热层 **heat shield**
热沉(吸热器) **heat sink**
蒸发冷却 **transpiration cooling**

热耗散 **heat dissipation**
运载火箭 **carrier rocket, launch vehicle**
多级火箭 **multistage rocket**
助推 **boost**
助推火箭 **booster rocket**

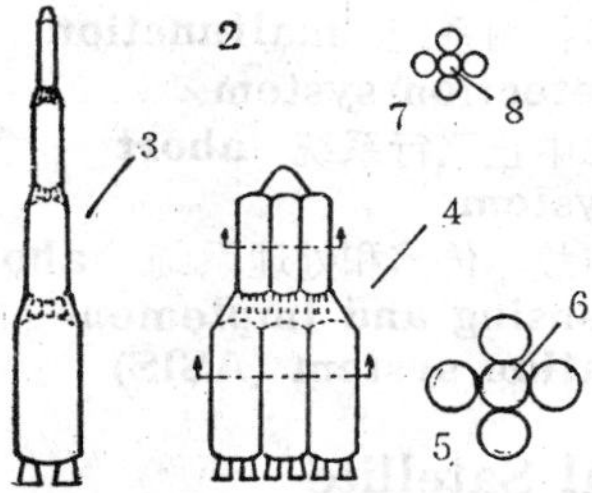

助推器系统② **booster system**
串联式系统③ **tandem system**
簇式系统④ **clustered system**
第一级⑤ **first stage**
第二级⑥ **second stage**
第三级⑦ **third stage**
第四级⑧ **fourth stage**
级间结构 **interstage structure**
主级火箭 **sustainer rocket**
减速火箭(制动火箭) **retrorocket (braking rocket)**
微调火箭 **vernier rocket**
速度调整 **velocity adjustment**
(推进剂箱中的)气垫 **ullage**
气垫增压火箭 **ullage rocket**
过氧化氢火箭 **hydrogen peroxide rocket**
姿态控制 **attitude control**
火箭推进 **rocket propulsion**
火箭推进剂 **rocket propellant**
单组元推进剂 **monopropellant**
双组元推进剂 **bipropellant**
液体推进剂 **liquid propellant**
固体推进剂 **solid propellant**
燃料 **fuel**
氧化剂 **oxidizer**
添加剂 **additive**
推力 **thrust**
火箭发动机 **rocket engine, rocket motor**

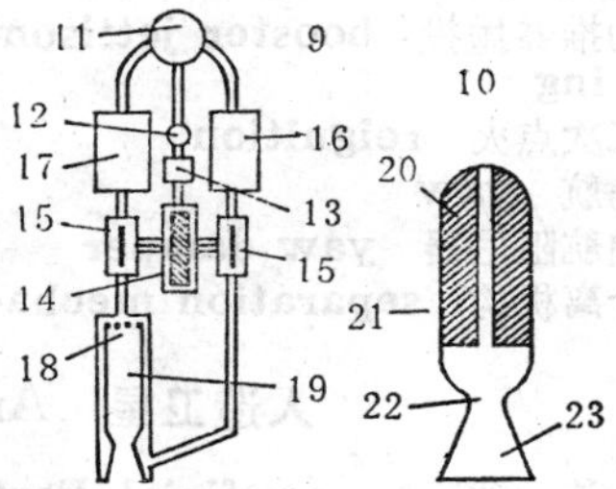

液体〔推进剂〕火箭发动机⑨ **liquid-propellant rocket engine**
固体〔推进剂〕火箭发动机⑩ **solid-propellant rocket engine**
低压容器⑪ **low pressure vessel**
过氧化氢箱⑫ **hydrogen peroxide tank**
气体发生器⑬ **gas generator**
燃气涡轮(燃气透平)⑭ **gas turbine**
推进剂泵⑮ **propellant pump**
燃料箱⑯ **fuel tank**
氧化剂箱⑰ **oxidizer tank**
喷嘴⑱ **injector**
推力室⑲ **thrust chamber**
推进剂⑳ **propellant**
外壳㉑ **case**
喉道㉒ **throat**
喷管㉓ **nozzle**

万向〔悬挂式〕发动机 **gimbaled engine, gimbal-mounted engine**
有效载荷 **payload**
发动机关闭 **shutdown**
熄火时〔飞行〕速度 **burnout velocity, all-burnt velocity**
抛投 **jettisoning**
助推器抛投 **booster jettisoning**
二次点火 **reignition**
偏航 **yaw**
偏航阻尼器 **yaw damper**
分离机构 **separation mechanism, kickoff mechanism**
分离速度 **separation velocity**
制导系统 **guidance system**
全惯性制导系统 **all-inertial guidance system**
滚动俯仰程序机构 **roll and pith programmer**
故障探测系统 **malfunction detection system**
紧急中止飞行系统 **abort system**
空中故障传感和处理系统 **abort sensing and implementation system (ASIS)**

人造卫星 Artificial Satellite

人造地球卫星 **artificial Earth satellite**
主星〔体〕 **primary (body)**
科学〔研究〕卫星 **scientific research satellite**
应用技术卫星 **applications technology satellite**
大地测量卫星 **geodesic satellite**
有源卫星 **active satellite**
无源卫星 **passive satellite**
上升弹道 **ascent trajectory**
送入轨道 **injecting into orbit**
极轨道 **polar orbit**
赤道轨道 **equatorial orbit**
同步轨道 **synchronous orbit, geostationary orbit**
转移到同步轨道 **transferring into synchronous orbit**
初始近地点 **initial perigee**
初始远地点 **initial apogee**
最大远地点 **peak apogee**
远地点〔起动〕发动机 **apogee motor**
(卫星)最后定位 **final positioning**
轨道平面 **orbital plane**
轨道倾角 **orbit inclination**
轨道参数 **orbital parameters**
轨道周期 **orbital period**
大气阻力 **atmospheric drag**
轨道衰减 **orbital decay**
卫星寿命 **satellite lifetime**
仪器组件 **instrument package**
子系统技术 **subsystem technology**
恒星传感器 **star sensor**
红外线水平传感器 **infrared horizon sensor**
太阳传感器 **sun sensor**
太阳电池 **solar cell**
太阳电池板 **solar panel**
火花室 **spark chamber**
旋转〔控制〕喷管 **spin nozzle**
旋转稳定 **spin stabilization**
冷气稳定系统 **cold gas sta-**

bilization system
消〔自〕转 despinning
全向天线系统 omnidirectional antenna system
遥测天线 telemetry antenna
遥测资料 telemetry data
双道辐射计 bi-channel radiometer
扫描微波辐射计 scanning microwave radiometer
反符合计数器 anticoincidence counter
γ射线望远镜 gamma-ray telescope
阻抗探测器 impedance probe
测量电子密度 measuring electron density
紫外线分光仪 ultraviolet spectrometer
测度太阳辐射强度 measuring the intensity of solar radiation
测量太阳中子发射 measuring solar neutron emission
测量太阳γ发射 measuring solar gamma emission
测量电离层参数 measuring ionospheric parameters
地球资源勘测 Earth resources survey

环境科学 Environmental Science

环境问题 Environmental Problems

无计划的发展 random development
邻近市镇的合并 merging of neighbouring towns
集合城市 conurbation
中心城市的扩展 expansion of central city
超级城市 supercity
一系列的集合城市 series of conurbations
城市密布的地区 region densely scattered with cities
特大都市群 megalopolis
都市化程度 degree of urbanization
自然规模(占地面积) physical size (area covered)
城市改造 reforming of cities
重建市区 urban renewal
扩展郊区 suburban sprawl

人口规模 **population size**
人口密度 **population density**
布局 **layout**
市区 **urban area**
市中心 **town centre**
行政中心 **administrative centre**
工业区 **industrial area**
商业区 **commercial area**
住宅区 **residential area**
贫民窟 **slum**
木屋区 **shantytown**
环境损害 **environmental damage**
矿物燃料 **fossil fuels**
二氧化碳的释放 **release of carbon dioxide**
二氧化碳在大气中的积聚 **accumulation of carbon dioxide in the atmosphere**
逆温 **temperature inversion**
逆温层 **inversion layer**
温室效应 **greenhouse effect**
红外线放射的障碍 **barrier to infrared radiation**
上层大气的温度上升 **temperature rise in the upper atmosphere**
不完全燃烧 **incomplete combustion**
未燃烧的碳氢化合物 **unburned hydrocarbons**
微粒物质 **particulate matter**
气溶胶 **aerosol**
有毒的烟雾 **toxic smog**
过乙酰硝酸酯 **peroxyacetyl nitrate (PAN)**
污水污染 **sewage pollution**
未经处理的污水 **untreated sewage**
养分过多 **eutrophication, excessive fertilization**
有害的藻类大量滋长 **rank growth of harmful algae**
工厂化的农场经营 **factory farming**
农药的滥用 **indiscriminate use of pesticides**
空中喷洒 **aerial spraying**
农药污染 **pesticide pollution**
废热 **waste heat**
热污染 **thermal pollution**
(对鱼类)氧气供应的减少 **reduction of oxygen supply (to fish)**
油污染 **oil pollution**
噪音污染 **noise pollution**
核发电厂的废物 **waste from nuclear power station**
放射性公害 **radioactive hazard**
生命层(生物圈) **biosphere**
自然环境 **natural cycle**
再循环 **recycling**
食物链 **food chain**
降解 **degradation**
生物可以降解的物质 **biodegradable substance**
生物不能降解的物质 **nonbiodegradable substance**
野生动物绝种 **extinction of wild animals**
(居民)逃离市区 **escape from urban areas**
逋逃城市的形成 **creation of escape cities**

环境保护 Environmental Protection

环境保护论者 **environmentalist**
环境控制 **environmental control**
环境卫生 **environmental health, environmental hygiene**
城市规划 **city planning**
以人为尺度的规划 **planning on the human scale**
环境美化 **landscaping**
花园城市 **garden city**
房屋密布区 **built-up area**
绿化区 **green area**
街坊 **neighbourhood**
街坊活动中心 **neighbourhood centre**
人车分道 **separation of pedestrians from automobiles**
禁止行车的林荫小道 **pedestrian mall**
减少拥塞 **decongestion**
徙置计划 **rehousing program(me)**
住宅新村 **housing estate, housing development**
市郊 **city outskirts**
城市近郊住宅区 **suburbs**
城市远郊住宅区 **exurbs**
市郊商店区 **shopping centre**
城乡边缘地带 **rural-urban fringe**
城乡结合 **integration of town and country**
聚居型式 **settlement pattern**
集结村落 **nucleated rural settlement**
分散村落 **dispersed rural settlment**
空旷地区 **open space**
重新造林 **reforestation**
废物处理 **waste disposal**
空气污染控制 **air pollution control**
黑烟的减少 **dark smoke reduction**
闭循环式焚化炉 **closed cycle incinerator**
空气检验 **air monitoring**
水污染控制 **water pollution control**
污水处理区 **sewage disposal area**
污水处理工厂 **sewage plant**
(下水道)出口地点的选定 **siting of outfall**
离子交换法 **ion exchange method**
逆渗透 **reverse osmosis**
电渗析 **electrodialysis**
水质检验 **water quality monitoring**
噪音控制 **noise control**
隔声 **sound insulation**
减震 **vibration damping**
消音器 **silencer**
农业废物还田 **return of farm wastes to the land**

小型化 Miniaturization

小型化设计 Miniaturization Design

减轻重量 **reducing the weight**
减小体积 **reducing the volume**
减少组件数目 **reducing the number of components**
减少动力消耗量 **reducing power consumption**
减少焊接 **reducing the number of soldered connections**
提高设备的可靠性 **increasing the reliability of equipment**
组件设计 **component design**
模拟板(试验板) **breadboard**
模拟设计 **breadboard design**
微型化 **microminiaturization**
微程序 **microprogram**
微程序设计 **microprogramming**
微型逻辑 **micrologic**
微矩阵 **micromatrix**

微型电路 Microcircuit

印刷电路 **printed circuit**
印刷线路板 **printed wiring board**
绝缘基体 **insulating base**
掩模 **mask**
蚀刻(腐蚀) **etching**
光刻 **photoetching**
光致抗蚀剂(感光胶) **photoresist**
腐蚀剂 **etchant**
导电图形 **conductive pattern**
薄膜 **thin film**
薄膜微型电路 **thin-film microcircuit**
基片(衬底) **substrate**
蒸涂 **evaporation**
溅射 **sputtering**
淀积 **deposition**
厚膜电路 **thick-film circuit**
厚膜混合集成电路 **thick-film hybrid integrated circuit**
陶瓷基片 **ceramic substrate**
丝网印刷 **screen printing**
烧结 **firing**

喷涂 **spraying**
火焰喷涂 **flame spraying**
微型元件 **microelement**
微电子元件 **microelectronic element**
叠层 **stacking**
互连 **interconnection**
埋入 **potting**
热固化合物 **thermosetting compound**
埋入的微型元件 **potted microelement**
微型组件 **micromodule**
堆叠式微型组件 **tinkertoy module**
铸模树脂 **casting resin**
分立元件 **discrete element**
内接元件 **intraconnection element**
外接元件 **outward element**
显微操作设备 **micromanipulator**
封装 **packaging**
密封 **encapsulation**
封装电路 **rescap, packaged circuit**
多层布线 **multilayer wiring**

摄影 Photography

摄影器材 Photographic Apparatus

照相机 **camera**
折合式照相机 **folding camera**
皮腔 **(collapsible) bellows**
双镜头反光式照相机 **twin-lens reflex camera (TLR)**
单镜头反光式照相机 **single-lens reflex camera (SLR)**
全景照相机 **panoramic camera**
立体照相机 **stereocamera**
即印照相机 **instant camera**
镜头(透镜) **lens**
正透镜(会聚透镜) **positive lens (converging lens)**
负透镜(发散透镜) **negative lens (diverging lens)**
消色差透镜 **achromatic lens**
复消色差透镜 **apochromatic lens**
消球差透镜 **aspheric(al) lens**
分光透镜 **beam-splitting lens**
大孔径透镜 **high-aperture lens**
标准镜头 **normal lens**
正光镜头(去象散透镜) **anastigmat**
双正光镜头 **double anastigmat**

对称式镜头 **symmetrical lens**
非对称式镜头 **asymmetric lens**
三合镜头 **triplet**
可变焦距镜头 **zoom lens**
远摄镜头 **telephoto lens**
广角镜头 **wide-angle lens**
附加镜头 **supplementary lens**
延伸筒 **extension tube**
遮光罩 **lens hood**
滤色镜 **colour filter**
玻璃滤色镜 **glass filter**
明胶滤色镜 **gelatin filter**
天空滤色镜 **sky filter**
偏振镜 **polarizing filter**
滤色镜因数 **filter factor**
双射光组 **catadioptric system**
视界 **coverage, covering power**
光阑 **diaphragm**
可变光阑 **iris diaphragm**
焦距 **focal length**
超焦距 **hyperfocal distance**
相对口径 **relative aperture**
焦距比 **focal ratio**
光圈数 **f-number**
光圈数刻度 **f/stop**
分散光圈(模糊圈) **circle of confusion (blur circle)**
调焦 **focusing**
调焦屏 **focusing screen**
物距 **object distance**
测距器 **rangefinder**
截影式测距器 **split-image rangefinder**
双象式测距器(叠影式测距器) **double-image rangefinder**
连动测距器 **coupled range-finder**
取景器 **viewfinder**
万能取景器 **universal finder**
五角棱镜取景器 **pentaprism finder**
焦深 **depth of focus**
景深 **depth of field**
景深表 **depth-of-focus scale**
快门 **shutter**
镜中快门 **between-the-lens shutter**
焦面快门 **focal plane shutter**
电子快门 **electronic shutter**
快门速度 **shutter speed**
快门速度表 **shutter speed scale**
空气减震器 **air damper**
管件 **plumbing**
光电二极管 **photo-diode**
光发射二极管 **light emitting diode (LED)**
示波器接合器 **oscilloscope adapter**
半导体开关元件 **thyristor**
测光表 **exposure meter**
自拍器 **self-timer**
电子闪光器 **electronic flash**
反光罩 **reflector**
直射闪光 **direct flash**
反射闪光 **bounce flash**
附件 **accessory**
附件插座(蹄插) **accessory shoe**
通电蹄插 **hot shoe**
三脚架 **tripod**

拍摄和洗印 Shooting and Processing

影象 **image**
象距 **image distance**
象角 **image angle**
象圈 **image circle**
象场 **image field**
象场弯曲 **curvature of field**
象畸变 **image distortion**
象差 **aberration**
彗形象差 **coma**
带象差 **zonal aberration**
球面象差 **spherical aberration**
色差 **chromatic aberration**
焦距的色别 **chromatic difference of focal length**
色视差 **chromatic parallax**
环形效应 **doughnut effect**
渐晕效应 **vignetting**
幻象 **ghost**
象衬比技术 **image contrast technique**
感光片 **sensitive plate and film**
硬片 **plate**
软片 **film**
单页软片 **sheet film**
散页软片包 **film pack**
卷片 **roll film, (Am.) cartridge**
色盲片(无色片) **colour-blind film**
分色片 **ortho (chromatic) film**
全色片 **panchromatic film**
特快全色片 **ultraspeed pan**
红外线片 **infrared film**
负片 **negative film**
正片 **positive film**
透明片 **transparency**
感光速度 **film speed**
(感光片)增速 **hypersensitizing, hypersensitization**
反差 **contrast**
反差系数极限(伽马极限) **gamma infinity**
分析力 **resolving power**
宽容度(伸缩性) **latitude**
银粒〔度〕 **grain**
曝光 **exposure**
自动曝光 **automatic exposure**
对数曝光 **logarithm exposure**
曝光不足 **underexposure**
曝光过度 **overexposure**
直射光 **direct light**
散漫光 **diffuse light**
顺光 **frontlighting**
侧光 **sidelighting**
逆光 **backlighting**
暗室 **darkroom**
潜影(潜象) **latent image**
显影 **developing**
显影液 **developer**
促进剂 **accelerator**
保护剂 **preservative**
抑制剂 **restrainer**
停显液 **stop bath**
坚膜液 **hardener**
定影 **fixing**
定影液 **fixing bath, fixer, fix**
大苏打定影液(海波) **hypo**
清晰度 **definition**
影调 **tone**

淡色调 **high key**
深色调 **low key**
明暗层次 **gradation**
明暗变化 **chiaroscuro**
灰度等级 **grey scale**
灰雾 **fog**
印相 **printing**
印相器 **printer**
相纸 **printing paper**
光面纸 **glossy paper**
半光面纸 **semi-gloss paper**
无光面纸 **mat(te) paper**
细绒面纸 **semi-mat(te) paper**
绸纹面纸 **silk-finish paper**
布纹面纸 **textured paper**
修版 **print finishing**
相片样张 **proof**
即印相片 **instant print**
放大 **enlarging**
放大机 **enlarger**

彩色摄影 Colour Photography

感色性 **colour sensitivity**
色调 **hue**
饱和度 **saturation**
亮度 **brightness**
原色 **primary colour**
红 **red**
绿 **green**
蓝 **blue**
补色 **complementary colour**
青 **cyan**
品红 **magenta**
黄 **yellow**
间色(二次色) **secondary colour, binary colour**
复色(三次色) **tertiary colour**
色值 **colour value**
暖色 **warm colour**
冷色 **cold colour**
色温 **colour temperature**
色温计 **colour temperature meter**
加色法 **additive process**
减色法 **subtractive process**
分色负片 **separation negative**
彩色负片 **colour negative**
彩色反转片 **colour reversal film**
彩色正片 **colour positive**
彩色透明正片 **positive colour transparency**
多层彩色片 **multilayer colour film**
防光晕层 **antihalation backing**
片基 **film support, film base**
底层 **substratum**
感红层 **red-sensitive layer**
感绿层 **green-sensitive layer**
黄滤光层 **yellow filter layer**
感蓝层 **blue-sensitive layer**
黄色影象 **yellow image**
品红色影象 **magenta image**
青色影象 **cyan image**
柔和滤光器 **diffuse filter**
紫外线滤光器 **ultraviolet filter**
红外线滤光器 **infrared filter**
补偿滤色镜 **compensating filter**
彩色构图 **colour composition**
彩色和谐 **colour harmony**
彩色反差 **colour contrast**

彩色表现 **colour rendition**
强烈的彩色 **strong colours**
柔和的彩色 **pastel shades**
彩色平衡 **colour balance**
偏色 **colour cast**
掩色 **masking**
彩色改正 **colour correction**
二次曝光 **reversal exposure**
彩色显影液 **colour developer**
耦合剂 **coupler**
彩色相纸 **colour paper**
即取彩色照片 **take-away colour print**

全息摄影 Holography

气体激光全息摄影 **gas laser holography**
巨脉冲全息摄影 **giant-pulse laser holography**
光源 **light source**
点〔光〕源 **point source**
激光① **laser**
平面波② **plane wave**
物体③ **objects**
反射波④ **reflected wave**
摄影底片⑤ **photographic plate**
激光照射 **laser illumination**
全息图⑥ **hologram**
观察者⑦ **viewer**
再现象⑧ **reconstructed image**
相干性 **coherence**
空间相干性 **space coherence**
相干光 **coherent light**
参考镜(基准镜) **reference mirror**
镜面反射 **reflection from mirror**
参考光束(基准光束) **reference beam**
物体反射 **reflection from object**
球面波 **spherical wave**
驻波 **standing wave**
波列 **wave train**
波阵面 **wavefront**
干涉 **interference**
相长干涉 **constructive interference**
相消干涉 **destructive interference**
干涉图样 **interference pattern**
波扰动 **wave disturbance**

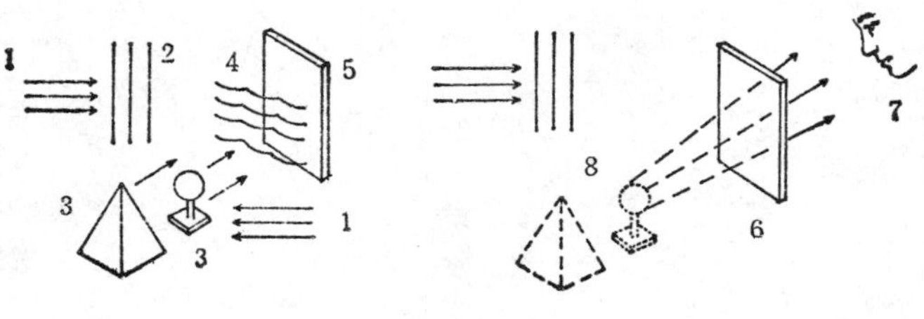

波扰动幅度 **amplitude of wave disturbance**
相位分布 **phase distribution**
光栅 **raster**
衍射 **diffraction**
缝隙衍射 **diffraction by slit**
波带片 **wavestrip**
光图象 **optical image**
实象 **real image**
虚象 **virtual image**
幻视象 **pseudoscopic image**
三维象 **three-dimensional image**
光全息图 **optical hologram**
聚焦象全息图 **focused image hologram**
多色全息图 **multicolour hologram**
非光全息图 **nonoptical hologram**
声全息图 **acoustic hologram**
微波全息图 **microwave hologram**
信息含量 **information content**
全息图再现 **reconstruction of hologram**

附 录 Appendices

(一)袖珍数字电子计算机
(I) Pocket-sized Digital Computer

电源开关① **power switch**
交流电转接器接头② **AC adaptor connecting terminal**
显示器③ **display**
键盘 **keyboard**
数字键④ **numeral keys**
十进制定点键⑤ **decimal point key**
四则运算键⑥ **four arithmetic calculation keys**
加法键 **addition key**
减法键 **subtraction key**
乘法键 **multiplication key**
除法键 **division key**
等于键(结果键) **equals key**
变号键⑦ **change sign key**
输入存储键⑧ **memory-in key**
取存储键⑨ **recall memory key**
存储累加键⑩ **memory plus key**
清洗键⑪ **clear key**
清洗输入键⑫ **cleary entry key**
函数键⑬ **function keys**
第二函数标志键⑭ **second fundtion designation key**
平方根与平方键 **squareroot and square key**
乘方与立方根键 **y^x and cube root key**
60进制与10进制换算键⑮ **degree/minute/second⟷decimal degrees conversion key**
三角函数与反三角函数键 **trigonometric and inverse trigonometric key**
阶乘键⑯ **factorial key**
指数键⑰ **enter exponent key**
圆周率与倒数键 **Pi and reciprocal key**
自然对数与反对数键 **natural logarithm and anti-logarithm key**
常用对数与反对数键 **common logarithm and anti-logarithm key**
交换键⑱ **exchange key**
度/弧度/梯度选择器⑲ **degree/radian / grad selector**

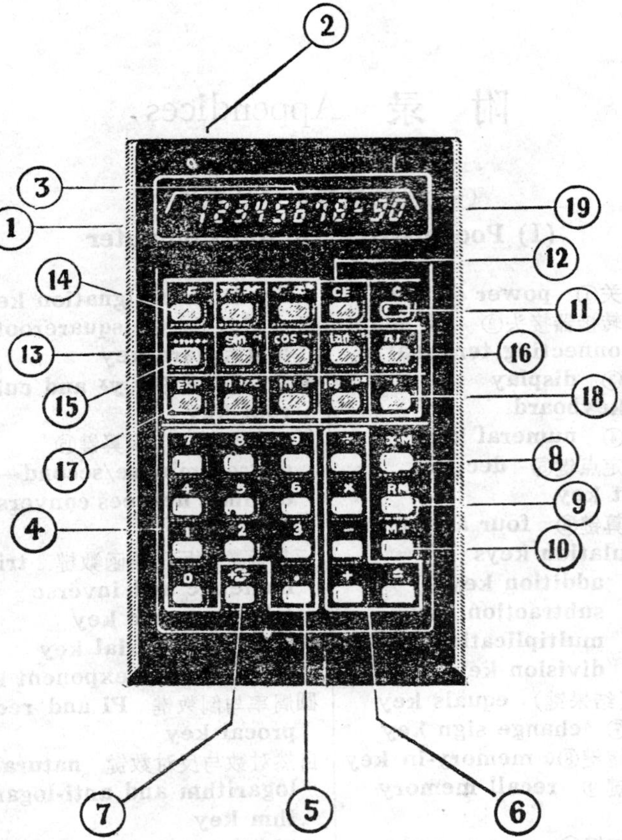
2
3
1
19
12
14
11
13
16
15
18
17
8
9
4
10
7
5
6
F
CE
C
sin
cos
tan
EXP
ln
log
7
8
9
4
5
6
1
2
3
0
÷
×
−
+
=
x-M
RM
M+

(二)化学元素 (II) Chemical Elements

氢 hydrogen (H)
氦 helium (He)
锂 lithium (Li)
铍 beryllium (Be)
硼 boron (B)
碳 carbon (C)
氮 nitrogen (N)
氧 oxygen(O)
氟 fluorine (F)
氖 neon (Ne)
钠 sodium (Na)
镁 magnesium (Mg)
铝 aluminium (Al)
硅 silicon (Si)
磷 phosphorus (P)
硫 sulphur (S)
氯 chlorine (Cl)
氩 argon (Ar)
钾 potassium (K)
钙 calcium (Ca)
钪 scandium (Sc)
钛 titanium (Ti)
钒 vanadium (V)
铬 chromium (Cr)
锰 manganese (Mn)
铁 iron (Fe)
钴 cobalt (Co)
镍 nickel (Ni)
铜 copper (Cu)
锌 zinc (Zn)
镓 gallium (Ga)
锗 germanium (Ge)
砷 arsenic (As)
硒 selenium (Se)
溴 bromine (Br)
氪 krypton (Kr)
铷 rubidium (Rb)
锶 strontium (Sr)
钇 yttrium (Y)
锆 zirconium (Zr)
铌 niobium (Nb)
钼 molybdenum (Mo)
锝 technetium (Tc)
钌 ruthenium (Ru)
铑 rhodium (Rh)
钯 palladium (Pd)
银 silver (Ag)
镉 cadmium (Cd)
铟 indium (In)
锡 tin (Sn)
锑 antimony (Sb)
碲 tellurium (Te)
碘 iodine (I)
氙 xenon (Xe)
铯 caesium (Cs)
钡 barium (Ba)
镧 lanthanum (La)
铈 cerium (Ce)
镨 praseodymium (Pr)
钕 neodymium (Nd)
钷 promethium (Pm)
钐 samarium (Sm)
铕 europium (Eu)
钆 gadolinium (Gd)
铽 terbium (Tb)
镝 dysprosium (Dy)
钬 holmium (Ho)
铒 erbium (Er)
铥 thulium (Tm)
镱 ytterbium (Yb)

镥	**lutecium (Lu)**	铅	**lead (Pb)**
铪	**hafnium (Hf)**	铋	**bismuth (Bi)**
钽	**tantalum (Ta)**	钋	**polonium (Po)**
钨	**tungsten (W)**	砹	**astatine (At)**
铼	**rhenium (Re)**	氡	**radon (Rn)**
锇	**osmium (Os)**	钫	**francium (Fr)**
铱	**iridium (Ir)**	镭	**radium (Ra)**
铂	**platinum (Pt)**	锕	**actinium (Ac)**
金	**gold (Au)**	钍	**thorium (Th)**
汞	**mercury (Hg)**	镤	**protactinium (Pa)**
铊	**thallium (Tl)**	铀	**uranium (U)**

超铀元素 Transuranic Elements

镎	**neptunium (Np)**	锎	**californium (Cf)**
钚	**plutonium (Pu)**	锿	**einsteinium (Es)**
镅	**americium (Am)**	镄	**fermium (Fm)**
锔	**curium (Cm)**	钔	**mendelevium (Md)**
锫	**berkelium (Bk)**	锘	**nobelium (No)**

注：此表以原子序数为序。

（三）度 量 衡 表

(Ⅲ) Tables of Measures and Weights

1. 公制 The Metric System

类 别 Clas-sifica-tion	汉语名称 Chinese Name	英语名称 English Name	缩写或符号 Abbrevia-tion or Symbol	对主单位的比 Ratio to the Primary Unit	折合市制 Approximate Chinese Equivalent
长度 Length	毫微米	millimicron	mμ	1/1,000,000,000	
	微米	micron	μ	1/1,000,000	
	忽米	centimillimetre	cmm.	1/100,000	
	丝米	decimillimetre	dmm.	1/10,000	
	毫米	millimetre	mm.	1/1,000	
	厘米	centimetre	cm.	1/100	
	分米	decimetre	dm.	1/10	
	米	metre	m.	Primary Unit 主单位	=3市尺
	十米	decametre	dam.	10	
	百米	hectometre	hm.	100	
	公里	kilometre	km.	1,000	=2市里

面积及地积 Area	平方米	square metre	sq.m.	Primary Unit 主单位	=9平方市尺
	公亩	are	a.	100	=0.15市亩
	公顷	hectare	ha.	10,000	=15市亩
	平方公里	square kilometre	sq.km.	1,000,000	=4平方市里
重量和质量 Weight and Mass	毫克	milligram(me)	mg.	1/1,000,000	
	厘克	centigram(me)	cg.	1/100,000	
	分克	decigram(me)	dg.	1/10,000	
	克	gram(me)	g.	1/1,000	
	十克	decagram(me)	dag.	1/100	
	百克	hectogram(me)	hg.	1/10	
	公斤	kilogram(me)	kg.	Primary Unit 主单位	=2市斤
	公担	quintal	q.	100	=200市斤
	公吨	metric ton	MT(或t.)	1,000	=2,000市斤
容量 Capacity	微升	microlitre	µl.	1/1,000,000	
	毫升	millilitre	ml.	1/1,000	
	厘升	centilitre	cl.	1/100	
	分升	decilitre	dl.	1/10	
	升	litre	l.	Primary Unit 主单位	=1市升
	十升	decalitre	dal.	10	
	百升	hectolitre	hl.	100	
	千升	kilolitre	kl.	1,000	

2. 英美制 The British and U.S. System

类别 Classification	汉译 Chinese Translation	名称 Name	缩写 Abbreviation	等值 Equivalent	折合公制 Metric value
长度 Length	哩	mile	mi.	880fm.	=1.609公里
	㖊	fathom	fm.	2yd.	=1.829米
	码	yard	yd.	3ft.	=0.914米
	呎	foot	ft.	12in.	=30.48厘米
	吋	inch	in.		=2.54厘米
海程长度 Nautical Measure	海里，浬	nautical mile		10cables' length	英=1.853公里 国际海程制 =1.852公里
	链	cable's length			英=185.3米 国际海程制 =185.2米
面积及地积 Area	平方哩	square mile	sq. mi.	640a.	=2.59平方公里
	英亩	acre	a.	4,840sq. yd.	=4,047平方米
	平方码	square yard	sq. yd.	9sq. ft.	=0.836平方米
	平方呎	square foot	sq. ft.	144sq. in.	=929平方厘米
	平方吋	square inch	sq. in.		=6.451平方厘米

重量 Weight	常衡 Avoirdupois	吨	ton	tn.(或t.)	20cwt.	
		长吨	英 long ton		2,240lb.	=1.016公吨
		短吨	美 short ton		2,000lb.	=0.907公吨
		英担	hundredweight	cwt.	英 112lb.	=50.802公斤
					美 100lb.	=45.359公斤
		磅	pound	lb.	16oz.	=0.454公斤
		盎司,唡	ounce	oz.	16dr.	=28.35克
		打兰,英钱	dram	dr.		=1.771克
	金衡 Troy	磅	pound	lb .t.	12oz. t.	=0.373公斤
		盎司,唡	ounce	oz. t.	20dwt.	=31.103克
		英钱	pennyweight	dwt.	24gr.	=1.555克
		谷,喱	grain	gr.		=64.8毫克
	药衡 Apothecari es'	磅	pound	lb. ap.	12oz. ap.	=0.373公斤
		盎司,唡	ounce	oz. ap.	8dr. ap.	=31.103克
		打兰,英钱	dram	dr. ap.	3scr. ap.	=3.887克
		吩	scruple	scr. ap.	20gr.	=1.295克
		谷,喱	grain	gr.		=64.8毫克

容量 Capacity	干量 Dry Measure	蒲式耳	bushel	bu.	4pks.	英=36.368升 美=35.238升
		配克	peck	pk.	8qts.	英=9.092升 美=8.809升
		加仑	gallon(英)*	gal.	4qts.	=4.546升
		夸脱	quart	qt.	2pts.	英=1.136升 美=1.101升
		品脱	pint	pt.		英=0.568升 美=0.55升
	液量 Liquid Measure	加仑	gallon	gal.	4qts.	英=4.546升 美=3.785升
		夸脱	quart	qt.	2pts.	英=1.136升 美=0.946升
		品脱	pint	pt.	4gi.	英=0.568升 美=0.473升
		及耳	gill	gi.		英=0.142升 美=0.118升

* gallon 作干量单位仅用于英制.

第二部分

文教卫生

Part II

Culture, Education and Health

目录

Contents

文 化 Culture

文艺革命 Revolution in Literature and Art

文艺应成为整个革命机器的一个组成部分 **Literature and art should fit into the whole revolutionary machine as a component part**

批判地继承 **inheriting in a critical way**

批判地吸收文学艺术遗产 **critically assimilating the legacies of literature and art**

古为今用，洋为中用 **Make the past serve the present and foreign things serve China.**

百花齐放，推陈出新 **Let a hundred flowers blossom, weed through the old to bring forth the new.**

政治和艺术的统一 **unity of politics and art**

内容和形式的统一 **unity of content and form**

革命的政治内容和尽可能完美的艺术形式的统一 **unity of revolutionary political content and the highest possible perfection of artistic form**

革命现实主义和革命浪漫主义相结合 **combining (integrating) revolutionary realism with revolutionary romanticism**

歌颂工农兵英雄 **eulogizing worker, peasant and soldier heroes**

暴露反面人物的丑恶形象 **laying bare the ugly features of a negative character**

反映现实生活 **reflecting real life**

反映现代生活 **reflecting present-day life**

干预生活 **intervening (interfering) in life**

强烈的生活气息 **strong smack of everyday life**

丰富的表现能力 **rich expressive power**

浓厚的中国民族特色 **rich Chinese national colour**

用民族风格表现新的思想内容 **presenting new ideological content with a national flavour**

文艺工作者 Literature and Art Workers

文化界 **cultural circles**
文艺界 **literary and artistic circles**
文坛 **literary world (circle), literary forum**
文艺队伍 **ranks of writers and artists**
中国文学艺术界联合会 **All-China Federation of Literary and Art Circles**
中国作家协会 **Association of Chinese Writers**
中国美术家协会 **Association of Chinese Artists**
中国音乐家协会 **Association of Chinese Musicians**
中国戏剧家协会 **Association of Chinese Dramatists**
中国电影家协会 **Association of Chinese Movie Workers**
中国舞蹈家协会 **Association of Chinese Dancers**
中国曲艺家协会 **Association of Chinese Musical Artists**
中国摄影家协会 **Society of Chinese Photographers**
文工团 **art ensemble, art troupe, cultural troupe**
业余文工团 **amateur art ensemble, amateur cultural troupe**
业余作家 **amateur writer**
诗人 **poet**
散文家 **prose writer, proser**
小说家 **novelist**
剧作家 **dramatist, playwright**
导演 **director**
男演员 **actor**
女演员 **actress**
音乐家 **musician**
歌唱家 **singer, vocalist**
作曲家 **composer**
美术家 **artist**
画家 **painter**
漫画家 **cartoonist, caricaturist**
布景画家 **scene-painter**
雕塑家 **sculptor**
雕刻师 **carver**
电影剧本作者 **scenario writer, (film) scenarist**
业余文艺宣传队 **amateur art propaganda team**
业余演出队 **amateur performance troupe**
文艺轻骑兵 **light cavalry of art and literature**
乌兰牧骑 **mobile cultural troupe in Inner Mongolia, *Ulanmuqi***
文艺工作 **literary and artistic work**
文艺工作者 **literary and art workers, workers in the literary and artistic fields, writers and artists**
文人 **literary man, man of letters**

艺人 **artist, professional player (singer, performer)**
民间艺人 **folk artist**
文学家 **writer, man of letters**
艺术家 **artist**
美学家 **aestheticist**
文艺批评家 **literary critic**
作家 **writer**
专业作家 **professional writer**
摄影师 **cameraman**
舞蹈家 **dancer**
杂技演员 **acrobat**
魔术师 **conjuror, juggler**
驯兽师 **tamer, animal trainer**

文 学 Literature

韵文(诗) **verse**
诗歌 **poetry**
一首诗 **poem**
史诗 **epic**
叙事诗 **narrative poetry**
抒情诗 **lyric, lyrical poetry**
讽刺诗 **satirical poetry**
剧诗 **dramatic poetry**
哲理诗 **philosophic poetry**
说教诗 **didactic poetry**
田园诗 **pastoral, pastoral poetry**
歌 **song**
民歌(民谣) **folk song, ballad**
颂歌(颂诗) **ode**
挽歌 **elegy**
十四行诗 **sonnet**
无韵诗(素体诗) **blank verse**
新诗 **modern verse**
旧体诗 **classical verse, verse in classical forms**
散文诗 **prose poem, poetry in prose**
自由诗 **free verse**
律诗 **"standard" form of poetry, with strictly regulated tones and rhythm, usually consisting of eight line with five or seven words each—*lüshi***
绝句 **poem with four lines to a stanza, each line consisting of five or seven words—*jueju***
词(长短句) **a special poetic form using sentence patterns based on song melodies (as word to music)—*ci***
赋 **a special form of rhapsodic poem, chiefly in parallel constructions, often written for celebration of event, a descriptive poetic prose—*fu***
歌行 **a poem that can be set to music and sung**
乐府 **folk rhyme, ancient songs for court entertainment**
对联 **couplet, couplet written on scrolls**
打油诗 **doggerel, a light poem, satiric poetry**
散文 **prose**
抒情散文 **lyric prose**
叙事文 **narrative prose**
说明文 **expository prose**
描写文 **descriptive prose**
论说文 **argumentative prose**

政论文 political prose
讽刺文 satire
小品文(随笔) essay
杂文 satirical essay
特写 sketch, feature
故事 story, tale
神话 myth, mythology, fairy tale
传说 legend
寓言 fable, allegory
童话 fairy tale
传记 biography
自传 autobiography
回忆录 reminiscences, memoirs
游记 travels, travel sketch
书评 book review
书信 letter, correspondence
通讯 news despatch, newsletter
新闻报道 newspaper report, news coverage
社论 editorial
评论 commentary, comment
报告文学 reportage
儿童文学(儿童读物) children's literature
文学评论 literary criticism
小说 fiction, novel
短篇小说 short story
中篇小说 novelette
长篇小说 novel
历史小说 historical novel
社会风俗小说 novel of manners
冒险小说 novel of adventures, adventure story
侦探小说 detective story
讽刺小说 satirica
科学幻想小说 science fiction
连载小说 serial story
民间文学(民俗文学) folk literature
民间故事 folk tale
动物故事 animal story

文学创作 Literary Creation

文学作品 literary works, works of literature, creative writings
创作源泉 fountain-head of literary and artistic creation, source of creative writing
创作思想 ideas guiding creation in literature and art
逻辑思维 thinking in terms of logic
形象思维 thinking in terms of images
背景 background
题材 subject matter
主题 theme
内容 content
形式(样式, 体裁) form
构思 conceiving, conception
情节 plot (of a story or play), story
细节 details
序幕(序诗) prologue
序曲(前奏曲) prelude
插曲 interlude
高潮 climax
尾声 epilogue
结尾 end

三部曲 trilogy
人物 character, figure, personage
人物描写(人物刻画) characterization, character delineation (portrayal)
主要人物(主角) main (chief) character, leading role
次要人物(配角) minor character
正面人物 positive character, hero
反面人物 negative character, villain
主人公 hero, leading role
女主人公 heroine
典型 type, model
典型性 typicality
典型形象(典型性格) typical image, typical character, model personalities
典型环境 typical enviroment
表现手法(表现技巧) technique of expression
叙述 to narrate, narration
倒叙(闪回) flashback
描绘 to depict, to portray, to describe
对话 dialogue
风格(文体) style
夸张 to exaggerate, to magnify, exaggeration, hyperbole
衬托 to make…stand out in high relief, to serve for contrast

文艺批评 Literary and Art Criticism

作品评价 appraisal or evaluation of literary works
批评标准 criterion of criticism
真实性 truthfulness, authenticity
思想性 ideological content (level)
艺术性 artistic quality(level), artistry
真善美 the true,the good,and the beautiful
革命现实主义 revolutionary realism
艺术成就 artistic merit
写光明 writing about the bright
写黑暗 writing about the dark
歌颂光明 eulogizing(praising) what is bright
暴露黑暗 exposing the dark
文化遗产 cultural heritage
文学遗产 literary heritage, legacy of literature
厚今薄古 paying more attention to the present than to the past
艺术流派 genre, school
艺术鉴赏 virtuosity
艺术借鉴 referenceinart
作品欣赏 appreciation of literary works
批判现实主义 critical realism

戏 剧 Drama

话剧 (stage) play, modern drama
独幕剧 one-act play
多幕剧 many-act play, full-length drama
三幕五场(剧) (a play) in three acts and five scenes
喜剧 comedy
悲喜剧 tragi-comedy
悲剧 tragedy
历史剧 historical play
现代剧 modern play
滑稽戏(闹剧) farce
情节剧 melodrama
活报剧 skit
歌剧 opera
小歌剧 operetta
音乐剧 musical
舞剧 dance drama
小型歌舞讽刺剧 musical review, revue
现代舞剧 modern dance drama
哑剧 pantomine
木偶戏 puppet show
皮影戏 shadow show
雕塑剧 tableau vivant
京剧 Beijing opera
折子戏 selected scenes
地方戏 local opera
昆曲 Kunqu opera
徽剧 Anhui opera
沪剧 Shanghai opera
越剧 Shaoxing opera
粤剧 Guangdong opera
潮剧 Chaozhou opera
评剧 Northeast opera, *pingju* opera
湘剧 Hunan opera, *xiangju* opera
湖南花鼓戏 (Hunan) *huagu* opera
淮剧 *huaiju* opera
汉剧 Wuhan opera, *hanju* opera
黄梅戏 *huangmei* opera
赣剧 Jiangxi opera, *ganju* opera
桂剧 *guiju* opera
僮剧 Guangxi opera, *zhuangju* opera
川剧 Sichuan opera,
豫剧 Henan opera
藏剧 Xizang opera, *zangju* opera
晋剧 Shanxi opera, *jinju* opera
秦腔 Shănxi opera, *qinqiang* opera
剧团 troupe
业余剧团 amateur theatrical troupe, amateur dramatic group
业余演出队 amateur performance troupe
巡回演出队 mobile performance troupe
实验剧团 experimental theatre
儿童剧团 children's dramatic troupe
木偶剧团 troupe of puppet show
话剧团 modern drama troupe
京剧团 Beijing opera troupe
中国京剧团 China Beijing Opera Troupe
舞剧团 dance drama troupe

编 剧 Play Writing

(话剧)剧本 **play**
(戏曲, 歌剧)剧本, 脚本 **libretto**
(电影, 电视)剧本 **script**
上演本 **stage version**
传统剧目 **traditional theatrical pieces**
序幕 **prologue**
第一(第二、第三…)幕 **act 1 (2, 3…), first (second, third…) act**
尾声 **epilogue**
主题 **theme**
情节 **plot**
背景 **background, setting**
戏剧冲突 **dramatic conflict**
剧情发展 **development of action**
高潮 **climax**
(剧情)转折起伏 **peripeteia**
(剧情)突降 **anticlimax**
结局(收场) **dénoument**
(情节)插曲 **episode**
间奏曲 **intermezzo**
人物 **character**
形象 **image**
角色 **part, role**
剧名角色 **title role**
主要人物(主角) **leading character (role)**
男主人公 **hero**
女主人公 **heroine**
次要人物(配角) **minor character**
正面人物 **positive character (role), hero**
反面人物 **negative character (role), villain**
台词 **(one's) lines**
对话 **dialogue**
独白 **monologue**
旁白 **aside**
合编 **collaborating, collaboration**
同…合写一个剧本 **collaborating on a play with sb.**
改编(移植) **adapting, adaptation**
由小说改编的剧本 **a play adapted from a novel**
改编为京剧 **being adapted for Beijing opera**
剧本创作思想 **ideas guiding creation of a play**
主题明确 **(with) a clear-cut theme**
结构谨严 **(with) a tightly-knit structure (plot)**
人物突出 **(with) characters that stand out**
感人肺腑 **deeply moving, touching**
振奋人心 **soul-stirring**
紧凑 **close-knit**
精练(洗练) **refined**

剧 院 Theatre

剧院(剧场) **theatre**
露天剧场 **open-air theatre, amphitheatre**
歌剧院 **opera house**
舞剧院 **ballet theatre, theatre of dance drama**
实验剧场 **experimental theatre**
人民艺术剧院 **people's art theatre**
儿童剧院 **children's theatre**
木偶剧场 **puppet show theatre, marionette theatre**
礼堂 **auditorium**
售票处 **booking-office, ticket office**
订票 **booking seats (tickets)**
排队买票 **queueing up for tickets**
入口 **entrance**
正厅入口 **entrance to the auditorium**
出口 **exit**
太平门 **emergency exit**
门厅 **vestibule**
衣帽间 **cloakroom, check room**
休息室 **lobby, foyer**
正厅前座 **stalls**
正厅后座 **pit**
包厢 **box**
楼厅(二楼)前座 **dress circle**
楼厅(二楼)后座 **upper circle**
三层楼座 **balcony**
顶层楼座 **gallery**
座位 **seat**
排 **row**
座号 **number of the seat**
单号 **odd numbers**
双号 **even numbers**
(座位中的)走道 **aisle**
小吃部 **refreshments room**
乐池 **orchestra pit**
乐队席 **orchestra stalls, orchestra seat**
看戏用小望远镜 **opera glasses**
舞台 **stage**
后台 **back stage**
旋转舞台 **revolving stage**
竞技场式舞台 **arena-type stage**
舞台前部(幕和乐队席之间) **proscenium**
舞台两侧 **wings**
幕 **curtain**
后幕 **back curtain**
布景 **scenery, setting**
吊景 **drop scenery**
道具 **properties, props**
化装 **make-up**
化装室 **dressing room**
服装(戏装) **costume**
灯光 **lighting**
舞台照明 **stage illumination**
顶灯 **top light**
脚灯 **foot light**
聚光灯 **spotlight**
提词厢 **prompter's box**
舞台设计 **stage design**
舞台装置 **stage set(ting), décor**
舞台美术 **décor, scenic ornamental painting**

舞台效果 **stage effect**
音响效果 **sound effect**
灯光效果 **light effect**
舞台经验 **stage experience**
舞台艺术(技巧) **stagecraft**

戏剧演出 Performance

演出(上演) **putting on a play, producing a play, performing a play**
首次演出 **first performance, première**
告别演出 **farewell performance**
巡回演出 **tour**
观摩演出(汇演) **festival**
搬上舞台 **presenting on the stage, staging a play**
重新搬上舞台 **restaging**
排演 **rehearsing, rehearsal**
彩排 **dress rehearsal**
扮演(某一角色) **playing (acting, performing) the role of …**
初次登台 **one's first appearance in …, debut**
演员表 **cast**
海报 **theatre posters on program, show bill**
节目单 **program**
剧情简介 **synopsis**
保留节目 **repertoire**
预备节目 **possible encore**
日场 **day show, matinée**
早场 **morning show**
夜场 **evening show**
观众 **audience, spectators**
客满(满座) **house full, full house**
幕启(开幕) **The curtain rises (goes up).**
幕落(闭幕) **The curtain falls (drops).**
(幕间)休息 **interval, intermission**
灯光暗下来. **The lights are going down.**
精彩表演 **superb performance**
喝彩(鼓掌) **applauding, applause**
再来一次! **Encore!**
加唱(奏)一曲 **giving an encore**
谢幕 **taking (answering, responding to) curtain calls**
向…献花 **presenting a bouquet (a basket of flowers) to …**
京剧 **Beijing opera**
京剧唱腔 **rhyme scheme of Beijing opera**
主要唱段 **main arias**
板眼 **musical beat**
道白 **dialoguing, recitative**
真嗓子 **natural voice**
假嗓子 **falsetto**
做功 **acting**
台步 **stage walk**
亮相 **making (striking) a stage pose**
面部表情 **facial expression**
脸谱 **theatrical mask, make-up**

上装 **facial make-up**
武打 **stylized combat, acrobatics**
各色武艺 **various skills in boxing, fighting with sword, spear, etc.**
翻筋斗 **turning a somersault, turning somersaults**
传统角色 **traditional role**
生 ***sheng*,role of male actor**
旦 ***dan*, role of female actress**
净 ***jing*, actor with a painted face**
丑 ***chou*, role of a clown**
京剧的独特风格 **special characteristics of Beijing opera**
象征性的 **symbolic**
程式化的 **stylized**
艺术夸张 **artistic exaggeration**
传统京剧 **traditional Beijing opera**
现代京剧 **modern Beijing opera**

戏剧工作人员 Theatrical Workers

编剧(剧作家) **playwright**
专业剧作家 **professional playwright**
业余剧作家 **amateur playwright**
演出者 **producer**
导演 **director, stage director**
男演员 **actor**
女演员 **actress**
男(女)主要演员 **chief actor (actress)**
艺术指导 **art director**
乐队指挥 **conductor**
乐队人员 **orchestra**
合唱队人员 **theatre chorus**
合唱队指挥 **chorus master**
歌唱家 **singer**
男歌唱家 **male vocalist**
女歌唱家 **female vocalist**
舞台监督 **stage manager**
舞台工作人员 **stage hand**
布景设计人 **setting designer**
布景画家 **scene-painter**
布景员 **scene-man**
化装师 **make-up man**
道具管理员 **property man**
提词人 **prompter**
报幕员 **announcer, master (mastress) of ceremonies**
验(检)票员 **ticket-taker**
男(女)引座员 **usher (usherette)**
服务员 **attendant**

影　片 Film

电影 **film, cinema, movie, motion (moving) picture**
宽银幕电影 **wide-screen film, wide-screen**
全景电影 **panorama film, panorama**
全景宽银幕电影 **cinepanoramic**
立体电影 **three-dimensional (3-D) film**
宽银幕立体电影 **cinerama**
深景电影 **vista-vision**

无声影片 **silent film**
有声影片 **sound film**
黑白片 **black-and-white film, non-colour film**
彩色片 **colour film, technicolour film**
天然色彩片 **natural colour film**
配音片(翻译片) **dubbed film**
故事片 **feature film, story film**
新闻短片(新闻简报) **newsreel**
纪录片 **documentary film**
大型(彩色)纪录片 **full length documentary (colour) film**
舞台纪录片(戏曲片) **opera film, film adapted from an opera**
艺术纪录片 **artistic documentary**
舞剧片 **ballet film**
歌舞片(音乐片) **musical film**
由剧本(小说)改编的影片 **film adapted from a play (novel)**
电视电影 **telecinema**
电视纪录片 **televised documentary**
科教片 **scientific and educational film**
科普片 **popular science film**
体育片 **sports film, athletic film**
医学片 **medical film**
动画片 **cartoon, animated cartoon**
木偶片 **puppet (marionette) film**
美术片 **cartoon and puppet film**
儿童片 **film for children**
童话片 **fairy film, film adapted from a fairy tale**
军事片(战争片) **military film, war film**
侦探片 **detective film**
惊险片 **adventure film**
(教学用)电影胶片 **film-strip**
幻灯片 **lantern slide, film-strip**
短片 **short**
预告片 **trailer**
电影业 **the cinema, filmdom**
电影摄影学 **cinematography**
电影文献 **film document**
电影编年史 **film chronicle**
电影艺术 **cinematographic art**
电影音乐 **cinema music**
电影美学 **cinema aesthetics**

电影制片厂 Film Studio

新闻纪录电影制片厂 **newsreel and documentary film studio**
中央新闻纪录电影制片厂 **Central Newsreel and Documentary Film Studio**
艺术(故事)电影制片厂 **feature (story) film studio**
美术电影制片厂 **animation film studio**
科学教育电影制片厂 **scientific and educational film studio**
摄影车间 **cinematographing department**
录音车间 **film recording**

department
对口型录音室 **lip-synchronization studio**
配音室 **dubbing studio**
洗印车间 **film laboratory**
特技车间 **stunt photography department, trick photography department**
美工车间 **art designing department**
造型车间 **make-up department**
剪辑车间 **film-editing department**
放映车间 **film projection department**
电影资料馆 **cinematheque**
电影图书馆(档案馆) **film library, film archives**
外景拍摄场 **location, outdoor filming ground, studio grounds**
半圆形透视背景 **cyclorama**
拷贝 **copy**
标准拷贝 **standard copy**
一盘(一本) **reel**
(未经剪辑的)工作样片 **work print, rush**
复制 **duplication**
电影事业管理局 **cinema administration bureau**
电影生产 **film production, cinema production**
制片费用 **net cost, cost price**
影片发行 **film renting (letting out, hiring), film distribution**
电影发行公司 **film distribution corporation**

电影摄制 Filming

电影剧本(脚本) **script, scenario**
编写电影剧本 **scenarizing**
拍成电影(搬上银幕) **screening, filming (a stage play, a novel, etc.)**
电影技术 **film technique, cinematographic technique**
电影摄影 **cinematography**
摄影艺术 **photography, art of photography**
拍摄电影 **shooting a film**
拍摄计划 **shooting plan**
拍摄程序 **shooting procedure**
外景摄影 **location (exterior, outdoor) shooting**
内景摄影 **floor work, indoor shooting**
摄影室 **studio**
摄影棚 **pavilion, sound stage**
电影摄影机 **cine-camera, motion picture camera, film camera**
隔音摄影机 **sound-proof film camera**
磁性录音摄影机 **magnetic-sound camera**
新闻摄影机 **newsreel camera**
声画摄影机 **picture-sound camera**
慢(快)速摄影机 **slow-(rapid-, quick-)motion camera**
特技摄影机 **stunt film camera**
立体声摄影机 **stereophonic camera**

连续摄影机 **chrono-photographic camera**
摄影枪 **photographic fusil**
(摄影机)三脚架 **tripod**
摄影机升降架 **camera crane, studio crane, dolly crane**
旋转摄影器 **photographic revolver**
X光摄影 **cinematographic X-ray, X-ray photography**
移动摄影 **travelling photography**
显微电影摄影 **micro-photography**
特技摄影 **stunt photography, trick photography**
镜头 **shot, photographic shot**
试镜头 **trial photography**
镜头剪辑(蒙太奇) **montage**
特写镜头 **close-up**
近景 **bust**
中景 **medium shot**
远景 **long shot**
全景 **full scene**
透镜旋转台 **turret**
可变焦距透镜 **zoom lens**
宽银幕变形镜头 **wide-screen adjustable (anamorphous, cylindrical, distorting) lens**
洗印 **film processing**
洗片机 **film-developing machine**
印片 **printing, film printing**
印片机 **film-printing machine**
接触式声画片印片机 **contact picture-sound-printing machine**
黑白洗印机 **b/w (black/white) film processor**
彩色转片洗印机 **colour reversal film processor**
彩色印刷片 **colour printing film**
染印法 **dyeing transfer process**
基色 **primary colours**
电影胶片 **cinematographic film**
电影胶片打孔机 **film punching machine**
正片 **positive**
底片 **negative**
水洗(冲洗) **washing**
暗室 **darkroom, photographic laboratory**
暗室灯 **darkroom lamp**
曝光 **exposition, exposure**
感光乳剂 **emulsion**
显影 **development**
录音 **sound recording**
配音 **dubbing, synchronization**
对口型录音 **lip-synchronization**
摄制后配音 **post-synchronization**
音乐配音录音 **music recording**
录音机 **recorder, recording machine**
配音机 **dubbing machine**
光学声带录音机 **optical sound recording machine**
摄影室录音箱 **studio sound box (booth)**
回声室 **echo studio**
录音车 **recording van (truck)**

录音放大器 **recording amplifier**
音响效果 **sound effect**
音画结合 **audio-visual counterpoint**
声音编辑机 **Moviola(moviela), sound editor**
华语配音 **synchronization in Chinese**
剪接 **editing, cutting**
接片(衔接) **collage**
集成照片(集成照片制作法) **photo-montage**
蒙太奇节奏 **montage rhythm**
平行式蒙太奇 **parallel montage**
电影剪辑机 **motion picture editing machine**
看画机 **viewing machine**
声画剪辑机 **picture and sound editor (editing machine)**
接片机 **splicer, splicing machine**
热接片机 **hot splicer**
磁带片接片机 **splicer for magnetic film**
布景 **scenery, setting**
场景(场面) **scene, tableau**
布景装置 **décor**
内景(室内景物) **scenes shot indoors**
外景(室外景物) **outdoor shots**
构图设计(图样) **design**
场面背景 **scenic background**
成套布置 **complex**
影片结构 **film composition**
画面结构 **tableau composition**
静态构图 **static composition**
动态构图 **dynamic composition**
灯光 **lighting**
灯光效果 **light effect**
照明 **illumination**
照明器械 **illuminating apparatus**
照明装置 **illuminator**
照明强度 **illumination intensity**
能见度(明显度) **visibility**
弧光灯 **Klieg light, arc lamp (light)**
聚光灯 **spotlight**
聚光器 **condenser**
水银灯 **mercury vapour lamp**
水银弧光灯 **mercury arc lamp**
回旋灯 **praxinoscope**
感光度 **sensitivity**
感光计 **sensitometer**
散光器 **diffuser**
反射器(反光镜) **reflector**
服装 **costume, costuming**
化装 **make-up**
舞台装置 **stage machinery**
道具 **properties, props**
大小道具 **accessories**
道具间(室) **property room**

电影院 Cinema

电影院 **cinema, picture house**
小汽车电影院 **built-in cinema**
售票处 **cinema box office**
电影票 **cinema ticket**
电影观众 **film-goers, cinema-goers**
电影舞台 **cinema stage**
舞台前部 **proscenium**

银幕 **screen, silver screen**
银幕前幕布 **screen curtain**
字幕 **caption, subtitle**
观众大厅 **auditorium**
太平门 **emergency exit**
电影放映室 **film projector room**
电影放映机 **projector**
左手放映机 **left-hand projector**
右手放映机 **right-hand projector**
16毫米轻便放映机 **16 mm. portable projector**
逐格放映机 **graded projector**
幻灯片放映机 **slide projector**
放映机镜头(透镜) **projector lens**
倒片机 **film winder**
影片盒 **film magazine**
(放映机)上下胶片盒 **top and bottom film box**
胶片卷轴 **film spool**
胶片卷 **film roll**
流动(巡回)放映队 **mobile cinema team**
放映电影 **releasing (showing) a film**
预映(试映) **preview**
电影在…放映 **The film is on at…**
今晚电影跑片 **The film is shown in (by)relay tonight.**
轮回上映(电影放映网) **circuits**
发行(租片) **letting out, renting**
上映比率 **quota**
上映影片目录 **film repertoire**
一场电影 **séance, sitting**
日场 **day show**
早场 **morning show**
夜场 **evening show**
海报 **show bill**
广告 **advertisement**
解说词 **commentary**
说明书(故事梗概) **synopsis**
观众人次 **frequentation**
轰动一时的片子 **sensatinal film**
影迷 **film-(cinema-) fan**
电影展览 **film exhibition**
电影节 **film festival**
国际电影节 **international film festival**

电影工作人员 Cinematic Workers

电影工作者 **film worker, cinema worker**
电影编剧(电影剧本作者) **scenarist, scenario writer**
导演 **director**
副导演 **assistant director**
助理导演 **assistant**
剪辑导演 **montage director**
录音导演 **sound recording director**
对话导演 **dialogue director**
配音导演 **dubbing director**
音乐指挥 **conductor**
全体演员 **cast**
男(女)演员 **movie actor (actress)**
男(女)主角 **hero (heroine)**
电影明星 **film star**
主演 **starring in, playing the lead, acting the leading role (part)**
译制(配音)演员 **dubber**

对口型录音者 **lip-synchronist**
无声配角 **super-numerary**
制片厂经理 **studio manager**
制片主任 **executive producer**
制片人 **producer**
制片顾问 **consultant, adviser**
科学顾问 **science consultant (adviser)**
摄影主任 **chief camera-man, director of photography**
摄影师 **camera-man, camera operator**
摄影助理 **assistant operator**
录音技师 **sound recordist, sound engineer**
混合配音员 **dubbing mixers**
动画片画家 **cartoonist**
化装师 **make-up artist, make-up man**
剪辑员 **film-cutter, film-editor**
布景员 **scene-man**
布景画家 **scene-painter**
服装员 **costumer**
道具管理员 **property man**
解说员 **commentator**
放映员 **projectionist**
检票员 **ticket-taker**
男(女)引座员 **usher (usherette)**

音 乐 Music

民族音乐 **national music**
古典音乐 **classic music**
民间音乐 **folk music**
广东音乐 **Guangdong music**
戏剧音乐 **theatrical music**
舞蹈音乐(舞曲) **dance music**
标题音乐 **program (me) music**
无标题音乐 **absolute music**
轻音乐 **light music**
室内乐 **chamber music**
管弦乐 **orchestral music**
交响乐 **symphony**
爵士音乐 **jazz**
流行音乐(歌曲) **pop**
摇摆音乐 **rock music**
怨曲(美国黑人民歌) **the blues**
声乐 **vocal music**
器乐 **instrumental music**
独奏(独唱) **solo**
独奏(独唱)会 **recital**
音乐会(演奏会) **concert**
合奏(重奏) **ensemble**
二重奏(二重唱) **duet**
三重奏(三重唱) **trio**
四重奏(四重唱) **quartet**
五重奏(五重唱) **quintet**
弦乐四重奏 **string quartet**
乐谱 **musical notation, score sheets, music book**
五线谱 **staff**
简谱 **numbered musical notation**
总谱 **score**
大谱表 **great stave**
谱号 **clef**
高音谱号 **treble clef, G clef**
低音谱号 **bass clef, F clef**
乐谱夹 **music case**
乐谱架 **music stand**
指挥棒 **baton**
音名 **musical alphabet**
音符 **note**
休止符 **rest**
符点 **dot**

装饰音 **grace note, grace, ornament**
二全音符 **breve**
全音符 **semi-breve**
二分音符 **half note, mimin**
四分音符 **quarter note, crotchet**
八分音符 **eight note, quaver**
十六分音符 **sixteenth note, semi-quaver**
三十二分音符 **thirty-second note, demi-semi-quaver**
三连音符 **triplet**
切分音 **syncopation**
小节 **bar, measure**
反复 **repeat**
拍 **beat**
拍号 **time signature**
拍子 **time**
二拍子 **duple time**
三拍子 **triple time**
四拍子 **quadruple time**
调 **key**
调号 **key signature**
转调 **modulation**
移调 **transposition**
升号 **sharp**
降号 **flat**
大调(长调) **major**
小调(短调) **minor**
乐句 **phrase**
乐段 **period**
乐章 **movement**
终曲(最后乐章) **finale**
主题(主旋律) **theme, main theme**
变奏 **variation**
反复 **repetition**
结尾 **coda**
小结尾 **codetta**
曲调(旋律) **tune, melody**
节奏 **rhythm**
和谐(和声) **harmony**
和弦 **chord**
音(音调) **tone**
音律 **tone-system**
音长 **tonal length**
音质 **tone quality**
音高 **tonal height, pitch**
音量 **volume**
音程 **interval**
八度 **octave**
音色 **timbre, tone colour**
音域 **compass, range**
音阶 **scale**
速度 **tempo**
调音 **tuning**
弱 **p (piano)**
强 **f (forte)**
稍弱 **mp (mezzo piano)**
稍强 **mf (mezzo forte)**
最弱 **pp (pianissimo)**
最强 **ff (fortissimo)**
渐弱 **dim. (diminuendo)**
渐强 **cresc. (crescendo)**
作曲 **composing, composition**
作曲法 **composition**
…作曲 **music by…**
…作词 **words by…**
为曲调配词 **setting words (to a tune)**
为诗词谱曲 **setting (a poem) to music**
(由管弦乐)改写的钢琴曲 **an arrangement (of orchestral music) for the piano**
配乐法 **orchestration**

音乐团体 Music Organization

乐团(乐队) **orchestra,music ensemble (troupe)**
歌舞团 **song and dance ensemble**
管弦乐队 **orchestra**
管乐队(吹奏乐队) **band**
弦乐队 **string orchestra**
铜管乐队 **brass band**
军乐队 **military band**
交响乐团(队) **symphony orchestra**
合唱团(队) **chorus troupe, choir**
民族乐团 **national music ensemble (orchestra)**
民族歌舞团 **nationalities song and dance ensemble**
歌剧院 **opera house**
中央乐团 **Central Philharmonic Society**
中央乐团合唱团 **Central Philharmonic Chorus**
中央乐团管弦乐队 **Central Philharmonic Symphony Orchestra**
音乐学院 **conservatory**
音乐学校 **music school**
音乐家 **musician**
音乐大师 **virtuoso**
专业音乐家 **professional musician**
业余音乐家 **amateur musician**
歌唱家 **singer, vocalist**
作曲家 **composer**
乐队指挥 **conductor, musical director**
独奏(独唱)者 **sololist**
伴奏者 **accompanist**
某人钢琴伴奏 **with…at the piano**
钢琴演奏者 **pianist**
小提琴手 **violinist**
手风琴演奏者 **accordionist, accordion player**
乐队队员 **bandsman**

歌曲与乐曲 Song and Music

国歌 **national anthem**
《国际歌》 **The Internationale**
民间歌曲 **folk songs**
进行曲 **march**
舞曲 **dance music**
组曲 **suite**
芭蕾舞组曲 **ballet suite**
回旋曲 **rondo**
协奏曲 **concerto**
奏鸣曲 **sonata**
小奏鸣曲 **sonatina**
狂想曲 **rhapsody**
幻想曲 **fantasia**
夜曲 **nocturne, nocturn**
小夜曲 **serenade, serenata**
浪漫曲 **romance**
序曲 **overture**
前奏曲 **prelude**
间奏曲 **intermezzo**
终曲 **finale**

练习曲 **étude**
圆舞曲(华尔兹) **waltz, valse**
摇篮曲(催眠曲) **lullaby**
即兴曲 **impromptu**
诙谐曲 **humoresque**
音诗 **tone poem**

声 乐 Vocal Music

独唱 **solo**
合唱 **chorus, ensemble**
大合唱 **cantata**
男声合唱 **male chorus**
女声合唱 **female chorus**
混声合唱 **mixed chorus**
齐唱 **unison, singing in unison**
轮唱 **round**
对唱 **antiphonal responses**
独唱会 **recital**
咏叹调 **aria**
朗诵调 **recitative**
二重唱 **duet**
三重唱 **trio**
四重唱 **quartet**
五重唱 **quintet**
伴唱(伴奏) **accompaniment**
钢琴伴奏 **with piano accompaniment**
歌 **song**
歌词 **verse, words**
歌谱 **music, music composition**
副歌(迭句) **refrain**

乐 器 Musical Instruments

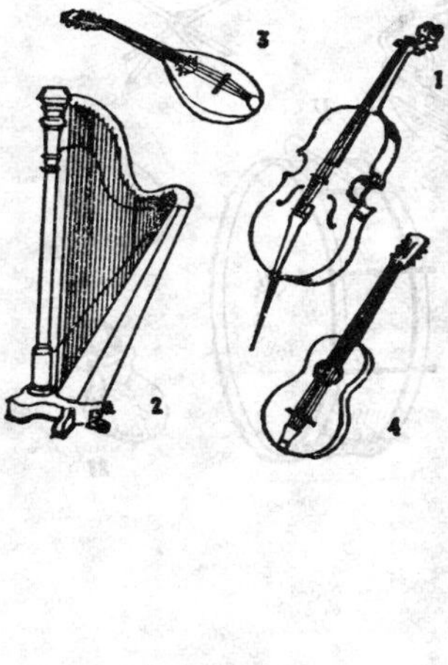

弦乐器 **stringed instruments**
弓弦乐器 **bowed stringed instruments**
小提琴 **violin**
中提琴 **viola**
大提琴① **cello, violoncello**
低音提琴 **double-bass, contrabass**
拨弦乐器 **plucked instruments**
竖琴② **harp**
曼陀林③ **mandolin**
吉他(六弦琴)④ **guitar**
夏威夷吉他 **Hawiian guitar**
班卓琴 **banjo**
三角琴 **balalaika**

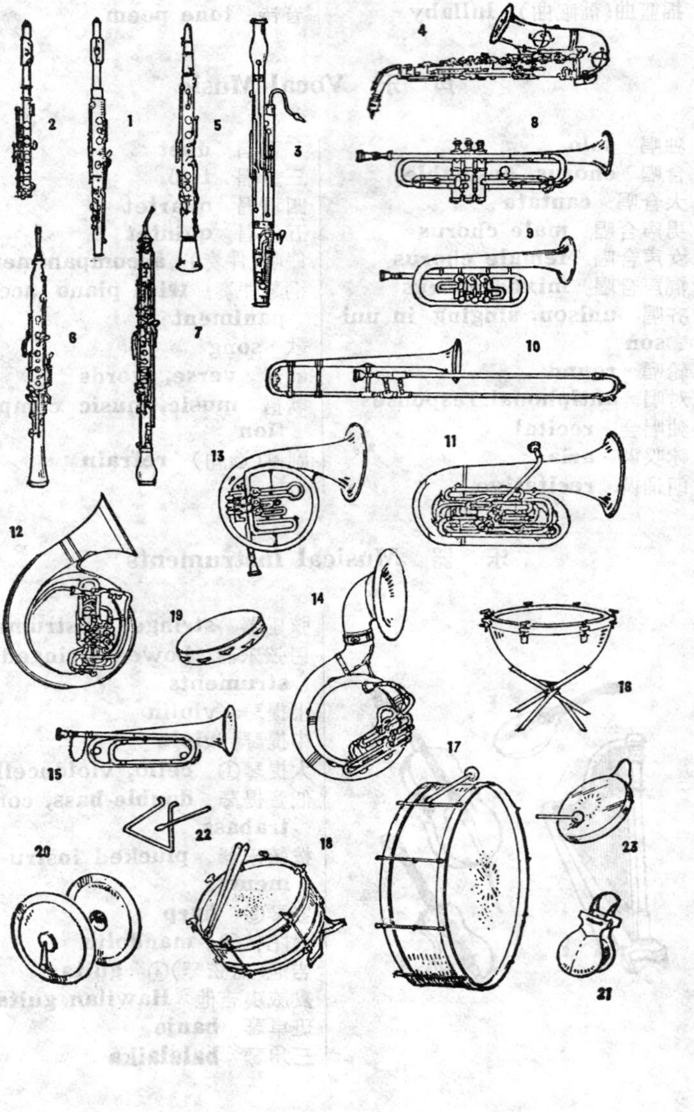
2
1
5
3
4
8
9
6
7
10
13
11
12
14
19
16
15
17
22
20
18
23
21

管乐器(吹奏乐器) **wind instruments, winds**
木管乐器 **wood-wind instruments, wood-winds**
铜管乐器 **brass-wind instruments, brass-winds, brasses**
口琴 **mouth-organ, harmonica**
长笛① **flute**
短笛② **piccolo**
巴松管(大管)③ **bassoon**
萨克斯管④ **saxophone**
单簧管⑤ **clarinet**
双簧管⑥ **oboe**
中音双簧管 **alto oboe**
英国号(双簧管的一种)⑦ **English horn**
小号⑧ **trumpet**
短号⑨ **cornet**
中音号 **alto horn, althorn**
长号(拉管)⑩ **trombone**
高音长号 **tenor trombone**
大号(低音号)⑪ **tuba, bass tuba**
黑里康大号⑫ **helicon**
法国号(圆号)⑬ **French horn, horn**
军乐大号⑭ **sousaphone**
军号⑮ **bugle**
打击乐器 **percussion instruments**
定音鼓⑯ **kettel-drums, timpani**
大鼓⑰ **bass drum**
小鼓⑱ **side drum, snare drum**
铃鼓(手鼓)⑲ **tambourine, timbrel**
钹⑳ **cymbals**
响板㉑ **castanets**
三角铁㉒ **triangle**
锣㉓ **gong**
木琴㉔ **xylophone**
组钟 **chimes**
键盘乐器 **keyboard instruments**
钢琴㉕ **piano**
大钢琴(三角钢琴)㉖ **grand piano, concert piano**
小钢琴(竖式钢琴) **upright piano**
管风琴 **pipe organ, organ**
簧风琴㉗ **reed organ, harmonium**
手风琴 **accordion**
钢片琴 **celesta**

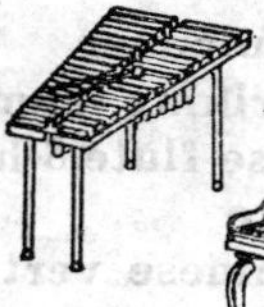
24

25

26

27

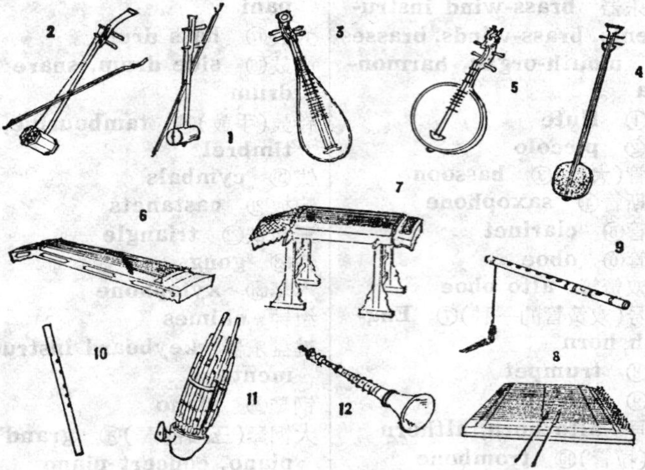

中国乐器 **Chinese musical instruments**

胡琴 ***huqin*, Chinses violin**

京胡① **Beijing opera fiddle**

二胡② **two-stringed Chinese fiddle, *erhu***

琵琶③ ***pipa*, 4—stringed Chinese lute, ballon guitar**

三弦④ ***sanxuan*, 3—stringed Chinese guitar**

月琴⑤ ***yueqin*, 4—stringed full-moon-shaped Chinese mandolin**

筝⑥ ***zheng*, 13—14 stringed Chinese harp**

瑟⑦ ***se*, 25-stringed horizontal harp**

扬琴(洋琴)⑧ **dulcimer**

琴竹(琴签) **striking hammer**

笛⑨ ***di*, Chinese flute, 8-holed bamboo flute**

箫⑩ ***xiao*, Chinese vertical bamboo flute**

笙⑪ ***sheng*, Chinese wind pipes**

唢呐⑫ ***suona*, Chinese clarinet**

号角 **horn**
螺号 **conch, shell trumpet**
鼓 **drum**
大鼓 **big drum**
小鼓 **small drum**
腰鼓 **waist drum**
板鼓 **time-beater**
搭板 **wooden clapper, musical clapping board**
木鱼 **wooden fish**
钟 **bell**
铃铛 **hand bell**
磬 **single sonorus stone, struck by a hammer**
编磬 **stone-chime, composed of 16 stones**
锣 **gong**
钹 **cymbals**
乐器部件 **instrumental parts**
弓 **bow**
弓杆 **stick**
弓弦 **hair**
弓根 **nut**
弦 **string**
聚弦板 **tail piece**
琴头 **head**
琴颈 **neck**
琴马 **bridge**
琴拨(拨子) **plectrum, pluck**
腮垫 **chin-rest**
指板 **finger-board**
键盘 **keyboard**
踏板 **pedal**
号嘴 **mouthpiece**
喇叭口 **bell**
哨子(簧片) **reed**
音叉 **tuning fork**
弱音器 **mute, sordino**
松香 **rosin**

曲 艺 Musical Arts

曲艺 ***quyi*, musical arts, balladry, ballad-singing and story-telling**
表演唱 **song with action, an item combining singing, dancing and acting**
清唱 **(Chinese opera) singing selections without stage makeup**
对口词 **theatrical (rhymed) dialogues**
评弹 ***pingtan*, balladry, story-telling accompanied by a Chinese lute**
说书(评书) **monoloque story-telling with accompaniment and gestures**
大鼓书 **monoloque story-telling in rhythmic language, accompanied by a hand drum**
鼓词 **drum ballad**
弹词 **fiddle ballad**
京音大鼓 **monoloque story-telling in Beijing dialect**
山东大鼓 **monoloque story-telling in Shandong dialect**
梆子腔(秦腔) **music or opera in Shanxi marked by use of *bangzi***
坠子 **a form of folk entertainment, song and narra-**

tive recitation, with drum accompaniment
昆腔 music and opera of Kunshan
昆曲 a form of opera developed at Kunshan
吹腔(弋腔) a type of local opera with flute accompaniment
西皮 *xipi*
二簧 *erhuang*
吹打 playing flutes, horns or trumpets and beating drums
吹弹 music for occasions (with horns and string)
莲花落 *lianhualuo* (a popular song or melody)
单口相声 monoloque comic talk
对口相声 witty dialogue, cross talk
快板 *kuaiban*, clapper verses accompanied by bamboo castanets,song to quick patter
双簧(唱双簧) an act of entertainment, with one person making mouth gestures and another hidden behind making the voice
口技 ventriloquism,ventriloquy, vocal imitation
口技表演者 ventriloquist
曲艺团(队) recitation and ballad-singing troupe
评弹团 balladry (*pingtan*) troupe

舞 蹈 Dance

舞曲(舞歌) dance song
舞剧 dance drama
歌舞 song and dance
舞蹈家 dancer
独舞(单人舞) solo dance
双人舞 pas de deux
民间舞(土风舞) folk dance
秧歌舞① yangko dance
芭蕾舞② ballet
芭蕾舞演员 ballet-dancer
女芭蕾舞演员 ballerina
舞蹈设计者 choreographer
爵士舞 jazz
探戈舞 tango
摇摆舞 rock-and-roll
的士高舞 disco
草裙舞 hula-hula
脱衣舞 strip tease
查尔斯顿舞 Charleston
康康舞 can can
康茄舞 conga
方块阿哥哥舞 square ago-go
勃罗斯舞 blues
扭摆舞(扭腰舞) twist
曼波舞 mambo
恰恰舞 cha-cha
吉特巴舞 jitterbug
方块舞 square dance
森巴舞 samba
狐步舞 fox trot
轮摆舞 rumba
华尔兹舞 waltz

茶舞 **tea dance**
交际舞③ **social dancing**
伴舞 **acting as dance partner**
舞伴 **dancing partner**
舞男 **gigolo**
舞女 **dancing hostess**
舞会 **dancing party, ball**
化装舞会 **fancy dress ball**
舞场(舞厅) **dance hall**
舞池 **dancing floor, space for dancing in night club**
舞术 **art of dancing**
舞步 **dance step**
传统舞蹈 **traditional dance**
舞龙 **dragon dance**
舞狮 **lion dance**
凤舞 **phoenix dance**
鹤舞 **stork dance**
苗彝跳月 **Miao and Yi custom of communal dance, followed by selection of girls and boys for mates**
新疆舞④ **Xinjiang dance**
蒙古舞⑤ **Mongolian dance**
西藏舞⑥ **Tibetan dance**
朝鲜舞⑦ **Korean dance**
舞蹈动作 **dance movements**
舞蹈造型 **dance poses**
舞蹈语言 **dance vocabulary**
表现手法(技巧) **technique of expression**
(舞蹈的)基调 **dominant notes (of the dances)**
技巧和手法 **technique and method**
鲜明对比 **sharp contrast**
层次清晰 **distinctive nuance**
精湛的艺术表演 **superb artistry**
完美的表演技巧 **perfect playing skill**

杂 技 Acrobatics

魔术(变戏法) **conjuring, juggling**
古彩戏法 **traditional (Chinese) magic circus**
节目 **items**
索上空翻① **somersault on the tight rope**
走钢丝 **wire-rope walking, wire-rope dancing**
飞叉 **flying trident**
飞刀 **flying knife**
耍碗 **twirling bowls**
顶碗 **pagoda of bowls**
转碟子 **plate-spinning**
踢碗转盘 **bowl-topping and plate-spinning**
耍坛子② **jar-balancing (vat juggling)**
钻圈(钻环)③ **jumping through hoops (rings)**
套索 **lasso trick**
水流星④ **juggling with meteorlike bulbs, spinning bowls of water**
木砖顶 **balancing on wood bricks**
晃板⑤ **balancing on a plank**
晃梯 **balancing on a free-stand ladder**
踩高跷 **stilt walk, walk on stilts**
倒立 **hand-stand**
单手倒立 **one-handed hand-stand**
椅上(桌上)倒立 **hand-stand on a chair (table)**
叠椅倒立⑥ **balancing on a pyramid of chairs**
爬杆 **climbing the pole**
杠杆⑦ **long-pole tricks, acrobatics on a bamboo pole**
翻筋斗 **turning somersaults**
前空翻 **forward somersault in the air**
后空翻 **about-turn in the midair**
劈叉 **split**
力气表演 **feats of strength**
叠罗汉 **pyramid, make a human pyramid**
技巧 **acrobatic gymnastics**
狮子舞⑧ **lion dance (two men masquerading as a lion)**
车技 **trick-cycling**
独轮脚踏车 **unicycle**
高台定车⑨ **bicycle stabilizing feat on a raised platform**
伞上走车⑩ **cycling on an umbrella**
高秋千(空中飞人) **trapeze**
抛掷表演 **throwing act**
平衡表演 **balancing act**
杂技团 **acrobatic troupe, circus**
马戏团 **circus**
流动(旅行)马戏团 **travelling circus, touring circus**
杂技表演 **acrobatic performance**

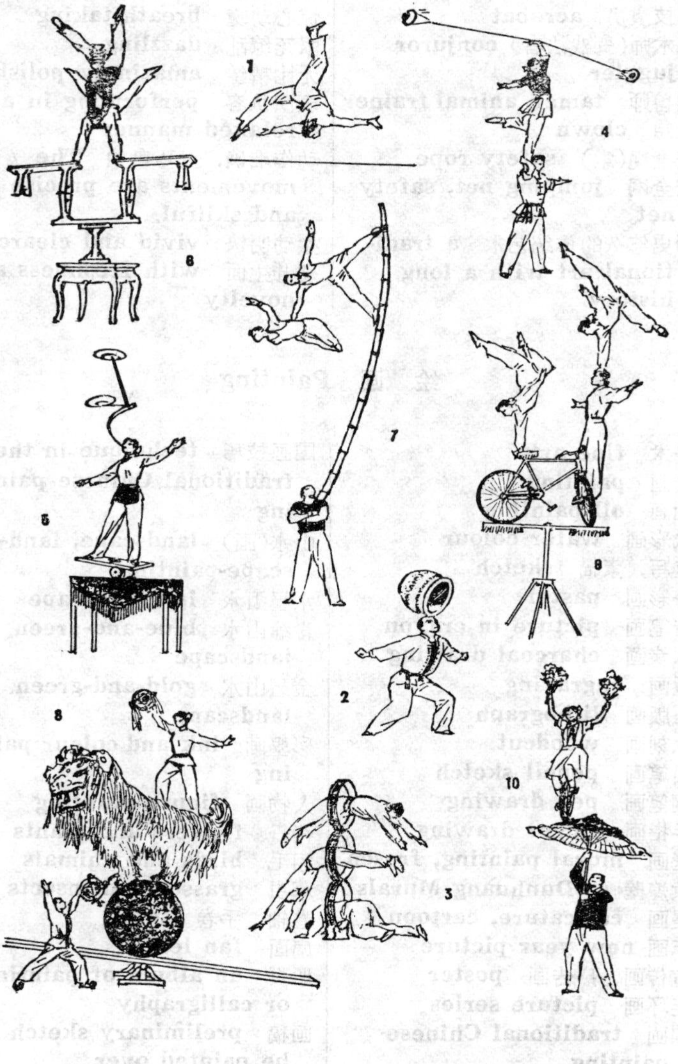
1
4
6
7
5
8
2
8
10
3

杂技晚会 **soiree acrobatics**
杂技团乐队 **circus band**
杂技演员 **acrobat**
魔术师(变戏法者) **conjuror juggler**
驯兽师 **tamer, animal trainer**
丑角 **clown**
安全绳(索) **safety rope**
安全网 **jumping net, safety net**
历史悠久的传统艺术 **a traditional art with a long history**
丰富多彩 **rich and colourful**
非常惊险 **hair-raising**
惊心动魄 **breath-taking**
眼花缭乱 **dazzling**
无比精练 **amazingly polished**
表演从容 **performing in a relaxed manner**
动作准确，灵巧自如 **The movements are precise and skilful.**
生动明快 **vivid and clearcut**
别开生面 **with freshness and novelty**

绘 画 Painting

美术 **fine arts**
绘画 **painting**
油画 **oil painting**
水彩画 **water colour**
速写，素描 **sketch**
粉彩画 **pastel**
腊笔画 **picture in crayon**
木炭画 **charcoal drawing**
版画 **engraving**
石版画 **lithograph**
木刻画 **woodcut**
铅笔画 **pencil sketch**
钢笔画 **pen drawing**
手指画 **finger drawing**
壁画 **mural painting, fresco**
敦煌壁画 **Dunhuang Murals**
漫画 **caricature, cartoon**
年画 **new year picture**
宣传画，广告画 **poster**
连环画 **picture series**
国画 **traditional Chinese painting**
国画技巧 **technique in the traditional Chinese painting**
山水(画) **landscape, landscape-painting**
水墨山水 **ink landscape**
青绿山水 **blue-and-green landscape**
金碧山水 **gold-and-green landscape**
彩墨画 **ink and colour painting**
人物画 **figure painting**
花卉 **flowers and plants**
翎毛 **birds and animals**
草虫 **grasses and insects**
卷轴，手卷 **scroll**
扇面 **fan leaf**
册页 **an album of painting or calligraphy**
画稿 **preliminary sketch to be painted over**

题跋 annotations or remarks on a painting
题诗 poem inscribed on a painting
篆刻 carving in seal script
篆章 seal
静物画 still life
肖像画,画像 portrait
自画像 self-portrait
全身像 full-length portrait
半身像 half-length portrait
花鸟画 flower-bird works
古典画 classical painting
工笔画 painting very carefully and precisely executed, painting done with fine delicate strokes
写意画 free sketch
现代绘画 modern painting
原作 original
临摹(本) copy, reproduction
写生 painting from life
复制品 reproduction, replica
真品 genuine article
赝品 imitation article, fake article
图案花纹 pattern, design
花形图案 a design (pattern) of flowers
云纹 cloud pattern
直纹 perpendicular pattern
花纹繁缛 variegated in pattern
画廊,美术馆 gallery
画笔 painting-brush, brush
宣纸 good paper for painting (or calligraphy) from Xuancheng County in Anhui
墨 ink, ink stick
砚 stone ink-slab
图章,图记 seal, stamp
画板 drawing board
油画画布 canvas
调色板 palette
调色刀 palette knife
写生簿,速写本 sketch-block, sketch-book
构思 drawing up a mental outline, conceiving
构图 making a sketch of a painting
主题 theme
笔锋,笔法 stroke
形象 image
风格 style
流派 school
绘画技巧(手法) painting technique
完美的技巧(手法) perfection of execution
画面结构 composition of a picture
透视画法 perspective
大胆的构思 boldness of conception
主题的处理 treatment of the theme
粗犷、雄浑的线条 (in) bold and rough lines
浓淡映衬,明暗对比 chiaroscuro
光与影的运用,光暗对比 play of light and shadow
绘(一张)画 drawing (painting) a picture
绘油画 painting in oils
绘水彩画 painting in watercolours
绘国画 painting in the tradi-

tional Chinese style
绘画作品 paintings, works of painting, pictures
杰作 masterpiece
画家 painter
绘画大师 master painter
古典画家 classical painter
现代画派 modern schools
抽象派 abstractionism
立体派 cubism
表现派 expressionism
印象派 impressionism
点彩派 pointillism
超现实主义派 super-realism
野兽派 fauvism
将来派 futurism
旋涡派 vorticism
达达派 Dadaism

雕 塑 Sculpture

雕塑, 雕刻 sculpture, carving
雕刻品 carved works, carvings
浮雕 relief
半浮雕 bas-relief, low relief
园雕 circular carving
冰雕 ice carving
石雕 stone carving, stone sculpture
石刻品 stone composition, stone carvings
青田石雕 Qingtian stone (soapstone) carving
松石刻花片 carved turquoise plaque
(天安门广场)汉白玉华表 marble (cloud) pillar (Tian An Men Square)
人民英雄纪念碑 Monument to The People's Heroes
汉白玉浮雕 marble bas-relief
(故宫博物院)云龙石雕 carved stone "Dragon Pavement" (Palace Museum)
(颐和园)石舫 Marble Boat (Summer Palace)
"万寿山昆明湖"汉白玉碑 Marble Monument—Longevity Hill-Kunming Lake
云岗石窟 Yungang Caves (Datong, Shanxi)
龙门石窟 Longmen Caves (Luoyang,Henan)
石雕佛像 stone statue of Buddha
佛龛 niche for Buddha
碑刻 carved stone inscription
莲花宝盖 lotus canopy
云纹 cloud patterns
卷草纹 floral scrolls
几何纹 geometric designs
宝相花 designs of composite flowers
木雕 wood carving
木刻 woodcut
版刻, 雕版 engraving
浮雕木刻 wooden carvings in relief
木雕像 wood figurine
木雕佛像 wood carvings of Buddha
黄杨木雕 boxwood carving(s)
檀香木雕 sandal-wood carving(s),red sandal-wood carving(s)

竹雕 **bamboo carving**
竹片线雕 **bamboo veneer with fine "thread carving"**
竹板平雕 **bamboo board with shallow carving**
竹片诗雕 **bamboo veneer with Chinese calligraphy in poetic verse**
骨雕 **bone sculpture, bone carving**
贝雕 **shell carving**
榄核雕 **olive kernel carving**
象牙雕刻 **ivory carving**
(4—30层)象牙同心花球 **(4—30 layers) concentric ivory balls one enclosing another**
象牙通花扇 **ivory fan (open-work)**
象牙画舫 **gayly decorated pleasure boat of ivory**
象牙龙舟 **ivory dragon boat**
玉雕 **jade carving**
玉雕器 **jade carved objects**
玉雕锁链花瓶 **jade vase decorated with chains of inter connecting links**
翡翠西瓜 **jadeite (green jade) watermelon with vines**
玉佛 **jade Buddha**
白玉观音 **white-jade statue of Guanyin (the Goddess of Mercy)**
玉带 **jade belt**
玉如意 **jade *ruyi* ("as-you-wish")**
塑像, 铸像 **statue**
人像 **image, moulded figure, figurine**
石像 **stone statue**
铜像 **bronze statue**
石膏像 **plaster statue, plaster figure**
大理石像 **marble statue**
(石、铜、石膏)半身像 **(stone, bronze, plaster) bust**
与真人大小相等的泥像 **lifesize clay figure**
泥塑 **clay figure modelling**
泥像, 泥人 **clay statuette, clay figurine**
蜡像 **waxwork**
陶瓷像 **pottery figure porcelain figure**
瓷雕 **porcelain carving**
美术陶瓷 **artistic ceramics**
(卧佛寺)卧佛塑像 **clay statue (figure) of the Sleeping Buddha (Temple of the Sleeping Buddha)**
(碧云寺)罗汉塑像 **clay statues (figures) of the Arhats (Temple of the Azure Clouds)**
(北海公园)九龙壁 **Nine-Dragon Wall (Bei Hai Park)**
(故宫博物院)铜仙鹤香炉 **bronze cranes used as incense burners (Palace Museum)**
青铜鼍龙 **bronze legendary animal with the head of a dragon and body of a turtle**
铜牛 **bronze ox**
雕刻师 **carver**
雕刻家 **sculptor**
雕塑(雕刻)技巧 **carving technique, technique of sculpture**

书 法 Calligraphy

汉字 **Chinese character or script**
书法 **calligraphy**
象形字 **pictographic character**
篆书① **seal script (style)**
大篆 **big-seal style**
小篆 **small-seal style**
隶书② **script in square style, official style, clerical writing**
八分书 **style of script, balanced right and left, of Han Dynasty**
楷书③ **regular (proper) style, formal script**
行书 **running script, half way between formal script(楷书) and cursive script (草书)**
草书④ **cursive script (style)**
半行半草 **midway between running and cursive script**
大字 **big Chinese character**
小字 **small chinese character**
碑帖 **rubbings from ancient tablets**
习字帖 **models for learning calligraphy, models of calligraphy**

对联 couplets
卷轴 scroll
条幅 vertical scroll
横轴, 横披 horizontal scroll
匾额 horizontal tablet over door or on wall, inscribed hall name
招牌 shop sign, sign-board
题字, 题词 autograph, writing inscription or a few words, dedicatory script
题跋, 附记 postscript, remarks on scrolls of calligraphy or painting
题诗 poem inscribed on a scroll, picture, etc.
题签 book title written on book cover
题额 inscription on top of tablet
题匾 inscription fronting a shop or hall
题壁 writing lines or a poem on wall
题款 (on a scroll) name of writer and the person it is dedicated to, signature on scroll or inscription
上款 inscription (to person) in a scroll
下款 signature in a scroll
题署, 署名 sign (signature) on scroll, tablet, etc.
篆刻 carving in seal script
图章, 图记 seal, stamp
笔法, 笔触 stroke (in Chinese calligraphy)
点 point, dot
横 horizontal bar (stroke)
竖 vertical bar (stroke)
撇 slanting stroke towards the left
捺 slanting downward stroke towards the right
提 slanting upward stroke towards the right
勾 stroke with a hook
折 stroke with a bend or twist
书法家 calligrapher

工艺美术 Arts and Crafts

手工艺 crafts
手工艺, 技艺 craftsmanship
手工艺工人 craftsman, artisan
艺术工匠 artist craftsman
雕刻工 sculptor, carver
制模工 moulder
陶工 potter
陶瓷工 ceramist
玉雕工 jade carver, jade grinder
绣工 embroiderer
编织工 weaver
编结工, 针织工 knitter
地毯编织工 carpet weaver
油漆工, 画工 painter
缝工, 裁缝 tailor
玩具制作者 toyman
雕刻品 carved works, carvings
木器 wood ware
木雕小像 wood figurine
木花制品 wood chip products
竹器 bamboo articles (objects)

竹丝玩具 **toy made of bamboo filament**
竹编织品 **bamboo-splint woven articles**
椰壳雕 **coconut-shell carving**
桃核雕 **peach-stone(nut) carving**
橄榄核雕 **olive-stone(nut) carving**
彩塑 **colour modelling**
面人 **dough figurine**
漆器 **lacquer ware**
雕漆 **carved lacquer ware**
脱胎漆 **bodiless lacquer**
镶嵌漆器 **inlaid lacquer ware**
金(银)漆镶嵌 **gold-(silver-) inlaid lacquer ware**
福建镶嵌银丝大花瓶 **Fujian lacquer vase with filigree marquetry**
雕漆葫芦瓶 **gourd-shaped carved lacquer vase**
堆漆 **embossed lacquer**
金器 **gold objects (articles)**
银器 **silverware**
花丝,金银丝 **filigree**
烧瓷(搪瓷)制品 **enamelware**
料器 **glassware**
景泰蓝 **cloisonne**
彩蛋 **painted egg**
彩蚌 **painted shell**
绢画 **silk painting**
竹帘画 **bamboo screen (scroll) painting**
内画 **inside-bottle painting**
树皮画 **tree bark picture**
贝雕画 **shell picture, shell mosaics**
麦秆画 **wheat straw (wheat stalk) patchwork**
羽毛画 **feather patchwork**
漆画 **lacquer painting**
玻璃画 **glass painting**
铁画 **iron openwork, iron (wall) picture**
火烙画 **burnt picture, poker work**
高粱秆画 **picture made of sorghum stalk**
螺钿镶嵌画 **mother-of-pearl inlay work**
软木画 **cork patchwork**
牛角画 **ox horn mosaics**
水粉画 **qouache**
皮毛画 **fur patchwork**
描金 **gold drawing**
拓片 **rubbing from tablet**
剪纸 **paper-cut**
风筝 **kite**
刺绣 **embroidery**
雕绣 **cutwork embroidery**
万缕丝绣 **venetian embroidery**
十字绣 **cross-stitch embroidery**
平绣 **plain embroidery**
双面绣 **double sided (reversible) embroidery**
色贴布绣 **coloured applique work**
麻布对丝彩绣 **linen article with spoke-work and colour embroidery**
绒线绣 **woollen needle-point embroidery**
绒线绣制品 **woollen needle-point tapestry**
发绣 **hair embroidery**

丝绣 **silk embroidery**
刺绣画片 **silk embroidered picture**
织锦 **brocade**
风景织锦 **silk-woven landscape**
抽纱 **drawn work**
花边 **lace, trimming**
挑花 **hand-stitching work**
补花 **patchwork**
手工钩针制品 **hand crochet articles**
线结袋 **cotton crochet bag**
绒制玩具 **chenille toys**
绒鸟兽 **velvet birds and animals**
绢花 **silk flower**
绢人 **silk figurine**
塑料花 **plastic flower**
蜡果 **wax fruit**
刻蜡 **art candle**
通草纸花 **rice-paper flower**
纸拉花 **paper garlands**
翻花 **magic flower**
宫灯 **palace lantern**
纱灯 **gauze lantern**
壁灯 **wall lantern**
走马灯 **revolving scenic lamp**
花彩 **festoon**
仿古玩 **imitation antiquities**
皮影 **shadow figures**
草织品 **straw articles (products)**
草织盛具 **grass basketry**
藤织品 **cane (rattan) products**
棕编制品 **palm woven ware**
棕榈纤维玩具 **palm-fibre toy**
柳条制品 **wicker work, willow twig products**
蒲制品 **rush products**
玉米皮制品 **maize-leaf articles**
草地席 **floor mat**
地毯 **carpet, rug**
壁毯，挂毯 **tapestry**
烟具 **smoking set**
茶具 **tea set**
咖啡具 **coffee set**
酒具 **cocktail set**
餐具 **dinner set**
屏风 **(parlour) screen**
八扇屏风 **floor screen (8-leaf big screen)**
插屏 **table screen**
挂屏 **hanging panel, wall panel**
立体挂屏 **relief panel**
果盘 **fruit tray**
花插 **flower receptacle**
笔筒 **brush barrel**
书签 **bookmark, marker**
镇纸 **paper-weight**
盘垫 **traycloth**
茶碗垫 **doily**
手提包 **handbag**
宫扇 **mandarin fan**
绢扇 **silk fan**
羽毛扇 **feather fan**
葵扇 **palm fan**
折扇 **folding fan**
檀香扇 **sandal wood (folding) fan**
图案设计 **pattern design**
艺术风格 **artistic style**
浮雕细工 **fretwork**
透雕细工 **openwork**

隆起花纹 **raised flower pattern**
镶嵌细工 **marquetry**
镀金 **gold-plated, gilded**
镏金 **gold-coated**
贴金 **gold-overlaid**
开料 **rough shape cutting**
磨制 **grinding**
磨光 **polishing**
制胎 **body-making, base-making**
上漆 **varnishing, coating of lacquer**
上色 **colouration**
上釉 **glazing**
点蓝 **enamel-filling**
烧焊 **soldering**
组装 **assembling**

出土文物 Unearthed Relics

文物 **relics, cultural relics**
出土文物 **unearthed relics, unearthed cultural objects**
历史文物 **historical relics**
文物保护 **protection of historical relics**
文物发掘 **excavation of historical relics**
文化遗址 **historical culture sites**
遗迹 **remains, vestiges**
罕见文物 **rare relics**
保存完整 **in a good state of preservation, being fairly well preserved**
完整无损 **intact**
制作精巧 **done with exquisite technique**
整理复原 **being restored (as they were original)**
光亮如新 **show their original lustre**
高超工艺水平 **high artistic and technical level**
陵墓 **emperor's mausoleum**
古墓 **ancient tomb**
陪陵, 陪墓 **satellite tombs**
宝库 **treasure trove**
窖藏 **buried objects, underground storage**
圆形窖穴 **round storage pit**
墓地 **graveyard, tomb**
墓穴 **grave, tomb chamber**
墓门 **door of tomb**
墓道 **paved front leading to grave**
墓碑 **tombstone**
墓表 **memorial tablet at grave**
墓碣 **memorial tablet**
墓志铭 **biographical sketch engraved on memorial tablet, epitaph**
外城墙 **barbican wall**
门楼 **gate tower**
明楼 **soul-tower**
石柱 **corbel**
石棺床 **coffin platform**
椁室 **coffin chamber**
棺，内棺 **coffin**
椁外棺 **outer coffin**
棺葬 **coffin burial**
瓮葬 **urn burial**
瓮棺 **funerary urn**

单人葬 **single burial**
双人葬 **double burial**
合葬 **joint burial urn**
奴隶殉葬墓 **tomb with immolated slaves**
殉葬奴隶 **immolated slaves**
木俑 **wooden figurine**
泥俑 **earthen figurine**
陶俑 **pottery figurine**
上釉陶俑 **glazed pottery figurine**
武士俑 **figurine of warrior**
木雕仪仗俑 **wooden entourage figurines**
乐、舞、杂技陶俑群 **pottery figurines of musicians, dancers and acrobats**
车马具 **chariots and harness**
殉葬品 **sacrificial object**
随葬品 **funeral object**
明器 **specially made funerary object**
石器 **stone vessel, stone objects**
青铜器 **bronze, bronze ware**
铁器 **iron ware**
金银器 **gold and silver ware**
玉器 **jade objects (articles)**
陶器 **pottery, potter vessel, earthenware**
瓷器 **porcelain**
竹器 **bamboo utensil**
木器 **wooden utensil**
漆器 **lacquer ware**
丝织品 **silk fabrics**
麻织品 **hemp fabrics**
甲骨 **oracle bone**
甲骨文 **inscription on oracle bones**
砍砸器 **chopper**
刮削器 **scrapper**
石斧 **stone axe**
石臼 **stone mortar**
石磨盘 **stone saddle-quern**
瓢 **gourd ladle**
勺 **ladle**
耳杯 **eared cup**
案 **tray**
俎 ***zu* (oblong bench or table for carving meat)**
彩陶 **painted pottery**
赤陶 **terracotta**
陶熏炉 **pottery incense burner**
炭盆, 火盆 **brazier**
彩绘陶盘 **colour painted pottery dish with short stem**
彩绘陶盉 **colour painted pottery pot (seasonings mixer)**
彩绘陶钟 **colour painted pottery vessel for wine**
红陶鼎 **red pottery tripod**
黑陶镂孔盘 **black pottery platter engraved with holes**
玉环 **jade ring**
玉镯 **jade bracelet**
珮 **pendant**
玺 **imperial seal**
如意 ***ruyi* ("as-you-wish")**
朝珠 **court beads**
充耳 **ear stuff**
玉圭 **jade tablet (bar) for ritual services**
玉带 **jade belt**
铜器 **copperware**
朱雀灯 **bronze "scarlet bird" lamp**
铜漏 **copper clepsydra**

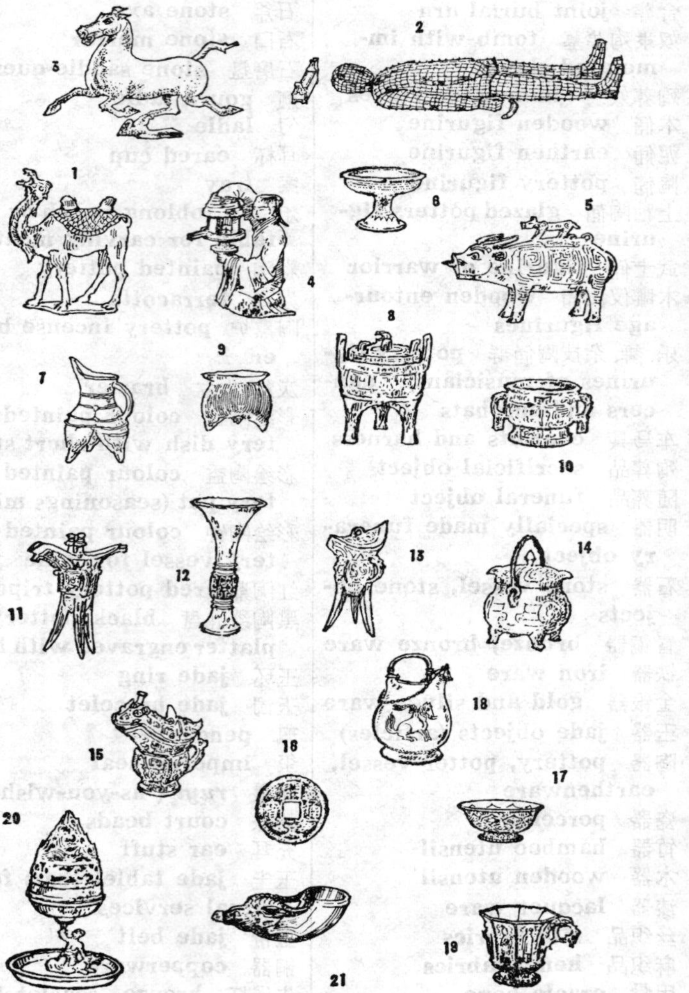
1
2
3
4
5
6
7
8
9
10
11
12
13
14
15
16
17
18
19
20
21

釉瓷① **glazed porcelain**
金缕玉衣② **jade clothes, jade burial suit sewn with fine gold wire**
青铜奔马③ **bronze galloping horse**
长信宫灯④ **gilded bronze figurine with a lamp**
瓶 **vase, bottle**
壶 **ewer, kettle**
瓮,罐 **jar**
钵 **bowl**
盆 **pot, tub**
尊⑤ **jar, wine vessel**
盅,碗 **cup**
盏 **small cup**
盒 **casket**
豆⑥ **stemmed bowl**
罍⑦ ***gui*, water pitcher**
鼎⑧ **tripod, cauldron**
鬲⑨ ***li*, cooking tripod with hollow legs**
簋⑩ ***gui*, food container**
爵⑪ ***jue*, wine vessel**
觚⑫ ***gu*, wine vessel, beaker**
角⑬ **vessel for heating wine**
卣⑭ ***you*, jar with swing handle for containing wine**
觥⑮ ***gong*, wine vessel**
盂 **basin**
魁 **ladle**
五铢钱 ***wuzhu* coin**
开元通宝⑯ **Kai Yuan Tong Bao coin**
刀钱 **knife money**
楚国郢爰金币 **gold coins (of the State of Chu)**
马蹄形碎金 **pieces of horse-shoe-shaped coin**
金箔 **gold foil**
刻花金碗⑰ **gold bowl with flower patterns**
银壶⑱ **gilded silver wine pot**
环柄八棱杯⑲ **octagonal cup with ringed handle**
桃形盘 **peach-shaped dish**
六曲盘 **six-lobed bowl**
提梁壶 **pot with loop handle**
盝顶银盒 **silver casket with bas-relief**
错金博山炉⑳ **Boshan incense burner inlaid with gold decorations**
景泰蓝 **cloisonne**
珐琅器 **enamel vessels (wares)**
玛瑙 **onyx, agate**
琥珀 **amber**
珊瑚 **coral**
朱砂 **cinnabar**
宝石 **gem**
红宝石 **ruby**
绿宝石 **emerald**
蓝宝石 **aquamarine**
翡翠 **(chrysolite) jadeite, green jade**
水晶 **crystal**
兵器 **weapons**
戈 **halberd**
矛 **spear**
戟 ***ji*, halberd**
斧 **hatchet, battle-axe**
钺 ***yue*, axe**
戚 ***qi*, axe**
刀 **sword**
长矛 **lance, spear**
狼牙棒 **toothed club**

弓 **bow**
弩 **cross-bow**
箭,矢 **arrow**
镞,箭头 **barbed head of an arrow, arrowhead**
剑 **sword, double-edged sword**
剑鞘,刀鞘 **sheath**
皮甲 **leather armour**
甲胄 **mail-armour and helmet**
盔甲 **helmet and armour**
战车 **chariot**
御具,车具 **chariot accessories, pieces of harness**
乐器 **musical instruments**
彩绘扁磬 **musical stones with coloured engravings**
竽 ***yu*, pipes**
排管 **reed pipes**
木瑟 **wooden *se*, zither**
十二竹音律管 **12 pitch-pipes made of bamboo**
木板漆画 **wooden screen with lacquer painting**
彩绘帛画 **colour painting on silk**
幡 **funeral banner**
香囊 **incense bag**
奁盒 **dressing case**
竹简 **inscribed bamboo-slips**
字画卷轴 **scrolls of calligraphy and painting**
经卷 **buddhist text, buddhist scripture, sūtra**
抄本 **manuscript**
佚书 **lost book**
(印刷)木板 **(printing) woodblock**
铺绒 **silk embroidered in satin stitch**
(暗花杯纹罗地)锁绣 **chain-stitch embroidery (on lozenge-patterned damask)**
(绛地)五色彩绣 **embroidery in five colours (on red background)**
羽毛贴花绢 **silk with rhombic design pasted with down**
素纱禅衣 **garment of plain silk gauze**
丝锦缎 **silk damask**
彩条纹锦 **polychrome silk**
(花鸟纹饰)锦缎 **silk damask (with flower and bird pattern)**
(云头)锦鞋 **silk damask shoes (with cloud pattern toe)**
乌纱帽 **hat made with black gauze**
朝服 **court dress**
龙袍 **dragon robe**
王冠 **diadem,crown**

教 育 Education

教育制度 Educational System

我们的教育方针，应该使受教育者在德育、智育、体育几方面都得到发展，成为有社会主义觉悟的有文化的劳动者。 **Our educational policy must enable everyone who receives an education to develop morally, intellectually and physically and become a worker with both socialist consciousness and culture.**

提高整个中华民族的科学文化水平 **Raise the scientific and cultural level of the entire Chinese nation.**

教育事业 **educational undertaking**

教育设施 **educational institution**

教育机构 **educational establishment**

教育制度 **educational system**

学制 **school system**

学分制 **credit system**

三级制 **three-tier system**

单轨制 **one-track system**

双轨制 **dual-track system**

阶梯制 **ladder system**

学龄前教育 **preschool education**

幼儿园教育 **kindergarten education**

初等教育 **elementary education, primary education**

中等教育 **secondary education**

普及教育 **universal eduction**

普及中等教育 **making secondary education universal**

高等教育 **higher education**

义务教育 **compulsory education, free education**

成人教育 **adult education**

进修教育 **further education, continuing education**

思想政治教育 **ideological and political education**

科学技术教育 **scientific and technical education**

职业教育 **vocational education**

广泛的职业教育 **career education**

男女同校教育 **co-education**

因材施教的教育 **progressive education**
教会教育 **ecclesiastical education**
世俗教育 **lay education**
回归教育 **recurrent education**
补偿教育 **compensatory education**

学　校　Schools

托儿所 **nursery (school)**
幼儿园 **kindergarten**
小学 **elementary school, primary school, (Am.) grade school**
中学 **secondary school, middle school, (Am.) high school**
初级中学 **junior middle school, junior high school**
高级中学 **senior middle school, senior high school**
十年一贯制学校 **compound school of ten-year system**
中等专业学校 **specialized middle school**
全日制正规学校 **full-time regular school**
二部制学校 **two-shift school**
半工半读学校 **part-work and part-study school**
附属学校 **affiliated school**
附中(小) **attached middle (primary) school**
实验学校 **experimental school**
民办学校 **school run by the local people**
重点学校 **key school**
业余学校 **spare-time school**
夜校 **evening school**
扫盲班 **literacy class**
速成班 **accelerated course**
补习班 **supplementary class**
进修学校(补习学校) **continuation school**
师范学校 **normal school**
幼儿师范学校 **school for kindergarten teachers**
职业学校 **vocational school**
函授学校 **correspondence school**
巡回学校 **mobile school**
水上流动学校 **waterborne school**
帐篷学校 **tent school**
少年业余体育学校 **youth amateur athletic school, youth sparetime sports school**
聋哑学校 **school for deaf-mutes**
盲人学校 **school for the blind**
寄宿学校 **boarding school**
〔美〕公立中学 **public school**
〔英〕公学 **public school**
文法中学 **grammar school**
技术中学 **technical school**
综合中学 **comprehensive school**
教区学校 **parochial school**
寺院学校 **monastic school**
慈善学校 **charity school**
主日学校 **Sunday school**
教会学校 **missionary school**

实行种族隔离的学校 **segregated school**

教育园 **educational park**

高等院校 Institutions of Higher Learning

综合性大学 **comprehensive university**

文科大学 **university of liberal arts**

理工科大学 **university of science and engineering**

科学技术大学 **university of science and technology**

师范学院(大学) **teachers' college, normal university**

工学院 **engineering institute**

综合性工艺学院 **polytechnical institute**

农学院 **agricultural college**

林学院 **forestry college**

医学院 **medical college**

药学院 **college of pharmaceutical science**

中医学院 **institute of traditional Chinese medicine**

教育学院 **college of education**

政法学院 **institute of political science and law**

外国语学院 **institute of foreign languages**

外贸学院 **institute of foreign trade**

海运学院 **institute of marine transport**

邮电学院 **posts and telecommunications institute**

海洋学院 **oceanology college**

体育学院 **physical cultural institute**

民族学院 **institute for nationalities**

工艺美术学院 **institute of arts and crafts**

美术学院 **academy of fine arts**

音乐学院 **academy of music, conservatory of music**

戏剧学院 **drama institute**

电影学院 **cinema college**

舞蹈学校 **dancing school**

军事学院 **military academy**

军医大学 **army medical college**

广播电视大学 **radio and television courses**

开放大学 **open university**

终身大学 **lifetime university**

初级学院 **junior college**

社区学院 **community college**

工人大学 **workers' college**

共产主义劳动大学 **communist labour university**

学校人员 School Members

小学校长 **schoolmaster**

中学校长 **principal**

大学校长 **president, chancellor**

教务长 **dean**

院长 **college head, dean**

系主任 **department head**

注册主管员 **registrar**

财务主管员 bursar
教学人员 teaching staff, faculty
教师 teacher
特级教师 teacher of a special grade
大学教员 college teacher
助教 assistant
讲师 lecturer, instructor
高级讲师 reader, senior-lecturer
副教授 associate professor
教授 professor
名誉教授 honorary professor
荣誉退休教授 emeritus professor, professor emeritus
交换教授 exchange professor
客座教授 visiting professor
外籍教师 foreign teacher
班主任 head teacher, class adviser
政治辅导员 assistant for political and ideological work
全体学生 student body
小学生 school child, pupil
小先生 pupil teacher
中学生 middle school student, secondary school student
大学生 college student
大学肄业生 undergraduate
一年级学生 first-year student, freshman
二年级学生 second-year student, sophomore
三年级学生 third-year student, junior
四年级学生 fourth-year student, senior
毕业生 graduate
退学生 dropout
离校生 school-leaver
研究生 postgraduate, research student, fellow
兼教学的研究生 teaching fellow
"尖子"学生 top student
走读生 day student, commuting student
住校生 boarder
旁听生 associate student, auditor
转学生 transfer student
教学实习生 student teacher
同学 schoolmate
同班同学 classmate
班长 monitor
男校友 alumnus, (pl.) alumni
女校友 alumna, (pl.) alumnae
男女校友 alumni
专家 specialist
学者 scholar
顾问 advisor
教育工作者 educational worker, educator
教育学家 education(al)ist

学位学衔 Academic Degrees and Titles

学士学位 bachelorship, bachelor's degree
学士 bachelor
文学士 Bachelor of Arts, Bachelor of letters, Litt. B.
理学士 Bachelor of Science

硕士学位 **mastership, master's degree**
硕士 **master**
博士学位 **doctorate, doctor's degree**
博士 **Doctor, Dr., D.**
哲学博士 **Doctor of Philosophy, Ph. D.**
文学博士 **Doctor of Literature, Litt. D.**
理学博士 **Doctor of Science**
医学博士 **Doctor of Medicine**
名誉学士 **honorary degree**
授予学位 **conferring of degrees**
学位文凭 **diploma**

课程设置和专业 Curricula and Disciplines

基础课 **basic course**
基础理论课 **course on basic theory**
普通课 **general knowledge course**
专业课 **specialized course**
政治课 **political course**
体育课 **physical education**
必修课 **required course, compulsory course**
选修课 **optional course, selective course**
速成课程 **crash course**
在职训练 **in-service training**
中国语言文学 **Chinese Language and Literature**
外国语言 **Foreign Languages**
东方语言 **Oriental Languages**
西方语言 **Occidental Languages**
历史学 **History**
哲学 **Philosophy**
政治经济学 **Political Economy**
教育学 **Pedagogy**
心理学 **Psychology**
法律学 **Law**
国际关系 **International Relations**
图书馆学 **Library Science**
档案管理学 **Science of Archive administration**
天文学 **Astronomy**
气象学 **Meteorology**
地理学 **Geography**
地质学 **Geology**
岩石学 **Petrology**
矿物学 **Mineralogy**
考古学 **Archaeology**
人类学 **Anthropology**
理论数学 **Pure Mathematics**
应用数学 **Applied Mathematics**
力学 **Mechanics**
物理学 **Physics**
地球物理学 **Geophysics**
天体物理学 **Astrophysics**
高能物理学 **High Energy Physics**
激光物理学 **Laser Physics**
激光光谱学 **Laser Spectroscopy**
电真空物理学 **Electro-vacuum Physics**
电光学 **Electrooptics**
非线性光学 **Non-linear Optics**
核子科学 **Nuclear Science**

电子学 **Electronics**
计算机科学 **Computer science**
空间科学 **Space Science**
化学 **Chemistry**
无机化学 **Inorganic Chemistry**
有机化学 **Organic Chemistry**
物理化学 **Physicochemistry**
电化学 **Electrochemistry**
放射化学 **Radiochemistry**
稀有元素化学 **Rare Elements Chemistry**
生物学 **Biology**
生物化学 **Biochemistry**
生理学 **Physiology**
植物学 **Botany**
动物学 **Zoology**
昆虫学 **Entomology**
细菌学 **Bacteriology**
遗传学 **Genetics**
遗传工程 **Genetic Engineering**
农学 **Agriculture**
农业机械 **Agricultural Machinery**
园艺学 **Horticulture**
冶金学 **Metallurgy**
采矿工程 **Mining Engineering**
机械工程 **Mechanical Engineering**
电机工程 **Electrical Engineering**
无线电工程 **Radio Engineering**
化学工程 **Chemical Engineering**
石油化工 **Petrochemical Engineering**
高分子合成 **High Polymer Synthesis**
直接合成工艺 **Technology of Direct Synthesis**
土木工程 **Civil Engineering**
水利工程 **Hydraulic Engineering**
建筑工程 **Architectural Engineering**
造船工程 **Naval Architecture, Shipbuilding**
航空工程 **Aeronautical Engineering**
微电子技术 **Microelectronics**
遥感技术 **Remote Sensing Techniques**
环境科学 **Environmental Science**
教育工学 **Educational Technology**

学校制度，管理与设备 Scholastic Institutions, Administration and Installations

教学原则 **teaching principles**
教学计划 **teaching plan**
教学大纲 **teaching program, syllabus**
招生制度 **enrol(l)ment system**
考试制度 **examination system**
入学考试 **entrance examination**
入学资格 **admission qualifications**

入学者 **enrollee**
择优取录 **admitting the best, selecting the best, matriculating the best of the examinees**
全面衡量 **all-round appraisal**
放榜 **announcement of examination results**
注册入学 **matriculation**
按程度分班组 **streaming, grouping according to ability**
学习智能测验 **Scholastic Aptitude Test, SAT**
智力测验 **intelligence test**
智(力)商(数) **intelligence quotient, I. Q.**
学年 **school year, scholastic year**
学期,半学年 **semester, term**
学期,四分之一学年 **quarter**
校历 **school calendar**
秋季学期 **autumn term**
春季学期 **spring term**
暑假 **summer vacation (holi days)**
寒假 **winter vacation (holidays)**
升留级制度 **system of promoting or holding back students**
升级 **being promoted to a higher grade**
留级 **staying in the same grade**
跳级一年 **jumping a year, skipping a year**
班主任制 **system of putting a teacher in charge of each class**
导师制 **tutorial system**
教学活动 **teaching activities**
学文 **learning book knowledge, learning science and culture**
对口实习 **doing practice geared to the needs of the job**
教学实习 **doing practice teaching**
野外实习 **conducting field-work**
军训 **military training**
课外活动 **extracurricular activities**
校外活动 **after-school activities**
文娱活动 **recreation, recreational activities**
作息制度 **work-and-rest system**
课程表 **schedule, timetable**
一节课 **period**
课间休息 **break, interval**
毕业考试 **graduation exam (-ination)**
毕业论文 **graduation thesis, graduate's dissertation**
毕业设计 **diploma-winning design**
毕业答辩会 **graduation oral exam(ination)**
毕业证书 **graduation certificate, diploma**
学分 **credit**
学院 **college, school**
系 **department, faculty**
专业 **speciality**
教研组 **teaching research**

group
研究院 postgraduate research institute, graduate school
大学附设部分 university extension
学校建筑 school architecture
学校建筑物 campus building
校舍 school building
校园, 学校场地 campus
教学楼 classroom building
办公楼 school office
礼堂 auditorium
宿舍 dormitory, hall of residence
运动场 playground
体育馆 gym, gymnasium
图书馆 library
科学馆 science building
实验室 laboratory

教 学 Teaching and Learning

教材 teaching materials
油印活页教材 mimeographed sheets of teaching materials
课本 textbook
教法 teaching method
注入式 cramming method, method of spoon feeding
启发式 method of elicitation
讨论式 method of discussion
因材施教法 individualized method of instruction
由浅入深 from the shallower to the deeper
由易到难 from the easier to the more advanced
深入浅出 explaining profound theories in simple language
基础知识 basic knowledge
基础理论 basic theory
基本训练 basic training
基本功 basics, basic skill
系统性 systematization
连贯性 consistency
课堂教学 classroom teaching
上课 attending class
上数学课 taking classes in math.
讲课 giving a lecture, delivering a lecture
发给学生的讲课提纲 handout
听课 attending a lecture
记笔记 taking notes
对笔记 comparing notes
做练习 doing exercises
做功课 doing schoolwork
课外作业 homework
课外辅导 instructions after class
个别辅导 individual coaching
精读 intensive reading, perusal
泛读 extensive reading
规定的阅读 prescribed reading
复习 reviewing
写作 writing
写概要 precising
讨论 discussion
辩论 debate
讨论会 seminar
分析 analysis, analyzing

综合 synthesis, synthesizing
假设 hypothesis, hypothesizing
验证 verification, verifying
归纳 induction, inducing
演绎 deduction, deducing
推断 inference, inferring
抽象 abstraction, abstracting
概括 generalization, generalizing
现场教学 on-the-spot teaching
实物教学 object teaching
示范教学 teaching by demonstration
电化教学 teaching with electric audio-visual aids
实地调查考察 field work
实地旅行参观 field trip
实验 experiment, experimenting
观察 observation, observing
循序渐进的教学 programmed instruction
利用附题解的课本进行的自学 programmed learning
自学课本 programmed teach ing book
计算机辅助的学习 computer-assisted (aided) learning
线性教学程序设计 linear programming
分枝式教学程序设计 branching programming
理论联系实际 integrating theory with practice
使学习生动活泼 livening up the studies
培养独立分析问题和解决问题的能力 cultivating the ability to analyze and solve problems independently
培养科学研究能力 cultivating (raising) the ability to do scientific research
实现教育手段现代化 modernizing the means of education
提高业务能力 raising vocational proficiency
提高教学水平 raising the level of teaching
提高教学质量 improving the quality of teaching
检查学习情况 checking up (on) studies
考核 check-up
考查 test, quiz
笔试 written test, written examination
口试 oral test, oral examination
掌握程度考试 achievement test
熟练程度考试 proficiency test
补考 make-up examination
学期终考试 end-of-term examination
离校考试 school-leaving examination
开卷考试 open-book exam
评分标准 standards of grading
百分制 one hundred point (s) scale
五分制 five point(s) scale
分数 marks
及格分数 pass mark

好分数 **good mark**
不好的分数 **bad mark**
满分 **full marks**
考试及格 **passing an exam**
考试不及格 **failing in an exam(ination), flunking in an exam(ination)**

教 室 Classroom

讲台 **platform**
讲桌 **teacher's desk**
黑板 **blackboard**
滑动黑板 **sliding blackboard**
墙板 **wallboard**
黑板擦 **blackboard eraser**
黑板抹布 **blackboard cloth**
海绵擦 **sponge**
粉笔 **chalk**
教鞭 **pointer**
阶梯式教室 **lecture theatre**
阶梯式示范室 **demonstration theatre**
地图 **map**
教学用图 **picture for teaching**
图表 **diagram, chart, graph**
实物 **object**
陈列柜 **display case, showcase**
模型 **model**
标本 **specimen**
剥制的袋鼠 **stuffed kangaroo**
剥制的猫头鹰 **stuffed owl**
地球仪 **(terrestrial) globe**
墙报 **wall newspaper**
学生园地 **Students' Corner**
外语园地 **foreign languages corner**
废纸篓 **waste (-paper) basket**
课桌 **school desk**

视听教具 Audio-Visual Aids

识字卡片 **flash card**
法兰绒板示教图 **flannelgraph**
毡板 **feltboard**
剪切品 **cut-out, cut-out object**
塑性粘着物 **plastic adhesive**
塑性图片 **plastigraph**
活动挂图 **mobile**
立体教具 **three-dimensional aid**
粘胶模型 **plasticine model**
沙盘 **sand tray**
缩型立体布景 **diorama**
幻灯机 **slide projector**
幻灯片 **slide, transparency**
不透明投影 **opaque projection**
透明静止投影 **transparent projection**
投影放大器 **episcope**
显微映画器 **micro-projector**
投影幻灯机, 投射器 **overhead projector**
电影放映 **cineprojection**
电影放映机 **film projector, cineprojector**
电影胶片 **filmstrip**
无声影片 **silent film**
有声影片 **sound film, cinesound film**
光泽面 **shiny side**

无光泽面 **dull side**
帧幅 **frame**
声带 **sound track**
链轮齿孔 **sprocket hole**
拼接处 **splice**
银幕 **screen**
单速留声机 **one-speed gramophone**
电唱机 **record player**
三速晶体管唱机 **three-speed transistorised player**
转盘 **turntable**
唱片 **record**
慢转密纹唱片 **long-play disc (record)**
磁带录音机 **tape recorder, magcorder**
教学机 **teaching machine**
教育电视节目 **educational television program(me)**
创作电视节目 **originating a television program(me)**
播送电视节目 **transmitting a television program(me)**
播送区域 **transmission area**
闭路电视 **closed circuit television, C.C.T.V.**
(电视)接收机 **receiver**
电视荧光屏 **television screen**
磁带录像 **video (tape) recording**
录像磁带 **videotape**
磁带录像机 **video (tape) recorder**
盒式录像机 **video cassette recorder**
电视唱片,录像片 **video disc**
电视黑板 **tele-board**
电传课文 **teletext**
计算机终端机 **computer terminal**

语言实验室 Language Lab

视听中心 **audio-visual centre**
听力语言实验室 **audio-passive L L**
听练语言实验室 **audio-active L L**
听练比较语言实验室 **audio-active comparative L L**
视听语言实验室 **audio-visual L L**
听力座 **listening booth**
视听座 **visual-listening booth**
二(音)轨磁带录音机 **twotrack tape recorder**
四(音)轨磁带录音机 **fourtrack tape recorder**
盒式磁带录音机 **cassette tape recorder**
磁带 **magnetic tape**
供带盘 **feed reel**
卷带盘 **take-up reel**
抹音磁头 **erase head**
录音磁头 **record head**
放音磁头 **playback head**
话筒 **microphone**
耳机 **earphone**
耳机话筒组 **headset**
洗掉磁带上的录音 **erasing the existing recording on tape**

录新材料 **recording new material**
倒带 **rewinding the tape**
听教师的录音 **listening to the teacher's recording (the master recording)**
录自己的模仿 **recording one's own imitation**
录自己的回答 **recording one's own response**
播放录音 **playing back the recording**
监听学生的讲读 **monitoring a student's performance, listening in to a student's performance**
找出差错 **diagnosing faults**
提供正确讲法 **offering correction**
提出意见，进行指点 **offering advice**
中央控制台 **control console**
呼叫录音室按键 **REC ROOM CALL Button**
录音室指示灯 **FROM REC ROOM Lamp**
转录按键 **TO TAPE Button**
解除按键 **RESET Button**
对讲录音开关 **INTERCOM REC Switch**
监听录音开关 **REC MONITOR Switch**
录音室话筒音量控制 **REC ROOM MIC Volume Control**
实验室喇叭音量控制 **LAB SP Volume Control**
节目选择器 **Program(me) Selector**
耳机插座 **Earphone Jack**

物理仪器 Physical Apparatuses

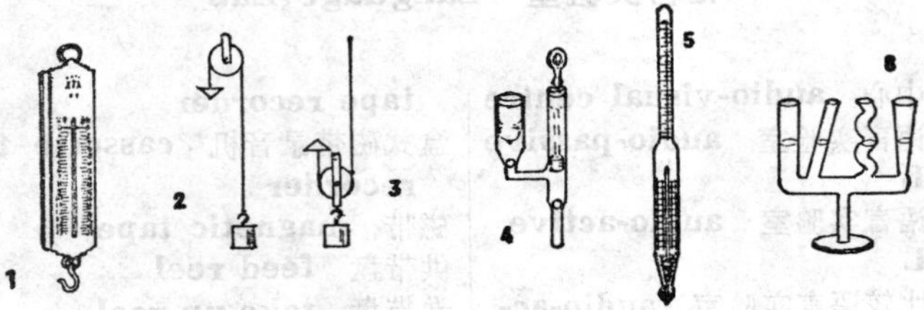

弹簧测力计① **spring dynomometer**
起重滑车 **hoisting tackle**
滑车组 **block and tackle**
固定滑车② **fixed pulley**
滑动滑车③ **movable pulley**
回转仪 **gyroscope**
液压器④ **hydraulic press**
液体比重计⑤ **hydrometer**
连通器⑥ **communicating vessel**
毛细管装置⑦ **device for demonstrating capillarity**
毛细管⑧ **capillary tube**

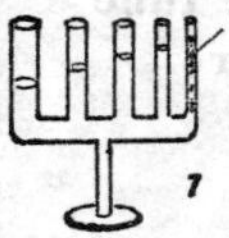
7 8

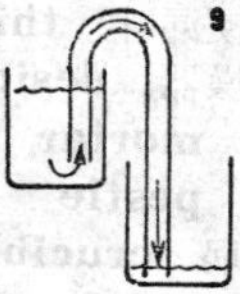
9

虹吸管⑨ **siphon, syphon**
音叉 **tuning fork**
共振摆 **resonance pendulum**
检声器 **sound detector**
弧光灯 **arc lamp**
凸透镜 **convex lens**
凹透镜 **concave lens**
会聚透镜(凸透镜) **converging lens**
棱镜 **prism**
棱镜座 **prism table**
分光计⑩ **spectrometer**
分度圈 **graduated circle**
望远镜 **telescope**

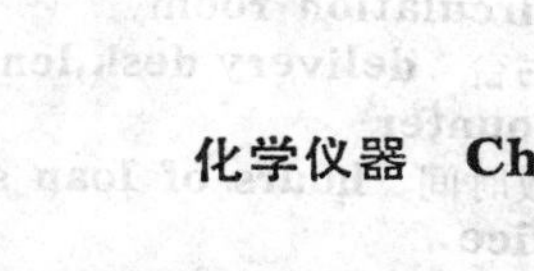
10

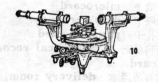

准直管 **collimator**
显微镜 **microscope**
莱顿瓶 **Leyden jar**
导电棒 **conducting rod**
放电叉 **discharge tongs**
静电发生器⑪ **electrostatic generator**
锡箔条 **strip of tin foil**

11

伏打电池 **Voltaic cell**
本生电池 **Bunsen cell**
碳棒 **carbon stick**
锌筒 **zinc cylinder**
验电器 **electroscope**
实验变压器 **experimental transformer**
原线圈 **primary coil**
副线圈 **secondary coil**
蹄形磁体 **horseshoe magnet**
衔铁 **keeper, armature**
磁针 **magnetic needle**

化学仪器 Chemical Apparatuses

酒精灯 **alcohol lamp**
本生灯 **bunsen burner**
烧杯 **beaker**
烧瓶 **flask, boiling flask**
量筒 **graduate, measuring cylinder**
U形管 **U-tube**
试管 **test tube**
试管架 **test-tube stand**
搅棒 **stirrer**
气体洗涤瓶 **wash-bottle for gases**

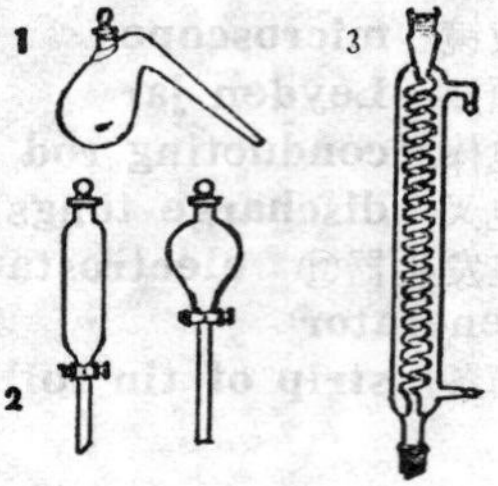

曲颈瓶① **retort**
分液漏斗② **separatory funnel**
旋管冷却器③ **coiled condenser**
吸气瓶 **aspirator bottle**
气体发生器 **gas generator**
长梗漏斗 **thistle tube**
干燥器 **desicator**
臼 **mortar**
杵 **pestle**
坩埚 **crucible**
分馏柱 **fractionating column**
吸滤器 **suction filter**
滤网 **silter sieve**
分析天平 **analytical balance**
滴定管 **burette**
液体吸气计 **absorptionmeter**
水银温度计 **mercurial thermometer**
酒精温度计 **alcohol thermometer**

图书馆 Library

图书馆学 **library science**
目录室 **catalogue room**
总目录 **repertory catalogue, cumulative catalogue**
新书目录 **accession catalogue, accession list**
新书预告 **announcement of forthcoming books**
馆际图书编目 **interlibrary cataloguing**
分科排列的目录 **catalogue raisonne**
按字母顺序分类目录 **alphabetic-classed catalogue**
卡片目录 **card catalogue**
卡片目录柜 **card catalogue cabinet**
书名卡 **title card**
主题卡 **subject card**
作者卡 **author card**
分类卡 **classified card**
指引卡 **guide card**
互见卡 **cross reference card**
缩微卡 **microcard**
期限卡 **date card**
穿孔卡 **punched card**
期刊登记卡 **periodical record card**
图书流通室 **delivery room, circulation room**
借书台 **delivery desk,lending counter**
开放时间 **hours of loan service**
借书证 **library card, borrower's card, reader's card**
索书单 **book slip**
索书号 **call number**
借者登记 **borrower's register**
借阅天数 **days of loan service**

催还通知 **overdue notice**
还书 **discharging, returning**
续借 **renewal, redating**
预约 **reserving**
注销 **cancelling**
(图书馆)借出 **to lend**
(读者)借回 **to borrow**
已借出去的书 **books out in circulation**
"不外借" **"Not for circulation"**
"本馆存" **"Library has"**
孤本 **the only copy extant**
保存本 **reserved copy**
两星期到期 **being due in two weeks**
过期七天 **being seven days overdue**
暂停借书权 **suspending the right of borrowing books**
阅览室 **reading room**
指定图书阅览室 **reserved books department**
读报室 **newspaper (reading) room**
期刊阅览室 **periodical (reading) room**
报纸夹 **newspaper rod**
杂志夹 **magazine binder**
杂志架 **periodical rack**
挂图架 **scroll picture rack**
卷轴架 **scroll rack**
报刊缩印版 **microscopic edition**
缩微印刷品 **microprint**
缩微胶片带 **microstrip, microfilm strip**
缩微影片 **microfilm**
显微阅读机 **microfilm reader**
缩微影片摄影机 **microfilm camera**
复印机 **duplicating machine**
影印机 **photostat**
编目部 **cataloguing department**
编目员 **cataloguer**
图书编目 **cataloguing**
改编目录 **recataloguing**
图书分类 **classifying**
图书分类员 **classifier**
图书整理上架 **preparing books for the shelves, processing**
交换藏书 **exchanging collections**
书库 **stack room, stacks**
书橱 **bookcase**
架叠书橱 **bookstack**
双面书架 **double-sided book shelf**
滑动书架 **roller shelf, sliding shelf**
旋转书架 **revolving bookcase**
公开书架 **open shelf**
参考书书架 **reference shelf**
不出借书书架 **reserve shelf**
辞书架(台) **dictionary stand**
图书馆自动化 **library automation, computer-based library operation**
情报检索 **information retrieval**
使用计算机检索 **using a computer for retrieval**
借出图书如有遗失或损坏,应按章赔偿 **Loss or damage of library books should be paid for according the regulations.**

新闻出版 Press and Publishing

报 刊 The Press

报纸 **newspaper**
日报 **daily paper, daily**
晨报 **morning paper**
下午报 **afternoon paper**
晚报 **evening paper**
星期日报 **Sunday newspaper**
号外 **extra**
特刊，专刊 **special edition, special issue**
增刊 **supplement**
增页 **extra page**
插页 **insert**
机关报 **organ**
喉舌 **mouthpiece**
(政府，大学)公报 **gazette**
小报 **tabloid**
期刊 **periodical**
不定期刊物 **non-periodical**
周报，周刊 **weekly**
双周刊 **biweekly, fortnightly**
三周刊 **triweekly**
月刊 **monthly**
双月刊 **bimonthly**
季刊 **quarterly**
年刊，年鉴 **annual, year book**
杂志 **magazine**
画报 **pictorial**
黄色报刊 **yellow press, scandal sheet**
新闻采访 **news-gathering**
新闻报道 **news report, news story, news coverage**
新闻公报 **press communique**
新闻通报 **press handout**
新闻简报 **bulletin**
新闻照片 **news picture**
新闻信札 **news letter**
新闻分析 **news analysis**
新闻杂志 **newsmagazine**
新闻人物 **news maker**
国内新闻 **home news**
国际新闻 **international news, world news**
国外新闻 **foreign news**
头条新闻 **top news, top-line news**
本地新闻 **local news**
独家新闻 **exclusive news**

内幕新闻 **inside story, inside dope**
花边新闻 **box news**
抢先发表的独家新闻 **scoop**
(付印时加的)最新消息 **stop press**
小道新闻 **grapevine news**
丑闻 **scandal**
珍闻，趣闻 **titbit, tidbit**
传闻 **hearsay**
消息来源 **source of news**
权威方面 **authoritative source**
消息灵通人士 **well-informed sources**
提供消息的人 **informant**
新闻发布会 **(news) briefing**
新闻发布官员 **briefing officer**
新闻电讯 **dispatch**
短讯 **flash**
新闻稿 **news release, press release**
标题 **headline, head**
通栏标题 **banner headline**
栏外标题 **running headline**
副标题 **subtitle**
栏顶标题 **tophead**
小标题 **subhead, subheading**
导语 **lead**
社论 **editorial, leading article**
评论 **commentary, comment, review**
专论，专题文章 **monograph**
署名文章 **signed article**
特写 **feature story**
访问记 **interview**
编者按语 **editor's note**
作者姓名(的一)行 **byline**
笔名 **pseudonym**
读者园地 **readers' corner**
副刊 **supplement**
连载 **serial**
连载小说 **serial story**
人物简介 **profile**
小品文 **feuilleton**
漫画 **cartoon**
连环漫画 **comic strip**
版面 **format**
报头 **head of a paper**
报眼 **ear**
专栏 **special column**
栏时 **column inch**
书评专栏 **book review column**
体育部分 **sports section**
科技版 **science and technology page**
宣传工具 **mass media, mass communications**
民意测验 **public opinion poll**
报业辛迪加，特稿供应社 **syndicate**

报 社 Newspaper Office

编辑部 **editorial department, copy desk**
出版部 **publishing department, production department**
营业部 **business department**
发行部 **circulation department**
订阅部 **subscription department**

广告部 **advertising department**
参考图书馆 **reference library**
资料室 **morgue**
发行人 **publisher**
总编辑 **editor-in-chief**
主编, 编辑主任 **managing editor**
副主编 **associate managing editor, deputy managing editor**
编辑 **editor, copy reader**
改写员 **rewriteman**
电讯编辑 **cable editor, telegraph editor**
新闻编辑 **news editor**
图片编辑 **picture editor**
版面编辑 **make-up editor**
社论撰写人 **editorialist**
高级编辑 **senior editor**
特约编辑 **contributing editor**
投稿人 **contributor**
特约撰稿人 **staff writer**
本市新闻编辑 **city editor**
〔英〕商业金融栏编辑 **City editor**
责任编辑 **responsible editor**
助理编辑 **sub-editor**
评论员 **commentator**
新闻分析员 **news analyst**
专栏作家 **columnist**
特写作家 **feature writer**
自由(采访)撰稿人 **free lance, free-lancer**
新闻工作者 **journalist**
新闻记者 **newspaperman**
女新闻记者 **newspaperwoman**
记者, 采员 **reporter**
战地记者 **war correspondent**
常驻记者 **resident correspondent**
驻国外记者 **foreign correspondent**
特派记者 **staff correspondent**
巡回记者 **roving reporter**
摄影记者 **press photographer, cameraman**
政治漫画作者 **political cartoonist**
记者招待会 **press conference, news conference**
(议会中)记者席 **press gallery**
(运动会等)记者席 **press box**

通讯社 News Agencies

新华社(新华通讯社) **Xinhua (Xinhua News Agency)**
中国新闻社 **China News Service**
路透社(路透通讯社) **Reuter (s) (Reuter's News Agency)**
美联社(美国联合通讯社) **AP (Associated Press)**
合众国际社 **UPI, United Press International**
美国新闻处 **USIS, United States Information Service**
国际交流署 **International Communications Agency**
法新社(法国新闻社) **AFP (L'Agence France-Presse)**
共同社 **KYODO (Kyodo News Agency)**
时事社(时事通讯社) **JIJI(Jiji News Agency)**

德新社(德意志新闻社) **DPA (Deutsche Presse Agentur)**
安莎社(安莎通讯社) **ANSA (Ansa News Agency)**
塔斯社(苏联电讯社) **TASS (Telegraph Agency of the Soviet Union)**
苏联新闻社 **Novosti Agency, Novosti Press Agency**
罗马尼亚通讯社 **AGERPRES**
南通社 **TANJUG**
安塔拉通讯社 **ANTARA**
中东社(中东通讯社) **MENA (Middle East News Agency)**
拉美社 **Prensa Latina**
不结盟国家通讯社联盟 **Non Aligned Nations News Agency**
普尔新闻交换网 **News Agency Pool of Non-Aligned and Developing Countries**

出 版 Publishing

出版社 **publishing house, publisher**
出版物 **publication**
教科书 **textbook**
读本 **reader**
参考书,工具书 **reference book**
手册 **handbook, manual**
小册子 **booklet, pamphlet**
选集 **selected works, selection**
全集 **complete works**
(诗文等)选集 **anthology**
公文,文件 **document, papers**
文摘 **digest, abstracts**
文献集,档案 **archives**
科学文献 **scientific literature**
科普读物 **popular science readings**
论文 **thesis**
专题报告 **memoir**
会议录 **proceedings**
议事录 **transactions**
地图 **map**
地图册 **atlas**
画册 **album of paintings, book of plates**
版画 **engraving**
纪念刊 **memorial volume**
纪念册 **souvenir album**
图画书 **picture book**
书目提要 **bibliography**
索引书 **index volume**
畅销书 **best seller**
百科全书 **encyclop(a)edia**
大百科全书 **macrop(a)edia**
小百科全书 **microp(a)edia**
版本 **edition**
初版 **first edition**
再版 **second edition, republication**
第三版 **third edition**
第一次印刷 **first impression**
原版(书) **original edition**
修订版 **revised edition**
增订版 **enlarged edition**
重版书 **reprint**
平装本 **paperback edition**
普及本 **popular edition**

廉价本 **cheap edition, low-price edition**
图书馆版 **library edition**
精装本 **hardback edition**
高级精装本 **deluxe edition**
袖珍本 **pocket edition**
缩印本 **compact edition**
影印本 **photographic reprint edition**
直接影印本 **photostat (copy)**
缩微本 **microcopy**
珍本 **rare book, scarce book**
孤本 **the only extant copy**
节本 **abridged edition**
题署本 **autographed copy, signed copy**
毛边书 **rough edge edition**
硬纸面 **stiff paper binding**
布面 **cloth binding**
皮面 **leather binding**
塑料面 **plastic cover**
护封 **jacket**
色边 **coloured edge**
金边 **gilt edge**
对开本 **folio**
四开本 **quarto**
八开本 **octavo**
十六开本 **sixteen-mo, 16-mo**
三十二开本 **thirty-two-mo, 32-mo**
六十四开本 **sixty-four-mo, 64-mo**

广播，电视 Broadcast and Television

广播节目 **broadcast(ing) program(me)**
新闻广播 **newscast**
国内新闻广播 **home news broadcast**
国际新闻广播 **world news broadcast**
实况广播 **live broadcast**
实况广播报道 **running commentary**
实况广播员 **commentator**
录音报道 **transcribed report, tape-recorded report**
联播 **network broadcast, chain broadcast**
转播 **relay broadcast, re-broadcast**
有线转播 **rediffusion on wire**
定向广播 **directional broadcast**
有线广播 **wire broadcasting**
立体声广播 **stereophonic broadcast**
呼号 **call signal**
报时信号 **time signal**
广播电台 **broadcasting station, broadcaster**
转播电台 **relay station**
录音室 **recording room**
录音员 **sound engineer**
磁带录音机 **(magnetic) tape recorder**
盒式磁带录音机 **cassette tape recorder**
立体声录音机 **stereo recorder**
多声道录音机 **multichannel recorder**
循环磁带录音机 **endless tape recorder**
混音桌 **mixing desk**

监听扬声器 **monitoring (check) loudspeaker**
播音室 **studio**
播音员 **announcer, broadcaster**
悬挂式话筒 **suspended microphone**
桌上用话筒 **desk microphone**
广播稿 **script, broadcast message**
广播剧 **radio play**
广播讨论会 **panel discussion**
有声资料 **sound archives**
电视广播 **telecast(ing), television broadcasting**
黑白电视 **monochrome television, black-and-white television**
彩色电视 **colour television**
电视节目 **television program**
电视与无线电同时联播(节目) **simulcast**
电视演播室 **television studio**
电视广播员 **telecaster**
电视记者招待会 **televised news conference**
实况电视转播 **live television coverage, live telecast**
电视转播 **television relay**
电视广播剧 **teleplay**
电视电影 **telecine**
电视观众 **televiewers**
电视台 **television (broadcast) station**
电视塔 **television tower**
电视转播卫星 **television transmission satellite**
电视网 **television network**
电视机 **television receiver, TV set**
电视信道 **television channel**
频道 **band of frequencies**
荧光屏 **fluorescent screen**
电视摄像员 **camera operator**
电视摄像机 **television camera**
电视录像 **television recording**
电视唱片 **video disc**
录像机 **video (tape) recorder**
盒式录像机 **video-cassette recorder**
录像磁带 **videotape**

体 育 Physical Culture

体育运动 Physical Culture and Sports

发展体育运动，增强人民体质 **Promote physical culture and sports and build up the people's health.**

友谊第一，比赛第二 **Friendship first, competition second.**

切磋技艺，交流经验 **studying techniques and exchanging experiences**

体育锻炼 **physical training**

群众性体育锻炼 **mass sports activities**

"国家体育锻炼标准"证书 **"National Physical Fitness Training Programme" Certificate**

"国家体育锻炼标准"证章 **"National Physical Fitness Training Programme" Badge**

训练量 **volume of exercise**

运动量 **amount of exercise**

准备活动 **warming-up (exercises)**

整理活动 **cooling-down (exercises), warming-down (exercises)**

球类运动 **ball games**

乒乓球 **table tennis**

羽毛球 **badminton**

网球 **tennis**

排球 **volleyball**

篮球 **basketball**

足球 **football, association football, soccer**

棒球 **baseball**

垒球 **softball**

手球 **handball**

曲棍球① **hockey**

冰球② **ice hockey**

水球③ **water polo**

马球④ **polo**

板球⑤ **cricket**

橄榄球⑥ **Rugby football, rugger**

高尔夫球⑦ **golf**

台球(弹子球)⑧ **billiards**

槌球⑨ **croquet**

滚球戏(九柱戏)⑩ **skittles, ninepins, bowls**

康乐球⑪ **caroms**

回力球⑫ **pelota, jai alai**

田径运动 **track and field**

体操 **physical exercises, gymnestics**

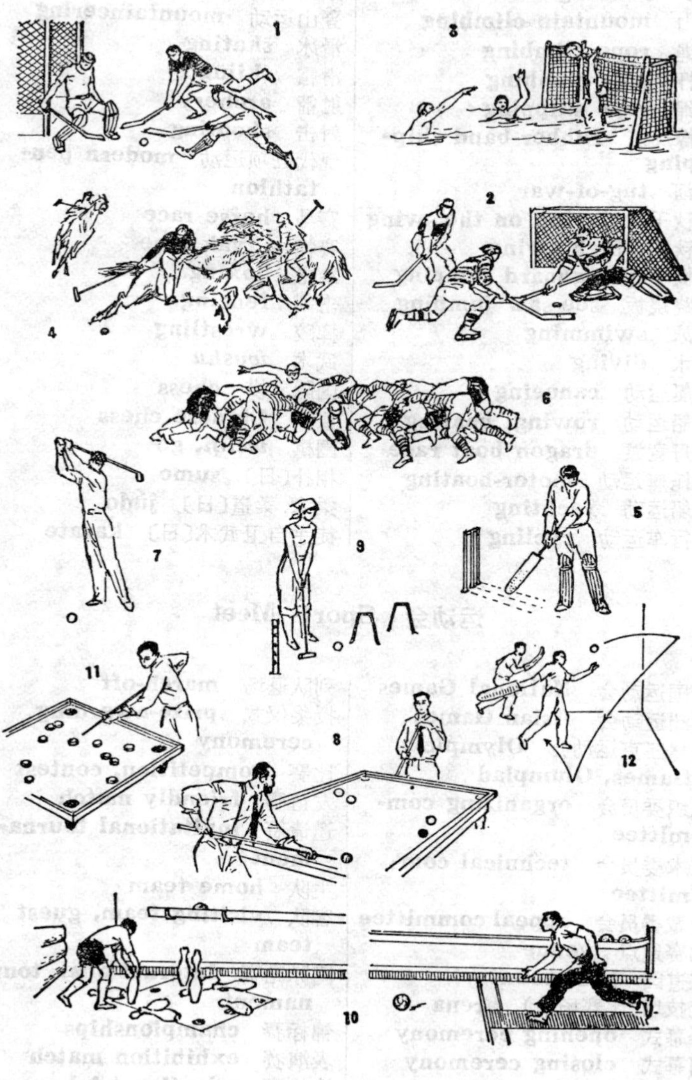
1
2
3
4
5
6
7
8
9
10
11
12

跑步 **running**
爬山 **mountain climbing**
爬绳 **rope climbing**
爬杆 **pole climbing**
跳绳 **rope skipping**
跳橡皮筋 **rubber-band skipping**
拔河 **tug-of-war**
荡秋千 **playing on the swing**
高秋千 **high swing**
跳板 **springboard jumping**
跳跷跷板 **see-saw jumping**
游泳 **swimming**
跳水 **diving**
划艇运动 **canoeing**
划船运动 **rowing, boating**
龙舟竞渡 **dragon boat race**
摩托艇运动 **motor-boating**
帆船运动 **yachting**
自行车运动 **cycling**
摩托车运动 **motor-cycling**
登山运动 **mountaineering**
滑冰 **skating**
滑雪 **skiing**
射箭 **archery**
射击 **shooting**
现代五项运动 **modern pentathlon**
赛马 **horse race**
赛牦牛 **yak race**
拳击 **boxing**
击剑 **fencing**
摔跤 **wrestling**
武术 ***wushu***
国际象棋 **chess**
象棋 **Chinese chess**
围棋 ***weiqi*, go**
相扑〔日〕 **sumo**
柔术，柔道〔日〕 **judo**
徒手自卫武术〔日〕 **karate**

运动会 Sports Meet

全国运动会 **National Games**
亚洲运动会 **Asian Games**
奥林匹克运动会 **Olympic Games, Olumpiad**
组织委员会 **organizing committee**
技术委员会 **technical committee**
仲裁委员会 **appeal committee**
比赛地点 **venue**
东道国 **host country**
竞技场(比赛场地） **arena**
开幕式 **opening ceremony**
闭幕式 **closing ceremony**
列队入场 **march-in**
列队退场 **march-off**
授奖仪式 **prize-awarding ceremony**
比赛 **competition, contest**
友谊赛 **friendly match**
邀请赛 **invitational tournament**
主队 **home team**
客队 **visiting team, guest team**
国际比赛 **international tournament**
锦标赛 **championships**
表演赛 **exhibition match**
选拔赛 **selective trials**

对抗赛 duel meet
淘汰赛 elimination series
循环赛 round-robin series
小组循环赛 group round robin
第一轮 first round
及格赛 qualifying heats, qualifying trials
预赛 preliminaries
复赛 quarter-finals
半决赛 semi-finals
决赛 finals
安慰赛 consolation event
三(五)局两(三)胜 best of three (five) games
甲队对乙队 A team versus B team.(A team plays B team.)
正式项目 title event
团体项目 team event
个人项目 individual event
保持纪录 holding a record, keeping a record
打破纪录 breaking a record
平纪录 equalizing a record
创造纪录 setting a record, creating a record
创造好成绩 chalking up good results
少年纪录 junior record
国家纪录 national record
世界纪录 world record
世界纪录保持者 world record holder
名次 placing, ranking
名次排列表 ranking list
冠军 champion, title
亚军 runner-up
名列第一 taking the first place
名列第三 getting the third place
金质奖章获得者 gold medallist, gold medal winner
银质奖章 silver medal
铜质奖章 bronze medal
奖品 prize, trophy
纪念品 souvenir
纪念章 souvenir badge
奖状 certificate of award
奖杯 cup
比分 score
累积比分 running score, aggregate score
报分 calling the score
以…分获胜 winning by…points
以…分败局 losing by… points
以…分领先 leading by… points
击败 defeating…, outplaying…,beating…
败给 losing (the match) to…
打成平局 playing even
扳成平局 equalizing the score
现在几比几? What's the score?
零比零 love all
三比零 three to zero
五比三,甲队领先。Five to three in A team's favour.

体育人员 Sports Staff

运动员 athlete, sportsman
老练运动员 veteran player
优秀运动员 top-notch player, ace player

老练运动员 **veteran player**
全能运动员 **all-round sportsman**
有希望的运动员 **up-and-coming player**
一级运动员 **first-class sportsman**
二级运动员 **second-class sportsman**
三级运动员 **third-class sportsman**
运动健将 **master of sports**
新手 **beginner**
选手 **selected player, selected contestant**
种子选手 **seeded player**
职业运动员 **professional**
半职业运动员 **semi-professional**
业余运动员 **amateur**
参加半决赛运动员 **semi-finalist**
参加决赛运动员 **finalist**
运动队 **team**
男队 **men's team**
女队 **women's team**
青年队 **youth team**
少年队 **junior team**
国家队 **national team**
选手队 **selection team**
种子队 **seeded team**
队员 **team member**
同队队员 **teammate**
预备队员 **reserve, substitute**
对手 **opponent**
领队 **team leader**
队长 **captain**
场上队长 **field captain**
不参加比赛的队长 **non-playing captain**
随队人员 **team follower**
教练 **coach**
教练员 **trainer**
受训练人 **trainee**
运动爱好者 **sports fan, sports enthusiast**
啦啦队 **cheering section**
体育工作者 **sports worker, physical culture worker**
裁判员 **referee, umpire, judge**
主裁判员 **chief referee**
司线员 **linesman**
终点裁判员 **judge at the finish line**
发令员 **starter**
记分员 **scorekeeper**
计时员 **timekeeper**
宣告员 **announcer**
甲队由…上场 **A team fields…**

体育场 Stadium (Sports Field)

训练场地 **training ground**
比赛区 **playing area**
(篮、排、网、羽毛)球场 **court**
(足、手、棒)球场 **field**
看台 **stand**
露天看台 **bleachers**
坐位数量 **seating capacity**
裁判台 **referee's platform, referee's stand**
裁判椅 **referee's chair**

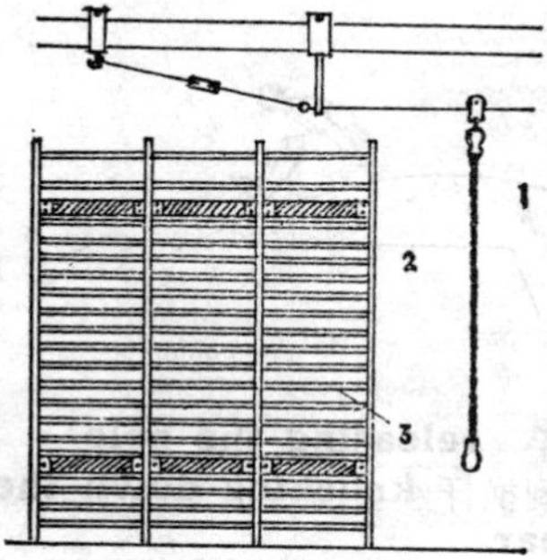

受奖台 **victory rostrum, podium**
公告牌 **bulletin board**
成绩公布牌 **results board**
记分牌 **score board, score indicator**
电子计时器 **electronic timer**
光电计时记分器 **photoelectric timing and scoring device**
哨子 **whistle**
号令枪 **starter's pistol**
秒表 **chronograph, stopwatch**
体育馆 **gym, gymnasium**
照明设备 **lighting installation**
电力控制可移看台 **electrically controlled movable stand**
翻椅 **tip-up seat**
体操设备 **gymnastic equipment**
体操器械 **gymnastic apparatus**
技巧弹跳器械 **rebound tumbling apparatus**
保护带 **safety belt**
保护滑车① **safety pulley**
肋木② **wall bars, rung**
肋木条③ **rung**
杠梯 **balancing ladder**
伏虎,滚轮④ **gyro wheel, Rhön wheel**
轻器械 **hand apparatus**
瓶状棒⑤ **Indian club**
哑铃 **dumb-bell**
握力器⑥ **spring-grip dumbbell**
拉力器⑦ **chest expander, chest developer**

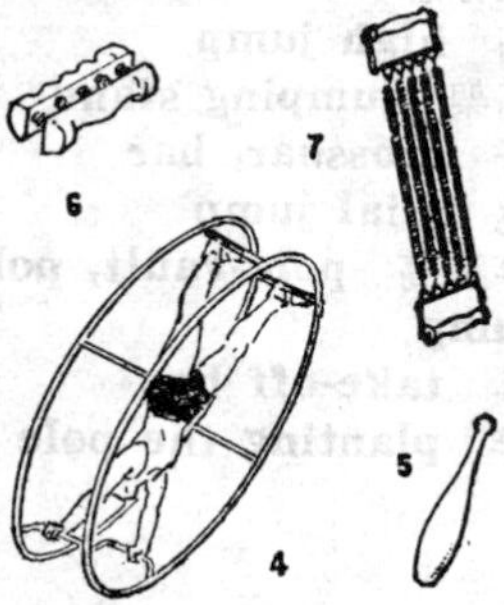

田 径 Track and Field

田径运动 **track and field sports, athletics**
田径运动员 **track and field athlete, athlete**
田赛项目 **field events**
径赛项目 **track events**
田径场 **playing field**
十项运动 **decathlon**

五项运动 **pentathlon**
跳远 **long jump, broad jump**
跳远运动员 **long jumper**
三级跳远① **hop, step and jump, triple jump**
单脚跳(三级跳远第一跳)② **hop**
跨步跳(三级跳远第二跳)③ **step**
跳跃(三级跳远第三跳)④ **jump**
起跳板⑤ **take-off board**
沙坑 **jumping pit, sand pit**
空翻跳远 **somersault long jump**
纪录标志 **record marker**
跳高 **high jump**
跳高架 **jumping stand**
横杆 **crossbar, bar**
试跳 **trial jump**
撑竿跳高 **pole-vault, pole-jump**
插斗 **take-off box**
插竿 **planting the pole**
撒竿 **releasing the pole**
碰倒横杆 **knocking down the bar**
剪式跳高 **scissors jump**
俯卧式跳高 **belly roll jump**
跳过…米 **jumping over…metres, clearing…metres**
推铅球⑥ **shot put, putting the weight**
铅球运动员 **shot putter**
铅球投掷圈 **putting circle**
掷铁饼 **discus throw, throwing the discus**
投掷圈 **throwing circle**
掷标枪⑦ **javelin throw, throwing the javelin**
掷链球⑧ **hammer throw, throwing the hammer**
安全护笼⑨ **safety cage**
试掷 **trial throw**
投掷…米 **throwing…metres**

赛 跑 Race, Running

全天候跑道 **all-weather track**
塑胶跑道 **synthetic surface track**
分道 **lane**
里道,里圈 **inside lane, inner lane**
外道,外圈 **outside lane, outer lane**
第一圈 **first lap**
最后一圈 **last lap**
计圈器 **lap-counting apparatus**
电动计时器 **electric time-keeping device**
起跑线⑩ **starting line**
起跑器⑪ **starting block**
发令枪 **starting pistol**
起跑信号 **starting signal, pistol shot**
抢跑⑫ **jumping the gun**
起跑犯规 **false start**
终点线 **finishing line**
终点带 **finishing tape**
冲刺 **spurt, sprint**
撞线⑬ **breasting the tape**
短跑 **sprint, dash**
短跑运动员 **sprinter**
100米赛跑 **100-metre sprint**
200米赛跑 **200-metre dash**
中距离赛跑 **middle-distance race**
长距离赛跑 **long-distance race**
马拉松赛跑 **Marathon (race)**
环城赛跑 **round-the-city race**
越野赛跑 **cross-country race**
障碍赛跑 **obstacle race, steeplechase**
跨栏赛跑 **hurdle race, hurdles**
110米高栏 **110-metre high hurdles**
200米低栏 **200-metre low hurdles**
400米中栏 **400-metre intermediate hurdles**
接力赛跑⑭ **relay race, relay**
接力棒⑮ **relay baton**
接力区 **change-over area**
接力区标志 **change-over mark**
传接棒 **baton exchange**
第一棒运动员 **first runner**

最后一棒运动员 **anchor man**
竞走 **heel-to-toe walking, walking race, competitive walking**
“各就各位！” **“On your marks!”**
“预备！” **“Set!” “Get set!”**
“跑！” **“Go!”**
在赛跑中领先 **having the lead in a race**
遥遥领先 **holding a safe lead**
恢复领先地位 **regaining the lead**

体 操 Gymnastics (Exercises)

体操运动员 **gymnast**
体操表演 **gymnastic display, gymnastic exhibition**
柔软体操 **callisthenics**
双人体操 **couples exercise, companion exercises**
团体操 **group callisthenics, group exercises**
广播操 **broadcast callisthenics, setting-up exercises done to broadcast music**
工间操 **physical exercises during break**
课间操 **between-classes exercises**
马背体操① **horseback gymnastics**

1

医疗体操 **therapeutic gymnastics, curative gymnastics**
哑铃操 **dumb-bell exercises**
藤圈操 **hoop exercises, exercises with rattan hoops**
垫上运动 **mat exercises**
自由体操 **free exercises, floor exercises**
技巧运动 **acrobatic gymnastics**
规定动作 **compulsory exercise, prescribed exercise**
自选动作 **optional exercise, voluntary exercise**
艺术体操 **artistic gymnastics**
音乐伴奏 **music accompaniment**
完成预定动作情况 **execution**
难度 **difficulty**
高难度 **superior difficulty**
协调 **harmony**
准确 **accuracy**
流畅 **fluency**
优美 **gracefulness, elegance**
独创性 **originality**
评分 **making evaluation**
满分 **full score**
加分 **bonus point**

体操与技巧动作 Exercises and Tumbling

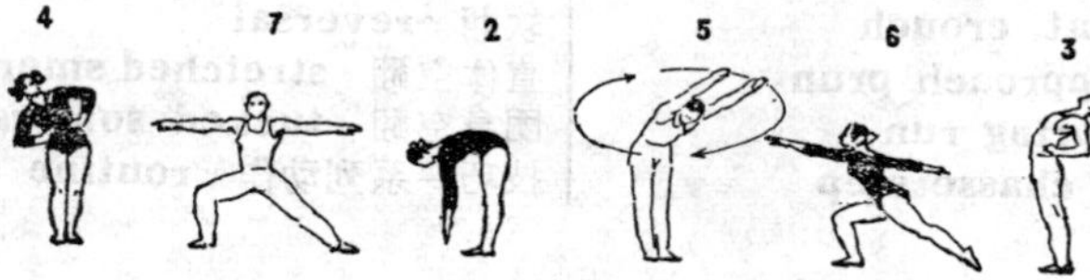

开始姿势 **starting position**
足尖站立 **standing on tiptoe**
两臂前平举 **arms forwards**
两臂侧举 **arms sideways**
两臂上举 **arms upwards**
两臂屈伸 **arms bending and stretching**
右腿向前举 **right leg forwards**
左腿向后举 **left leg backwards**
体前屈② **trunk bending forwards**
体后仰③ **trunk bending backwards**
两手叉腰, 体右屈④ **trunk bending to the right, hands on hips**
体旋转⑤ **trunk circling**
弓箭步⑥ **forward lunge**
侧弓箭步⑦ **lateral lunge, sideways lunge**
桥⑧ **back bend, bridge**
肩倒立⑨ **shoulder stand**
头手倒立⑩ **headstand**
手倒立⑪ **handstand**
侧手翻⑫ **cartwheel, lateral wheel**
后手翻⑬ **flip-flop, flip-flap**
劈叉⑭ **split**
纵劈叉 **sidesplit**
俯撑 **front support**
俯卧撑推起 **push-up**
直角支撑 **"L" support**

分腿 straddle
跪 kneeling
卧 lying down
仰卧 lying flat on back
蹲 squat, crouch
助跑 approach prun
跳跑 spring run
快滑步 chasse step

平衡 scale, balance
转体 turn, twist, pirouette
鱼跃 dive
滚翻 roll
软翻 reversal
直体空翻 stretched smersault
团身空翻 tucked somersault
技巧一系列动作 routine

器械体操 Exercises on Apparatus

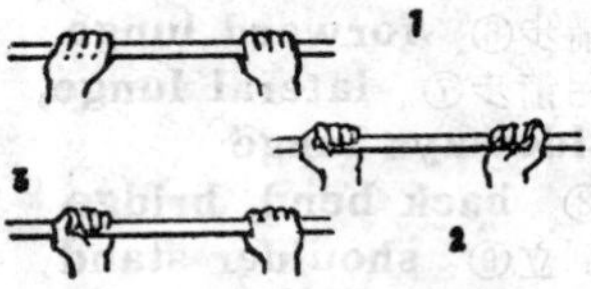

体操器械 gymnastic apparatus
上(体操器械) mounting
下(体操器械) dismounting
单杠 horizontal bar
单杠握法 grasps on the horizontal bar
正握① ordinary grip, over grip

反握② reverse grip, underhand grip
正反握③ combined grip
引体向上 chin-up
屈伸上 upstart
挂臂屈伸上 upstart from upperarm
摆动 swing
悬垂 hang, suspense
翻上 swing up
向前大回环④ giant circle forward
骑撑⑤ straddle support
脱手 releasing the grip
再握杠 regrasping the bar
后空翻离杠 backward somersault from the bar

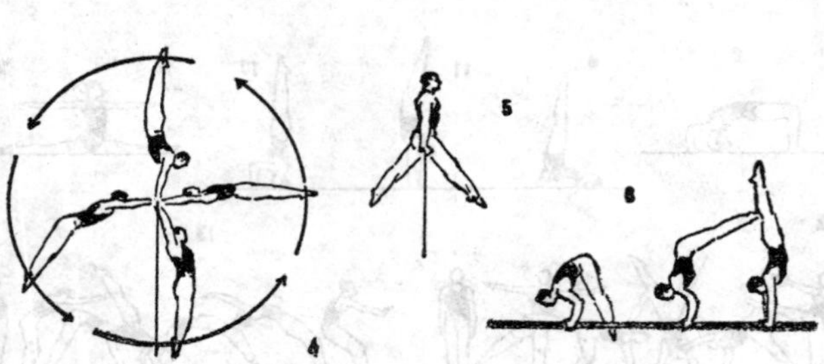

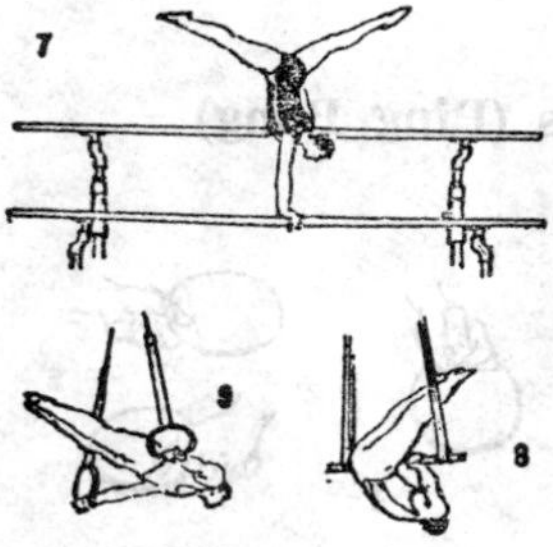

双杠 **parallel bars**
支撑动作 **movement of support**
用力动作 **movement of strength**
平衡动作 **movement of balance**
杠下动作 **movement below the bars**
双臂屈伸 **dip**
屈臂撑行进 **bent arms support walk**
摆动手倒立 **handstand with swing**
慢起手倒立⑥ **handstand with press**
高低杠 **uneven parallel bars, high-low bars**
高杠 **top bar**
低杠 **lower bar**
倒十字支撑⑦ **cross handstand**
平衡木 **balance beam**
保持平衡 **keeping the balance**
燕式平衡 **front horizontal scale**
吊杠⑧ **trapeze**
翻上向前 **upward circle forward**
吊环 **rings, hand rings**
静止吊环 **stationary rings**
摆动吊环 **swinging rings**
倒悬垂 **inverted hang**
水平支撑⑨ **horizontal support**
鞍马⑩ **pommelled horse**
纵跳马 **long horse**
横跳马 **side horse**
鞍部 **saddle**
摆越 **half leg circle**
交叉⑪ **scissors**
全旋 **circle**
移位 **travel**
俯腾越⑫ **front vault, face vault**
背腾越⑬ **rear vault, back vault**
侧腾越⑭ **side vault**
分腿腾越 **vaulting over with straddled legs**
屈腿腾越⑮ **vaulting over with legs together and bent**
跳跃器 **vaulting back**
跳桌 **vaulting table**
跳箱 **vaulting box**
弹跳板 **springboard**

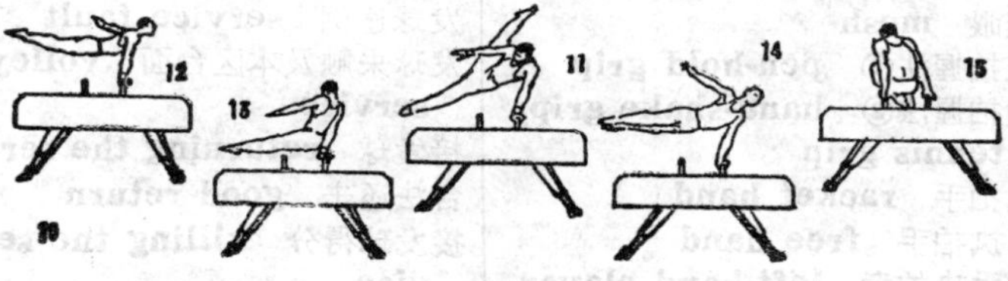

乒乓球 Table Tennis (Ping Pong)

乒乓球 **table tennis ball, ping pong ball**
球拍 **bat, paddle, racket**
橡胶拍 **rubber bat**
海绵拍 **sponge bat**
颗粒胶 **pimpled rubber**
正贴海绵拍 **sandwich with pimpled rubber turned outwards**
反贴海绵拍 **sandwich with pimpled rubber turned inwards**
拍身 **blade**
拍柄 **handle**
球拍套 **racket case**
球台 **table**
台面 **playing surface**
右半区 **right half court**
左半区 **left half court**
台角 **corner of table**
台边 **edge of table**
端线 **end line**
边线 **side line**
中线 **centre line**
网 **net**
白边 **white-top**
网柱 **pole, support**
球网支架 **clamp**
网眼 **mesh**
直拍握法① **pen-hold grip**
横拍握法② **hand-shake grip, tennis grip**
执拍手 **racket hand**
不执拍手 **free hand**
左手执拍者 **left-hand player**

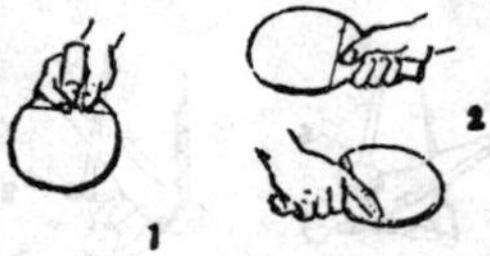

攻击型选手 **attacking player, aggressive**
防守型选手 **defensive player**
合法发球 **good service**
发球员 **server**
抛球 **throwing the ball, projecting**
发平击球 **flat service**
发弹击式急球 **flip service**
下蹲式发球 **squat(ting) service**
变化并加转的发球 **varied and heavily spun service**
巧妙的发球 **tricky service**
重发球 **service let**
擦网球 **net ball**
发球得分 **serving a winner, ace service**
发球抢攻 **attacking after service, hitting the service-return**
发球失误 **missed service**
发球违例 **service fault**
发球未触及本区台面 **volleyed service**
接发球 **returning the service**
合法还击 **good return**
接发球得分 **killing the service**

接发球抢攻 **counter-hitting the service**
回球失误 **making a faulty return**
抽球 **drive**
扣杀 **smash**
推球 **push**
挡球 **block**
推挡③ **half volley with push**
弧圈球 **loop**
削球 **cut, slice**
搓球④ **chop**
上旋 **topspin**
下旋 **underspin, backspin**
侧旋 **sidespin**
长球 **long shot**
短球 **short shot, drop shot**
高球 **lob, high ball**
扫球 **flat hit**
正手远抽⑤ **forehand long drive**
反手击球⑥ **backhand stroke**
直线球 **straight shot, side-line shot**
斜线球 **diagonal shot, cross shot**
擦边球 **edge ball, touch**
滚网球 **net-cord ball**
追身球 **close-to-the-body-shot**
超身球 **passing shot**
木板球 **wood shot**
定位球 **placement shot**
对抽 **exchanging drives**
对搓 **chopping the chops**
拉球 **lifting the ball**
加转 **giving spin to the ball**
长抽短吊 **combining long drives with drop shots**
左右开弓 **attacking on both sides, smashing from both wings**
近台快攻 **fast attack over the table**
远台削球⑦ **off-table chop**
近台防守 **close-table defence**
放高球防守 **balloon defence**
滑板 **feint play**
空档 **opening, open side**
打球出界 **overdriving, over-hitting a shot**
打球落网 **netting the ball**
步法 **footwork**
站位 **positioning**
救险球 **saving a seemingly impossible ball, retrieving an impossible shot**
局末平分 **deuce**
“准备！” **“Ready!”**
“比赛开始！” **“Play ball!”**
“发球犯规！” **“Fault!”**
“手扶球台！” **“Hand on table!”**
“台内阻挡！” **“Over table!”**
“拦击！” **“Volleyed!”**
“错区！” **“Wrong court!”**

“错接球!” “Wrong player!”
“触网!” “Touched net!”
“两跳!” “Double bounce!”
“连击!” “Double hit!”
“出界!” “Out!” “Off!”
“得分!” “Point!”
“失分!” “No!”
轮换发球法 **expedite system**
(轮换发球法)还击12次 **making 12 returns**

羽毛球 Badminton

羽毛球 **shuttlecock**
塑料羽毛球 **plastic shuttle**
(球)底托 **cork base**
羽毛顶点 **feather tip**
羽毛圈 **crown of feathers**
球拍 **racket**
球场 **court**
前场 **forecourt**
后场 **backcourt**
中区 **midcourt**
左场区 **backhand court**
右场区 **forehand court**
端线 **base line**
端线外空地 **back room**
正手握拍法 **forehand grip**
反手握拍法 **backhand grip**
发远球 **long service**
发短球 **short service**
发平(线)球 **level service, flat service**
发球方 **serving side**
接球方 **receiving side**
掌握发球权一方 **In side, “in” side**
不掌握发球权一方 **OUT side, “out” side**
发球权 **right to serve**
失误 **miss**
失发球权 **loss of service**
有发球权 **hand-in**
无发球权 **hand-out**
失去发球权一方 **retired side**
重发球 **let**
正拍扣球① **forehand smash**
反拍扣球② **backhand smash**
头顶扣球 **overhead smash**
高远球 **high clear**
大力扣杀 **hard smash**
吊网前球 **drop-shot**
平抽球③ **drive**

网前推托 **pushing a shot just across the net**
扣吊结合 **combining smashes with drop shots**
近网挑球 **lift**
网前轻挑短球④ **hairpin shot**
一方保持发球权时间 **inning(s)**
回合，往返拍击 **rally**
打赢一回合 **winning a rally**
获得一分 **scoring a point**
再赛 **setting**
选择"再赛"权 **choice of "setting"**
击球犯规 **foul hit**
连击 **double hit**
木球 **wooden shot**
持球 **holding, carrying**
触网 **touching the net**
"零比零，开始比赛！" **"Love all, play!"**
"发球错区！" **"Wrong court!"**
"换发球！" **"Service Over!"**
(双打)"第二发球员发球！" **"second server!"**
"再赛x分！" **"Set x points!"**

网 球 Tennis

草地网球 **lawn tennis**
网球 **tennis ball**
网球拍 **tennis racket, tennis racquet**
拍柄 **racket handle**
(球拍)线 **gut, string**
(球拍)竖线 **main string**
(球拍)横线 **cross string**
球拍夹 **racket press**
扣紧螺丝 **tightening screw**
挡眼罩 **eyeshade**
网球场 **tennis court**
草地球场 **grass court, tennis lawn**
硬地球场 **hard court**
端线 **base line**
双打边线 **side line for doubles**
单打边线 **side line for singles**
单打边线与双打边线之间的狭长地带 **alley**
发球线 **service line**
发球区 **service box, service court**
中线 **centre (service) line**
中点标志 **centre mark**
网柱 **net post**
网中心固定装置 **net strip**
网中心高度调节器 **net adjuster**
网中心布带 **centre band**
发球⑤ **service**
发削球⑥ **slice service**
发球员 **server**
接球员 **receiver, striker-out**
正拍握拍法 **forehand ground-stroke**

反拍握拍法 backhand groundstroke
发球失误 faulty service
发球触网 net
触线球 line ball
脚步犯规 foot fault
发球得分 service ace
截击空中球 volley
低截球 low volley
击反弹球① playing a half volley
高压球② smash
高球扣杀 overhead smash
正手拦球③ forehand volley
反手扣杀 backhand volley
正手抽球 forehand drive
反手抽球④ backhand drive
跃起扣杀 jump smash
吊高球 lob
滚球 spin
切球 cut
大抡拍 long swing
截球 intercepting
失误 miss
换位 change of positions
换边 change of sides
主裁判 call umpire
副裁判 net umpire
发球裁判 foot fault judge
司线员 linesman
记分员 marker
局 game
盘 set
场 match
一局中得一分 fifteen
一平 fifteen all
一局中得两分 thirty
二平 thirty all
一局中得三分 forty
三平 forty all, deuce
一局中的决胜分 game point, game ball

排 球 Volleyball

排球场 volleyball court
网柱 net post
网顶帆布带 canvas band
标志杆 vertical rod

标志带 **vertical side marker**
排球 **volleyball**
球胆 **bladder**
皮壳 **leather case**
橡皮壳 **rubber case**
发球区 **service area, service box**
后区 **back zone**
攻击区,前区 **attack zone**
“死角” **“dead area”**
网前位置 **net position**
前排队员 **frontline player, net player**
后排队员 **backline player, backcourt player**
后排右(1号位队员) **right back (player No.1)**
前排右(2号位队员) **right forward (player No.2)**
前排中(3号位队员) **centre forward (player No.3)**
前排左(4号位队员) **left forward (player No.4)**
后排左(5号位队员) **left back (player No.5)**
后排中(6号位队员) **centre back (player No.6)**
拦网队员 **blocker**
攻击手,扣手 **attacker, spiker**
主攻手 **ace spiker**
发球权 **right of service**
抛起(发球动作) **toss-up**
发保险球 **safe service**
上手发球 **overhand service**
下手发球 **underhand service**
过头发球 **overhead service**
大力发球 **drive service**
发下坠球 **drop service**
发高球 **lobbing service**
勾手发球 **hook service**
勾手大力发球⑤ **cannon-ball service**
助跑发球 **running service**
发飘球⑥ **floating service**
发球得分 **serve point, service ace**
换发球 **change of service**
失去发球权 **loss of service**
一传 **first pass**
一传手 **first passer**

单手下手垫球 **one-hand under toss**
二传 **set, set up**
二传手 **setter**
上手传球 **overhand pass, face pass**
跑动传球 **running pass**
跳起传球 **jump pass, jump toss**
传近网球 **close set**
传远网球 **deep set**
背传⑦ **back pass, backward set**
传拉开球 **wide set**
倒地传球 **fall down pass**
一次扣杀 **direct spike**
二次扣杀 **one-pass attack, two-count spike**
快扣 **quick spike**
大力扣杀 **powerful smash**
大抡臂扣球 **windmill attack**
打拦网手扣杀 **smash on the block**
超手扣球 **spike over the block**
甩腕扣球 **snap down with the wrist**
躲拦网手扣球 **spike past the block**
快攻球 **wide-cat spring attack**
斜线扣球 **crosscourt smash, cross spike**
直线球 **straight ball**
斜线球路 **cross course**
直线球路 **straight course**
封网,拦网 **block**
单人拦网 **one-man block**
双人拦网 **two-man block**
拦网成功 **shut out**
拦网得分 **block point**
击入空当得分 **scoring a placement**
用手掌击球 **batting the ball**
吊球 **dropping the ball**
救球 **retrieving a ball**
鱼跃救球⑧ **making a diving save**
将网上球救起 **recovering a ball from net**
捞球 **scooping up a ball**
推球 **pushing a ball, shoving a ball**
铲球 **digging up a ball**
手腕动作 **wrist work**
步法 **footwork**
跨步 **stride**
垫步 **skip**
滑步 **slide**
侧步 **sidestep**
晃跳 **trick jump**
犯规 **foul**
持球 **holding, catching**
连击 **double hit**
四次击球 **four-hit**
越过中线 **off-side**
过网 **over net**
触网 **touching the net**

篮 球 Basketball

篮球场 **basketball court**
篮板 **backboard, bank**
篮圈 **ring, hoop, basket**
篮柱 **basket post**
篮网 **cord net**
边线 **side-line**

底线 **end-line**
三秒区 **3-second zone, foul lane**
罚球区 **free-throw area**
罚球线 **free-throw line**
中线 **division line**
中圈 **centre circle**
篮球运动员 **basketballer, basketball player**
(上场)篮球队 **quintet, five**
中锋 **centre**
前锋 **forward**
后卫 **guard**
跳球队员 **jumper**
跳球 **jump ball**
中圈跳球 **tip-off**
投篮 **shooting**
空心球 **clean shot, open shot**
原地投篮 **set shot**
单手投篮 **one-hand shot**
双手头上原地投篮① **two-hand overhead set shot**
勾手投篮② **hook shot**
急停投篮 **stop shot**
跳起投篮 **jump shot**
急停跳投 **stop-jump shot**
行进间单手投篮③ **running one-hand shot**
运球投篮 **drive shot**
近距离投篮 **close-in shot**
不受干扰的近投 **crisp shot**
转身投篮 **pivot shot**
面向球篮投篮 **facing shot**
背向球篮转身投篮 **back-up shot**
高弧度投篮 **high arch shot**
"扣篮" **over-the-rim shot**
擦板入篮 **bank shot**
轻拨入篮 **flipping the ball into the basket**
补篮,托球入篮 **rebound shot, tip-in shot**
切入篮 **lay-up shot**
跨步上篮 **stride lay-up**
投中 **shooting the ball in, making a basket**
投篮不中 **missing the basket**
投中得分 **making a goal**
判投中有效 **allowing a goal**
判投中无效 **cancelling a goal**
抢篮板球 **backboard recovery**
长传球 **long pass**
短传球 **short pass**

单手肩上传球④ **baseball pass**
单手低手向前传球⑤ **bowling pass**
低传球 **low pass**
高吊传球 **lob pass**
弧形传球 **loop pass**
侧传 **side pass**
侧臂传球 **sidearm pass**
横传球 **cross pass, lateral pass**
反弹传球 **bounce pass**
传滚地球 **floor pass, rolling pass**
勾手传球⑥ **hook pass**
跳起传球 **jump pass**
手递手传球 **hand-off**
背后传球⑦ **back-flip pass, around-the-back**
两手交叉传球 **cross-hand pass**
双手胸前传球 **two-hand snap pass**
双手低手传球⑧ **two-hand under-hand pass**
回传球 **return pass**
假传球 **fake pass**
假装投篮的传球 **fake-shot pass**
双手把传来的球迅速传出 **shove pass**
拨球传递 **shovel pass**
花样传球 **fancy pass**
三人传球 **three-man inter-passing**
"之"字形传球 **zigzag passing**
突破 **breakthrough**
切入 **cutting in**
补防 **filling-in**
封死传球路线 **cutting off the passing lane**
运球 **dribbling**
接球 **catching the ball**
截球 **intercepting the ball**
夺球 **stealing the ball**
重新掌握球 **recovering the ball**
快攻 **fast break, quick attack**
交叉进攻 **alternating attack**
区域联防 **five-man defence, zone defence**
人盯人 **man-for-man defence**
混合防守 **combination defence**
密集防守 **bunched defence**
跟进的打法 **trailer play**
中锋策应 **centre-pivot play**
拖延时间的战术 **delaying tactics**
违例 **violation**
带球走 **walking**
两次运球 **double (dribble)**
技术犯规 **technical foul**
侵人犯规 **personal foul**
推人犯规 **pushing**
打人犯规 **striking**
打手犯规 **hacking**
拉人犯规 **grabbing**
撞人犯规 **charging**
阻挡犯规 **blocking**
双方犯规 **double foul**
暂停 **time-out**
罚球 **free throw**
罚球得分 **converting a free throw**
放弃罚球 **forfeiting a penalty**
被罚出场 **foul out**

足　球　Football, Soccer

足球场　**football field**
球门　**goal**
(球门)横木　**cross bar**
球门线　**goal line**
球门网　**goal net**
球门区　**goal area**
罚球区　**penalty area**
罚球点　**penalty spot**
角球区　**corner area**
角旗　**corner flag**
边线　**touch line**
端线　**end line**
中线　**halfway line**
中圈　**centre circle, kick-off circle**
足球队　**football team, the eleven**
足球队员　**footballer, football player**
传统阵容　**traditional line-up**
守门员　**goal keeper, goalie**
右后卫　**right full back**
左后卫　**left full back**
右前卫　**right half (back)**
左前卫　**left half (back)**
中卫　**centre half (back)**
右边锋　**outside right (forward), right wing**
左边锋　**outside left (forward), left wing**
右内锋　**inside right (forward)**
左内锋　**inside left (forward)**
中锋　**centre forward**
现代阵容　**modern line-up**
后卫　**defenders, (full) backs**
中场队员　**midfield link men**
前锋　**strikers, forwards**
足球鞋　**football boot, studded boot**
足球袜　**football sock**
护胫　**shinguard, shinpad**
护膝　**kneeguard, kneepad**
开球　**kick-off**
定位球　**place kick**
球门球　**goal kick**
角球　**corner ball, corner kick**
直接任意球　**direct free kick**
间接任意球　**indirect free kick**
人墙①　**wall of players**
组"墙"　**lining up a wall, setting a wall**
掷界外球　**throw-in**
脚背正面踢球　**kicking with the instep**
倒勾踢球②　**overhead kick**
顶球③　**heading**
射门④　**shooting**
跑动踢球　**running kick**

传球 **passing the ball, pass**
地面传球 **pass along the ground**
空中传球 **volley pass, overhead pass**
交叉传球 **scissors pass**
三角传球 **triangular pass**
高吊传球 **lobbed pass**
接传球 **picking up a pass**
停球 **stopping the ball**
脚底停反弹球 **trapping a rebound with the sole**
运球 **dribbling**
带球越过对手 **dribbling past an opponent**
截球 **intercepting**
胸部停球 **intercepting with the chest**
突破 **break-through**
跳起顶球 **heading with a jump**
顶球入门 **heading in**
争球 **rushing for the ball**
盯人 **marking an opponent**
射门机会 **scoring chance**
攻进一球 **scoring a goal, netting a goal**
劲射 **snap shot, hard shot**
弧线射门 **curved shot**
凌空射门 **volley shot**
高吊射门 **high shot**
反弹球射门 **drop kick**
拦阻对手 **screening an opponent**
假动作 **trick movement, feinting**
危险动作 **dangerous play**
混战 **mêlée, scramble**
越位 **off-side**
手触球犯规 **hand ball**
罚点球 **11-metre penalty kick**
(守门员)将球击出 **punching the ball clear**
用拳击球 **fisting the ball**
接住球 **catching the ball**
鱼跃救球 **making a diving save**
救险球 **retrieving an impossible shot**

手 球 Handball

手球场 **handball field**
球门区 **goal area**
球门区线 **goal-area line**
7米线 **seven-metre line**
7米球 **seven-metre throw**
任意球线 **free-throw line**
开球 **throw-off**
持球① **holding the ball**
打持球 **striking the ball out of an opponent's hands**
单手低手传球 **one-hand underhand pass**
双手胸前传球② **two-hand chest pass**
背后传球③ **pass behind the body**
手腕传球 **snap pass**
反手传球 **reverse pass**
反弹传球 **bounce pass**
掷球技术 **throwing technique**
掷界外球 **throw-in**
掷球门球 **throw-out**
掷角球 **corner throw**
掷球越过防守人墙 **throwing**

over the wall
原地射门 **standing shot**
单手肩上射门 **one-hand shoulder shot**
跳起射门④ **jump shot**
鱼跃射门⑤ **diving jump shot**
转身射门 **turnaround shot, pivot shot**
身体假动作⑥ **body feint**
罚球 **penalty shot**
四步违例 **walking violation**
侵区犯规 **line violation**
持球超过三秒 **overtime**
守门员 **goalkeeper**
场上队员 **field player**
监门员 **goal judge**

棒球，垒球 Baseball and Softball

分指手套 **glove**
连指手套 **mitt**
护面 **mask**
护胸 **chest protector**
护胫 **shinguard**
棒球场 **baseball field, baseball park**
内场 **infield, diamond**
外场 **outfield**
本垒 **home base**
本垒板 **home plate**
一垒 **first base**
二垒 **second base**
三垒 **third base**
垒包 **base bag**
投手板 **pitcher's plate, pitcher's rubber**
投手区 **pitcher's box**
接手区 **catcher's box**
左手击球员区 **left-handed batter's box**
右手击球员区 **right-handed batter's box**
界内场地 **fair territory, fair ground**
界外场地 **foul territory**

场外指导员区 **coach's box**
防守队 **fielding team**
投手① **pitcher**
接手② **catcher**
内场手 **infielder**
一垒手 **first baseman**
二垒手 **second baseman**
三垒手 **third baseman**
游击手 **shortstop**
右外场手 **right outfielder**
中外场手 **centre outfielder**
左外场手 **left outfielder**
投球 **delivering**
平直球 **liner**
内曲线球 **incurve**
外曲线球 **out-curve**
下坠球 **drop**
快球 **fast ball**
慢球 **slow ball**
(投手)暴投 **wild pitch**
不合法投球 **illegal delivery, illegal pitch**
接球 **catching**
接球失误 **muff**
接手漏接球 **passed ball**
投手犯规 **balk**
传球 **pass**
肩上传球 **overhand throw**
体侧传球 **sidearm throw**
低手传球 **underhand throw**
封杀 **force-out**
触杀 **touch out, tag out**
夹杀 **run-down**
被杀出局 **put-out**
传杀，双杀 **double play, double kill**
击球队，攻方 **batting team, side at bat**
棒球③ **baseball**
击球员④ **batter, batsman**
棒球棒⑤ **baseball bat**
长挥击球法 **long swing**
短挥击球法 **short swing**
触击球 **bunting**
界内球 **fair ball**
界外球 **foul ball**
腾空球 **fly ball**
地滚球 **ground ball, grounder**
擦棒球 **foul tip**
跑垒 **base running**
击跑员 **batter-runner**
跑垒员 **base-runner**
滑垒 **sliding**
向前扑垒 **bead-first**
偷垒 **stealing**
安全进垒 **safe**
安全打 **safe hit**
一垒安全打 **one-base hit, single**
二垒安全打 **two-base hit, two-bagger**
三垒安全打 **three-base hit, three-bagger**
本垒打 **home run**

四环球安全上一垒 **base on balls**
三击不中，击球员出局 **striking out**
牺牲打 **sacrifice hit**
得一分 **scoring a run**
局 **inning**
决胜局 **extra-inning**
场 **game**
司球裁判员 **plate umpire**
司垒裁判员 **base umpire**
"好球！"，"一击！" **"Strike!"**
"坏球！"，"一球！" **"Ball!"**
"击球员进场！" **"Batter up!"**
"击球员出局！" **"Batter out!"**
"击跑员出局！" **"Batter-runner out!"**
"跑垒员出局！" **"Base-runner out!"**
"暂停！" **"Time!"**
"比赛结束！" **"Game set!"**

游 泳 Swimming

游泳池 **swimming pool**
室外游泳池 **outdoor pool, open air pool**
室内游泳池 **indoor pool, swimming bath**
有看台的游泳池 **swimming stadium**
游泳馆 **natatorium**
浅水池 **shallow pool, non-swimmers' pool**
深水池 **deep pool, swimmers' pool**
洗脚池 **foot bath**
淋浴室 **shower room**
更衣室 **dressing room, changing room**
更衣室单间 **cubicle**
设有衣柜的更衣室 **locker room**
池壁休息台 **rest ledge**
扶手 **handrail**
游泳姿式 **swimming strokes**
自由泳⑥ **freestyle**
蝶泳⑦ **butterfly stroke**
仰泳⑧ **back stroke**
侧泳 **side stroke**
蛙泳⑨ **frog style**
海豚泳⑩ **dolphin stroke**
爬泳 **crawl stroke**

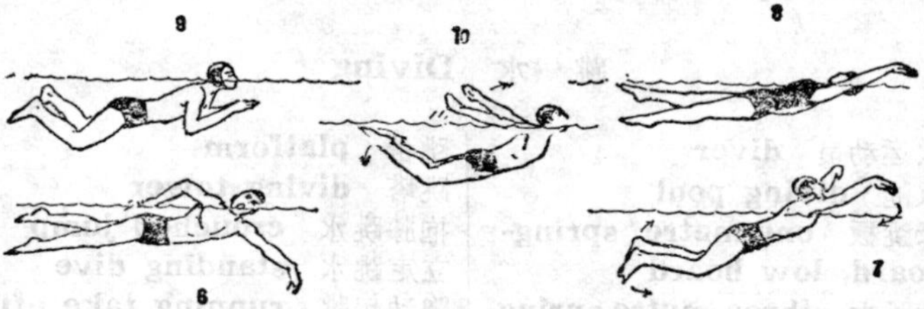

特拉金式泳法 **trudgen stroke**
俯泳 **breast stroke**
狗爬式 **dog paddle**
潜泳 **underwater swimming**
个人混合泳 **individual medley**
放松游 **swimming easy**
用力游 **swimming hard**
划水 **stroke**
打水，踢水 **kick**
踩水 **treading water**
跳入水中 **plunging into water**
出发跳水 **starting plunge**
出发姿势 **starting position**
触池壁 **touching the side**
转身 **turning**
蹬壁 **push-off**
换气，呼吸 **breathing**
呼气 **breathing out, exhaling**
吸气 **breathing in, inhaling**
侧面呼吸 **side breathing**
爆发式呼吸 **explosive breathing**
两侧呼吸 **bilateral breathing**
喘气 **gasping**
救生 **life saving**
救生员 **life guard, life saver**
救生用具 **life preserver**
橡皮浮圈 **rubber float**
托头拖带法 **head carry resuscitation**
扣颈拖带法 **neck carry**
托下颏的拖带法 **chin carry**
胸前拖带法 **cross-chest carry**
痉挛，抽筋 **cramp**
人工呼吸 **artificial respiration**
嘴对嘴人工呼吸 **mouth-to-mouth**
游泳比赛 **swimming race**
出发台 **starting block, starting platform**
发令员 **starter**
出发跳水 **starting dive**
比赛泳道 **racing lane**
泳道线 **lane rope**
计时员 **time keeper**
触壁检查员 **touch umpire**
转弯检查员 **turn umpire**
电子计时触板 **electronic timing pad**
电子裁判计时设备 **electronic judging and timing equipment**
游泳衣 **swimming suit, bathing suit**
男泳裤 **swimming-trunks, bathing slips**
游泳帽 **swimming cap**
浴衣 **bath-wrap**

跳 水 Diving

跳水运动员 **diver**
跳水池 **diving pool**
一米跳板 **one-metre spring-board, low board**
三米跳板 **three-metre spring-board, high board**
跳台 **platform**
跳塔 **diving tower**
抱膝跳水 **crouched jump**
立定跳水 **standing dive**
跑动起跳 **running take off**
在跳板上弹跳 **bouncing on**

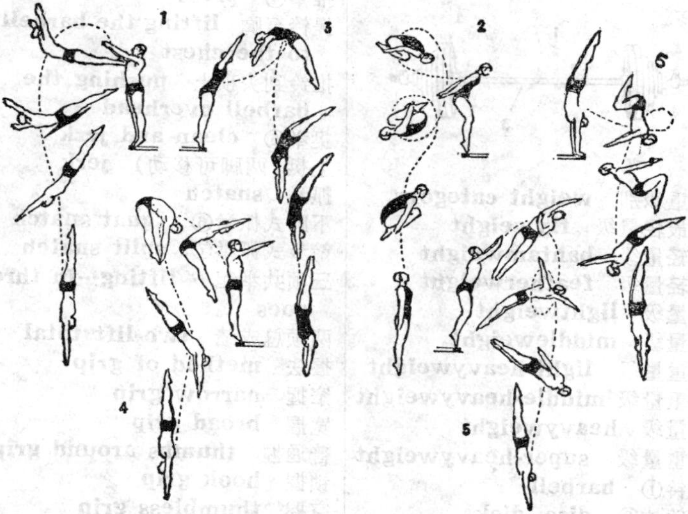

the springboard
直体 **straight**
屈体 **pike**
抱膝 **tuch**
向前跳水 **forward dive, front dive**
向后跳水 **backward dive, back dive**
低难度跳台跳水 **plain high diving**
高难度跳台跳水 **variety high diving**
燕式跳水 **swallow dive, swan dive**
向前直体跳水① **forward header dive**
向后屈体跳水② **back-jack-knife dive**
面对池反身跳水③ **reverse dive**
面对板向内跳水④ **inward dive**
向后翻腾两周 **double backward somersaults**
跑动转体跳水⑤ **running twist dive**
旋转式跳水⑥ **screw dive**

举　重 Weight Lifting

举重运动员 **weight lifter, lifter**
称量体重 **weighing-in**
减体重 **reducing bodyweight**

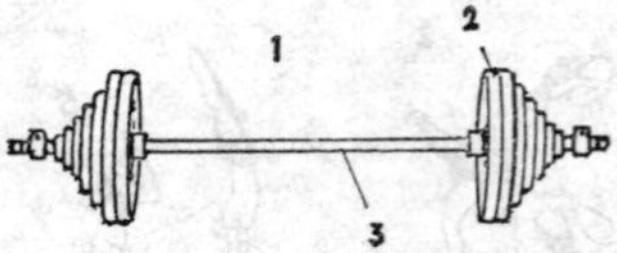

体重级别 **weight category**
次最轻量级 **flyweight**
最轻量级 **bantamweight**
次轻量级 **featherweight**
轻量级 **lightweight**
中量级 **middleweight**
轻重量级 **light-heavyweight**
次重量级 **middle-heavyweight**
重量级 **heavyweight**
超重量级 **super-heavyweight**
杠铃① **barbell**
杠铃片② **disc, dick**
横杠③ **bar**
标准举重台 **regulation platform**
摸粉 **chalking up one's hands**
走向杠铃 **approaching the bar**
推举④ **press**
提铃至胸 **lifting the barbell to the chest**
推铃到头顶上 **pushing the barbell overhead**
挺举⑤ **clean and jerk**
上挺（两脚可移动） **jerk**
抓举 **snatch**
下蹲式抓举⑥ **squat snatch**
箭步式抓举⑦ **split snatch**
三项共举起… **lifting…in three goes**
两项总成绩 **two-lift total**
握法 **method of grip**
窄握 **narrow grip**
宽握 **broad grip**
普通握 **thumbs around grip**
锁握 **hook grip**
空握 **thumbless grip**
辅助动作 **assistance movement**
坐推 **seated press**
卧推 **bench press**

4

6

5

7

硬举 **dead lift**

石锁⑧ **stone lock**

石担⑨ **stone barbell**

壶铃⑩ **kettle bell**

登山运动 Mountaineering

登山运动员 **mountaineer, alpinist, climber**

登山队 **mountaineering party, climbing party**

突击组 **assault party**

支援组 **support party**

营救组 **rescue party**

大本营 **base camp**

旅途营地 **approach camp**

高山营地 **alpine base**

向山脚行军 **approach march**

适应性训练 **acclimatization training**

登上顶峰 **ascending a peak, scaling a peak, conquering a peak**

山谷 **valley**

顶峰 **peak**

山隘 **pass**

山肩 **shoulder**

鞍形山脊 **saddle**

山壁 **face**

山麓碎石 **scree**

冰隙 **crevasse**

陡峭山脊 **arête**

狭窄岩缝 **chimney**

高原 **plateau**

山口 **col**

冰川 **glacier**

冰碛 **moraine**

冰川侧碛 **lateral moraine**

冰川终碛 **terminal moraine**

攀岩作业 **rock climbing**

攀岩技术 **rock technique**

结绳技术 **rope technique**

“活绳” **live rope**

抓结 **prusik knot**

单“8”字结 **figure-of-eight knot**

布林结⑪ **bowline knot**

叉开腿攀登法⑫ **straddling technique**

用背和脚作支点的登攀法⑬ **backand-foot technique**

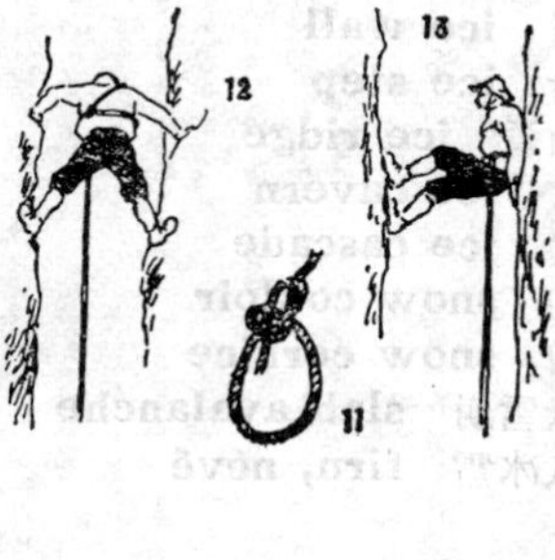

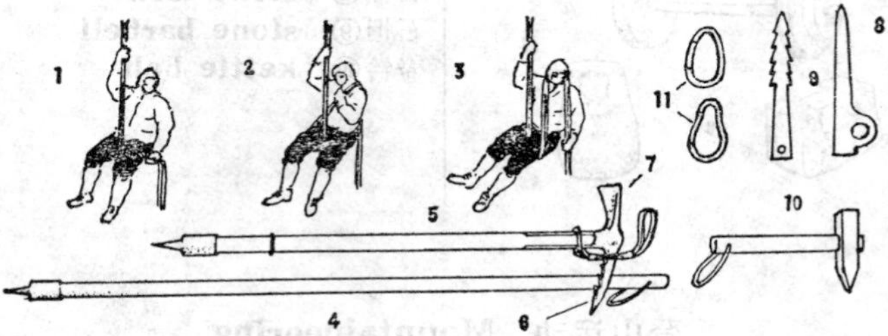

保护绳套 **belay sling, belay loop**
攀登狭窄岩缝 **chimney climbing**
用背和膝盖作支点的攀登法 **backand-knee technique**
踩人攀登法 **courte échelle**
绕绳下降 **roping down, abseiling**
主绳绕单腿下降① **thigh rappel**
主绳绕双腿下降② **double thigh rappel**
自由下降, 坐式下降③ **free rappel**
冰雪作业 **snow and ice climbing**
冰坡 **ice slope**
坡度 **gradient**
冰崖 **ice wall**
冰阶 **ice step**
冰山脊 **ice ridge**
冰穴 **ice cavern**
冰瀑 **ice cascade**
雪沟 **snow couloir**
雪檐 **snow cornice**
板状雪崩 **slab avalanche**
永久冰雪 **firn, névé**
永久积雪线 **firn line**
攀登冰坡 **negotiating an ice slope, climbing an ice slope**
过冰川 **crossing a glacier**
跳过冰裂缝 **jumping a crevasse**
沿着缝隙走 **skirting a fissure**
临时赶搭绳梯 **rigging up a rope ladder**
登山装备 **mountaineering equipment**
带齿钉登山靴 **nailed climbing boot**
尖钉, 冰爪 **crampon**
鸭绒衣 **down jacket**
防风衣 **anorak**
防护眼镜 **snow goggles, snow glasses**
探测棒④ **alpenstock**
冰镐⑤ **ice axe**
镐尖⑥ **pick**
镐刃⑦ **blade**
岩锥⑧ **rock piton, rock peg**
冰锥⑨ **ice piton, ice peg**
锥锤⑩ **piton hammer**
铁锁⑪ **snaplinkm karabiner**

滑 冰 Skating

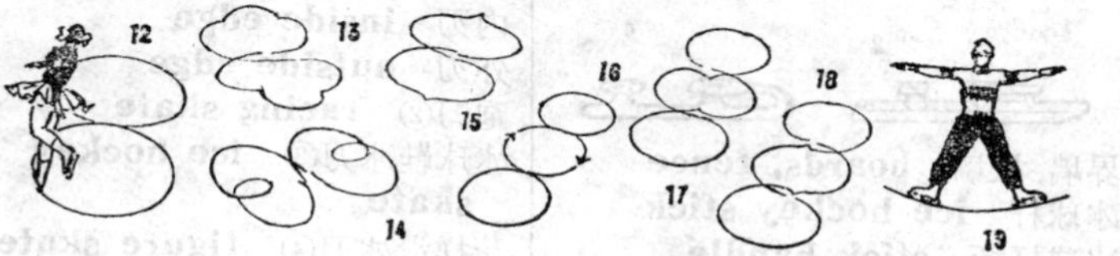

滑冰场 **skating rink**
人工冰场 **artificial ice rink**
滑冰运动员，滑冰者 **skater**
速度滑冰 **speed skating**
速滑跑道 **speed skating track**
滑行腿 **skating leg**
浮腿 **free leg**
蹬冰 **stroke**
利用体重蹬冰 **taking off by weight, pushing off by weight**
收腿 **drawing back the leg**
上体前倾 **leaning forward from the waist**
保持平衡 **keeping balance**
直道滑跑 **straight skating**
进入弯道 **entering a curve**
弯道滑跑 **curve skating**
花样滑冰 **figure skating**
单人花样滑冰 **single skating**
双人花样滑冰 **pair skating**
规定图形 **compulsory figure, school figure**
滑一个"3"字 **doing a figure of three**
"8"字形⑫ **curve eight, figure of eight**
(弧线上的)双"3"字⑬ **double three**
结环形⑭ **loop**
括弧形⑮ **bracket**
同轴上三个圆形⑯ **serpentine**
内勾手形⑰ **rocker**
外勾手形⑱ **counter**
横一字⑲ **spread eagle**
自由滑 **free skating**
冰上舞蹈 **ice dancing**
单人旋转⑳ **solo spin**
环绕㉑ **spiral**
托举 **lift**
跳跃 **jump**
滑脚㉒ **employed foot**
浮脚㉓ **unemployed foot**
冰球运动 **ice hockey**
冰球运动员 **ice hockey player, puckster**
冰球门 **cage, goal**

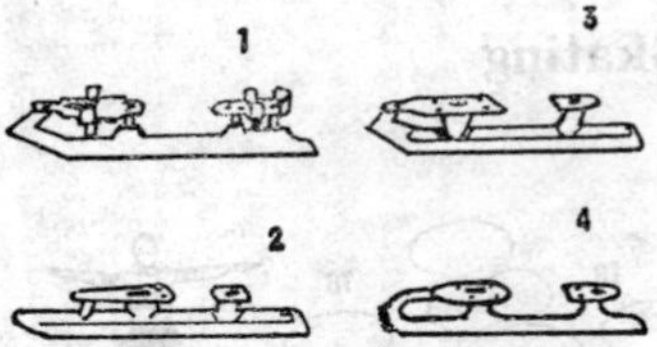

界墙, 板墙 **boards, fence**
冰球杆 **ice hockey stick**
冰球杆柄 **stick handle**
冰球杆刃 **stick blade**
冰球 **puck**
冰刀 **skate**
双刃刀① **hollow-ground blade**
内刃 **inside edge**
外刃 **outside edge**
跑刀② **racing skate**
冰球鞋冰刀③ **ice hockey skate**
花样滑冰刀④ **figure skate**
轱辘鞋 **roller skate**

滑 雪 Skiing

上坡⑤ **climbing, ascending**
梯形上坡⑥ **side step ascent**
倒"八"字形上坡⑦ **herringbone ascent**
上山吊椅 **ski-lift, chair-lift**
下坡滑行 **downhill running**
快速降下 **downhill racing**
斜线滑下 **downhill traversing**
滑行步 **skating step**
犁式制动⑧ **snowplough**
障碍滑雪 **slalom**
障碍跳跃 **obstacle jump**
撑杖跳过障碍 **field jump**
斜线跳跃⑨ **oblique jump**
跳跃转弯 **jump turn**
踢腿转弯⑩ **kick turn**
弓步式转弯⑪ **telemark turn**
半犁式转弯⑫ **stem turn**
跳台飞跃 **ski-jumping**
飞跃跳台 **run-down tower**

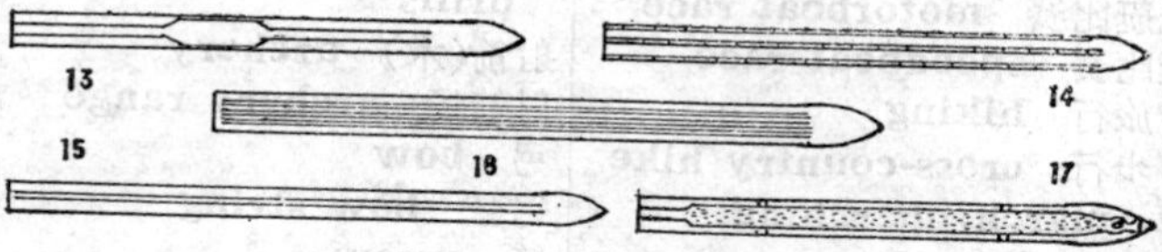

助滑坡 **run-down, in-run**
飞跃起跳台 **take-off platform**
滑雪装备 **ski outfit, skiing outfit**
旅行雪板⑬ **touring ski**
降下用雪板⑭ **down-hill ski**
比赛雪板⑮ **racing ski**
飞跃用雪板⑯ **jumping ski**
上坡防滑皮⑰ **climbing skin**
雪板固定装置⑱ **ski-binding**
前夹⑲ **fore-tightener, fore-clamp**
脚趾搭扣带⑳ **toe-strap**
铁耳㉑ **toe-iron**
脚板㉒ **foot plate**
螺旋弹簧㉓ **spiral spring**
滑雪靴 **ski boot**
滑雪衣 **parka, anorak**
滑雪杖㉔ **ski pole, ski stick**
雪杖轮盘㉕ **stick disc**

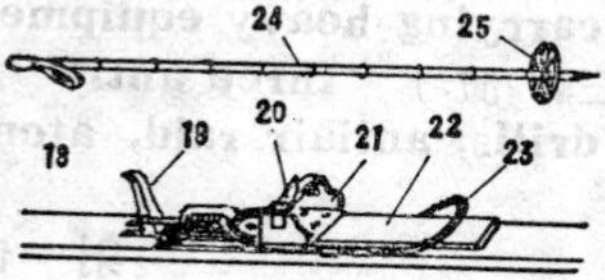

国防体育 National Defence Sports

航空运动 **aviation sports**
航空模型 **model airplane**
飞行 **flying**
滑翔机 **glider**
滑翔 **gliding**
降落伞 **parachute**
跳伞 **parachuting, parachute jumping**
跳伞塔 **parachuting tower**
集体定点跳伞 **group precision landing**
水上运动 **marine sports**
航海模型 **model ship**
划船 **rowing**
划船比赛 **boat race, regatta**
全体船员 **crew**
舵手 **coxswain**
桨手 **oarsman**
帆船比赛 **yacht race**
张帆 **stretching a sail**
卷帆减速 **taking in a sail**
顺风航行 **sailing before the wind**
几乎顶风航行 **sailing aginst the wind**
左舷受风航行 **sailing on the port tack**
右舷受风航行 **sailing on the**

starboard tack
摩托艇比赛 motorboat race
快艇比赛 speedboat race
徒步旅行 hiking
越野步行 cross-country hike
行军 march, marching
徒涉 fording
野营训练 marching and camping exercises
赛马 horse race
骑术 horsemanship
摩托车运动 motorcycling
掷手榴弹 hand grenade throwing
劈刺训练 bayonet drill
负重障碍赛跑 obstacle race carrying heavy equipment
"三防"演习 "three anti" drills, antiair raid, atomic and chemical warfare drills
射箭(术) archery
射箭场 archery range
弓 bow
弓弦 bow string
箭 arrow
箭杆 arrow shaft
箭筒 arrow-case, quiver
拉弓 drawing the bow
射箭 shooting the arrow
旗语, 手旗通讯 semaphore signalling
手旗 semaphore flag
无线电作业 radio operation
无线电收发报 transmitting and receiving radio messages

射 击 Shooting

射击技术 marksmanship
射手 marksman, shooter
射击场 shooting range, shooting gallery
射击台 shooting platform
射击眼镜 shooting spectacles
靶 target
人像靶 silhouette target
移动靶 moving target
靶心 bull's-eye
靶环 scoring ring, ring
小口径步枪 small-bore rifle
标准步枪 standard rifle
自选步枪 free rifle
军用步枪 service rifle
手枪 pistol
汽手枪 air pistol
立射 shooting from standing position
跪射 shooting from kneeling position
卧射 shooting from prone position
瞄准 taking aim
瞄准练习 aiming exercise
中靶, 命中 hitting
脱靶 missing
弹着环数 shot value
标准步枪300米三种姿势比赛 standard rifle 300 m. three positions
小口径步枪50米三种姿势比赛 small-bore rifle 50 m. three positions

手枪速射25米赛 **rapid-fire pistol 25 m.**
跑兽靶50米赛 **running game target 50 m.**
跑猪 **running boar**
跑鹿 **running deer**
飞靶射击 **trap-shooting**
多向飞靶射击 **skeet (shooting)**
泥鸽, 碟靶 **clay pigeon**
泥碟 **clay disc**
飞碟靶场 **clay-pigeon range**
双向飞碟靶场 **skeet field**
"清场完毕!" **"All clear!"**
"装子弹!" **"Load!"**
"退子弹!" **"Unload!"**
"射击!" **"Fire!"**
"命中!" **"Dead!", "Killed!"**
"脱靶!" **"Lost!"**
"全体停止射击!" **"Lay down all guns!"**
"关保险!" **"Safety catch!"**

武 术 Wushu

武术 ***wushu*, traditional Chinese fighting arts**
拳术① ***quanshu*, traditional Chinese boxing**
太极拳② ***tai ji quan*, traditional Chinese *tai ji* boxing**
简化太极拳 **simplified *tai ji quan***

五禽戏 **Five-Animal Exercises**
起势 **beginning form**
收势 **closing form**
绵绵不断的动作 **flowing movement**
舒松肌肉关节 **limbering up muscles and joints**
短兵器 **short weapon**
长兵器 **long weapon**
软兵器 **soft weapon**
双兵器 **double weapon**
匕首 **dagger**
单刀 **curlas(s)**
刀 **sabre**
刀术③ **sabreplay**
大刀 **broadsword**
剑 **sword**
剑术④ **swordplay**
枪 **spear**
枪术⑤ **spearplay**
棍 **cudgel**
棍术⑥ **cudgelplay**
三节棍⑦ **three-section cudgel**
叉 **fork**
三叉⑧ **trident**
戟 **halbert, halberd**
绳镖 **rope-dart**
流星锤 **meteor hammer**
九节鞭 **nine-section whip**
双钩 **double hook**
双剑 **double rapier**
盾牌 **shield**
藤牌 **rattan shield**
套路 **set pattern, routine**
规定套路 **required routine**
手型 **hand form**
手法 **hand position**
拳法 **fist position**
腿法 **foot position**
步法 **stepping position**
拳打 **fisting, hitting with the fist**
脚踢 **kicking**
踢脚 **kicking with toes leading**
蹬脚 **kicking with heel leading**
推掌 **pushing the palm**
扭身 **twisting**
直戳 **straight lunging**
斜刺 **diagonal stabbing**
侧击 **side striking**
徒手练习 **bare-handed practice**
对练 **paired practice**
对打 **encounter, duel**
器械练习 **armed practice**
单刀对枪 **single sword against spear**
空手对棍 **empty hands against cudgel**

医疗卫生 Medical Treatment and Public Health

保健工作 Health Protection

公费医疗 **free medical service**
劳保医疗 **labour-protection medical care**
自费医疗 **self-paid medical care**
半费医疗 **semi-paid medical care**
减费医疗 **discount medical care**
免费医疗 **free medical care**
保健费 **health subsidies**
就近医疗原则 **principle of attending for treatment at the nearest place**
送医上门 **bringing medical care to the patient's home**
田间医疗站 **medical station in the fields**
巡回医疗队 **mobile medical team**
工人医生 **worker-doctor**
保健人员的培训 **training of health workers**
内科医生和外科医生的培养 **training of physicians and surgeons**
保健机构 **health institution**
保健网 **health protection network**
保健站 **health station**
保健所 **health centre**
健康咨询站 **health consultation centre**
医疗网 **medical and health network**
成功率 **rate of success**
发病率 **disease incidence**
死亡率 **mortality rate**
人口自然增长率 **rate of natural increase of population**
人口增长率 **rate of population growth**
人口增长 **population growth, human increment**
全国人口增长统计数字 **nation-**

al statistics on population increase
进行人口普查 **taking a census of the population**
使(……病)的死亡率降低到百分之…… **keeping the mortality rate (from…) down to… percent**
定期体格检查 **regular physical examination, regular health examination**
体格检查 **physical check-up**
卫生检查 **sanitary inspection, hygiene examination**
身体状况 **physical condition**
职业病的预防和治疗 **prevention and cure of occupational diseases**
疗养院 **sanatorium**
疗养 **recuperation**
疗养期 **period of recuperation**
恢复健康 **recuperating one's health**
增加体重 **gaining (putting on) weight**
过有规律的生活 **leading a regular life**
规定的饮食 **diet**
富有营养的食物 **nourishing food, nourishment**
降低医疗费用 **lowering medical fees**
减少常见病的死亡率 **reducing the mortality rate of common diseases**
医务人员的精心照顾 **meticulous care of medical workers**
挨家逐户为患者治疗 **giving medical treatment to the patients' homes**
合作医疗制度 **System of Co-operative Medical Care**
赤脚医生 **barefoot doctor**
集训 **training course**
防病灭病的方法 **ways to prevent and wipe out disease**
公社卫生院 **commune hospital**
大队卫生所 **bridge clinic**
改进农村医疗卫生状况 **improving public health and medical conditions in the rural areas**
业余卫生员 **spare-time health worker**
挂号费 **registration fee**
出诊费 **fee for making home calls**
注射费 **fee for giving injections**
助产费 **fee for delivering babies**
预防流行病 **preventing endemic diseases**
除害防病 **eliminating pests and preventing diseases**
预防与治疗相结合 **combining treatment with prevention**
保健措施 **hygienic measures**
预防措施 **preventive health measures**
预防注射 **protective inoculation**
菌苗 **vaccine**
对某人接种病菌 **inoculating virus on (or into) somebody**
对某人注射……预防针 **inocula-**

ting somebody against…
防疫注射 **immunization inoculation**
种痘, 接种 **vaccination**
家庭访问 **home visit**
卫生习惯 **sanitary habit**
卫生知识 **sanitary knowledge**
车间保健员 **workshop medical attendant**

妇幼保健 Maternal and Child Hygiene

妇幼保健站 **health centre for women and children, child and maternity clinic**
儿童诊疗所 **children's poly-clinic**
儿童疗养院 **children's sanatorium**
从新生婴儿到14岁的儿童 **from new-born infants to children up to 14 years old**
托儿所 **nursery**
日托托儿所 **day-nursery**
幼儿园 **kindergarten**
托婴所 **crèche**
哺乳室 **feeding (nursing) room for mothers**
托儿站 **child-care centre**
婴儿 **infant**
儿童 **child**
接种牛痘 **giving vaccines, vaccinating, vaccination against smallpox**
卡介苗预防接种 **BCG(Bacillus-Calmette-Guèrin) inoculation, BCG vaccination**
控制若干常见病的发生或蔓延 **controlling the outbreak or spread of some common diseases**
麻疹 **measles**
小儿麻痹症 **infantile paralysis, polio (myelitis)**
麻疹疫苗 **attenuated living measles vaccine**
小儿麻痹疫苗 **attenuated living poliomyelitis vaccine**
早产儿 **premature infant**
早产儿保育器, 暖箱 **incubator**
母亲喂养 **breast feeding**
产前检查 **pre-natal check-up (diagnosis)**
产后检查 **post-natal check-up (diagnosis)**
无生育, 不孕 **sterility**
新式接生法 **modern delivery method**
接生 **delivering a baby, maternity services, obstetric services**
接生站 **child birth station, maternity centre**
生产, 分娩 **giving birth to a baby, delivery**
产科病案 **delivery case, obstetric case**
无痛分娩 **painless childbirth, psychopro-phylactic painless parturition**
产房 **maternity ward, labour room**
待产妇 **mother-to-be**
胎位正常 **baby in correct position**
婴儿保健 **health care for**

infant
婴儿死亡率 infant mortality rate
死胎 stillbirth
死产的 stillborn
出生率 birth rate
试管婴儿 tube baby

爱国卫生运动 Patriotic Health and Sanitation Campaign

增强人民体质 building up the people's health
治疗不如预防 Prevention is better than cure.
环境卫生 environmental sanitation
个人卫生 personal hygiene
卫生习惯 hygienic habit
不卫生习惯 unhealthy habit
卫生面貌 health conditions
预防注射,接种 inoculation
通过空气或水的传染 infection
通过接触的传染 contagion
传染源 contagion source
传染媒介 contagion intermediary
传染途径 route of contagion
控制疾病流行 controlling the spread of diseases
人人动手防病治病 Everybody lends a hand in preventing and curing diseases.
盖厕所 building latrines
公共厕所 public toilet, public lavatory
粪车 night-soil cart
露天粪坑 open manure pit
马桶 commode, night-commode
挖卫生井 digging hygienic well
粪便管理 control of manure
人粪 human excrement or faeces, night-soil
填平坑洼 filling up holes and hollows
清除垃圾 cleaning waste matter
疏通沟渠 opening up ditches and gutters
除尘 dust cleaning
治理环境污染 combating enviromental pollutions
口罩 mouth mask
痰盂 spittoon
防疫站 anti-epidemic station
卫生检查 health inspection
臭水塘 stagnant pond
消除病源 getting rid of the source of infection
带菌者 bacteria carrier
消毒站 sterilization station
垃圾箱 garbage pan, rubbish-bin
废纸篓 waste(paper)basket
垃圾 refuse, garbage

垃圾堆 **refuse dump, rubbish heap**
垃圾车 **garbage wagon**
垃圾处理 **garbage disposal**
捕蝇拍 **fly-swatter, flapper**
灭蛆 **exterminating maggots**
白蛉子 **midges**
臭虫 **bedbug**
蚤 **flea**
虱 **louse(pl. lice)**
下水道 **sewer**
雨后积水 **water collection after rain**
疏通积水 **draining away the collected water**
污水处理 **sewage treatment**
污水唧站 **drainage pump station**
绿化城市 **beautifying the city by planting trees**
清洁队 **clean-up squad**
堵鼠洞 **plugging (up) rat holes**
堵树洞 **plugging (up) tree holes**
蚊蝇孳生地 **breeding grounds for flies and mosquitoes**
翻坛倒罐 **turning jugs and jars upside down**
消灭蝇 **exterminating houseflies**
蝇卵 **housefly eggs**
消灭孑孓 **exterminating larvae of mosquitoes**
防疫队 **anti-epidemic unit**
细菌武器 **bacteriological weapon**
细菌传染病毒媒介 **germ(infection) carriers**
街道清洁员 **street cleaner**
街道清洁队 **street cleaning team**
城市环境卫生 **the city's environmental hygiene**
把垃圾堆去指定地点 **dumping the garbage at appointed spots**
用泥封垃圾堆加以发酵 **sealing the dumps with clay to ensure fermentation**
堆肥 **compost**
改善环境卫生 **improving environmental sanitation**
管理粪水和净化饮水 **disposing of the night-soil and purifying the drinking water**

计划生育 Family Planning

计划生育 **birth control, family planning, planned parenthood**
避孕法 **contraception**
药物避孕 **medical contraception**
器具避孕 **instrumental contraception**
输卵管结扎 **tubal ligation**
放子宫托 **fixing a pessary**
放子宫帽 **fixing a contraceptive diaphagm (uterine cap)**
放避孕环 **fixing the intra-uterine contraception ring**

输精管结扎 ligation of spermatic duct
阴茎套 condom
口服避孕药 oral contraceptive
避孕胶冻 contraceptive jelly

育龄妇女 women at child-bearing-age
每对夫妇只生一个小孩。 Each couple has only one child.

人体器官 Organs of Human Body

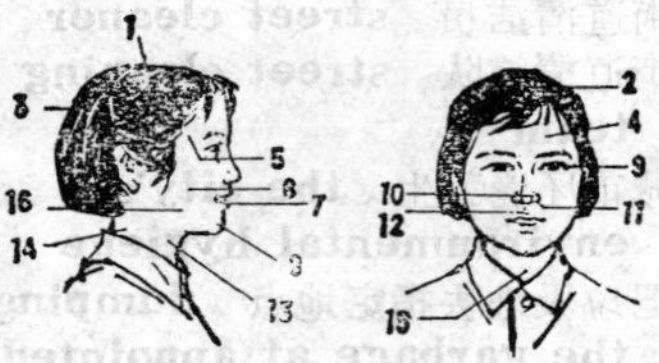

头 head

头顶① vertex, top (crown) of the head
头发② hair of the head
后头部③ back of the head
脸 face
额④ forehead, frontal eminence, frontal bump, superciliary arch, bulge of the forehead
太阳穴⑤ temple
颊⑥ cheek
酒窝 dimple in the cheek, dimple at the corner of the mouth
口⑦ mouth
下巴窝 dimple in the chin
颏⑧ chin
眼⑨ eye
鼻⑩ nose

鼻唇沟⑪ line (furrow) from the nose to the corner of the mouth
人中(上唇中沟)⑫ philtrum (the groove at the median line of the upper lip)
颈⑬ neck
项(部)⑭ nape (scruff) of the neck
喉(咙)⑮ throat, gullet
颌, 颚⑯ jaw
颚骨 jaw bone
脑 brain
大脑 cerebrum
小脑 cerebellum
脑桥 pons
延髓 medulla oblongata
眼 eye
眉⑰ eyebrow, brows
上眼睑⑱ upper lid
下眼睑⑲ lower lid
睫毛⑳ eye lash
虹膜㉑ iris

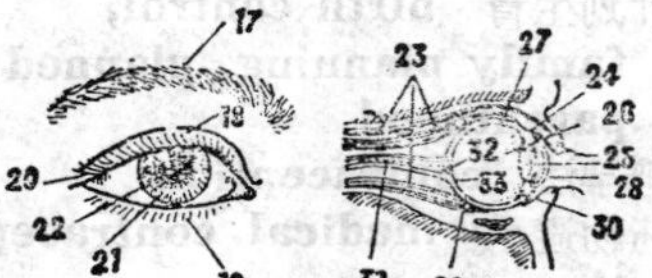

瞳孔㉒ **pupil**
眼肌㉓ **eye muscles, eye strings**
眼球㉔ **eye ball**
晶状体㉕ **(crystalline) lens**
玻璃液㉖ **vitreous humour**
玻璃体㉗ **vitreous body**
角膜㉘ **cornea**
视网膜㉙ **retina**
巩膜㉚ **sclera**
视神经㉛ **optic nerve**
盲点㉜ **blind spot**
中央凹㉝ **central fovea**

耳 **ear**

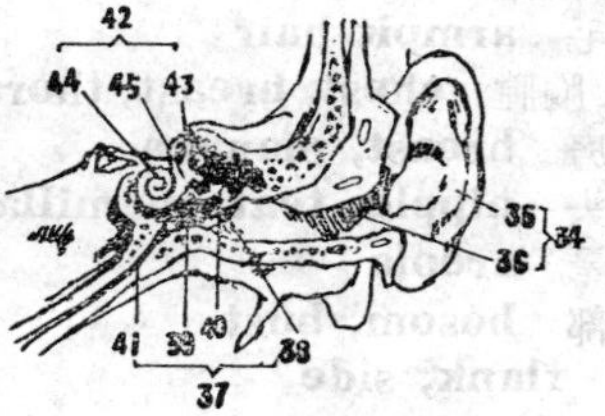

外耳㉞ **external ear**
耳廓㉟ **auricle**
耳垂 **lobe of the ear (lobule)**
外耳道㊱ **external auditory meatus (cannal)**
中耳㊲ **middle ear**
鼓膜㊳ **tympanic membrance**
鼓室㊴ **ear drum, tympanic cavity, (tympanum)**
听小骨㊵ **ossicles**
锤骨 **hammer, malleus**
砧骨 **anvil, incus**
镫骨 **stirrup, stapes**
耳咽管(咽鼓管)㊶ **Eustachian tube, Eustachian cannal, auditory tube**
内耳㊷ **inner ear, internal ear**
半规管㊸ **labyrinth**
耳蜗㊹ **cochlea**
前庭㊺ **vestibule**
听神经 **auditory nerve**

鼻 **nose**

鼻梁㊻ **bridge of nose**
鼻孔㊼ **nostril**
鼻中隔 **nasal septum**
鼻腔㊽ **nasal cavity**
鼻骨㊾ **nasal bone**
鼻旁窦㊿ **paranasal sinus**
鼻甲(51) **nasal concha, turbinal**
鼻后孔(52) **choana**
鼻翼 **wings of nose**
鼻道(53) **nasal passage**
鼻毛 **vibrissae**

口腔和咽 **cavity of the mouth and pharynx**

上唇(54) **upper lip**
下唇(55) **lower lip**
牙龈(56) **gum**
牙(57) **tooth**
硬腭(58) **hard palate**
软腭(59) **soft palate, velum**

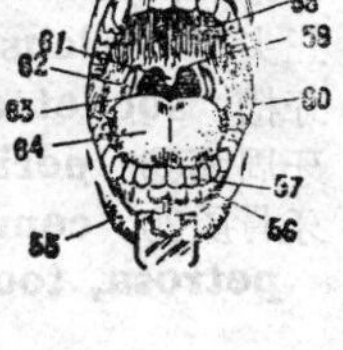

口角⑥⓪ **corner of the mouth, angle of the lips**
悬雍垂(小舌)⑥① **urula**
(腭)扁桃体⑥② **(palative) tonsil**
咽(峡)⑥③ **pharynx, pharyngeal cavity**
舌⑥④ **tongue**
喉 **throat, larynx**
会厌 **epiglottis**
声带 **vocal chords, cords**
声门 **glottis**

牙 **tooth**

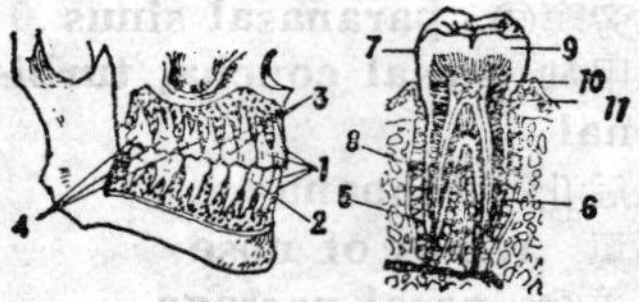

切齿, 门齿① **incisor, front tooth**
尖牙, 犬牙② **canine tooth, eyetooth**
双尖牙, 前磨牙, 前臼齿③ **premolar tooth**
磨牙, 臼齿(后牙)④ **molars, back tooth, double tooth**
乳牙(暂齿) **milk tooth, temporary tooth**
智齿 **wisdom tooth**
恒牙 **permanent tooth**
三尖牙 **tricuspid tooth**
牙槽 **socket of the tooth**
牙周膜⑤ **perisdon tium**
牙骨质⑥ **cement, crusta petrosa, tooth bone**
牙冠⑦ **crown**
牙根⑧ **root, fang**
牙釉质⑨ **enamel, encaustum**
牙质⑩ **dentine**
牙髓⑪ **pulp, dental pulp**
血管和神经 **blood vessels and nerve fibres**

人体 **human body**

肩 **shoulder**
肩甲骨 **shoulder blade**
腰 **loins, waist**
骶骨部 **loins**
腰背部 **small of the back**
腋, 腋窝 **armpit**
腋毛 **armpit hair**
胸, 胸膛 **chest, breast, thorax**
乳房 **breast, mamma**
乳头 **nipple, teat, mamilla**
乳晕 **areola**
胸部 **bosom, bust**
胁 **flank, side**
臀部 **hip, haunch**
脐 **naval, belly button**
腹部 **belly, abdomen**
上腹 **upper abdomen**
下腹 **lower abdomen**
腹股沟 **groin**
屁股 **buttocks, bottom, backside, posterior**
臀皱 **posterior ruga bend of the upper thigh**
上臂 **upper part of the arm, upper arm**
下臂, 肱 **forearm**
肘 **elbow**
臂弯 **bend (crook) of the arm**
腕 **wrist**

拳 **fist**
大腿 **thigh**
膝，膝盖 **knee**
腘，腘窝 **hollow of the knee, back of the knee**
小腿胫 **shank, lower part of the leg**
腓肠肌，小腿肚 **calf**
腿 **leg**

手 **hand**

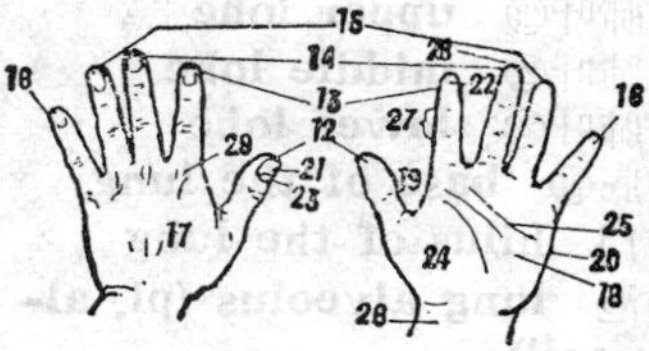

拇指⑫ **thumb**
食指⑬ **fore finger, index finger**
中指⑭ **middle finger, second finger, long finger**
无名指，环指⑮ **ring finger**
小指⑯ **little finger**
手背⑰ **back of the hand**
手掌⑱ **palm of the hand, thenar**
挠(骨)侧⑲ **radial side of the hand**
尺(骨)侧⑳ **ulnar side of the hand**
指甲㉑ **finger nail**
指纹㉒ **fingerprint**
甲晕㉓ **moon**
拇指腕掌(鱼际)㉔ **ball of the thumb, thenar eminence, thenar prominence**
掌纹㉕ **lines of the palm**
腕㉖ **wrist, carpus**
腕关节 **carpal joint**
指骨㉗ **phalanx, finger cushion**
指尖㉘ **finger tip**
指关节骨㉙ **knuckle**

脚 **foot**

拇趾㉚ **big (great) toe**
二趾㉛ **second toe**
三趾㉜ **third toe**
四趾㉝ **fourth toe**
小趾㉞ **little toe**
趾甲㉟ **toe nail**
拇趾球㊱ **ball of the foot**
踝 **ankle, malleolus**
外踝㊲ **external malleolus**
内踝㊳ **internal malleolus**
脚面(跗)㊴ **instep, arch**
脚底㊵ **sole of the foot**
脚跟㊶ **heel**

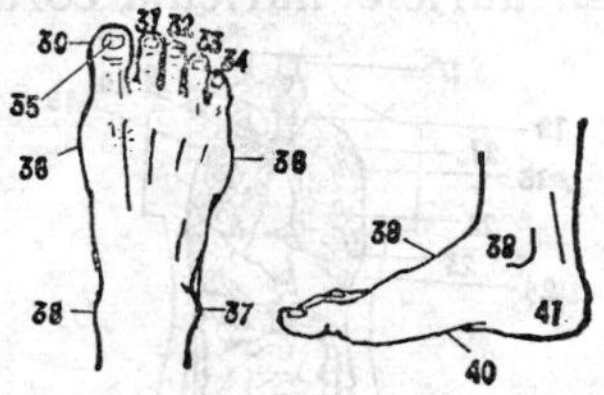

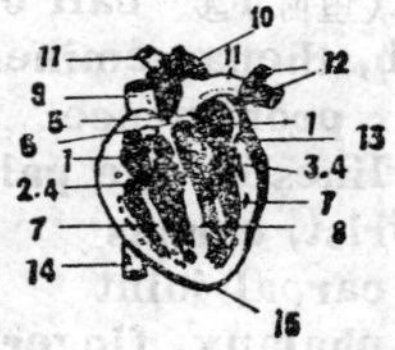

心脏 heart

心房① atrium
三尖瓣② tricuspid valve
二尖瓣③ mitral valve (bicuspid valve)
瓣尖④ cuspid
主动脉瓣⑤ aortic valve
半月瓣 semilunar valve
肺动脉瓣⑥ pulmonary valve
心室⑦ ventricle
室中隔⑧ ventricular septum, septum muscular ventriculorum cordis
上腔静脉⑨ superior vena cava
主动脉⑩ aorta
肺动脉⑪ pulmonary artery
肺静脉⑫ pulomonary vein
冠状动脉⑬ coronary artery
下腔静脉⑭ inferior vena cava
心耳 auricle, auricula cordis

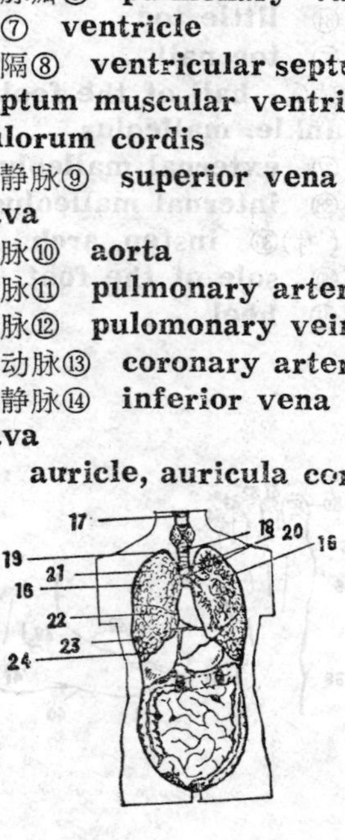

右心耳 auricula dextra
左心耳 auricula sinistra
心包 pericardium
心肌 myocardium
心尖⑮ apex of the heart

肺⑯ lung

喉⑰ throat, larynx
气管⑱ wind pipe, trachea
肺尖⑲ apex of the lung
左支气管⑳ left brochi
右支气管⑳ right brochi
肺叶 lobe of the lung
上肺叶㉑ upper lobe
中肺叶㉒ middle lobe
下肺叶㉓ lower lobe
肺底㉔ base of the lung
肺门 hilus of the lung
肺泡 lung alveolus (pl. alveoli)
肺泡孔 lung alveolar pores
胸膜 pleura
纵膈 mediastinum

消化系统 digestive system

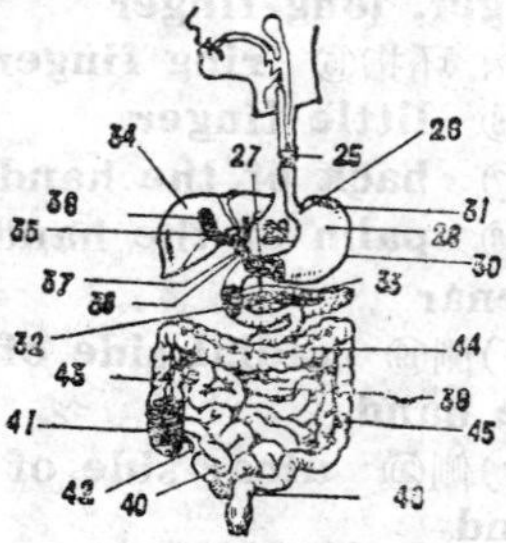

食管㉕ gullet
贲门㉖ orifice of the stomach

幽门㉗ **pylorus**
胃㉘ **stomach**
胃小弯㉙ **lesser curvature**
胃大弯㉚ **greater curvature**
胃底㉛ **fundus of stomach**
十二指肠㉜ **duodenum**
胰㉝ **pancreas**
肝㉞ **liver**
肝镰状韧带 **lateral ligament of the liver**
肝(右、左)叶 **(right, left) lobe of the liver**
肝管㉟ **hepatic duct**
胆囊㊱ **gall bladder**
胆总管㊲ **common bile duct**
胆囊管 **cystic duct**
门静脉㊳ **portal vein**
空肠㊴ **jejunum**
回肠㊵ **ileum**
大肠 **large intestine**
盲肠㊶ **caecum**
阑尾㊷ **(vermiform) appendix**
升结肠㊸ **ascending colon**
横结肠㊹ **transverse colon**
降结肠㊺ **descending colon**
直肠㊻ **rectum**
肛门 **anus**
括约肌 **sphincter**

泌尿生殖系统 **urogenital system**

肾脏㊼ **kidney**
肾盂㊽ **renal pelves**
肾盏㊾ **calyx**
肾上腺 **adrenal gland**
肾小球 **glonerule**
输尿管㊿ **ureter**
膀胱51 **bladder**
尿道52 **urethra**
精囊53 **seminal vesicle**
前列腺54 **prostate, prostate gland**
输精管55 **spermatic duct**
睾丸56 **testis, testicle**
附睾57 **epididymis**
阴囊 **scrotum, purse**
阴茎58 **penis**
包皮59 **foreskin, prepuce**
龟头60 **glans penis**
海绵体61 **corpus cavernosum and spongiosum**
子宫62 **uterus, womb, matrix**
子宫体腔63 **uterine cavity**
输卵管64 **Fallopian tube**
卵巢65 **ovary**
输卵管伞66 **fimbria**
子宫颈67 **cervix**
子宫颈口68 **os uteri**

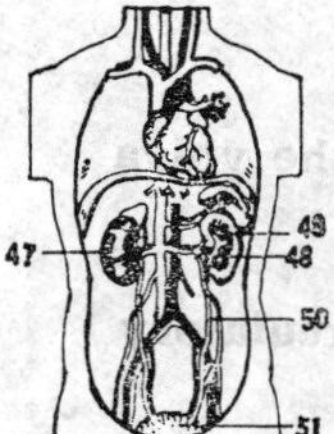

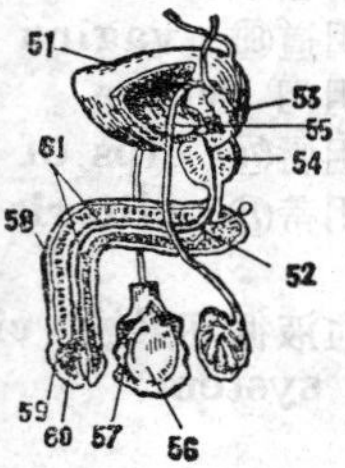

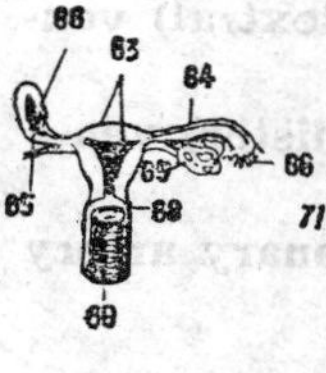

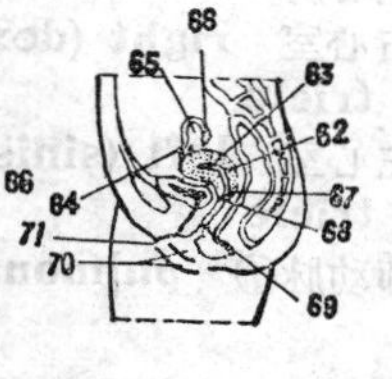

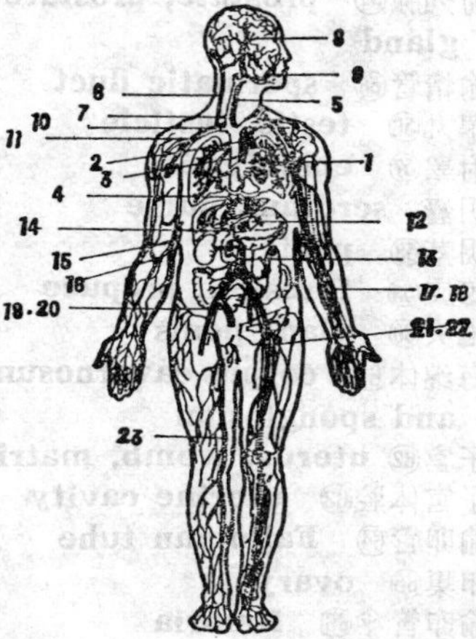

子宫颈管 **cervical canal**
阴道⑲ **vagina**
阴门 **vulva**
阴唇⑳ **lips of the vulva**
阴蒂㉑ **clitoris**

血液循环系统 **circulatory system**

右心房 **right (dextral) atrium**
左心房 **left (sinister) atrium**
右心室 **right (dextral) ventricle**
左心室 **left (sinister) ventricle**
肺动脉① **pulmonary artery**
肺静脉 **pulmonary vein**
毛细血管 **blood capillary**
主动脉 **aorta**
主动脉弓② **aortic arch**
上腔静脉③ **superior vena cava**
下腔静脉④ **inferior vena cava**
颈动脉⑤ **carotid artery**
颈外静脉⑥ **external jugular vein**
颈内静脉⑦ **internal jugular vein**
颞动脉⑧ **temporal artery**
颞静脉 **temporal vein**
面动脉⑨ **frontal (facial) artery**
面静脉 **frontal (facial) vein**
头静脉 **cephalic vein**
锁骨下动脉⑩ **subclavian artery**
锁骨下静脉⑪ **subclavian vein**
腹腔动脉⑫ **abdominal artery**
腹主动脉⑬ **abdominal aorta**
门静脉⑭ **portal vein**
贵要静脉⑮ **basilic vein**
肘正中静脉⑯ **median cubital vein**
桡动脉⑰ **radial artery**
桡静脉⑱ **radial vein**
髂内动脉⑲ **internal iliac artery**
髂内静脉⑳ **internal iliac vein**
股动脉㉑ **femoral artery**
股静脉㉒ **femoral vein**
大隐静脉㉓ **great saphenous vein**

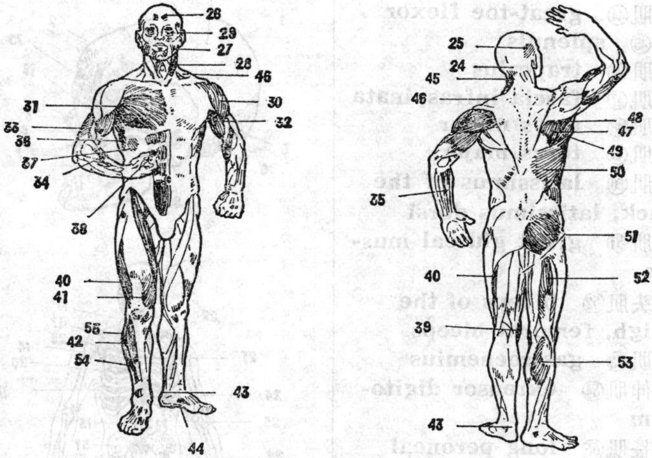

肌肉组织 **muscular system (musculature)**

肌 **muscle**
枕肌㉔ **occipital muscle**
面肌 **facial muscle**
颞肌㉕ **temporal muscle**
颈肌 **cervical muscle**
额肌㉖ **frontal muscle**
咬肌㉗ **great masticatory muscle (masseter)**
胸锁乳突肌㉘ **stermocleidomastoid, amuent muscle**
眼轮匝肌㉙ **orbiculariesoculi**
三角肌㉚ **deltoid (muscle)**
胸肌 **the pectoral muscle**
胸大肌㉛ **greater pectoral muscle, pectoris major**
肱二头肌㉜ **biceps, brachial biceps**
肱三头肌㉝ **triceps (brachial triceps)**
肱桡肌㉞ **trachio radialis**
桡侧腕屈肌㉟ **flexor carpi radialis**
鱼际肌 **thenar muscle**
前锯肌㊱ **serratus anterior**
腹肌 **abdominal muscle**
腹外斜肌㊲ **the oblique abdominal muscle, oblianus abdominis**
腹直肌㊳ **straight abdominal muscle, transversus abdominis**
缝匠肌㊴ **sartoruis**
股外肌㊵ **vastus lateralis**
股内肌㊶ **vastus medialis**
胫骨前肌㊷ **anterior tibial muscle**
跟腱㊸ **heel string, Achilles,**

tendon, calcaneal tendon
趾屈肌㊹ great-toe flexor
夹肌㊺ splenuis
斜方肌㊻ trapezius
冈下肌㊼ fascia infraspinata
小圆肌㊽ teres minor
大圆肌㊾ teres major
背阔肌㊿ latissimus of the back, latissimus dorsi
臀大肌(51) great gluteal muscle
股二头肌(52) biceps of the thigh, femoral biceps
腓肠肌(53) gastrocnemius
趾长伸肌(54) extensor digitorum
腓骨长肌(55) long peroneal muscle
扩张肌 dilator muscle
随意肌 voluntary muscle
不随意肌 involuntary muscle
平滑肌 non-striated muscle, smooth muscle
横纹肌 striated muscle
合作肌 synergistic muscle

骨骼 skeleton, osseous framework

颅① skull, cranium
额骨② frontal bone
鼻骨③ nasal bone
顶骨④ parietal bone
枕骨⑤ occipital bone
颞骨⑥ temporal bone
上颌骨⑦ upper jaw bone, maxilla
下颌骨⑧ lower jaw bone, mandible

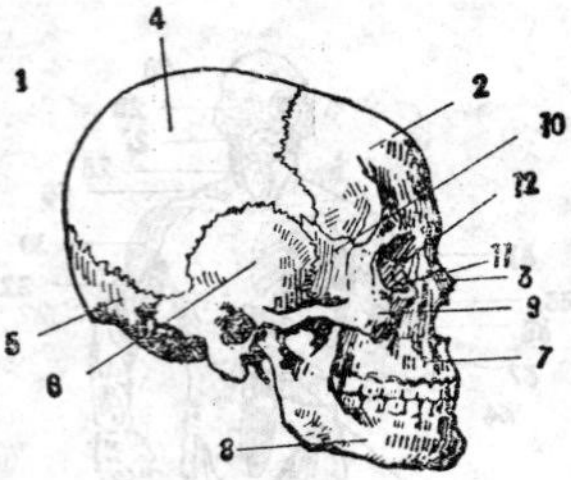

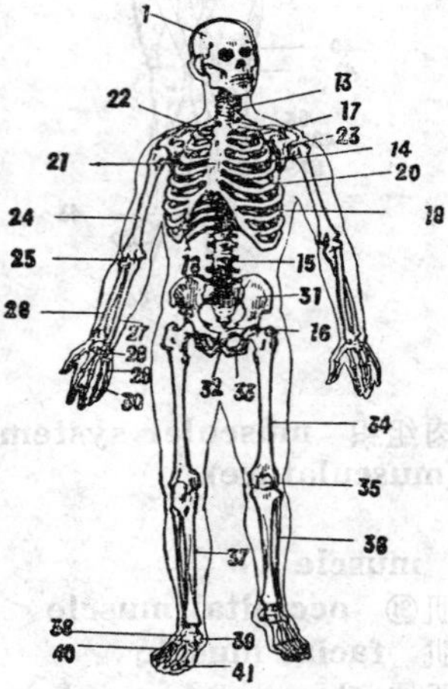

颧骨⑨ cheek bone, zygomatic bone
蝶骨⑩ sphenoid bone
筛骨⑪ ethmoid bone, ethmoid
泪骨⑫ lacrimal (lachrimal) bone
脊柱 vertebral column, spine, back-bone
颈椎⑬ cervical vertebra(e)
胸椎⑭ thoracic (dorsal) vertebra(e)
腰椎⑮ lumbar vertebra(e)

尾骨⑯ **coccyx, coccygeal vertebrae, tail bone**
真肋⑰ **true (sterual) ribs**
假肋⑱ **false ribs**
浮肋 **floating ribs**
肋软骨⑲ **cartilage eibs**
肋骨⑳ **ribs**
胸骨㉑ **breast bone, sternum**
锁骨㉒ **collarbone, clavicle**
肩胛骨㉓ **shoulder blade, scapula**
上肢骨 **arm bone**
肱骨㉔ **bone of the upper arm, humerus**
肘关节㉕ **elbow-joint**
桡骨㉖ **radius**
尺骨㉗ **ulna**
腕骨㉘ **carpal bones, wrist bones**
掌骨㉙ **metacarpal bones, metacarpus**
指骨㉚ **phalanx**
骨盆 **pelvis**
髂骨㉛ **ilium**
耻骨㉜ **pubic bone**
耻骨联合 **pubic symphysis**
坐骨㉝ **ischium**
下肢骨 **leg bone**
股骨㉞ **thigh bone, femur**
膝盖骨㉟ **kneecap, patella**
腓骨㊱ **splint bone, calf bone, fibula**
胫骨㊲ **shin bone**
跗骨㊳ **tarsal bone**
跟骨㊴ **heel bone, calcaneum**
蹠骨㊵ **metatarsal bone, metatarsus**
趾骨㊶ **phalanges, toe bone**

神经系统 **nervous system**
神经 **nerve**
中枢神经系统 **central nervous system**
周围神经系统 **peripheral nervous system**
大脑㊷ **cerebrum**
小脑㊸ **cerebellum**
脊髓㊹ **spinal marrow (spinal cord)**

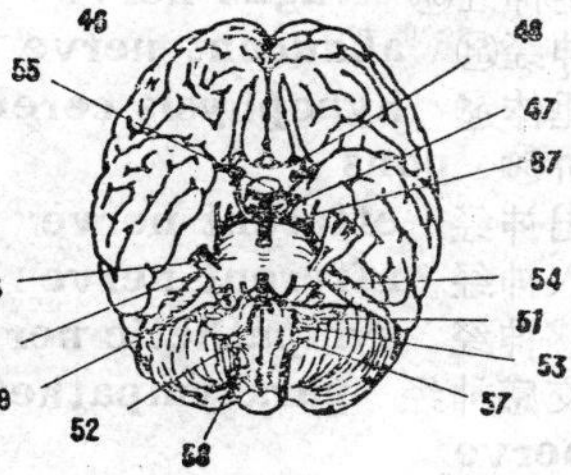

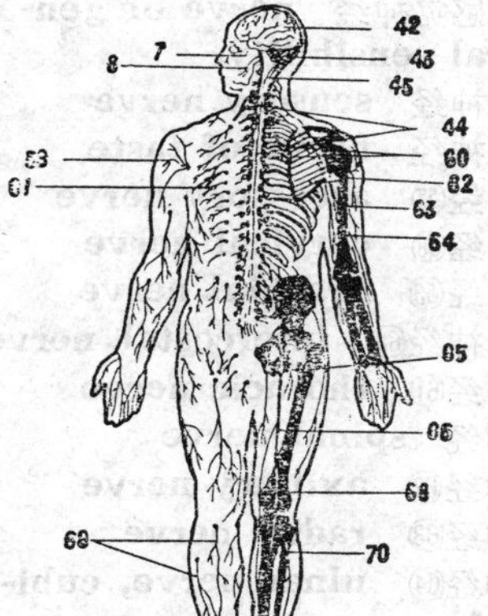

延髓㊺ **medulla**
脑神经㊻ **cranial nerve**
动眼神经㊼ **oculomotor nerve**
视神经㊽ **optic nerve**
面神经㊾ **facial nerve**
听神经 **auditory (acoustic) nerve**
嗅神经 **olfactory nerve**
三叉神经㊿ **trigeminal nerve**
舌咽神经(51) **glossopharygeal nerve**
舌下神经(52) **hypoglossal nerve**
迷走神经(53) **vagus nerve**
展神经(54) **abducent nerve**
脑垂体(55) **hypophysis cerebri**
脑桥(56) **pons**
传出神经 **efferent nerve**
传入神经 **afferent nerve**
交感神经 **sympathetic nerve**
副交感神经 **parasympathetic nerve**
神经末梢 **nerve endings**
普通感觉神经 **nerve of general sensibility**
感觉神经 **sensory nerve**
味觉神经 **nerve of taste**
副神经(57) **accessory nerve**
颈神经(58) **cervical nerve**
臂神经(59) **brachial nerve**
肋间神经(60) **intercostal nerve**
胸神经(61) **thoracic nerve**
脊神经 **spinal nerve**
腋神经(62) **axillary nerve**
桡神经(63) **radial nerve**
尺神经(64) **ulnar nerve, cubital nerve**
骶神经 **sacral nerve**
坐骨神经(65) **sciatic nerve**
股神经(66) **femoral nerve**
滑车神经(67) **trochlear nerve**
胫神经(68) **tibial nerve**
腓肠神经(69) **sural nerve**
腓神经(70) **peroneal nerve**
内脏神经 **splanchnic nerve**
营养神经 **trophic nerve**
神经干 **nerve trunk**
神经细胞 **nerve cell**
神经根 **nerve root**
淋巴 **lymph**
淋巴结 **lymph node**
淋巴腺 **lymphatic gland**
淋巴管 **lymph-vessel, lymphatic vessel**
淋巴组织 **lymphoid tissue**
淋巴球，淋巴细胞 **lymphocyte**
腺 **gland**
内分泌腺 **endocrine gland**
泪腺 **lacriminal gland**
乳腺 **mamanary gland**
腮腺 **parotid gland**
涎腺 **salivary gland**
皮脂腺 **sebaceous gland**
汗腺 **sweat gland**
血管 **blood vessel**
脉管 **pulse artery**
毛细管 **capillary**
血液 **blood**
血浆 **plasma**
血球 **blood corpuscle**
白血球 **white blood cell, leucocyte**
红血球 **red blood cell, erythrocyte**
血小板 **blood platelets, thrombocyte**
血红蛋白 **haemoglobin**

看　病 Consulting a Doctor

看医生 **visiting (seeing, consulting) a doctor**
请医生 **sending for a doctor, having a doctor in, calling a doctor**
挂号 **registering**
预约(某时)诊病 **having a doctor's appointment at …, making an appointment**
候诊室 **waiting room**
候诊 **waiting for one's turn to see the doctor**
病史 **medical history, case history**
病历 **record of disease**
填写病历 **filling in the record of disease**
诊脉 **feeling one's pulse**
探热 **taking one's temperature, having one's temperature taken**
量血压 **checking (taking) one's blood pressure**
听心肺 **listening to one's heart and lung**
验血 **having one's blood tested**
检验屎尿 **having one's stool and urine tested**
照X光 **being X-rayed**
观察 **observation**
住院(治疗) **being hospitalized (for treatment)**
入院 **being admitted into hospital**
门诊病人 **out-patient**
诊断为…… **diagnosing the case as…**
压诊，检查肝胃 **checking one's liver, stomach by pressing**
处方，药方 **prescription, formula**
开处方 **making out a prescription**
送进医院 **sending to hospital**
要住院 **ought to be hospitalized**
(开)病情证明 **(making out) a medical (sickness) certificate**
(开)病假证明 **(making out) a sick leave certificate**
急诊 **urgent medical aid, emergency treatment**
交处方 **taking a prescription to a chemist's**
配药 **filling a prescription**
患……病 **suffering from…**
做手术 **performing an operation**
接受手术 **undergoing an operation**
卧床(三天) **keeping to one's bed (for three days)**
(医生)规定(病人)饮食 **putting (a patient) on a diet**
(病人)进清淡饮食(流质饮食，半流质饮食) **going on a light (liquid, semi-liquid) diet**
哪里不舒服? **what's the trouble?**

症 状 Symtom

早期症状 **early symtoms**
前驱症状 **premonitary symtoms, prodrome**
自觉症状 **subjective symtoms**
主要症状 **cardinal symtoms**
全身症状 **constitutional symtoms**
临床症状 **clinical symtoms**
脸部表情 **facial expression**
迟钝 **dullness**
苍白 **pallor, paleness**
面色不好 **being off colour**
营养不良 **poor nutritional state**
发热(40度C) **having a fever, running a fever, running a temperature (of 40 degrees C)**
体温上升 **temperature rising**
体温下降 **temperature dropping(falling)**
高热 **high temperature, high fever**
低热 **low fever, low grade fever**
退热 **the fever being kept down**
热正常 **normal temperature**
寒战 **shivering, shivering with cold**
发冷 **feeling chilly**
感到不舒服 **feeling very bad, not feeling well**
全身不适 **general malaise**
生病 **falling ill, being ill, being taken ill**
生……病 **being ill with…, suffering from…**
水肿 **edema**
浮肿 **dropsy**
全身水肿 **anasarca**
发肿, 肿胀 **swelling**
(脚……)水肿 **having swollen (legs…), (legs) swelling up**
消肿 **keeping the swelling down**
眼睑虚肿 **puffiness of eyelids**
感到虚弱无力 **feeling weak**
焦躁不安 **feeling restless and anxious**
疲乏不堪 **feeling exhausted, being tired out**
过度疲劳 **excessive fatigue**
没有精神 **feeling listless**
(胸、肚、背、腰、耳……)痛 **having a pain(in the chest, abdomen, back, side,ear…)**
全身疼痛 **general aching, aching all over**
钝痛 **dull aching**
剧痛 **severe pain, sharp pain**
撕裂般痛 **tearing pain**
闪痛 **lightning pain**
锥痛 **boring pain**
触痛, 压痛 **tenderness**
咬痛 **gnawing pain**
游走性痛 **wandering pain**
心前区痛 **precardial pain**
痛放射至…… **radiation of pain to…**
头痛 **headache**
偏头痛 **migraine, hemicrania**

牙痛 **toothache**
胃痛 **stomachache**
呼吸困难 **respiratory difficulty, having difficulty in breathing**
气促 **shortness of breath, dyspn(o)ea**
充血 **congestion, hyperemia, engorgement**
出血 **hemorrhage, bleeding**
皮下出血 **subcutaneous hemorrhage**
内出血 **internal hemorrhage (bleeding)**
外出血 **external hemorrhage (bleeding)**
伤口出血 **the wound bleeding**
大出血 **bleeding profusely**
咯血 **spitting of blood, hematemesis**
皮下出血 **subcutaneous ecchymoma**
郁血 **stagnation of blood, stasis of blood**
呕血 **vomiting of blood, hematemesis**
呕吐 **vomiting**
恶心 **nausea, feeling nausea**
食欲不振 **losing appetite, poor appetite**
无力 **asthenopia**
流涎 **salivation**
反胃 **regurgitation of food**
消化不良 **indigestion**
不想吃油腻食物 **losing appetite for fatty food**
嘴发苦 **having a bad taste in the mouth**
口臭 **fetid oris**
腹泻 **having loose bowels, diarrhea**
上腹痛 **pain in upper abdomen**
绞痛 **colic, colicky pain**
腹绞痛 **angina abdominis**
腹鸣 **borborygmus**
便秘 **constipation, being constipated**
里急后重 **tenesmus**
大便不正常 **irregular bowel movement**
大便失禁 **incontinence of feces**
小便失禁 **incontinence of urine**
小便……次 **having…motions**
突然想大便 **being taken short**
有舌苔 **coated(furred) tongue**
舌苔很厚 **tongue heavily coated**
干呕 **retching**
呃逆 **hiccup, hiccough**
胃酸多 **gastric hyperacidity**
胃酸少 **gastric hyporacidity**
黄疸 **jaundice**
肝肿大 **enlargement of liver, hepatomegaly**
脾肿大 **enlargement of spleen, splenomegaly**
胀感 **feeling swelling**
腹胀 **abdominal distension, meteorism**
放屁 **breaking wind, passing flatus, farting**
腹水 **ascites, ascitic fluid**
咳嗽 **cough**
干咳 **dry cough, hacking cough**

阵咳 **paroxysmal cough, a fit of coughing**
咳痰 **coughing up phlegm**
反射性咳 **reflex cough**
剧咳 **having a bad cough**
喷嚏 **sneezing**
流鼻涕 **having a running nose**
鼻子不通 **having a stuffed-up nose, nose clogged up**
痰 **sputum**
浓痰 **purulent sputum**
鼻涕 **snivel, mucus in(from) the nose**
口水, 唾液 **saliva, spittle**
流泪 **(eyes) running with tears, having watery eyes**
喉疼 **sore throat**
声嘶 **being hoarse**
发绀 **cyanosis**
紫癜 **purpura**
瘀点, 瘀斑 **petechia, ecchymosis(pl. ecchymoses)**
痉挛 **spasm, cramp**
惊厥 **convulsions**
震颤 **tremor**
萎缩 **atrophy**
(局部肌肉)抽搐 **tic**
发炎 **inflamation**
兴奋 **excitation**
膝反射 **knee jerk, knee reflex, patellar**
眼球突出 **exophthalmos, exophthalmus**
瞳孔扩张 **dilated pupil**
瞳孔缩小 **contracted pupil**
出汗 **sweating, perspiring**
盗汗 **night sweat**
冷汗 **cold sweat, being in a cold sweat**
气喘 **asthma, being short of breath**
喘鸣 **stridor**
脉速 **rapid pulse**
迟脉 **retarded pulse**
脉弱 **weak pulse**
心悸 **palpitation**
血压 **blood pressure**
收缩压 **systolic pressure**
舒张压 **diastolic pressure**
血压120/80 **The blood pressure 120 over 80.**
干罗音 **dry rale**
湿罗音 **moist rale**
心搏 **heart beat**
心动过速 **tachycardia**
心动徐缓 **bradycardia**
心音 **cardiac sound**
心脏杂音 **heart murmur**
心律不齐 **arrhythmia**
心绞痛 **angina pectoris**
呼吸急促 **tachypnea**
呼吸徐缓 **bradypnea**
嗜眠 **somnolence**
昏睡 **in a coma**
昏迷 **coma, to faint, fainting**
休克 **shock**
发晕 **feeling faint**
昏倒 **swooning, fainting, passing out**
耳鸣 **having a ringing sound in the ear**
眩晕 **dizziness, vertigo, gliddiness, feeling dizzy**
失眠 **insomnia, sleeplessness, not being able to sleep**
神志昏迷, 谵妄 **delirium**
神经不正常 **nervous disorder**

幻觉 **hallucination**
幻视 **photism**
幻听 **phonism**
淋巴结肿大 **enlargement of the lymph nodes**
甲状腺肿 **goiter**
语音震颤 **vocal fremitus**
失去知觉 **loss of sense**
语言障碍 **lalopathy**
语言不清 **alalia**
失语 **aphasia**
发痒 **itch**
全身发痒 **itching all over**
尿闭 **ischuria**
尿频 **sychnuria, pollakiuria**
排尿困难 **difficulty in urination**
血尿 **hematuria, blood urine**
乳糜尿 **chylous urine**
便血 **occult blood in the feces**
黑便 **passing tarry stools**
遗尿 **enuresis, urorrhea**
早泄 **prospermia**
遗精 **emission**
月经不调 **irregular menstruation, menoxnia**
月经过多 **menorrhea, menorrhagia**
痛经 **dysmenorrhea**
经闭 **amenorrhea**
消瘦 **losing weight**
肥胖症 **obesity**
外伤 **trauma**
溃疡 **ulcer**
流脓 **running with pus**
化脓 **suppurating**
脓 **pus**
感染 **infection**
水疱 **blister**
疹 **rash**
(全身)出疹 **breaking out with rashes (all over)**
脱水 **dehydration**
虚脱 **collapse**
脱发 **dropping of hair**
蚁走感 **formication**
辗转不安 **jactitation**
视觉模糊 **dimness of vision**
肿块 **mass**
腹内肿块 **abdominal mass**
血块 **clot, blood clot**
失认识能 **agnosia**
失听觉 **auditory agnosia**
失视觉 **optical agnosia**
失运动能 **akinesia**

疾 病 Disease

急性病 **acute disease**
慢性病 **chronic disease**
传染病 **communicable (infectious) disease**
接触传染病 **contagious disease**
小病 **ailment**
地方病 **endemic disease**
流行病 **epidemic disease**
大流行病 **pandemic disease**
间发病 **intercurrent disease**
器质性疾病 **parenchymal disease**
官能性疾病 **functional disease**
职业病 **occupational disease**
原发性病 **primary disease**
继发病 **secondary disease**
热带病 **tropical disease**

先天病 **congenital disease**
后天病 **acquired disease**
常见病 **common disease, commonly encountered disease**
多发病 **disease of frequent occurence, reocurrent disease**
并发病 **complication**

传染病 **infectious diseases**

伤风(感冒) **coryza, cold**
流行性感冒 **influenza, flu**
麻疹 **measles**
风疹 **rubella**
水痘 **chicken-pox**
天花 **small pox**
猩红热 **scarlet fever**
白喉 **diphtheria**
百日咳 **whooping cough, pertusis**
流行性腮腺炎 **mumps,epidemic parotitis**
流行性脑膜炎 **epidemic cerebrospinal meningitis**
伤寒 **typhoid,typhoid fever**
副伤寒 **paratyphoid**
细菌性痢疾 **bacterial dysentery**
阿米巴痢疾 **amoeba dysentery**
传染性肝炎 **infective hepatitis**
霍乱 **cholera**
脊髓灰质炎(小儿麻痹症) **polio, poliomyelitis (infantile paralysis)**
蛔虫病 **ascariasis**
蛲虫病 **enterobiasis, ringworm disease**
姜片虫病 **fasciolopsiasis**
绦虫病 **cestodiasis, taeniasis, tape worm disease**
包虫病 **echinococcosis, hyddtid disease**
锥虫病 **trypanosomiasis**
华支睾吸虫病 **clonorchiasis**
肺吸虫病 **paragonimiasis**
疟疾 **malaria**
丝虫病 **filariasis**
黑热病 **black fever, kala-azar**
回归热 **relapsing fever**
流行性出血热 **epidemic hemorrhagic fever**
鼠疫 **plague, pest**
流行性乙型脑炎 **epidemic encephalitis B**
斑疹伤寒 **typhus (fever)**
恙虫病 **tsutsugamushi disease**
黄热病 **yellow fever**
钩虫病 **ancylostomiasis, hookworm disease, ankylostomiasis**
血吸虫病 **schistosomiasis, snail fever**
钩端螺旋体病 **leptospirosis**
炭疽 **anthrax**
狂犬病 **rabies**
结核病 **tuberculosis**
喉结核 **laryngeal tuberculosis**
肺结核 **pulmonary tuberculosis (TB)**
急性粟粒性结核 **acute miliary TB**
干酪性肺炎 **caseous pneamonia**
结核性脑膜炎 **meningitis tuberculosis**

结核性胸膜炎 **tuberculous pleuritis**
活动性结核 **active tuberculosis**
开放性结核 **open TB**
肠结核 **tuberculosis of intestine**
结核性腹膜炎 **tuberculous peritonitis**
肾结核 **renal tuberculosis**
骨结核 **tuberculosis of bones**
关节结核 **tuberculosis of joints**
皮肤结核 **dermal tuberculosis**
淋巴结结核 **tuberculosis of lymph nodes**
颈淋巴结核 **tuberculosis of the cervical lymph nodes**

呼吸系统疾病 **diseases of respiratory system**

上呼吸道感染 **upper respiratory tract infection**
支气管炎 **bronchitis**
急性支气管炎 **acute bronchitis**
慢性支气管炎 **chronic bronchitis**
支气管扩张症 **bronchiectasis**
支气管哮喘 **bronchial asthma**
老年气管炎 **bronchitis suffered by the old people**
肺炎 **pneumonia**
大叶性肺炎 **lobar pneumonia**
小叶性肺炎 **lobular pneumonia**
原发性非典型性肺炎 **primary atypical pneumonia**
肺脓肿 **suppuration of the lung**
肺气肿 **emphysema**
胸膜炎 **pleuritis, pleurisy**
化脓性胸膜炎 **suppurative pleurisy**
脓胸 **empyema**
气胸 **pneumothorax**

心血管疾病 **cardiovascular diseases**

心脏病 **heart trouble**
风湿性心脏病 **rheumatic heart disease**
慢性风湿性心脏病 **chronic rheumatic heart disease**
肺原性心脏病 **cor pulmonale**
冠状动脉粥样硬化性心脏病 **coronary atheroselerotic heart disease**
心绞痛 **angina pectoris**
心肌梗塞 **myocardial infarction**
高血压病 **hypertension**
动脉粥样硬化 **atherosclerosis**
心包炎 **pericarditis**
低血压病 **hypotension**
心内膜炎 **endocarditis**
肺动脉栓塞 **pulmonary embolism**
梅毒性心管病 **syphilitic cardiovascular disease**
先天性心血管病 **congenitial cardiovascular disease**
先天性心脏病 **congenital heart disease**
心间隔缺损 **auricular septal defects**
心室间隔缺损 **ventricular**

septal defects
主动脉狭窄 **aortostenosis, aortarctia**
心肌炎 **myocarditis**
心律不齐 **irregular pulse, cardiac arrhythmias**
窦性心律不齐 **sinus arrhythmia**
窦性心动过缓 **sinus bradycardia**
窦性心动过速 **sinus tachycardia**
窦房结暂停 **sinus arrest**
异位搏动 **ectopic beat**
脱漏搏动 **dropped beat**
过早搏动 **premature beat**
期前收缩 **premature contraction**
心房扑动 **auricular flutter**
纤维性颤动 **fibrillation**
心房纤维性颤动 **auricular fibrillation, atrial fibrillation**
心室纤维性颤动 **ventricular fibrillation**
心脏传导阻滞 **disturbances in conduction**
房室传导阻滞 **atrioventricular block**
束支传导阻滞 **bundle branch block**
心血管神经官能症 **neurocirculatory asthenia, cardiac neurosis**
心肌衰弱 **myocardia**
心力衰竭 **cardiac failure, heart failure**
脑溢血 **cerebral apoplexy, cerebral hemorrhage**
克山病 **Kenshan disease**
偏瘫(半身不遂) **hemiplegia**
消化系统疾病 **diseases of the digestive system**
食管炎 **esophagitis**
食道炎 **esophagitis, inflammation of the esophagus**
食道扩张 **esophagectasic**
胃炎 **gastritis**
急性胃炎 **acute gastritis**
慢性胃炎 **chronic gastritis**
肠胃炎 **enterogastritis**
急性胃肠炎 **acute gastroenteritis**
胃溃疡 **gastric ulcer**
十二指肠溃疡 **duodenal ulcer**
肠炎 **enteritis**
十二指肠炎 **duodenitis**
结肠炎 **colitis**
胃肠神经官能症 **gastro-intestinal neurosis**
胃下垂 **gastroptosis, ptosis of the stomach**
胃扩张 **dilatation of stomach**
肝炎 **hepatitis**
病毒性肝炎 **viral hepatitis**
中毒性肝炎 **toxic hepatitis**
无黄疸型肝炎 **anicteric hepatitis**
急性突发型肝炎 **acute fulminating hepatitis**
肝硬变 **cirrhosis of the liver**
肝昏迷 **hepatic coma**
肝脓肿 **liver abscess**
肝肿大 **enlargement of the liver, hepatomegaly**
胆石症 **gall (bladder) stone,**

cholelithiasis
胆囊炎 cholecystitis
胰腺炎 pancreatitis
急性胰腺炎 acute pancreatitis
慢性胰腺炎 chronic pancreatitis
腹膜炎 peritonitis
小肠炎 inflammation of the small intestine
大肠炎 inflammation of the large intestine
肠套叠 intussusception
脾肿大 splenomegoly, splenomegalia
黄疸病 jaundice
肠溃疡 enterelcosis
肠胃炎 enterogastritis
习惯性便秘 habitual constipation
便秘 constipation
肠结肠炎 enterocolitis
肠痉挛 enterospasm
腹泻 diarrhea

泌尿生殖系统疾病 diseases of urigenital system

肾病 disease of the kidney
肾炎 nephritis
肾小球性肾炎 glomerulonephritis
慢性肾小球性肾炎 chronic glomerular nephritis
急性肾小管性肾病 acute tubular necrosis
肾盂炎 pyelitis
肾盂肾炎 nephropyelitis
尿毒症 uremia
肾盂积水 hydronephrosis
肾结石 kidney stone
肾硬变 nephrosclerosis
尿道炎 urethritis
遗尿症 nocturnal enuresis
尿道出血 urethrorrhagia, hemorrhage of the urethra
膀胱结石 bladder stone
尿闭 suppression of urine, anuria
尿潴留 retention of urine
血尿 bloody urine, urina cruenta
乳糜尿 urina chyli
乳状尿 urina galactodes
排尿困难 difficult urination
排尿痛感 painful urination
尿频 frequent urination
肾结核 tuberculosis of the kidneys
前列腺肥大 hypertrophy of the prostate
输精管精囊炎 vascvesicalitis

造血系统疾病 diseases of hematopoietic system

贫血 anemia
恶性贫血 septicaemia, anemia, pernicious anemia
白血球增多 leukocytosis, leucocytosis
红血球增多症 polycythaemia, polycythemia
白血病 leukaemia
血友病 hemophilia
败血病 septicaemia, septicemia
血小板溶解 thrombocytolysis
血小板减少性紫癜 thrombocy-

topenic purpura
过敏性紫癜 **anaphylactic purpura**
粒性白细胞缺乏症 **agranulocytosis**
粒性白细胞减少症 **granulocytopenia**

神经系统疾病和精神病 **diseases of the nervous system and psychoses**

三叉神经痛 **trigeminal neuralgia**
坐骨神经痛 **sciatica**
面神经瘫痪 **facial paralysis**
神经炎 **neuritis**
多发性神经炎 **polyneuritis**
中风 **apoplexy, apoplectic fit**
癫痫 **epilepsy**
癔病(歇斯底里) **hysteria**
神经痛 **neuralgia**
舞蹈病 **chorea**
精神分裂症 **schizophrenia, schizophrenosis**
神经官能症 **neurosis**
脑震荡 **cerebral concussion**
神经衰弱 **neurasthenia**
偏头痛 **migraine**
脑膜炎 **meningitis**
脑炎 **encephalitis**
脑血管意外 **cerebral vascular accident**
脑溢血 **cerebral hemorrhage**
脑血栓形成 **cerebral thrombosis**
脑栓塞 **cerebral embolism**
蛛网膜下腔出血 **subarachmoid hemorrhage**
脑肿瘤 **brain tumour**
脑脓肿 **abscess**
记忆减退 **hypomnesia**
遗忘症 **amnesia**
妄想 **dillusion**
痴呆 **dementia**

职业病及物理、化学及其他因素引起的疾病 **occupational diseases and diseases due to physical, chemical and other agents**

中暑 **heat stroke, hyperpyrexia**
热虚脱 **heat exhaustion**
日射病 **sun stroke**
热痉挛 **heat cramps**
矽肺 **silicosis**
肺尘埃沉着病 **pneumonoconiosis chalicotica**
一氧化碳中毒 **carbon monoxide poisoning**
铅中毒 **lead poisoning**
砷中毒 **arsenial poisoning**
煤气中毒 **gas poisoning**
罐头食物中毒 **can poisoning, tin sickness**
药物中毒 **drug poisoning**
食物中毒 **food poisoning**
酸中毒 **acid poisoning, acidism**
碱中毒 **alkali poisoning, lye poisoning**
工业中毒 **industrial poisoning**
汞中毒 **mercurial poisoning**
银中毒 **silver poisoning**
苯中毒 **benzol poisoning**

杀虫剂中毒 **insecticide poisoning**
金属中毒 **metallic poisoning**
蜈蚣咬中毒 **myriapedes, myriapedes poisoning**
蛇咬中毒 **snake venom poisoning**
蝎咬中毒 **scorpion bite poisoning**
血中毒 **blood poisoning**
漆中毒 **varnish poisoning, rhus poisoning**
战争毒气中毒 **war gas poisoning**
急性中毒 **acute poisoning**
慢性中毒 **chronic poisoning**
酒精中毒 **alcoholism**
溺水 **drowned, drowning**
电击 **electric shock**
晕车 **car sickness**
晕船 **seasickness**
晕机 **airsickness**
运动病 **motion sickness**
放射病 **irradiation sickness**
登山病 **mountain sickness**
减压病 **decompression illness**
冻伤 **frostbite**
冻疮 **chilblain**

内分泌系统疾病 **disease of ductless glands, disease of endocrine glands**

新陈代谢疾病 **disease of metabolism**
甲状腺机能亢进 **hyperthyroidism**
甲状腺机能减退 **hypothyroidism**
甲状腺机能不全 **thyropenia**
克汀病(呆小病) **cretinism**
粘液性水肿 **myxedema**
甲状腺肿 **goiter**
甲状腺毒症 **thyrotoxicosis**
糖尿病 **diabetes, diabetes mellitus**
肥胖病 **obesity**
肾上腺皮质机能亢进 **hyperfunction of adrenal cortex**
肾上腺皮质机能减退 **adrenal cortical insufficiency**
电解质平衡紊乱 **disturbance of electrolytes balance**

运动系统疾病 **diseases of locomotor system**

风湿性关节炎 **arthritis rheumatica, rheumarthritis**
类风湿性关节炎 **rheumatoid arthritis**
骨关节病 **osteoarthritis**
纤维组织炎 **fibrositis**
营养缺乏病 **deficiency diseases**
蛋白质缺乏 **protein deficiency**
营养不良 **malnutration**
维生素缺乏病 **vitamin deficiency, hypovitarninosis**
维生素A缺乏病 **vitamin A deficiency**
脚气病 **beriberi**
核黄素缺乏病 **riboflavin deficiency, ariboflavinosis**
糙皮病 **pellagra**

儿科疾病 **paediatric disease**

新生儿硬化症 **sclerema neonatorum**
佝偻病 **rickets**
婴儿湿疹 **eczema infantum**
急惊风 **convulsion**
惊厥 **eclampsia**
软骨病 **cartilage**

妇产科疾病 **obstetric and gynecologic disease**

痛经 **dysmenorrhea**
月经不调 **abnormal menstruation**
月经过多 **menorrhagia**
月经过少 **hypomenorrhea**
月经紊乱 **menstrual disturbance**
月经频繁 **polymenorrhea**
经闭 **amenorrhea, amenia**
绝经 **menopause**
子宫出血(血崩) **metrorrhagia, meno-metrorrhagia**
子宫脱垂 **metroptosis**
子宫后屈 **retrocession of uterus**
子宫后移 **retroflexion of uterus**
子宫后倾 **retroversion of uterus**
子宫内翻 **inversio uteri, inversion of uterus**
子宫前倾 **anteversio uteri**
功能性子宫出血 **functional memorrhagia**
子宫炎 **metritis**
子宫内膜异位症 **endometriosis, adenomyosis**
子宫内膜炎 **endometritis**
子宫收缩功能紊乱 **uterine dysfunction**
子宫肌炎 **myometritis**
子宫周围结缔组织炎 **parametritis**
子宫穿孔 **perforation of uterus**
子宫破裂 **rupture of uterus**
子宫颈炎 **cervicitis**
子宫颈肥大 **cervicical hypertrophy**
子宫颈息肉 **cervical polyp**
双子宫 **double uterus**
子宫颈糜烂 **cervical erosion**
子痫 **eclampsia**
外阴白斑症 **leukoplakia vulvae**
外阴瘙痒 **pruitus vulvae**
外阴炎 **vulvitis**
阴道炎 **vaginitis**
滴虫性阴道炎 **trichomonas vaginitis**
白带 **leukorrhea, whites**
阴道出血 **vaginal hemorrhage**
附件炎 **adnexitis**
输卵管炎 **inflamation of oviduct, salpingitis**
输卵管卵巢炎 **salpingoovaritis**
卵巢囊肿 **ovarian cyst**
乳腺炎 **mastitis**
盆腔炎 **pelvic infection**
慢性盆腔炎 **chronic pelvic inflamation**
处女膜闭锁 **imperforate hymen**
不孕 **infertility, sterility**
怀孕, 妊娠 **pregnancy, gesta-**

tion
宫外孕 **ectopia pregnancy**
妊娠水肿 **edema of pregnancy**
妊娠呕吐 **vomiting of pregnancy**
妊娠高血压 **hypertension of pregnancy**
妊娠中毒症 **toximia of pregnancy**
轻度妊娠中毒 **mild toximia**
流产 **abortion**
晚期流产 **miscarriage**
习惯性流产 **habitual abortion**
先兆流产 **threatened abortion**
人工流产 **artificial abortion**
不完全流产 **incomplete abortion**
完全流产 **complete abortion**
先露部分 **presenting part**
头先露 **cephalic presentation**
头顶先露 **vertex presentation**
足先露 **footling presentation**
肩先露 **shoulder presentation**
枕骨先露 **occipicat presentation**
混合臀先露 **mixed breech presentation**
单臀先露 **frank breech presentation**
臀先露 **breech presentation**
面先露 **face presentation**
产后出血 **post-partum homorrhage**
早产 **premature birth, premature labour**
早产儿 **premature**
剖腹产术 **cesarotomy**
产褥感染 **puerperal infection**
产褥热病 **puerperal fever**
羊水 **amniotic fluid**
羊水过少 **oligohydramnios**
羊水过多 **polyhydramnios**
会阴破裂 **perineal tear**
良性葡萄胎 **Hydatidiform Mole**
恶性葡萄胎 **chorioadenoma destruens**
初产妇 **primipara**
经产妇 **multipara**
初孕妇 **primigravida**
经孕妇 **multigravida**
初乳 **colostrum**
更年期 **climacterium**
输卵管妊娠 **tubal gestation**
卵巢妊娠 **ovarian pregnancy (gestation)**
刮宫 **dilation & curettage (D.& C.)**
胎儿畸形 **fetal anomalies**
胎头吸引术 **vaccum extraction of fetal head**
胎足倒转术 **cephalic version**
胎盘 **placenta**
胎盘早期剥离 **abruptio placenta**
胎盘滞留 **retention of placenta**
胎膜早破 **premature rupture of membranes**
剖腹子宫切除 **abdominal hysterectomy**
子宫切除 **hysterectomy**
原发性卵巢癌 **primary ovarian carcinoma**
脐带 **umbilical cord**
脐带先露 **cord presentation**
胎产式 **lie**

直产式 **longitudinal lie**
横产式 **transverse lie**
胎位 **position of the fetus**
胎位不正 **fetus in wrong position**
斜产式 **obligue lie**
绒毛膜上皮癌 **chorio epithelioma, choriocarcinoma**
新生儿呼吸暂停 **apnea neonatorum**
新生儿窒息 **asphyxia neonatorum**
输卵管通气术 **tubal insufflation**
输卵管切除 **salpingectomy**
分娩, 生产 **labour, accouchment, giving birth, delivery**
顺产 **normal labour**
难产 **difficult labour**
剖腹产(术) **Caesarean section (operation)**
引产 **induced labour**
接生 **delivery**
过期分娩 **postponed labour**
滞产 **prolonged labour**
产伤 **birth injury**
产后痛 **after-pains**
死产 **still birth**
迫产 **forced labour**
死胎不下 **missed labour**
干产 **dry labour**

外科疾病 **surgical disease**

疖 **furuncle**
痈 **carbuncle**
脓肿 **abscess**
血肿 **hematoma**
蜂窝织炎 **cellulitis, phlegmon**
丹毒 **erysipelas**
类丹毒 **erysipeloid**
淋巴管炎 **lymphangitis**
淋巴结炎 **lymphadenitis**
静脉炎 **phlebitis**
血栓性静脉炎 **thrombophlebitis**
感染 **infection**
破伤风 **tetanus**
气性坏疽 **gas gangrene**
急性乳房炎 **acute mastitis**
烧伤 **burns**
冻伤 **frost-bite**
冻疮 **chilblain**
蛇咬中毒 **ophiotoxaemia, ophidismus, snake venom poisoning**
蛇咬伤 **snake bite**
昆虫咬伤 **insect bite**
下肢静脉曲张 **varicose vein of the leg**
慢性溃疡 **indolent ulcer, chronic ulcer, callous ulcer**
痔 **hemorrhoids, piles**
肛门裂 **fissure in ano**
外痔 **external piles**
内痔 **internal piles**
肛门瘘 **anal fistula**
脱肛 **prolapse of anus**
直肠息肉 **polip of rectum**
脑震荡 **coneussion of brain, cerebral concussion**
挫伤 **contusion**
扭伤, 捩伤 **sprain**
外伤, 创伤 **being injured, being wounded, injury, wound, trauma**
咬伤 **bite**
脱位 **dislocation, subluxation**

劳损 **strain**
畸形 **deformity**
脓泡 **pustule**
脓 **pus**
水疱 **blister**
褥疮 **bedsore**
化脓 **suppuration**
溃疡 **ulcer**
溃疡形成 **ulceration**
发炎 **inflammation**
发肿 **swelling**
充血 **congestion, hyperemia**
肌萎缩 **muscular atrophy**
坏死 **necrosis**
腰痛 **lumbago, lumbodynia, lower back pain**
胃穿孔 **gastric perforation**
胃扩张 **dilotation of stomach**
疝 **hernia**
外科急腹症 **surgical acute abdomen**
急性阑尾炎 **acute appendicitis**
小儿麻痹后遗症 **sequel of polio**
后遗症 **sequela**
(急性)肠梗阻 **(acute) intestinal obstruction**
弓形腿(膝内翻) **bowleg**
骨折 **fracture**
开放性骨折 **open fracture**
闭合性骨折 **closed fracture**
粉碎性骨折 **comminuted fracture**
不完全骨折 **incomplete fracture**
完全骨折 **complete fracture**
嵌入骨折 **impacted fracture**
出血 **bleeding, hemorrhage**
外科感染 **surgical infection**
脓性感染 **purulent infection**
动脉出血 **arterial hemorrhage**
静脉出血 **venous hemorrhage**
微血管出血 **capillary hemorrhage**
晕厥 **syncope**
虚脱 **collapse**
休克 **shock**
开放性伤口 **open injury**
伤口 **wound(s)**
化脓性伤口 **suppurative wound**
闭合性伤口 **closed injury**
血中毒,脓毒病 **blood poisoning, sepsis**
血管梗塞 **infarct**
血栓形成 **thrombosis**
栓塞 **embolism**
动脉瘤 **aneurysm**
静脉曲张病 **varicosis**
血栓性血管炎 **thromboagiitis**
良性肿瘤 **benign tumours**
恶性肿瘤 **malignant tumours**
血管瘤 **angioma(s)**
肌瘤 **myoma**
神经纤维瘤 **neurinoma**
神经胶质瘤 **glioma**
(鼻……)受伤 **injury(ies) (to nose…)**
(颈……部)伤 **wounds (of the neck…)**
(颅……部)骨折 **fractures (of the skull…)**
(鼻……部)出血 **hemorrhage (from the nose…)**
(耳,咽……部)异物 **foreign body (in the ear, in the pharyx…)**

中耳炎 **inflammation of the middle ear**
瘘 **fistula**
唇裂(兔唇) **harelip**
坏疽性口炎 **noma, water cancer**
下颚脱位 **dislocation of the lower jaw**
甲状腺肿 **goiter**
狭窄 **stenosis, stricture**
喉狭窄 **laryngeal stenosis**
幽门狭窄 **tricuspid stenosis**
食管狭窄 **stenosis of the Esophagus**
气胸 **pneumothorax**
脓胸(化脓性胸膜炎) **purulent pleurisy**
先天性心脏缺损 **congenital cardiac defects**
后天性心脏缺损 **acquired cardiac defects**
腹膜炎 **peritonitis**
腹水 **ascites**
胃溃疡 **gastric ulcer**
十二指肠溃疡 **duodenal ulcer**
胃穿孔 **gastric perforation**
阑尾穿孔 **appendicular perforation**
肠穿孔 **intestinal perforation**
肠套叠 **intussusception**
直肠不通 **atresic of the rectum**
肝破裂 **rupture of the liver**
胆囊炎 **inflammation of the gallbladder**
胆管病 **cholepathy**
胆石病 **cholelithiasis, biliary calaulus, gallstone**
胆蛔虫病 **biliary ascariasis**
急性胰腺炎 **acute pancreatitis**
膀胱结石 **calculus vascularis, cystolith, vesical calculus**
肾结石 **calculus renalis, nephrolithus, kidneystone**
前列腺肥大 **hypertrophy of the prostate**
水囊肿 **hydrocele**
腰椎间盘突出 **protrusion of lumbar intervertabal**
骨髓炎 **osteomyelitis**
化脓性骨髓炎 **purulent osteomyelitis**
腱鞘炎 **tendovaginitis, tendo-vaginitis, vaginal synovitis**
化脓性腱鞘炎 **purulent tendovaginitis**
(化脓性)干腺炎 **(purulent) hidradenitis**
甲沟炎 **paronychia**

皮肤病 **skin disease**

皮肤病 **dermatosis**
带状疱疹 **herpes zoster**
单纯疱疹 **herpes simplex**
疣 **wart**
脓疱疮 **impetigo**
疖 **furunculus**
毛囊炎 **folliculitis**
丹毒 **erysipelas**
结核皮肤病 **tuberculosis cutis**
狼疮 **lupus**
癣 **tinea, ringworm**
雅司病 **yaws**
头癣 **tinea capitis**
体癣 **tinea corporis**
手癣 **tinea manuum**
足癣 **tinea pedis, tinea of the foot**

念珠菌病 **candidiasis**
疥疮 **scabies**
冻疮 **perniosis, chilblains**
痱子 **miliana rubra**
擦烂红斑 **erythema intertrigo**
尿布红斑 **napkin erythema**
皮炎 **dermatitis**
湿疹 **eczema**
红斑性湿疹 **eczema erythematosum**
丘疹性湿疹 **eczema papulosum**
水泡性湿疹 **eczema vesiculosum**
脓泡性湿疹 **eczema pustulosum**
湿润性湿疹(糜烂性湿疹) **eczema madidans**
结痂性湿疹 **eczema crustosum**
鳞屑性湿疹 **eczema squamosum**
婴儿湿疹 **eczema infantum**
药物性皮炎 **dermatitis medicamentosa**
荨麻疹(风疹) **urtica, urticana, nettle rash**
职业性皮肤病 **occupational dermatoses**
工业职业性皮肤病 **industrial occupational dermatoses**
农业职业性皮肤病 **agricultural occupational dermatoses**
水稻田皮炎 **dermatitis of the rice field**
红斑性狼疮 **lupus erythematosis**
硬皮病 **sclerodorma**
紫癜 **purpura**
瘙痒 **pruritus**
神经性皮炎 **neurodermatitis**
牛皮癣(银屑病) **psoriasis**
扁平苔癣 **lichen planus**
玫瑰糠疹 **pityriasis rose**
天疱疮 **pemphigus**
维生素缺乏病 **hypovitaminosis**
核黄素缺乏病 **ariboflarinosis**
白癜病(白斑病) **vitiligo, leucoderma**
雀斑 **ephelides**
皮脂溢出症 **seborrhea**
皮脂溢性皮炎 **dermatitis seborrheica**
痤疮 **acne**
酒渣鼻 **rosacea**
臭汗症 **bromidrosis**
斑秃 **alopecia areata**
早秃 **alopecia prematura**
滤泡炎 **folliculitis**
鸡眼 **corn, callosity**
性病 **venereal disease, V. D.**
淋病 **gonorrhea**
麻风 **leprosy**
梅毒 **syphilis**
先天性梅毒 **congenital syphilis**

眼科疾病 Ophthalmic disease

慢性泪囊炎 **chronic dacryocystitis**
急性泪囊炎 **acute dacryocystitis**
睑缘炎(红眼边) **blepharitis**
睑下垂 **blepharoptosis**
睑痉挛 **blepharospasm**
睑外翻 **ectropion**
睑内翻 **entropion, blepharelosis**
睑板腺炎 **meibomianitis,**

blepharoadenitis
眼干燥 xerophthalmia
眼球突出 exophthalmos
倒睫 trichiasis
眼浓溢 blennophthalmia
急性结膜炎(火眼) acute conjunctivitis
慢性结膜炎 chronic conjunctivitis
沙眼 trochoma
泡性结膜炎 phlyctaenulosa conjunctivitis
结膜干燥 xeroma
泪腺炎 dacryoadenitis
角膜炎 keratitis
角膜软化症(夜盲症) keratomalacia(nyotalopia, night blindness)
角膜溃疡 keratohelcosis
间质性角膜炎 kerotitis interstitialis
角膜结膜炎 keratoconjunctivitis
白内障 cataract
青光眼 glaucoma
虹膜睫状体炎 iridocyclitis
脉络膜炎 choroiditis
脉络膜视网膜炎 choroidoretinitis
视网膜炎 retinitis
乳头视网膜炎 papillorentinitis
视神经炎 neuropapillitis, ophthalmoneuritis, optic neuritis
视神经萎缩 optic atrophy
眼眶炎 orbititis
眼色素层炎 uveitis
眼炎 ophthalmia, ophthalmitis
感光眼炎 photophthalmia
远视 hypermetropia, hyperopia, far-sight
近视 myopia, myopy, near-sight
老视 old sight, presbyopia
色盲 colour blindness
散光 astigmatism, astigmia
斜眼 squint, strabismus
雪盲 snow blindness
昼盲 day blindness
色觉模糊 dimness of vision
眼花 vertigo
麦粒肿 hordeolum
霰粒肿 chalazion

耳鼻喉科疾病 ENT disease

急性鼻炎 acute rhinitis
慢性鼻炎 chronic rhinitis
鼻堵塞 obstruction of nose
鼻疖 furuncle of nose
鼻中隔弯曲 deviation of nasal septum
鼻中隔穿孔 perforation of nasal septum
萎缩性鼻炎 atrophic rhinitis
肥厚性鼻炎 hypertrophic rhinitis
鼻出血(鼻衄) epistaxis
鼻部结核 tuberculosis of nose
鼻窦炎 sinusitis
化脓鼻窦炎 suppurative sinusitis
变态反应性鼻炎(过敏性鼻炎) allergic rhinitis
鼻息肉 nasal polyp
腺样体增生肥大 hyperplasia and hypertrophy of adenoid

急性扁桃体炎 **acute tonsillitis**
扁桃体周围脓肿 **peritonsillar abscess**
慢性扁桃体炎 **chronic tonsillitis**
急性咽炎 **acute pharyngitis**
慢性咽炎 **chronic pharyngitis**
咽后脓肿 **retropharyngeal abscess**
软腭瘫痪 **paralysis of soft palate**
咽感觉紊乱 **sensory disturbances of pharynx**
咽良性肿瘤 **benign tumour of pharynx**
咽恶性肿瘤 **malignant tumours of pharynx**
咽痛 **pharyngalgia**
咽峡炎 **angina, sore throat**
急性喉炎 **acute laryngitis**
喉脓肿 **laryngeal abscess**
慢性喉炎 **chronic laryngitis**
肥厚性喉炎 **hypertrophic laryngitis**
萎缩性喉炎 **atrophic laryngitis**
喉结核 **tuberculosis of larynx**
喉肌麻痹 **paralysis of laryngeal muscles**
喉异物 **foreign body of larynx**
喉良性肿瘤 **benign tumours of larynx**
喉恶性肿瘤 **malignant tumours of larynx**
喉阻塞 **laryngeal obstruction**
坏疽性喉炎 **gangrinous laryngitis**
外耳道疖 **furuncle of the external auditory canal**
外耳道异物 **foreign body in the external auditory canal**
耳鸣 **tinnitus (aurium)**
耵聍栓塞 **cerumen impaction**
外耳湿疹 **eczema of the external ear**
弥漫性外耳道炎 **diffused otitis externa**
急性卡他性中耳炎 **acute catarrhal otitis media**
慢性卡他性中耳炎 **chronic catarrhal otitis media**
粘连性中耳炎 **adhesire otitis media**
急性化脓性中耳炎 **acute supperative otitis media**
急性乳突炎 **acute mastoiditis**
慢性化脓性中耳炎 **chronic suppurative otitis media**
慢性乳突炎 **chronic mastoiditis**
结核性中耳炎 **tuberculosis otitis media**
耳原性面神经麻痹 **otogenic facial paralysis**
硬脑膜外脓肿 **extradural abscess**
横窦血栓 **lateral sinus thrombosis**
耳原性脑膜炎 **otogenic meningitis**
耳原性脑脓肿 **otogenic brain abscess**
迷路炎 **labyrinthitis**
神经性耳聋 **nerve deafness**
耳硬化症 **otosclerosis**
美尼亚氏病 **Meniere disease**
聋症 **deafness**

中耳癌 **cancer of middle ear**
噪声性耳聋 **deafness due to noise trauma**
耳痛 **otalgia**
耳炎 **otitis**
耳溢 **otorrhea**

肿瘤疾病 **tumours**

良性肿瘤 **benign tumour**
恶性肿瘤 **cancer, malignant tumour, carcinoma**
乳头状瘤 **papilloma**
乳头状癌 **papillocarcinoma**
皮脂腺囊肿(粉瘤) **sebaceous cyst**
纤维瘤 **fibroid tumour, fibroma**
脂瘤,脂肪瘤 **lipoma**
血管瘤 **hemangioma**
肉瘤 **sarcoma**
鼻咽癌 **cancer of nasopharynx, nasopharyngeal carcinoma**
淋巴肉瘤 **sarcoma lymphaticum, lymphosarcoma**
腺瘤 **adenoma, glandular tumour**
血管瘤 **angioma, vascular tumour**
肌瘤 **myama, muscular tumour**
子宫肌瘤 **myoma of uterus**
神经瘤 **neurinoma, nerve tumour**
神经胶质瘤 **glioma, brain tumour**
囊肿 **cyst**
囊瘤 **cystoma**
上皮瘤,上皮癌 **epithelioma**
软骨瘤 **chondroma, cartilaginous tumour**
脑癌 **cancer of the brain**
肺癌 **cancer of the lungs, pulmonary cancer**
皮肤癌 **cancer of the skin**
骨癌 **cancer of the bone**
子宫癌 **uterine cancer, cancer of the uterus**
子宫内膜癌 **endometrial carcinoma**
子宫体癌 **carcinoma of corpus uteri**
子宫颈癌 **carcinoma of cervix uteri**
直肠癌 **cancer of the rectum**
食道癌 **cancer of the oesophagus**
淋巴腺癌 **cancer of the lymph glands**
胃癌 **cancer of the stomach**
乳癌 **cancer of the breast, breast cancer**
前列腺癌 **cancer of the prostate gland**
肝癌 **cancer of the liver**
肠癌 **cancer of intestines**
睾丸癌 **cancer of the testis**
原发性癌 **primary cancer**
转移 **mestastasis, metaptosis**
扩散 **spreading, development**
溃疡形成 **ulcerating, ulceration**

口腔疾病 **diseases in the oral cavity**

龋齿 **dental caries, caries**

dentis
牙髓炎 pulpitis
牙痛 toothache
自发性疼痛 spontaneous pains
牙周炎 periodontitis
(牙周炎)急性发作 (periodontitis) in the acute stage
牙松 looseness of the tooth
化脓性牙周炎 purulent periodontitis
牙龈红肿 redness and swelling of the gum
牙接触性疼痛 pains upon contact with the tooth
病牙 affected tooth
发热感 pyrexia
冠周炎 pericoronitis
拔牙后出血 hemorrhage following tooth extraction
牙槽炎 alveolitis
口炎 stomatitis
龈口炎 gingivostomatitis
口角炎 angular stomatitis
滤泡性口炎 stomatitis follicularis
雪口症(鹅口疮) stomatitis mycotica, stomatitis mycetogenetica, thrush
龈炎 gingivitis
龈瘤 epulis
脓肿 abscess
牙槽脓肿 alveolar abscess
龈脓肿 parulis
牙槽骨髓炎 alveolar osteomyelitis
颌骨髓炎 osteomyelitis of the jaw
颌骨骨折 jaw fracture
上颌骨折 maxillary fracture
下颌骨折 mandibular fracture
兔唇 cleft lip

化 验 Laboratory Test

化验室 laboratory
化验员 laboratory technician
化验单 laboratory test report
验大便 stool test, having one' s stool tested
验小便 urine test
验痰 sputum test
验血 blood test
血样 specimens of one's blood
抽血 drawing blood
血常规分析(试验) routine analysis of blood
作……试验 putting one throughtest
血型 blood group
O型 group O
肝(肾)功能试验 test for liver (kidney) function
抗"O" antistreptococcolysin O
血沉 erythrocytic sedimentation rate (ESR)
血脂 blood lipoids
胆固醇 choleterol
血清 serum
三酸甘油脂 triglyceride
麝香浊度试验 thymol turbidity test (TTT)
硫酸锌浊度试验 Zinc Sulphate

turbidity test

脑磷脂胆固醇絮状试验 **cephalincholesterol flocculation test (CCFT)**

谷丙转氨酶 **glutamicpyruvic transaminase (GPT)**

血清谷氨酸草酰乙酸转氨酶测定 **serum glutamic oxaloacetic transaminase (SGOT)**

黄胆指数 **Icterus Index**

红血球计数 **red blood cells count (RBC)**

白血球计数 **white blood cells count (WBC)**

(白细胞)分类计数 **differential count (DC)**

红细胞平均血红蛋白浓度 **mean corpuscular hemoglobin concentration (MCH)**

平均红细胞容积 **mean corpuscular volume (NCV)**

压紧血细胞容积 **packed cell volume (PCV)**

基础代谢率 **basal metabolic rate (BMR)**

半乳糖(果糖)耐量试验 **glatactose (frutose) tolerance test**

菊粉(脲)廓清试验 **inulin (urea) clearance test**

肌酐(木糖)廓清试验 **creatinine (xylose) clearance test**

胰岛素葡萄糖水耐量试验 **insulinglutose-water tolerance test**

乳酸脱氢酶测定 **lactic acid dehydrogenase determination**

癌胚抗原 **carcinoembryonic antigen**

α—胎儿蛋白 **α-fetoprotein (AFP)**

阳性反应 **positive reaction**

阴性反应 **negative reaction**

医疗方法 Therapy

临床观察 **clinical observation**

病例 **case**

试脉 **feeling one's pulse**

量体温 **taking one's temperature**

量血压 **taking (checking) one's blood pressure**

收缩压 **systolic pressure**

舒张压 **diastolic pressure**

听诊 **auscultation**

叩诊 **percussion**

触诊 **palpation**

问诊 **inquiry**

望诊 **inspection**

检查眼(耳、鼻) **examining the eyes (ears, nose)**

全身检查 **general checking-up**

常规检查 **routine examination**

复查 **follow-up examination**

会诊 **consultation**

出诊 **visit, paying a call**

急诊 **emergency case, emergency treatment**

诊断 **diagnosis, diagnosing**

确诊 **identifying one's disease, making a definitive diagnosis of…**

预后 **prognosis**
康复 **recovery**
复发 **relapse**
病灶 **focus (pl. foci)**
肛门指诊 **rectal touch**
阴道指诊 **vaginal touch**
X线检查 **X-ray examination, being X-rayed**
X线照片 **X-ray film, roentgenogram**
X线照相 **X-ray film taking, radiography**
透视检查 **examination by fluoroscopy**
胸部透视 **having one's chest X-rayed**
钡餐检查 **barium meal examination**
化验结果 **laboratory report**
心电图检查 **ECG (electrocardiogram) examination**
二杯试验 **two-glass test**
三杯试验 **three-glass test**
皮肤试验(过敏检查) **skin test**
肾盂造影术 **pyelography**
静脉肾盂造影术 **intravenous pyelography**
逆行肾盂造影术 **retrograde pyelography**
X线缩影照片 **miniature radiograph**
脑电图检查 **EEG (electroencephalogram) examination**
穿刺术检查 **examination by centesis (by puncture)**
病理切片 **pathological section**
基础代谢 **basal metabolism**
基础代谢率 **basal metabolic rate (B. M. R.)**
显微镜检查 **microscopic examination**
肉眼检查 **macroscopic examination**
活组织检查 **biopsy**
内窥镜检查 **endoscopy**
青蛙试验 **toad test**
治疗 **treatment, giving treatment**
临床治疗 **clinical treatment**
开药方 **writing out a prescription**
开药 **prescribing for an illness, prescribing a medicine**
配药 **filling a prescription**
抓药 **having a prescription made up (filled)**
打针 **injecting, giving an injection**
放松肌肉 **relaxing one's muscle**
打(……C.C.青霉素)针 **an injection of (…c.c. of penicillin)**
接受打针 **receiving (having) an injection**
对……过敏 **being allergic to…**
过敏反应 **allergic reaction**
青霉素反应 **having a penicillin reaction**
没有副作用 **being free from side effects**
盐水注射 **saline infusion**
预防注射 **inoculating, protective inoculation**
皮下注射 **hypodermic**

(subcutaneous) injection
肌肉注射 intramuscular injection
静脉注射 intravenous injection
静脉滴注 infusion by intravenous drip
关节内注射 intra-articular injection
激发注射 booster injection
血管注射 intravascular injection
输液 fluid infusion
输血 blood transfusion
过敏试验 test for hypersensitivity
服药 taking medicine
内服(药) for oral administration
外用(药) for external use
剂量 dose
剂量大小 the size of a dose
空腹服 to be taken on an empty stomach
饭后(饱食后)服 to be taken on a full stomach, after food, p.c. (post cibum)
每四小时服一次 to be taken at four-hour intervals, q.h. (quartis horis), four hourly
临睡前服 to be taken at bedtime
必要时服 to be taken when necessary, p.r.n. (pro re nate), whenever necessary
一天服三次 taking medicine 3 times a day, t.i.d. (ter in die)
一日四次 q.i.d. (quater in die); four times a day
每次服一茶匙 taking a spoonful (of medicine) each time
饭后服 taking medicine after meals
服药前摇晃药瓶 shaking the bottle well before use
睡前(服) hor. decub. (hora decubitus), at bedtime
每晚(服) o.n. (omni nocte), every night
每晨(服) o.m. (omni mane), every morning
遵医嘱服用 to be taken according to the instructions of the doctor
献血 blood donation
献血者 blood donor
血库 bank of blood
验血型 test of blood group
血型 blood group
O型 Group O
A型 Group A
B型 Group B
血清 serum
血浆 plasm
热敷 hot compress
冷敷 cold compress
敷贴 application
导尿 urethral catheterization
洗胃 gastric lavage
灌肠 enema
止血 hemostasis
滴注法 instillation
脊椎抽液 spinal tap
抽腹水 tapping the abdomen
包扎 dressing
包扎创伤 dressing a wound
上绷带 bandaging

换药 **changing the dressings**
消毒 **disinfecting, sterilizing**
切口，切开 **incision**
切开引流 **incision and drainage**
排脓 **clearing out the pus, letting out the pus**
抽脓 **extraction of pus**
封闭疗法 **block therapy**
缝合 **suture, surgical stitching**
缝合创口 **suturing (sewing up) the wound**
缝合切口 **sewing up the incision**
拆线 **taking out (removing) the stitches**
人工呼吸 **artificial respiration**
脱臼复位 **replacing dislocated joints**
按摩 **massage**
固定 **fixation**
夹板与绷带 **splint and bandage**
石膏绷带 **plaster bandage**
骨折复位 **reduction of the fracture**
结扎 **ligation**
扩张术 **dilation**
施行手术 **performing an operation**
大手术 **major operation**
小手术 **minor operation**
给病人做手术 **operating on a patient**
接受手术 **undergoing an operation**
麻醉 **an(a)esthesia**
全身麻醉 **general an(a)esthesia**
局部麻醉 **local an(a)esthesia**
人工冬眠 **artificial hibernation**
混合麻醉 **mixed an(a)esthesia**
低温麻醉 **hypothermic an(a)esthesia**
脊髓麻醉 **spinal an(a)esthesia**
药物麻醉 **drug an(a)esthesia**
针刺麻醉 **acupuncture an(a)esthesia**
中药麻醉 **herbal an(a)esthesia**
冷冻麻醉 **refrigeration an(a)esthesia**
切除术 **resection, removal, excision**
局部切除 **local excision**
扁桃体切除 **tonsillectomy**
胃切除 **gastrectomy**
肺切除 **pneumonectomy**
甲状腺切除 **thyroidectomy**
乳房切除 **mastectomy**
阑尾切除 **appendectomy**
脾切除 **splenectomy**
食管部分切除 **esophagectomy**
子宫颈切除 **cervicectomy**
子宫切除 **hysterectomy, uterectomy**
子宫肌瘤切除 **hysteromyomectomy**
全子宫切除 **panhysterectomy**
血栓切除 **thrombectomy**
附睾切除 **epidiclymectomy**
直肠切除 **proctectomy**
肾切除 **nephrectomy**
肾石切除 **nephrolithotomy**
前列腺切除 **prostatectomy**
迷走神经切除 **vagotomy**
叶切除术（切除肝、脑、肺等的一叶）

lobectomy
膀胱石切除 lithotomy
胆石切除 cholelithotomy
胆囊切除 cholecystectomy
淋巴结切除 lymphadenectomy
痔切除 hemorrhoidectomy
肝叶切除 hepalobectomy
肝切开 hepatomy
输尿管石切除 ureterolithotomy
输卵管切除 salpingectomy
脓肿切开 incision of abscess
颅骨切开 craniotomy
开颅术 craniotomy
静脉切开 venesection
耻骨切开 pubiotomy
舌系带切开 frenotomy
会阴切开 perineotomy
气管切开 tracheotomy
尿道切开 urethrotomy
瘤切除 removing a tumour
胸廓切开 thoracotomy
疝修补术 hernia repair, herniorrhaphy
体外循环 extracorporeal circulation
剖腹探查 abdominal laparotomy, exploratory laparotomy
剖腹术 laparotomy
剖腹产术 Caesarian section, Caesarian operation
引产术 induction of labour
产钳分娩 forceps delivery
无痛分娩 painless childbirth
刮子宫 uterine curettage
人工流产 artificial abortion
绝育 sterilization
截肢 amputation
断肢再植 reattaching a severed limb, replantation of a severed limb
断指再植 reattaching a severed finger, replantation of a severed finger
再植, 再接 reattaching, rejoining, replantation
坏死 gangrene
连接动脉静脉 connecting (joining) arteries and veins
冲洗 douche, irrigation
止血法 hemostasis
固定 fixation
植皮 skin-grafting
灸术 moxibustion
揉捏 kneading
心脏按摩 cardiac massage
人工气胸 artificial pneumothorax
正骨 bone-setting
关节固定术 arthrodesis
卧床休息 bed rest
骨胳牵引 skeletal traction
复位术 reduction
俯卧位 prone position
仰卧位 supine position
日光浴 sun bath
水浴 water bath
酒精浴 alcohol bath
热气浴 hot-air bath
手术疗法 operative treatment
非手术疗法 non-operative treatment
综合疗法 complex treatment, composite treatment
辅佐疗法 adjuvant treatment
保守疗法 conservative

treatment
姑息疗法 **palliative treatment**
根治法 **radical treatment, radical cure**
特效疗法 **specific treatment**
物理疗法 **physiotherapy**
电疗 **electrotherapy, electrical treatment**
水疗 **hydrotherapy, hydropathic treatment**
泥疗 **mud-bath treatment**
日光疗法 **sun-rays treatment**
日光灯疗法 **sun-lamp treatment**
紫外线疗法 **ultraviolet ray treatment**
热疗法 **heat treatment**
放射线疗法 **radiotherapy**
超短波疗法 **ultra-short-wave treatment**
超声波疗法 **ultrasonic treatment**
(生理)睡眠疗法 **(physiological) sleep therapy**
饮食疗法 **dietotherapy**
体育疗法 **physical exercise therapy**
牵引 **traction**
推拿, 按摩 **massage**
针刺疗法 **acupuncture therapy**
气功疗法 **breathing technique therapy**
新针疗法 **new acupuncture therapy**
组织疗法 **tissue therapy**
埋线疗法 **thread burial**
中西医综合治疗 **treatment with combined therapy of traditional Chinese and Western medicine**
化学疗法 **chemotherapy**
矿泉疗法 **crenotherapy**
家庭治疗 **domestic treatment, home treatment**
药物疗法 **drug treatment**
卧床治疗 **treatment in the bed**
气候疗法 **climatic treatment, climatotherapy**
机械疗法 **mechanical treatment, mechanotreatment, mechanotherapy**
蜡疗法 **paraffin therapy**
内科治疗 **medical treatment**
外科治疗 **surgical treatment**
矫形 **orthopedic treatment**
休息疗法 **rest treatment**
常规疗法 **routine treatment**
温热疗法 **thermotherapy**
预防处理 **preventive treatment**
卫生处理 **hygenic treatment**
精神疗法 **mental therapeutics**
氧气治疗 **oxygen treatment**
发汗治疗 **treatment by sweating**
饮食 **diet**
易消化的饮食 **light diet**
特定的饮食 **special diet**
最低维持饮食 **subsistance diet**
低热量饮食 **low calory diet**
低脂肪饮食 **low fat diet**
低蛋白饮食 **low protein diet**
素食 **vegetable diet**
流质饮食 **liquid diet, liquid**

food
半流质饮食 **semi-liquid diet**
食谱 **diet-table, dietary**
断奶 **weaning**
眼保健操 **ocular gymnastics**
斜视手术 **strabotomy**
腭成形术 **uraoplasty, palatoplasty**
医治烧伤 **healing of burns**
三(四)度烧伤 **third (fourth) degree burns**
焦痂 **eschar**
皮瓣 **skin flap**
真皮 **corium**
表皮 **epidemis**
移植 **transplanting**
控制细菌感染 **control of bacterial infection**
排出结石 **discharging stones, passing stones**
镶牙 **fixing a false tooth, having a denture made, dental prosthesis**
补牙 **filling a hollow tooth, filling the cavity of a tooth**
拔牙 **having a tooth pulled out (extracted)**
钻孔 **drilling**
做牙罩 **crowning a tooth**

药 物 Medicine

药物 **drug, medicine**
丸药 **pill**
片药 **tablet**
胶囊丸 **capsule**
药粉 **powder**
药水 **liquid medicine**
药膏(软膏) **ointment, salve, unguentum**
漱口剂 **gargle, mouth-wash**
混合剂 **mixture**
搽剂 **liniment**
乳剂 **emulsion**
糖浆 **syrup**
针剂 **injection**
吸入剂 **inhalation**
硬膏，膏药 **plaster**
糊剂 **paste**
洗剂 **lotion**
栓剂 **suppository**
消毒剂 **disinfectant**
滴鼻剂 **nasal drops**
滴眼剂 **eye drops**
洗眼剂 **eye lotion**
成药 **patent medicine**
煎药 **decoction, decoctum**
预防药 **preventive medicine**
止痛药 **pain-killer, analgesics**
退热药 **antipyretics**
阿斯匹林 **aspirin**
复方阿斯匹林 **APC**
氨基比林 **amidopyrine**
安替比林 **antipyrine**
匹拉米洞 **pyramidon**
安乃近 **analgin**
索密痛，去痛片 **somidon**
头痛片 **headache tablets**
吗啡 **morphine**
度冷丁 **dolantin**
镇静药 **sedatives**
溴化钠 **sodium bromide**
溴化钾 **potassium bromide**

溴化铵 **ammonium bromide**
安眠药 **sleeping pill**
眠尔通 **miltoum**
冬眠灵 **wintermin, chlorpromazine**
利眠宁 **librium**
非那根 **phenargan**
鲁米那 **luminal**
巴比妥 **barbital**
消毒防腐剂 **disinfectants and preservatives**
酒精(乙醇) **alcohol (ethanol)**
乙醚 **ether**
碘 **iodine**
碘酊 **tincture of iodine**
红汞 **mercurochrome**
龙胆紫 **gentian violet, methyl violet**
高锰酸钾,灰锰氧 **kalii permanganas**
来苏 **lysol**
福马林 **formalin**
蒸馏水 **distilled water**
盐水 **normal saline solution**
祛痰药 **expectorant**
镇咳药 **antitussive**
咳嗽合剂 **cough mixture**
复方甘草合剂 **brown mixture**
咳必清 **toclase**
利尿药 **diuretics**
醋唑磺胺 **diamox**
尿素 **urea**
利尿素 **diuretin**
麻醉药 **narcotics, anesthetics**
普鲁卡因 **procaine**
盐酸普鲁卡因 **procainum hydrochoricum, novocain**
盐酸邦妥卡因(的卡因) **pontocaini hydrochoridum (dicaine)**
泻药 **eccoprotica, cathartic**
蓖麻油 **castor oil**
止血药 **hemostatic**
止血散 **styptic powder**
止泻药 **antidiarrheal**
解毒药 **antidote**
止痒药 **antipuritic**
止汗药 **antiperspirant**
发汗药 **diaphoretic**
收敛药 **astringent**
杀菌药 **germicide**
抗风湿药 **antirheumatie**
血管舒张药 **vasodilator**
血管收缩药 **vasoconstrictor**
抗肿瘤药 **antineoplastic**
抗癌药 **anticarcinogen**
抗结核药 **antituberculotic**
抗血吸虫药 **antichistosomal**
抗凝剂 **anticoagulant**
杀菌剂 **bactericide**
制菌剂 **bacteriostatic**
消炎药 **anti-inflammatory, antiphlogistic**
通经药 **emmenagogue**
催吐药 **emetic**
特效药 **specific medicine**
堕胎药 **aborticide**
刺激剂 **irritant**
兴奋剂 **stimulants**
健胃药 **stomachic tonic**
强心药 **cardiac tonic**
中风药 **apoplectic**
子宫收缩药 **uterine tonic**
催生药 **oxytocic**
催乳药 **galactostasis**
解痉药 **antipasmodic**
镇痫药 **antiepileptic**
补药 **tonic**

抗菌素 **antibiotics**
青霉素 **penicillin**
长效西林(苄星青霉素) **tardocillin**
土霉素 **terramycin**
四环素 **tetracycline**
合霉素 **syntomycin**
链霉素 **streptomycin**
氯霉素 **chloromycetin, chloramphenicol**
庆大霉素 **gentamicin**
灰黄霉素 **griseofulvin**
红霉素 **erythromycin**
春雷霉素 **kasugamycin**
卡那霉素 **kanamycin**
新霉素 **neomycin**
磺胺类药 **sulfa drugs**
磺胺嘧啶 **sulfadiacine (S.D.)**
磺胺噻唑 **sulfadiazole (S.T.)**
磺胺胍 **sulfaguanidine (S.G.)**
长效磺胺 **SMP**
磺胺增效剂 **trimethoprim (TMP)**
磺胺增效片A **bactrim**
颠茄 **belladonna**
阿托品 **atropine**
菠萝蛋白酶 **bromelain**
乳酶生,表飞鸣 **biofermin**
胃蛋白酶 **pepsin**
胰酶 **pancreatin**
胰蛋白酶 **trypsin**
辅酶A **coenzym A**
胃舒平 **gastropin**
食母生(酵母) **yeast**
痢特灵,呋喃唑酮 **furazolidone**
黄连素 **berberine**
胰岛素 **insulin**
利血平 **reserpine**
降压灵 **verticil**
地巴唑 **dibazal**
肝太乐 **glucurolastone**
肌甙 **inosine**
谷氨酸 **glutamic acid**
洋地黄 **digitalis**
洋地黄毒甙 **digitoxin**
狄高辛 **digoxin**
西地兰 **cedilanid**
氨茶碱 **aminophylline**
麻黄碱 **ephedrine**
喘息定 **isoprenaline**
肾上腺素 **adrenaline**
色甘酸二钠 **disodium cromoglycate**
黄体酮 **progesterone**
睾丸素 **testosterone**
奎宁 **quinine**
息疟定 **pyrimethamine**
雷米封(异烟肼) **rimifon**
对氨水杨酸钠 **PAS**
利福平 **rifampin (RFP)**
胎盘球蛋白 **globulin placenta**
丙种球蛋白 **r-globulin**
三磷酸腺甘 **A.T.P.**
甲状腺片 **thyroid tab**
他巴唑 **tapazol**
碘化钾 **Pot. Iodide**
促皮质素 **ACTH**
激素 **hormones**
可的松 **cortisone**
强的松 **prednicone**
药特灵(安痢生) **yatren**
驱蛔灵 **piperazine**
山道年 **santonin**
维生素丸 **vitamin pill**
维生素A **vitamin A**
维生素B_2 **vitamin** B_2
复合维生素B **vitamin B Co.**
维生素C **vitamin C**

鱼肝油(维生素甲、丁) **cod liver oil (vit. A+D)**
维丁胶性钙注射液 **Inj. calciferol and calcium colloid**
维生素B_6 **vitamin B_6**
维生素B_{12} **vitamin B_{12}**
葡萄糖 **glucose**
蜂王精 **royal jelly**
肝浸膏 **liver extract**
轻泻药 **laxative**
酚酞 **phenolphthalein**
苯海拉明 **benadryl**
扑尔敏 **chlorphenamine**
安其敏 **buclizine**
甘油 **glycerin**
石膏 **plaster**
煅石膏 **plaster of paris**
石灰水 **lime water**
松节油 **turpentine oil**
清凉油 **cooling oil**
咖啡因 **caffeine**
乳酸钙 **calcium lactate**
葡萄糖酸钙 **calcium gluconate**
鱼石脂 **ichthyol**
肤轻松 **fluocinolone acetonide**
消炎灵，炎痛静 **benzydamine**
消炎痛 **antifan**
晕海宁 **dimenhydrinate**
薄荷 **peppermint**
青霉素眼药水 **penicillin eye drops**
鼻眼净 **naphazoline**
四环素眼膏 **tetracycline eye ointment**
滴滴涕 **DDT**
敌百虫 **dipterex**
樟脑 **camphor**
淀粉 **starch**
滑石粉 **tarcum powder**
漂白粉 **bleaching powder**
六六六 **benzene hexachloride, hexachlorocyclohexane**
卡介苗 **BCG vaccine**
口服脊髓灰质炎疫苗 **OPV (oral poliomyelitis vaccine)**
牛痘苗 **borine vaccine**
伤寒副伤寒甲乙三联菌苗 **TAB vaccine**
(药物)适应症说明 **indications**
失效期 **expiration date**
吸收 **resorption**
剂量 **dosage**
首次量 **initial dose**
过量 **over dose**
中毒量 **toxic dose**
有效量 **effective dose**
副作用 **side effect**

医疗器械设备 Medical Apparatuses and Instruments

检床 **examination couch**
诊床 **diagnostic couch**
叩诊器 **percussion hammer**
听诊器 **stethoscope, phonendoscope**
压舌板 **tongue spatula, tongue depressor**
体温表 **thermometer**
血压计 **blood pressure gauge, sphygmomanometer**

额镜 **head mirror**
鼻镜, 鼻窥器 **rhinoscope, nasal speculum**
喉镜 **laryngoscope, laryngeal mirror**
耳镜, 耳窥器 **ear speculum, ear mirror**
橡皮手套 **rubber glove**
夹板 **splint**
镊子 **pincette**
刮刀 **scaler**
注射器 **syringe**
皮下注射器 **hypodormic syringe**
注射器针头 **syringe needle**
脱脂棉(卷) **absorbent cotton (roll)**
橡皮膏(卷) **adhesive plaster (roll)**
纱布(卷) **gauze (roll)**
脱脂纱布 **absorbent gauze**
酒精灯 **alcohol burner, spirit burner**
消毒器 **sterilizer**
探子, 探针 **probe, sound**
外科钳 **surgical forceps**
手术刀 **scalpel**
绷带 **bandage**
暖水袋 **hot water bag**
冰袋 **ice-bag**
剪刀 **scissors**
宽嘴瓶 **wide mouth bottle**
滴注器械 **instruments for instillation**
滴瓶 **drop bottle**
支架 **stand**
长颈瓶 **flask**
止血器 **hemostat**
滴管 **dropper**
音叉 **tuning-fork**
视力计 **optometer**
视力表 **visual testing chart**
便盆 **bed pan**
尿壶 **urinal**
脓盆 **pus-basin**
冲洗器 **irrigator**
安瓿 **ampoule**
试管 **test tube**
钳, 镊 **forceps, tweecers, nippers**
量筒 **cylinder**
敷料 **dressing**
敷料钳 **dressing forceps**
刺血针 **lancet**
软膏刀 **spatula**
石膏绷带 **plaster bandage**
纱布绷带 **gauze bandage**
丁字带 **T bandage**
口罩 **mask, mouth mask**
纱布垫 **pad**
棉花签 **cotton swab**
纱布拭子 **gauze swab**
橡皮导尿管 **rubber catheter**
灌肠器 **enemator**
(尚未使用的)缝线 **suture**
(伤口上的)缝线 **stitch**
肠线 **catgut suture**
扩张器 **dilator**
牵开器 **retractor**
氧气吸入器 **oxygen inhalator**
计算仪表 **gauge, metre**
氧气箱 **oxygen tank, oxygen cylinder**
橡皮管 **rubber tube**
出诊医药箱 **medical box**
配药瓶 **dispensing bottle**
湿敷巾 **wet compress**
液吸管 **glass dropper, pipet**

急救箱 **first-aid case**
废物箱 **refuse bin**
废物桶 **pail for used dressings**
药瓶 **medicine bottle**
药包 **medicine package**
药柜 **medicine cupboard, medicine cabinet**
身高测量器 **height measuring gauge**
体重秤 **scales, weighing-machine standard**
(器械、药物……)手推车 **(instrument, medicine…) trolley**
插管, 套管 **cannula**
小夹 **clip**
外科小夹 **surgical clip**
肾形盆 **kidney-shaped bowl, kidney dish**
急救车 **ambulance**
病案卡 **card index of patients**
X线机 **X-ray machine, X-ray apparatus**
X线片 **X-ray film**
荧光屏 **fluorescent screen**
人工心肺机 **heart-lung machine**
心电图机 **electro-cardiograph**
脑电图机 **electro-encephalograph**
超声波诊断仪 **supersonic diagnostic set**
同位素扫描仪 **isotope scanner**
血细胞计数器 **hemacytometer**
血红蛋白计 **hemoglobinometer**
离心机 **centrifuge**
示踪器 **tracer**
示波器 **oscillograph**
止血带 **tourniguet**
引流管 **drain**
显微镜 **microscope**
肺活量计 **spirometer**
超短波治疗机 **instrument for ultra-short wave treatment**
电子显微镜 **electro-microscope**
玻片 **slide**
紫外线灯 **ultra-violot ray lamp**
红外线灯 **infra-red lamp**
血球计数机 **blood counter**
担架 **litter, stretcher**
床车 **wheeled litter**
电针治疗机 **electric apparatus for acupuncture treatment**
短波电疗机 **short wave diathermy machine**
体外循环装置 **extra-corporeal circulation apparatus**
牵引器 **tractor**
胃镜 **gastroscope**
直肠镜 **rectoscope, proctoscope**
子宫镜 **uteroscope**
膀胱镜 **cystoscope**
食管镜 **esophagoscope**
检眼镜 **ophthalmoscope**
气管镜 **thoracoscope**
早产儿保温箱 **incubator**
牙科综合治疗机 **dental unit**
植皮刀 **dermatome**
手术室 **operating theatre, operating room**
手术台 **operating table**

万能手术台 **universal operation table, all-round operation table**
手术灯 **operating lamp**
无影灯 **shadowless lamp**
手术胶手套 **rubber operating glove**
白大衣 **overall**
手术衣 **operating coat**
病人推床 **wheeled stretcher**
轮椅 **wheel chair**
洗手盆 **wash-basin**
用肘推动的水龙头 **elbow operated tap**
滤水器 **water-distilling apparatus, water distiller**
外科镊 **surgical forceps**
输血器 **blood transfusion apparatus**
电热烧灼器 **electric cautery set**
可调靠椅 **chair with adjustable back**
温度描记 **temperature graph**
温度描记表 **temperature chart**
外科止血器 **tourniquet**
人造血管 **artificial blood vessel**
麻醉机 **anaesthesia machine**
丝血管 **silk blood vessel**
外科缝针 **surgical suture needle**
羊肠缝线 **catgut suture**
皮背心 **leather jacket**
海绵垫(床) **sponge, bath bed**
石膏床 **plaster of paris bed (P.P. bed)**
高压蒸气灭菌器 **autoclave sterilizer**
煮沸灭菌器 **boiling sterilizer**
分娩椅 **obstetric chair**
产钳 **obstetrical forceps, midwifery forceps**
分娩台 **obstetric table**
婴儿恒温室 **constant heat cabinet for infants**
石英水银灯 **quartz mercury lamp**
水银蒸气灯 **mercury vapor lamp**
助听器 **hearing aid**
漏斗 **funnel**
电冰箱 **electrical ice box**
放大镜 **magnifier**
量杯 **graduated cylinder**
坩埚 **crucible**
研钵 **mortar**
研棒 **pestle**
牙科治疗坐椅 **dental chair**
牙托 **denture**
上牙托 **upper denture**
固定桥 **fixed bridge**
(牙)冠 **crown**
人造冠 **artificial crown**
牙瓷 **dental porcelain**
瓷牙 **porcelain tooth**
充填料 **filling**
口镜 **mouth mirror**
口内照灯 **mouth lamp**
牙刮器 **tooth scaler**
拔牙钳 **extraction forceps**
牙挺 **elevator**
牙根挺 **tooth-root elevator**

医疗机构和人员 Medical Institutions and Workers

医务工作者 **medical worker**
医院院长 **director of the hospital**
科主任, 处主任, 部主任 **head of a department**
医务部(处)主任 **head of the department of medical administration**
门诊部主任 **head of the out-patient department**
住院部主任 **head of the in-patient department**
护理部主任 **head of the nursing department**
内科主任 **head of the medical department**
外科主任 **head of the surgical department**
药房主任 **head of pharmacy**
医生, 大夫 **doctor, physician**
中医医生 **doctor of traditional Chinese medicine**
西医医生 **doctor of Western medicine**
专科医生 **specialist**
主任医生 **chief physician**
主治医生 **physician (surgeon) in charge, attending doctor**
内科医生 **physician, internist**
住院医生 **resident physician**
外科医生 **surgeon**
妇科医生 **gynecologist**
产科医生 **obstetrician**
儿科医生 **paediatrician, pediatrist**
耳鼻喉科医生 **ENT (ear-nose-throat) doctor**
泌尿科医生 **urologist**
眼科医生 **oculist, eye-doctor**
牙科医生 **dentist, dental surgeon**
皮肤科医生 **dermatologist**
耳科学家 **otologist, aurist**
鼻科学家 **rhinologist**
喉科学家 **laryngologist**
结核病医生 **doctor for tuberculosis**
传染病医生 **doctor for infectious diseases**
肿瘤科医生 **oncologist**
心脏外科医生 **cardiac surgeon**
心脏血管专家 **cardiovascular specialist**
神经病科医生(专家) **neuropathist, nerve specialist**
整形外科医生 **plastic surgeon**
矫形外科医生, 骨科医生 **orthopedic surgeon, orthopedist**
营养医生 **dietician, dietitian**
脑科专家 **brain specialist**
药物学家 **pharmacologist**
放射科医师 **radiologist**
针刺医生 **acupuncture doctor**
值班医生 **doctor on duty**
实习医生 **intern**
放射科技师 **radiographer**
麻醉师 **anaesthetist**
药剂师 **pharmacist, druggist**
X光医师(技师) **roentgenologist (X-ray technician)**

化验员 **laboratory technician**
技术员 **technician**
护士 **nurse**
护士长 **head nurse**
实习护士 **student nurse**
病房护士 **ward nurse**
日班护士 **day nurse**
夜班护士 **night nurse**
手术室护士 **operating theatre nurse**
手术助理护士 **scrub nurse**
值班护士 **nurse on duty**
赤脚医生 **barefoot doctor**
医士 **feldsher**
助产士 **midwife**
挂号员 **registrar**
医院各部门 **departments of the hospital**
医院 **hospital**
医院管理部门 **administration office of the hospital**
门诊部 **out-patient department (OPD)**
住院部 **in-patient department**
挂号处 **registration office**
入院处 **admission office, admitting office**
候诊室 **waiting room**
急诊室 **emergency room**
观察室 **room for further observation, observation ward**
隔离室 **isolation room**
诊室 **consulting (consultation) room**
治疗室 **room for medical treatment**
手术室 **operation room (theatre), operating room**
化验室 **laboratory**
药房 **dispensary, pharmacy**
病房 **ward**
内科 **department of internal medicine, medical department**
外科 **surgical department, department of surgery**
普通外科 **general surgery**
创伤外科 **fraumatology department**
心脏外科 **department of cardiac surgery**
脑外科 **department of cerebral surgery**
整形科 **department of plastic surgery**
矫形外科 **orthopedic surgery department**
小儿科 **paediatrics department**
妇产科 **obstetrics and gynecology department**
耳鼻喉科 **ENT (ear-nose-throat) department**
口腔科 **stomatological clinic, department of oral surgery**
眼科 **ophthalmology department**
泌尿科 **urology department**
皮肤科 **dermatalogy department, skin department**
中医科 **department of traditional Chinese medicine**
骨科 **orthopedics department, department of osteologia**
推拿科 **manipulation clinic**
按摩科 **massage clinic**

生化室 **bio-chemical test room**
细菌检验室 **bacteriological laboratory**
X光室 **X-ray room**
理疗室 **department of physiotherapy**
电疗室 **electrotherapy room**
消毒室 **sterilizing room, disinfection room**
心电图室 **electrocardioggraphic room**
储藏室 **store room**
洗涤室 **laundry room**
配膳室 **dietician's room**
供应室 **supply room**
停尸室, 太平间 **mortuary, morgue**
尸体解剖室 **autopsy room**
血库 **blood bank**
病史室 **case history room**
医药组织机构 **medical institutions and organizations**
卫生部 **Ministry of Public Health**
中国医学科学院 **Chinese Academy of Medical Sciences**
中华医学会 **China Medical Association**
中国红十字会 **China Red Cross Society**
中医研究院 **academy of traditional Chinese medicine**
儿科研究所 **institute of paediatrics**
寄生虫病研究所 **institute of parasitic diseases**
寄生虫病防治研究所 **research institute of anti-parasitic diseases**
皮肤性病研究所 **institute of dermatology and venereology**
劳动卫生、环境卫生、营养卫生研究所 **research institute of industrial health, environmental health and nutrition**
肿瘤研究所 **institute of oneology**
放射医学研究所 **institute of radiology**
心血管疾病研究所 **institute of cardio-vascular diseases**
输血血液研究所 **institute of transfusion and hematology**
药物研究所 **institute of pharmacology**
实验医学研究所 **institute of experimental medicine**
病毒研究所 **institute of viruses**
结核病研究所 **tuberculosis research institute**
眼科研究所 **ophthamological research institute**
生物制品研究所 **institute of biological products**
生理研究所 **institute of physiology**
耳鼻咽喉科研究所 **research institute of ear, nose and throat**
实验生物研究所 **institute of experimental biology**
卫生研究所 **institute of health**
针灸研究所 **research institute**

of acupuncture and moxibustion
中药研究所 **institute of Chinese materia medica**
医学生物学研究所 **institute of biological medicine**
综合医院 **general hospital**
妇产医院 **maternity hospital**
儿童医院 **children's hospital**
牙科医院 **dental hospital**
传染病医院 **infectious hospital**
结核医院 **tuberculosis hospital**
肿瘤医院 **tumour hospital**
整形外科医院 **plastic surgery hospital**
陆军医院 **army medical hospital**
中医医院 **hospital of Chinese medicine**
野战医院 **field hospital**
后方医院 **base hospital**
隔离医院 **isolation hospital**
口腔医院 **stomatology hospital**
附属医院 **affiliated (attached) hospital**
教学医院 **teaching hospital**
精神病院 **mental disease hospital, insane asylum**
麻风医院 **leprosy hospital, leprosarium**
红十字会医院 **Red Cross hospital**

中 医 Traditional Chinese Medicine

中医学 **traditional Chinese medical science**
《黄帝内经》 **Huang Di Nei Jing (The Yellow Emperor's Classic of Internal Medicine)**
《黄帝外经》 **Huang Di Wai Jing (The Yellow Emperor's Classic of External Medicine)**
《伤寒论》 **Shang Han Lun (Treatise on Fevers)**
整体观念 **concept of the whole**
辨证施治 **determination of treatment based on the differentiation of symptoms and signs, determination of treatment according to different conditions**
审因施治 **ascertaining the causes of a disease and giving treatment**
五行学说 **the theory of five elements**
金 **metal**
木 **wood**
水 **water**
火 **fire**
土 **earth**
八纲辨证 **differentiation and classification of symptoms and signs based on eight principal notions**
阴 ***ying***
阳 ***yang***
表 **external**
里 **internal**

冷 **cold**
热 **hot**
虚 ***xu* (being insufficient, weakness)**
实 ***shi* (being excessive, superfluity)**
五脏 **five solid viscera**
心 **heart**
肝 **liver**
脾 **spleen**
肺 **lung**
肾 **kidney**
六腑 **six hollow viscera**
胆 **gallbladder**
胃 **stomach**
小肠 **small intestine**
大肠 **large intestine**
膀胱 **bladder**
三焦 **"sanjiao" (three portions of the body cavities housing the internal organs and antimating their functions)**
诊断(学) **diagnostics**
四诊 **four methods of diagnosis**
望 **observation of the patient's complexion, expression, movements, tongue, etc.**
闻 **auscultation and smelling**
问 **interrogation**
切 **pulse feeling and palpation**
经络 ***jing* and *lo* (channels and collaterals)**
穴位 **acupuncture points**
内伤七情：喜、怒、忧、思、悲、恐、惊 **internal causes: joy, anger, worry, thought, grief, surprise and fear**
外感六淫：风、寒、暑、湿、燥、火 **external causes: wind, cold, dryness, humidity, fire and heat**
病因辨证 **differentiation and classification of diseases according to different etiological factors**
卫气营血辨证 **differentiation and classification of the feverrish diseases according to the four processes of the diseases: 卫 (protection), 气 (energy), 营 (nourishment), 血 (blood)**
切脉 **feeling the pulse**
触诊 **tapping or pressing or stroking various parts of the patient's body**
脉象 **types of pulse, pulse conditions**
舌苔 **fur on the tongue**
表证 **symptoms indicating that the exterior of the human body has been attacked by exogenous harmful factors**
里证 **symptoms indicating that the internal organs have been affected**
寒证 **symptoms, caused by the cold factors, indicating chronic functional decline of internal organs**
热证 **symptoms, caused by febrile factors, indicating infectious diseases or mor-**

bid increase of metabolism
虚证 symptoms showing the deficiency of vital energy of the patient to ward off diseases
治疗学 therapeutics
正治 treatment by normal process
反治 treatment by reverse process
标、本、缓、急 the branch, the root, the chronic, the acute
理气 reestahlishing of vital energy
活血 invigorating of blood circulation
去瘀 elimination of blood stasis
八法 eight therapeutic methods
汗法 diaphoresis—sweating the patient
吐法 emetic measures—making the patient vomit
下法 purgation—making the patient evacuate what is harmful or superfluous
清法 antipyretic measures and sedation—bringing fever down and getting rid of the febrile factors
温法 warming and stimulation—making the patient's internal organs active
和法 counteraction and harmonization—counteracting the disease by adjusting the functional relation of the internal organs
消法 resolution—dispersing inflammatory or other lesions
补法 invigoration—giving the patient tonics
捏积 squeezing stasis
按摩 massage
推拿 manipulation
气功疗法 traditional Chinese breathing exercises, breathing technique therapy
枯痔疗法 withering therapy for hemorrhoids, mummification of hemorrhoids
刮痧 treatment of acute gastroenteritis by scraping the patient's neck, chest or back with a coin or something of the like moistened with water or vegetable oil
揪痧 treatment of sunstroke or angina by repeatedly pinching the patient's neck or the bend of the arm until signs of blood congestion appear
捏脊 chiropractic massage along the spinal column to cure the digestive troubles of children
中药 traditional Chinese medicine
草药 medicinal herbs
单方 single drug prescription
验方 proved recipe
秘方 secret prescription of

excellent curative effect
偏方 folk prescription, traditional popular prescription
成方 set prescription
丸剂 pill, bolus
丹剂 pill and powder made of melted or sublimated minerals
散剂 powder medicine
膏药 plaster
药膏 medical ointment
汤剂 herb soup, medical broth, decoction
药酒 medical liquor, tincture, medicated wine
饮片 medical herb in pieces
露剂 distillate of medicinal herbs
药材 medicinal material
四气:寒、热、温、凉 four properties (of medicinal herbs): cold, hot, warm and cool
五味:酸、苦、甘、辛、咸 five tastes (of medicinal herbs): sour, bitter, sweet, hot and salty
常用中药 Chinese materia medica in frequent use
发汗解表药 diaphoretics for the treatment of colds and influenza
清热解毒药 antipyretics for the treatment of fever, carbuncles and inflammation
活血药 medicines for the treatment of stasis and for the improvement of blood circulation
止血药 haemostatics
止咳平喘药 medicines for the treatment of cough and asthma
渗湿利尿药 diuretics for the treatment of dropsy, humidness and jaundice
治痢止泻药 medicines for the treatment of dysentery and diarrhea
泻下通便药 cathartics
健胃消化药 digestives and stomachics
跌打损伤药 medicines for the treatment of fracture and injury
治蛇虫咬伤药 medicines for the treatment of bites and stings
治烧伤药 medicines for the treatment of burns
镇惊安神药 sedatives for the treatment of insomnia, tachycardia, amnesia, vertigo and hyperkinesia
滋补气血药 tonic medicines for the treatment of anaemia, asthenia and the deterioration of the functions of the organs
理气止痛药 anodynes serving to assuage pain caused by functional disorder of various organs
祛风湿药 medicines for the treatment of rheumatism and arthritis

桔红,桔皮 **tangerine peel**
桔络 **dried tangerine fibres**
姜 **ginger**
桔梗 **root of ballon flower**
金银花 **flower of Japanese honey-suckle**
菊花 **mother chrysanthemum**
芦根 **reed thizome**
麻黄 **Chinese ephedra**
麻仁 **hemp seed**
麦芽 **malt**
人参 **ginseng**
西洋参 **root of American ginseng**
鹿茸 **young pilous antler**
菟丝子 **dodder seeds**
桑椹 **mulberry**
枇杷叶 **loquat leaf**
枇杷膏 **loquat leaf extract**
乌梅 **dark Japanese apricot**
蒲公英 **dandelion**
甘草 **licorice root**
远志 **root of Chinese slenderleaved polygala**
柏子仁 **seeds of Chinese arborviate**
莱菔子 **radish seeds**
当归 ***danggui*, angelica root**
党参 ***dangshen*, root of hairy asiabell**
黄芪 **root of membranous milk vetch**
黄连 **rhizome of Chinese goldthread, coptis**
龙胆草 **Japanese gentian root**
牛黄 **bezoar of ox**
麝香 **musk**
赤芍 **root of herbaceus peony (with bark)**
白芍 **root of herbaceus peony (without bark)**
桃仁 **peach kernel**
仙鹤草 **hairvein agrimony**
白芨 **tuber of bamboo-leaved orchid**
白果 **gingko, ginkgo**
荷叶 **lotus leaf**
莲蓬 **lotus seed-pod**
藕节 **node of lotus root**
艾叶 **moxa leaf, Chinese mugwort leaf**
贝母 **fritillary bulb**
杏仁 **apricot seed**
百合 **lily bulb**
车前草 **plantain herb**
茵陈 **stem (leaf) of capillary sagebrush**
滑石 **talc**
山楂 **fruit of Chinese hawthron**
山慈姑 **bulb of edible tulip**
鸡内金 **membrane of chicken gizzard**
神曲 **medicated leaven cake**
薄荷 **dried peppermint herb**
陈皮 **dried orange peel**
沉香 **heartwood of agalloch**
大黄 **rhubarb**
丹皮 **root bark of tree peony**
地榆 **garden burnet root**
杜仲 **bark of eucommia**
阿胶 **asses' glue**
蜂蜜 **honey**
佛柑 **fruit of finger citron**
茯苓 **tuckahoe**
枸杞子 **fruit of Chinese**

wolfberry
地骨皮 root bark of Chinese wolfberry
桂皮 cassia bark
桂枝 cassia twig
何首乌 tuber of fleece-flower
厚朴 bark of official magnolia
槲寄生 stem of mistletoe
槐花 flower of Chinese scholartree
槐角 pod of Chinese scholartree
槟榔 areca-nut, betel-nut
朱砂 cinnabar
紫河车 dry human placenta
蜈蚣 centipede
蚯蚓 earth-worm
哈士蟆 dried oviduct fat of forest frog
蝉蜕 cicada ecdysis
穿山甲 pangolin scales
明矾 alum
安息香 benzoin
豆蔻 cardamon
半夏 pinellia
山道年 santonin
藏红花 saffron
车前草 plantain
连翘 forsythia
蜂王浆 royal jelly
人参精 panax ginseng extraction
参茸药酒 ginseng antler medical liquor
参茸卫生丸 ginseng antler pills
虎骨酒 tiger bone liquor
鹿茸 pilose antler
羚羊角 antelope's horn
犀角 rhinoceros horn

针 灸 Acupuncture and Moxibustion

针刺法 acupuncture
新针疗法 new acupuncture therapy, new method of acupuncture
电针(疗法) galvanic acupuncture, acupuncture with electric stimulation, electro-puncturing therapy
梅花针(疗法) "plum-blossom" shaped needling therapy
手针(疗法) hand-puncturing therapy
耳针(疗法) auricular needling,ear puncturing, needling of the pinna (external ear)
指针(疗法) finger puncturing (acupuncture) therapy
面针(疗法) face puncturing (acupuncture) therapy
头针(疗法) scalp acupuncture therapy
足针(疗法) foot puncturing therapy
穴位 acupuncture point
扎针, 进针 inserting the needle, pushing the needle in
深扎 deep insertion, deep puncture
浅扎 shallow insertion

运针 **handling the needle**
行针 **manipulating the needle**
捻针 **rotating (twirling) the needle**
留针 **retention of the needle in the body**
不留针 **non-retention of the needle**
快针 **swift insertion**
透穴 **penetration puncture**
强刺激 **strong stimulation**
酸 **(sense of) soreness, feeling sore**
麻 **(sense of) numbness, feeling numb**
胀 **(sense of) distension, swelling, feeling distensible**
沉 **(sense of) heaviness, feeling heavy**
热感 **sense of hotness**
冷感 **sense of coldness**
触电感 **electric stick sensation**
蚁走感 **creeping sensation**
弱刺激 **weak stimulation**
针刺镇痛 **using acupuncture to stop pain**
针刺麻醉 **acupuncture anaesthesia**
哑门穴 **"yamen" point**
打开"禁区" **opening up a "forbidden zone"**
恢复听力和说话能力 **restoring the hearing and speech**
恢复视力 **regaining vision**
人中穴 **"Renzhong" point**
产生麻醉效能 **producing the analgesic effect**
在针刺麻醉下施行手术 **performing an operation under acupuncture anaesthesia**
手术时完全清醒 **perfectly conscious during operation**
(对)痛觉迟钝或消失 **being dull or insensible to pain**
穴位注射疗法(水针疗法) **point-injection therapy**
穴位埋线疗法 **surgical suture imbedding therapy, catgut embedding therapy**
挂线疗法 **method for treating the anal fistula by tying its end with rubber band or silk thread, "thread-drawing method"**
艾灸术 **moxibustion**
艾柱 **moxa stick**
在适当穴位烧艾卷 **cauterizing the proper points with moxa rolls**
拔火罐疗法 **cupping**
拔火罐 **cup**
挑治疗法 **prick (pick) therapy**

第三部分

财贸、服务

Part III

Finance, Commerce and Service Industry

目　录

Contents

财政金融 Finance

一 般 General

财政部 **Ministry of Finance, (Brit.) the Exchequer**
财政 **finance**
财政金融政策 **financial and monetary policy**
赤字财政政策 **compensatory fiscal policy**
国家财政 **national finance**
赤字财政 **deficit financing, compensatory finance**
财政体制 **financial system**
财政纪律 **financial regulations**
财政检查 **financial scrutiny**
财政状况 **financial condition**
财政金融情况 **financial and monetary situation**
财政困难 **financial stress**
财政危机 **financial crisis**
财政灾难 **financial disaster**
开源节流 **opening up new sources of revenue and cutting back on expenditures**
群众理财 **financial management by the masses**
掌握财权 **exercising the power of the purse (finance)**
建立严格的财政信贷监督制度 **instituting rigid supervision and control over financial credits**
财政与贸易 **finance and trade (commerce)**
财贸战线 **financial and commercial front**
财贸政策 **financial and trade policy**
财贸工作 **financial and trade work**
精打细算 **Be shrewd in money matters.**
每一分钱都很重要。 **Every penny counts.**
力求节省，用较少的钱办较多的事 **striving to practise economy and do more things with less money**
积少自然成多。 **Take care of the pence and the pounds will do themselves.**
努力提高管理水平 **striving to**

improve the level of management

使用最先进的技术和方法 **employing the most advanced technology and methods**

把世界上一切好的东西尽量吸收过来 **assimilating as far as possible everything good elsewhere in the world**

反对补漏洞的方法。**Oppose the stop-gap measures.**

削减支出 **cut-back in expenditure**

大规模削减政府开支 **sweeping reductions in government expenditure**

人民的购买力 **people's purchasing power**

控制购买力 **curb on spendings**

控制社会机团购买力 **curb on purchasing power of public institutions and social groups**

资金的合理分配 **rational allocation of funds**

反对大手大脚花钱的作风。**Oppose the free-spending attitude.**

贪污和浪费是极大的犯罪。**Corruption and waste are very great crimes.**

预 算 Budget

预算 **budget**

预算政策 **budgetary policy**

决算 **actual budget**

(年度)国家预算 **(annual) national budget**

临时预算 **interim budget, extraordinary budget**

追加预算 **supplementary budget**

军事预算 **military budget**

国防预算 **defence budget**

战时预算 **wartime budget**

修正的预算 **revised budget**

外汇预算 **foreign exchange budget**

实行的预算 **working budget**

收支平衡的预算 **balanced budget, budget in balance**

赤字预算 **red-letter budget**

黑字预算 **black-letter budget**

预算编制人 **budgeteer (budgeter)**

预算控制 **budget control**

预算控制报告 **budget control statement**

预算法 **budget law**

概算 **budget estimate**

预算提案 **budget proposal**

预算收入 **budgetary revenue**

预算开支 **budgetary expenditure**

预算盈余 **budget surplus**

预算赤字 **budget deficit**

增加预算 **increasing a budget**

削减预算 **cutting down a budget**

预算内资金 **budgetary fund**

预算外资金 **extra-budgetary fund**

为下一年度编制预算 **budgeting**

for the coming year
回顾过去一年的财经情况和政府开支 **review of the past year's economic conditions and government expenditure**
制订来年的计划和预告 **working out plans and forecasts for the coming year**
编制预算 **making a budget, preparing a budget**
财政年度,会计年度 **(Brit.) financial year, (U.S.) fiscal year**
制订预算时留有余地 **budgeting for a surplus**
提出预算 **introducing a budget, opening a budget**
表决预算 **voting (on) a budget**
批准(通过)预算 **ratifying a budget,passing a budget**
国家预算中的项目 **item in the national budget**
决算表 **financial statement**
国库 **state treasury**
国库剩余 **surplus in the state treasury**

收入与支出 Revenue and Expenditure

财政收入 **revenue**
国库收入 **public revenue**
国家收入 **national revenue**
总收入 **total revenue**
收入来源 **source of revenue**
开辟财源 **opening up sources of revenue**
工业(包括建筑业)提供的收入 **revenue from industry (including construction)**
农业提供的收入 **revenue from agriculture**
运输及其他公用事业提供的收入 **revenue from transportation and other public utilities**
贸易、商业提供的收入 **revenue from trade and commerce**
服务行业提供的收入 **revenue from service industries**
企业和事业提供的收入 **revenue from enterprises and undertakings**
国家投资提供的利润 **profit from state investment**
外汇收入 **earnings from foreign exchange**
非贸易外汇收入 **non-trade revenue from foreign exchange**
外债提供的息金 **interest from loans to foreign countries**
债务本息提供的收入 **revenue from principal and interest on loans**
国内税收 **inland revenue**
关税收入 **customs revenue**
收入不足 **deficit in revenue**
弥补赤字 **making up the deficit**
财政支出 **expenditure**
总支出 **total expenditure**
政府行政管理开支 **government administrative expenditure**
国防支出 **expenditure on**

national defence
军事开支 military expenditure, military spending
海外军事开支 overseas military expenditure
行政管理费用 administrative costs
其他行政支出 expenditure on other civil services
国库拨出的款项 appropriation from the state treasury
拨款 allocation of funds, appropriation of funds
信贷资金拨款 appropriation of credit funds
中央给地方的拨款 grant-in-aid from the central to the local government
工资 allocation to wages
基本建设费用 capital expenditure
国家投资拨款 appropriation for state investment
基本设备投资 investment in capital goods
(工、农业等)再投资 re-investment(in industry, agriculture, etc.)
设备添置和更新拨款 appropriation for buying new equipments and renovating existing ones
预算拨款的各项基金 funds appropriated from the budget
(设备)修缮基金 repair and maintenance funds for equipments
文教事业基金 culture and education fund
教育事业的追加预算 additional budget allocation for (to) education
研究基金 research fund
奖学金基金 scholarship fund
助学金基金 student aid fund
医药卫生基金 health care fund
社会福利基金 social welfare fund
退职金基金 retirement fund
救济基金 relief fund
公益金 public welfare fund
职工福利基金 welfare funds for staff and workers
统一基金 consolidated fund
国债息金的支付 interest payment on national debt
公债息金的支付 interest payment on bonds
分期偿债基金 sinking fund, amortization fund
公积金 accumulation fund
对外援助支出 aid to foreign countries
军援 military aid
经济援助 economic aid
偿还内、外债款的支出 repayment of domestic and foreign loans
其他(杂项)开支 other (miscellaneous) expenditure
财政收支平衡 revenue and expenditure in balance
国家收支 national balance sheet
赤字开支 deficit spending
以收入抵销支出 offsetting expenditure with revenue

税 收 Taxation

税收 **taxation**
双重税 **double taxation**
税收政策 **tax policy**
税务法令 **tax law**
税务法庭 **tax court**
税款 **tax dues**
税种 **category of taxes**
税目 **tax item**
征税单 **tax bill**
报税单 **tax return**
税款核计 **tax audit**
免税地 **tax haven**
印花税票 **revenue stamp, duty stamp**
补交拖欠的税款 **back payment**
减退税款 **tax rebate**
特种免税 **tax remission**
免税 **tax exemption**
无须课税 **tax-free**
减税 **tax reduction**
税 **tax**
国税 **state tax, national tax**
财政税 **revenue tax**
直接税 **direct tax**
间接税 **indirect tax**
累进税 **progressive tax**
累减税 **regressive tax**
所得税 **income tax**
公司所得税 **corporation tax, (U.S.) corporate income tax**
个人所得税 **individual income tax**
累进所得税 **graduated income tax, progressive income tax**
工商业所得税 **tax on industry and commerce returns**
利润税 **profits tax**
工商统一税 **consolidated industry and commerce tax**
商品税 **commodity tax**
特许经营税 **franchise tax**
营业税 **sales tax, business tax**
娱乐税 **entertainment tax**
国内消费税 **excise duty, excise tax**
消费税 **consumption tax**
盐的消费税 **consumption tax on salt**
奢侈品税 **luxuries tax**
农业税 **agricultural tax**
自行车税 **bicycle tax**
交通税 **road traffic tax**
公路通行税 **road toll**
酒税 **wine tax**
烟草税 **tobacco tax**
人头税 **per capita tax, poll-tax**
社会保险税 **social security tax**
继承遗产税 **(U. S.) inheritance tax, (Brit.) death duty**
立遗嘱人死后的动产税 **probate duty**
不动产税 **real estate tax**
房地产税 **housing and land tax**
增值税 **value added tax**
印花税 **stamp duty**
同比例税 **proportional tax**
附加税 **surtax**

追加税 **additional tax**
苛捐杂税 **onerous taxation**
税率 **tax rate**
税务局 **(inland) revenue bureau**
税务所 **tax collecting station**
税务员 **excise-man, excise officer, tax collector**
估税员 **tax assessor**
税务调查员 **tax investigator**
纳税人 **taxpayer**
拖欠税款者 **delinquent taxpayer**
滞纳金 **negligence penalty**
对……课税 **levying tax on…, making a levy on…**
撤销一项税收 **repealing a tax**
偷税(逃税) **tax dodging, tax evasion**
偷税人 **tax dodger**

股票与证券 Stocks and Bonds

证券 **security**
有价证券 **marketable security (negotiable instrument)**
长期证券 **long-term security**
短期证券 **short-term security**
最可靠的(金边)证券 **gilt-edged (security)**
优先证券 **senior security**
可取回本金的证券 **redeemable security**
不能取回本金的证券 **unredeemable security, irredeemable security**
债券 **(Brit.) stock, (U.S.) bond**
股票 **(Brit.) share, (U.S.) stock**
普通股票 **(Brit.) ordinary share, (U.S.) common stock**
高级普通股票 **blue chip, quality common stock**
优先股票 **(Brit.) preference share, (U.S.) preferred stock**
工业(实业)股票 **industrial stock**
公用事业股票 **utility stock**
银行股票 **bank stock**
按票面值出售的股票 **par**
无票面值的股票 **no-par**
长期以来利润稳步上升企业的股票 **growth stock**
成交活跃的股票 **active stock**
(在股票市场上起领导作用的)大公司股票 **leader**
(英国公司发行的有别于股票的)债券 **(Brit.) debenture**
(美国政府以公共资产或信贷为抵押所发行的)公债券 **(U.S.) debenture**
(特定资产作抵押的)债券 **(Brit.) mortgage debenture, (U.S.) mortgage bond**
(美)可换股票的债券 **(U.S.) convertible bond, (Brit.) convertible debenture (stock)**
政府公债 **government bond**
建国公债 **national development bond**
国防公债 **defence bond**
战时公债 **war bond**

(为征集资金)新发行的证券 **new issues**
有利息无期公债 **funded debt, bonded debt, fixed liabilities**
手上拥有的证券资产 **holdings**
股票持有人 **stock-holder, share-holder**
优先股票持有人 **preference holder**
投资者拥有的各种有价证券 **portfolio**
股票持有证 **stock certificate**
证券转让证 **transfer deed**
证券交易所 **stock exchange**
股票买卖 **buying and selling of stock**
通过股票经纪人的交易 **over-the-counter transaction**
通过证券交易所的交易 **transaction on stock exchange**
股票交易额 **turnover**
股票经纪人 **stock broker**
股票公司 **jobbing firm**
股票商人 **stock jobber**
佣金 **commission, brokerage**
固定利息 **fixed interest**
不固定的利息 **variable interest**
股票行市 **stock market**
股票行市普遍看涨 **bullish market**
股票行市普遍看跌 **bearish market**
股票报价 **quotation for stock**
升值(高于票面值) **appreciation in value (above par)**
降值(低于票面值) **depreciation in value (below par)**
(股票)投机商 **(stock) speculator**
债券还本 **bond refunding**
提前给定息证券还本 **retiring debenture before final maturity**
(债券)到期不予清还本息 **default in redemption (of bonds) at maturity**
金融指数 **financial index**
股票指数 **share index, stock index**
道·琼斯指数 **Dow Jones Index**
《金融时报》指数 **Financial Times Index**
恒生指数 **Hang Seng Index**
清偿债款,收回证券 **liquidating securities**
褫夺股权 **divestiture**

资本、资金与利润 Capital, Fund and Profit

资本 **capital**
资金,基金 **fund**
固定资本 **fixed capital**
流动资本 **floating capital, circulating capital**
不变资本 **constant capital**
可变资本 **variable capital**
周转资本 **working capital**
专用资本 **special capital**
财政资本 **financial capital**
商业资本 **commercial capital**
信贷资本 **loan capital**

社会资本 **social capital**
资本核定 **assessment of capital**
资本集中 **concentration of capital**
提供资本 **capital financing**
投资资金 **investment goods, money capital**
资金周转 **circulation of funds**
资金积累 **accumulation of funds, accumulation of capitals**
资本价值与产值的系数 **capital coefficient**
资产升值的收益 **capital gain**
资产贬值的损失 **capital loss**
投资 **investment**
长期投资 **long-term investment**
直接投资 **direct investment**
股票证券投资 **portfolio investment**
资本资产(固定资产与专利权等) **capital assets**
(有形)固定资产 **fixed assets**
流动资产 **current assets**
动产 **personal property, chattel personal**
准不动产 **chattel real**
不动产 **real property**
债务 **liabilities**
提前拨出的开支 **deferred charge, prepaid expense**
折旧开支 **depreciation charge, amortization charge**
折旧储备金 **depreciation provision, depreciation fund**
红利,股息 **dividend, yield**
年中红利 **interim dividend**
年终红利 **final dividend**
总红利 **total dividend**
红利储备金 **dividend cover**
股息单(领取股息通知书) **dividend warrant**
清算资金,发还股本 **liquidating dividend**
毛利 **gross profit**
净利 **net profit**
一般利润 **normal profit**
最高利润 **maximum profit**
最低利润 **minimum profit**
巨额利润 **huge profit**
超额利润 **superprofit**
平均利润 **average profit**
利润幅度 **profit margin**
利润率 **rate of profit**
增加盈利 **increasing profits**
追求利润 **chasing profits**
生意正在赢利(亏本) **business running at a profit(loss)**
扭亏转盈 **switch from loss to profit**
分配利润制度 **profit sharing system**
上缴利润 **forwarding profits to the state**

金融与货币 Money and Currency

金融 **money, finances**
金融政策 **monetary policy**
金融管理 **monetary management**

货币单位 **monetary unit**
金融制度 **monetary system**
货币改革 **monetary reform**
纯金 **fine gold, pure gold**
〔纯度(英).9166, (美).900的〕标准铸币黄金 **standard gold, coin gold (.900 fine in the U.S. and .9166 or 11/12 fine in the U.K.)**
金条 **gold bullion**
金砖, 金锭 **gold ingot**
金本位制 **gold standard**
金条本位制 **gold bullion standard**
金汇兑本位制 **gold exchange standard**
脱离(废弃)金本位制 **abandoning the gold standard, leaving the gold standard**
含金量 **gold content, gold parity**
黄金双价 **dual gold price**
黄金总库 **gold pool**
地下金库 **gold cache**
黄金储备 **gold reserve**
储存的黄金 **deposited gold**
黄金外汇储备 **gold and foreign currency reserves**
黄金条款 **gold clause**
黄金保值条款 **gold guarantee clause**
黄金保留条款 **gold value reserve clause**
特别提款权 **Special Drawing Rights (SDRs), paper gold**
白银 **silver**
〔纯度(英).500, (美).900的〕标准铸币白银 **standard silver, coin silver (.900 fine in the U.S. and .500 fine in the U.K.)**
银本位制 **silver standard**
货币 **currency**
世界货币 **world currency**
基本货币 **key currency, basic currency**
金本位货币 **gold currency**
银本位货币 **silver currency**
以银代金作为法定货币 **demonetizing gold and monetizing silver**
金券 **gold certificate**
银券 **silver certificate**
国库发出的本票 **treasury note**
国库发行的货币 **treasury currency**
(发行银行仅以自己的资产作保证所发行的)资产货币 **asset currency**
(受金融管理当局)管理的货币 **managed currency**
(不受金融管理当局管理而)自由伸缩的货币 **automatic currency**
十进制货币 **decimal currency**
外国货币 **foreign currency**
储备货币 **reserve currency**
占领军发行的货币 **occupation currency**
法定货币 **legal tender, lawful money**
兑换铸币的票据 **coin note**
可兑黄金的货币 **convertible currency**
不能兑换外汇的货币 **blocked currency**
干预货币 **intervention currency**

周转货币 **vehicle currency**
硬通货 **hard currency, hard money**
金属货币 **metallic currency, metallic money**
金(银、铜、镍等)币 **gold (silver, copper, nickel, etc.)coin**
铸硬币厂 **mint**
贝币 **shell-money, monetized shell**
软通货 **soft currency, soft money**
纸币 **paper money, representative money, fiduciary issue**
电子货币 **electronic currency**
本位货币,货币单位 **standard money, monetary unit**
辅币 **subsidiary money, fractional currency**
(不作为法定货币的)小额辅币 **facultative money**
零钱 **small money**
假钞票 **counterfeit note**
货币条款 **currency clause**
欧洲货币 **Euro-currency**
欧洲英镑 **Euro-pound**
欧洲美元 **Euro-dollar**
欧尔康 **European Composite Unit (Euro)**
游资 **idle (inactive) money**
吸收游资 **absorbing idle money (inactive money)**
(银根紧缩时期)以高利率出贷的货币 **dear money,tight money**
同美元挂钩来确定一货币与黄金的比价 **determining the parity of a currency with gold by linking it to U.S. dollar**
流通货币量 **volume of money in circulation**
黄金担保纸币流通 **circulation of paper money under gold guarantee**
纸币发行过多 **over-issue of paper currency**
货币区(集团) **monetary area (bloc)**
英镑区 **sterling area**
法郎区 **franc area**
美元区 **dollar area**
货币购买力 **purchasing power of currency**
世界金融要求 **world monetary demand**
世界金融供应 **world monetary supply**
基本货币供应额 **basic money supply**
通货膨胀 **monetary inflation**
隐蔽的通货膨胀 **repressed inflation**
通货膨胀的恶性循环 **vicious spiral of inflation**
通货膨胀率 **rate of inflation**
通货膨胀消减 **disinflation of currency**
收缩通货(收紧银根) **deflation of currency (money squeeze)**
货币贬值 **currency devaluation, currency depreciation**
货币升值 **currency appreciation, currency revaluation**
货币战 **currency war**
货币危机 **monetary crisis**
美元危机 **(U.S.) dollar crisis**
(金融市场上)美元过多 **dollar**

glut
抛售美元 **dollar sale**
抢购黄金 **gold rush**
现金管理 **cash control**
金融资产 **financial assets**
货币的动荡和混乱 **monetary upheavals and chaos**
金融市场 **money market, financial market**
资金市场 **capital market**
黄金市场 **gold market**
白银市场 **silver market**
金融业居间人 **financial intermediary**
金融动态 **financial trends**
信贷可靠性 **creditworthiness**
国际信用 **international confidence**

国际收支 Balance of International Payments

国际收支 **balance of payments, balance of international payments**
国际收支平衡 **equilibrium of balance of payments**
国际收支不平衡 **disequilibrium of balance of payments**
国际支付手段 **medium (means) of international payments**
国际收支顺差 **balance of payments surplus**
国际收支逆差 **balance of payments deficit**
国际收支危机 **balance of payments crisis**
收支地位从顺差走向逆差(或相反) **payment position going from surplus to deficit (or vice versa)**
对外贸易总额 **total volume of foreign trade**
进出口总额 **total import and export figures**
贸易入超(逆差) **trade deficit, unfavourable (adverse) balance of trade**
贸易出超(顺差) **trade surplus, favourable balance of trade**
进口总值 **gross import value**
出口总值 **gross export value**
贸易平衡 **balance of trade**
贸易不平衡 **imbalance of trade**
有形贸易 **visible trade, tangible trade**
商品贸易 **merchandise trade, commodity trade**
商品进口 **merchandise import, commodity import**
商品出口 **merchandise export commodity export**
商品进口总额 **total merchandise imports,total commodity imports**
商品出口总额 **total merchandise exports, total commodity exports**
商品贸易结余 **balance from merchandise (commodity) trade**

无形贸易 **invisible trade, intangible trade**
无形贸易项目 **invisible (trade) items**
劳务进口 **import of services**
劳务出口 **export of services**
劳务收入 **income from services**
劳务收入净额 **net return from services**
技术进口 **import of technology**
技术出口 **export of technology**
无形贸易进口总额 **total invisible imports**
无形贸易出口总额 **total invisible exports**
有形贸易与无形贸易进口总额 **total imports, visible and invisible**
有形贸易与无形贸易出口总额 **total exports, visible and invisible**
有形贸易与无形贸易进、出口差额 **balance of visible and invisible imports and exports**
资金流动 **capital movements**
资金内流 **capital influx**
资金外流 **capital efflux**
黄金流动 **gold movements**
黄金输入 **gold import**
黄金内流 **gold influx**
黄金输出 **gold export**
黄金外流 **gold efflux**
政府对外经援和投资 **government's foreign aid and investment**
对外长期贷款 **long-term loans to foreign countries**
对外短期贷款 **short-term loans to foreign countries**
海外投资 **overseas investment**
私人投资 **private investment**
私人长期对外投资 **private long-term foreign investment**
私人短期资金外流额 **efflux of private short-term capital**
对外流动负债的增加 **increase in overseas floating debts**
对外流动负债的减少 **decrease in overseas floating debts**
汇出侨汇 **immigrant remittance**
汇入侨汇 **emigrant remittance**
国民海外旅游开支 **overseas tourist expenditures**
宗教与慈善捐款 **missionary and charitable contributions**
以黄金或外汇支付来填补的收支差额 **gaps to be filled by payments in gold or foreign exchange**
对储备金的压力 **pressure on the reserves**
对储备金的消耗 **drain on the reserves**
储备资产 **reserve assets**

海 关(一) Customhouse(I)

海关总署 **Customs Bureau**
海关 **custom house, the (Maritime) Customs**
海关关长 **Customs commis-**

sioner
海关人员 **customs officer, customs official**
海关法 **customs law**
中华人民共和国暂行海关法 **the Provisional Customs Law of the People's Republic of China**
海关规章制度及法令 **customs rules and regulations**
海关监督 **customs supervision**
货运监管 **supervision and control over freight transport**
进出口货物监管 **supervision and control over imports and exports**
过境货物监管 **supervision and control over transit cargo**
转运货物监管 **supervision and control over transhipment cargo**
通运货物监管 **supervision and control over through cargo**
进出口展览品监管 **supervision and control over imported and exported exhibition articles**
进出国境运输工具及其服务人员所带物品的监管 **supervision and control over transports arriving and leaving the country and their attendants' personal effects**
货运事故的检查和处理 **inspection and decision on incidents of freight transport**
国际航行船舶的监管 **supervision and control over vessels engaged in international navigation**
国际列车的监管 **supervision and control over railway trains on international service**
国际民航机的监管 **supervision and control over civil aircraft on international service**
进出国境汽车的监管 **supervision and control over incoming and outgoing motor vehicles**
进出国境旅客行李物品的监管 **supervision and control over personal luggage of passengers arriving and leaving the country**
外国驻华使领馆,外交官、领事官公私物品的监管 **supervision and control over articles for private and official use of foreign embassies and consulates, diplomats and consuls in China**
进出口邮递物品的监管 **supervision and control over imported and exported postal parcels**
进出口礼品的监管 **supervision and control over imported and exported gift articles**
进出口货样、广告品的监管 **supervision and control over imported and exported mercantile samples and advertising matter**

关税税则 **customs tariff**
中华人民共和国海关进出口税则 **the Customs Import and Export Tariff of the People's Republic of China**
税率 **tariff rate, duty rate**
普通税率 **normal tariff, normal rate**
最低税率 **minimum tariff, minimum rate**
进出口货物的税则归类 **classification of imports and exports under customs tariff**
关税 **customs duty**
进口税 **import duty**
出口税 **export duty**
通过税 **transit duty**
免税进口 **duty-free importation**
船舶吨位税 **tonnage dues**
一般税率 **general tariff**
自主(国民)关税 **national tariff**
法定关税税率 **statutory tariff**
单一关税 **single tariff**
双档关税税率 **double tariff**
进出口货物的关税完税价格 **dutypaying value of imports and exports**
多档关税税率 **multiple tariff**
复式关税 **complex tariff**
协定关税 **conventional tariff, agreement tariff**
财政关税 **revenue tariff**
从价税 **ad valorem duty**
从量税 **specific duty**
混合(复合)关税 **mixed duty, compound duty**
选择关税 **selective duty**
保护关税 **protective tariff**
反倾销税 **anti-dumping duty**
加重关税 **dual tariff**
紧急关税 **emergency tariff**
滑动(伸缩)关税 **sliding tariff, flexible tariff**
反补贴税 **countervailing duty, antisubsidy duty**
进口附加税 **import surtax**
进口额外费 **import surcharge**
差价(额)税 **variable import levy**
国内税 **internal tax**
增值税 **value added tax**
海关代征工商统一税 **consolidated tax to be collected through the Customs**
特惠关税 **preferential tariff**
普通优惠关税 **general preferential duties**
现存特惠关税 **existing preferential tariff**
英国特惠税率 **British Imperial Preferential Tariff**
非歧视关税 **nondiscriminatory tariff**
歧视关税 **discriminatory tariff, differential duties**
报复关税 **retaliatory tariff**
关税水平 **tariff level**
关境 **customs frontier**

海　关(二)　Customhouse(Ⅱ)

海关手续 **customs formalities**
通关港(进口港) **port of entry**
船舶进口报告书 **report of ship's entry**

进口报关 **customs entry (entering goods and vessel at the Customs)**
收取船舶单据 **collecting ship's papers**
船舶执照 **ship licence**
所有权证明书 **certificate of ownership**
国籍证书 **certificate of registry**
吨位丈量证书 **tonnage measurement certificate**
载重线证明书 **loadline certificate**
离港证明书 **certificate of departure from port**
开船证明书 **certificate of date of sailing**
适航证明书 **certificate of seaworthiness**
航程证明书 **certificate of itinerary**
航行日志 **log book**
事实记录 **statement of facts**
船员清单 **crew list**
船员更动报告 **crew replacement report**
舱单 **manifest**
入境许可证 **entry permit**
登陆证 **landing permit**
报关 **customs declaration**
进口申报 **import declaration**
出口申报 **export declaration**
出口清单 **export manifest**
进口清单 **import manifest**
进出口货物明细单 **specification of imports and exports**
虚报 **false declaration**
报关费 **customs declaration fee**
征收关税 **collection of duty**
入境旅客行李物品和个人邮递物品的征税 **collection of duty on luggage of incoming passengers and on personal postal matter**
税单 **duty memo (memorandum)**
验货 **cargo examination**
海关验货单 **particular paper for examination**
口岸纳税 **duty to be paid at port of import**
集中纳税 **duty to be paid by importer's head office**
完税凭证 **duty-paid proof**
完税收据 **duty receipt**
海关发票 **customs invoice**
吨位税证书 **tonnage dues certificate**
关税的减免 **exemption and rebatement of duty**
依税则免税 **duty exempted by tariff, duty-free by tariff**
按外交豁免权免税 **duty exempted in accordance with diplomatic immunity (protocol)**
作为礼节而免税 **duty exempted as a matter of etiquette**
作为礼遇而免税 **duty exempted as a matter of courtesy**
特准减税 **duty partially remitted**
特准免税 **duty remitted**
补税(对短征而言) **collection of duty short-paid**
退税(对溢征而言) **refund of**

duty over-collected
退税证明书 **debenture**
放行 **release**
外交信袋和外交信使行李物品的放行 **release of diplomatic pouches (mail-bags) and luggage of diplomatic couriers**
免领许可证出(进)口物品验放申请书 **application for the release of articles requiring no export (import) licence**
文物出口证明书 **certificate for export of cultural relics**
外国货物转运准单 **transhipment permit for foreign goods**
外国驻华使领馆公私物品进(出)口清单 **clearance record for importation (exportation) of articles of foreign embassies and consulates in China for private and official use ("clearance record")**
退关 **shut out**
海关保税 **customs bond**
保税仓库 **bonded warehouse**
保税工场 **bonded factory**
关栈税 **bonding fee**
结关港(输出港) **port of clearance**
船舶出口申报书 **application for customs clearance**
出口结关 **customs clearance (clearing goods and vessel at the Customs)**
结关费 **customs clearing fee**
出港许可证 **port clearance**
出境许可证 **exit permit, departure permit**
查船 **inspection of ships, search of ships**
海关扣留 **customs detention**
船只扣留 **detention of vessel**
货物扣留 **detention of cargo**
海关查扣 **customs seizure**
查扣物品凭单 **seizure ticket**
海关关封 **customs seal**
对违禁品的没收 **confiscation of contraband**
违章案件的处理 **decision on a case of infringement of regulations**
违章案件的申诉 **protest against Customs decision on a case of infringement of regulations**
海关罚款 **customs fine**
查禁走私(缉私) **prevention of smuggling**
一般走私案件 **ordinary case of smuggling**
重大走私案件 **serious case of smuggling**
走私案件的处理 **decision on a smuggling case**
走私案件的申诉 **protest against Customs decision on a smuggling case**
宽大处理 **lenient treatment**
密报(告发) **information**
密报(告发)者 **informant**

保 险(一) Insurance(Ⅰ)

保险人(保险公司) **insurer, underwriter (insurance company)**
最先承保的保险公司 **direct-writing company, originating company**
分保公司 **ceding (insurance) company**
共同保险公司 **co-insurance company**
投保 **insurance application**
投保人 **insurance applicant**
被保险人 **insurant, the insured**
保险经纪人 **insurance broker**
保险推销员 **insurance canvasser**
保险调解人 **insurance adjuster**
保险权益 **insurance interest**
保险标的物 **insurable subject matter**
保险物 **interest insured**
保险金额(值) **amount insured, sum of insurance, insurance value**
分担保值 **contributory value**
分保 **ceding, retrocession (for reinsurance)**
(人寿保险)委托协议 **insurance trust**
受托领管人寿保险金的人 **insurance trustee**
委托书 **power of attorney, proxy**
保险期 **period of insurance**
保险批单 **insurance endorsement**
退保注销 **cancellation (of insurance)**
保险索赔 **insurance claim**
保险赔偿 **insurance indemnity (compensation)**
赔保险金的最高限额 **limit of indemnity**
保险范围 **insurance coverage, risks covered**
不足的保险 **insufficient coverage, narrow coverage**
加保 **increasing coverage, extending coverage**
续保 **renewing coverage**
保险费率 **premium rate**
保险费 **premium**
额外保险费 **extra premium**
附加保险费 **additional premium**
保险费回扣 **premium rebate**
保险金(保险收入) **insurance proceeds**
(保险业)统计员 **actuary**
保险单据 **insurance document**
保险凭证 **certificate of insurance**
保险合同 **insurance treaty**
进口货物预约保险合同 **general open insurance treaty for import cargo**
出口货物预约保险合同 **general open insurance treaty for export cargo**
预约总保单 **general open policy**
保险证明书 **cover note**
保险担保书 **guarantee of**

insurance
保险单 insurance policy
航程保险 voyage policy
期限(定期)保险 time policy
单独保单(船名确定保单) specific policy
流动(预约)保单 floating policy, open policy
保险金额确定保单 valued policy
保险金额未确定保单(不定值保单) unvalued policy
可转让的保单 transferable policy
概保单(总括保单) blanket policy
保险单的修改 rectification of policy
分保条 reinsurance slip
保险费收据 premium receipt
委付 abandonment
代位权 right of subrogation
保险客户 policy-holder
按发票价(金额)加百分之十投保 insuring at invoice cost plus 10% (=at 110% of invoice value)

保 险 (二) Insurance(Ⅱ)

保险种类 kinds of insurance
双重(重复)保险 double insurance
超过货值的保险 over-insurance
限额以下不赔保险 excess insurance
相互保险 mutual insurance
自保 self-insurance
原始保险 direct-writing insurance
分保(再保险) re-insurance
随意分保 facultative reinsurance
超损失分保 excess-loss reinsurance
限额以下不赔分保 excess reinsurance
合同分保 treaty reinsurance
不可撤销改变的分保 flat reinsurance
联合保险 co-insurance
保险 insurance against risk
火险 fire insurance
一般保险 general insurance
商业保险(实业保险) business insurance
渔业保险 fishery insurance
飞机、船舶保险 hull insurance
航空保险 aviation insurance
物产保险 property insurance
失窃保险 burglary insurance
债务保险 liability insurance
社会保险 social insurance
劳动保险 labour insurance
雇主债务保险 employer's liability insurance
因公伤亡保险 worker's compensation insurance
失业保险 unemployment insurance
人寿保险 life insurance
养老保险 endowment insurance
团体(人寿)保险 group (life)

insurance

疾病保险 **health insurance**

汽车保险 **auto insurance**

出事即赔汽车保险 **no-fault auto insurance**

意外事故保险 **accident insurance**

第三保险 **third-party insurance (insurance against injury to third parties)**

运输保险 **transportation insurance**

陆上运输保险 **overland transportation insurance, land transit insurance**

航空运输保险 **air transportation insurance, insurance against air risk**

邮包运输保险 **parcel post insurance**

驳运保险 **insurance against craft and/or lighter risks**

仓库到仓库保险 **warehouse to warehouse insurance**

货物保险 **cargo insurance**

对货物(合同、订单等)的保险 **insurance on goods (contract, order, etc.)**

信用保险 **credit insurance, fidelity insurance**

分期付款售货保险 **instalment sales insurance**

旅行保险 **traveller's insurance**

购买人寿保险 **buying life insurance**

买了(一定金额的)保险 **carrying (a certain sum of) insurance**

保　险(三)　Insurance(Ⅲ)

水险(海运货物保险) **marine insurance, ocean marine cargo insurance**

承保险别 **risk insured, risk covered**

全损险 **(insurance against) total loss only (TLO)**

水渍险 **(insurance) with particular average (WPA), basic risks**

平安险(单独海损不赔) **(insurance) free of (from) particular average (FPA)**

战争险 **(insurance against) war risk**

综合险 **(insurance against) all risks**

罢工, 暴动, 民变险 **(insurance against) strike, riot and civil commotion (SRCC)**

附加险 **(insurance against) extraneous risks, (insurance against) additional risks**

盗窃提货不着险 **(risk of) theft, pilferage and non-delivery (TRND)**

淡水雨淋险 **(risk of) fresh and/or rain water damage (wetting)**

渗漏险 **(risk of) leakage**

短量险 **(risk of) shortage in**

weight/quantity
钩损险 (risk of) hook damage
污染险 (risk of) contamination (tainting)
破碎险 (risk of) breakage
碰损险 (risk of) clashing
生锈险 (risk of) rust
受潮受热险 (risk of) sweating and/or heating
恶味险(变味险) (risk of) bad odour, (risk of) change of flavour
发霉险 (risk of) mould
舱面险 on deck risk
变质险 (risk of) deterioration
包装破裂险 (risk of) packing breakage
内在缺陷险 (risk of) inherent vice
途耗或自然损耗险 (risk of) normal loss, (risk of) natural loss
自燃险 (risk of) spontaneous combustion
进口关税险(关税险) (risk of) contingent import duty
发酵险 (risk of) fermentation
打凹险 (risk of) denting and bending
桐油异构险 (risk of) isomerization (wood oil, tung oil)
挥发险 (risk of) evaporation
氧化险 (risk of) oxidization
擦伤险 (risk of) scratching
升华险 (risk of) sublimation
海损分担保证 average bond
共同海损保证 general average bond
海损保证金 average deposit
共同海损保证金 general average deposit
共同海损分摊额 general average contribution
免赔率(额) franchise
不计免赔率 I.O.P. (irrespective of percentage)
保险条款 insurance clause
海洋运输货物保险条款 ocean marine cargo insurance clauses
货物平安险(学会)条款 institute cargo (free of particular average) clause (FPA)
共同海损条款 general average clause (G/A clause)
单独海损全赔条款 with particular average irrespective of percentage (WPAIOP) clause
除外责任(除外保险)条款 exclusive clause
放弃条款 waiver clause
仓至仓条款 warehouse to warehouse clause
驳运险条款 craft and/or lighter (lighterage) clause
冰冻条款 ice clause
船舶互撞责任险条款 "both to blamecollision" clause
罢工险不保条款 strike, riot and civil commotion clause
兵险不保条款 free of capture and seizure clause (FC & S clause)

银行业 Banking

银 行 Bank

兑换货币 **money changing**
保管货币 **custody of money**
接受存款 **taking money on deposit**
贷款 **loaning money**
延长信贷 **extending credit**
利用期票或汇票划汇款项 **transferring funds by drafts and bills of exchange**
中央银行 **central bank, national bank, banker's bank**
发行货币银行 **bank of issue, bank of circulation**
商业银行 **commercial bank**
储蓄信贷银行 **(Brit.) commercial bank, (U.S.) member bank, (W. Europe) credit bank**
分期信贷公司 **finance house, finance company**
储蓄银行 **savings bank**
互助储蓄银行 **mutual savings bank**
邮局储蓄银行 **post office savings bank**
抵押银行 **(U.S.) mortgage bank, (Brit.) building society**
实业银行 **industrial bank**
家宅贷款银行 **home loan bank**
准备银行 **reserve bank**
特许银行 **chartered bank**
往来银行 **corresponding bank**
承兑银行 **merchant bank, accepting bank**
投资银行 **(U.S.) investment bank**
进出口银行 **import and export bank (EXIMBANK)**
贴现银行 **discount bank**
汇兑银行 **exchange bank**
委托开证银行 **requesting bank**
开证银行 **issuing bank, opening bank**
通知银行 **advising bank, notifying bank**
议付银行 **negotiation bank**
保兑银行 **confirming bank**
付款银行 **paying bank**
代收银行 **associate banker of**

collection
受托银行 **consigned banker of collection**
清算银行 **clearing bank**
本地银行 **local bank**
国内银行 **domestic bank**
国外银行 **overseas bank**
钱庄 **unincorporated bank, money shop**
银行分行 **branch bank**
银行支行 **subbranch bank**
信托储蓄银行 **trustee savings bank**
信托公司 **trust company**
金融信托公司 **financial trust**
信托投资公司 **unit trust**
(银行的)信托部 **trust institution**
(银行的)信用部 **credit department**
商业信贷公司(贴现公司) **commercial credit company (discount company)**
街道储蓄所 **neighborhood savings bank, bank of deposit**
信用社 **credit cooperative**
合作银行 **credit union**
商业兴信所 **credit bureau**
票据交换所 **clearing house**
保管箱 **safety-deposit box**
保险柜(银柜) **safe**
保险库 **strong room, vault**
无人银行 **self-service bank**

存款与票据 Deposit and Bills

开帐户 **opening an account**
政府帐户 **government account**
清算帐户 **clearance account**
存款人与银行的来往帐 **bank account**
居民帐户 **resident account**
非居民帐户 **non-resident account**
结欠清单 **account rendered**
确定清单 **account stated**
开证申请人 **accountee**
帐目编号 **account number**
开支票帐户 **opening a checking account**
开户存款 **opening an account, opening a deposit account**
存户 **depositor**
活期存款 **current account, demand deposit**
特别活期存款 **special current account**
定期存款 **(U.S.) time deposit, savings account, (Brit.) deposit account**
定期存款单 **saving certificate**
储蓄存款 **savings deposit**
活期储蓄存款 **current savings account**
小额活期存款 **petty current account**
(不)生利存款 **non-interest-bearing deposit**
联名存款(帐户) **joint account**
机关团体存款 **deposit by various institutions and social groups**
储蓄印花 **savings stamp**
金库存款 **treasury deposit**
存折 **passbook, bankbook**

存款收据 **deposit receipt**
存入一笔款 **making a deposit**
提取存款 **making a withdrawal of a deposit**
取款单 **withdrawal order**
透支 **overdraft, overdrawing**
结帐 **squaring an account**
银行结单 **bank statement**
票证交换 **clearing**
银行借贷余额 **bank balance**
电脑控制的结帐系统 **giro**
银行票据(总称) **bank money**
支票簿 **cheque book**
票根 **counterfoil, stub**
支票 **cheque, check**
不记名支票 **bearer cheque**
记名支票 **order cheque**
横线支票 **crossed cheque**
保付支票 **certified cheque**
空白支票 **blank cheque**
未付支票 **outstanding cheque**
已付支票 **canceled cheque**
伪(假)支票 **forged cheque**
旅行支票 **traveller's cheque**
空头支票 **rubber cheque**
银行本票 **cashier's order, cashier's cheque**
一般本票(约定期票) **promissory note**
庄票(银票) **banker's note**
汇票 **draft, order, bill of exchange**
进口汇票 **import bill**
出口汇票 **export bill**
票据附页 **allonge rider**
银行开的支票 **banker's draft**
银行与银行之间的汇票 **bank draft**
国内期票 **inland bill of exchange**
国外期票 **foreign bill of exchange**
即期汇票 **sight draft, demand draft**
短期汇票 **short-term draft**
远期汇票 **usance time draft**
长期汇票 **long draft (bill)**
单张汇票 **sola draft (bill)**
无追索权汇票 **draft without recourse**
银行承兑汇票 **bank acceptance**
部分承兑汇票 **partial acceptance**
商业承兑汇票 **trade acceptance**
来人汇票 **bearer draft**
通融汇票 **accommodation bill**
贴现的期票 **discounted bill**
未付汇票 **outstanding bill**
到期未付的票据 **overdue bill**
货到后提款汇票 **arrival bill**
退票 **dishonoured bill**
跟单汇票 **documentary bill**
进口押汇 **inward documentary bill**
出口押汇 **outward documentary bill**
光票(白票) **clean bill, white paper**
托收汇票 **bill of collection**
应收票据 **bill receivable**
应付票据 **bill payable**
质押书 **letter of hypothecation, hypothecation certificate**

信用证 Letter of Credit

汇款 **remittance**
邮政汇款 **postal remittance**
邮政汇票 **postal order, money order**
旅行社汇票 **express money order**
信汇 **mail transfer (M/T)**
电汇 **telegraphic transfer (T/T)**
委托付款书 **authority to pay**
委托购买证 **authority to purchase (A/P)**
银行信用保证书(保函) **letter of guarantee (L/G)**
信用卡 **credit card**
信用证 **letter of credit (L/C)**
开证 **establishment of L/C, opening of L/C**
跟单信用证 **documentary L/C**
可撤销跟单信用证 **revocable documentary L/C**
不可撤销跟单信用证 **irrevocable documentary L/C**
光票信用证 **clean L/C**
旅行社信用证 **traveller's credit, circular credit**
偿付信用证 **reimbursement credit**
可撤销的信用证 **revocable L/C**
承兑信用证 **banker's acceptance L/C**
保兑信用证 **confirmed L/C**
不保兑信用证 **unconfirmed L/C**
议付信用证 **negotiable L/C**
公开议付信用证 **general negotiable L/C**
指定议付信用证 **restricted negotiable L/C**
可转让信用证 **transferable L/C**
无限制转让信用证 **without restriction L/C**
不可转让信用证 **non-transferable L/C, non-assignable L/C**
可分割信用证 **devisible L/C**
不可分割信用证 **non-divisible L/C**
对背(从属)信用证 **back to back L/C, subsidiary L/C**
对开信用证 **reciprocal L/C**
即期信用证 **sight L/C**
迟付即期信用证 **deferred sight L/C**
远期信用证 **usance L/C, deferred payment L/C**
预支信用证 **anticipatory L/C**
全部预支信用证 **clean payment L/C**
红条款信用证 **red clause L/C**
绿条款信用证 **green clause L/C**
循环信用证 **revolving L/C**
可积累使用的循环信用证 **cumulative revolving L/C**
不循环信用证 **fixed L/C**
带电汇条款信用证 **with T/T reimbursement clause L/C**
有追索权的信用证 **with recourse L/C**
无追索权的信用证 **recourseless L/C**

展延信用证 **extended L/C**
凭即期汇票支付的信用证 **L/C available by draft at sight**
当地信用证 **local credit**
开出信用证 **issuance of L/C**
审证 **examination of L/C**
信用证有效期 **expiry date of L/C, validity of L/C**
受益人 **beneficiary**
信用证条件 **credit terms**
让与书 **letter of assignment**
转让手续费 **transfer commission**
延期手续费 **extension commission**
承兑费 **acceptance charges**
通知手续费 **advising commission**
统一手续费 **flat commission**
托收手续费 **collection commission**
保兑手续费 **confirmation commission**

信贷、信托与抵押 Credit, Trust and Mortgage

信贷市场 **credit market**
分期付款信贷 **(US) instalment credit, (Brit.) hire-purchase**
(消费者购物)短期信贷 **consumer credit**
赊购信贷 **(Brit.) credit account, (US) charge account**
承兑信贷 **acceptance credit**
信用借款 **open credit**
冻结信贷 **frozen credit**
款项转户 **credit transfer, Giro**
信贷法 **credit laws**
借贷收缩 **credit squeeze**
贷款最高限额 **credit line**
信用地位 **credit standing**
信贷扩大 **credit expansion**
收紧信贷 **tightening credit**
信贷限制 **credit restriction**
信托 **trust**
商业信托 **business trust, common-law trust**
年金信托 **annuity trust**
投资信托 **investment trust**
遗嘱信托 **testamentary trust**
固定信托 **fixed trust**
灵活信托 **flexible trust**
信托财产 **trust property**
信托款项 **trust money**
信托资产 **trust assets**
信托帐户 **trust account**
信托文件 **trust instrument**
信托证 **trust deed**
信托协定 **trust agreement**
信托声明书 **declaration of trust**
信托人 **truster**
受托人(单位) **trustee**
成立信托 **setting up a trust, creating a trust**
年金 **annuity**
延发的年金 **deferred annuity**
延期纳税的年金 **tax-deferred annuity**
到期的年金 **annuity due**
年金受惠人 **annuitant**
贷款(放贷) **loan**
借贷来的资金 **loan capital**
供放款的资金 **loanable funds**

商业贷款 **business loan**
抵押贷款 **mortgage loan**
消费者购物贷款 **consumer loan**
学生贷款 **(US) student loan**
整借摊还贷款 **self-amortizing loan**
信用贷款 **fiduciary loan**
可偿还贷款 **redeemable loan**
个人贷款 **personal loan**
银行定期贷款 **term loan**
一夜(即还)贷款 **overnight loan**
应召即还的短期贷款 **money at call and short notice**
短期贷款 **short-term loan**
长期贷款 **long-term loan**
中期贷款 **medium-term loan**
无息贷款 **interest-free loan**
无息或低息贷款 **soft loan**
逾期未还债款 **overdue loan**
束缚性贷款 **tied loan**
商业贷款和存款 **commercial loans and deposits**
筹借债款 **raising a loan**
借出债款 **taking out a loan**
偿还债款 **paying off a loan, making good a loan**
贷款条件 **terms of loan**
银行借款最高限额 **bank lending ceiling**
利息(息金) **interest**
法定利息 **legal interest**
单利 **simple interest**
复利 **compound interest**
优待利率 **prime rate**
存款利率 **savings account rate**
贷款利息 **interest on a loan**
应付利息 **payable interest**
利率 **interest rate**
贷款利率 **lending rate**
本金 **principal**
本金连所生利息 **principal with accrued interest**
利率自由化 **liberalization of interest rate**
抵押 **mortgage**
第一次抵押 **first mortgage**
信托抵押 **trust mortgage**
动产抵押 **chattel mortgage**
买价抵押 **purchase-money mortgage**
住宅抵押 **house mortgage**
分期赎回的抵押 **instalment mortgage**
固定款额的抵押 **closed mortgage**
可增加贷款的抵押 **open-end mortgage**
抵押契约 **mortgage deed**
抵押利率 **mortgage rate**
赎回抵押 **mortgage redemption**
贷款的还款日期 **redemption date**
承受抵押人(贷方) **mortgagee**
抵押借款人(借方) **mortgager**
担保品 **security, cover**

外　汇　Foreign Exchange

汇兑换算表 **exchange table, conversion table**
汇价(汇率) **rate of exchange**
法定汇率 **official exchange rate**
现行汇率 **current exchange**

rate
固定汇率 **fixed flat rate**
银行买价 **buying rate**
银行卖价 **selling rate**
直接标价 **direct quotation**
直接汇率(应收汇率) **direct rate**
间接标价 **indirect quotation**
间接汇率(应付汇率) **indirect rate**
官价上下限 **upper and lower intervention limits**
浮动汇率 **floating rate**
中心汇率 **central rate**
双档汇率 **dual exchange rate**
复汇率 **multiple rate**
电汇汇率 **rate of telegraphic transfer (T/T Rate)**
信汇汇率 **rate of mail transfer (M/T Rate)**
开盘汇率 **opening rate**
收盘汇率 **closing rate**
中间汇率 **mid-point rate, middling rate**
即期汇兑 **spot exchange**
商业汇率 **merchant rate**
银行汇率 **banker's rate**
单汇率 **single rate**
自由汇率 **free exchange rate**
名义汇率 **nominal rate**
外汇期货交易 **forward exchange transaction**
远期外汇标价 **forward exchange quotation**
远期汇率 **forward exchange rate**
实际市场汇率 **factual market rate**
升水 **premium**
贴现(贴水) **discount**
银行贴现 **bank discount**
真贴现(外贴现) **true discount**
贴现率 **discount rate, bank rate**
贴现行市 **discount market**
再贴现(期票) **rediscounting (bills of exchange)**
贴现经纪人 **discount broker**
汇兑平价 **parity of exchange**
外汇市场 **foreign exchange market**
外汇经纪人 **exchange broker**
外汇投机 **exchange speculation**
套汇 **arbitration of exchange, cross exchange**
直接(对角)套汇 **direct exchange**
间接(三角)套汇 **indirect exchange**
套汇汇率 **cross rate, arbitrage rate**
外汇储备 **foreign currency (exchange) reserve**
外汇管制(管理) **foreign exchange control**
外汇管理制度 **exchange control system**
外汇管理法令 **exchange control regulations**
外汇管理机构 **exchange control authorities**
外汇限额制 **exchange quota system**
外汇限制 **exchange restriction**
外汇行情(挂牌) **exchange quotations**

外汇折算率 **foreign exchange coefficient, conversion rate**
外汇平准基金 **exchange stabilization fund**
外汇移转证 **exchange surrender certificate**
外汇条款 **exchange clause**
外汇波动 **exchange fluctuation**
外汇危机 **exchange crisis**
外汇收支总额 **total foreign exchange**
结汇 **settlement of exchange**
外汇收支 **balance of exchange**
金点 **gold point**
黄金输出(入)点 **gold export (import) point**
浮动 **float**
自由浮动 **free float**
联合浮动 **joint float**

会计、簿记与审计 Accounting, Bookkeeping and Auditing

会计(学) **accounting**
公共会计 **public accounting**
商业会计 **business accounting**
银行会计 **bank accounting**
成本会计 **cost accounting**
折旧会计 **depreciation accounting**
电脑化会计 **computerized accounting**
会计行业 **accountancy**
总审计局 **general accounting office**
公共会计服务处 **public accounting service**
会计员 **accountant**
公共会计(员) **public accountant**
会计长 **accountant general**
持有特许状的会计师 **(Brit.) chartered accountant, (US) certified public accountant**
会计档案 **accounting dossiers**
审计员 **comptroller of accounts**
簿记 **bookkeeping**
单式簿记 **single-entry**
复式簿记 **double-entry**
簿记员 **bookkeeper**
记帐员 **ledger clerk**
帐本(帐簿) **ledger, account book**
原始帐册 **book of original entry**
日记帐(流水帐) **journal, day-book**
现金出纳帐 **cash book, cash journal**
总帐(簿) **general ledger**
分类帐(簿) **subsidiary ledger**
卡片分类帐 **card ledger**
活叶分类帐 **loose-leaf ledger**
帐目(帐户) **account**
总帐 **controlling account**
分类帐 **subsidiary account**
实帐 **real account**
资本帐(股本帐) **capital account**
资财帐 **stock account**
资产帐 **asset account**
负债帐 **liability account**

净产帐 **proprietorship account, assets account**
对物帐 **impersonal account**
货物帐 **goods account**
现金帐 **cash account**
名义帐 **nominal account**
收益帐 **income account**
支出帐 **expense account**
储备金帐 **reserve account**
混合帐 **mixed account**
工资帐 **wage account**
原材料消耗帐 **cost of material account**
劳动力开支帐 **cost of labour account**
捐税支出帐 **cost of burden account**
通常开支帐 **overhead expenses account**
折旧帐 **depreciation account**
销货帐 **sales account**
购货帐 **purchase account**
赊购帐 **credit account, charge account**
损益帐 **profit and loss account**
明细帐 **itemized account**
偿还帐(报销帐) **reimbursement account**
借、贷金额相抵销无余额的帐 **closed account**
假帐 **dummy account**
试算表 **trial balance**
借贷对照表 **balance sheet**
损益表 **income statement, profit and loss statement**
管帐 **keeping accounts**
记帐 **making an entry in the account, entering an item in the ledger**
记帐日期 **date of entry**
帐目事项 **item of entry, particular of entry**
借方(收入) **debit (receipt)**
贷方(支出) **credit (payment)**
过帐 **transferring accounts**
(帐目)转下页 **(account) carried forward to next page**
(帐目)承上页 **(account) brought down from preceding page**
暂停登帐 **closing the books**
凭证记帐法 **voucher system**
付款凭单 **voucher**
应付凭单 **voucher payable**
白头单 **unauthenticated voucher**
凭单据报销 **being reimbursed on handing in vouchers**
凭证原始登记簿 **voucher register**
纸条记帐法 **slip system**
贷方传票 **credit slip, credit ticket**
借方传票 **debit slip**
余额(结余) **balance**
借方余额 **debit balance**
贷方余额 **credit balance**
总结帐目 **summarizing accounts**
结帐 **settling accounts**
定期结帐 **settling accounts at regular intervals**
审计(学) **auditing**
核帐 **auditing accounts**
对全年帐表的审查 **audit of a year's accounts**
检查帐目 **examining accounts**

年终决算 **year-end auditing**
核实帐目 **verifying accounts**
审核财务帐据 **auditing financial statements**
发现欺诈行为 **detecting fraud**
认可财务帐表 **certifying financial statements**
核算员(审帐员) **auditor**
女核算员 **auditress**

杂 项 Miscellaneous

银行家 **banker**
行长(总经理) **president**
银行经理 **bank manager**
副经理(襄理) **assistant manager, sub-manager**
银行工作人员 **bank employee**
出纳员 **teller, cashier**
存款出纳员 **deposit teller**
收款员 **receiving teller**
付款员 **paying teller**
电脑出纳 **electronic "teller"**
兑现 **cash in**
现金运转 **cash transfer**
钞票 **bank note, bank paper**
银行的现钞和流动资产 **liquid assets of a bank**
票额(票值) **denomination**
银行储备金 **bank reserves**
冻结资金 **frozen fund, blocked fund**
周转资金 **revolving fund**
银行无支付能力 **bank failure**
银行营业时间 **banking hours**
银行贴现日 **discount day**
出票日 **date of draft**
金融票据到期日 **date of maturity**
长远还本期 **long maturity**
支付汇票的习惯期限 **usance**
兑现支票 **honouring a check (draft)**
拒付支票 **dishonouring a check (draft)**
退票通知 **note of dishonour**
(金额)大写 **(amount) in words**
(金额)小写 **(amount) in figures**
出票人 **maker, drawer**
受票人(付款人) **drawee (payer)**
受款人 **payee**
签字式样 **specimen signature**
回条(回贴) **signed delivery receipt**
档案管理 **dossiers management**
应收帐 **account receivable**
应付帐 **account payable**
可对持票人付款 **payable to bearer**
可对抬头人付款 **payable to order of ...**
印鉴核对书 **letter of indication**
背书 **endorsement**
有条件背书 **qualified endorsement**
无追索权背书 **endorsement without recourse**
特别背书 **special endorsement**
联合背书 **joint endorsement**
背书人 **endorser**
被背书人 **endorsee**
银行定期刊物 **bank letter**

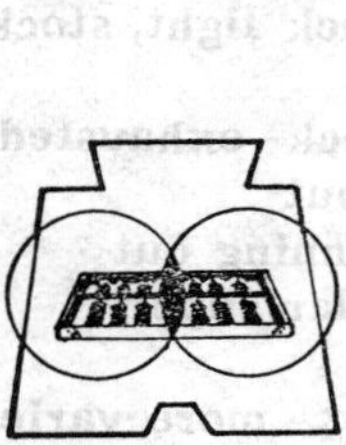

商 业 Commerce

一 般 General

发展经济,保障供给。**Develop the economy and ensure supply.**
满足人民需求 **satisfying the needs of the people**
国营商业 **state commerce, state trade**
合作社商业 **cooperative commerce, cooperative trade**
私人商业 **private commerce, private trade**
行商业 **transient business**
营业执照 **business licence**
营业额 **volume of business**
商品交换 **commodity exchange**
商品等价交换 **exchange of equivalent in commodity**
货币交换 **exchange through money**
物物交换(以货易货) **barter**
活跃城乡交流 **boosting the interflow of goods between town and country**
互通有无 **exchange of needs**
商品流通 **commodity circulation**
商品损耗率 **rate of loss and wastage of commodity**
产销平衡 **co-ordination of production and marketing**
供销平衡 **co-ordination of supply and marketing**
供需平衡 **co-ordination of supply and demand**
供不应求 **demand exceeding supply**
缩小剪刀差 **narrowing the price scissors**
建立供给合同制度 **instituting the supply contract system**
定产、定购、定销 **quota system for production, purchase and marketing**
收购 **purchase**
销售 **sale**
交易(买卖) **transaction**
购物高潮 **buying spree**
购买力 **purchasing power**
批发 **wholesale**
零售 **retail**
惠顾 **patronage**
商业道德 **commercial moral-**

ity
商业法 **business law, commercial law**
商业诉讼 **commercial litigation**
商业动态 **commercial trends**
日夜服务 **service round-the-clock**
夜间售货制度 **night shop system**
经营费 **working expenses, operating expenses**
使用电脑营业 **computerized service**
(资金,商品)周转率 **turnover rate (of funds, commodities)**
分期付款购物方式 **(Brit.) hire purchase, (U.S.) instalment plan**
分期付款 **payment by(in) instalments**
分期付款的首次支付 **down payment**
一半付现,一半分期的支付方式 **payment by half down and half in instalments**
整笔支付 **lump-sum payment**
交货前付款 **payment before delivery**
货到付款 **cash on (against) delivery (COD, CAD)**
货款两清 **collected and delivered**
在习惯期限内支付 **payment within usance**
货源 **source of supply**
库存量很大 **stock ample, stock large**
库存量很少 **stock light, stock small**
无货(售空) **stock exhausted, be all sold out**
脱销 **stock running out**
经常有货 **regular supply available**
更多的品种和规格 **more variety and a greater number of specifications**
商业票据 **trade bills**
货价单 **direction**
估价单 **estimate**
收据 **voucher, receipt**
发货单(发票) **bill of goods, invoice**
定货单 **contract for goods**
取货单 **order for goods**
(印有企业名称地址的)空白发货单 **billhead**
定量供应票证 **ration card**
(粮、布等)票证 **(rice, cotton cloth,…) coupon**
陈列橱窗 **show window**
玻璃柜台 **show case**
货架 **shelf**
陈列商品 **goods on display, displayed items**
商标(牌子) **trade mark, brand**
标价签 **price tag**
邮购服务 **postal purchase service**
营业时间 **business hours**
服务态度 **attitude towards customers**
意见簿 **book for comments and criticisms**
服务态度好 **gratifying service**
服务态度恶劣 **poor service,**

service with a scowl
柜台守则 code of counter behaviour
百拿不厌，百问不烦 ready answers to enquiries, tireless catering to customers' needs
送货上门 delivery at customers' doorsteps
包扎 wrapping up
放尺梢，多量若干 long pull, overmeasure
如不满意，原银奉还。Money back if goods fail to satisfy the customer.
退货 return of goods
磅称 scales
提称 steelyard, lever scales
短称，短量 short in weight, giving short measure
按瓶金 bottle deposit
按金收条(卡片) deposit receipt (card)
(商品)试用期……天 trial period of … days
保障消费者安全规章制度 consumer-safety rules
交款处 cash desk, cashier's
商品盘点，暂停营业。Stock taking, business suspended.
这是按米(公斤)卖的。It's sold by the metre (kg).
这是成对卖的。It goes in pairs.
那只是陈列的(非卖的)。It's for show only (not for sale).

商业机构 Commercial Establishments

商业机构 commercial establishment
商业部 Ministry of Commerce
商业网 commercial network
商业网点 point of connection in the commercial network
商业区 commercial district
商业部门 commercial department
营业部 business department
收购站 purchase centre, purchase station
粮食收购站 grain-purchasing centre
代销店 marketing agency
代购代销店 purchase and marketing centre
供销合作社 supply and marketing cooperative
消费合作社 cooperative store, consumer cooperative
超级市场 supermarket
商场(大百货商店) emporium
百货商店 department store
(大店内的)专业零售部 shop (shoppe)
批发商店 wholesale shop
零售商店 retail shop
折扣商店 discount shop
彻夜(日夜)商店 all-night store, day-and-night store
布店 draper's (shop), dry goods store
服装店 (Brit.) toggery, clothing shop
成衣店 tailor's (shop)
男服装店 men's wear shop

女服装店 **couturier, dressmaker's (shop)**
儿童商店 **children's shop**
故衣店 **second-hand clothing store**
皮货店 **furriery**
皮革制品商店 **leather product store**
男帽店 **men's hat store**
女帽店 **lady's hat store, millinery**
鞋帽店 **headwear and footwear shop**
鞋店 **shoemaker's (shop), shoe shop**
缝纫用品店 **haberdasher**
五金店 **hardware store, (Brit.) ironmongery**
家具店 **furniture and upholster's shop**
山货土产商店 **forest and native products store**
土特产商店 **native and special products store, specialities store**
瓷器店 **china shop**
玻璃店 **glass shop**
照相机商店 **camera shop**
化妆品店 **toiletry shop**
烟草店 **tobacconist's store**
钟表店 **clock and watch shop**
镜框商店 **picture frame store**
玩具店 **toy shop**
珠宝店 **jeweller's (shop)**
花店 **florist shop**
鸟店 **bird shop**
纪念品商店 **souvenir shop, gift shop**
古玩店 **curio shop, antique shop**
旧货店 **second-hand store**
药房 **pharmacy, (U. S.) drug store**
中药店 **Chinese medicinal herbs store**
成药店 **compounded medicine store**
面包店 **bakery, baker's (shop)**
糕饼店 **pastrycook's shop**
奶制品店 **creamery**
糖果店 **confectionery, confectioner's shop**
糖果摊 **candy stall**
鱼店 **fish dealer's, (Brit.) fishmonger's**
肉店 **butcher's shop, meat shop**
肉摊 **butcher's stall**
猪肉店 **pork-butcher's shop**
烧腊店 **barbecuer and curer's shop**
野味店 **game store**
菜店 **vegetable store**
蔬菜水果店 **greengrocer's (store), (Brit.) greengrocery**
水果店 **fruit store, fruiterer's**
水果摊 **fruit stall**
自动出售的杂货店 **groceteria, self-service grocery store**
书店 **bookstore**
外文书店 **foreign language bookstore**
旧书店 **second-hand (antiquarian) bookstore**
文教用品店 **school supply and stationery store**
体育用品店 **sports store**
办公室设备商店 **office equip-**

ment store
报摊 newspaper stall (or kiosk)
眼镜店 optician's (shop)
背篓商店 wicker-basket shop
农村市集 rural fair
寄售商店 commission house
废品收购店(站) waste collecting shop (station)
废品回收 reclamation of waste and used materials
商品交易会 trade fair
商品交易所 commodity exchange house
新产品展销店 shop displaying and selling new products
样品陈列所(室) sample room, show-room
后勤部门 rear supply service department

商业人员 Commercial Personnel

商界 commercial circles, business community
商业人员 commercial worker
商人 businessman, merchant
董事长 director general
副董事长 vice-director general
董事 director
董事会 board of directors, directorate
合伙 partnership
两合公司 limited partnership
无限公司 unlimited partnership
有限公司 company limited (Ltd.)
股东 stockholder, shareholder
无限责任股东 active partner
有限责任股东 sleeping partner, limited partner
总经理 managing director, general manager
副总经理 assistant managing director
经理 manager
副经理 vice manager, assistant manager
襄理 assistant manager
营业部经理 sales manager, business manager
办事员 clerk
雇主 employer
雇员 employee
店主 proprietor, shopkeeper
柜台服务员 shop assistant
(商店)巡视员 floor walker, shop walker
推销员 salesman
旅行推销员 travelling salesman, commercial traveller, drummer
行商 transient vendor, transient merchant
旅行采购员 travelling buyer, touring buyer
挨户兜售物品的小贩 pedlar
沿街叫卖的小贩 hawker
伙食供应商 purveyor
(大商店的)勤杂人员 commissionaire
中间商 middleman, interme-

diary
经纪人(掮客) broker
包装商品工人 packer
搬运工人 porter
顾客 customer, client, patron
全体顾客 clientele
消费者 consumer
用户 enduser, user

商 品 Commodity

生产资料 means of production (capital goods)
辅助生产资料(中间商品) auxiliary means of production (intermediate or producer goods)
生活资料 means of livelihood (consumer goods)
经济商品 economic goods
出口商品 export goods
再出口商品 re-exported goods
出口转内销商品 export goods withdrawn for sale on home market
进口货 imported goods
内销商品 goods made for domestic market
中国货 Chinese goods
外国货 foreign goods
耐用商品 durable goods
耐用的消费商品 consumer durables
易变商品 perishable goods
定量配给的商品 rationed goods
免证供应的商品 non-rationed goods
统购统销商品 goods solely purchased and distributed by the state
高档商品 high-priced goods
低档商品 low-priced goods
特价商品 bargain-priced goods
议价商品 negotiated-priced goods
(减价出售的)处理商品 disqualified goods (disposed of at reduced prices)
高质产品 quality goods
低质产品 shoddy goods
奢侈商品 luxury goods, luxuries
华丽商品 tinsel goods
试产商品 trial-produced goods
再生商品 recycled product
复制商品 reproduction goods
一级商品 firstclass goods
次品 undergrade goods
级外产品 offgrade product, substandard goods
残缺商品 defective goods, flawed goods
脱销商品 out-of-stock commodity
畅销品 best seller, fast seller, salable item
滞销商品 slow seller, poor seller,unmarketable goods
积压商品 dead stock
旧货 used goods, second-hand goods
初级产品 primary goods

半成品 **semi-finished product**
成品 **finished product**
工业产品 **industrial product**
矿产与金属产品 **minerals and metals**
化工产品 **chemical product**
纺织品 **textile goods, (U. S.) dry goods**
轻薄衣料 **dress goods**
按尺码出售的布匹 **piece goods, yard goods**
液体商品 **wet goods, liquid goods**
新鲜蔬菜 **green goods**
加工产品 **manufactured goods**
手工产品 **handmade product**
五金商品 **hardware**
手工艺品 **handicraft product**
农业产品 **agricultural product, farm product**
商品粮 **commodity grain, market grain**
土产 **native produce**
山货 **forestry produce, forest product**
水产品 **maritime product, aquatic product**
副产品 **byproduct, sideline product**
名产(特产) **speciality, (U. S.) specialty**
主要商品 **staple commodity, main item**
流行商品 **popular item, hot item**
代用商品 **substituting commodity, substitute**
还原商品 **reproduced commodity, reproduction**
特种规格商品 **goods of anomalous size**
季节性商品 **seasonal commodity**
行情易起波动的商品 **sensitive item**
"需要密切注意"的商品 **"requiring close attention" item**
"引起直接关心"的商品 **"causing immediate concern" item**
出售时给以退款保证的商品 **goods sold with money-back guarantee**
现货 **spot goods**
期货 **futures**
展出品 **exhibit**

价格(一) Price(I)

价格理论 **price theory**
价格政策 **price policy**
计划第一、价格第二的原则 **principle of giving first place to plan-execution and second place to pricing**
价值规律(法则) **law of value**
货物价格与分配的自然过程 **price mechanism, price system**
单一价格制 **single price system**
两重价格制 **two-tiered price system, dual price system**
价格管制 **price control**
统一的价格政策 **unified price policy**

物价机构 **price setting and regulating agency**
价格制订 **price setting**
物价指数 **price index**
市价表 **price current, price list**
统一价格 **unified price**
单价 **unit price**
总价 **total price**
基价 **basic price, base price**
全价 **full price**
半价 **half price**
零售价 **retail price**
批发价 **wholesale price**
季节性价格 **seasonal price**
暂定价格 **provisional price**
公平价格 **fair price, just price**
平均价格 **average price**
合理价格 **reasonable price**
不合理价格 **fancy price, unreasonable price**
调整价格 **adjusting a price, price adjustment**
内定价格 **administered price**
比价 **comparative price**
差价 **price differential, price difference, price gap**
提价 **raising a price**
降价 **lowering a price**
减价 **reducing a price, price reduction**
最后价格 **last price, final price**
已调整的价格 **adjusted price**
新价 **new price**
旧价 **old price**
原价 **original price**
实价 **actual price**
公价(官价) **official price**
议价 **negotiated price**
国内市场价格 **domestic market price**
国际市场价格 **international market price**
参考价格 **reference price**
(交易所的)报价 **quoted price, quote**
开盘价格 **opening price**
收盘价格 **closing price**
论价 **price haggling**
讨价还价 **price bargaining**
买方的还价 **buyer's returned price**
卖主的要价 **seller's asking price**
卖价 **selling price**
买价 **buying price**
黑市价格 **black market price**
昂价 **long price, heavy price**
交易所外价格 **street price**
过高的价格 **exorbitant price, prohibitive price**
空前最高价 **highest-ever price**
空前最低价 **lowest-ever price**
贱价 **giveaway price**
最高限价 **ceiling price, maximum price**
最低价格 **floor price, rock-bottom price**
达记录水平价格 **record-level price**
消费价格 **consumer price**
转售价格 **resale price**
成本价格 **cost price**
低于成本的价格 **below-cost price**

处理价格 **sales price, bargain rates**
固定价格(实价) **fixed price, set price**
正常价格 **normal price**
估计价格 **estimated price**
推算价格 **constructed price**
行市价格 **market value, market price**
时价(现行价格) **current price, prevailing price, market price**
与市场一致的价格 **in-line price**
与市场不一致的价格 **out-of-line price**
现金付款价格 **cash price**
记帐付款价格 **credit price**
定价(虚价) **nominal price**
让步价格 **concessional price**
票面价格 **call price, face value, par value**
帐面价格 **book value**
同业卖价 **trade price**
拍卖价格 **auction price**
投标价格 **price tendered, price bidded**
抵押价 **mortgaged price**
含佣价格 **price including commission, commission included price**
竞争价格 **competitive price**
歧视价格 **discriminatory price**
倾销价格 **dumping price**
垄断价格 **monopolistic price, monopoly price**
维持价格 **support price**
公议价格 **convention price**
干预价格 **intervention price**
滑动价格 **sliding-scale price**
毛价 **gross price**
净价 **net price**
现货价格 **spot price**
期货价格 **forward price**
广告价格 **advertised price**
刊物价格 **published price**
商品目录价格(厂盘) **catalogue price, list price**
成交价格 **concluded price**
协定价格 **agreement price**
合同价格 **contract price**
规定价格 **stipulated price**
发票价格 **invoice price**
附加价格 **extra price**
特别价格 **exceptional price**
进口价格 **import price**
出口价格 **export price**

价格(二) Price(Ⅱ)

让价 **price concession**
价格冻结 **price freeze**
价格歧视 **price discrimination**
价格极限(保留价格) **price limit (reserve price)**
价格涨落变动范围 **price range**
物价水平 **price level**
价格意见 **price idea**
价格动态 **price movements**
价格战(一再削价的商业竞争) **price war**
示意性出价 **indicating a price**
估价 **assessing a price, price**

assessment

计算价格 **calculating a price**

开价，定价 **making a price, pricing, fixing a price**

加高价格 **marking up a price**

减低价格 **marking down a price**

漫天讨价以致减少或没有销路 **pricing goods out of the market**

斗价 **reasoning for a better price**

略减价格 **shading a price**

弥合价格差距 **bridging a price gap**

数量诱因(价格低则数量相应增加) **quantity inducement**

买得越多，价格越低 **the larger the order, the lower the price**

价格越低，买得越多 **the lower the price, the larger the order**

数量减价（订购量大则价格相应减低） **quantitative reduction**

停售以待价格上升 **holding over (on) for a higher price**

停购以待价格下降 **holding off for a lower price**

友好让价 **amicable allowance in price**

象征性的减价 **symbolic reduction (of price)**

价格很稳 **price well maintained**

价格无显著变化 **price bearing no appreciable change**

价格波动 **price fluctuating, price fluctuation**

价格盘旋于……与……之间 **price hovering between…and…**

价格有上涨趋势(价格看涨) **price taking an upward trend, price looking up**

价格稳步上升 **price advancing steadily**

价格上升很快 **price rising rapidly, price moving quickly upward**

价格盘旋上升 **price spiraling**

价格直线上升 **price rising perpendicularly**

价格猛涨 **price skyrocketing (soaring)**

大涨之风(价格) **big bulge in prices**

价格日疲 **price sagging**

价格正在软化 **price easing off**

价格呆滞且有更弱或下降的趋势 **price dull with a weaker or downward tendency**

价格突然下降 **price tobogganing**

价格下降 **price declining**

价格剧降 **price falling rapidly, price plummeting**

价格暴跌 **price slumping, price nose-diving**

价格趋平 **price levelling off**

价格回涨 **rebound in prices**

定价货币 **price-setting currency**

地区差价 **regional price difference (discrepancy)**

品质、数量与样品 Quality, Quantity and Sample

品质 **quality**
标准品质 **standard quality**
惯常的品质 **usual quality**
合销品质 **good merchantable quality (GMQ)**
头等品质 **first class quality, first-rate quality**
优良的品质 **excellent quality**
第一流的品质 **prime quality, tip-top quality**
优等品质 **superior quality**
最好的品质 **best quality**
上等品质 **top quality**
高品质 **high quality**
一批中最好的货物 **the pick of the lot**
精选的品质 **choice quality, selected quality**
精美的品质 **fine quality**
完好的品质 **sound quality**
好的品质 **fair quality**
一致的品质 **uniform quality**
受欢迎的(大众化的)品质 **popular quality**
一般(平均)的品质 **average quality**
一般品质 **common quality**
中等水平以上的品质 **above average quality**
一般水平以下的品质 **below average quality**
大路货品质 **fair average quality**
低品质 **low quality**
好的品质 **good quality**
质量不高的品质 **indifferent quality**
有问题的品质 **questionable quality**
劣品质 **bad quality, poor quality**
下等品质 **inferior quality**
装船品质 **shipped quality**
到货品质 **landed quality**
数量 **quantity**
总数量 **total quantity**
大的数量 **large quantity**
相当大的数量 **considerable quantity**
巨大的数量 **enormous quantity, huge quantity**
足够的数量 **sufficient quantity**
充足的数量 **liberal quantity**
可观的数量 **sizable quantity**
颇为巨大的数量 **substantial quantity**
实惠的数量 **useful quantity**
最大的数量 **maximum quantity**
最小的数量 **minimum quantity**
小的数量 **small quantity**
微不足道的数量 **inconsequential quantity**
平均数量 **average quantity**
中等数量 **moderate quantity**
适当的数量 **reasonable quantity**
足够装运的数量 **shipment quantity**
有限数量 **limited quantity**

相应的数量 **corresponding quantity**
同等数量 **equal quantity**
估计数量 **estimated quantity**
准确数量 **exact quantity**
追加数量 **additional quantity**
额外数量 **extra quantity**
后续的数量 **further quantity**
装船数量 **shipped quantity**
到货数量 **landed quantity**
等级 **grade**
高档 **high grade**
中等 **medium grade, middling grade**
低档 **low grade**
基准等级 **basis grade**
等外 **off-grade**
规格 **specification**
样品 **sample**
正货 **bulk of goods**
货样 **sample of goods**
回样(对等货样) **counter sample**
复样 **duplicate sample**
装船样品 **shipping sample**
一般平均货样 **fair average sample**
有代表性的货样 **representative sample**
一套样品 **a sample set**
公司商行名称录 **business directory**
商品目录 **catalogue**
商品说明书 **descriptive literature, specifications**
商品插图说明书 **illustrated leaflet**
式样 **pattern**
复样 **return pattern**
样本(剪样) **pattern book, sample cutting**

包 装 Packing

出口包装 **export packing, export packaging**
内包装 **inner packing, inner packaging**
外包装 **outer packing, outer packaging**
商业包装 **commercial packing**
中性包装 **neutral packing**
原始包装 **original packing**
一向使用的包装 **usual packing**
惯常(传统)包装 **customary packing**
特别(指定)包装 **special packing**
直接包装 **immediate packing**
迎合当地市场喜爱的包装 **packing (packaging) coming in line with local market preference**
适合海运包装 **seaworthy packing**
紧密的包装 **compact packing**
加固包装 **reinforced packing**
条形包装 **strip packing**
小型包装 **small packing**
供一次使用包装 **one-service packing**
防水包装 **water-proof packing**
防漏气包装 **air-tight packing**
防碎包装 **breakage-proof**

packing
防漏包装 leakage-proof packing
(喷塑料薄膜)封存包装法 cocoon packing
紧身包装法 contour packing
压缩包装法 squeeze packing
散装包装法 bulk packing
活动浅盘包装法 tray packing
分隔包装法 fractional packing
(容器)套上保护物 sheathing
(容器内周围)垫上保护物 lining
轻率的包装 imprudent packing
不合适的包装 inadequate packing
改装 re-packing, re-packaging
外表装潢 surface treatment
包装机器 packing machine, packaging machine
制纸板箱机 cartoning machine
捆扎机 bundling machine
粘合机 gumming machine
钉封机 wire-stitching machine, stapler
打孔机 perforating machine
加标记的机器 marking machine
包装条件 conditions of packing, terms of packaging
包装要求 packing instructions
包装技术 packing technology
包装费 packing expenses
包纸费 wrapping charges
装箱费 casing charges
装袋费 bagging charges
装潢费 making-up charges
改装费用 repacking charges
加工费 processing charges

包装材料 Packing Materials

包装材料 materials for packing (packaging)
(半)硬容器 (semi-)rigid container
折叠容器 collapsible container
一次使用的容器 throw-away container, single-use container
可再用的容器 reusable container
多次使用容器 returnable container
按钮式气密容器 aerosol container
集装箱 container
透明塑胶袋 polyethylene bag, polythene bag
箔衬袋 foil bag
牛皮纸袋 kraft-paper bag
五层纸袋 five-ply paper bag
草袋 rush bag
布袋 cloth bag
粗麻袋 gunny bag, gunny sack
多层袋 multi-walled sack
草席包 rush mat bale
机器榨包 machine-pressed bale
捆扎 bundle
瓦楞纸盒 corrugated paper box
纸板盒 cardboard box
锦缎盒 brocade box

木箱 **wooden case**
纤维板箱 **fibre board case**
胶合板箱 **veneer case (box)**
三合板箱 **ply-wood case**
金属圆桶 **metal drum**
铁桶 **iron drum**
反白(厚纤维纸)桶 **fibre drum**
聚乙烯圆桶 **polythene drum**
桶 **cask**
小木桶 **wooden keg**
琵琶桶 **wooden barrel**
直圆铁桶 **cylinder**
板条箱 **wooden crate**
竹篓 **bamboo basket**
柳条筐 **wicker basket**
纸板箱 **carton**
可折叠纸板箱 **folding carton**
铁皮罐(听) **tin**
瓶 **bottle**
长颈瓶 **flask**
球形玻璃瓶 **carboy**
针剂药水瓶 **vial**
(胶)囊 **(gelatin) capsule**
瓦坛 **jar**
粗麻布 **burlap**
麻袋片 **gunny cloth**
麻布 **hessian cloth**
油布 **tarpaulin (tarred canvas)**
席 **mat**
沥青纸 **tar paper, asphalt paper**
油纸 **oil paper**
蜡纸 **wax paper**
玻璃纸 **cellophane paper**
羊皮纸 **parchment paper**
铁丝 **iron wire, steel wire**
铁箍带 **iron band, steel band**
铁箍 **iron hoop, steel hoop**
尼龙丝 **nylon twine**
小绳 **string**
绳索 **rope**
填料 **stuffing material**
衬垫物 **cushioning material**
皱纹填塞物 **crepe(d) wadding**
木丝(刨花) **excelsior, wood shavings**
碎纸 **shredded paper**
纸屑 **paper scraps**
纸条 **paper wool**
棉絮 **cotton wool**
木屑 **sawdust**
软绵纸 **tissue paper**
稻草 **straw**
泡沫塑料 **foamed plastics**
支撑物 **bracing apparatus, holding apparatus**
隔板 **partition, divider**
包封用胶乳 **adhesive latex**

库存与运输 Stock and Transportation

仓库 **warehouse, storehouse, magazine**
(东方)仓库 **godown**
油库 **oil storage**
水下油库 **submerged oil storage**
谷仓 **granary**
冷藏库 **cold storage room**
地窖 **underground storage room**
冷藏室 **cool chamber**
存仓 **storing in warehouse**

(货物)入仓与出仓 **receiving and dispatching of goods**
仓库管理 **warehouse management, storekeeping**
冷藏储存食物法 **storing food by refrigeration**
辐射储存食物法 **storing food by irradiation**
激光照射 **laser irradiation**
伽马射线处理 **gamma ray irradiation**
(果物储存)人工冬眠法 **artificial hibernation (of fruits)**
低压冷藏法 **low-pressure storage**
防腐蚀 **anticorrosion**
防燃 **antideflagration**
防潮 **dehumidification**
脱水处理 **dehydration**
消灭害虫 **pest extermination**
存仓费 **warehousing costs**
栈单(仓单,码头收据) **warrant, warehouse receipt**
库存 **stock**
货物清单 **inventory**
(年度)存货登记,存货列册 **(annual) inventory**
存货已尽 **stock depleted**
充实存货 **loading up on inventories**
运输 **transportation**
陆运 **land transportation**
公路运输 **road transportation**
铁路运输 **rail transportation, railway transportation**
海运 **sea transportation**
空运 **air transportation**
管道运输 **pipe transportation**
提货单 **bill of lading (B/L)**
航空托运单 **air transportation waybill, air consignment note**
汽车公司提单 **trucking company's B/L**
陆运收据 **cargo receipt**
国际铁路联运运单 **international through rail service waybill**
交货 **delivery**
遵守交货日期 **meeting delivery date**
依时运送货物 **on-time delivery**
迅速交货 **early delivery**
延期交货 **late delivery, deferred delivery**
即期交货 **prompt delivery, immediate delivery**
远期交货 **forward delivery, future delivery**
定期交付 **delivery on term**
出货单,栈单 **delivery order**
送货簿 **delivery book**
送货回单 **delivery receipt**
帐目全清收据 **acquittance**

广 告 Advertising

广告 **advertising**
通知广告术 **informative advertising**
劝购广告术 **persuasive advertising**
登报广告 **newspaper adver-**

tising
电影广告 cinema film advertising
广播广告 advertising on radio, wireless advertising
无线电台的广告节目 radio commercial
电视广告 advertising on television
空中广告 aerial advertising, sky-writing
电视台的广告节目 TV commercial
时装展览 fashion show
汽车展览 motor show
(商品)橱窗陈列 shop-window display
活广告(身前身后挂广告牌的人) sandwich man
商业广告 commercial advertising
推销广告 sales promoting advertisement
分类广告 classified advertisement
为某商品(劳务)作广告 advertising certain goods (service)
宣传(商品、劳务) giving publicity to (goods, service)
广告宣传活动 advertising campaign
广告价格 advertising rates
广告费 advertising fee
广告战 advertising war
登广告者 advertiser
广告设计师 advertisement designer
广告社 advertising agency
广告牌 advertisement sign
霓虹灯广告 neon sign
(舞台上的)广告幕 advertisement curtain
张贴广告 bill-posting
巨幅广告牌 huge advertisement boarding
招徕术 showmanship

拍卖与投标 Auction and Tender

拍卖 auction, auctioneering
拍卖市场 auction market
拍卖行 auction company, auction house
拍卖商品 auction goods
拍卖前看货 inspection of goods before auction
把……交付拍卖 putting … up to (for or at) auction
拍卖出售 selling by (at) auction
拍卖人 auctioneer
拍卖目录 auction catalogue
递盘(出价) bid, bidding
送盘人 bidder
相竞递盘 bidding against each other
竞争性递盘 competitive bid
组合递盘 package bid, partial bid
密封递盘 sealed bid
混合递盘 joint bid
撤回递盘 withdrawing bid, retracting bid

投标 **(Brit.) tender, (U.S.) bid**
公开投标 **public tender, public bid**
标购 **buying tender, buying bid**
标售 **selling tender, selling bid**
招标 **invitation for tender, invitation for bid**
投标(或承包)截止日期 **tender deadline, bid deadline**
投标人 **tenderer, bidder**
招标通知 **tender notice, bid notice**
招标条件 **tender conditions, bid conditions**
提标(提出承包书) **submission of tender, submission of bid**
投标(或承包)文件 **tender documents, bid documents**
投标保证金 **tender bond, provisional bid guarantee**
投标(或承包)建议书 **tender proposal, bid proposal**
开标(开启承包书) **opening tender, opening bid**
中标(得标) **winning tender, winning bid**
中标人 **successful tenderer, winning bidder**
未中标 **losing tender, losing bid**

商业非法行为 Commercial Malpractice

商业非法行为 **commercial immorality**
商场舞弊行为 **commercial wrongdoing, commercial irregularity**
不正派的勾当 **shady dealings, shady business**
暗中交易,走后门买卖 **under-the-counter transaction**
"走后门" **dealing at the backdoor**
故意少给找头 **shortchanging**
短秤 **shortweighting**
转手倒卖 **buying and then reselling for exorbitant profit**
开假发票多收款 **overinvoicing**
(为获得商业上的好处而)暗中付出贿赂 **undercover payment, payola**
以次货充好货 **palming off shoddy as quality goods**
行贿 **bribery**
贩卖私酒 **bootlegging**
诈骗行为 **fraud scheme**
假商店(老千公司) **phony company, bogus firm**
拖欠付款 **defaulting payments**
非法报酬 **illegal payoff**
伪造票证 **forging documents**
涂改票证 **falsifying documents**
盗窃行为 **ripoff**
囤积 **hoarding**
投机倒把 **speculation**
黑市买卖货 **black marketeering, black marketing**
(商品)搀杂,搀假 **adulterating**
放高利贷 **practising usury**

隐蔽贴水 **concealed discount**
金融、证券投机买卖 **speculating on currencies and securities**
商品的投机买卖 **speculating on commodities**
报假帐 **making false financial statements**
地下市场 **clandestine market**
操纵市场 **market manipulation**
“自由贸易” **unauthorized trading**
“自由生产” **unauthorized production**
地下工厂 **clandestine factory**
违反专利权 **patent violation**
违法私印书本、私制唱片、录音带 **piration of books, records, tapes**
套购外汇 **illicit arbitration of foreign exchange**
套购统购统销商品 **illegal buying of goods to be bought and distributed solely by the state**
贩卖毒品 **drug trafficking**
买卖赃物 **fencing**
诈骗银行行为 **bank fraud**
勾结进行商业舞弊 **colluding to commit commercial misdeed**
盗窃(偷听)秘密商业情报 **stealing (intercepting) secret commercial information**
以低质货品冒充高质货 **deliberate misgrading**
盗用注册商标 **unauthorized use of registered trade-mark**
偷税漏税 **tax evasion, defrauding the revenue**
违章 **infringement of customs regulations**
走私 **smuggling**
瞒税 **concealing facts to avoid proper taxation**

其他商业用语 Miscellaneous Commercialisms

商会 **chamber of commerce**
同业公会 **trade association**
垄断企业 **monopoly**
寡头企业 **oligopoly**
(多种行业的)联合大企业 **conglomerate**
联合企业 **joint enterprise**
合并企业 **merger**
卡特尔 **cartel**
国际卡特尔 **international cartel**
康采恩 **concern**
辛迪加 **syndicate**
托拉斯 **trust**
跨国公司 **trans-national(multinational) company**
国际财团 **consortium**
父公司 **parent company**
附属公司(子公司) **subsidiary company, affiliated company**
姊妹公司 **sister company**
(自动售货商店)超级市场 **supermarket**
市郊大型百货商店 **hypermarket**

典当业 **pawnbroking, pawnbrokerage**
当铺 **pawnbrokery, pawnshop**
当铺主 **pawnbroker**
停业，倒闭 **closedown**
（企业倒闭时的）清理 **liquidation**
破产 **bankruptcy, insolvency**
破产者 **bankrupt**
工商巨头 **magnate**
（不参与经营的）资本家 **rentier**
大亨 **tycoon**
暴发户 **upstart, parvenu**
富商 **merchant prince**
老板 **boss**
黑市商人 **blackmarketeer**
买卖赃物者 **fence**
放高利贷者 **usurer, loan shark**
卖空 **selling short, short sale**
买空 **going long on the market, buying on margin**

百货 Wares of Commerce

衣料 Drapery

衣料 **suit material, dress material**
纺织物(品) **textile**
布匹 **piecegoods, cloth**
机织物 **woven fabric**
针织物 **knit fabric, tricot**
平针(单面)织物 **jersey**
提花织物 **jacquard, broché**
双面织物 **double-knit**
混纺织物 **mixture fabric, blended fabric**
无纺织物(粘合织物) **bonded-fabric**
棉织物 **cotton fabric**
棉布 **cotton cloth, cotton piece-goods**
原布 **grey shirting, grey cloth**
白布(本布) **(Brit.) calico, (US) plain white cotton cloth**
漂白布 **bleached cotton fabrics**
染色布 **dyed shirting**
标布(扣布) **T-cloth**
印花布 **cotton prints**
色织布 **yarn-dyed fabric**
蜡染印花布 **batik**
斜纹布 **drill, drilling**
咔叽布 **khaki drill**
双面卡 **reversible khaki**
双经布 **dosuti**
阴丹士林布 **indanthren cloth**
蓝色工作服布 **blue jean**
(蓝经白纬的)劳动布(坚固呢) **denim**
棉帆布 **duck**
粗帆布 **canvas**
棉府绸 **cotton poplin**
棉哔叽 **cotton serge**
棉茧绸 **cotton pongee**
白细布 **long cloth**
细薄布 **cotton cambric**
绉布 **crape-cloth**
泡泡纱 **seersucker, plisse crepe**
凹凸布 **embossed fabric**
格子布 **check**
柳条布 **dimity**
多色花布 **chintz**
土布 **nankeen**
绒布(毛布) **cotton flannel, canton flannel, flannelette**

防水布 **water-repellent cloth**
夏布 **grass cloth**
细夏布 **fine grass-cloth**
被单布 **sheeting**
提花被单布 **broché quilting**
亚麻布 **linen (cloth)**
亚麻格子布 **linen check**
丝绸 **silk**
真丝 **pure silk**
印花丝绸 **printed silk piece-goods**
人造丝绸 **rayon, artificial silk**
人造纤维绸 **man-made fibre piece-goods**
柞蚕丝绸 **tussah silk piece goods**
交织绸 **mixed silk-rayon piece goods**
提花丝绸 **jacquard silk**
绫 **damask silk**
栲绸 **gambiered canton silk**
茧绸(山东绸) **pongee**
塔夫绸 **taffeta**
全丝光亮塔夫绸 **lustrine**
熟绸 **soft pongee**
薯莨绸 **rust-coloured sen-shaw**
缎 **satin**
棉缎(贡缎) **sateen**
织锦缎 **tapestry satin**
花缎 **figured satin**
锦 **brocade**
真丝织锦 **pure silk brocade**
古香缎 **Suzhou brocade**
绢 **lutestring**
羽纱 **camblet**
乔其纱 **georgette**
香云纱 **gambiered canton gauze**
广东绉纱 **canton crepe**
呢绒 **woolen piece-goods**
粗花呢 **tweed**
毛哔叽 **wool serge**
法兰绒 **flannel**
灯芯绒 **corduroy**
天鹅绒(丝绒) **velvet**
虎皮丝绒 **striped velvet**
羊毛剪绒 **woolen velvet**
粗纺呢绒 **woollen**
精纺呢绒 **worsted**
开士米(精纺毛料) **cashmere**
长毛绒 **plush**
马海呢 **mohair**
骆驼绒 **camel hair**
华达呢 **garbadine**
大衣呢 **overcoating**
海军呢 **admiralty cloth, mel-ton**
格子呢 **tartan, plaid**
人字呢 **herringbone**
佩士利花呢 **paisley**
凡立丁 **valetin**
派力斯 **palace**
合成纤维织物 **synthetic fabrics**
化学纤维 **chemical fabrics**
尼龙(耐纶) **nylon**
维尼纶 **vinylon**
涤纶(的确凉) **dacron, polyes-ter, terylene**
腈纶 **chinlan**
奥纶 **orlon**
卡普纶 **capron**
棉涤纶 **trueran, cotton-polyester fabric**
涤粘纶 **trueran-viscose fabric**
麻涤纶 **mixed linen-polyes-ter fabric**

丝涤纶 blended fabric of silk and polyester
毛涤纶 modelon, wool-polyester blend
针织尼龙 nylon tricot
单封 single width
双封 double width
碎料(布头,布尾) small piece
织物质地(身骨) texture
缩水率 rate of shrinkage
手感 feel
耐磨性 abrasion resistance
均匀度 evenness
弹性 resilience
拒水性 water repellence
吸水性 water absorptivity
防起球 resistance to balling
免熨 no-iron
防皱 crease resistance
防缩水 shrink-proof
免晒(滴干) drip-dry
不褪色 fast colour
褪色 fading

服装 Clothing

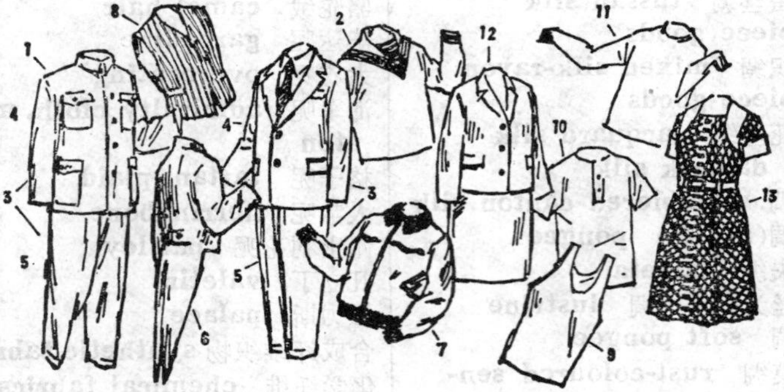

服装 garments
男服 men's clothing
制服 uniform
中山装① Zhongshan-style tunic, Chinese tunic suit
干部服 cadre tunic
水兵服② jumper
普通西装 lounge suit, (US) business suit
上衣④ jacket, coat
(配套)长裤⑤ suit trousers
晚礼服 evening dress
大礼服(燕尾服)⑥ dress suit
小礼服 dinner-jacket, (US) tuxedo
长大衣 frock coat
短上衣(夹克)⑦ jacket
背心⑧ vest, waistcoat
长裤 pants, trousers
短裤 shorts, short pants
便裤 slacks
长内裤 drawers
短内裤 briefs, short pants, underpants

衬衣 **shirt**
短袖衬衣 **sports shirt**
假衬衣 **dickey, dicky**
内衣 **underwear, undershirt**
汗背心⑨ **singlet**
(圆领、反领)短袖汗衫⑩ **T-shirt**
长袖汗衫⑪ **long-sleeved undershirt, sweat shirt**
卫生衣 **sweater, jersey**
卫生裤 **sweat pants**
羊毛衣 **woolen sweater**
羊毛裤 **woolen pants**
拉毛羊毛衫 **brushed wool sweater**
毛背心 **woolen vest**
开胸羊毛衫 **cardigan**
套头毛衣 **pullover, slipover**
羽绒衫 **down and feather-filled garments**
睡衣裤 **pyjamas, pajamas**
睡衣 **pyjama tops (jacket)**
睡裤 **pyjama bottoms**
妇女或小孩睡衣 **nighty**
浴衣 **bath robe**
晨衣 **dressing gown**
运动服装 **sportswear**
球衣(运动衣) **jersey**
运动裤 **sports pants**
沙滩装 **beach wear**
游泳衣 **swimsuit**
游泳裤 **swim trunks**
滑雪衣 **ski-wear**
长袖紧身体操衣 **leotard**
防风衣 **wind-jacket, (US) windbreaker**
斗蓬(披肩) **cape**
雨衣 **raincoat**
雨披 **rain-cape**
风雪大衣(皮猴) **parka**
有带风大衣 **ulster**
皮大衣 **fur overcoat**
夹大衣 **light overcoat**
活动里子 **detachable lining**
工作服 **overalls, fatigues**
工装裤(牛仔裤) **(blue) jeans**
罩衣 **smock frock**
猎装 **bush coat**
卡装(卡曲) **car coat**
棉袄 **cotton padded coat**
棉背心 **cotton-padded vest**
棉紧身 **cotton-padded hug-me-tight**
女服 **women's clothing**
一套女西服⑫ **suit dress (coat and skirt)**
连衣裙⑬ **dress**
女短衫裙 **short gown**
女衬衫 **blouse, waistcoat**
中袖女衬衣 **three-quarter blouse**
无袖女衬衣 **blousette**
短外衣 **coatee**
袋形女服 **sack**
宽松女裤 **slacks**
百褶裙 **pleated skirt**
吊带裙 **skirt with shoulder-straps**
长衬裙 **slip**
衬裙 **petticoat, underskirt**
腰带(紧身褡) **girdle**
胸罩 **bra(ssiere)**
紧身胸衣 **corset, bodice**
胸衣 **foundation garment, corselet**
女短内裤 **panties, knickers**
紧身袜裤 **stretch nylon tights**
三角裤 **briefs**

室内穿的衣服 **house dress**
童服 **children's clothing**
女童服 **dresses for girls**
男童服 **dresses for boys**
学生装 **school uniform**
褶饰童装 **smocking dress**
儿童外衣 **frock**
妹裙 **girl's frock**
日光服 **sunsuit**
防脏围裙(罩衣) **pinafore**
无袖肩扣套衣 **gertrude**
童内裤 **panties**
开裆裤 **pants with open crotch**
连袜童睡衣 **sleeper**
婴儿服 **baby clothes, swaddling clothes**
婴儿上衣 **sacque, baby jacket**
围涎 **bib**
尿布 **(Brit.) napkin, nappy, (US) diapers**
民族服装 **national dress, national costume**
纱笼(马来围裙)① **sarong**
苏格兰男短裙② **kilt**
旗袍③ **Chinese-styled long gown**
日本和服④ **kimono**
蒙古服⑤ **Mongolian costume**
西藏服⑥ **Tibetan costume**
维吾尔服⑦ **Uigur costume**
朝鲜服⑧ **Korean costume**
窄腿裤 **tapering trousers**
喇叭裤 **bell-bottomed trousers, bell-bottoms**
马裤 **riding breeches**
灯笼短裤 **knickers, breeches**
超短裙 **miniskirt**
缠腰布 **breech clout, loincloth**
裤腰带 **belt**
裤带扣 **buckle**
吊带 **suspenders**
领带 **tie, necktie**
领带针 **tie-pin**
穿衣镜 **dressing glass**
试衣室 **fitting room**
小号 **small size**
中号 **medium size**
大号 **large size**
特大号 **extra large size**
衣服剪裁款式 **cut**
服装式样，时式 **style, fashion**
时装 **fashionable dress**

帽　类　Headdresses

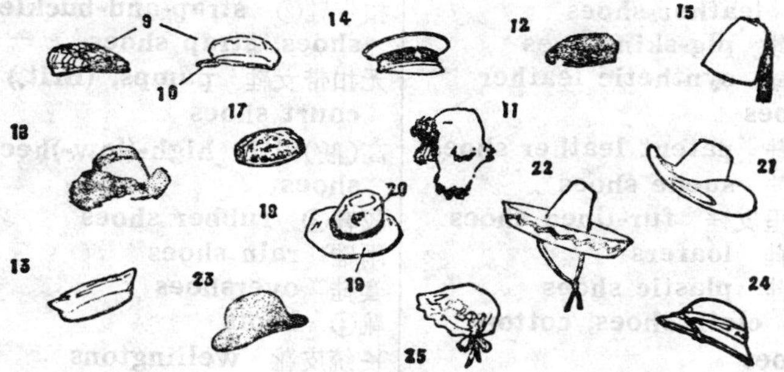

(无边有檐)便帽⑨　**cap**
帽檐(帽舌)⑩　**visor**
带护耳皮帽⑪　**fur cap with earflaps**
贝雷帽⑫　**beret**
橄榄帽⑬　**garrison cap**
军帽⑭　**service cap**
尖顶帽　**peaked cap**
室内便帽(瓜皮帽)　**skullcap**
睡帽　**night cap**
土耳其帽⑮　**fez**
西藏毡帽⑯　**Tibetan cap**
维吾尔帽⑰　**Uigur cap**
有边帽⑱　**hat**
帽边⑲　**hat brim**
帽顶⑳　**hat crown**
平顶卷边帽　**porkpie hat**
锥顶内折呢帽　**Homburg**
匈牙利式呢帽㉑　**Kossuth**
墨西哥式帽㉒　**sombrero**
圆顶礼帽㉓　**bowler-hat, derby**
高顶礼帽　**silk hat, top hat**
通帽㉔　**topee, sun helmet**
女帽,女头饰　**millinery**
平顶女帽　**platter**
绒球女帽　**tam-o'-shanter**
扣带女帽㉕　**bonnet**
带缨童帽　**child's cap with pompon**
头巾　**kerchief**
三角头巾　**babushka**
面纱　**veil**
围巾(颈围)　**muffler, scarf**
女披肩(方形围巾)　**shawl**
(海员)防水帽　**southwester**
安全帽　**safety helmet**
钢盔　**steel helmet**
冠冕　**coronet**
草帽　**straw hat**
藤帽　**rattan hat**
竹帽　**bamboo hat**
圈头花串　**chaplet**

鞋袜类 Footwear and Hosiery

鞋 **shoes**
皮鞋 **leather shoes**
猪皮鞋 **pig-skin shoes**
人革鞋 **synthetic leather shoes**
漆皮鞋 **patent leather shoes**
反皮鞋 **suede shoes**
毛衬里皮鞋 **fur-lined shoes**
皮便鞋 **loafers**
塑料鞋 **plastic shoes**
布鞋 **cloth shoes, cotton shoes**
帆布胶鞋 **plimsolls, (US) sneakers, canvas shoes**
棉鞋 **cotton-padded shoes**
绒鞋(毡鞋) **felt shoes**
凉鞋 **sandals**
交叉皮条凉鞋 **huaraches**
拖鞋 **slippers**
无跟女拖鞋 **babouches**
缚带鞋 **laced shoes**
便鞋 **casual shoes, slip-ons**
松紧带便鞋① **low-cut congress shoes, elastic-sided shoes**
扣带鞋② **strap-and-buckle shoes, strap shoes**
无扣带女鞋 **pumps, (Brit.) court shoes**
高(低)跟鞋 **high-(low-)heeled shoes**
胶鞋③ **rubber shoes**
雨鞋 **rain shoes**
套鞋 **overshoes**
靴④ **boots**
长统皮靴 **wellingtons**
半统皮靴 **half wellingtons**
垫绒胶套靴 **arctics**
高统胶靴 **hip boots**
涉水胶靴 **waders**
尖头鞋 **pointed(-tiped) shoes**
运动鞋 **sports shoes**
体操鞋⑤ **gym shoes, sneakers**
篮球鞋⑥ **basketball shoes**
足球鞋⑦ **football shoes**
网球鞋⑧ **tennis shoes**
田径鞋⑨ **track shoes**

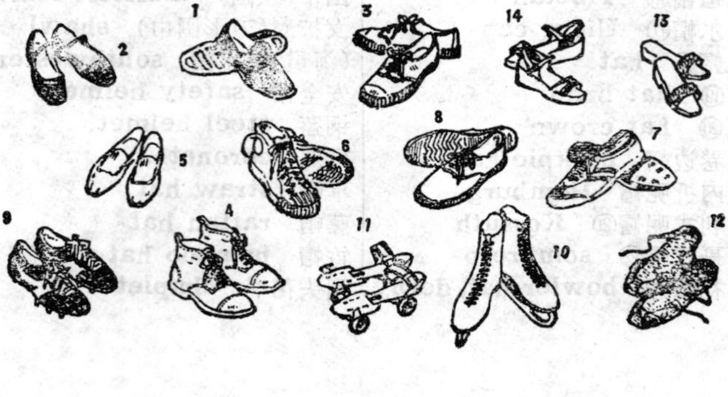

跑鞋 **running shoes**
冰鞋⑩ **skates**
旱冰鞋(雪屐)⑪ **roller skates**
滑雪鞋 **ski boots**
雪鞋 **snow shoes**
草鞋⑫ **straw sandals**
屐⑬ **clogs, sabots**
厚底鞋⑭ **platform shoes**
罩鞋 **spats**
鞋带 **(Brit.) shoelace, (US) shoestring**
绑腿套 **gaiters**
鞋的各部分 **parts of a shoe**
鞋面(鞋帮) **upper (vamp)**
鞋头 **tip, shoecap**
鞋舌 **tongue**
鞋衬里 **lining**
鞋孔 **eyelet**
鞋底 **sole**
内底(鞋垫) **insole**
贴边 **welt**
鞋跟 **heel**
鞋后跟马钉 **heel plate**
鞋拔 **shoe horn**
鞋楦 **shoe tree, shoe last**
量脚尺 **size stick**
试鞋凳 **shoes trying stool**
袜类 **hosiery**
长袜 **stockings**
吊袜带 **garter**
短袜 **socks**
反口袜 **anklets**
毛巾袜 **terry socks**
丝袜 **silk socks**
腈纶交织袜 **acrylic-nylon socks**
锦纶丝袜 **sheer nylon socks**
尼龙袜裤 **stretch nylon tights**

皮革与毛皮 Leather and Fur

牛皮 **ox-hide**
小牛皮 **calf-skin**
猪皮 **pig-skin**
羊皮 **sheep-skin**
山羊皮 **goat-skin**
麂皮 **buck-skin, doe-skin**
鲨鱼皮 **shark-skin**
鳄鱼皮 **crocodile-skin**
反皮 **suede (leather)**
人造革 **synthetic leather, imitation leather, leather-cloth**
漆皮 **patent leather**
毛皮 **fur**
貂皮(元皮) **kolinsky**
水貂皮 **mink**
黑貂皮 **sable**
豹皮 **leopard**
虎皮 **tiger**
银狐皮 **silverfox**
鸡鼬皮(艾虎皮) **fitch**
水獭皮 **beaver**
麝鼠皮 **mustrat**
黄羊皮 **gazelle**
羊皮 **sheepskin, lambskin**
皮大衣 **fur overcoat**
皮上衣(外套) **leather jacket**
毛皮里手套 **fur-lined gloves**

床上用品 Bedthing

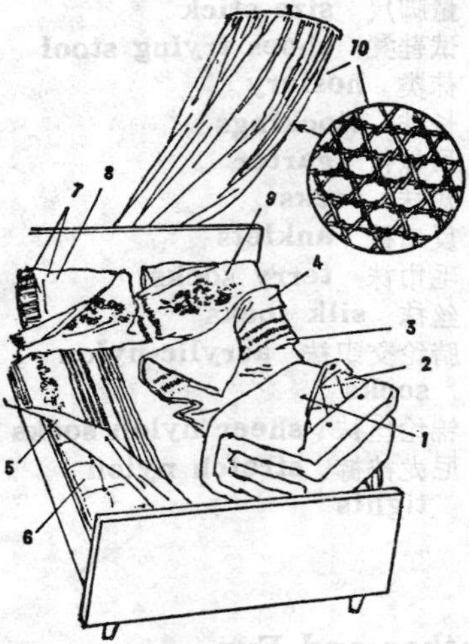

铺盖 **bedclothes, covers**
褥具 **bed linen**
被套① **quilt slip, quilt cover**
棉胎② **cotton quilt**
丝绵被 **cocoon-fibre quilt**
尼龙被 **nylon quilt**
鸭绒被 **eiderdown**
毛毯③ **woollen blanket**
棉毯 **cotton blanket**
毛巾被 **terry blanket**
电毯子 **electric blanket**
珠被(提花被单) **broché sheet**
被单④ **sheet, turn-down sheet**
床单⑤ **sheet, bottom sheet**
床罩 **bedspread, coverlet**
床垫,褥垫⑥ **mattress**
羽绒床垫 **feather bed**
弹簧床垫 **spring mattress**
海绵胶床垫 **foam rubber mattress**
褥套 **bedtick**
木棉床垫 **silk cotton mattress, kapok fibre mattress**
藤丝床垫 **rattan-fibre mattress**
草垫 **straw mattress**
床下摆(床边下垂饰布) **valance**
床上摆(床顶下垂饰布) **valance attached to canopy**
帏帐 **priscillas**
枕头(枕芯)⑦ **pillow**
枕套⑧ **pillow-slip, pillow-case**
枕巾⑨ **pillow sham**
床篷 **canopy**
蚊帐 **mosquito net**
珠罗(纱)帐⑩ **bobbinet mosquito net**
蚊帐钩 **tiebacks**
席子 **mat**
草席 **straw mat**
软草席 **fine straw mat**
竹席 **bamboo-strip mat**
藤席 **rattan mat**
睡眠袋 **sleeping bag**
汤婆子 **warming pan, bed warmer, foot warmer**
铺卷 **bedding roll**

家 具 Furniture

木制家具 **wood furniture**
竹制家具 **bamboo furniture**
藤制家具 **cane furniture, rattan furniture**
钢制家具 **steel furniture**
塑料家具 **plastic furniture**
书橱 **bookcase**
书架 **bookshelf**
公文柜 **filing cabinet**
屏风 **screen**
书桌 **desk**
办公桌(写字台) **desk, writing-table**
会议桌 **conference table**
餐桌 **table, dinner table**
圆桌 **round table**

纱柜(食橱)⑪ **cupboard**
餐具柜(酒柜)⑫ **sideboard**
壁柜 **built-in cupboard**
大立柜⑬ **wardrobe**
五斗柜⑭ **chest of drawers**
衣柜 **clothes-cupboard, (US) linen closet**
樟木箱 **camphorwood chest**
床头柜⑮ **bedside table, night table, nightstand**
长沙发⑯ **sofa**
长靠椅 **settee**
两用长靠椅(杠床)⑰ **dual-purpose settee (couch)**
折叠式躺椅(帆布椅)⑱ **deck chair**

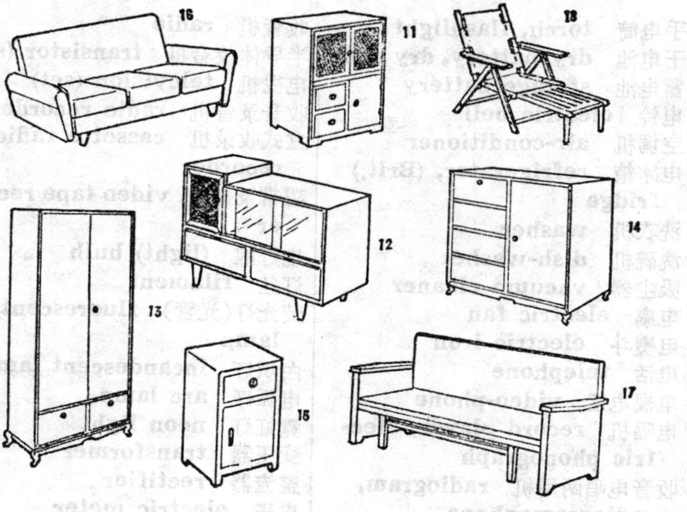

安乐椅 **easy-chair**
可拆拼沙发 **sectional sofa**
转椅 **swivel chair**
摇椅 **rocking chair**
藤椅 **cane chair, wicker chair**
椅垫 **cushion**
茶几 **teapoy, tea table, coffee table**
圆凳，方凳 **stool**
长凳(条凳) **bench**
靠背椅 **chair**
折叠椅 **collapsible chair, folding chair**
扶手椅，单人沙发 **armchair**
梳妆台 **dressing-table, (US) dresser**
柱式衣帽架 **clothes tree**
单人床 **single bed**
双人床 **double bed**
折叠床 **folding bed**
沙发床 **sofa bed**
活动床 **pulldown bed**
双层床(碌架床) **double-deck bed, bunk bed**
床架 **bedstead**
(有栏栅的)儿童床 **child's cot, crib**
帆布床 **canvas cot**
吊床 **hammock**
床垫(垫褥) **mattress**
地毯 **carpet**
小地毯(挂毯) **rug**
门前擦鞋棕垫 **door-mat**
一套卧室家具 **a bedroom-suite**
一套客厅家具 **a parlour-suite**
一套厨房家具 **a kitchen-suite**

家用电器 Domestic Electrical Appliances

手电筒 **torch, flashlight**
干电池 **dry battery, dry cell**
蓄电池 **storage battery**
电铃 **electric bell**
空调机 **air-conditioner**
电冰箱 **refrigerator, (Brit.) fridge**
洗衣机 **washer**
洗碗机 **dish-washer**
吸尘器 **vacuum cleaner**
电扇 **electric fan**
电熨斗 **electric iron**
电话 **telephone**
电视电话 **video-phone**
电唱机 **record player, electric phonograph**
收音电唱两用机 **radiogram, radiogramophone**
收音机 **radio**
半导体收音机 **transistor (set)**
电视机 **television (set)**
收音录音机 **radio recorder**
盒式收录机 **cassette radio recorder**
磁带录像机 **video tape recorder**
电灯泡 **(light) bulb**
灯丝 **filament**
荧光灯(光管) **fluorescent lamp**
白炽灯 **incandescent lamp**
电弧灯 **arc lamp**
霓虹灯 **neon light**
变压器 **transformer**
整流器 **rectifier**
电表 **electric meter**

开关(电闸) **switch**
按钮开关 **press button**
拉绳开关 **pull switch**
换向(旋转)开关 **tumbler switch**
插头 **plug**
三脚插头 **three-pin plug**
插座 **socket**
接合器 **socket adapter**

起辉器 **starter**
电线 **electric wire**
绝缘胶布 **friction tape**
保险丝 **fuse**
试电笔 **test pencil**
电工钳 **combination pliers**
电工刀 **electrician's knife**
电工剪 **electrician's scissors**
螺丝起子 **screwdriver**

小五金 Domestic Hardware

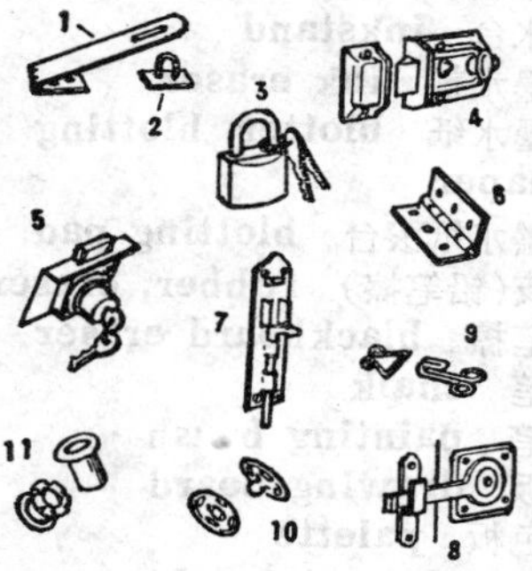

锁扣(锁牌)① **hasp**
锁环② **staple**
挂锁(扣锁)③ **padlock**
留匙锁 **key-in-knob lock**
弹簧锁 **spring lock**
榫式门锁④ **mortise lock**
橱柜抽屉锁⑤ **cabinet drawer lock**
数码锁 **combination padlock**
安全锁 **safe lock**
磁锁 **magnetic padlock**
钥匙圈 **key-ring**
钥匙链 **key-chain**

(门窗铰链)活页⑥ **hinge**
门窗插销⑦ **bolt**
(可从外面开的)门闩⑧ **latch**
铁钉 **wire nail**
螺钉 **screw**
螺栓 **bolt**
螺帽 **nut**
铆钉 **rivet**
开尾销 **coffer pin**
锯子 **saw**
锤子 **hammer**
钳子 **pincers, pliers**
刨子 **plane**
凿子 **chisel**
锉子 **file**
螺丝起子 **screw driver**
小刀 **pocketknife**
折刀 **jackknife**
弹簧折刀 **clasp knife**
指甲剪 **nail clipper**
指甲锉 **nail file**
拉链 **zipper**
衣领扣⑨ **hook and eye**
按扣(迫钮,揿钮)⑩ **snap fastener, snapper**
鞋眼(鸡眼)⑪ **grommet**

文 具 Stationery

文房四宝——纸、笔、墨、砚 **the four stationery requisites——paper, writing-brush, ink and ink-stone**
信封 **envelope**
信纸 **letter paper, writing paper**
写字纸 **writing paper**
证卷纸 **bond paper**
打字纸 **typing paper**
便条纸 **note paper**
复写纸 **carbon paper, duplicating paper**
信笺 **letter writing pad**
笔记簿 **notebook, notepad**
便条簿 **memo pad**
活页本 **loose-leaf notebook**
活页夹 **(loose paper) folder**
练习簿 **exercise book**
日记本 **diary**
此纸化墨水。**This paper blots.**
此墨水化纸。**This ink blots.**
文具盒 **stationery case**
蘸水钢笔 **pen**
自来水笔 **fountain pen**
笔尖 **nib, (US) point**
墨水管 **ink barrel**
笔杆 **penholder**
笔套(笔帽) **pen cap**
金笔 **fountain pen with gold nib**
铱金笔 **fountain pen with iridium-tipped nib**
圆珠笔 **ball pen, ballpoint pen**
圆珠笔芯 **refill**
铅笔 **pencil**
软芯铅笔 **soft pencil**
硬芯铅笔 **hard pencil**
毛笔 **writing brush**
绘画毛笔 **hair pencil**
颜色铅笔 **coloured pencil, crayon**
墨条 **ink-stick**
墨汁 **Chinese ink**
墨砚(砚台) **inkstone, inkslab**
墨水瓶 **inkpot, inkbottle**
墨水台 **inkstand**
去墨水剂 **ink eraser**
吸墨水纸 **blotter, blotting paper**
吸墨水纸滚台 **blotting pad**
橡皮(铅笔擦) **rubber, eraser**
粉笔擦 **blackboard eraser**
粉笔 **chalk**
画笔 **painting brush**
画板 **drawing board**
调色板 **palette**
水彩颜料 **water colour**
油画颜料 **oil colour**
树胶水彩颜料 **gouache colour**
彩色盒 **colour box**
直尺 **ruler**
丁字尺 **T-square**
三棱尺 **triangle scale**
三角板 **triangle, set square**
曲线尺 **French curve**
量角器 **protractor**
圆规 **compasses**
计算尺 **slide rule**
缩放尺① **pantograph**
带夹书写板② **clipboard**

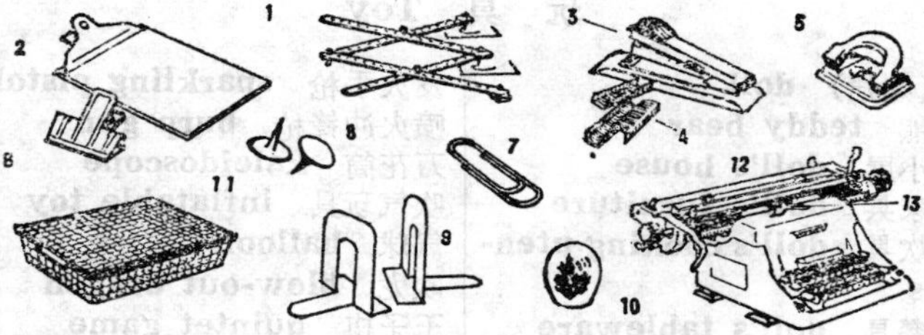

算盘 **abacus**
袖珍计算机 **pocket computer**
铅笔刀(铅笔刨) **pencil sharpener**
裁纸刀 **paper knife**
钉书机③ **stapler**
钉书钉④ **staple**
打孔机⑤ **perforator,punch**
铁皮夹子⑥ **clip**
回形针⑦ **paper clip**
大头针 **pin**
图钉(按钉)⑧ **thumb tack, drawing pin**
纸剪子 **paper scissors**
胶水 **glue, mucilage**
去胶剂 **glue-dispenser**
浆糊 **paste**
透明胶带 **adhesive tape, scotch tape**
封蜡(火漆) **sealing wax**
橡皮筋 **rubber band**
书挡(书立)⑨ **bookend**
镇纸(纸压)⑩ **paper-weight**
橡皮图章 **rubber stamp**
日期章 **date stamp**
印台 **inkpad**
钢印(凹凸印) **embossed seal**
海绵盒 **damper, moisting sponge**
公文柜 **filing cabinet**
卷宗 **file**
报纸夹 **newspaper file**
铁线篮(文件篮)⑪ **wire basket, file basket, in-and-out basket**
废纸篓 **waste-paper basket**
打字机⑫ **typewriter, typing machine**
打字色带⑬ **copying ribbon**
打字蜡纸 **stencil paper**
改正液 **correction fluid**
油印机 **mimeograph**
铁笔 **stencil pen, stylus**
刻写钢板(模板) **stencil-plate**
蜡纸 **stencil paper**
墨滚 **inking roller**
油墨 **printing ink**
复印机 **duplicating machine, duplicator**
拷贝机 **copying apparatus**
直接影印机 **photostat, photocopying machine**
书签 **book-mark**

玩 具 Toy

玩偶(娃娃) **doll**
玩具熊 **teddy bear**
玩具小屋 **doll's house**
玩偶家具 **doll's furniture**
玩偶炊具 **doll's cooking utensils**
玩偶餐具 **doll's tableware**
玩偶医疗器具 **toy medical apparatus**
摇鼓 **shaker**
小铃鼓 **tambourine**
小喇叭 **toy trumpet**
玩具钢琴 **toy piano**
积木 **blocks, bricks**
六面画 **picture cubes**
算术方木 **arithmetic blocks**
字母方木 **alphabet blocks**
拼图板 **picture puzzle**
拼图胶粒 **plastic picture peg**
胶泥 **plasticine**
玩具小人(公仔) **figurine**
不倒翁 **roly-poly, tumbler**
陀螺 **top**
惯性小汽车 **friction toy car**
发条式货车 **clockwork toy truck**
发条式火车 **clockwork toy train**
电动式轮船 **battery-operated toy ship**
惯性飞机 **friction toy plane**
喷水手枪 **water pistol**
发火手枪 **sparkling pistol**
喷火冲锋枪 **burp gun**
万花筒 **kaleidoscope**
吹气玩具 **inflatable toy**
气球 **balloon**
吹龙 **blow-out dragon**
王子棋 **quintet game**
斗兽棋 **animal checkers**
弹子跳棋 **marble checkers**
铁环 **hoop**
弹弓 **catapult**
跳绳 **skipping rope**
橡皮筋 **skipping rubber-band**
毽子 **shuttlecock**
摇马 **rocking horse**
叫鸭 **quacking duck**
儿童学步车 **go-cart, baby walker**
儿童三轮车 **child's tricycle**
跷板 **seesaw**
秋千 **swing**
滑梯 **children's slide**
七巧板 **tangram**
猪形储蓄罐 **piggy bank**
刺绣玩具 **embroidered toy**
泥塑玩具 **clay toy**
陶瓷玩具 **ceramic toy**
绒毛玩具 **plush toy**
棉鸟 **cotton bird**
通花玩具 **crocheted toy**
皮毛玩具 **fur toy**
电子玩具 **electronic toy**

珠 宝 Jewelry

珠宝首饰 **jewelry**
装饰品 **ornament**
宝石 **jewel, precious stone**
天然的 **genuine**

人造的 **artificial**
仿制品 **imitation**
假的 **fake**
钻石 **diamond**
红宝石 **ruby**
蓝宝石 **sapphire**
紫晶石 **amethyst**
金星石 **golden star stone**
虎眼石 **tiger-eye**
松石 **turquoise**
浮雕宝石 **cameo**
白玉 **white jade**
翡翠 **green jade, jadeite**
碧玉 **jasper**
绿玉 **emerald**
黑玉 **jet**
珊瑚 **coral**
玛瑙 **agate**
玳瑁 **shell of hawksbill turtle**
珍珠 **pearl**
镀金的 **gilded**
镶金的 **inlaid with gold**
金饰 **gold jewelry**
印章戒指 **signet ring**
手镯 **bracelet**
耳环 **earring**
耳扣 **earclip**
项链 **necklace**
袖扣 **cuff-link**
别针 **pin**
坠子 **pendant**
胸针 **brooch**
饰钮 **stud**
一串珠子(念珠) **beadroll**
珠袋 **bead purse**
金银丝镶嵌珠宝 **filigree jewelry**
鼻烟壶 **snuff bottle**

杂 项 Miscellaneous

玻璃器皿 **glassware**
搪瓷器皿 **enamelware**
瓷器 **porcelain**
铝制品 **aluminium ware**
饭盆 **rice basin**
饭盒 **lunch box, (Brit.) mess-tin, (US) mess-kit**
手提多层饭盒(食篮) **food carrier**
热水瓶 **thermos bottle, vacuum flask**
冰瓶 **ice bottle**
保温杯 **vacuum cup**
冷水瓶 **water bottle**
旅行水壶 **traveller's water bottle, canteen**
热水袋 **hot-water bottle, hot-water bag**
痰盂 **spittoon**
盥洗用品 **toilet articles**
毛巾 **towel**
浴巾 **bath towel**
手帕(手绢) **handkerchief**
香皂 **toilet soap**
药皂 **medicated soap**
洗发粉 **shampoo**
洗衣皂 **laundry soap**
海绵 **bath sponge**
脸盆 **wash-basin**
洗衣粉 **detergent**
去污粉 **cleanser**
牙刷 **tooth brush**
洁牙剂 **dentifrice**
牙膏 **tooth paste**

漱口剂 **mouth-wash**
香脂 **cold cream**
牙粉 **tooth powder**
雪花膏 **vanishing cream**
爽身粉 **talcum powder**
挎包(书包) **satchel**
小背包 **musette bag**
背包 **knapsack**
手提包 **handbag**
网兜 **string bag, net bag**
旅行袋 **travelling bag, carryall**
旅行皮包 **portmanteau**
公文包 **briefcase, portfolio**
手提箱 **suitcase**
雨伞 **umbrella, gamp**
阳伞 **parasol, sun umbrella**
干湿两用雨衣 **mackintosh**
雨衣 **rain coat**
缩骨伞 **telescopic umbrella**
竹雨帽 **bamboo rain hat**
雨披 **rain cape, poncho**
自行车雨衣 **rain coat for bicyclist**
衣架 **coat hanger**
晾衣绳 **clothesline**
晒衣夹 **clothes-peg**
搔背(不求人) **back-scratcher**
挖耳勺 **earpick**
羽毛掸子 **feather-duster**
煤油灯 **kerosine lamp**
马灯 **barn lantern**
汽灯 **gas lamp**

食品市场 Food Market

肉类 Meats

肉店 **the butcher's**
(宰好的)牲畜躯体 **carcass**
猪肉 **pork**
肩肉 **pork shoulder**
后腿肉 **ham**
里脊(柳肉) **tenderloin, fillet**
腰肉(上肉) **loin**
排骨 **spareribs**
背板肥肉 **fatback**
腹肉(泡腩) **pork belly**
软边 **flank, side**
五花腩条 **bacon strip**
上前胛 **butt**
肘肉(猪踭) **pork hock**
猪脚(猪手) **pig's feet, trotter**
猪头 **pig's head**
猪尾 **pig's tail**
板油 **leaf fat**

小猪 **piglet, pigling**
乳猪 **suckling pig**
羊肉 **mutton**
羊羔肉 **lamb**
山羊肉 **goat meat**
兔肉 **rabbit meat**
小牛肉 **veal**
牛肉 **beef**
前腿肉 **shank**
后腿肉 **round**
里脊(牛柳) **tenderloin, fillet**
腰肉(腰窝头) **sirloin**
打捧(臀肉) **rump**
胸肉(牛腩) **brisket**
软肋 **beef flank**
颈肉(花头) **chuck**
牛尾 **ox-tail**
杂肉 **variety meat**
内脏 **viscera, entrails**
肝 **liver**
心 **heart**
肾(腰子) **kidney**
大肠 **intestines**
小肠 **chitterlings**
肚 **tripe**
牛重瓣胃 **manyplies (omasum)**
胰 **sweetbread**
肉馅 **meat filling**
碎肉 **mince, minced meat**
肉丸 **meat ball**
肉片 **meat slice**
肉丝 **shredded meat**
肉丁 **meat dice, meat cube**
盘菜 **portioned dish ingredients, dish ingredient set**
罐头肉 **canned meat**
烧腊店 **barbecuer and curer's shop**
烧(烤的)全猪 **barbecue**
烧肉 **roast pork**
腊肉 **cured meat**
卤肉 **marinated meat**
烟肉(熏肉) **bacon**
香肠 **sausage**
大红肠 **Bologna sausage**
猪牛肉混合香肠 **frankfurter**
色拉米香肠 **salami**
野味 **game**
野猪肉 **wild boar meat**
野兔肉 **hare meat**
狍子肉 **roe deer meat**
黄猄肉 **muntjac meat**
獐子肉 **river deer meat**
果子狸肉 **masked civet meat**

禽类 Fowls

三鸟店 **poultry dealer**
家禽 **poultry**
鸡 **chicken**
母鸡 **hen**
小母鸡 **pullet**
公鸡 **cock, rooster**
阉鸡 **capon**
火鸡(吐绶鸡) **turkey**
鸭 **duck**
番鸭(麝香鸭) **musk duck**
泥鸭(菜鸭) **table duck**
鹅 **goose**
鸽 **pigeon**
胸肉 **white (breast) meat**
腿肉 **dark meat**
(鹅、鸭)掌 **web**

翼 **wing**
鸡鸭杂 **giblets**
珍肝 **gizzard and liver**
猎禽 **game bird**
野鸡(山鸡, 雉)① **pheasant**
松鸡② **grouse**
鹧鸪③ **partridge**
斑鸠④ **turtledove**
竹鸡⑤ **bamboo**
沙雏⑥ **snipe**
野鸭⑦ **mallard**
雁(野鹅)⑧ **wild goose**
鹌鹑⑨ **quail**
禾花雀 **ricebird**
麻雀 **sparrow**
蛋 **egg**
蛋白 **egg white**
蛋黄 **egg yolk**
鲜蛋 **fresh egg**
冻蛋 **frozen egg**
咸蛋 **salt egg**
皮蛋 **preserved egg**

鱼 类 Fish

鱼店 **fishmonger's**
淡水鱼 **freshwater fish**
鲤鱼⑩ **carp**
鲫鱼⑪ **crucian carp**
金鱼 **goldfish**
草鱼(鲩)⑫ **grass carp**
青鱼(黑鲩) **black carp**
鲢鱼⑬ **silver carp**
鳙鱼(大头)⑭ **bighead, fathead**
鲮鱼⑮ **mud carp**
团头鲂(武昌鱼) **Wuchang black bream**
鳊(北京鳊)⑯ **Beijing bream**
鳜鱼(桂鱼)⑰ **Chinese perch**
非洲鲫 **bolti**
乌鳢(生鱼)⑱ **snakehead mullet**
鳡鱼⑲ **minnow**
胭脂鱼(火烧鳊) **Chinese sucker**
鲶鱼(总称) **catfish**
欧洲鲶鱼 **sheatfish**
胡子鲶(塘虱)⑳ **Chinese catfish**

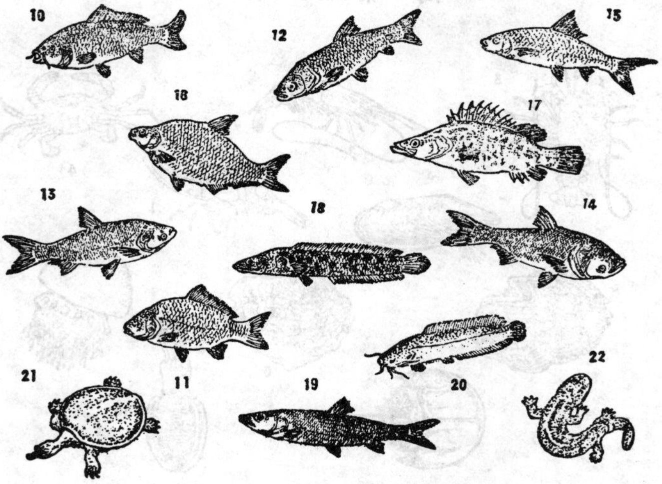

黄鳝 **mud eel**
泥鳅 **loach**
海鳝(白鳝) **white eel**
甲鱼(水鱼，鳖)㉑ **turtle**
娃娃鱼(大鲵)㉒ **giant salamander**
田鸡 **meat frog**
咸水鱼 **saltwater fish**
鲥鱼 **Yangtze shad**
鲈鱼 **bass**
石斑鱼 **grouper**
碟鱼 **plaice, flounder**
鲟鱼 **sturgeon**
鲑鱼 **salmon**
大马哈鱼 **dog salmon**
黄花鱼 **yellow croaker**
鲳鱼 **pomfret**
曹白鱼(鳓) **herring**

青鱼(鲱) **Pacific herring**
池鱼(圆鲹) **scad**
沙鱼 **shark**
鲸鱼 **whale**
鳘，鳕 **cod**
凤尾鱼 **long-tailed anchovy**
沙丁鱼 **sardine**
金枪鱼 **tuna**
比目鱼(鲽、鳎、鲆的总称) **sole**
狮子鱼(剥皮鱼) **snailfish**
飞鱼 **flying fish**
鳟鱼 **trout**
带鱼 **cutlass fish, hair tail**
马鲛鱼 **mackeral**
银鱼 **glass fish**
蛇鲻(狗棍) **lizard fish**
咸鱼 **salt fish**

海 味 Sea Food

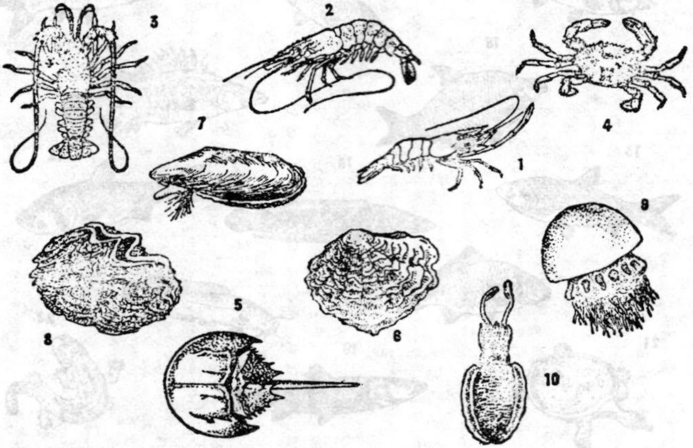

海味店 **sea food store**
虾蟹贝类 **shellfish**
青虾(沼虾)① **shrimp**
对虾(明虾)② **prawn**
龙虾③ **lobster**
虾仁 **shelled shrimp**
蟹④ **crab**
蟹膏(蟹黄) **crab roe, crab spawn**
蟹钳 **crab pincers**
鲎(蟹鲎)⑤ **king crab, horse-shoe crab**
海螺 **conch**
牡蛎(蚝)⑥ **oyster**
贻贝(淡菜)⑦ **dried mussel**
鲍鱼 **abalone**
扇贝 **scallop**
江瑶柱(干贝) **dried scallop meat**
蛤蜊 **clam**
蛏⑧ **razor clam**
蚶 **ark shell**
海蜇⑨ **jellyfish**
鱿鱼 **squid**
墨鱼(乌贼)⑩ **cuttlefish**
海参 **sea cucumber, bêche-de-mer**
章鱼 **octopus**
海龟 **sea turtle**
鱼肚 **fish-maw**
鱼翅 **shark's fin**
海星 **starfish**
海胆 **sea urchin (sea hedge-hog)**
燕窝 **bird's nest**
鱼子 **hard roe**
鱼白 **soft roe**
鱼子酱 **caviar**

海带 **tangle, seaweed**
紫菜 **red laver, porphyra**
石花菜(大菜) **agar**
发菜 **star jelly**

蔬 菜 Vegetables

11

14

13

12

蔬菜店 **greengrocer's**
白菜⑪ **Chinese cabbage,** ***pakchoi***
大白菜(黄芽白,绍菜)⑫ **Beijing cabbage,** ***baicai***
菜心(菜苔)⑬ **false** ***baicai*** **flowering cabbage**
(上海)榻菜⑭ **Shanghai cabbage**
青菜(油菜) **greens**
甘蓝(卷心菜,椰菜)⑮ **cabbage**
皱叶甘蓝 **savoy cabbage**
花椰菜(椰菜花)⑯ **cauliflower**
芥蓝 **cabbage mustard**
球茎甘蓝(芥蓝头)⑰ **kohlrabi**
芜菁甘蓝(洋大头菜)⑱ **rutabaga**
芥菜 **leaf mustard**
芜菁 **turnip**
榨菜(茎用芥菜)⑲ **tuber mustard**
大头菜(根用芥菜,冲菜)⑳ **globular root of mustard**
菠菜 **spinach**
莴苣(生菜) **lettuce**
皱叶莴苣(玻璃生菜) **crinkled lettuce**
空心菜(蕹菜) ***wengcai*, water spinach**
西洋菜(豆瓣菜) **watercress**

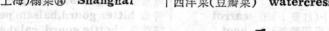

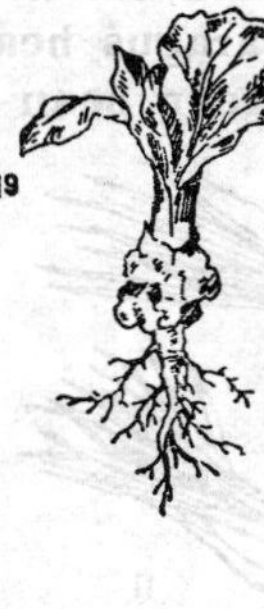
19

15

17
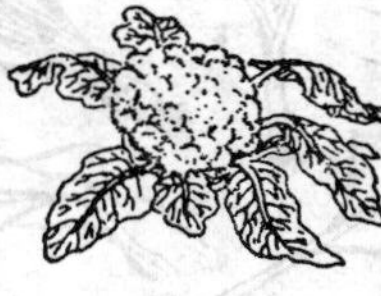
16

18

20

苋菜 **edible amaranth**
芹菜(旱芹) **celery**
莙荙菜(叶用甜菜, 牛皮菜) **chard, leaf beet**
茼蒿 **crown daisy**
枸杞菜 **leaf of matrimony vine**
芫荽(香菜) **coriander**
欧芹(洋芫荽) **parsley**
萝卜① **radish**
圆长白萝卜② **winter white radish**
胡萝卜(红萝卜)③ **carrot**
甜菜(根用菾菜)④ **beet**
芦笋(龙须菜, 石刁柏)⑤ **asparagus**
韭葱(洋大蒜)⑥ **leek**
韭菜⑦ **Chinese leek**
韭黄 **blanched Chinese leek**
蒜⑧ **garlic**
藠头(荞头)⑨ **Chinese onion (Allium Chinenses)**
洋葱⑩ **onion, common onion**
大葱⑪ **spring onion, Welsh onion**
青葱(白头葱)⑫ **shallot**
细香葱(红头葱)⑬ **chive, Chinese green onion**
番茄(西红柿) **tomato**
茄子(矮瓜) **eggplant**
辣椒 **chilli**
圆椒(灯笼椒) **bell pepper**
青椒(菜椒) **green pepper**
黄瓜(青瓜) **cucumber**
白瓜 **white melon**
节瓜(毛瓜) ***jiegua*, wax gourd**
冬瓜 **Chinese wax gourd**
南瓜 **Chinese squash**
美洲南瓜 **pumpkin**
棱角丝瓜(粤丝瓜) **sponge gourd**
粤水瓜 **vegetable sponge**
苦瓜 **bitter gourd, balsam pear**
葫芦瓜 **bottle gourd, calabash**
豇豆(豆角)⑭ **asparagus bean, string bean, green bean**

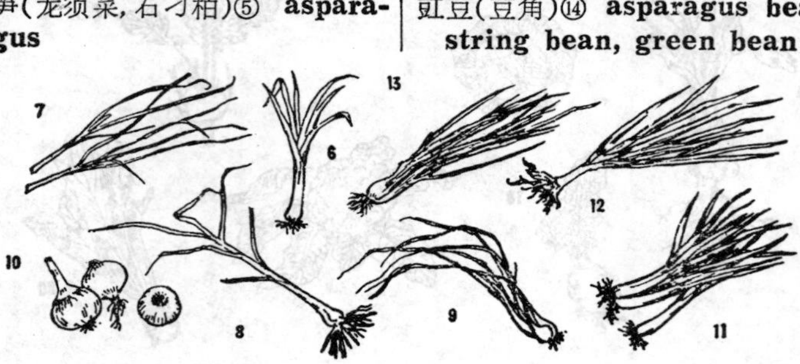

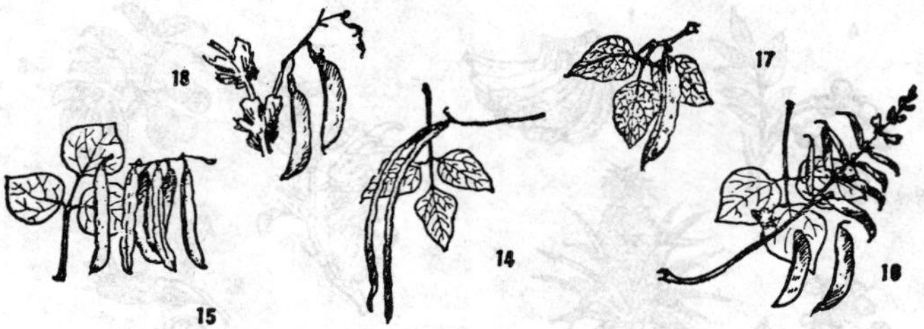

菜豆(玉豆、龙芽豆)⑮ **lima bean**
扁豆⑯ **lentil**
云豆(四季豆) **kidney bean**
刀豆⑰ **sword bean**
豌豆(麦豆)⑱ **pea, garden pea**
赤豆(小豆) **adzuki bean**
黄豆(大豆、毛豆) **soya-bean, (Am.) soybean**
绿豆 **mung bean**
蚕豆 **broad bean**
豆荚 **bean pod**
豆芽 **bean sprouts**
茭笋 **wild rice shoots**
莲藕 **lotus root**
慈姑 **arrowhead**
荸荠(马蹄) **water chestnut**
菱角 **water caltrop**
蘑菇 **mushroom**
木耳 **fungus**
竹笋 **bamboo shoots**
芋头 **taro**
姜 **ginger**
山药 **yam**
马铃薯(土豆) **potato**
甘薯(番薯) **sweet potato**
木薯 **cassava**
参薯(大薯) **white yam, winged yam**
葛(粉葛) **kudzu**
竹芋 **arrowroot**
沙葛(豆薯) **yam bean**

水 果 Fruit

水果店 **fruit shop (store)**
苹果 **apple**
雪梨 **snow pear**
沙梨 **sand pear**
柑桔 **orange**
蜜柑 **Chinese honey orange**
甜橙(广柑) **sweet orange**
桔子 **mandarin orange**
金桔 **kumquat**
香橼 **citron**
柠檬 **lemon**
椰子 **coconut**
木瓜(番木瓜) **papaya**
杨桃(五敛子) **carambola**
桃 **peach**
蜜桃 **honey peach**
李 **plum**
梅 ***mei*, plum**
杨梅(香杨梅) **bayberry (sweet gale)**

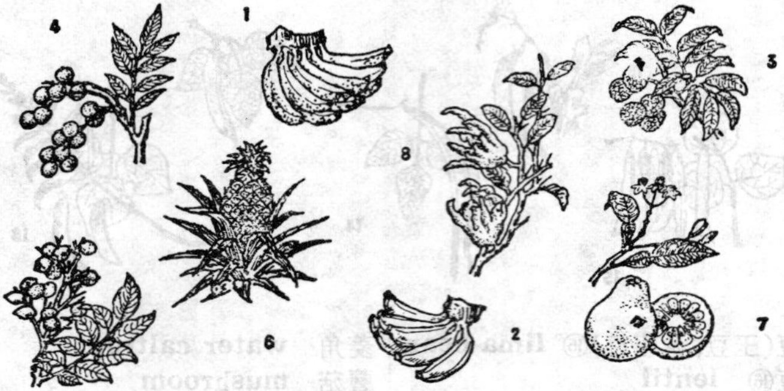

香蕉① banana
大蕉② plantain
荔枝③ litchi, lichi, lychee
龙眼④ longan
黄皮⑤ wampee
菠萝⑥ pineapple
木波罗(波罗蜜) jack-fruit
柚子⑦ pomelo
佛手⑧ finger citron
佛手柑 bergamot
杏 apricot
樱桃 cherry
葡萄 grape

蒲桃 rose apple
石榴⑨ pomegranate
番石榴⑩ guava
柿子 persimmon
海棠果 crab apple
野生海棠果 cherry apple
番荔枝 sweetsop, custard apple
芒果⑪ mango
无花果⑫ fig
人心果⑬ sapodilla
山楂⑭ haw
枇杷⑮ loquat

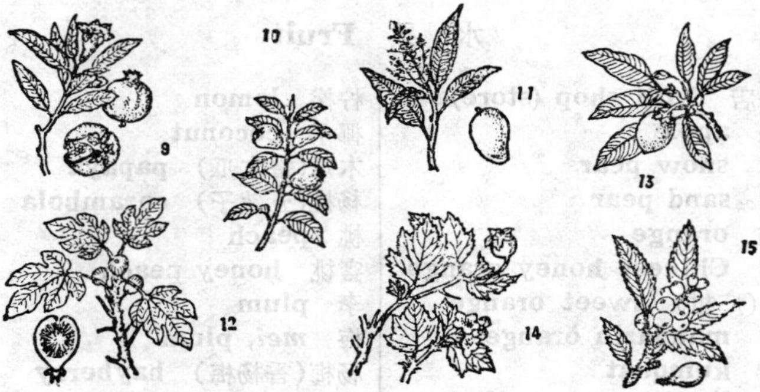

榴莲 durian
苹婆(凤眼果) seed of the noble bottle tree
草莓 strawberry
枣子 Chinese date, jujube
橄榄 Chinese olive
葡萄柚 grapefruit (Toronja)
面包果 breadfruit
牛油果(鳄梨) aquacarte
西瓜 water melon
香瓜 musk melon
哈蜜瓜 Hami musk melon, Hami cantaloupe
果蔗 sugar-cane
罐头水果 canned fruit

杂 货 Grocery

食品杂货店 grocery
干菜 dried vegetable
脱水菜 dehydrated vegetable
白菜干 dried Chinese cabbage
干姜粉 ginger powder
火蒜 toasted garlic
笋干 dried bamboo shoots
香菇(冬菇) dried mushroom
竹荪⑯ bamboo fungus
黄花菜(金针) dried day-lily
木耳 fungus
白木耳(银耳, 雪耳) white fungus
百合 dried lily bulb
坚壳果 nut
栗子(板栗)⑰ chestnut
榛子 hazelnut
榄仁 olive kernel
花生 peanut
腰果 cashew nut
核桃(胡核) walnut
杏仁 apricot kernel
椰子蓉 grated coconut
白果(银杏)⑱ ginko fruit
莲子 lotus seed
芡实(鸡头) seed of gorgon plant, euryale seed
薏米⑲ Job's tears
瓜子 melon seed
葵花子 sunflower seed
槟榔⑳ betelnut
干果 dried fruit
红枣 dried red jujube (Chinese date)
葡萄干 raisin

18

16

20

17

19

无核葡萄干 **currant, seedless raisin**
杏干 **dried apricot**
李干(嘉应子) **dried plum**
桂元肉 **dried longan pulp**
柿饼 **dried persimmon**
腌制果 **preserved fruit**
蜜枣 **candied jujube**
桔胚(桔饼) **candied orange**
糖水荔枝 **lichee in syrup**
咸水杨梅 **bayberry brine**
话梅 **preserved plum**
李脯(梅脯) **prune**
山楂脯 **preserved haw**
什锦蜜饯 **assorted candied fruits**
糖冬瓜片 **sugared wax gourd slices**
蜜饯芒果 **candied mango**
糖姜片 **sugared ginger slices**
五味榄 **spiced Chinese olive**
腌制菜(泡菜) **pickles**
咸菜 **salted vegetable**
榨菜 **pickled tuber mustarb**
冬菜 **preserved shreds of cabbage**
什锦菜 **assorted pickles**
咸酸荞头 **pickled Chinese onion**
糖醋蒜头 **sweet and sour garlic**
酸黄瓜 **pickled cucumber**
莳萝腌黄瓜 **drill pickle**
酸萝卜 **pickled radish**

烟 店 The Tobacconist's

烟草 **tobacco**
烟丝 **cut tobacco, pipe tobacco**
鼻烟 **snuff**
卷烟 **cigarette**
手卷烟 **hand-rolled cigarette**
雪茄 **cigar**
方头雪茄 **cheroot**
过滤嘴香烟 **filter-tipped cigarette**
烟碱(尼古丁) **nicotine**
烟的香味 **aroma**
特长的香烟 **king-size(d) cigarette**
一包香烟 **a packet of cigarettes**
一条香烟 **a carton of cigarettes**
烟纸 **cigarette paper**
烟盒 **cigarette case**
锡纸 **tin-foil**
玻璃纸 **cellophane**
烟嘴 **cigarette holder**
烟斗 **pipe**
水烟筒 **water pipe, hubble-hubble**
烟丝袋 **tobacco-pouch**
打火机 **cigarette lighter**
火石 **flint**
充气火机 **gas lighter**
火柴 **match**
烟头(香烟屁股) **cigarette end, cigarette butt**
烟灰缸 **ashtray**

饮食业 The Restaurant Industry

饮食店 Restaurants

饭店(餐馆,酒家) **restaurant**
餐厅(餐室) **dining-room**
宴会厅 **banquet room**
大众化饮食店 **eating house, cookshop**
食堂 **canteen**
素食饭店 **vegetarian restaurant**
清真饭店 **Muslim restaurant**
小食店 **snack bar**
(食品)小卖部 **buffet**
面食店 **noodle bar**
西餐馆 **café**
快餐饭店 **quick-lunch bar, fast-food restaurant**
自助饭店(食堂) **cafeteria**
酒吧 **bar**
咖啡馆 **coffeehouse**
茶室(茶馆) **teahouse**
冰室 **ice-cream parlour**
冷饮店(柜) **soda fountain**
地方风味 **distinctive flavour of local cuisine**
饭店经理 **restaurant manager**
厨师 **cook**
厨师长 **chef, head cook**
见习厨师 **assistant cook**
服务人员 **service worker**
男服务员 **waiter**
女服务员 **waitress**
收款员 **cashier**
素食者 **vegetarian**
食品鉴尝家 **gourmet**

餐厅业务 Dining-room Service

餐(一顿饭) **meal**
早餐 **breakfast**
午餐 **lunch**
晚餐 **supper**
主餐(正餐) **dinner**
午后茶点 **afternoon tea**
点心 **refreshment(s)**
丰盛的一餐 **substantial meal, square meal**
便餐 **pot-luck, simple fare, light meal**
斋戒 **fast**

开斋 **breaking one's fast**
戒口(忌口) **dieting**
吃特别规定的食物 **being on special diet**
客餐(包餐) **table d'hote**
散餐(零点菜) **a la carte**
订餐桌 **booking (reserving) a table**
摆桌开餐 **laying the table for dinner**
点菜 **ordering**
写点菜单 **taking an order**
菜谱 **menu, bill of fare**
介绍菜色 **recommending dishes**
上菜 **serving**
餐前小食 **hors d'oeuvre**
开胃品 **appetizer**
主菜 **main course, (Am.) entrée**
餐后甜品 **sweet, (Am.) dessert**
一份(食物) **portion (of food)**
胃口好 **good appetite**
胃口差 **poor appetite**
收餐具(清餐桌) **clearing the table**
吃剩的东西 **leftover(s)**
结帐(开单) **making out the bill**
分单结帐 **separate bills**
合单结帐 **one bill for all**
付帐 **paying (the bill)**
收款台 **cashier's counter**
收据 **receipt**
找头(零钱) **change**
宴会 **dinner-party, banquet, feast**
茶会 **tea party**
招待酒会 **reception dinner**
自助晚餐 **buffet supper**
鸡尾酒会 **cocktail party**
请帖 **invitation card**
祝酒词 **toast**
为……干杯 **proposing a toast to…**
干杯! **Bottoms up!**
主人 **host**
客人 **guest**
订餐 **ordering in advance**
预定每位付钱(标准)多少? **What's the figure (payment) you have in mind? (How much would you like to pay for each plate?)**
每位十元,酒水另计。 **10 *yuan* a plate, drinks extra.**
请摆四个位子。 **Please set plates for four.**
这个菜要隔日预订。**This dish is ordered one day in advance.**
请多摆一个位。 **Another plate (cover), please.**
你要什么菜? **What would you like (to take)?**
我们不收小费。**We don't take tips.**
对不起,算错了帐。**Sorry, there's a mistake in the bill.**
你多付了一角钱。**It should be 10 *fen* less.**
你少付了五毛钱。 **It should be 50 *fen* more.**

厨 具 Kitchen Equipment

厨房 kitchen
食橱(碗柜) kitchen cupboard, kitchen cabinet
壁橱 built-in cupboard
炊具 cookware
炉灶 range
柴炉 firewood stove
炭炉 charwood stove
煤炉① coal stove

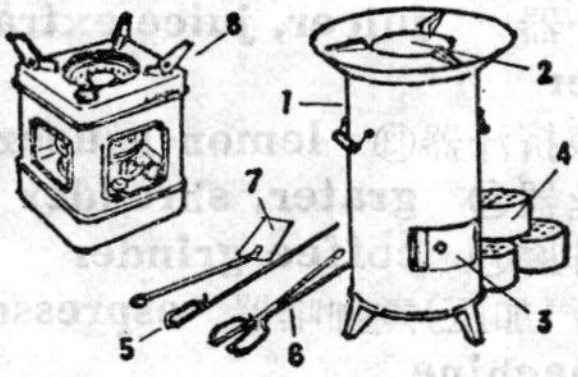

炉膛② fire box
通风门③ draught-door
煤球(蜂窝煤)④ briquette
通条⑤ poker
火钳⑥ tongs
煤灰铲⑦ ash-shovel
柴刀 wood chopper
风箱 bellows
酒精炉 spirit stove
煤油炉⑧ kerosene stove
煤气灶⑨ gas-range
煤气喷嘴⑩ gas-ring, gas-burner
煤气开关⑪ gas-stop, gas-cock

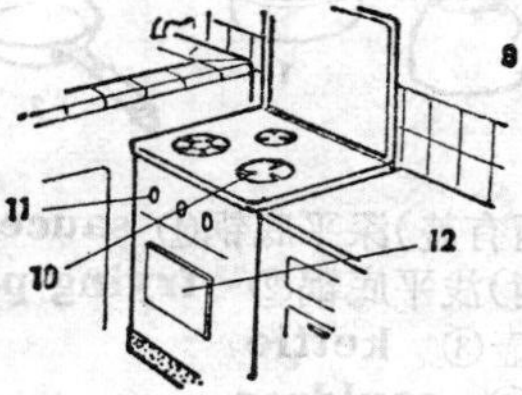

烤箱⑫ oven
电炉 electric stove
电子炉 electronic oven
微波烤箱 microwave oven
太阳灶 solar cooker
火锅(边炉) chafing-dish
烹饪具 cooking utensils
锅(镬)具⑬ wok works
锅(镬)⑭ wok
锅盖⑮ cover
锅架⑯ wok stand
锅铲⑰ spatula, slice
长柄勺⑱ ladle
蒸架⑲ rack

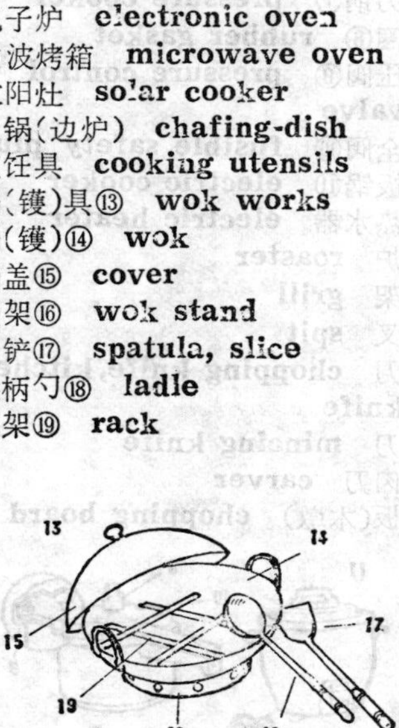

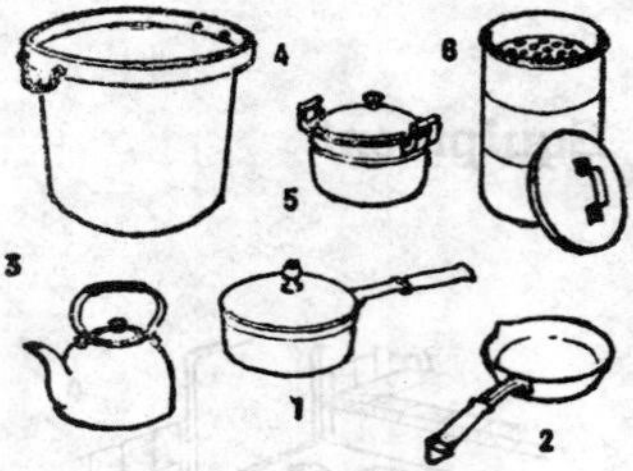

(有柄有盖)深平底锅① **saucepan**
(有柄)浅平底锅② **frying-pan**
烧水壶③ **kettle**
大锅④ **cauldron**
砂锅 **casserole**
铝锅⑤ **aluminium pot**
蒸笼⑥ **steamer**
压力锅⑦ **pressure cooker**
胶圈⑧ **rubber gasket**
限压阀⑨ **pressure control valve**
安全阀⑩ **fusible safety plug**
电饭锅⑪ **electric cooker**
电热水器 **electric heater**
烤炉 **roaster**
烤架 **grill**
烤叉 **spit**
厨刀 **chopping knife, kitchen knife**
剁刀 **mincing knife**
切肉刀 **carver**
砧板(木墩) **chopping board**

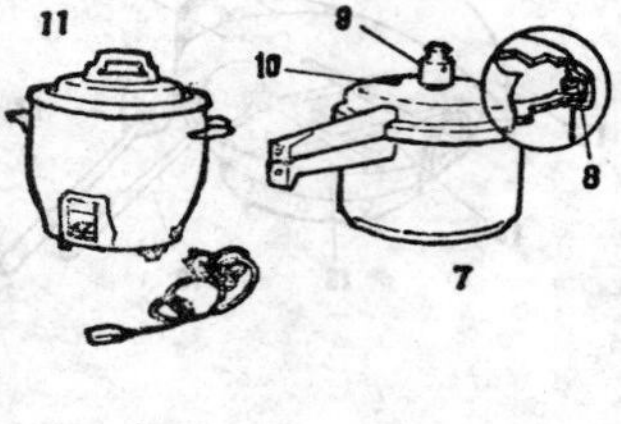

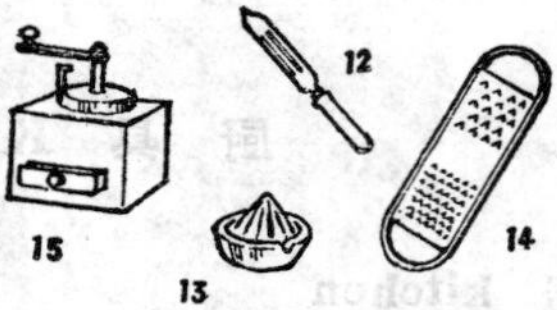

磨刀石 **grindstone, knife sharpener**
瓜刨⑫ **peeler, paring knife**
拔毛钳 **clipper**
切片机 **slicer, slicing machine**
绞肉机 **meat grinder**
去皮机 **skinner**
搅拌器 **blender**
打蛋器 **egg-beater**
榨汁器 **juicer, juice extracter**
柠檬挤汁器⑬ **lemon squeezer**
刨丝器⑭ **grater, shredder**
咖啡磨⑮ **coffee grinder**
(蒸汽加压)煮咖啡器 **espresso machine**
石磨 **mill**
过滤器 **filter**
容器 **container**
瓦器(陶器) **crockery**
盆⑯ **basin**
提桶⑰ **pail**
木桶⑱ **bucket**
缸(瓮)⑲ **vat**
坛(广口瓶)⑳ **jar**
(小口有柄)水罐㉑ **jug**

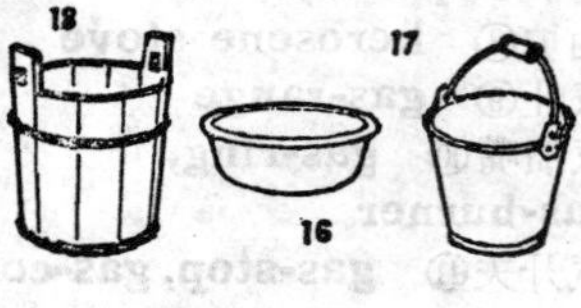

大水罐㉒ pitcher
瓦壶㉓ crock, earthenware pot
金属圆罐㉔ tin, (Am.) can
水壶㉕ water-bottle
口盅㉖ mug
水勺㉗ dipper
瓢㉘ gourd dipper
漏斗㉙ funnel
漏勺㉚ skimmer
笊篱㉛ strainer
冰箱 ice-box
电冰箱 refrigerator

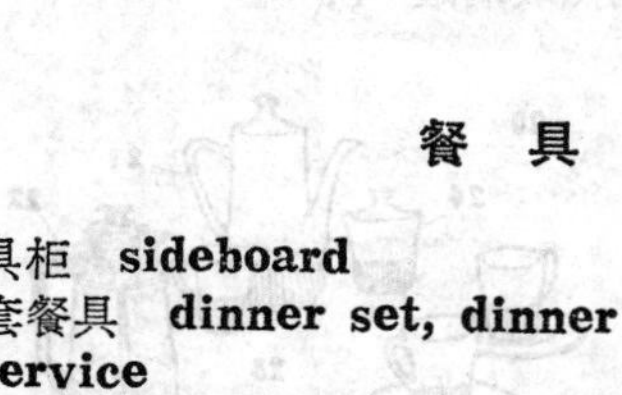

擀面杖 rolling pin
面板 breadboard
模子 mould, form
筛 sieve
粗筛 screen
箩斗(粉筛)㉜ sifter
揉面机(和面机) kneader, mixer
面条机 noodle maker
制面包机 bread maker
烤面包机 toaster
面包架 toast rack
包饺子机 dumpling maker
洗涤器具 implements for washing
洗碗机 dish-washer, washing-up machine
洗碗池 washing-up sink
漂清池(过碗池) rinsing sink
洗碗布 dishcloth
抹碗布 dish-towel
抹桌布 duster
洗瓶刷 bottle-brush
去污粉 cleanser
围裙 apron
瓶塞起子 cork screw
开瓶刀 bottle opener
罐头刀 can opener
坚果破壳器 nut cracker
提秤 steelyard, lever scales
磅秤 scales

餐 具 Tableware

餐具柜 sideboard
一套餐具 dinner set, dinner service
瓷器餐具 porcelain dinnerware
银器餐具 silver (plate)
金器餐具 gold plate
餐巾 table napkin, serviette
餐纸 paper napkin
香巾 towel

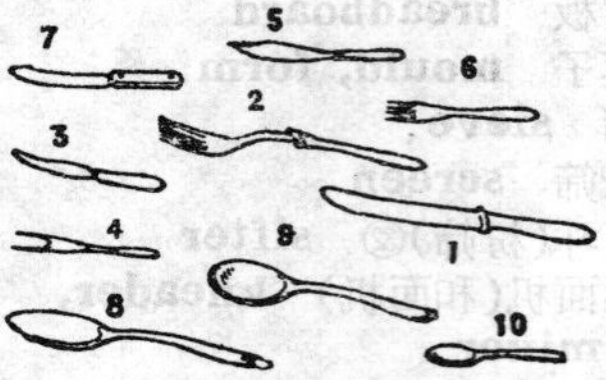

筷子 **chopsticks**
筷子架 **chopsticks rest**
餐刀① **table knife**
餐叉② **table fork**
肉刀③ **carving knife**
肉叉④ **carving fork**
鱼刀⑤ **fish knife**
鱼叉⑥ **fish fork**
水果刀⑦ **dessert knife**
餐匙⑧ **tablespoon**
汤匙⑨ **soup spoon**
茶匙⑩ **teaspoon**
汤勺 **soup ladle**
碟(浅碟)⑪ **plate**
汤碟⑫ **soup plate**
(有盖)汤盅⑬ **tureen**
碗⑭ **bowl**
奶酪罐 **creamer, cream pitcher**
五味架 **cruet-stand**
醋瓶 **vinegar cruet**

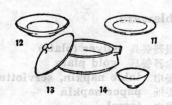

酱油瓶 **soy cruet**
胡椒瓶 **pepper caster, pepper shaker**
盐盅 **salt cellar**
芥末罐 **mustard pot**
豉油碟 **soy dish**
牙签筒 **toothpick holder**
茶具⑮ **tea set, tea things**
 茶壶⑯ **teapot**
 茶杯⑰ **teacup**
 垫碟⑱ **saucer**
 托盘⑲ **tray**
咖啡具⑳ **coffee set**
 咖啡壶㉑ **coffee pot**
 咖啡过滤壶㉒ **percolator**
 奶缸㉓ **milk jug**
 糖盅㉔ **sugar-bowl**
玻璃器皿 **glassware**
水瓶 **carafe**
玻璃杯 **glass**
耐热玻璃罐 **pyrex canister**

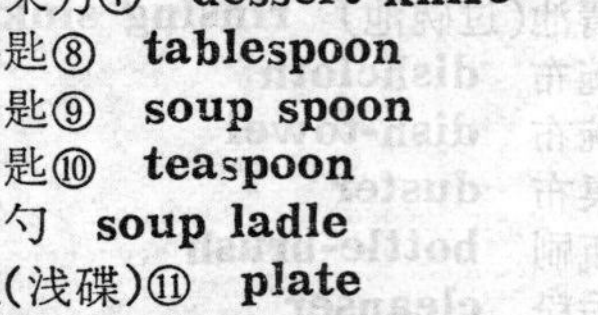

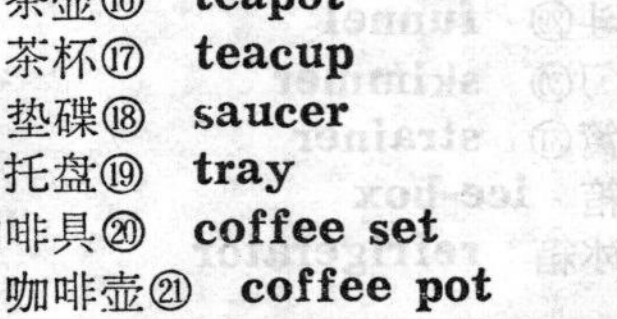

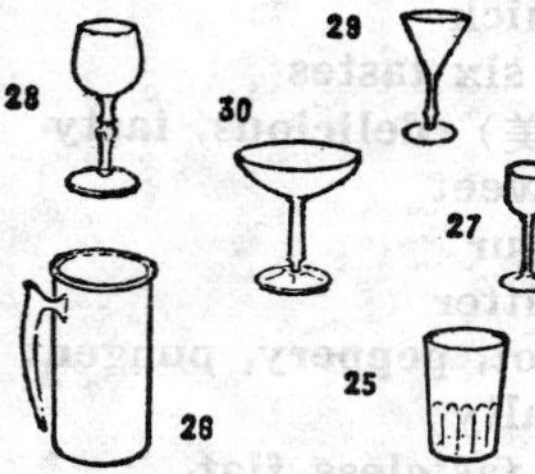

平底杯㉕ **tumbler**
(有耳)大杯㉖ **mug**
啤酒杯 **beer mug**
有脚器皿 **stemware**
高脚杯 **goblet**
烈酒杯㉗ **liqueur glass**
葡萄酒杯㉘ **wine glass**
甜酒杯㉙ **cordial glass**
香槟酒杯㉚ **champagne glass**

烹 调 Cookery

烹调书 **cookbook**
主料 **main ingredient**
配料 **subsidiary ingredient**
装饰料(配头) **garnish**
芡(调味汁) **dressing, starchy sauce**
芡粉 **cooking starch**
食料处理 **processing of foodstuffs**
屠宰(牲畜) **slaughtering**
褪毛弄净 **dressing**
光鸡 **dressed chicken**
去骨 **boning**
去骨鸭掌 **boned duck web**
去壳 **shelling**
虾仁 **shelled shrimp**
去皮 **skinning**
去皮田鸡 **skinned frog**
去鳞 **scaling**
切片 **slicing**
鱼片 **sliced fish, fish slices**
切丝 **shredding**
肉丝 **shredded pork, pork shreds**
切丁 **dicing, cubing**
鸡丁 **diced chicken, chicken cubes**
剁碎 **mincing**
剁碎的肉 **minced meat, mince**
捣烂 **mashing**
薯泥 **mashed potatoes**
泡浸 **soaking**
填(酿) **stuffing**
上浆 **dipping in batter**
上粉 **rolling in starch**
调味 **seasoning**
(加香料)调制 **spicing**
腌制 **pickling**
卤制 **marinating**
腊制 **curing**
烹调 **cookery, culinary art**
煮, 做, 调制 **cooking, preparing**
爆(快炒) **sautéing**
炒 **(stir-) frying**
煎 **pan-frying**
炸 **deep-frying**
炖, 焖 **stewing**
焖, 烧 **braising, fricasseeing**
红烧 **braising**
煨 **simmering**
扒 **frying and simmering**
蒸 **steaming**

白灼(烫) scalding
煮，滚 boiling
氽 pouring boiling soup into vessel containing ingredients
煮成半熟 parboiling
水煮荷包蛋 poaching
勾芡(打芡) pouring starchy sauce over the dish
烧，烤 roasting
(在烤架上)烤炙 grilling
熏 smoking
烘 baking
焙(炙) broiling
炸猪油 frying, rendering
掌握火候 fire (heat) control
武火 intense fire
文火 slow fire
文武火 moderate fire
不太熟 underdone
很嫩 rare
适中 medium
烧得恰到好处 done to a turn
熟透 well-done
过熟 over-done
烧焦 burned
五味 five flavours
香 fragrant
脆 crisp
松(酥) short
肥(腻) rich
浓 thick
六味 six tastes
鲜(味美) delicious, tasty
甜 sweet
酸 sour
苦 bitter
辣 hot, peppery, pungent
咸 salty
无味 tasteless, flat
新鲜 fresh
陈腐 stale, tainted
未成熟(生) raw
成熟 ripe
嫩 tender
老(韧) tough
肥 fat
瘦(精) lean
硬 hard
软 soft
味浓 highly seasoned
清淡 light, mild
油腻 oily, greasy
难消化 heavy
涩 astringent
腥 rank smell of fish
膻(臊) rank smell of mutton
哈喇(油腐味) rancid
馊(变味) gone bad, spoiled, tainted
臭 stinking

调味品 Condiments

作料 seasoning
味精 gourmet powder, monosodium glutamate
盐 salt
精盐 table salt
食油 edible oil, (Am.) cooking oil
植物油 vegetable oil
花生油 peanut oil
茶〔籽〕油 tea (-seed) oil

菜〔籽〕油 rape oil
芝麻油 sesame oil
大豆油 soya-bean oil
椰子油 coconut oil
辣椒油 chilli oil
动物油 animal oil
猪油 lard
(牛羊)板油 suet
黄油(牛油) butter
奶油 cream
干酪 cheese
人造奶油 margarine
调味汁 sauce
豉油(中国酱油) soy sauce
蚝油 oyster sauce
鱼露 fish sauce
固体酱油 solid sauce
番茄汁 tomato sauce
辣酱油 worcester sauce
辣椒酱 chilli paste
番茄菜椒酱 chilli sauce
番茄酱 ketchup, catsup
酸辣酱 chutney
豆瓣酱(面豉) soyabean paste
肉酱 meat paste
果酱 jam
菠萝酱 pineapple jam
桔子酱 marmalade
蛋黄酱 mayonnaise
醋 vinegar
香醋 aromatic vinegar
糖 sugar
红糖 brown sugar
砂糖 granulated sugar
方糖 cube sugar
冰糖 rock sugar
焦糖 caramel
糖酱 syrup
糖精 saccharin
麦芽糖 malt sugar, maltose
蜜糖 honey
香料 spice
香草 vanilla
香精油 essential oil
香料粉(五香粉) spice powder
胡椒 pepper
芥末 mustard
咖喱 curry
薄荷 mint
桂皮 Chinese cinnamon, cassia bark
陈皮 dried orange peel
八角(大茴香) Chinese aniseed, star aniseed
欧茴香 aniseed
茴香(小茴香) fennel
胶料 gelatin
琼脂(大菜、石花菜) agar
生粉 starch
豆粉 bean powder, pea-starch
色料 food colour
发酵粉 baking powder
面种 sourdough
酵母 yeast
碱水 lye
硼砂 borax

饮 料 Beverages

清凉饮料 cooling drink
冷饮 cold drink
冰冻饮料 iced drink
热饮 hot drink
饮用水 drinking water
中国茶 China tea

红茶 **black tea**
绿茶 **green tea**
〔香〕花茶 **scented tea**
茉莉花茶 **jasmin(e) tea**
乌龙茶 **wulong tea**
砖茶(茶砖) **brick tea**
沏茶(泡茶) **brewing**
头泡茶 **first brew**
浓茶 **strong tea**
淡茶 **weak tea**
柠檬茶 **lemon tea**
咖啡 **coffee**
牛奶咖啡 **white coffee**
净咖啡 **black coffee**
冰冻咖啡 **iced coffee**
速溶咖啡 **instant coffee**
可可 **cocoa**
麦乳精 **malted milk**
芝麻糊 **sesame porridge**
杏仁糊 **almond porridge**
牛奶 **milk**
酸牛奶 **sour milk**
奶制品 **dairy product, milk product**
奶油 **cream**
奶酪 **cheese**
奶粉 **milk powder**
炼奶 **condensed milk**
浓缩奶 **evaporated milk**
脱脂奶 **skimmed milk**
全脂奶 **whole milk**
冰奶 **milk shake**
奶油冻 **mousse**
羊奶 **goat's milk**
马奶 **mare's milk**
豆浆 **soya milk**
瓶装饮料 **bottled drink**
无酒精的饮料 **soft drink**
汽水(苏打水) **aerated water, soda water**
矿泉水 **mineral water**
柠檬水 **lemonade**
桔子水 **orangeade**
菠萝汁 **pineapple juice**
柠檬汁汽水 **lemon squash**
橙汁汽水 **orange squash, orangeade**
姜汁汽水 **ginger beer**
可口可乐 **coca-cola**
啤酒 **beer**
苦啤酒 **bitter**
啤酒泡沫 **beer froth**
桶装散卖啤酒 **draught beer**
生啤 **green beer**
淡色啤酒 **ale**
浓烈黑啤酒 **stout**
汽酒 **sparkling beer**
红葡萄酒 **red wine**
白葡萄酒 **white wine**
玫瑰香葡萄酒 **muscatel**
绍兴花雕酒 **Shaoxing wine**
桂花陈酒 **osmanthus wine**
糯米酒(黄酒) **glutinous rice wine**
苹果酒 **cider**
桔皮酒 **curacao**
樱桃酒 **maraschino**
玫瑰露 **rose liquor**
兰姆酒 **rum**
露酒 **liqueur**
开胃酒 **aperitif**
补酒 **tonic wine**
香槟酒 **champagne**
雪利酒(葡萄酒) **sherry**
味美思苦艾酒 **vermouth**
金酒(杜松子酒) **gin**
伏特加酒 **vodka**
白兰地 **brandy**

法国白兰地 **cognac**
鸡尾酒 **cocktail**
威士忌 **whiskey**
威士忌加苏打水 **whiskey soda**
清酒(日本米酒) **sake, saki**
五加皮 **Wu Jia Pi**
竹叶青 **bamboo leaf**
莲花白 **lotus white**
茅台酒 **maotai**
烈酒 **liquor, spirits**
酒精 **alcohol, spirit**
六十度的酒 **liquor containing 60% alcohol**

米面食品 Cereal Foodstuffs

主食 **staple food**
大米 **rice**
米粉 **rice flour**
粉条 **rice noodles**
排米粉 **rice vermicelli**
粉丝 **bean vermicelli**
通心粉 **macaroni**
米饭 **cooked rice**
糯米饭 **cooked glutinous rice**
饭焦(锅巴) **rice crust**
桃花饭 **rice crust with green peas and tomato sauce**
八宝饭 **babao rice**
炒饭 **fried rice**
速煮饭(脱水米饭) **instant cooked rice**
稀饭(粥) **congee,rice gruel**
面粉 **wheat flour**
精面粉 **super flour**
面条 **noodles**
精面条 **super noodles**
方便面条(即席面条) **instant noodles, quick-served noodles**
袋装食品 **bag food**
方便食品(即席食品) **instant prepared food, shelf-storage prepared meal**
意大利圆面条 **spaghetti**
生面团 **dough**
馒头 ***mantou* (steamed bun)**
窝窝头 **steamed corn bread**
烧饼 **baked wheat cake**
油香饼(油条) **friedcake**
面包 **bread**
面包块 **loaf**
烤面包片 **toast**
夹心面包片(三明治) **sandwich**
鸡蛋三明治 **egg sandwich**
多层鸡肉火腿三明治 **club sandwich**
汉堡包(夹牛肉面包) **hamburger**
热狗(夹香肠面包) **hot dog**
煎饼 **pancake**
印度烙饼 **chapati**
黑面包 **brown bread**
裸麦面包(黑面包) **rye bread**
面包干 **rusk**
面包皮 **crust**
面包屑 **crumb**
麦片 **rolled oats**
麦片粥 **oatmeal, porridge**
面花 **Italian pâté**
玉米饼 **corn cake**
小米粥 **millet gruel**
压缩饼干 **condensed biscuit**

中菜——汤类 Chinese Food—Soup

羹(浓汤) **thick soup**
凤凰鱼蓉羹 **thick soup of minced fish and egg**
西湖牛肉羹 **thick soup of minced beef and egg**
蟹肉烩鱼翅 **thick soup of shark's fin and crabmeat**
鸡丝烩鱼翅 **thick soup of shark's fin and shredded chicken**
鳘肚烩鸡丝 **thick soup of cod's maw and shredded chicken**
鸭汁烩鱼唇 **thick soup of fish-lips and duck essence**
北菇烩鸭丝 **thick soup of mushroom and shredded duck**
鲜虾烩豆腐 **thick soup of bean-curd and shrimp**
鱼蓉烩豆腐 **thick soup of bean-curd and minced fish**
蟹肉烩冬蓉 **thick soup of crabmeat and mashed wax gourd**
龙虎凤大烩 **thick soup of snake, cat and chicken**
鸡丝浮皮羹 **thick soup of puffed pig skin and shredded chicken**
上汤燕盏 **bird's nest soup**
清汤散翅 **clear soup of shark's fin**
上汤虾丸 **shrimp balls clear soup**
蟹钳氽北菇 **clear soup of crabmeat and mushroom**
鲜菇氽鸡片 **sliced chicken and fresh mushroom soup**
雪耳氽虾丸 **shrimp balls soup with white fungus**
竹荪氽鸡片 **sliced chicken soup with bamboo fungus**
北菇炖鸡 **steamed chicken and mushroom soup**
清炖北菇 **steamed mushroom soup**
清炖子鸡 **steamed spring chicken soup**
陈皮炖鸭 **steamed duck and orange peel soup**
番茄蛋花汤 **tomato and egg soup**
时菜生鱼片汤 **clear soup of snakehead mullet and greens**
时菜牛肉片汤 **clear soup of sliced beef and vegetable**
时菜窝蛋汤 **poached egg and vegetable soup**
时菜猪肝汤 **pork liver and vegetable soup**
榨菜肉丝汤 **shredded pork soup with pickled tuber mustard**
紫菜虾米汤 **dried shrimp and red laver soup**
酸辣汤 **sour-and-hot soup**
木须汤 **sliced pork soup with egg and fungus**

三鲜汤 clear soup of three delicious ingredients
清炖凤吞燕 soup of steamed chicken stuffed with bird's nest
海南椰子盅 steamed whole coconut containing diced chicken and ham in soup
白玉藏珍 wax gourd with assorted meats in soup
八宝冬瓜盅 steamed whole wax gourd containing soup with various delicacies
甜芙蓉燕窝 sweet bird's nest soup with egg-white

中菜——三鸟类 Poultry

白切鸡 blanched chicken, plain chicken
蒸滑鸡 steamed chicken
炸子鸡 deep-fried spring chicken
红烧全鸡 stewed whole chicken in brown sauce
油淋鸡 boiling oil scalded chicken
茶香鸡 tea-scented chicken
栗子鸡 stewed chicken with chestnuts
砂锅鸡 chicken casserole
上汤浸鸡 boiled chicken in super soup
果汁鸡脯 fried chicken breast in fruit sauce
香滑鸡球 fried chicken fillet in gravy
云腿鸡片 fried sliced chicken with ham
芙蓉鸡片 sliced chicken with egg-white
笋炒鸡丝 fried shredded chicken with bamboo shoots
榄仁鸡丁 fried chicken cubes with olive kernels
宫保鸡丁 sautéd chicken cubes with chilli and peanuts
鲍鱼焖鸡 braised chicken with abalone
广州文昌鸡 sliced chicken with chicken liver and ham
江南百花鸡 chicken skin spread with shrimp paste
金华玉树鸡 sliced chicken and ham with greens
园林香液鸡 steamed chicken in spicy gravy
东江盐焗鸡 salt chicken, Hakka style
碧绿双色卷 chicken fillet and ham with greens
竹园椰奶鸡 chicken and bamboo fungus with cream and coconut juice
牡丹珠圆鸡 chicken and crab roe with shrimp balls
玉液煎鸡饼 fried chicken meat in cream sauce
香麻手撕鸡 shredded chicken in sesame sauce
韭黄炒鸽丝 fried shredded pigeon with blanched leek

木耳烧鸡片 **braised chicken slices with fungus**
木耳穿花鸡腿 **fried drumsticks with fungus**
云腿串鸡翼 **chicken-wing stuffed with ham**
脆炸片皮鸡 **deep-fried chicken with crisp skin**
北京烤鸭 **roast Beijing duck**
鱿鱼鸭片 **fried sliced duck with squid**
四式扒鸭 **braised duck**
香菇扒鸭 **braised duck with mushroom**
菠萝软鸭 **fried duck with pineapple**
茄汁软鸭 **fried duck in tomato sauce**
芝麻鸭肝 **fried duck liver with sesame**
脆皮鸳鸯鸭 **two-coloured crisp duck stuffed with minced shrimp**
东江窝全鸭 **simmered whole duck stuffed with glutinous rice and pork**
出水芙蓉鸭 **sliced duck with egg-white and ham**
百花酿鸭掌 **duck web stuffed with shrimp paste**
脆烤片皮鹅 **roast goose with crisp skin**
潮州烧雁鹅 **roast goose, Chaozhou style**
木耳炖全鸭 **stewed whole duck with fungus**

中菜——鱼虾类 Sea Food

清蒸鲩鱼 **steamed grass carp**
清蒸鳊鱼 **steamed bream**
五柳鲩鱼 **grass carp with pickles**
韭黄生鱼球 **fried snakehead mullet slices with blanched leek**
香滑山斑球 **fried mullet slices**
红烧鲤鱼 **braised carp in brown sauce**
姜葱焗鲤鱼 **braised carp with ginger and chives**
碧绿桂鱼卷 **Chinese perch rolls with greens**
菜莛鲈鱼球 **fried bass slices with greens**
金腿三拼鲈 **steamed bass slices with ham and mushroom**
酥炸石斑块 **deepfried grouper slices**
豉汁石斑球 **fried grouper slices in soy sauce**
笋炒鲟鱼片 **fried sturgeon slices**
松子鱼 **cone-shaped deep-fried fish**
煎封鲳鱼 **fried pomfret**
糟溜鱼片 **stewed sliced fish in fermented rice sauce**
翡翠煎鲍脯 **fried abalone with greens**
鳖肚炖山瑞 **stewed turtle**

with cod's maw

生炒水鱼丝 fried shredded turtle

砂锅焗水鱼 turtle casserole

火腩焖大鳝 braised eel with roast pork

白灼海虾 blanched prawns

脆炸大虾 deep-fried prawns

干煎虾碌 fried prawn with ketchup

香汁焗龙虾 fricasseed lobster in spicy gravy

油泡虾仁 fried shelled shrimps

油泡虾丸 fried shrimp balls

云腿虾茸夹 fried ham sandwiched with minced shrimp

百花酿香菇 steamed mushroom stuffed with shrimp paste

白灼海螺片 blanched sliced conch

冬笋炒螺片 fried conch slices with bamboo shoots

脆炸生蚝 deepfried fresh oyster

蛋煎虾饼 fried shrimp-and-egg patties

酥炸蟹盒 deep-fried cases of fat pork stuffed with crabmeat

清蒸膏蟹 steamed crab

蚝油网鲍片 abalone slices in oyster sauce

虾子扒海参 fried and simmered beche-de-mer with shrimp roe

蒜子瑰柱脯 stewed scallop meat with garlic

石上鸣秋蝉 steamed grouper slices spread with minced shrimp and mushrooms

木耳炒虾仁 fried shrimp with fungus

百花玉环 steamed fish-maw stuffed with shrimp paste

芙蓉蟹片 deep-fried slices of crabmeat and egg-white

巧制金银鱼 gold-and-silver fish

白雪映红梅 steamed patties of crabmeat and minced shrimp with crab roe on top

百花酿蟹钳 fried crab pincers stuffed with shrimp paste

凉拌蜇皮 cold jellyfish in soy sauce

中菜——肉类 Meat Dishes

菜炒牛肉 sliced beef sauté with greens

蚝油炒牛肉 sliced beef sauté in oyster sauce

笋炒牛肉 beef sauté with bamboo shoots

茄汁煎牛柳 fried beef fillet with tomato sauce

滑蛋牛肉 scrambled eggs and beef

咖喱牛肉 beef curry

茄汁牛肉饼 fried beef cake

with tomato sauce
红焖牛腩 braised brisket of beef in brown sauce
椒子牛肉丝 fried shredded beef with chilli
炸牛肉丸 deep-fried beef balls
梅子蒸排骨 steamed pork ribs with pickled plums
香酥肉(咕噜肉) sweet-and-sour pork
韭黄肉丝 fried shredded pork with blanched Chinese leek
榄仁肉丁 fried diced pork with olive kernels
威化猪肝 fried pork liver with shrimp wafers
菠萝香酥肉 sweet-and-sour pork with pineapple
蛋煎猪脑 scrambled eggs and pig's brain
白云猪手 sweet-and-sour pig's feet
炒木须肉 fried shreds of pork, fungus and egg
笋炒腰花 fried pork kidney with bamboo shoots
炸肉丸 deep-fried pork balls
荔埔芋扣肉 steamed pork slices sandwiched with taro
菜炒肉片 fried sliced pork with greens
酥炸野鸡卷 deep-fried pork-and-ham rolls
脆皮三丝卷 crisp rolls of pork, sea-slug and bamboo shoots
东江春卷 egg rolls stuffed with minced meat and shrimp
回锅肉 boiled and fried pork slices in chilli sauce
北京涮羊肉 thin sliced mutton to be cooked at table in a chafing-dish
冬菇焖狗肉 stewed dog meat with mushrooms
八宝酿豆腐 stuffed bean-curd
什锦豆腐煲 bean-curd casserole
明炉叉烧 roast fillet of pork, Guangzhou style
烧全猪(广东烧肉) barbecued pork
卤水牛肉 spiced beef
卤水猪舌 spiced pig's tongue
卤眼润(肝) spiced liver stuffed with pork
野味山珍 game
五彩炒蛇丝 fried snake shreds
菠萝斑鸠片 fried turtle dove with pineapple
煎酿禾花雀 ricebirds stuffed with liver and sausage
红烧果子狸 braised masked civet
炖穿山甲 stewed pangolin
火腿穿田鸡腿 fried frog legs stuffed with ham
东江酿豆腐 stuffed bean-curd, Hakka style
大良炒牛奶 fried milk with chicken liver and shrimp
木耳凉拌三丝 mixed shreds of fungus, cucumber and vermicelli
鼎湖上素 assorted vegetarian dish, Dinghu style
七彩拼冷盘 assorted hors

d'oeuvres

象形拼冷盘(孔雀等形) assorted hors d'oeuvres (in shape of peacock, etc.)

中式点心 Refreshments (*Dimsum*)

饺子 *jiaozi*, Chinese ravioli (pocket or shell of noodle dough with fillings of meat, shrimp or vegetable, steamed or fried)

干蒸烧买 *shaomai* (filled-pocket of noodle dough, open and frilled on top, cooked by steaming)

包子 *baozi* (steamed bun with various fillings)

叉烧包 *chashaobao* (steamed bun filled with roast pork)

小笼包 steamed meat dumpling

汤圆 glutinous rice dumpling in soup

云吞 *wonton*,dumpling in soup

春卷 spring roll

荔埔芋角 deep-fried taro roll stuffed with meat

炸花卷 fried roll

虾蟹粉果 pocket of rice flour dough stuffed with shrimp and crabmeat

百花蛋黄角 shrimp turnover

鸡粒千层酥 chicken puff

核桃酥 walnut shortcake

杏仁豆腐 almond flavoured bean-curd

松糕 rice flour sponge cake

生磨马蹄糕 water-chestnut jelly

拔丝苹果 toffee apple

拔丝香蕉 toffee banana

油炸雪糕 fried ice-cream

冰糖雪耳 white fungus in sweet soup

白云奶露 almond cream

鲜奶雪耳 white fungus in milk

西餐——汤类 Western Food—Soup

肉类清(淡)汤 broth, thin soup

浓(稠)汤 thick soup

牛尾汤 oxtail soup

猪腰汤 kidney soup

咖喱肉汤 mulligatawny

法国肉汤 bouillon

俄罗斯甜菜汤 borsch

素菜浓汤 vegetable puree

茄蓉汤 tomato puree

薯蓉汤 potato soup

意大利菜汤 minestrone

鸡奶油汤 chicken cream soup

白菌奶油汤 mushroom cream soup

泡蛋清汤 poached egg clear soup

火腿丝清汤 sliced ham clear soup

面丝清汤 noodle clear soup

味浓肉类清汤 consomme

鸡粒青豆汤 consomme a la Reine

鸡丝火腿汤 consomme chicken and ham

鸡肝青豆汤 consomme Bavoroise
鸡腿菌丝汤 consomme trois fillet
露笋粒清汤 consomme Windsor
奶油蟹肉汤 crab-meat potage with cream
(放入汤里的)炸面包粒 crouton
速煮汤料 instant soup mixes

西餐——肉类 Meat Dishes

牛排 beefsteak
煎牛肉饼(汉堡牛排) Hamburg steak
牛肉饼托蛋 Hamburg steak with fried egg
扒牛柳洋葱 club steak and onion
牛柳(里脊)配酸汁 fillet steak with sour sauce
扒牛柳配菜 fillet mignon
扒牛柳白菌 beef fillet and mushroom
扒牛柳鸡肝 beefsteak a la Monte Carlo
铁扒牛排 grilled beefsteak
土豆烧牛肉 goulash
烩牛肉 beef a la mode
红烩牛肉 beef stew
咖喱牛肉 beef curry
小牛肉火腿卷 veal and ham rissole
炒牛肉丝 beef stroganoff
炸牛肉 schnitzel
炸牛肉托蛋 beef Holstem Schnitzel
奶汁牛柳丝 fillet stroganoff
炖小牛肉 fricandeau
烤牛肉卷 beef loaf
烩牛肚 tripe stew
煎薄牛肉 beef piccata
粉丝牛肉酱 spaghetti bolognaise
酥炸牛肉配菜 beef cutlet with vegetable
腿肉牛排 rump steak
菜焖肉片 ragout
铁扒猪排 grilled pork chop
酥炸(吉力)猪排 pork cutlet
焖猪排 braised pork chop
夏威夷猪排 pork chop a la Hawaii
铁扒猪排洋葱 grilled pork chop with onion
比吉打猪肉 piccata pork
猪肉串 pork a la brochette
火锅猪肉片 pork fillet Podjarka
烩猪肉 pork hotpot
黄油猪肉卷 pork a la Kiev
煎肉饼 Pojarsky cutlet
炸猪肉饼 pork croquettes
烤猪肉 roast pork
红烩猪肉丸 stewed quenelle (pork ball)
红烩羊肉 haricot mutton
烤羊肉串 mutton shashlik
烤羊脊 roast sadde of mutton
红烧家兔 rabbit stew
烧鸡 roast chicken
白煮鸡 boiled chicken
煎薄鸡片(比吉打鸡) piccata chicken
咖喱鸡 chicken curry

酥炸鸡(吉力鸡) **chicken cutlet**
奶汁鸡排 **chicken au gratin**
奶汁鸡丝 **chicken stroganoff**
黄油鸡卷 **chicken a la Kiev**
番茄烩鸡 **chicken and ham stew**
葡国鸡 **roast chicken a la Portugal**
鸡王饭 **chicken a la king**
马里兰炸鸡 **chicken Maryland**
马林哥鸡 **chicken Marengo**
煎鸡肉饼 **chicken croquettes**
炸鸡肉丸 **deep-fried chicken quenelle**
铁扒子鸡 **grilled spring chicken**
罗马式鸡 **Roman style chicken**
白烩鸡饭 **fricassee of chicken and rice**
冻烧鸡 **roast chicken, Guangdong style**
冻烧鸡火腿 **roast chicken and ham**
牛油焖鸭 **duck braised in butter**
法国橙烩鸭 **duck in orange zest and curacao sauce**
酸烩火鸡 **devilled turkey**
苹果酿鹅 **apple-stuffed goose**
日本式火锅 **sukiyaki**

西餐——鱼类和其他 Fish and Other Dishes

炸鱼柳 **fried fillet of fish**
酥炸鱼(吉力鱼) **fish cutlet**
乳酪烤鱼 **fish au gratin**
蛋汁白煮鱼 **boiled fish, egg sauce**
鱼排 **fish steak**
熏鱼 **smoked fish**
奶油汁扒鱼 **grilled fish, butter sauce**
番茄烩鱼 **fish stewed with tomatoes**
煎鱼配酸豆(文也鱼) **fish meunière**
法国炖鱼 **bouillabaisse**
腌鲱鱼 **keppered herring**
冷醋鱼 **cold sour fish**
咖喱鱼 **fish curry**
红鱼子 **red caviar**
黑鱼子 **black caviar**
酥炸(吉力)大虾 **prawn cutlet**
乳酪烤蟹 **crab meat au gratin**
煎蛋 **fried egg**
清煮蛋(带壳) **boiled egg**
泡蛋 **poached egg**
乳酪蛋卷 **cheese omelet**
洋葱蛋卷 **onion omelet**
番茄蛋卷 **tomato omelet**
西班牙蛋卷 **Spanish omelet**
炒滑蛋 **scrambled eggs**
火腿炒蛋 **scrambled eggs with ham**
白菌炒蛋 **scrambled eggs with mushrooms**
鸡肝炒蛋 **scrambled eggs with chicken liver**
熏香肠 **smoked sausage**
煮香肠 **boiled sausage**
猪肝瘦肉香肠 **liver sausage**
舌肉香肠 **tongue sausage**
冻菜 **cold dish**
黄瓜(青瓜)色拉 **cucumber**

salad
洋葱色拉 onion salad
番茄色拉 tomato salad
大烩色拉 combination salad
生菜色拉 lettuce salad
白煮马铃薯 boiled potatoes
烤土豆 roast potatoes
酸汁蘑菇 pickled mushrooms
炸花生 fried peanuts
炸薯片 potato chips
炸薄脆 fried crisp chips
酸菜(酸瓜) pickles

西餐——甜品 Confectionery

(正菜外的)附加点心 **entremets**
饭后水果甜食 **dessert**
面粉制的糕点 **pastry**
花色小蛋糕 **petit-fours**
蛋糕 **cake**
松糕 **sponge cake**
葡萄干糕 **plum pudding**
奶油蛋糕 **cream cake**
多层蛋糕 **layer cake**
牛奶蛋冻(炖蛋) **custard**
果酱煎饼 **jam pancake**
糖浆煎饼 **hot cake**
奶油面包卷 **cream bun**
奶酪面包片 **rarebit**
烤软饼 **crumpet**
布丁(松软甜点) **pudding**
馅饼 **pie**
苹果馅饼 **apple pie**
油煎馅饼 **fritter**
果馅饼 **tart**
杏仁馅饼 **almond tart**
姜饼 **gingerbread**
小馅饼 **patty**
软果糕 **pastila, sweetmeat of fruit**
果馅糕 **soufflé sweetmeat**
巧克力甜糕 **chocolate trifle**
饼干 **biscuit**
甜饼干 **cookie**
苏打饼干 **soda biscuit**
奶油薄脆饼干 **cream cracker**
奶盐苏打饼干 **saltine**
威化饼 **wafer**
奶油松饼 **cream puff**
蛋奶烘饼 **waffle**
小松饼 **muffin**
奶油冻 **mousse**
蛋奶酥 **soufflé**
乳冻(乳酥) **junket**
甜食 **sweetmeats**
蜜饯 **preserves**
烩水果 **stewed fruit**
水果糖浆 **compoto**
果子冻 **fruit jelly**
冰棍(雪条) **ice lolly, ice sucker, popsicle**
冰淇淋(雪糕) **ice-cream**
紫雪糕 **Eskimo pie**
香草雪糕 **vanilla ice-cream**
巧克力雪糕 **chocolate ice-cream**
水果冰淇淋 **sundae**
菠萝冰淇淋 **pineapple sundae**

服务业 The Service Industry

旅 店 Hotel

旅馆(饭店、酒店) **hotel**
宾馆 **guesthouse, hotel**
客栈 **inn,(Brit.) public-house**
招待所 **lodging house, hostel**
汽车游客旅店 **motel, (Am.) court**
海滩旅店 **beach hotel**
温泉旅店 **hotsprings hotel**
别墅 **villa**
经理 **manager**
管理员 **director**
翻译 **interpreter**
总服务台职员 **receptionist**
服务员 **service worker**
勤杂服务员 **page**
搬行李服务员 **porter**
客房服务员 **room attendant**
客房女服务员 **chamber-maid**
餐厅男服务员 **waiter**
餐厅女服务员 **waitress**
旅客 **guest**
门厅 **entrance-hall**
前厅 **lobby**
休息室 **lounge**
总服务台(接待处) **reception desk (office)**
询问处 **enquiries**
登记住进旅馆 **checking in**
结帐离馆 **checking out**
旅客登记表 **registration form**
旅客登记册 **hotel register**
名字 **given name**
姓氏 **surname**
国籍 **nationality**
永久地址 **permanent address**
出生地点和时间 **place and date of birth**
从何处来 **where from**
到何处去 **where to**
拟住天数 **length of stay**
签名 **signature**
证件 **documents**
护照 **passport**
身份证,工作证 **identity card (book)**
旅游 **travel, tour**
出差 **tour of duty, going on duty**
行李 **luggage, (U.S.) baggage**
行李标签 **luggage tag**
提箱 **suit-case**
旅行袋 **travelling bag**

公事包 **briefcase**
楼面服务台 **service counter**
送酒菜到房间的服务 **room service**
房号卡 **room number card**
房间钥匙 **room key**
朝西的房间 **room facing west**
有浴室的房间 **room with a bath**
空房 **vacant room**
单人房 **single (-bedded) room**
双人房 **double room**
三套间 **three-room suite**
四套间 **four-room suite**
起居室(客厅) **sitting room**
卧室 **bedroom**
餐室 **dining room**
书房 **study**
电话 **telephone**
叫人电钮 **button for room service**
衣柜(大衣橱) **wardrobe**
阳台 **balcony**
纱窗 **screen window**
窗帘 **curtain**
气窗 **upper casement (window)**
浴室 **bath (room)**
浴缸 **(bath) tub**
洗手盆 **basin**
淋浴(装置) **shower**
喷头(花洒) **shower nozzle**
水厕(马桶) **water-closet**
水箱 **water tank, cistern**
马桶坐圈 **toilet seat**
手纸 **toilet paper**
洗衣袋 **laundry bag**
空调机 **air-conditioner**
中央供暖(设备) **central heating**
暖气散热器 **radiator**
电梯 **lift, (Am.) elevator**
楼梯 **stairs**
电梯看管人 **lift operator**
电源开关 **switch**
插头 **plug**
插座 **socket**
门房(传达室) **gate-keeper's room, gate-house**
庭院 **grounds**
走廊 **corridor**
屋顶花园 **roof-garden**
游艺室 **recreation room**
电影厅 **cinema**
阅览室 **reading-room**
旅馆餐厅 **dining room, hotel restaurant**
宴会厅 **banquet room**
会议室 **conference room**
客厅(沙龙) **saloon**
酒吧间 **bar**
弹子房 **billiard room**
小卖部 **shop, retail store**
男盥洗室(男厕) **gentlemen's**
女盥洗室(女厕) **ladies'**
存衣处 **cloak-room**
杂物室 **broom closet**
邮政服务台 **postal service counter**
银行服务台 **minibank**
理发室 **barber's**
财务室 **cashier's office**
出租小汽车服务台 **taxi counter**
开帐单 **making out the bill**
房租 **rent**
收据 **receipt**
订房间 **booking rooms**
有空房间吗? **Have you any**

accommodation (vacant rooms)?
能给我留一个双人房吗？ Can you reserve a double room for me?
我已预订二个双人房。 I've got a reservation of two double rooms.
这房间住一昼夜多少钱房租？ What's the price of the room?
包括膳宿在内，一天多少钱？ How much is boarding and lodging a day?
请换一换卧具。 Please change the bed clothes.
请明早七点叫醒我。 Please wake (ring) me up at seven a.m. tomorrow.
什么地方可以擦皮鞋？ Where can I have my shoes cleaned?
有位先生来找过你，给你留下一张字条。 Some gentleman asked for you and left this message.
这是额外服务帐单，不包括在一般规定之内的。 Here's the bill for additional services not included in the general provisions.
203 房吗？起床时间到了。 Room 203? It's time to get up.
离馆时请带齐东西。 Check your belongings before you leave.

洗衣店 Laundry

自动洗衣店 launderette
洗衣工 laundry worker
女洗衣工 laundress, washerwoman
脏衣服 soiled clothes, soiled linen
送去洗的衣服等 laundry
免烫衣服 non-press clothes
洗烫好的衣服等 laundry
洗好的湿衣服 wet wash
洗烫衣服 laundering
干洗 dry-cleaning
洗衣机 washing-machine
蒸汽洗衣机 steam washer
干燥机 drying-machine, laundry-drier
轧布机(轧干、烫平衣服) ironer
烫衣机 laundry press
电熨斗 electric iron
烫衣板 ironing-board
浆衣服 starching
漂白 bleaching
软水 soft water
浓肥皂水 suds
漂清水 rinsing water
洗涤剂 detergent
肥皂 soap
洗衣粉 washing-powder
碱 alkali
漂白剂 bleach
去污剂 stain-remover
润湿剂 wetting-out agent
防水剂 water-repellent
上蓝剂 blue, washing-blue
浆粉 starch
洗衣板 wash-board, scrub-

bing-board
洗衣刷 scrubbing brush
木条垫脚板 duckboard
衣架 clothes (coat) hanger
晾衣绳 clothesline
晾衣夹 clothes-peg (pin)
晒衣架 clotheshorse

理发店 The Barbershop

理发店旋转招牌 barber's pole
男界理发店 the barber's
女界理发店 the hairdresser's
美容室 beauty parlour
理发师 barber, hairdresser
发式(发型) style, hair-do
剪发 haircut
理平头 crew-cut
洗头 shampoo
修脸 shave
修胡子 moustache (beard) trimming
整发 hair-set
烫发 wave, curl
电烫卷发 permanent wave (perm)
热气卷发 marcel waving
化学卷发(冷波) cold wave
卷出 curls outward
卷入 curls inward
吹干 drying of hair
染发 dyeing of hair, colour-rinsing of hair
染眉 tinting (dyeing) of brows
分头 parting
秃头 bald
发式手册 album of styles
理发椅 barber's chair
理发推子 clippers
理发剪子 scissors
剃刀 razor
电剃刀 electric razor
刀片 razor blade
革砥 leather strop
毛巾 towel
吹风机 hair drier
手风筒 hand drier
梳子 comb
镜子 mirror
发刷 hair-brush
发网 hair-net
发夹 hair pin
卷发夹 hair-curler
卷发钳 curling tongs
发蜡 pomade
发乳 hair cream
发油 hair oil, hair tonic
剃须膏 shaving cream
还原剂 neutralizer
冷气卷发剂 setting lotion
奎宁水 quinine
化妆品 cosmetics
化妆粉 face powder
粉盒 compact
胭脂 rouge
口红 lipstick
眼皮膏 eye-shadow
眉笔 eyebrow pencil
整容水 astrigent lotion
花露水 toilet water, florida water
科隆香水 eau-de-cologne
雪花膏 vanishing cream
香脂(冷霜) cold cream
香水 scent, perfume

爽身粉 **talcum powder**
痱子粉(水) **prickly heat powder (lotion)**
粉扑 **powder puff**
指甲剪 **nail scissors**
指甲锉 **nail file**
指甲油 **nail polish**
我要理发。 **I need a haircut. (I want to have my hair cut.)**
两边剪短些。 **Cut it short at the sides.**
通通剪短。 **Make it short all round, please.**
后边留长些。 **Leave it long at the back.**
头顶剪薄些。 **Thin it at the top.**
不要分头，请往后梳。 **No parting, please. Just comb it straight back.**
我要吹波。 **I'd like to have my hair waved.**
请平分。 **Part in the middle, please.**
请偏分。 **Part at the side, please.**
给我挽个髻。 **Do my hair in a knot (bun).**
把我的头发编成辫子。 **Do my hair in braids (plaits).**
我要修指甲。 **Do my nails, please. (I'd like to have a manicure.)**
我要前刘海。 **I want to wear a fringe (bang).**
请给我面部按摩。 **I'd like to have a facial (massage).**

裁缝店 The Tailor's

裁缝师 **tailor**
裁缝师(女服) **dressmaker**
定做的衣服 **clothes made to order, (Am.) custom clothes**
定做衣服 **ordering clothes**
量尺寸 **taking measurements**
衣长 **coat (shirt) length**
衣领 **collar**
胸围 **chest, bust**
肩宽 **width of shoulders**
袖长 **sleeve length**
背长 **neck-waist length**
腰围 **waist**
臀围 **hip**
裤长 **pants length**
内裆 **in-leg**
裤脚口 **hem of pants leg**
式样 **style, design**
中式服装 **garments in Chinese style**
西式服装 **garments in Western style**
高领 **high collar**
尖领 **pointed collar**
直领 **stand-up collar**
方领 **square-cut collar**
硬领 **stiff collar**
圆领 **round collar**
反领 **turndown collar**
贴袋(明袋) **patch pocket**
插袋(暗袋) **inset pocket**
裤脚的反折部分 **turn-up, (Am.) cuff**
反折的裤脚 **trouser legs turned up (cuffed)**
不反折的裤脚 **uncuffed**

trouser legs
喇叭裤脚 flared legs
直筒裤脚 straight legs
宽裤脚 wide legs
试身(试穿) fitting, trying on
合身 good fit
紧 tight fit
松 loose fit
(上衣)做得起皱 (jacket) sitting in wrinkles
裁剪 cutting
电动裁剪机 electric cutter
缝纫 sewing
针法 stitch
疏缝 basting
缝边 hemming
锁边 hemstitching
绣花 embroidering
缝补 mending
缝边裂开 burst seam
裤子臀部破了 worn trouser seat
从里面补上一块 patching from inside
改衣服 having clothes altered
改短 taking up, making shorter
改瘦 taking off
放长 letting down
改宽 letting out
翻新 having the coat turned
裁缝剪 tailor's shears, cutting out scissors
钮门剪 buttonhole scissors
带尺(软尺) tape measure
手缝针 sewing needle
织补针 darning needle
安全扣针 safety-pin
别针(大头针) pin
针顶 thimble
针插 pin cushion
锥子(钻子) pricker, awl
线牌 card of mending thread
钮扣 button
揿扣(按扣,迫钮) snap, snap fastener
拉链 zipper, zip fastener
陈列服装的人体模型 tailor's dummy, dress-form
缝纫机 sewing machine
机头 sewing machine
机架 frame (stand)
脚踏 treadle

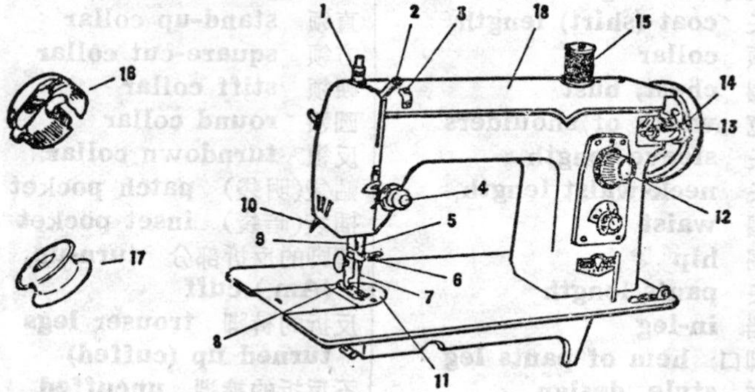

下带轮 driving wheel
电动缝纫机 electric sewing machine
压脚调压器① presser foot adjuster
挑线杆② thread taking-up lever
过线钩③ thread hook
夹线器④ tension disk
针杆⑤ needle bar
针夹⑥ needle clam screw
机针⑦ sewing machine needle
压脚⑧ presser foot
压脚杆⑨ presser bar
压脚扳手⑩ presser foot lifter
针板⑪ feed plate
针距旋钮⑫ regulator for setting stitch length
上轮⑬ balance wheel
绕线器⑭ bobbin-winder
线团⑮ reel of thread, spool of thread
面线 upper thread
梭床⑯ rotating shuttle
底线芯⑰ under-thread bobbin
机壳⑱ casing

照相店 Photo Studio

照相馆 the photographer's
照相 photo-taking, having one's picture taken
摆好姿势照相 posing for a photo
照片(相片) photograph, photo, picture
半身相 half-length portrait
晕映(化白)照片 vignette
全身相 full-length portrait
合照 group photo
快照(生活相) snapshot
全景照片 panorama
剪影(黑色轮廓像) silhouette
相簿 photo album
相架 mount
摄影师 photographer
摄影术 photography
立体摄影 stereophotography
全息摄影 holography
胶卷 film roll
单张页片 film sheet
正片 positive
负片 negative
全色片 panchromatic film
彩色片 colour film
分色片 ortho (chrome)
胶卷感光速度 film speed
快速胶卷 fast film
暗室 dark room
显影冲洗 developing
定影 fixing
晒印 printing, making prints
放大 enlarging
放大的照片 enlargement
放大机 enlarger
切边机 print-trimmer
显影剂 developer
定影剂 fixer
底片 negative
晒相纸 printing paper
光面(纸) glossy surface (paper)
无光面(绒面) matte
绸纹面 silk (finish) surface

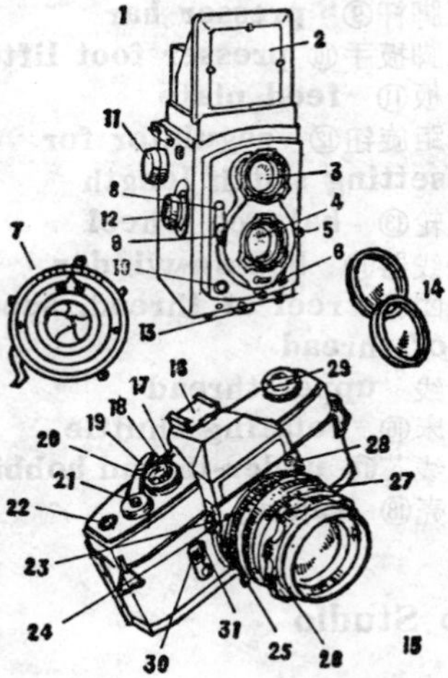

布纹面 **textured surface**
细绒面 **semi-matte**
照相机 **camera**
立体相机 **stereo camera**
即拍即印照相机 **instamatic camera**
小型照相机 **miniature camera**
折合式照相机 **folding camera**
双镜头反光相机① **twin-lens reflex camera**
取景器盖② **viewfinder cover**
取景镜头③ **viewing lens**
拍照镜头④ **picture-taking lens**
光圈调节钮⑤ **diaphragm setting lever**
自拍扳手⑥ **self-timer lever**
中心快门 **between-lens shutter**
焦面快门⑦ **focal-plane shutter**
快门扳手⑧ **shutter lever**
快门调节钮⑨ **shutter speed adjusting lever**
快门按钮⑩ **shutter release button**
胶卷轴顶钮⑪ **film spool spring knob**
卷片钮⑫ **winding knob**
调焦钮 **focusing knob**
对焦刻度表 **focusing scale**
后盖锁钩⑬ **locking bolt of back cover**
滤色镜⑭ **filter**
遮光光罩 **lens hood**
单镜头反光相机⑮ **single-lens reflex camera**
附件插座⑯ **accessory shoe**
焦平面标记⑰ **focal plane mark**
调速盘⑱ **shutter speed dial**
卷片扳手⑲ **film winding lever**
胶片感光度指示圈⑳ **film-speed indicator**
快门按钮㉑ **shutter release button**
计数窗㉒ **exposure counter window**
反光镜锁紧扳手㉓ **reflex mirror locking lever**
光圈调节圈㉔ **diaphragm preselection ring**
景深预测拨杆㉕ **depth-of-field preview lever**
调焦圈㉖ **focusing ring**
景深刻度圈㉗ **depth-of-field scale**
镜头拆卸钮㉘ **lens change button**
倒片钮㉙ **film rewind knob**

自拍器扳手㉚ **self-timer lever**
自拍按钮㉛ **self-timer button**
可换镜头 **interchangeable lens**
广角镜头 **wide-angle lens**
长焦距镜头 **tele lens**
可变焦距镜头 **zoom lens**
焦距 **focal length**
测距器 **range finder**
曝光表 **exposure meter**
快门线 **shutter line**
曝光不足 **under-exposure**
曝光过度 **over-exposure**
清晰度 **sharpness, definition**
顺光 **frontlighting**
侧光 **sidelighting**
逆光 **backlighting**
反射 **bounce flash**
闪光灯 **flash light**
三脚架 **tripod**
相版 **trial print**
相片样张 **proof**

钟表店 The Watchmaker's

计时器 **timepiece**
日晷(日规) **sundial**
手表 **wrist watch**
表带 **watch strap, watch bracelet**
表壳 **watchcase**
表把 **button**
表面 **dial, face**
表面玻璃 **watch glass**
表面刻度 **chapter, figure**
时针 **hour hand**
分针 **minute hand**
秒针 **second hand**
日历表 **calendar watch**
发条 **mainspring**
游丝 **balance spring, hair spring**
齿轮 **wheel, pinion**
轮轴 **shaft**
防震 **shock-resistant**
防水 **water-proof**
防磁 **antimagnetic**
防尘 **dust-proof**
防磨擦 **scratch-proof**
全钢 **all steel**
半钢 **half steel**
不锈钢 **stainless steel**
宝石轴承 **jewel**
自动表 **self-winding watch**
夜光表 **watch with luminous dial**
男装手表 **man's watch**
女装手表 **woman's watch**
电子石英手表① **quartz watch**
怀表 **pocket watch**

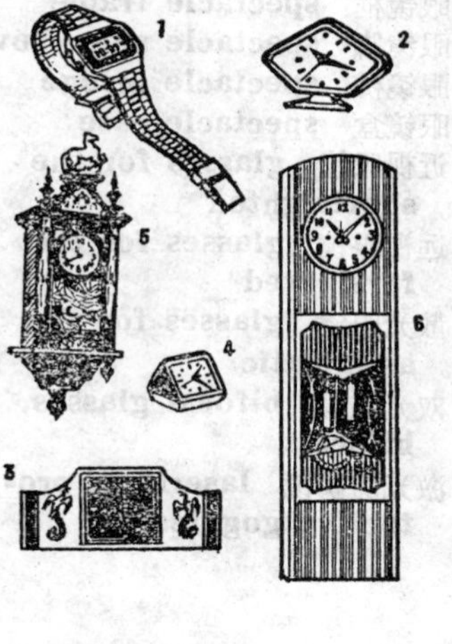

秒表 **stop watch**
闹钟(表)② **alarm clock (watch)**
座钟③ **bracket clock**
旅行闹钟④ **travelling alarm clock**
挂钟⑤ **wall clock**
塔钟 **turret clock**
自鸣钟 **striking clock**
落地大座钟⑥ **grandfather clock**
钟摆 **pendulum**
电钟 **electric clock**
母钟 **primary clock**
子钟 **secondary clock**
电子钟 **electronic clock**
标准时间 **standard time**
夏令时间 **summer time, daylight saving time**
时差 **time difference**
报时信号 **time signal**
校准手表 **setting one's watch**
这表很准。**The watch is correct (exact). The watch keeps good time.**
这表快(慢)一分钟。**The watch is one minute fast (slow).**
这表每天快(慢)两分钟。**The watch gains (loses) two minutes a day.**
倒拨一小时。**Set the watch back one hour.**

眼镜店 The Optician's

视力表 **visual testing chart**
视力计 **optometer**
验光配镜术 **optometry**
配镜师 **optometrist**
眼镜 **spectacles, glasses**
眼镜框 **spectacle frame**
眼镜脚 **spectacle side (bow)**
眼镜桥 **spectacle bridge**
眼镜盒 **spectacle case**
近视眼镜 **glasses for the shortsighted**
远视眼镜 **glasses for the farsighted**
散光眼镜 **glasses for the astigmatic**
双光眼镜 **bifocal glasses, bifocals**
激光防护镜 **laserlight protective goggles**
护目镜(风镜,平光镜) **goggles**
太阳镜(墨镜) **sunglasses**
水晶镜 **crystal glasses**
有色眼镜 **tinted glasses**
单片眼镜 **monocle**
放大镜 **magnifying glass**
双筒望远镜 **binoculars, field glasses**
望远镜 **telescope**
看戏望远镜 **opera glasses**
夹鼻眼镜 **pince-nez**
隐形眼镜 **contact lenses**
这眼镜多少度? **What's the strength of the lenses of the spectacles?**
这是浅度(中度,深度)近视眼镜。**This is for the slight (medium,serious) shortsighted.**

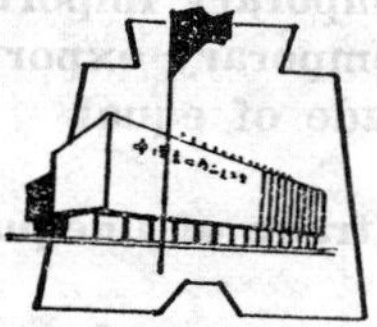

外 贸 Foreign Trade

国际贸易 International Trade

国际贸易纽带 **nexus of international trade**
国际贸易值 **value of international trade**
国际贸易量 **quantum of international trade**
国际贸易地区分布 **international trade by regions**
国际贸易商品结构 **international trade by commodities**
国际贸易活动 **international trade activity**
对外贸易(国外贸易) **external trade, foreign trade**
贸易关系 **trade relation**
对外贸易惯例 **custom of foreign trade**
贸易方式 **mode of trade**
总贸易 **general trade**
总进口 **general import**
总出口 **general export**
净进口 **net-import**
净出口 **net-export**
直接贸易 **direct trade**
直接进口 **direct import**
直接出口 **direct export**
间接贸易 **indirect trade**
间接进口 **indirect import**
间接出口 **indirect export**
中介贸易 **intermediate trade**
商品交易所贸易 **commodity exchange**
转口贸易 **carrying trade**
易货贸易 **barter, bartering**
直接易货 **direct barter**
间接易货 **indirect barter**
双边贸易 **bilateral trade**
有进有出的贸易 **two-way trade**
双边主义 **bilateralism**
双边安排 **bilateral arrangements**
三角贸易 **triangular trade**
多边贸易 **multilateral trade**
多边主义 **multilateralism**
多边安排 **multilateral arrangements**
单边进口 **unilateral import**
单边出口 **unilateral export**
专门贸易 **special trade**
专门进口 **special import**
专门出口 **special export**

复进口 **re-import**
复出口 **re-export**
过境贸易 **transit trade**
直接过境贸易 **direct transit trade**
间接过境贸易 **indirect transit trade**
水平贸易 **horizontal trade**
垂直贸易(南北贸易) **vertical trade (south-north trade)**
边境贸易 **frontier trade, border trade**
补偿贸易 **compensation trade**
暂时进口 **temporary import**
暂时出口 **temporary export**
等价贸易 **trade of equal values**
不等价贸易 **trade of unequal values**
贸易渠道 **trade channel**
内外物资交流 **flow of goods between domestic and foreign markets**

世界贸易中常见的贸易政策和措施
Policies and Measures Commonly Adopted in World Trade

自由贸易政策 **free trade policy**
贸易自由化 **liberalization of trade**
自由化措施 **liberalization measures**
自由(贸易)区 **free (trade) zone**
自由(贸易)港 **free port**
对外贸易区 **foreign trade zone**
互惠贸易政策 **reciprocal trade policy**
利益均等 **equal opportunities**
国民待遇 **national treatment**
优惠待遇 **preferential treatment**
普通优惠制 **generalized preferential system**
最惠国待遇 **most favoured nation treatment**
暂时防御性特惠制 **temporary defensive preferential system**
贸易歧视 **trade discrimination**
保护贸易政策 **protective trade policy**
超保护贸易政策 **ultra-protective trade policy**
保护关税政策 **policy of protective tariffs**
行政保护 **administrative protection**
财政保护 **financial protection**
间接保护 **indirect protection**
国家垄断 **state monopoly**
贸易管制 **trade control**
配额制 **allocation system,**

quota system
国家定额 state quota
数量限制 quantitative restriction
进口管制 import control
禁止进口 prohibition on importation
停止进口 import suspension
进口配额制 import quota system
绝对配额 absolute quota
全球配额 global quota
国别配额 allocated quota
关税及贸易总协定 General Agreement on Tariffs and Trade (GATT)
关税减让 tariff diminution
有秩序销售协定 orderly marketing agreement
进口许可证制 import licence system
特别许可证 special licence
技术签证 technical visa
免责条款 escape clause
国家安全条款 national security clause
危险点条款 dangerous point clause
保障条款 safeguard clause
抵制 boycott
封锁及禁运 blockade and embargo
出口管制 export control
禁止出口 prohibition on exportation
停止出口 export suspension
出口许可证制 export licence system
出口配额制 export quota system
自动限制出口 voluntary restriction of export
抵偿贸易政策 compensation trade policy
出口补贴 export subsidy
出口奖金 export bonus, export bounty
出口信贷 export credit
出口信用国家担保 government guarantee of export credit
资本输出 export of capital
开发进口方式 importation under program of development
退税 drawback
出口退税 export refund
商品倾销 dumping of goods
财政援助 financial aid
外汇倾销 exchange dumping
关税合并,关税同化 mergence of tariffs,assimilation
协定贸易政策 agreement trade policy
共同体贸易政策 community trade policy
共同体基金 community fund
共同商议 collective discussion
关税同盟 customs union
建立对外共同税率 establishing common external tariffs
取消内部贸易障碍 removal of internal trade barriers
取消关税 elimination of tariffs
降低内部税率 reduction of internal tariffs

改善进入条件 **improved terms of access**
维持价格政策 **support price policy**
增补亏空支付制 **deficiency payment system**
特许权 **special concession**
农业保护主义 **agricultural protectionism**
关税配额 **tariff quota, customs quota**
关税壁垒 **tariff barrier, tariff wall**
非关税壁垒 **non-tariff barrier, non-tariff wall**
关税战 **tariff war**

对外贸易组织和人员 Foreign Trade Organizations and Personnel

外贸部 **Ministry of Foreign Trade**
外贸局 **Foreign Trade Bureau**
国营贸易机构 **state trading organ**
外贸公司 **foreign trade corporation**
进出口商行 **import and export firm**
出口代办行 **export commission house**
总公司 **head office, home office**
分公司 **branch office**
临时办事处 **temporary office**
联络处 **liaison office**
贸易访问团 **trade mission**
贸易团体 **trading body, trading group**
贸易代表机构 **trade representation**
常设采购代表(人) **resident buying representation (representative)**
贸易代表团 **trade delegation**
政府贸易代表团 **government trade delegation**
纺织品交易团 **textiles trade delegation**
工业展览会 **industrial exhibition**
农业展览会 **agricultural exhibition**
综合性的经济展览会 **comprehensive economic exhibition**
国际博览会 **international fair**
中国对外贸易中心 **China Foreign Trade Centre**
中国出口商品交易会 **China's Export Commodities Fair**
商务参赞 **commercial councillor**
商务专员 **commercial attaché**
谈判代表 **negotiating representative**
中国国际贸易促进会 **China Council for the Promotion of International Trade—C.C.P.I.T.**
贸易协商员 **trade consultant**
中国粮油食品进出口总公司

China National Cereals, Oils and Foodstuffs Import and Export Corporation

中国土产畜产进出口总公司 **China National Native Produce and Animal By-products Import and Export Corporation**

中国纺织品进出口总公司 **China National Textiles Import and Export Corporation**

中国轻工业品进出口总公司 **China National Light Industrial Products Import and Export Corporation**

中国化工进出口总公司 **China National Chemicals Import and Export Corporation**

中国机械进出口总公司 **China National Machinery Import and Export Corporation**

中国五金矿产进出口总公司 **China National Metals and Minerals Import and Export Corporation**

中国工艺品进出口总公司 **China National Arts and Crafts Import and Export Corporation**

中国技术进口公司 **China National Technical Import Corporation**

中国机械设备出口公司 **China National Machinery Equipments Export Corporation**

中国图书进口公司 **China Publications Import Corp.**

中国国际书店 **China Publications Centre(Guozi Shudian)**

中国电影发行放映公司 **China Film Distribution and Exhibition Corporation**

中国邮票出口公司 **China Stamps Export Corporation**

中国人民保险公司 **People's Insurance Company of China**

中国成套设备出口公司 **China National Complete Plant Export Corporation**

中国对外贸易运输总公司 **China National Foreign Trade Transportation Corporation**

中国远洋公司 **China Ocean Shipping Company**

中国租船公司 **China National Chartering Corporation**

中国外轮供应公司 **China Ocean Shipping Supply Corporation**

中国外轮代理公司 **China Ocean Shipping Agency**

中国打捞公司 **China Salvage Company**

市场调研 Market Research

国际市场 **international market**

国外市场 **foreign market**

国内市场 **domestic market, home market**

出口市场 **export market**

商品市场 **commodity market**
初级市场 **primary market**
市况调查 **market survey**
市场情况 **market situation**
市场分析 **market analysis**
市况报告 **market report**
市场的供销或价格情况(市气) **market tone**
市场的潜在倾向 **undertone of market**
市场正常(价稳) **market healthy**
行市兴隆 **market brisk**
行市活跃 **market active, (buoyant, lively)**
行市坚硬 **market strong**
行市坚挺 **market firm**
行市十分坚挺 **market very firm**
行市坚挺,趋势上涨 **market firm, tendency upwards**
行市坚稳 **market steady**
行市大致坚稳 **market about steady**
行市较坚稳 **market rather steady**
行市勉强坚稳 **market barely steady**
行市静稳 **market quietly steady**
行市平静 **market quiet**
行市死寂 **market still**
行市稳静 **market steady quiet**
行市不稳定 **market unsettled, market unsteady, market uncertain, market queasy**
行市反复不定 **market erratic**
市场混乱 **market chaotic**
行市涨落不定 **market irregular**
行市曲折上升 **market irregular higher**
行市较高 **market higher, market rather high**
行市曲折下降 **market irregular lower**
行市较低 **market lower, market rather low**
行市不振 **market weak**
行市不活跃(呆滞) **market inactive, market dull**
行市闲散 **market idle**
行市疲软 **market easy**
市软,趋势下降 **market easy, tendency downwards**
行市上升 **market picking up**
行市好转(价格稳上) **market improving**
市上无货 **market bare of stocks**
市场存货过多 **market overstocked**
市场货物充斥 **market glutted**
有利于买方的行市 **buyer's market**
有利于卖方的行市 **seller's market**
供求情况 **demand and supply situation**
消费与库存的需求 **demand for consumption and stock**
供不应求 **demand exceeding supply**
供过于求 **supply exceeding demand**
供求关系 **relations between supply and demand**

商品供求关系的变化 **change in relations between supply and demand**
世界需求 **world demand**
国内需要 **domestic requirement (demand)**
很大的需求 **thick demand, heavy demand**
不大的需求 **thin demand**
实际需要 **physical demand, actual demand**
总需求 **aggregate demand**
需要越多就越缺货 **goods in high demand being always in short supply**
奇缺 **acute shortage**
消费者购买力 **purchasing power of consumers**
委托购货水平 **mandatory buying levels**
参加国际贸易的两国之间的价格比率 **terms of trade**
基本因素 **fundamentals (fundamental factors)**
技术性因素 **technicals (technical factors)**
技术性回升 **technical rally**
技术性回跌 **technical reaction**
季节性调整 **seasonal adjustment**
平衡表法 **balance sheet method**
比较类推法 **comparative inference method**
物价指数 **commodity price index**
商品价格的总指数 **aggregate index of commodity prices**
生活费指数 **cost of living index**
价格滑动条款 **escalator clause**
价格升降条款 **rise and fall clause**
加价或减价条款 **up and down alteration of price clause**
路透商品行情指数 **Reuter's Index**

询盘与发盘 Enquiry and Offer

询价 **enquiry, enquiring**
一般询价 **general enquiry**
特定(专门)询价 **specific enquiry**
具体需要的通知 **advice of specific requirements**
发盘(报价) **offer, offering**
原发盘 **original offer**
专门发盘 **special offer**
特殊发盘 **exceptional offer**
独家发盘 **exclusive offer**
独家发盘人 **exclusive offerer**
被独家发盘人 **exclusive offeree**
实盘发盘 **firm offer**
虚盘(不受约束的发盘) **non-firm offer, offering without engagement**
可撤销发盘 **revocable offer**
搭配发盘 **combination offer**
综合发盘 **lump offer, offer on a lump basis**
口头发盘(报价) **verbal offer**
还盘(还价) **counter offer**

反还盘 **counter counter offer**
附样发盘 **sample offer**
电报发盘 **cable offer**
买方发盘(发价,递盘) **buying offer**
发盘的有效期限 **duration of offer**
以未售出为准的发盘 **offer subject to (goods) being unsold**
以第一艘便船为准的发盘 **offer subject to shipment by first available steamer**
以领得出口许可证为准的发盘 **offer subject to export licence**
以领得进口许可证为准的发盘 **offer subject to import licence**
以立即回电接受为准的发盘 **offer subject to immediate acceptance by telegram**
有权先售的发盘 **offer subject to prior sale**
以立即答复为准的发盘 **offer subject to immediate reply**
以有舱位为准的发盘 **offer subject to shipping space available**
按市价变动增减的发盘 **offer subject to market fluctuation**
以货到出口港为有效的发盘 **offer subject to arrival of goods at port of shipment**
卖方确认后有效的发盘 **offer subject to seller's confirmation**
如有变化,无需另行通知的发盘 **offer subject to change without notice**
以买方看货后为有效的发盘 **offer subject to buyer's inspection or approval**
以答复于……日内抵达我处为有效的发盘 **offer subject to reply received here by…days**
在撤回前有效的发盘 **offer good until withdrawn**
发盘可以考虑(可以接受) **offer entertainable, offer acceptable**
接受发盘 **acceptance of offer, accepting an offer**
接受发盘,但需作如下修改 **offer accepted subject to following alterations**
接受发盘,请按……数量作新发盘 **offer accepted, further for … (quantity) on same terms**
发盘不能接受 **offer unacceptable**
婉拒发盘 **declination of offer, declining an offer**
再发盘(与前盘相同) **repeat offer, repeating an offer**
延盘 **renewed offer, renewing an offer**
重新发盘 **re-offer, reoffering**
按供应能力重新发盘 **re-offer on basis of availability**
确认发盘 **confirmation of offer, confirming an offer**
暂停发盘 **withholding of offer, withholding an offer**
撤回发盘 **withdrawal of**

offer, withdrawing an offer
撤销发盘 cancellation of offer, cancelling an offer
发盘人(报价人) offerer
接盘人(被报价人) offeree
递虚盘(不受约束的递盘) bidding without engagement
递实盘 firm bid, bidding firm
开价 quotation, quoting
低廉的开价 favourable quotation, quoting favourably
不受约束的开价 quotation without engagement
有竞争能力的开价 competitive quotation
以FOB(CIF)条件为基础的开价 quotation on FOB (CIF) basis
在有折扣的基础上开价 quotation on discount basis
以人民币(英镑,美元)开价 quotation in Renminbi (pound sterling, U.S. dollar)
开价低于所值 underquoting
开价表 quotation sheet
开价比较表(开价条件比较表) competitive list, comparative list
函电磋商 negotiation through letters and telegrams
一般商业惯例 common mercantile practice

价格条件 Price Terms

指定地点交货价格 franco render
买方住所交货价格 franco domicile
过境交货价格 franco border
送到进口国家的内地指定地点的价格 franco …(named inland point in country of importation)
生产地交货价格 ex port of origin
卖方仓库交货价格 ex (seller's) warehouse … (locality of seller's warehouse)
工厂(制造地)交货价格 ex factory (works, mill)… (place of manufacture)
农场(生产地)交货价格 ex plantation … (place of origin)
矿山(生产地)交货价格 ex mine … (place of origin)
(装运港)船边交货价格 F.A.S. (free alongside ship)… (port of shipment)
(装运港)离岸价格 F.O.B. (free on board) … (port of shipment)
装运港船上交货的离岸价格 F.O.B.… (named vessel at named point of shipment)
在国内指定的地点,送到指定的内陆运输工具上交货的离岸价格 F.O.B.… (named inland carrier at named inland point of departure)
在国内指定的发货地点,送到指定的出口地点,在指定的内地运输工具上交货的离岸价格 F.O.B. … (named inland carrier

at named point of exportation)

在国内指定的发货地点,送到指定的内陆运输工具上交货,运费预付到指定的出口地点的离岸价格 **F.O.B.… (named inland carrier at named inland point of departure, freight prepaid to named point of exportation)**

在国内的指定的发货地点,送到指定的内地运输工具上交货,减除到指定出口地点的运费的离岸价格 **F.O.B.… (named inland carrier at named point of departure, freight allowed to named point of exportation)**

(装运港)加理舱费的离岸价格 **F.O.B.S. (free on board stowed) … (port of shipment)**

(装运港)加理舱费和平舱费的离岸价格 **F.O.B.S.T. (free on board stowed and trimmed) … (port of shipment)**

(装运港)卡车上交货价格 **F.O.T. (free on truck) … (port of shipment)**

(装运港)火车上交货价格 **F.O.R. (free on rail) … (port of shipment)**

(装运港)飞机场交货价格 **F.O.B. plane (airport), ex aerodrome … (port of shipment)**

到岸价格 **landed price**

目的港船上交货价格 **ex ship (free overside) … (port of destination)**

成本加运费(目的港)价格 **C. & F. (cost and freight) … (port of destination)**

(目的港)到岸价格 **C.I.F. (cost, insurance and freight) … (port of destination)**

加佣金的(目的港)到岸价格 **C.I.F.C. (cost, insurance, freight and commission) … (port of destination)**

加利息的(目的港)到岸价格 **C.I.F.I. (cost, insurance, freight and interest) … (port of destination)**

加汇费的(目的港)到岸价格 **C.I.F.E. (cost, insurance, freight and exchange) … (port of destination)**

加战争险的(目的港)到岸价格 **C.I.F.W. (cost, insurance, freight and war-risks) … (port of destination)**

加佣金、利息的(目的港)到岸价格 **C.I.F.C.I. (cost, insurance, freight, commission and interest) … (port of destination)**

船边交货的(目的港)到岸价格 **free overside, free overboard … (port of destination)**

轮船舱底交货的(目的港)到岸价格 **C.I.F. ex ship's hold … (port of destination)**

轮船吊钩下交货的(目的港)到岸价格 **C.I.F. under ship's tackle … (port of destination)**

不包括佣金的(目的港)到岸价格 **C.I.F. net … (port of destination)**
加关税的(目的港)到岸价格 **C.I.F. duty paid … (port of destination)**
包括一切进口费用的(目的港)到岸价格 **C.I.F. landed … (port of destination)**
包括空运运费,保险费在内的(目的港)到岸价格 **C.I.F.plane … (port of destination)**
目的港保税仓库交货价格 **in bond (duty unpaid) … (port of destination)**
买方仓库交货价格 **ex buyer's godown**
目的港已完税交货价格 **ex customs compound (duty paid) … (port of destination)**
目的港码头未完税交货价格 **ex quay (dock, wharf, pier) duty unpaid … (port of destination)**

销售与购买 Sale and Purchase

销售(卖) **sale**
外销 **external sale**
单边(单面)销售 **straight sale**
直接销售 **direct sale**
间接销售 **indirect sale**
寄售 **consignment sale**
定销(定额销售) **sale as per quota**
包销 **exclusive sale**
公卖 **government sale, public sale**
当场看货交易 **sale by (on) inspection**
凭货样销售 **sale by sample**
凭规格销售 **sale as per (by) specifications**
凭标准品级销售 **sale by standard or type**
凭产地销售 **sale as per origin**
凭商标或牌子销售 **sale by trade mark or brand**
凭说明书销售 **sale as per (by) description**
凭指定式样出售 **sale by pattern**
区外销售(交易) **extraterritorial sale**
现款交易 **cash sale, cash transaction**
赊售 **sale on account, credit sale, sale on credit**
按市价出售 **sale at market price**
假售定 **anticipatory sale (export now at a tentative price and settlement later based on agent's market defacto)**
散装出售 **sale in bulk**
成批出售 **sale by bulk**
搭售 **combination sale**
销售(卖)现货 **spot sale**

销售(卖)期货 **forward sale**
销售(卖)路货 **sale of goods afloat**
按代理条件的销售 **sale on agency basis**
抽佣销售 **sale on commission basis**
估计销售 **estimated sale**
销售总额 **gross sales**
求售 **offering for sale**
征求订货 **canvassing for sales**
销售确认书 **sales confirmation**
购买 **purchase, buy (buying)**
单边(单面)购买 **straight purchase**
直接购买 **direct buying**
间接购买 **indirect buying**
政府大宗采购 **government bulk buying**
季节性购买 **seasonal purchase**
现金购买 **cash buying**
记帐购买 **purchase on credit (account)**
一时冲动性的购买 **impulsive buying**
按需要随时购买现货(随用随买) **buying on a hand-to-mouth basis**
货主与买主间的直接交易 **principal-to-principal transaction**
套头交易("海琴") **hedging**
征购 **seeking to buy**
购货确认书 **purchase confirmation**
交易单位(商品数量) **trading unit**
卖方 **seller**
买方 **buyer, purchaser**
国外联系户 **liaison customer abroad**
进口招(投)标 **import tender**
出口招(投)标 **export tender**
国际拍卖 **international auction**
减价拍卖(荷兰式拍卖) **Dutch auction**

订 单 Order

订货(订购) **ordering, booking**
买方直接开给卖方的订单 **order**
(中间商受买方委托代购货开出的)订单 **indent**
特定订单 **specific indent (order)**
非特定订单 **open indent (order)**
第一次订货 **initial order (indent)**
试订 **trial order, tentative order**
确认的订单 **firm order**
可观的订单 **substantial order**
数量大的订单 **large order, big order**
数量小的订单 **small order**
长期订单 **standing order**
补充订购(单) **additional order**
尚未交货的订单 **back order, outstanding order**
样货订购,样品试购 **sample**

order, ordering against sample
邮购 mail order
新订单 new order, fresh order
订单格式表 order blank, order form
依照买家的设计和商标去制造的出口订单 export order for manufactures after buyer's own design and brand
用买家自己材料去制造的出口订单 export order for manufactures from buyer's own material
用买家自己材料去包装的出口订单 export order for manufactures packaged in buyer's own packing
向……(某人)订购……(某货)placing an order with… (sb.) for… (sth.)
再订(复订) repeat order (repeating an order)
接受订单 taking an order, accepting an order
交付订货 execution of order, executing an order
确认订单 confirmation of order, confirming an order
确认书 letter of confirmation
确认通知书 confirmation note
订货确认条 confirmation slip
电报确认书 cable confirmation
缓冲库存 buffer stock
库存维持良好 stock well maintained

条约、协定与合同 Treaties, Agreements and Contracts

国际条约 international treaty
贸易条约 commercial treaty
通商航海条约 treaty of commerce and navigation
仲裁条约(协定) arbitration treaty
贸易协定 trade agreement
自由贸易协定 free trade agreement
政府间贸易协定 inter-governmental trade agreement
民间贸易协定 non-governmental trade agreement
易货(交易)协定 barter agreement, business agreement
一般代理协议 agency agreement
配额协定 quota agreement
清算协定 clearing agreement
支付协定 payment agreement
价格协定 price agreement
贷款协定 loan agreement
关税协定 tariff agreement
赔偿协定 reparations agreement
货币协定 monetary agreement
试行协定 pilot agreement
口头协定 verbal agreement

书面协定 **written agreement**
双边协定 **bilateral agreement**
多边协定 **multilateral agreement**
委托(寄售)协议 **consignment agreement**
合同 **contract**
贸易合同 **commercial contract**
销售(销货)合同 **sales contract**
购货合同 **purchase contract**
离岸价合同 **FOB contract**
到岸价合同 **CIF contract**
期货合同 **forward contract**
经销合同 **distribution contract**
独家代理合同 **sole agency contract**
包销合同 **exclusive sales contract**
商业代理合同 **commission contract**
保险合同 **insurance contract**
分保合同 **reinsurance contract**
运输合同 **transportation contract**
租船合同 **charter party**
运载合同 **carriage contract**
运送合同 **affreightment contract**
保管合同 **storage contract**
草约 **draft agreement**
合同草案 **draft contract**
标准合同 **standard contract**
格式合同 **model contract**
有效合同 **valid contract, binding contract**
无效合同 **void contract**
贸易协定书 **trade protocol**
商品交换议定书 **protocol for exchange of goods**
批准书 **instrument of ratification**
合同正本 **negotiable copy of contract**
合同影印本 **photostatic copy of contract**
附件 **attachment**
附录 **appendix**
履约保证 **performance bond**
错误和遗漏不在此限 **errors and omissions excepted (E. & O. E.)**
合同条款与条件 **contractual terms and conditions**
协定有效期 **duration of agreement**
合同有效期 **duration of contract**
合同号码 **contract number**
合同金额 **contract value**
合同规定 **contract stipulation**
合同义务 **contractual obligations**
合同的约束力 **binding force of contract**
合同规定使用的货币 **contract currency**
合同一方 **a party of contract, the one party**
合同的另一方 **other party of contract, the other party**
合同双方 **both parties of contract**
合同各方 **all parties to contract, the contracting parties**

守约各方 **observant parties of contract**
有关各方 **all parties concerned**
有关双方 **both parties concerned**
缔结合同 **concluding a contract**
签订合同 **signing a contract**
履行合同 **implementing a contract**
更改合同 **altering a contract**
修改合同 **amending a contract**
修改通知书 **amendment advice**
延长合同 **extending a contract**
续约 **renewing a contract**
复订合同 **repeating a contract**
违反合同 **violating a contract**
破坏合同 **breaking a contract**
撤销合同 **cancellation of contract, cancelling a contract**
合同满期 **termination of contract**
否认合同有效 **repudiating a contract**

费 用 Fees and Charges

运费市场，货载市场 **freight market, cargo market**
运费表 **freight tariff**
运费率 **freight rate**
平均(运费)率 **average rate**
水脚公会费率 **conference rate**
公会会员费率 **member rate**
基本运费率 **basic rate**
一般杂货运费率 **general cargo rate**
特定货运费率 **particular commodity rate**
特别储藏运费率 **special storage rate**
停埠船运费率 **berth cargo rate**
海运运费 **ocean freight**
起点运费(起点提单费) **minimum freight (minimum charge per B/L)**
整船计算的运费 **lump sum freight**
额外运费 **extra freight**
从价运费 **freight ad valorem (treasure and valuable cargo freight)**
回运货物运费 **return cargo freight**
附加费 **surcharge**
直航附加费 **through service additional, direct additional**
转船附加费 **transhipment additional**
变更卸货港费 **alteration of destination**
超长货物附加费 **extra charge on long length**
超重货物附加费 **extra charge on heavy lifts**
燃油附加费 **bunker surcharge**
装卸费 **stevedorage**
装货费 **loading charges**
卸货费 **unloading charges,**

landing charges
翻舱费 **cargo shifting charges**
垫舱物料费 **dunnage charge**
平舱费 **trimming charge**
理货费 **tally charge**
理舱费 **stowage**
搬运费 **porterage**
精选费 **garbling charges**
挑拣费 **sorting charges**
整理费 **reconditioning charges**
洗舱费 **tank cleaning charge**
扫舱费 **sweeping fee**
滞期费 **demurrage**
待时费 **waiting charges**
租赁设备费 **charges for using dock facilities**
刷标记费 **marking charges**
标纸费 **labelling charges**
仓租 **godown charges, storage charges**
保管及处理费用 **keeping and handling expenses**
进港手续费 **port charges, inward**
出港手续费 **port charges, outward**
货物港务费 **cargo dues**
码头费 **wharfage, dockage**
开关舱费 **open and close hatch charges**
吊车费 **shore crane charge**
绞车费 **winch charge**
驳船费 **lighterage**
港口附加费 **port surcharges**
港口拥挤附加费 **port congestion surcharge**
杂费 **sundry charges, incidental expenses**
零星用费 **out-of-pocket expenses**
灯塔费(灯塔税) **light fee (lighthouse dues)**
运河税 **canal dues**
港务税 **harbour dues**
引水费(引航费) **pilotage**
拖船费(牵引费) **towage**
停泊费(泊位费) **berthage**
移泊费 **shifting charges (mooring and unmooring charges)**
解系缆费 **charges for casting and weighing anchor (tying and untying the hawser)**
包装费在内 **packing included**
免费包装 **packing free**
另加包装费 **packing extra**

航 运 Shipping

海运市场 **shipping market**
航运界 **shipping circles**
航运业公会(水脚公会) **shipping conference**
参加公会船只 **conference steamer**
运输业 **forwarding business, transportation business**
远洋航运 **ocean shipping**
部分陆运与部分海运运输 **part land and part sea transit**
水陆联运 **through transport**

by land and water, mixed traffic
运输公司 transportation company, transit company
航运公司 shipping company
转运公司 transfer company
定期班轮公司 regular shipping lines
载运轮船 carrying steamer, carrier
接运轮船,二程船 on-carrying steamer, connecting steamer
定期货船 cargo liner
定期客货船 passenger and cargo liner
定期邮船(班轮) liner, packet ship
不定期船 tramp
承运货物 consignment
发货人(出口方) shipper, consignor (exporter)
自负盈亏自办运输保险的中间商 merchant shipper
轮船代理人 shipping agent
运输代理人 forwarding agent
代运业务 forwarding operation
发货通知书 consignment note
收货人 consignee
押运人 supercargo
收货代理人 receiving agent
装货单(下货纸) shipping order
装运说明 forwarding instructions
运输委托书 forwarding order
收货单,大副收据 mate's receipt
舱位 shipping space
订舱 booking shipping space
船位拥挤 congestion of shipping space
货载船位 cargo accommodation
集装箱 container
固封舱 strong compartment
不透水舱 water tight compartment
冷藏厢 refrigeration compartment
因亏舱 broken stowage, broken space
深舱 deep tank
装船指示 shipping instructions
装船通知 shipping advice
公量 conditioned weight
理论重量 theoretical weight
运费吨 freight ton
重量吨 weight ton ("W"ton)
容积吨(尺码吨) measurement ton("M"ton)
超重 overweight
重量不足 underweight
发货地国家 country of delivery
收货地国家 country of destination
船期 sailing schedule
船期表 list of sailings
惯驶的航线 usual route
经由第三国过境 passage in transit through another country
绕航 deviation, change of voyage
在途中 en route, in transit
预离期 estimated time of

departure (ETD)
启程(出发)日期 **date of sailing, date of departure**
抵达时间 **date and time of arrival**
预计抵达日期 **estimated time of arrival (ETA)**
延滞日数 **days of demurrage**
出发港 **port of departure**
起航港 **port of sailing**
装运港 **port of shipment, shipping port**
装货港 **port of loading**
交货港 **port of delivery**
沿途停靠港 **port of call**
中途转运港 **port of transhipment, intermediate port**
卸货港 **port of unloading, port of discharge**
选择港 **port of option, optional port**
遇难港 **port of distress**
目的港 **port of destination**
到达港 **port of arrival**
抵港通知 **notice of vessel's arrival**
最后停泊港 **last port, port of last call**
装运条款 **shipment clause**
短溢装条款 **more or less clause**
班轮条款 **liner terms, berth terms**
提单条款 **bill of lading clause**
法律条款 **legality clause**
运费条款 **freight clause**
换装条款 **change of steamer clause**
改卸目的港条款 **change of destined port of discharge clause**
甲板货物条款 **deck cargo clause**
危险货物条款 **hazardous cargo clause**
税务条款 **dues clause**
延迟提货条款 **delayed delivery clause**
货物包装条款 **packing clause**
绕道险条款 **deviation clause, change of voyage clause**
承运人赔偿金额限制条款 **limit of indemnity from the carrier clause**
承运人权限条款 **liberties clause**
承运人责任条款 **carrier's liability clause**
不合理的海运运输条款 **unreasonable shipping clause**
限期运抵目的港条款 **fixed date of arrival at port of destination clause**
食品不准与危险品同装一船的条款 **foodstuffs not allowed to be shipped with hazardous goods in one vessel clause**
指定代理人条款 **consignment clause**
指定船舶条款 **specifying vessel clause**
指定装卸码头的条款 **specifying docks for loading and unloading clause**
限制配船部位的条款 **restriction on shipping space clause**
留置权书 **letter of lien**

赔偿保证书 **letter of indemnity**
海运运费罚金 **freight indemnity**
班轮舱位 **liner space**
运费已付 **freight paid**
费用已付 **charges paid**
运费已预付 **freight prepaid**
费用已预付 **charges prepaid**
运费由提货人支付 **freight forward, freight collect**
费用向收货人索取 **charges collect**
运费回扣 **freight rebate**

租 船 Ship Chartering

租船市场 **chartering market**
期租船 **time charter**
程租船 **voyage charter**
单程租船 **single-trip charter, single-voyage charter**
来回程租船 **round-trip charter, return voyage charter**
连续租船 **consecutive voyage charter**
光船租赁 **bareboat charter, charter by demise**
运输总额已定(包干)的租船 **lumpsum charter**
租船人 **charterer**
租船代理人(代表租船人) **chartering agent**
船东 **shipowner**
租船经纪人(代表船东) **ship broker**
租船委托书 **chartering order**
租金 **charter hire**
包运(租船)运费 **affreightment**
空舱费 **dead freight**
按日租赁 **charter on per dium basis**
按日(月)比例计算的运费 **daily (monthly) pro-rata freight**
程租船船方负担装卸费用条件 **gross terms**
装货费在外条件 **free in (F.I.)**
卸货费在外条件 **free out (F.O.)**
装卸费在外条件 **free in and out (F.I.O.)**
装卸理舱费在外条件 **free in, out and stowed (F.I.O.S.)**
起租检验 **on-hire survey**
退租检验 **off-hire survey**
验船师 **marine surveyor, ship surveyor**
受载期限 **lay days**
受载(备装)通知 **notice of readiness**
销约日期 **cancelling date**
撤销条款 **cancellation clause**
船级 **classification of ship, ship's class**
船只定级机关 **classification society**
配载不良 **bad stowage**
装载能力 **loading capacity**
(总)载重量 **deadweight tonnage**
总排水量 **gross displacement tonnage**

净排水量 **net displacement tonnage**
吃水 **draft (draught)**
吃水线 **water line**
吃水标 **Plimsoll mark, load-line**
吃水差 **draft difference**
吃水量很浅 **very shallow draft**
船舶吨位 **tonnage**
注册吨位 **registered tonnage**
注册总吨 **gross registered tonnage (Gr. R. T.)**
注册净吨 **net registered tonnage (N. R. T.)**
船舶周转率 **turnround rate**
杂货船 **general cargo vessel**
干货船 **dry cargo vessel**
散货船 **bulk carrier**
特别货船 **special cargo vessel**
装运整件货物的杂货船 **packed cargo vessel**
集装箱船 **container ship**
油槽船 **oil tanker**
重油船 **dirty ship**
劳埃德船舶动态日报 **Lloyd's Daily Index**
劳埃德船舶年鉴 **Lloyd's Register of British and Foreign Shipping (Lloyd's Register)**
劳埃德海事情报 **Lloyd's List**
波罗的海航运公会的"统一定期租船合同" **"Uniform Time Charter"**
波罗的海白海船东公会的"统一杂货租赁合同" **"Uniform General Charter"**

货运单据 Cargo Transportation Documents

货运单据 **shipping documents, documents of despatch**
货运单据副本 **copy documents of shipment**
运输凭证 **transport documents**
全套单据 **full set of documents**
(海运)提单 **bill of lading (B/L)**
海洋提单 **marine B/L**
提单正本(可议副提单) **negotiable copy of B/L (negotiable B/L)**
提单副本(非议副提单) **non-negotiable copy of B/L (non-negotiable B/L)**
装船提单 **shipped B/L, on board B/L**
收货待运提单 **received for shipment B/L**
直达提单 **direct B/L**
转运提单 **transhipment B/L**
联运提单 **through B/L**
舱面提单 **on deck B/L**
直运提单, (记名)提单 **straight B/L, named B/L**
不记名提单 **bearer B/L,**

unnamed B/L
指示提单 order B/L
发货人指示提单 shipper's order B/L
收货人指示提单 consignee's order B/L
过期提单 stale B/L
清洁提单 clean B/L
不洁提单 foul B/L, claused B/L
港口提单 port B/L
代管提单 custody B/L
班轮提单 liner B/L
租船提单 charter party B/L
根据租船合同签发并受租船合同条件约束的提单 B/L issued under and subject to the conditions of a charter party
以帆船装运的提单 B/L covering shipment by sailing vessels
运输代理人出立的提单 B/L issued by forwarding agents
铁路及内河提单 railway and inland waterway B/L
托运单 waybill
发票 invoice
临时发票 provisional invoice
形式(预开)发票 proforma invoice
商业发票 commercial invoice
银行发票 banker's invoice
签证发票 certified invoice
领事发票 consular invoice
政府签发的有关出口的证件 governmental export authorization
数量/重量证明书 certificate of quantity / weight
产地证明书 certificate of origin
特许进口证明书 certificate of import licence
制造商证明书 manufacturer's certificate
领事公证 consular certification, consular attestation
保险单 insurance policy
装箱单 packing list
重量(磅码)单 weight memo, weight list, weight note
重量规格单 specifications of weight
到货通知单 notice of arrival
兽运及卫生证明书 veterinary and sanitary certificate

货　物 Cargo

进口货物 import cargo
出口货物 export cargo
杂货 general cargo
轻泡货(容积货物) light cargo, measurement cargo
散装货 bulk cargo, cargo in bulk
裸装货 nude cargo
包装货物 packed cargo
甲板货(舱面货) deck cargo
舱内货 under deck cargo
冷冻货 reefer goods, refrigerated goods
冷气货 air-cooled cargo

贵重货物 **treasure and valuable goods**
笨大货物 **bulky goods**
重货 **deadweight cargo**
合同货物 **contract goods**
集装箱货物 **container cargo**
保价货物 **insured cargo**
在途中的货物 **goods in transit**
直达货 **through cargo**
过境货(转载货) **transit cargo**
转船货(转口货) **transhipment cargo**
(运费表上列举的)特定货物 **particular cargo**
快运货 **express goods, express cargo**
危险货 **dangerous cargo, hazardous cargo**
残损货物 **damaged cargo**
不合格货物 **disqualified goods**
待领货物 **unclaimed cargo**
回运货 **return cargo**
超重货物 **heavy package, heavy lift**
超长货物 **long goods, lengthy goods**
零批货 **parcel of goods**
多装的货物 **overshipped cargo**
短装货物 **short-shipped cargo**
误装货物 **mis-shipped cargo**
溢卸货物 **overlanded cargo**
短卸货物 **shortlanded cargo**
误卸货物 **mis-discharged cargo**
漏卸货物 **over-carried cargo**
超程货物 **distance freight**
(船舶遇险时)投弃的货物 **jetsam (lagan, ligan)**
(遇难船只的)飘浮的货物 **flotsam (flotsan, flotson)**
应税物品 **dutiable goods**
已完税货物 **duty-paid goods**
免税货物 **duty-free goods**
退关货物 **shut out cargo**
保税货物 **bonded cargo**
海关监管货物 **goods under customs supervision**
限制物品 **restricted articles**
违法(禁)物品 **contraband (contraband articles)**
货载动态 **cargo movements**

装卸船 Loading and Unloading

装船(上货) **loading**
卸船(卸货) **unloading, discharging**
装船能力 **loading capacity**
卸载能力 **unloading capacity**
装卸设备(条件) **loading and unloading facilities**
装货率 **rate of loading**
卸货率 **rate of discharge**
靠码头装卸 **loading and unloading alongside wharf**
靠船边装卸 **loading and unloading alongside ship**
满载 **full load, full cargo**
超载 **overload**
欠载 **underload**
港口习惯快速装卸 **customary quick dispatch (CQD)**

速遣费 **dispatch allowance**
晴天工作日 **weather working day (W. W.)**
连续工作日 **running lay days**
晴天工作日，但星期天，例假除外 **weather working days, Sundays and holidays excepted (W. W. S. H. E.)**
防止迟延 **preventing delay**
宽延日 **day of grace**
扫舱 **sweeping**
理舱 **cargo stowing**
混装 **mixed loading**
平舱 **cargo trimming**
翻舱 **cargo shifting**
理货 **cargo tallying**
理货人 **tallyman, tally clerk**
码头装卸工人 **stevedore, longshoreman**
装卸队组长 **foreman**
码头工人 **docker**
配载图(积载图) **cargo plan, hatch list, stowage plan**
配载(积载)系数 **stowage factor**

装运与交货 Shipment and Delivery

装运 **shipment**
交货 **delivery**
象征交货 **symbolic delivery**
实际交货 **actual delivery**
当场交货 **spot delivery**
随通知随装运 **shipment on call**
近期装运 **early shipment, near shipment**
试销货 **trial shipment, sample shipment**
第一次装船 **initial shipment**
分批装运 **partial shipment, part shipment**
分期装运 **shipment in (by) instalments**
固定的装运 **regular sailing, regular shipment**
即期装运 **prompt shipment, immediate shipment**
有机会即装运 **shipment by first opportunity**
直达轮装运 **shipment by direct steamer**
第一艘便船装运 **shipment by first available steamer**
提前装运的货物 **advanced shipment**
准时装运 **punctual shipment**
定期(限期)装运 **timed shipment**
远期装运 **distant shipment, forward shipment**
迟误装运 **delayed shipment**
不定期装运 **indefinite shipment**
尽速装运 **shipment as soon as possible, shipment soonest possible**
发票多开价格的货物 **over-invoiced shipment**
发票少开价格的货物 **short-invoiced shipment**
未装运余额 **balance of shipment**
转运，转船装运 **transhipment,**

transfer
循例的转船装运 **customary transhipment**
转运量 **volume of transhipment**
再装船 **reshipment**
停装要求 **instructions to hold shipment**
装运条件 **terms of shipment**
公差 **tolerance, allowance**
无船时的延期装运 **postponed shipment allowed in case of steamer unavailable**
一次装运出去的货物 **goods to be shipped in one lot**
货物在(装船港)装船 **goods to be loaded at (named port of loading)**
货物在(卸船港)卸船 **goods to be landed at (named port of unloading)**
货物在(转运港)转运 **goods to be transhipped at (named port of transhipment)**
装运的准时性 **punctuality of shipment**
装船时间 **time of shipment**
装船日期 **date of shipment**
交货的基础 **basis of delivery**
装运时间表 **shipment schedule**
提前装运 **advancing shipment**
延期装运 **extending shipment**
加速装运 **expediting shipment**
中止装运 **suspending shipment**
保证交货 **guaranteeing delivery**
完成交货 **fulfilling delivery**
货物如期收到 **shipment received in due course**
通常交货地点 **usual point for delivery**
合同规定的交货地点 **point of delivery as provided in contract**
出栈凭证 **delivery order**
离岸重量 **shipping weight, shipped weight**
到岸重量 **landing weight, landed weight**
交货时重量 **delivered weight**
货物短装单 **shortshipped cargo list**
货物短卸单 **shortlanded cargo list**

结算与支付 Settlement of Payments and Payment

结算 **settlement of payments**
国际结算 **international settlement (of payments)**
结算单据 **documents of settlement**
现金结算 **cash settlement**
用人民币结算 **settlement by means of Renminbi**
清算手段 **clearing medium**
清算使用的货币 **currency of**

settlement

记帐结算 **settlement on account**

记帐货币 **currency of account**

双边结算 **bilateral settlement**

多边结算 **multilateral settlement**

相互冲帐 **mutual compensation**

支付 **payment**

支付地点 **place of payment**

支付条件 **terms of payment**

支付时间 **time of payment**

支付方式 **mode of payment**

支付票据 **bill of payment**

支付工具 **means of payment**

支付货币 **currency of payment**

全部付款 **full payment**

部分付款 **partial payment**

付现 **cash payment**

实物支付 **payment in kind**

易货偿付 **barter payment**

预先付款 **payment in advance, forward payment**

装船前付款 **payment before shipment**

立即付款 **immediate (or prompt) payment**

凭证付款 **payment against presentation of shipping documents**

货到付款 **payment upon arrival (or receipt) of goods**

累进付款(分批偿付货款) **progressive payment**

延付 **deferred (or delayed) payment (payment on deferred terms)**

回邮付现 **cash by return mail (CRM)**

回航付现 **cash by return steamer**

见票后付款(定期付款) **payment after sight (date)**

见票付款 **payment at sight**

见票后……天付款 **payment ... days after sight**

订货款(押金) **deposit, margin (earnest) money**

偿付能力 **solvency (paying capacity)**

无支付能力(破产) **insolvency (bankruptcy)**

信用支付 **payment by credit**

用银行信用支付 **payment by banker's credit**

购买证支付方式 **payment by (or against) A/P (authority of purchase)**

银行保证书支付方式 **payment by (or against) L/G (letter of guarantee)**

信用证支付方式 **payment by (or against) L/C (letter of credit)**

用商业信用支付 **payment by commercial credit**

无证支付方式 **payment without L/C (letter of credit)**

汇付 **payment through remittance**

托收 **collection (of payment)**

托收委托书 **collection order**

货到收款 **collection on arrival of goods**

光票托收 **collection on clean**

bill (clean collection)
跟单托收 **collection on documents, documentary collection**
跟单承兑 **documentary acceptance, acceptance on documents**
承兑交单 **documents against acceptance (D/A)**
付款交单 **documents against payment (D/P)**
限期付款交单 **documents against payment—sight (D/P—sight)**
远期付款交单 **documents against payment—after sight (—after date)**
付款交单凭信托收据借货 **documents against payment—trust receipt (D/P—T/R)**
托收项下的凭单付款 **payment against document through collection**
(托收)需要时的代理人 **referee in case of need**
担保付款 **aval**
担保付款代理人 **del credere agent**
支取上的灵活限度 **leeway in drawing**
止付 **withholding payment**
拒付 **refusing payment**
止付通知单 **stop payment order**
开证申请书 **application for L/C (letter of credit)**
用电报安排信用证 **arranging L/C telegraphically**
拖延开信用证 **procrastination of opening L/C**
赎单 **retiring a bill**
零笔赎单 **partial retirement**

代理、经销与佣金 Agency, Distribution and Commission

销售代理(人) **sales agency (agent)**
订购代理 **purchasing agency**
出口商号代理 **exporter's agency**
商业代理 **commercial agency**
总代理 **general agency, universal agency**
独家代理 **exclusive agency, sole agency**
厂家代理 **manufacturer's agency**
直接经营又代理经营的代理 **mixed agency**
自费经营贸易的代理 **merchant agency**
寄售代理 **consignment agency**
自备仓库的代理 **warehousing agency**
无货存的代理 **non-stock agency**
特约代理 **franchised agency**
佣金代理 **commission agency**

分代理 **sub-agency**
经销 **distribution**
独家经销 **sole distribution**
优惠权利 **preferential right**
独家经营权利 **exclusive right**
直接代表 **direct representative**
代理地区 **agent's territory**
销售限额条款 **quota clause**
销售地区权利条款 **territory rights clause**
货主的权利与义务 **principal's rights and duties**
代理人的权利与义务 **agent's rights and duties**
申请代理 **applying for agency**
独家代理的条件 **requirements for sole agency**
经营方式 **mode of doing business**
经营能力 **business capacity**
经营范围 **scope of business**
经营规模 **scale of business**
交易额 **volume of business**
实际额 **physical volume, actual volume**
销售能力 **sales ability**
销售号召力 **sales appeal**
销售记录 **record of sales**
销售量 **sales volume**
销售计划 **plan for sale promotion**
保证每月销售量 **guaranteed monthly sales**
营业额 **turnover**
资金年周转额 **annual turnover**
支付能力 **paying capacity, capacity for payment**
现金头寸情况 **cash position**
信用调查报告 **credit information**
代理的聘定 **agency appointment, appointing an agent**
代理人佣金 **agent's commission**
佣金率 **rate of commission**
代销佣金 **selling commission**
代购佣金 **buying commission**
优厚的佣金 **liberal commission**
追加佣金 **overriding commission**
递加佣金(按实际情况或增或减) **commission on a sliding scale**
同意代理按百分之……收取佣金 **agency on the basis of··· percent commission accepted**
代理人的统计报告 **agent's return**
月报(统计) **monthly return**
让供货人对某产品的行情保持经常了解 **keeping suppliers constantly informed of the market development of a product**
经营无力 **incompetence, incapability**
拒作代理 **declining agency**
进口许可证情况 **import licence position (condition)**
银行资料 **bank reference**

商 检 Inspection

中国商品检验局 **China Commodity Inspection Bureau**

输出输入商品检验暂行条例 **provisional regulations for the inspection of imported and exported commodities**

进出口商品法定检验 **legal inspection of imported and exported commodities**

进出口商品品质的检验和管理 **inspection, testing and control over the quality of imported and exported commodities**

联合检查 **joint inspection**

委托检验 **consignment inspection**

复验 **re-inspection**

复验权 **right of re-inspection**

残损检验 **inspection of damage**

进口商品的残损检验 **inspection on damage done to imported commodities**

积货(载货)鉴定 **inspection of cargo G.A. or P.A. (general average or particular average)**

包装检验 **packing inspection**

品质检验 **quality inspection**

核对货物品质 **checking quality of goods**

品质分析 **quality analysis**

干货舱清洁检验 **inspection on cleanliness of dry cargo hold**

油舱清洁检验 **inspection on cleanliness of tank**

油舱密固检验 **inspection on tightness of tank**

载损鉴定 **inspection on hatch and cargo**

船舱检查 **inspection on hold**

冷藏舱室检验 **inspection on refrigerating hold**

舱口检视 **hatch survey**

签封样品 **sampling**

封样 **sealing sample**

抽样办法 **method of sampling**

货载衡量 **measurement of cargo**

衡器计量 **weighing by scale**

水尺计重 **checking weight by draft**

容量计重 **checking weight by volume**

检验论断 **inspection findings**

监视卸载 **supervision of unloading**

监视装载 **supervision of loading**

检验费 **inspection fee**

品质检验费 **testing fee**

检验报告 **survey report**

检验证明书 **testing certificate, inspection certificate**

化验证明书(报告) **analysis certificate, laboratory report**

样品报告 **sampling report**
货损检验报告 **inspection report on cargo damage**
货值证明 **certificate of value (of goods)**
公证行(商检人员) **surveyors**
品质证明书 **quality certificate**
重量证明书 **weight certificate, surveyors' report on weight**

索赔 Claim

要求赔偿 **claim for compensation (damage)**
索赔原因 **cause for claim**
品质索赔 **quality claim**
数量索赔 **quantity claim**
残损索赔 **damage claim**
残损赔偿 **indemnity for damage**
向保险商(公司)索赔 **claim against the underwriters (insurance company)**
保险商的责任 **underwriters' liability**
向承运人(船公司)索赔 **claim against the carrier (shipping company)**
向卖方索赔 **claim against the sellers**
卖方的责任 **seller's liability**
违约赔偿 **compensation consequent on violation of contract**
货物与样品不符 **shipment not checking with sample**
比原样低劣的品质 **quality inferior to original sample**
装运短少 **short shipment**
迟延装运 **late shipment**
错发错运 **mis-shipment**
不交货 **non-delivery**
随船单证不齐,或漏填错发 **shipping documents incomplete, or not properly filled out and dispatched**
损坏原因 **cause of damage**
卸货时受到的残损 **damage inflicted during discharge**
在途中造成的残损 **damage received in transit**
不合宜的包装引起的损坏 **damage due to unsuitable packing**
处理不慎引起的损坏 **damage due to rough handling**
重钉造成的残损 **damage resulted from renailing**
损害程度 **extent of damage**
损害额 **amount of damage**
恶意短量 **shortage by ill-will**
故意行为 **wilful act**
自然短量 **shortage through natural loss**
损耗 **wastage**
天然引起的损失 **loss due to natural cause**
残损证明 **evidence of damage**
商检人员的意见(证明书) **surveyors' comment (report)**
海难(海事) **marine accidents,**

perils of the sea
遇险性质 **nature of occurence**
战争行为 **act of war**
类似战争行为 **warlike operations**
天灾 **"act of God"**
不可抗力 **force majeure**
意外事故 **contingency**
偶然事故 **casual mishap**
海损 **average**
全损 **total loss**
全部货物全损 **total loss of whole cargo**
部分货物全损 **total loss of partial cargo**
实际全损 **actual total loss**
推定全损 **constructive total loss**
单独海损(部分损失) **particular average (partial loss)**
共同海损 **general average**
共同海损费用 **general average expenditure**
海损异议书 **captain's protest**
海事报告 **sea protest,ship's protest**
海损查勘人 **average surveyor**
联合检查小组 **joint inspection party**
事故证明书 **certificate of accident**
调查报告 **investigation report**
索赔调查人 **claims investigator**
索赔证件 **papers in support of a claim**
索赔清单 **claim sheet**
索赔文件 **documents for claim**
索赔通知 **notice of claim**
索赔有效时间(索赔时效) **time of validity of claim**
置索赔不理 **ignoring a claim**
拒赔 **refusing a claim, rejecting a claim, declining a claim**
使索赔无效 **annulling a claim, invalidating a claim**
放弃索赔 **waiving a claim, dropping a claim**
减轻索赔 **qualifying a claim**
考虑提赔 **considering a claim**
接受索赔 **accepting a claim, entertaining a claim**
承诺索赔 **granting a claim**
满足索赔 **meeting a claim, satisfying a claim**
清理索赔 **clearing up a claim**
理赔 **settling a claim**
理算 **adjusting, adjustment**
海损精算 **average adjustment, average judgment**
海损精算书 **average statement**
海损理算人 **average adjuster**
索赔理算人 **claims adjuster**
理赔代理人 **claims settling agent**
公证人(录事) **notary public (public notary)**
解决意见 **proposal for settlement**
立即解决 **prompt settlement, immediate settlement**
公正解决 **equitable settle-**

ment, just settlement
友好解决 **amicable settlement, settling amicably**
协商解决 **settling through negotiation**
圆满解决 **bringing matter to a happy close**
赔偿损失 **making good a loss, recouping for a loss**
退回不合格的货物 **returning goods disqualified**
换货 **replacing goods, replacement of goods**
支付损害赔偿金 **paying damages**
损失的赔偿额 **compensatory damages**
全部赔偿 **compensating fully**
部分赔偿 **compensating partly**
不合理的索赔 **unreasonable claim**
反诉 **counter claim**
提赔权利 **entitlement to damages (compensation)**
索赔悬案 **outstanding claim**
索赔者 **claimant**
受益人 **beneficiary**

争议与仲裁 Dispute and Arbitration

争议 **dispute**
争执点 **point at issue, point in question**
未决问题 **a moot point, a debatable question**
争议当事人 **disputing parties**
执行合同或与合同有关的争议 **dispute arising from execution of, or in connection with, contract**
争议的处理 **treatment of disputes**
将案子提交仲裁 **putting a case to arbitration**
打官司(诉诸法律) **resorting to litigation**
责任 **commitment, liability**
责任范围 **limitation of liability**
负法律责任 **bearing legal liability**
负起责任 **assuming responsibility**
转移责任 **diverting responsibility**
推卸责任 **shirking responsibility, dodging responsibility**
拒绝承认责任 **disclaiming responsibility**
否认一切责任 **denying all responsibilities**
撤回责任 **relinquishing responsibility**
职责期限 **period of responsibility**
责任终止 **cesser of liability**
仲裁 **arbitration**
商业仲裁 **commercial arbitration**
仲裁法庭 **arbitration tribunal**
仲裁程序 **arbitration procedure**
仲裁费用 **arbitration fee**

(expenses)
首席仲裁员 **umpire**
仲裁员 **arbitrator**
原告 **plaintiff, accuser**
被告 **defendant, accused**
证人 **witness**
承担裁判 **assuming jurisdiction**
受理案件 **accepting a case**
审理案件 **hearing a case**
裁决 **arbitration award (decision)**
胜诉方 **winning party**
败诉方 **losing party**
申诉(起诉) **suit, action**
抗辩 **pleading**
诉状 **writ**
公正判断 **impartial judgment**
驳回案件 **turning down a case**
属船东或保险人职责范围的案件 **a case for the underwriters (shipowner, etc.)**
需要检查的案件 **a case subject to examination**
未决案件 **a pending case, an outstanding case**
长期未决的案件 **a case of long standing**
(委员会)受权调查范围 **terms of reference**
管辖权条款 **jurisdiction clause**
仲裁裁决终局论 **theory of arbitration award being final and conclusive**
法人 **juridical person, legal person**
自然人 **physical person**
法人团体 **corporate body (body corporate)**
属人法 **lex personalis**
物之所在地法 **lex rei sitae**
契约(合同)缔结地法 **lex loci contractus**
债务履行地法 **lex loci solutionis**
行为地法 **lex loci actus**
民法 **civil law**
商法 **commercial law**
海上法 **marine law**
海运法令 **ordinance regulating carriage of goods by sea**
公海 **high seas, open seas**
领海 **territorial waters**
商标权 **ownership of trademark**
专利权 **patent**
版权 **copyright**
追索权 **recourse**
船东留置权 **shipowner's lien**
对外贸易仲裁委员会 **Foreign Trade Arbitration Commission—F.T.A.C.**
海事仲裁委员会 **Maritime Arbitration Commission —M.A.C.**

附录(一) Appendix (I)

国际经济贸易组织 International Economic and Trade Organizations

中国国际贸易促进委员会 **China Council for the Promotion of International Trade (C.C.P.I.T.)**
美中贸易全国理事会 **National Council for US-China Trade**
日中经济协会 **Japan-China Economic Association**
日本国际贸易促进协会 **Association for the Promotion of International Trade, Japan**
英国国际贸易促进委员会 **British Council for the Promotion of International Trade**
国际商会 **International Chamber of Commerce**
国际海洋运输险协会 **International Union of Marine Insurance**
国际铝矾土协会 **International Alumina Association**
万国邮政联盟 **Universal Postal Union (UPU)**
关税合作理事会 **Customs Co-operation Council (CCC)**
联合国贸易与发展理事会 **United Nations Trade and Development Board**
经济合作与开发组织 **Organization for Economic Cooperation and Development (OECD)**
欧洲经济共同体(西欧共同市场) **European Economic Community (EEC), European Common Market (Europe)**
欧洲自由贸易联盟(区) **European Free Trade Association (Area) (EFTA)**
经济互助委员会(经互会) **Council for Mutual Economic Aid (CMEA)**
欧洲集团 **Eurogroup**
十国集团 **Group of Ten**
二十国委员会 **Committee of Twenty (Paris Club)**
巴黎统筹委员会 **Coordinating Committee (COCOM)**

加勒比共同市场(加勒比自由贸易同盟) **Caribbean Common Market (CCM), Caribbean Free-Trade Association (CARIFTA)**
安第斯共同市场 **Andeans Common Market (ACM), Andeans Treaty Organization (ATO)**
拉丁美洲自由贸易联盟 **Latin American Free Trade Association (LAFTA)**
中美洲共同市场 **Central American Common Market (CACM)**
非洲与马尔加什共同组织 **African and Malagasy Common Organization (OCAM)**
东非共同市场 **East African Common Market (EACM)**
中非关税经济同盟 **Central African Customs and Economic Union (CEUCA)**
西非经济共同体 **West African Economic Community (WAEC)**
石油输出国组织 **Organization of the Petroleum Exporting Countries (OPEC)**
阿拉伯石油输出国组织 **Organization of Arab Petroleum Exporting Countries (OAPEC)**
英联邦特惠区 **Commonwealth Preference Area**
法国对外贸易中心 **Centre National du Commerce Exterieur (National Center of External Trade)**
中国人民银行 **People's Bank of China**
中国银行 **Bank of China**
国际复兴开发银行,世界银行 **International Bank for Reconstruction and Development (IBRD), World Bank**
国际开发协会 **International Development Association (IDA)**
国际货币基金协定(布里顿森林协定) **International Monetary Fund Agreement (Bretton Woods Agreement)**
国际货币基金组织 **International Monetary Fund (IMF)**
欧洲经济与货币同盟 **European Economic and Monetary Union**
欧洲货币合作基金 **European Monetary Cooperation Fund**
国际结算银行 **Bank for International Settlements (BIS)**
非洲开发银行 **African Development Bank (AFDB)**
美国进出口银行 **Export-Import Bank of Washington**
花旗银行 **National City Bank of New York**
美丰银行 **American Oriental Banking Corporation**
美国交通银行 **American Express Co. Inc.**
大通银行 **The Chase Bank**
泛美开发银行 **Inter-American Development Bank (IDB)**
欧洲投资银行 **European Investment Bank (EIB)**

米兰银行 **Midland Bank, Ltd.**

瑞士联合银行 **United Bank of Switzerland**

德累斯敦银行 **Dresden Bank A. G.**

(日本)东京银行 **Bank of Tokyo, Ltd.**

香港汇丰银行 **Hongkong and Shanghai Banking Corporation**

国际金融公司 **International Finance Corporation (IFC)**

非洲金融共同体 **La Communauté Financiève Africane**

(联合国)经济及社会理事会 **(UN) Economic and Social Council (ECOSOC)**

联合国开发计划署 **United Nations Development Program (UNDP)**

联合国资本开发基金 **United Nations Capital Development Fund (UNCDF)**

联合国工业发展组织 **United Nations Industrial Development Organization (UNIDO)**

联合国贸易与发展会议 **United Nations Conference on Trade and Development (UNCTAD)**

(联合国)粮食与农业组织 **(UN) Food and Agricultural Organization (FAO)**

(联合国)欧洲经济委员会 **(UN) Economic Commission for Europe (ECE)**

(联合国)拉丁美洲经济委员会 **(UN) Economic Commission for Latin Amerca (ECLA)**

(联合国)亚洲及远东经济委员会 **(UN) Economic Commission for Asia and Far East (ECAFE)**

(联合国)西亚经济委员会 **(UN) Economic Commission for Western Asia (ECWA)**

(联合国)非洲经济委员会 **(UN) Economic Commission for Africa (ECA)**

华侨投资公司 **Overseas Chinese Investment Company**

纽约证卷交易所 **New York Stock Exchange**

伦敦股票市场 **London Stock Market**

波罗的海商业和航运交易所 **Baltic Mercantile and Shipping Exchange**

附录(二) Appendix (Ⅱ)

常用商业略语 Commercial Abbreviations in Common Use

Al 一等的 **firstclass**
a.a.r. 一切险(水险) **against all risks (marine insurance)**
a/c 往来帐 **account current; current account**
a/c 帐(目) **account**
acc. 承兑,接受,帐目或会计员 **acceptance, accepted, account or accountant**
accrd. 自然增长的 **accrued**
acct. 帐目,帐户或会计员 **account or accountant**
acpt. 承兑 **acceptance**
a/cs pay. 应付帐 **accounts payable**
a/cs rec. 应收帐 **accounts receivable**
A.d.; A/d 在指定日期后 **after date**
ad. 广告 **advertisement**
ad init. 开始 **(ad initium) at or to the beginning**
ad int. 暂时,临时 **(ad interim) in the meantime**
adj. 调停人,理算人 **adjuster**
ad fin. 最终,最后 **(ad finem) at or to the end**
ad inf. 永远,无限 **(ad infinitum) to infinity**
ad lib. 随意 **at pleasure**
adv. 按值或广告 **(ad valorem) according to value or advertisement**
ad val. 按值 **according to value**
advert. (advt.) 广告 **advertisement**
a.f. 如下: **as follows:**
A.F.B. 空运单 **air freight bill**
agcy. 代理 **agency**
agrd. 同意 **agreed**

agt. 代理人 **agent**
amt. 金额 **amount**
a.n. 到货通知书 **arrival notice**
ans. 回复 **answer or answered**
A/P 追加保险费,应付帐或购买证 **additional premium, account payable or authority to purchase**
Approv. 同意;批准 **approval**
approx. 大概,大约 **approximately**
A.R. 应收帐 **accounts receivable**
arr. 抵达 **arrived or arrival**
art. 条款,项目 **article**
A/S 销售帐,见票后或见票 **account sales, after sight or at sight**
atten.(attn.) 注意 **attention**
Av. (av.) 平均 **average**
a/w 实际重量 **actual weight**
a.w.b. 空运单 **air way bill**
bal. 余额;结余 **balance**
B/C 托收汇票 **bill for collection**
B/D 贴现汇票,银行汇票 **bills discounted, or bank draft**
b/d 接上页 **brought down**
B/E 报关通知单或汇票 **bill of entry (customs), bill of exchange**
b/f 转下页 **brought forward**
B/G 关栈货物 **bonded goods**
Bk 银行 **bank**
bkg. 银行业或簿记 **banking or bookkeeping**
bkpr. 簿记员 **bookkeeper**
bkpt. 破产者 **bankrupt**
B/L 提货单 **bill of lading**
B/P 包裹单或应付票据 **bill of parcels or bill payable**
B/R 应收票据 **bill receivable**
B/S 卖据或资产负债表 **bill of sale or balance sheet**
b.t. 班轮条件 **berth terms**
b.v. 帐面价值 **book value**
C.A. 资本帐或信贷帐 **capital account or credit account**
C.A.D. 凭单付现 **cash against documents**
c.a.f. 成本,保险加运费(价格) **cost, assurance, freight (price)**
c.&d. 银货两讫 **collection and delivery**

c.&f. 成本加运费价格 **cost and freight**
Cash B/L 凭提单付现 **cash against bill of lading**
C/B 现金帐 **cash book**
C.B.D. 交货前付现 **cash before delivery**
C.C. 现金信贷,商会,银行本票或(包括暴动的)民变险 **cash credit, chamber of commerce, cashier's cheque or civil commotion (including riots)**
C/D 付现折价,存款证明书,交货证明书,凭单付现,分期收款出售 **cash discount,certificate of deposit, certificate of delivery,cash against documents or conditional sale**
c/d 接上页 **carried down**
cum div. 带红利 **with dividend**
c.f. 成本加运费的到岸价格 **cost and freight**
c/f 转入下页 **carried forward**
cf. 比较 **(confer) compare**
c.h. 海关或票据交换所 **customs house or clearing house**
chges.pd. 费用已付 **charges paid**
chges.ppd 费用预付 **charges prepaid**
c/i 保险证明书 **certificate of insurance**
c.i.a. 交货前付现 **cash in advance**
c.i.f. 成本,保险费加运费的到岸价格 **cost, insurance and freight**
c.i.f.&c. 成本,保险,运费加佣金(或费用)的到岸价格 **cost, insurance, freight and commission (or charges)**
c.i.f.&e. 成本,保险,运费加外汇的到岸价格 **cost, insurance, freight and exchange**
c.i.f.&i. 成本,保险,运费加利息的到岸价格 **cost, insurance, freight and interest**
C.I.F.C.&I. 成本,保险,运费,佣金(或托收)加利息的到岸价格 **cost, insurance, freight, commission(or collection)and interest**
C.I.F.C.E.&I. 成本,保险,运费,佣金(或托收),贴水加利息的到岸价格 **cost,insurance,freight,commission (or collection), exchange and interest**
CL. B/L 光票信用证 **clean bill of lading**
C/M 出厂证明 **certificate of manufacture**
C/N 贷方通知单 **credit note**
C.O.D. 货到付现 **cash on delivery**

coins. 共同保险 **co-insurance**
conf'd 确认 **confirmed**
c.o.s. 装船付现 **cash on shipment**
c/p 租船合同 **charter party**
CR. 信贷 **credit**
Cr. 债权人 **creditor**
C.R.M. 回信付现或货到付现 **cash by return mail or cash on receipt of merchandise**
C.R.S. 回航付现 **cash by return steamer**
c.t.l. 推定全损 **constructive total loss**
c.t.l.o. 推定全损险 **constructive total loss only**
D/A 承兑交单或定期存款 **documents against acceptance or deposit account**
D/B 流水帐 **day book**
Dbk. 退税 **drawback**
D/D 即期汇票 **demand draft**
Deb. 退税证明书或借方 **debenture or debit**
deb. bal. 借方结余 **debit balance**
d.f. 空舱费 **dead freight**
Dft. 汇票 **draft**
dft/c. 光票 **clean draft**
Dis. 折扣 **discount**
Div. 红利 **dividend**
D/N 借方通知单 **debit note**
d(do.) 同上,同前 **ditto, the same**
D.O. 出货单,栈单 **delivery order**
docs. 单据,文件 **documents**
D/P 付款交单 **documents against payment**
D/R 存款收据 **deposit receipt**
Dr. 欠债人 **debtor**
Ds. dft. 见票即付汇票或即期汇票 **sight draft or day draft**
d.t. 交货时间 **delivery time**
d.w. 总载重量 **deadweight**
ea. (@) 每(件、个、只等) **each**
E.&O.E. 错误和遗漏不在此限 **errors and omissions excepted**
e.e. 错误不在此限 **errors excepted**
encl. 附件 **enclosure or enclosed**
ETA 预计的到达时间 **estimated time of arrival**
et al. 以及其它地方或以及其它等等 **(et alibi) and elsewhere**

or (et alii) and others

etc. 等等 (et cetera) and so on, and so forth

ETD 预计的启程时间 estimated time of departure

et seq(q). or et sq(q) 以及下列等等 (et sequentes or et sequentia) and those that follow

exps. 开支或出口货物 expenses or exports

ex whse. 卖方仓库交货价格 ex warehouse

F.a.a. 一切海损不赔 free of all average

F.&D. 运费与滞期费 freight and demurrage

F.A.Q. 大路货或码头交货价格 fair average quality or free at quay

F.A.S. 离岸价格 free alongside ship

F.B. 运费单 freight bill

F.C.&S. 兵险不保 free of capture and seizure

Fco. 指定地点交货价格 franco

f.f.d. 无残损或免税 free from damage or free from duty

F.I. 装货费在外条件 free in

F.I.O. 装卸费在外条件 free in and out

F.I.O.S. 装卸理舱费在外条件 free in, out and stowed

F.O. 卸货费在外条件 free out

f.o. 目的港船边交货的到岸价格或实盘 free overside, free overboard or firm offer

F.O.B. 离岸价格 free on board

f.o.c. 免费 free of charge

f.o.i. 免息 free of interest

F.O.R. 火车上交货价格 free on rail

F.O.S. 离岸价格 free on steamer

f.p. 火险,保单,流动保单或全部款项已付讫 fire policy, floating policy or fully paid

F.P.A. 平安险 free of particular average

frt.pp. 运费已预付 freight prepaid

frt.fwd. 运费由提货人支付 freight forward

f.w.d. 淡水雨淋残损 fresh water damage

f.x. 外汇 foreign exchange

G.A. 共同海损 general average; gross average

G.M.Q. 上好可销品质 good merchantable quality

G.M.T. 格林威治平时 Greenwich Mean Time

GR.R.T. 注册总吨 gross registered tonnage

gr.wt. 毛重 gross weight

hrs.	小时	**hours**
i.e.	即	**(id est) that is, that is to say**
Id.	同上	**(idem) the same**
imps.	进口货物	**imports**
inst.	本月的	**instant (this month)**
Int.	利息	**interest**
In trans.	在途中	**in transit, on the way**
Inv.	发货单	**invoice**
I.O.U.	借据	**I owe you (memorandum for a debt)**
I.P.A.	水渍险	**including particular average**
J/A	联名存款帐	**joint account**
L.&D.	损失与残损	**loss and damage**
L/C	信用证	**letter of credit**
loco	当地	**on the spot**
ltg.	驳船费	**lighterage**
max.	最高限度	**maximum (the most)**
memo	备忘录	**memorandum**
M.I.	水险	**marine insurance**
min.	最低限度	**minimum (the least)**
M.I.P.	水险保单	**marine insurance policy**
M.O.	小额汇票或邮函订货	**money order or mail order**
M.R.	收货单	**mate's receipt**
MS.	手稿	**manuscripts**
M/T	信汇	**mail transfer**
n.a.	无帐或不承兑	**no account or non-acceptance**
N.B.	注意，留心	**(nota bene) note well, take notice**
neg.	可议付	**negotiable**
n.e.i.	不包括在其它地方或它处并无表明	**not elsewhere included or not elsewhere indicated**
n.e.m.	它处并无提及	**not elsewhere mentioned**
N/F;n/f	无现金	**no funds**
n/m/	无标记	**no mark (markings), not marked**
No.	号码	**number**
n.o.s.	别无其它规定或别无其它指定	**not otherwise stated or not otherwise specified**
N.P.	公证人	**notary public**
n.p.f.	并无规定	**not provided for**
N.R.T.	注册净吨	**net registered tonnage**
n.s.	并无指定	**not specified**

nt.wt. 净重 **net weight**
o.a. 接受时,由于或我们的帐 **on acceptance, on account or our account**
o.e. 疏漏不在此限 **ommissions excepted**
O.K. 一切都妥或批准 **all correct, approved**
o.p. 船名未确定保单 **open policy**
p.a. 每年或单独海损 **per annum (per year, annually) or particular average**
P.A. 单独海损,委托书或收购代理人 **particular average, power of attorney or purchasing agent**
Par 等值 **equal value**
p.c. 百分率或价格表 **per cent (%) or price current**
pd. 已付(款) **paid**
per an. 每年 **yearly**
per capita 每人 **by the head**
per pro. 由……所代表,根据代理权 **per procuration (by power of authority)**
P/N 期票 **promissory note**
P.O. 邮政汇票或邮局 **postal order or post office**
prox. 下月的 **proximo (next month)**
P.S. 书后;再者 **postscriptum; postscript**
P.T.O. 请翻到反页 **please turn over**
r.c.c.&s. 暴动,民变和罢工险 **riots, civil commotion and strikes**
ref. 关于或有关事项 **referring to or reference**
R.I. 分保险(再保险) **re-insurance**
S.S. 轮船 **steamship**
T.L.O. 全损险 **total loss only**
S.d. 无限期地 **(sine die) indefinitely**
T.T. 电汇 **telegraphic transfer (cable transfer)**
ult. 上月 **ultimo (last month)**
V. 对(抗) **versus; against**
viz. (亦)即 **videlicet; namely**
via (途)经 **by way of**
W.A. 海损照赔险 **with average**
w.b. 全库帐簿 **warehouse book**
W/B 运货单或世界银行 **way bill or World Bank**
Whf. 码头 **wharf**
Whse. 货仓 **warehouse**

W/R 战争险 **war risk**

W.R.&S.R.&C.C. 战争险加罢工,暴动和民变险 **war risk and strikes,roits and civil commotion (insurance)**

wt. 重量 **weight**

& 与;同 **and**

& c. 等等 **and so forth**

附录（三） Appendix（Ⅲ）

各国货币 moneys of the world

货币名称	name of currency	简写 symbol	国名（地区名）	country (region)
人民币元	**yuan**	**RMB¥**	中国	**China**
圆	**won**	**W**	朝鲜	**Korea**
圆	**won**	**W**	南朝鲜	**South Korea**
盾	**dong**	**D.**	越南	**Vietnam**
图格里克	**tugrik**		蒙古	**Mongolia**
日元	**yen**	¥	日本	**Japan**
比索	**peso**	**₱ or P**	菲律宾	**the Philippines**
基普	**kip**	**K**	老挝	**Laos**
瑞尔	**riel**	**于 or CR**	柬埔寨	**Cambodia**
铢	**baht**	**B**	泰国	**Thailand**
元	**kyat**	**K**	缅甸	**Burma**
元	**dollar**	**M $**	马来西亚	**Malaysia**
元	**dollar**	**S $**	新加坡	**Singapore**
元	**dollar**	**B $**	文莱	**Brunei**
卢比、盾	**rupiah**	**Rp.**	印度尼西亚	**Indonesia**
卢比	**rupee**	**PRe(复) Rs**	巴基斯坦	**Pakistan**
卢比	**rupee**	**Re(复) Rs**	印度	**India**
塔卡	**taka**	**Tk**	孟加拉	**Bangladesh**
卢比	**rupee**	**NRe(复) Rs**	尼泊尔	**Nepal**
卢比	**rupee**	**SLRe (复) Rs**	斯里兰卡	**Sri Lanka**
卢比	**ruepe**	**MRp**	马尔代夫	**Maldive**
尼	**afghani**	**Af**	阿富汗	**Afghanistan**
里亚尔	**rial**	**Rl**	伊朗	**Iran**
里拉(镑)	**lira (pound)**	**LT (£T)**	土耳其	**Turkey**

货币名称	name of currency	简写 symbol	国名（地区名）	country (region)
镑	pound	£C	塞浦路斯	Cyprus
第纳尔	dinar	ID	伊拉克	Iraq
镑(里拉)	pound	£s (LS)	叙利亚	Syria
镑	pound	(L£) LL	黎巴嫩	Lebanon
第纳尔	dinar	JD	约旦	Jordan
镑	pound	I£	以色列	Israel
里亚尔	riyal	YR (I)	阿拉伯也门共和国	The Yemen Arab Republic
第纳尔	dinar	(S) YD	南也门	South Yemen
里亚尔	riyal	SR	沙特阿拉伯	Saudi Arabia
第纳尔	dinar	KD	科威特	Kuwait
第纳尔	dinar	BD	巴林	Bahrain
里亚尔	rial	QR	卡塔尔	Qatar
迪拉姆	dirham	DH	阿拉伯联合酋长国	The United Arab Emirates
里亚尔	rial	R(O)	阿曼	Oman
元	dollar	HK$	香港	Hongkong
元	pataca	Pat; P	澳门	Macao
镑	pound	LE £E	埃及	Egypt
镑	pound	LSd (£S)	苏丹	Sudan
第纳尔	dinar	LD	利比亚	Libya
第纳尔	dinar	D	突尼斯	Tunis
第纳尔	dinar	DA	阿尔及利亚	Algeria
迪拉姆	dirham	DA	摩洛哥	Morocco
乌吉亚	ouguiya	VM	毛里塔尼亚	Mauritania
法郎	franc	CFAF	塞内加尔	Senegal
达拉西	dalasi	DG	冈比亚	Gambia
法郎	franc	MF	马里	Mali
西里	syli	Syli	几内亚	Guinea

货币名称	name of currency	简写 symbol	国名（地区名）	country (region)
新塞地	new cedi	N₵	加纳	Ghana
法郎	franc	CFAF	象牙海岸	Ivory Coast
法郎	franc	CFAF	上沃尔特	Upper Volta
法郎	franc	CFAF	贝宁	Benin
法郎	franc	CFAF	尼日尔	Niger
元	dollar	L(ib)$	利比里亚	Liberia
利昂	leone	Le	塞拉利昂	Sierra Leone
法郎	franc	CFAF	多哥	Togo
奈拉	naira	₦	尼日利亚	Nigeria
法郎	franc	CFAF	喀麦隆	Cameroon
埃奎勒	ekuela		赤道几内亚	Equatoria Guinea
法郎	franc	CFAF	乍得	Chad
法郎	franc	CFAF	中非共和国	The Central African Republic
法郎	franc	CFAF	加蓬	Gabon
法郎	franc	CFAF	刚果	the Congo
扎伊尔	zaire	Z	扎伊尔	Zaire
法郎	franc	FBu	布隆迪	Burundi
法郎	franc	RF	卢旺达	Rwanda
元	dollar	Eth $	埃塞俄比亚	Ethiopia
先令	shilling	So. Sh.	索马里	Somali
先令	shilling	K sh	肯尼亚	Kenya
先令	shilling	U sh	乌干达	Uganda
先令	shilling	T sh	坦桑尼亚	Tanzania
卢比	rupee	Mau Rs (MR)	毛里求斯	Mauritius
法郎	franc	CFAF	科摩罗	Comoros
法郎	franc	FMG	马达加斯加（马尔加什）	Madagascar Malgache (Malagasy)

货币名称	name of currency	简写 symbol	国名（地区名）	country (region)
埃斯库多	escudo	Esc	安哥拉	Angola
埃斯库多	escudo	Esc	莫桑比克	Mozambique
埃斯库多	escudo	Ese	几内亚比绍	Guinea-Bissau
埃斯库多	escudo	Ese	佛得角	Cape Verde
埃斯库多	escudo	Ese	圣多美和普林西亚	Sao Tome and Principe
元	dollar	R$	罗得西亚	Rhodesia
克瓦查	kwacha	K	赞比亚	Zambia
克瓦查	kwacha	MK	马拉维	Malawi
兰特	rand	R	南非	South Africa
兰特	rand	R	博茨瓦纳	Botswana
兰特	rand	R	莱索托	Lesotho
里兰吉尼	lilangeni	E	斯威士兰	Swaziland
卢比	rupee	SRp.	塞舌耳	Seychelles
法郎	franc		吉布提	Djibouti
列克	lek	Lek	阿尔巴尼亚	Albania
列伊	leu	L;Leu, (复)Lei	罗马尼亚	Romania
第纳尔	dinar	Din	南斯拉夫	Yugoslavia
卢布	rouble	R; Rub; Rbl	苏联	U.S.S.R.
兹罗提	zloty	Zl	波兰	Poland
福林	forint	Ft.	匈牙利	Hungaria
克朗	koruna	Kcs.	捷克斯洛伐克	Czechoslovakia
列弗	leva	Lv;(复) Le Va	保加利亚	Bulgaria
马克	mark	M	东德(GDR)	East Germany
马克	mark	DM	西德(GFR)	West Germany
法郎 (新法郎)	franc	FF(NF)	法国	France

货币名称	name of currency	简写 symbol	国名（地区名）	country (region)
里拉	lira (复) lire	Lit	意大利	Italy
盾	florin; guilder	f. (Fl)	荷兰	Netherlands
法郎	franc	BF	比利时	Belgium
法郎	franc	Lux F	卢森堡	Luxembourg
镑	pound	£; £stg.	英国	U.K.
镑	pound	£ Ir	爱尔兰	Ireland
马克	markka	Fmk	芬兰	Finland
克朗	krona (复) kroner	SKr	瑞典	Sweden
克朗	krona (复) kroner	NKr	挪威	Norway
克朗	krone (复) kroner	DKr	丹麦	Denmark
克朗	kronar (复) kronur	IKr	冰岛	Iceland
法郎	franc	SF	瑞士	Switzerland
先令	shilling schilling	Sch	奥地利	Austria
德拉克马	drachma	Dr	希腊	Greece
镑	pound	£M	马耳他	Malta
比塞塔	peseta	Ptas	西班牙	Spain
埃斯库多	escudo	Esc	葡萄牙	Portugal
里拉	lira (复) lire	Lit	圣马力诺	San Marino
法郎	franc	FF	摩纳哥	Monaco
瑞士法郎	Swiss franc	S.F.	列支敦士登	Liechtenstein
元	dollar	Can $	加拿大	Canada
元	dollar	US $	美国	U.S.A.
比索	peso	Mex $	墨西哥	Mexico
格查尔	Quetzal	Q	危地马拉	Guatemala

货币名称	name of currency	简 写 symbol	国 名 (地区名)	country (region)
伦皮拉	lempira	L	洪都拉斯	Honduras
科郎	colon	₵	萨尔瓦多	El Salvador
科多巴	córdoba	C $	尼加拉瓜	Nicaragua
科郎	colon	₡	哥斯达黎加	Costa Rica
巴波亚	balboa	B	巴拿马	Panama
比索	peso	Cub $	古巴	Cuba
古德	gourde	G	海地	Haiti
比索	peso	RD $	多米尼加	Dominican Republic
元	dollar	B $	巴哈马	Bahamas
元	dollar	J $	牙买加	Jamaica
元	dollar	TT $	特立尼达和多巴哥	Trinidad and Tobago
元	dollar	BDS $	巴巴多斯	Barbados
元	dollar	Ec $	格林纳达	Grenada
博利瓦	bolivar	Bs	委内瑞拉	Venezuela
比索	peso	Col $	哥伦比亚	Colombia
元	dollar	G $	圭亚那	Guyana
盾	guilder	Ant. f.	荷属安的列斯	Netherlands Antilles
盾	guilder	Sur. f.	苏里南	Surinam
克鲁赛罗	cruzeiro dollar	Cr $	巴西	Brazil
苏克雷	sucre	S/.	厄瓜多尔	Ecuador
索尔	sole	S/.	秘鲁	Peru
比索	peso	$b	玻利维亚	Bolivia
比索	peso	Ch$	智利	Chile
瓜拉尼	guarani	₲	巴拉圭	Paraguay
比索	peso	$a	阿根廷	Argentina
新比索	new peso	Ur$	乌拉圭	Uruguay

货币名称	name of currency	简写 symbol	国名(地区名)	country (region)
元	dollar	Bda$ (BD$)	百慕大	Bermuda
美元	dollar	U.S. $	波多黎各	Puerto Rico
元	dollar	$A	澳大利亚	Australia
元	dollar	NZ$	新西兰	New Zealand
塔拉	tala	WS$	西萨摩亚	Western Samoa
澳元	Australiàw dollar	$A	瑙鲁	Nauru
潘加	pa'anga	T$	汤加	Tonga
元	dollar	F$	斐济	Fiji
基那	kina		巴布亚新几内亚	Papua New Guinea
新西兰元	New Zealand dollar	NZ$	库克群岛	The Cook Islands

第四部分

工业、交通、通讯

Part IV

Industry, Transport and Communications

目　录

Contents

总 类 General

企业管理 Management of Enterprises

现代化的科学管理 **modernized scientific management**
实行生产民主 **practicing democracy in production**
工人参加管理 **worker participation in management**
干部参加生产劳动 **cadre participation in productive labour**
改革不合理的规章制度 **reform of irrational and outdated rules and regulations**
开展劳动竞赛 **developing labour emulation**
学习外国的先进管理 **learning from the advanced management of other countries**
计划管理 **plan control**
国家计划 **state plan**
远景规划 **long-term plan**
现行计划 **operative**
各项经济技术指标 **economic and technological target figures**
按经济规律办事 **acting according to the law of economy**
经济核算 **business accounting**
班组核算 **accounting in work groups**
成本核算 **cost accounting**
降低成本 **reduction of cost**
生产投资 **production investment**
总产值 **total value of output**
劳动生产率 **labour productivity**
固定资产 **fixed assets**
流动资金 **circulating funds**
资金积累 **accumulation of funds**
资金周转 **turnover of funds**
上缴利润 **profit handed over to the state**
利润率 **profit rate**
机械设备折旧费 **depreciation of machinery**
非生产性开支 **nonproductive expenditures**
亏损 **loss**
补贴 **subsidy**
统一管理物资 **unified management of materials**
修旧利废 **repairing old equipment and reclaiming scraps**
合理利用原材料 **rational use of materials**
减少损耗 **reduction of spoilage and waste**

质量管理 **quality control**
产品检验 **examination and test of products**
成品 **finished product**
半成品 **semifinished product**
正品率 **rate of standard product**
次品 **seconds**
一等品 **first grade product**
二等品 **second grade product**
三等品 **third grade product**
等外品 **offgrade product**
废品 **reject**
原材料消耗 **consumption of raw materials**
燃料和动力消耗 **consumption of fuel and power**
考勤制度 **system of checking work attendance**
提高工时利用率 **raising the utilization rate of working hours**
技术责任制 **system of technological responsibility**
技术操作规程 **regulations for technological operations**
加强薄弱环节 **strengthening the weak link**
岗位责任制 **the system of personal responsibility**
设备维修 **maintenance and repair of equipment**
安全措施 **safety measures**
奖惩制度 **system of reward and penalty**
物质奖励 **material reward**
精神鼓励 **spiritual inspiration**
经济制裁 **economic sanctions**

技术革新和技术革命 Technical Innovation and Technical Revolution

解放思想 **emancipating the mind**
发明创造 **innovation and creation**
苦干加巧干 **working hard and resourcefully**
敢想敢干 **daring to think and act**
攻破技术难关 **solving knotty problems (cracking hard nuts) in technology**
排除生产中主要障碍 **breaking through a bottleneck in production**
引进外国先进技术 **introducing advanced techniques from other countries**
合理化建议 **rationalization proposal**
技术协作 **technical cooperation**
现场会议 **on-the-spot meeting**
参观评比 **public inspection and appraisal**
改革陈旧设备 **revamping outmoded equipment**
改进操作方法 **improving operating methods**
革新工艺 **renovating the technology**
简化工序 **simplifying the working process**

实现自动化 **attaining automation**
提高工作效率 **raising the work efficiency**
提高设备利用率 **raising the equipment utilization rate**
提高生产率 **raising productivity of the workers**
科研走在生产前面 **scientific research anticipating production**
厂办技术学校 **factory-run technical school**
在实践中培养技术人才 **training technical personnel through practice**
大胆实验 **bold experimentation**
积累第一手资料 **accumulating first-hand data**
中间试验厂 **pilot plant**
试制(试产) **trial production**
成批生产 **batch production**
投产 **put (go) into production**

工业废料的综合利用 Multiple Utilization of Industrial Wastes

废气 **gaseous waste**
废水 **liquid waste**
废渣 **residual solid waste**
"三废" **"three wastes"**
固体废料 **solid waste**
放射性废料 **radioactive waste**
工厂尘雾 **factory fumes**
光化学烟雾 **photochemical smog**
漂浮油膜 **floating oil slicks**
大气污染 **air pollution**
水质污染 **water pollution**
环境污染 **environment pollution**
污染区 **polluted area**
污染物 **pollutant**
污染物浓度 **concentration of pollutant**
最高容许浓度(百万分之) **maximum permissible concentration (ppm:parts per million)**
造成公害 **posing hazards to the public**
污染控制 **pollution control**
环境保护 **environmental protection**
废料处理 **waste disposal**
回收有价值的副产品 **recovering valuable by-products**
溶剂回收 **solvent recovery**
有毒成份的回收 **recovery of toxic components**
再循环 **recycling**
再用 **reuse**
粉尘控制和回收 **dust control and recovery**
煤灰尘处理 **fly ash handling**
重力降尘室 **gravity dust settling chamber**
撞击除尘器 **impingement dust separator**
静电集尘器 **electrostatic precipitator**
旋风除尘器 **cyclone dust extractor**

离心除尘器 centrifugal dust separator
惯性除尘器 inertial dust separator
滤尘袋 bag filter
布袋滤尘室 baghouse
吸附 adsorption
洗涤 scrubbing
喷淋塔 spray tower
污水三级净化法 A-B-C process for sewage treatment
过滤 filtration
离心分离 centrifugation
沉降池 settling lagoon
消解 digestion
掺气 aeration
加菌淤渣 activated sludge
淤渣气 sludge gas
声波臭氧 sonozone
絮凝 flocculation
浮选 flotation
澄清 clarification
电渗析 electrodialysis
离子交换 ion-exchange
中和 neutralization
煅烧 incineration
高压压实 high-pressure compaction
分解蒸馏 destructive distillation
废热回收 recovery of waste heat
废热锅炉 waste heat boiler
废气能 exhaust gas energy
能量提取 energy extraction

劳动保护 Labour Protection

劳动保险条例 labour insurance regulations
劳动安全 labour safety
安全生产 safety in production
安全操作 safety in operation
安全操作规程 safety code
安全保障措施 safety precautions
安全措施 safety measures
安全设施 safety installation
安全哨 danger-warning post, look-out post
安全检查 safety inspection
高空作业 working on high
高温作业 working at high temperature
低温作业 working at low temperature
水下作业 working under water
带电作业 hot-line work
危险性作业 hazardous work
夏季洒(喷)水降温 sprinkling (spraying) water to allay the summer heat
空气调节 air-conditioning
防一切有害物质 protection against all harmful substances
防瓦斯爆炸 prevention of gas explosion
防火措施 fire prevention measures
减少噪音的办法 noise reduction means
劳动保护用品 labour protection appliances

安全帽 safety helmet
荧光安全灯 fluorescent safety lamp
安全服 protective clothing
安全带 safety belt
手套和手袖 gloves and sleevelets
防止事故 accident prevention
保健措施 health protection measures
工厂卫生 factory hygiene
调整工作时间 adjustment of working hours
八小时工作日 eight-hour workday
三班制 three-shift workday system
日班 day shift
夜班 night shift
中班 swing shift
休息日 off day
转做较轻工作 change to lighter work
退休年龄 retiring age, pensionable age
退休老工人 retired veteran worker
退休金 pension
产假 maternity leave
保健食品(营养品) nourishing food to maintain health (nutritives)
营养补助 nourishment subsidies
清凉饮料 cool drink
健康检查 physical examination, (Am.) checkup
定期健康检查 periodical physical examination, periodical checkup

职工生活福利 Welfare of Workers and Staff

福利基金 welfare fund
厂办卫生福利事业 factory-run health and welfare services
公费医疗 free medical care
工厂(分科)医疗室 factory (poly-) clinic
工厂急救站 factory first-aid station
特约医院(合同医院) hospital under contract to a factory
免费住院治疗 free hospital treatment
工人疗养院 workers' sanatorium, workers' convalescent home
工人休养所 workers' rest home
女工休息室 rest room for women workers
因工伤事故死亡 death from an industrial accident
工伤 injury sustained in the performance of duty
因职业病死亡 death from an occupational disease
对死者家属的抚恤金 death benefit
对病残人员的抚恤金 disability pension
治丧费补助 subsidy for funeral expenses
保健费 subsidies for health, health subsidies
交通补助 traffic allowance

对女工规定的照顾 **provisions for women workers**
产假工资照发 **maternity leave with full pay**
难产或双胞胎延长假期 **extended leave in case of abnormal delivery or birth of twins**
规定喂奶时间 **time allowed for baby-nursing**
工厂日间托儿所 **factory crèche**
解放前的苦难 **workers' sufferings before liberation**
包身工 **indentured labour**
童工 **child labour**
没有安全设备 **lack of safety equipment**
伤亡事故频繁 **serious casualties from frequent accidents**
受机器、受监工、受厂主资产者本人的奴役 **being enslaved by the machine,by the overseer and by the bourgeois manufacturer himself**
不足温饱的工资 **starvation wages**
衣不蔽体 **going in rags**
贫民窟 **slum**
破烂房子 **dilapidated house**
交不起房租 **being unable to pay rent**
被房东迫迁 **being evicted by the house-owner**
破烂窝棚 **ramshackle shanty**
"滚地龙" **extremely low matshed**
工资被克扣 **wages illegally docked**
被无理开除 **being fired for no reason**
找不到职业 **being unable to find a job**
长期失业 **remaining unemployed for a long-drawn period**

工业名称 Names of Industries

基础工业 **basic industry**
原材料工业 **raw material industry**
加工工业 **processing industry**
重工业 **heavy industry**
轻工业 **light industry**
采矿工业 **mining industry**
燃料工业 **fuel industry**
化学工业 **chemical industry**
石油工业 **petroleum industry**
石油化学工业 **petrochemical industry**
电力工业 **power industry**
原子能工业 **atomic energy industry**
冶金工业 **metallurgical industry**
黑色金属工业 **ferrous metal industry**
有色金属工业 **non-ferrous metal industry**
稀有金属工业 **rare metal industry**
金属加工工业 **metal-working industry**
机械(机器制造)工业 **machin-**

ery (machine-building) industry
仪表工业 **meter industry**
电机工业 **electric machinery industry**
无线电工业 **radio industry**
建筑工业 **building industry**
纺织工业 **textile industry**
服装工业 **clothing industry, garment industry**
食品工业 **food industry**
乳品工业 **dairy industry**
罐头工业 **canning industry**
制革工业 **leather industry**
陶瓷工业 **ceramics industry**
地方工业 **local industry**
街道工业 **neighbourhood industry**
农村“五小工业” **“five small industries” in the countryside**
小煤窑 **small coal mine**
小水电 **small hydropower industry, minihydro**
小农机 **small agricultural machinery industry**
小化肥 **small chemical fertilizer industry**
小水泥 **small cement industry**
手工业 **handicraft**

职 工 Workers and Staff

劳动英雄 **labour hero**
先进生产者 **advanced production worker**
模范工人 **model worker**
技术革新能手 **technical innovator**
突击手 **shock worker**
积极分子 **activist**
老工人 **veteran worker**
熟练工人 **skilled worker**
青年工人 **young worker**
学徒工 **apprentice**
季节工 **seasonal worker**
临时工 **temporary worker**
合同工 **contract worker**
职工家属 **families of workers and staff**
工人技术员 **worker technician**
机械师 **mechanic**
建筑师 **architect**
设计师 **designer**
总工程师 **chief engineer**
助理工程师 **assistant engineer**
见习工程师 **student engineer**
工人工程师 **worker engineer**
化验员 **chemical analyst**
检验员 **inspector**
管理人员 **managerial staff**
科室人员 **office personnel**
厂长 **managing director**
车间主任 **workshop manager**

工段长 **section chief**
工长(作业班长) **foreman**
仓库管理员 **storekeeper**
非生产人员 **nonproductive personnel**

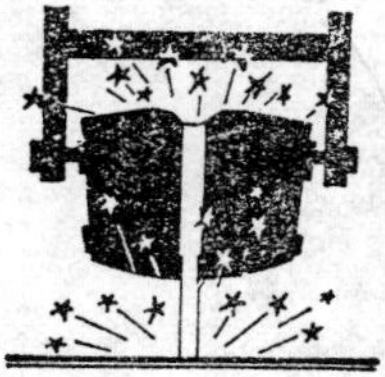

钢 铁 Iron and Steel

炼 铁 Iron Smelting

钢铁联合企业 **iron and steel complex**
铁矿石 **iron ore**
磁铁矿 **magnetite**
赤铁矿 **hematite**
褐铁矿 **limonite**
菱铁矿 **siderite**
脉石 **gangue**
选矿 **ore dressing**
粉碎 **comminution**
粗破碎 **coarse crushing**
中破碎 **intermediate crushing**
细破碎 **fine crushing**
颚式破碎机 **jaw crusher**
旋回破碎机 **gyratory crusher**
圆锥破碎机 **cone crusher**
筛分 **screening**
磨细 **fine grinding**
球磨机 **ball mill**
棒磨机 **rod mill**
砾磨机 **pebble mill**
磁选法 **magnetic separation process**
重选法 **gravity concentration process**
浮选法 **flotation process**
精矿 **concentrate**
中矿 **middlings**
尾矿 **tailings**
脱水 **dewatering**
浓缩 **thickening**
过滤 **filtering**
干燥 **drying**
造块 **agglomeration**
烧结 **sintering**
粉矿 **fine ore**
熔剂 **flux**
自熔性烧结矿 **self-fluxing agglomerate**
球团 **pellet**
焙烧 **roasting**
还原〔作用〕 **reduction**
造渣〔作用〕 **slag formation**
渗碳〔作用〕 **carburization**
生铁 **pig iron**
白口铁 **white iron**
灰口铁 **grey iron**
斑驳铁 **mottled iron**

高 炉 Blast Furnace

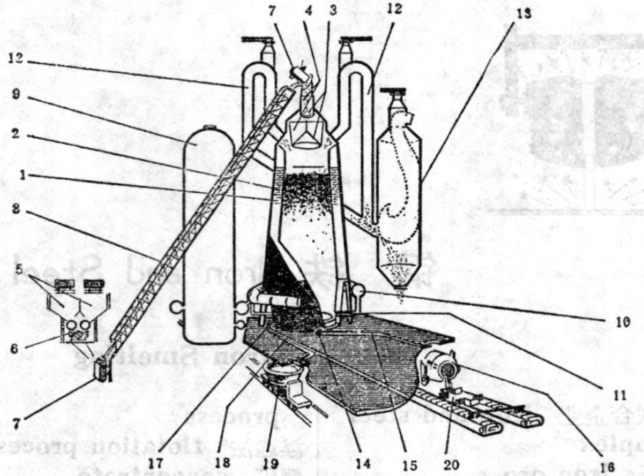

炉壳 furnace shell
炉衬① furnace lining
炉缸 hearth
炉腹 bosh
炉身 stack
上料 charging
固体原料 solid materials
料批 batch
料柱② charge column
料线 stock line
料钟③ bell
料斗④ hopper
布料器 distributor
贮矿槽⑤ ore bunker
称量车⑥ scale car
卷扬机 hoist machine
料车⑦ skip
料车坑 skip pit
斜桥⑧ inclined bridge
汽轮鼓风机 steam-driven turboblower
热风炉⑨ hot blast stove
燃烧室 combustion chamber
格子砖室 chequer chamber
热风管⑩ hot blast main
风口⑪ tuyère
煤气导出管⑫ downcomer
重力除尘器⑬ gravity dust catcher
洗气塔 scrubbing tower
静电除尘器 electrostatic precipitator
放液 tapping
放液口 taphole
出铁口⑭ iron notch
铁沟⑮ iron runner
铁水罐⑯ hot metal ladle
出渣口⑰ slag notch
渣沟⑱ slag runner
渣罐⑲ slag ladle
撇渣器 skimmer
铸铁机 pig casting machine
铸铁模⑳ pig mould

铁合金 Ferroalloys

硅铁 **ferrosilicon**
锰铁 **ferromanganese**
铬铁 **ferrochromium**
钨铁 **ferrotungsten**
钼铁 **ferromolybdenum**
钛铁 **ferrotitanium**
钒铁 **ferrovanadium**
磷铁 **ferrophosphorus**
硼铁 **ferroboron**
镍铁 **ferronickel**
铌铁 **ferrocolumbium**
锆铁 **ferrozirconium**

耐火材料 Refractories

耐火粘土 **fireclay**
高岭土 **kaolin**
水铝石 **diaspore**
铝矾土 **bauxite**
硅石 **quartzite, ganister**
镁石(菱镁矿) **magnesite**
白云石 **dolomite**
镁橄榄石 **forsterite**
刚玉 **corundum**
锆石 **zircon**
氧化锆 **zirconia**
耐火砖 **firebrick**
粘土砖 **fireclay brick**
硅砖 **silica brick, ganister brick**
高铝砖 **high-alumina brick**
镁砖 **magnesite brick, magnesia brick**
铬砖 **chrome brick**
镁铬砖 **chrome-magnesite brick**
碳化硅(金刚砂)砖 **carborundum brick**
碳(石墨)砖 **carbon (graphite) brick**
测温锥 **pyrometric cone**
熔锥比值 **pyrometric cone equivalent value**

炼 焦 Coking

回收化学产品的炼焦炉 **chemical-recovery coke ovens**
炼焦用煤 **coking coal**
配煤 **blending**
混合煤槽 **mixing bins**
运输皮带 **conveyer belt**
成排炼焦炉室 **battery of coke ovens**
装料门 **charging door**
碳化室 **carbonization chamber**
燃烧室 **heating flue**
蓄热室 **regenerator**
出焦 **discharge of the coke**
推焦机 **pusher**
推焦杆 **ram**
熄焦站 **quenching station**
筛焦站 **screening station**
冶金焦 **metallurgical coke**
筛余的焦炭 **coke screenings**
焦炭强度 **coke strength**

焦炭粒度 **coke size**
含硫量 **sulphur content**
含磷量 **phosphorus content**
灰分 **ash content**
挥发物 **volatile matter**
上升管 **standpipe**
集气总管 **collecting main**
荒煤气 **raw gas**
冷凝物 **condensate**
初步冷却器 **primary cooler**
煤气 **gas**
澄清槽 **separator tank**
氨釜 **ammonia still**
酚塔 **phenol tower**
电力脱焦油器 **electric tar catcher**
再热器 **reheater**
饱和器 **saturator**
硫酸 **sulphuric acid**
硫酸铵 **ammonium sulphate**
酸分离器 **acid separator**
最终冷却器 **final cooler**
洗涤塔 **scrubber**
储气器 **gas holder**
脱苯器 **benzene still**
粗苯 **crude benzene**
吡啶车间 **pyridine workshop**
甲基吡啶 **picolines**

焦化产品 Coke Chemicals

氨加工 **ammonia processing**
硫酸铵 **ammonium sulphate**
轻吡啶 **light pyridine**
粗苯加工 **crude benzene processing**
环戊二烯 **cyclopentadiene**
纯苯 **pure benzene**
甲苯 **toluene**
二甲苯 **xylene**
重溶剂石脑油 **heavy-solvent naphtha**
香豆酮(古马隆)—茚树脂 **coumaroneindene resin**
三甲基苯 **trimethylbenzene**
噻吩 **thiophene**
煤焦油加工 **coal tar processing**
中性产品 **neutral products**
萘 **naphthalene**
蒽 **anthracene**
咔唑 **carbazole**
菲 **phenanthrene**
苊 **acenaphthene**
芘 **pyrene**
䓛 **chrysene**
氧芴 **dibenzofuran**
芴 **fluorene**
荧蒽(萘嵌芴) **fluoranthene**
联苯 **diphenyl**
α-甲基萘 **alpha-methylnaphthalene**
沥青 **pitch**
沥青焦 **pitch coke**
柏油 **road tar**
β-甲基萘 **beta-methylnaphthalene**
酸性产品 **acid products**
酚 **phenol**
邻位甲酚 **o-cresol**
间位甲酚 **m-cresol**
对位甲酚 **p-cresol**
二甲苯酚 **xylenol**
苯甲酸 **benzoic acid**
碱性产品 **basic products**

吡啶 pyridine
α-甲基吡啶 alpha-picoline
β-甲基吡啶 beta-picoline
γ-甲基吡啶 gamma-picoline
喹啉 quinoline
吲哚 indole
吖啶 acridine
煤气加工 coal gas processing
二氯乙烷 dichloroethane
氯乙醇 chloroethanol
尿素 urea

炼 钢 Steel Melting

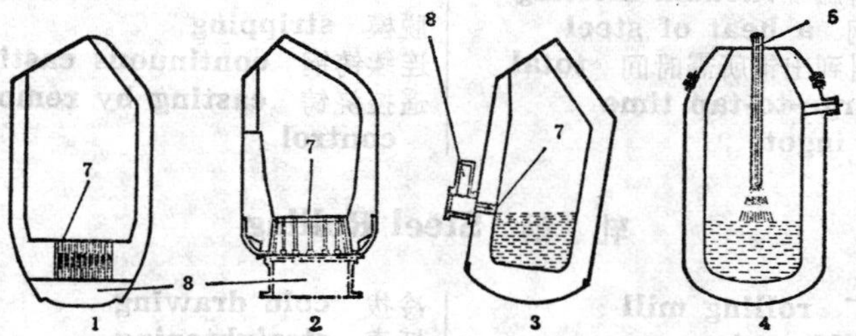

炼钢厂 steel mill
海绵铁 sponge iron
搅拌法 puddling process
熟铁 wrought iron
渗碳法 cementation process
坩埚法 crucible process
平炉炼钢法 open-hearth process
补炉 repairing the furnace
装料 charging
熔化 melting
精炼 refining
氧化 oxidizing
脱氧 deoxidizing
出钢 tapping
钢水 molten steel
废钢 steel scrap
铁水 molten pig iron
造渣剂 slag forming agent
石灰 lime
萤石 fluorspar
氧化剂 oxidizer
脱氧剂 deoxidizer
转炉炼钢法 converter process
底吹转炉 bottom-blown converter
酸性底吹转炉① bottom-blown acid converter (Bessemer converter)
碱性底吹转炉② bottom-blown basic converter (Thomas converter)
侧吹转炉③ side-blown converter
氧气顶吹转炉④ top-blown oxygen converter (L-D converter)
水冷却氧枪⑤ water-cooled oxygen lance
出钢口⑥ taphole
风口⑦ tuyère
风箱⑧ wind box

吹炼 blowing
炉衬 vessel lining
炉子倾动设备 device for tilting vessel
电炉炼钢法 electric process
电弧炉 electric-arc furnace
石墨电极 graphite electrodes
感应电炉 induction furnace
真空熔炼 vacuum melting
一炉钢 a heat of steel
从装料到出钢所需时间 total charge-to-tap time
钢锭 ingot
浇注 teeming
盛钢桶 teeming ladle
塞棒 stopper
钢锭模 ingot mould
保温帽 hot top
底盘 stool
中心注管 central runner
流钢砖槽 refractory-lined runner
脱模 stripping
连续铸钢 continuous casting
遥控浇铸 casting by remote control

轧 钢 Steel Rolling

轧钢厂 rolling mill
初轧 blooming
初轧机 bloomer
初轧方坯 bloom
热轧 hot rolling
冷轧 cold rolling
粗轧 rough rolling
精轧 finish rolling
钢材 rolled steel
方坯 square billet
薄板坯 sheet billet
薄钢板 steel sheet
中厚钢板 steel plate
镀层钢板 clad steel sheet
焊管坯 skelp
直缝焊 straight welding
螺旋缝焊 spiral welding
焊管 welded pipe
实心圆坯 solid round billet
挤压 extrusion
穿孔 piercing
穿孔芯棒 piercing mandrel
旋压 screw pressing
冷拔 cold drawing
矫直 straightening
无缝钢管 seamless steel tube
异形管 special section steel tube
波纹管 corrugated steel tube
型钢 section steel, shape steel
冷弯型钢 formed section steel
方钢① square bar
圆钢② round bar
扁钢③ flat bar
六角钢④ hexagonal section bar
角钢⑤ angle bar
不等边角钢 L-bar
工字钢⑥ I-bar
宽边工字钢 H-bar
槽钢⑦ channel bar, U-bar
丁字钢 T-bar
乙字钢 Z-bar
竹节钢 ribbed bar
带钢 strip steel

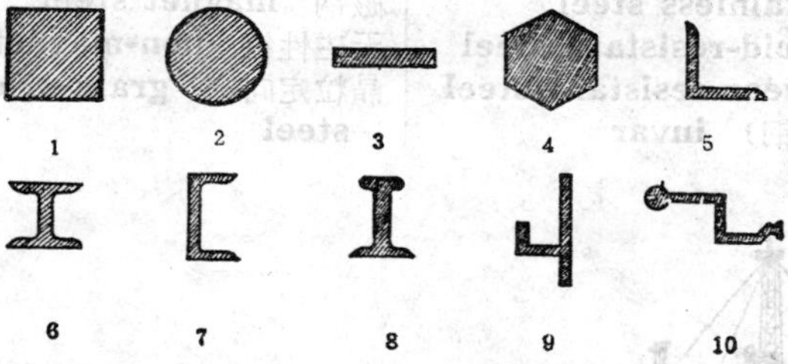

钢轨钢⑧ rail steel

窗框钢⑨ casement section steel

钢板桩⑩ steel sheet piling

拉丝 wire drawing

拉丝机 drawbench

钢丝 steel wire

锻造 forging

模锻 die forging

锻压机 forging press

液压机 hydraulic press

冲压 punching

冲压机 punch press

钢的热处理 Heat Treatment of Steel

铁的晶体结构 crystal structure of iron

体心立方结构 body-centred cubic structure

铁素体 ferrite

渗碳体 cementite

珠光体 pearlite

面心立方结构 face-centred cubic structure

奥氏体 austenite

马氏体 martensite

贝氏体 bainite

相变 phase change

退火 annealing

正火 normalizing

淬火 quenching

分级淬火 martempering

等温淬火 austempering

回火 tempering

钢的种类 Types of Steel

沸腾钢 rimmed steel

镇静钢 killed steel

半镇静钢 semikilled steel

普通碳素钢 plain carbon steel

低碳钢 low carbon steel

中碳钢 medium carbon steel

高碳钢 high carbon steel

低合金钢 low alloy steel

中合金钢 medium alloy steel

高合金钢 high alloy steel

结构钢 structural steel

工具钢 tool steel

高速钢 high-speed steel

易切削钢 free-cutting steel

不锈钢　**stainless steel**
耐酸钢　**acid-resistant steel**
耐磨钢　**wear-resistant steel**
不胀钢(殷钢)　**invar**
磁钢　**magnet steel**
无磁性钢　**non-magnetic steel**
晶粒定向钢　**grain-oriented steel**

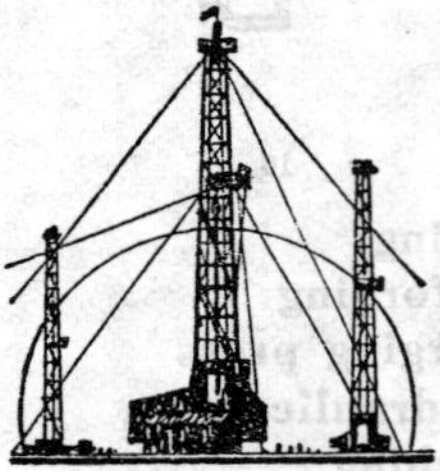

石 油　Petroleum

石油的生成和储集　Origin and Accumulation of Petroleum

遥远的地质年代　**remote geologic age**
陆上有机物　**continental organic matter**
海中有机物　**marine organic matter**
浮游生物　**plankton**
海底生物　**benthos**
硅藻　**diatom**
轮藻　**charophyta**
腕足动物　**brachiopoda**
化石　**fossil**
化石燃料　**fossil fuel**
沉积〔作用〕　**sedimentation**
大陆沉积　**continental deposit (sediment)**
陆相沉积　**land sediment**
海相沉积　**marine deposit (sediment)**
海底沉积　**sea-bottom deposit**
沉积盆地　**sedimentary basin**
海盆　**sea basin**
湖盆　**lake basin**
有机淤泥　**organic mud, slime**
海相岩层—海洋沉积岩　**marine rock formation—sea sedimentary rock**
陆相岩层—湖泊沉积岩　**continental rock formation—lake sedimentary rock**
地壳运动　**earth movement, diastrophism**
大地构造学　**tectonics**
地质变迁　**geologic(al) change**
绝氧、缺氧的环境　**anaerobic and reducing environment**
细菌作用造成的分解　**decomposition by bacterial action**

复杂的化学变化 complex chemical changes
初次迁移 primary migration
二次迁移 secondary migration

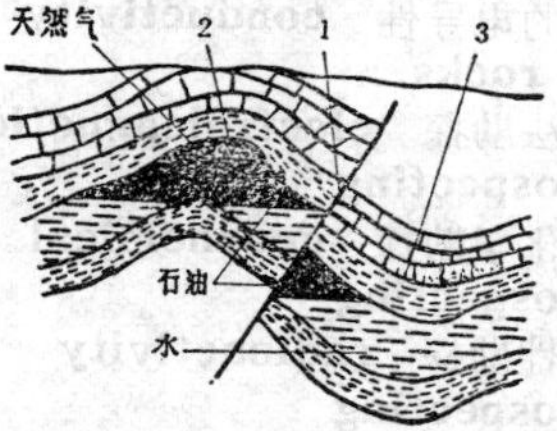

储油构造 reservoir structure
断层① fault
褶皱 fold
背斜② anticline
向斜③ syncline
圈闭 trap
不渗透层 non-permeable formation
断层露头 fault outcrop
地层褶皱 stratigraphic fold
地层超覆 stratigraphic overlap
岩性封闭 lithologic confining
大陆架(陆棚) continental shelf
储集层(油储) reservoir
储集岩石 reservoir rock
油床 oil pool, oil reservoir
天然气 natural gas
石油储藏量 petroleum reserve

石油勘探 Petroleum Exploration (Prospecting)

地质调查 geological survey
普查 reconnaissance survey
详查 detailed survey
地质图 geological map
石油显示标志 evidence of oil occurrence
油苗 oil seepage
气苗 gas seepage
油砂 oil sand
地蜡 earth wax
天然沥青 natural bitumen
地球物理勘探 geophysical prospecting
地震反射勘探 seismic reflection prospecting
地震仪器车④ seismic instrument car
爆炸⑤ detonation, explosion
地震检波器⑥ seismic detector
地震仪 seismograph
磁带地震仪 magnetic tape seismograph
地震波⑦ seismic event
折射波 refraction wave
反射波⑧ reflection wave
放大器 magnifier
示波器 oscillograph, oscilloscope

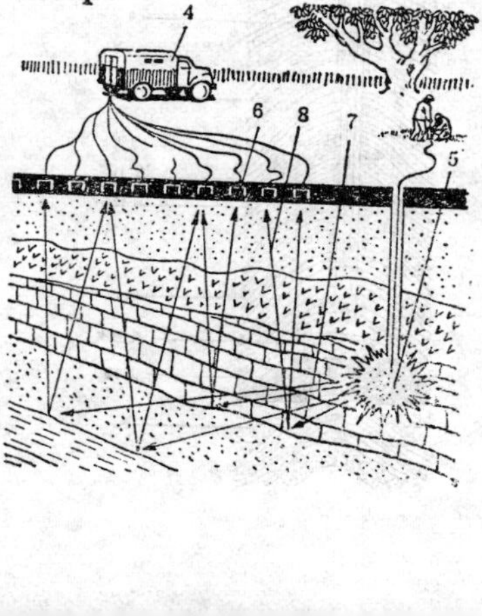

岩石的致密性 **compactness of rocks**

重力仪 **gravimeter**

重力勘探法 **gravimeter method**

重力异常 **gravity anomaly**

毫伽 **milligal**

磁力勘探 **magnetic prospecting**

航空磁力勘探(航空磁测) **aeromagnetic prospecting (aeromagnetic survey)**

磁力仪 **magnetometer**

岩石的磁性变化 **magnetic changes of rocks**

电地球物理法 **electrical geophysical method**

电阻率法勘探 **resistivity prospecting**

岩石的电导性 **conductivity of rocks**

电磁法勘探 **electromagnetic prospecting**

地球化学勘探 **geochemical prospecting**

放射性勘探 **radioactivity prospecting**

钻井勘探 **prospect drilling**

新区预探钻井 **new-field wildcatting**

石油钻井 Petroleum Drilling

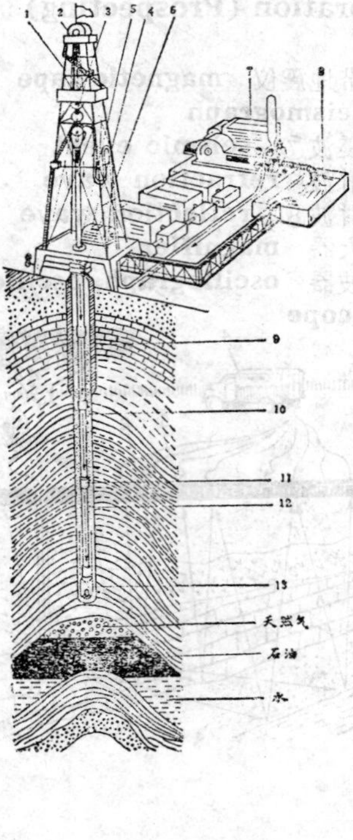

完成钻井装置 **rigging up**

开钻 **spudding in**

旋钻 **rotary drill**

旋钻钻井 **rotary drilling**

井架① **derrick, rig**

天车② **crown block**

游动滑车③ **loose pulley**

方钻杆 **square drill rod**

绞车④ **winch**

转盘⑤ **rotary table**

防喷器⑥ **blow-off preventer**

动力机⑦ **power unit**

泥浆泵 **mud pump**

气囊 **air sac**

泥浆池⑧ **mud pool**

表层套管⑨ **surface casing**

井眼⑩ **well**

钻柱⑪ **drill stem**

钻井泥浆⑫ **drilling mud (drilling fluid)**

钻头⑬ **bit**

冲击钻机 **percussion drill**

冲击钻井 **percussion drilling**
涡轮钻具 **turbo-drill**
电钻钻井 **electrical boring**
海上钻井 **offshore drilling**
定向钻井 **directional drilling**
初探浅井 **trial pit**
钻孔 **bore hole**
井位选定 **location of well**
钻孔间距(井距) **spacing of wells**
钻井记录 **driller's log**
钻速记录 **rate-of-penetration log**
岩心 **core**
取岩心 **coring**
岩心分析 **core analysis**
岩心筒 **core barrel**
筒式取心钻头 **barrel-type core bit**
金刚石钻头 **diamond bit**
孔隙度 **porosity**
渗透性 **permeability**
油饱和率 **oil saturation**
碳酸盐含量 **carbonate content**
钻井岩屑 **drilling cuttings**
泥浆循环 **mud recirculation**
井下首次现油 **oil show**
钻出石油 **striking oil**
电测井 **electrical logging**
感应测井 **induction logging**
放射性测井 **radioactivity logging**
(以旧井为中心向外扩展的)新钻井 **step-out well, delayed development well**

海上钻井 Offshore Drilling

14

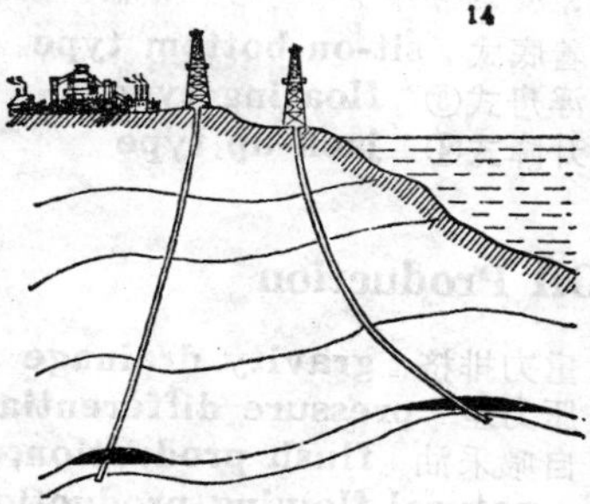

大陆架油床 **pool of the continental shelf**
水下油储 **oil reservoir under water**
地下测井仪器 **subsurface well-surveying instrument**
定向钻井⑭ **directional-drilling**
海上油田 **offshore field**
海上钻井作业 **offshore drilling operations**
陆上后勤基地 **base of operations on land**
海上钻井装置 **offshore drilling unit, rig**
可移动的装置 **mobile device**
系泊设备 **mooring equipment**
动力定位 **power locating**
自动推进 **self-propelling**
自给的平台 **self-contained platform**

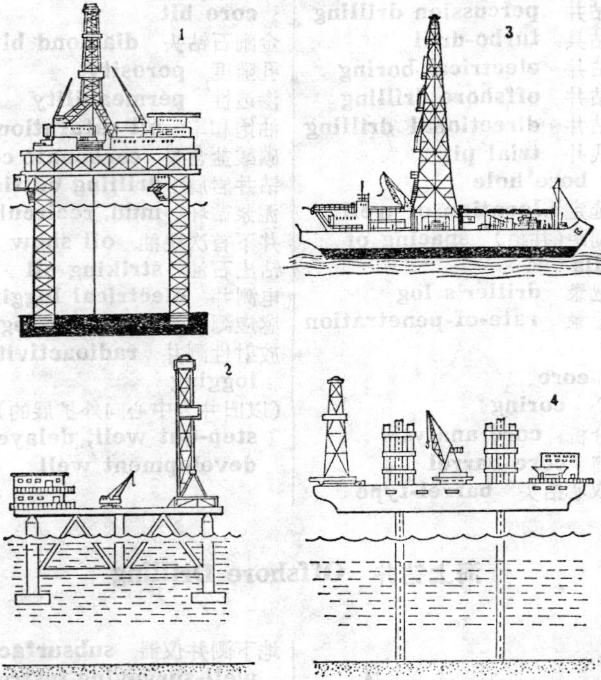

固定式平台① **fixed platform**
潜水式 **submersible type**
半潜式② **semi-submersible type**
着底式 **sit-on-bottom type**
浮舟式③ **floating type**
升降式④ **jack-up type**

采 油 Crude Oil Production

岩层中排挤石油的压力 **oil-expelling pressure in the rock strata**
水压力(水驱) **water drive**
气顶压力(气帽驱动) **gas-cap drive**
溶解气压力(溶解气驱) **solution gas drive, dissolved gas drive**
重力排挤 **gravity drainage**
压力差 **pressure differential**
自喷采油 **flush production, natural-flowing production**
自喷油井 **gusher**
采油树① **Christmas tree**
油管压力表② **oil pipe pressure meter**
修井闸门③ **valve for well**

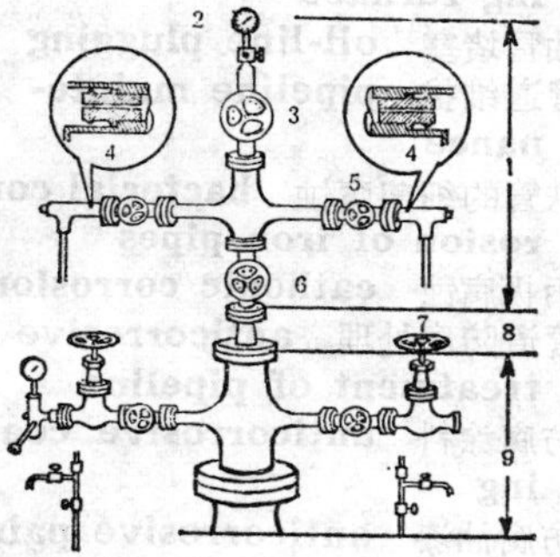

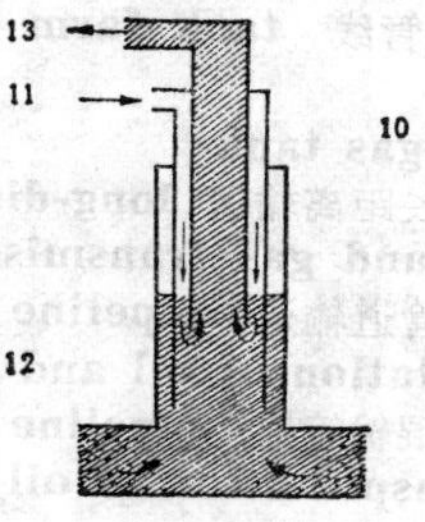

repair
油嘴④ **oil nozzle**
生产闸门⑤ **production valve**
总闸门⑥ **general valve**
套管闸门⑦ **casing valve**
油管头⑧ **oil pipe head**
套管头⑨ **casing head**
机械采油 **mechanical production**
气举采油⑩ **gas-lift production**
压气⑪ **gas repressuring**
压气机 **gas compressor**
抽油井⑫ **pumping well**
抽油机⑬ **oil pumping unit**
保持油层压力 **maintenance of oil-pool pressure**
注水 **water injection**
注气 **gas injection**
压回气 **repressuring gas**
提高油层的渗透性 **improving the permeability of the reservoir**
降低石油的粘度 **lowering the viscosity of petroleum**
二次采油 **petroleum secondary recovery**
含油带 **oil zone**
薄油层 **oil sheet**
油储层性能 **reservoir behaviour**
气田 **gas field**
油气 **combination gas**
气油比 **gas-oil ratio**
油井生产潜力 **well's potential**
桶/天 **barrels per day (bpd)**
气井每天喷气量 **deliverability of a gas well**

油、气贮存和运输 Storage and Transportation of Oil and Gas

贮油 **oil storing**
油库 **oil store**
原油库 **crude storage**
贮油槽 **oil storage tank**
贮油罐 **oil storage vessel**
油桶 **oil drum**

汽油箱 **petrol tank**
油罐场 **tank farm**
油罐场管线 **tank farm pipeline**
气槽 **gas tank**
油、气长距离输送 **long-distance oil and gas transmission**
油、气管道输送 **pipeline transportation of oil and gas**
油、气混输管道 **pipeline for transportation of oil and gas mixtures**
油管干线 **oil trunk pipeline**
油管支线 **oil branch pipeline**
管道铺设 **pipe laying, pipelining**
管线通讯 **pipeline communication**
管线电子通讯设备 **pipeline electronics**
石油泵送系统 **oil pumping system**
管道泵站 **pipeline pumping station**
石油加热、加压站 **oil heating and booster station**
干线加热炉 **trunk line heating furnace**
油管堵塞 **oil-line plugging**
管道维护 **pipeline maintenance**
铁管的细菌腐蚀 **bacterial corrosion of iron pipes**
阴极腐蚀 **cathodic corrosion**
管道防腐处理 **anticorrosive treatment of pipeline**
防腐涂料 **anticorrosive coating**
防腐油漆 **anticorrosive paint**
阴极防蚀 **cathodic protection**
油槽船 **oil-tanker**
运油船 **oil-carrying ship, oil-carrier**
油舱 **oil hold**
石油驳船 **oil storage barge, oil hulk**
原油船舶输送 **shipping crude oil by water**
石油码头 **oil jetty**
铁路油槽车 **tank car, tank wagon**
油罐汽车 **tank truck**
用汽车运石油 **oil trucking**

石油精制 Petroleum Refining

炼油厂 **oil refinery**
炼厂贮油槽① **refinery storage tank**
气体分离器 **gas separator**
泵油站② **pump(ing) station**
管式加热器③ **tubular heater**
馏分 **cuts**
冷凝器 **condenser**
吸收装置 **absorption plant**
稳定器(稳定装置) **stabilizer (stabilization plant)**
汽提塔 **stripper**
烷化工厂 **alkylation plant**
裂化厂 **cracking plant**
脱蜡厂 **dewaxing plant**
沥青厂 **bitumen plant**
蒸馏塔④ **distillation tower**
沥青吹制设备 **bitumen blow-**

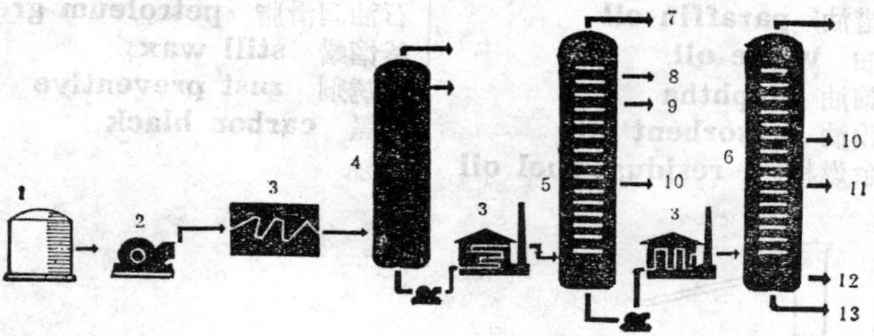

ing plant
提取塔 **extraction column**
真空蒸馏设备 **vacuum distillation plant**
浓缩柱 **evaporating column**
闪蒸塔 **flash column**
润滑油工厂 **lubricating oil plant (lube plant)**
脱硫设备 **desulphurization plant**
硫回收车间 **sulphur recovery plant**
催化裂化器 **catalytic cracker (cat cracker)**
催化重整装置 **catalytic reformer**
临氢重整装置 **hydroformer**
立式贮油罐 **vertical storage tank**
球形油罐 **spherical tank**
压力罐 **pressure tank**
常压精馏塔⑤ **normal pressure fractionating tower**
铂重整 **platforming**
铂重整反应 **platforming reaction**
铂催化剂 **platinum catalyst**
芳〔族〕烃抽提 **extraction of aromatic hydrocarbons**
加氢精制 **hydrofining**
汽油加氢精制 **gasoline hydrofining**
减压精馏塔⑥ **reduced-pressure fractionating tower**
催化裂化 **catalytic cracking**
丙烷脱沥青 **debituminization of propane**

原油产品 Crude Oil Products

液化石油气 **liquefied petroleum gas**
航空汽油⑦ **aviation gasoline (aviation spirit)**
车用汽油⑦ **petrol (motor spirit), (Am.) gasoline**
煤油⑧ **kerosene**
气油(瓦斯油) **gas oil**
烃气(气态烃) **hydrocarbon gas**
柴油⑨ **diesel oil**
燃料油⑩ **fuel oil**
润滑油⑪ **lubricating oil**
石油焦炭⑫ **petroleum coke**
沥青⑬ **bitumen**
石蜡 **paraffin**

石蜡油 **paraffin oil**
白油 **white oil**
石脑油 **naphtha**
吸收油 **absorbent oil**
残余燃料油 **residual fuel oil**
石油润滑脂 **petroleum grease**
釜馏蜡 **still wax**
防锈剂 **rust preventive**
炭黑 **carbon black**

石油化工 Petrochemicals

主要原料 Principal Raw Materials

石油中的烃类 **hydrocarbons in petroleum**
气体烃 **gaseous hydrocarbon**
液体烃 **liquid hydrocarbon**
固体烃 **solid hydrocarbon**
有机组分 **organic constituent**
非烃类 **non-hydrocarbons**
含硫、含氧、含氮的非烃类有机化合物 **organic compounds of nonhydrocarbons containing sulphur, oxygen or nitrogen**
炼油厂废料 **refinery wastes**
酸渣 **acid sludge**
碱性熔渣 **basic slag**
炼油厂气 **refinery gases**
粗汽油 **crude gasoline**
丁烷 **butane**
液化石油气 **liquefied petroleum gas**
石蜡 **paraffin**
地蜡 **earth wax**
乙烯 **ethylene**
丙烯 **propylene (propene)**
丁烯 **butylene**
苯 **benzene**
甲苯 **toluene**
二甲苯 **xylene**
乙炔 **acetylene**

生产技术 Production Technique

乙烯的生产 **production of ethylene**
烃类高温裂化 **high-temperature cracking of hydrocarbons**
裂解方法 **cracking method**

管式炉法 **pipe-still process**
移动床法 **moving-bed process**
流化床法 **fluidized-bed process**
部分燃烧法 **partial combustion process**
熔盐法 **fused-salt process**
催化裂化法 **catalytic cracking process**
乙烯的回收 **recovery of ethylene**
吸附分离 **adsorption stripping**
化学吸收 **chemical absorption**
在石油裂化过程中生产丙烯 **producing propylene from petroleum cracking**
石油馏分的裂化气 **cracking gas of petroleum cuts**
丁二烯和异丁烯的分离法 **process for the separation of butadiene and isobutylene**
硫酸法 **sulphuric acid process**
离子交换法 **ion-exchange technique**
催化脱氢 **catalytic dehydrogenation**
氧化脱氢 **oxidative dehydrogenation**
丁烷氧化脱氢制取丁二烯 **preparing butadiene from oxidative dehydrogenation of butane**
制取芳〔族〕烃 **preparing aromatic hydrocarbons**
铂重整 **platforming**
石油馏分的高温裂解 **high-temperature cracking of petroleum cuts**
从烃类裂解反应中得到乙炔 **obtaining acetylene from cracking reaction of hydrocarbons**
利用合成气制造氨 **making ammonia from synthetic gas**

基本石油化工产品 Primary Petrochemicals

甲烷产品 **products from methane**
氨 **ammonia**
炭黑 **carbon black**
甲醇 **methanol**
氯代甲烷 **chloromethane**
氰化氢 **hydrogen cyanide**
乙烯产品 **products from ethylene**
环氧乙烷 **ethylene oxide**
乙醇 **ethyl alcohol**
聚乙烯 **polyethylene**
苯乙烯 **styrene**
氯乙烷 **ethyl chloride**
二氯化乙烯 **ethylene dichloride**
二溴化乙烯 **ethylene dibromide**
丙烯、丁烯产品 **products from propylene and the butylenes**
异丙醇 **isopropyl alcohol**
异丙基苯(枯烯) **cumene**
烯丙基氯 **allyl chloride**
环氧丙烷 **propylene oxide**
丁二烯 **butadiene**
异丁烯橡胶 **butyl rubber**
异戊二烯 **isoprene**
酚 **phenol**

基本石油化工产品的应用 Use of Primary Petrochemicals

合成橡胶 **synthetic rubber**
塑料 **plastics**
合成纤维 **synthetic fibre**
合成氨 **synthetic ammonia**
尿素 **urea**
杀虫剂 **insecticide**
洗涤剂 **detergent**
合成染料 **synthetic dyestuff**
涂料 **coating**
药品 **medicine**
甲醛 **formaldehyde**
防冻剂 **antifreeze**
抗爆液 **antiknock fluid**
刹车油 **brake fluid**
炸药 **explosive**
溶剂 **solvent**
冷冻剂 **refrigerant**
增塑剂 **plasticizer**
粘合剂 **adhesive**
密封剂 **sealant**
电气绝缘材料 **electric insulating material**
油漆 **paint**
化妆品 **cosmetics**
润滑油添加剂 **lubricating oil additive**

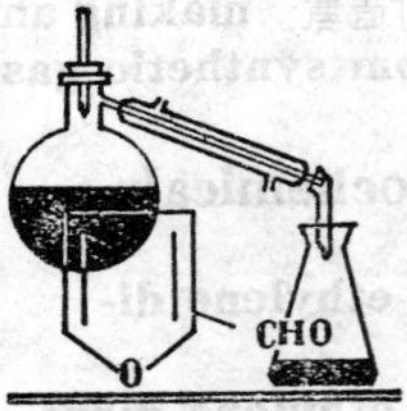

化工 Chemicals

化工厂和化工设备 Chemical Plant and Equipment

盐厂 **salt refinery**
纯碱厂 **soda plant**
硝酸厂 **nitric acid plant**
硫酸厂 **sulphuric acid plant**
化肥厂 **chemical fertilizer plant**
漂白粉厂 **bleaching powder plant**
农药厂 **pesticide plant**
制药厂 **pharmaceutical plant**
塑料厂 **plastics factory**
合成橡胶厂 **synthetic rubber**

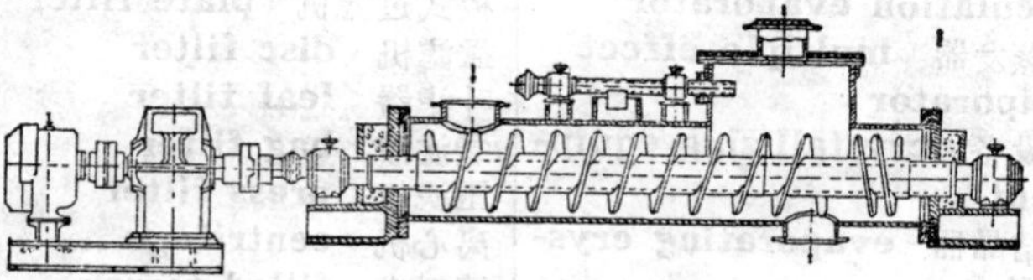

factory
人造纤维厂 **artificial fibre factory**
电石和氰氨化钙厂 **calcium carbide and calcium cyanamide plant**
石棉厂 **asbestos factory**
输送机械 **conveying machinery**
液体输送机械 **liquid conveying machinery**
气体输送机械 **gas conveying machinery**
轴流式通风机 **axial fan**
回转式鼓风机 **rotary blower**
往复压缩机 **reciprocating compressor**
多级压缩机 **multistage compressor**
真空泵 **vacuum pump**
管道 **pipeline**
固体输送机械 **solid conveying machinery**
斗式升降机 **bucket elevator**
螺旋运输机① **screw conveyor**
固体粉碎机械 **solid pulverizing machinery**
传热设备 **heat transfer equipment**
套管式换热器 **double-pipe heat exchanger**
平行管换热器 **flat-tube heat exchanger**
板型换热器 **plate exchanger**
冷却塔 **cooling tower**
干燥设备 **drying equipment**
箱式干燥器 **loft drier**
转筒干燥器 **revolving drier**
喷雾干燥器 **spray drier**
冷冻设备 **refrigerating equipment**
氨气压缩致冷机 **ammonia compression refrigerating machine**
深冻设备 **deep refrigeration equipment**
冷凝槽 **condensate trap**
分离设备 **separating equipment**
旋风分离器 **cyclone separator**
离心筛 **centrifugal screen**
重介质分选机 **heavy media separator**
湿磁选机 **wet magnetic separator**
机械洗涤器 **mechanical scrubber**
沉降设备 **settling equipment**
重力沉降器 **gravitation settler**
蒸发设备 **evaporating equipment**

强制循环蒸发器① **forced circulation evaporator**
多效蒸发器 **multiple effect evaporator**
结晶设备 **crystallizing equipment**
蒸发结晶器 **evaporating crystallizer**
塔式结晶器 **tower crystallizer**

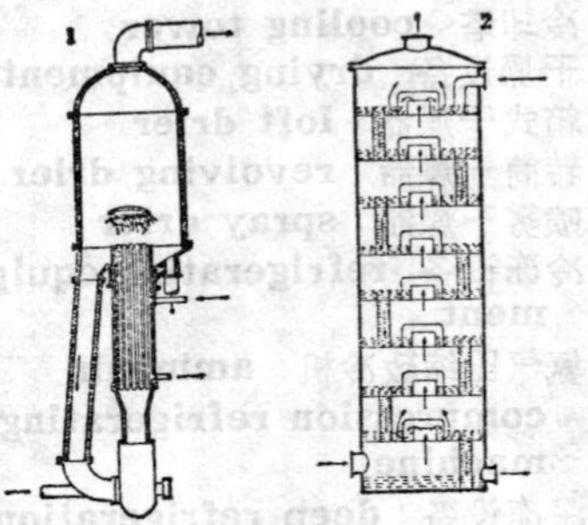

过滤设备 **filtering equipment**
板式过滤机 **plate filter**
盘滤机 **disc filter**
叶滤器 **leaf filter**
袋滤器 **bag filter**
压滤机 **press filter**
离心机 **centrifuge**
填料塔 **filled tower**
泡罩塔② **bubble-cap tower**
筛板塔 **sieve-plate column**
泡沫发生塔 **foam column**
化学反应设备 **chemical reaction equipment**
搅拌式反应锅 **agitator reaction still**
固定层反应设备 **fixed bed reaction equipment**
管式炉 **pipe still**
容器 **container**
贮槽 **storage tank**
料斗 **hopper**
气柜 **gas tank**

化工原料 Chemical Raw Materials

起始原料 **starting material**
基本原料 **basic raw material**
中间产品 **intermediate material (intermediate)**
无机原料 **inorganic raw material**
硫酸 **sulphuric acid**
亚硫酸 **sulphurous acid**
盐酸 **hydrochloric acid**
硝酸 **nitric acid**
磷酸 **phosphoric acid**
氢氧化钠(烧碱) **sodium hydroxide (caustic soda)**
氢氧化铵 **ammonium hydroxide**
氢氧化钙(熟石灰) **calcium hydroxide (slaked lime)**
碳酸钠(纯碱) **sodium carbonate**
苏打灰 **soda ash**
碳酸氢钠 **sodium bicarbonate**
氯化钠(食盐) **sodium chloride (common salt)**
硫酸钠 **sodium sulphate**
碱性氧化物 **basic oxide**
氧化钙(生石灰) **calcium ox-**

ide (quicklime)
酸性氧化物 **acidic oxide**
二氧化碳 **carbon dioxide**
三氧化硫 **sulphur trioxide**
空气 **air**
氮 **nitrogen**
氢 **hydrogen**
氧 **oxygen**
惰性气体(稀有气体) **inert gas (rare gas)**
氩 **argon**
氖 **neon**
氦 **helium**
氪 **krypton**
氙 **xenon**
硬水 **hard water**
软水 **soft water**
岩盐 **rock salt**
碳酸钙 **calcium carbonate**
石灰石 **limestone**
荧石(氟石) **fluorite (fluorspar)**
钠硝石 **sodium nitre**
磷灰石 **phosphatic rock**
孔雀石 **malachite**
方解石 **calcite (calcareous spar)**
滑石 **talc**
高岭土 **kaolin**
有机原料 **organic raw material**
含淀粉植物 **starch yielding plant**
葛根 **kudzu root**
栎实 **acorn**
稻草 **rice straw**
玉米芯 **corncob**
甘蔗渣 **bagasse**
芦苇 **reed**
芒草 **Chinese silvergrass**
桐子 **tung seed**
蓖麻籽 **castor bean**
蚕蛹 **silkworm chrysalis**
鱼肝 **fish liver**
胶乳 **latex**
漆树汁 **lacquer-tree sap**
松脂 **rosin**
脂族烃 **aliphatic hydrocarbon**
甲烷 **methane**
环烃 **cyclic hydrocarbon**
环己烷 **cyclohexane**
芳〔族〕烃 **aromatic hydrocarbon**
有机中间产品 **organic intermediate**
甲醇 **methanol**
丙酮 **acetone (propanone)**
醋酸 **acetic acid**
苯磺酸 **benzene sulphonic acid**
苯胺 **aniline**
氯化乙烯 **ethylene chloride**

单元过程 Unit Processes

化学变化(化学反应) **chemical change (chemical reaction)**
化合 **chemical combination**
分解 **decomposition**
取代(置换) **displacement**
双分解(复分解) **double decomposition**
化学方程式 **chemical equation**
反应速率 **reaction rate, speed of reaction**
温度 **temperature**
压力 **pressure**

浓度 **concentration**
催化剂 **catalyst**
氧化 **oxidation**
还原 **reduction**
还原剂 **reducing agent**
氢化 **hydrogenation**
脱氢 **dehydrogenation**
水解 **hydrolysis**
水合(水化) **hydration**
脱水 **dehydration**
脱蜡 **dewaxing**
卤化 **halogenation**
卤素 **halogen**
硝化 **nitrification**
磺化 **sulphonation**
胺化 **amination**
加碱熔化 **alkaline fusion**
烷基化 **alkylation**
脱烷基 **dealkylation**
酯化 **esterification**
聚合 **polymerization**
缩聚 **condensation polymerization**
发酵 **fermentation**
催化作用 **catalysis**
试剂 **reagent**
提纯 **purification**
定性测定 **qualitative determination**
定量测定 **quantitative determination**
元素分析 **elementary analysis**
氨解 **ammonolysis**
芳构化 **aromatization**
煅烧 **calcination**
燃烧 **combustion**
重氮化 **diazotization**
偶合 **coupling**
电解 **electrolysis**
氢解作用 **hydrogenolysis**
异构化 **isomerization**
中和 **neutralization**

单元操作 Unit Operations

物理变化 **physical change**
流体输送 **fluid transport**
流体化 **fluidization**
过滤 **filtration**
沉淀 **precipitation**
混合 **mixing**
搅动 **agitating**
澄清 **clarification**
稠化过程 **thickening**
沉降 **sedimentation**
分类 **classification**
热传递 **heat transfer**
干燥 **drying, desiccation**
蒸发 **evaporation**
升华 **sublimation**
冷凝 **condensation**
凝结 **coagulation**
凝固 **solidification**
热交换 **heat exchange**
材料高温加热 **high-temperature heating of materials**
沸腾 **boiling**
冷却水 **cooling water**
质量传递 **mass transfer**
气体吸收 **gas absorption**
蒸馏 **distillation**
干馏 **dry distillation**
分馏(精馏) **fractional distillation, fractionation**
萃取 **extraction**

吸附 **adsorption**
溶解 **solution**
稀释 **dilution**
气体液化 **liquefaction of gases**
冷冻 **refrigeration**
结晶 **crystallization**
沥滤 **leaching**
吸收 **absorption**
解吸 **desorption**
增湿 **humidification**
减湿 **dehumidification**
气体扩散 **diffusion of gases**
固体输送 **solid transport**
腐蚀 **corrosion**
粉碎 **pulverization**
筛分 **screening**
分离 **separation**
离心分离 **centrifugal separation**
磁力与静电分离 **magnetic and electrostatic separation**
浮选 **flotation**
连续法 **continuous process**
活化 **activation**
电化法 **electrochemical process**
高温分解 **pyrolysis**
离子交换 **ion exchange**

煤炭 Coal

煤系和煤矿开采法 Coal Series and Mining Method

煤田 **coalfield**
煤层 **coal seam**
煤的储量 **coal reserve**
泥炭 **peat**
褐煤 **brown coal (lignite)**
煤玉(煤精) **jet**
烛煤 **candle coal (cannel)**
暗煤 **dull coal (durain)**
亮煤 **bright coal (clarain)**
纯木煤 **anthraxylon**
烟煤 **bituminous coal**
半烟煤 **semi-bituminous coal**
无烟煤 **anthracite**
石墨(笔铅) **graphite, plumbago**
地蜡 **earth wax (ozokerite, ozocerite)**
沥青煤 **asphaltic coal**
油页岩 **oil shale**
炼焦煤 **coking coal**
琥珀(煤黄) **amber**
泡沸石(沸石) **zeolite**

1

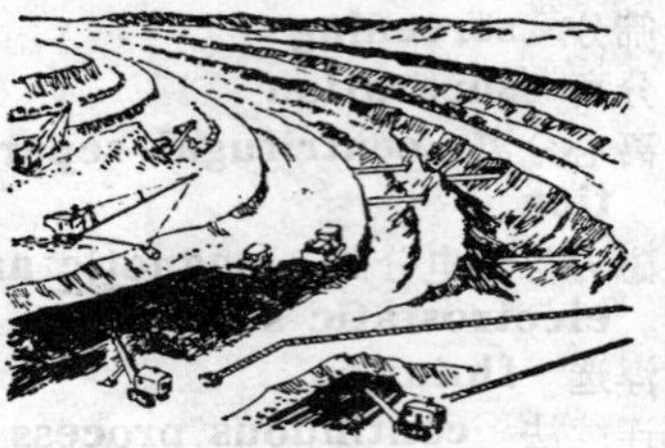

天然气 **natural gas**

露天开采① **opencast mining, (Am.) opencut mining, strip mining**

地下开采(井工开采) **underground mining**

竖井开采矿② **shaft mine**

斜井开采矿③ **slope mine**

平峒开采矿④ **drift mine**

人工开采 **hand mining**

钻爆法(打眼放炮) **drilling and blasting**

电钻打眼 **electric drilling**

填进炸药 **inserting the charge**

填塞炮泥 **stemming the hole**

放炮 **firing the blast**

机械凿岩 **machine drilling**

水力凿岩 **hydraulic drilling**

热力凿岩 **jet piercer drilling**

房柱式开采法 **room-and-pillar method, board-and-pillar method**

房柱式留煤开采法 **battery breast method**

分层开采法 **slicing method**

后退式开采法 **retreat method**

长壁开采法 **longwall method**

后退式长壁开采法 **longwall retreat method**

倒台阶开采法 **overhand stope method**

钢丝绳锯开采法 **"cable-saw" method**

单巷开采法 **single entry method**

拉底回采煤柱法 **undercut-pillar method**

掩护支架开采法 **shield method**

废石充填开采法 **waste-fill method**

不用支柱的倾斜分层开采法 **untimbered rill method**

水力开采法 **hydraulic method**

2

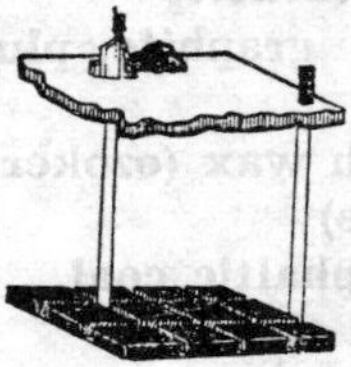

3

4

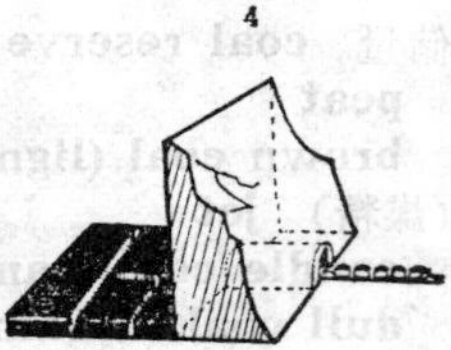

地面设备和井下布置 Surface Installations and Underground Layout

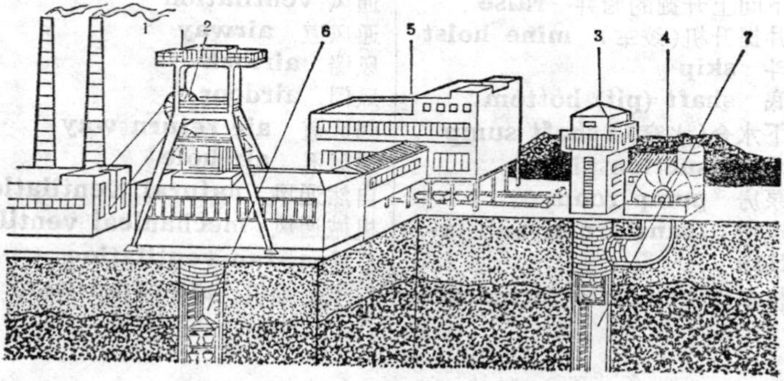

卷扬机房① **hoisting house**	发电厂 **power plant**
卷扬机② **hoisting engine**	矿山矿石堆 **mine dump**
井架③ **head frame**	脉石(矸石) **gangue**
矿用扇风机④ **mine fan**	倒煤厂 **coal yard, tipple**
矿井口浴室和餐厅 **pithead bathroom and messhall**	煤坑 **coal pit**
选煤厂⑤ **coal preparation plant**	主井⑥ **main shaft**
洗煤厂 **coal washery**	副井⑦ **auxiliary shaft**
机修厂 **machine repair shop**	罐笼⑧ **cage**
	矿车⑨ **tub, mine car**
	井底车场⑩ **shaft station**

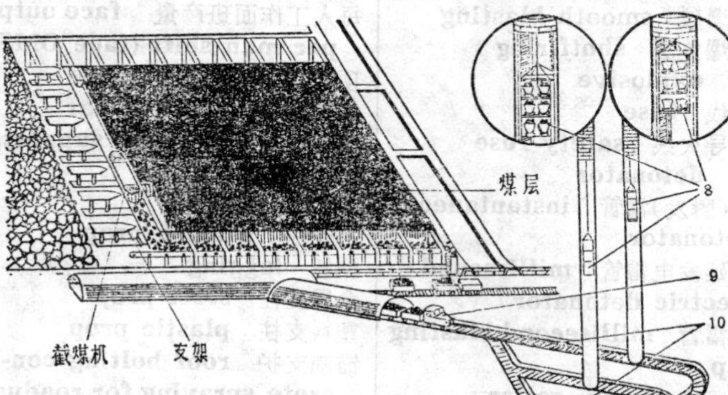

出风井 upcast shaft, discharge air shaft
进风井 downcast shaft
自上向下开掘的暗井 winze
自下向上开掘的暗井 raise
矿井提升机(绞车) mine hoist
箕斗 skip
井底 shaft (pit) bottom
井下水仓(水窝) shaft sump
吸水管 suction pipe
水泵房 pump room
变电所 transformer substation
电机车库 electric locomotive garage
调度室 dispatching room
绞车房 hoisting room
矿灯房 lamp room
通风 ventilation
通风道 airway
风墙 airlock
风门 airdoor
回风道 air return way
通风孔 air hole
自然通风 natural ventilation
机械通风 mechanical ventilation, fan ventilation
空气压缩机 air compressor

井巷工程 Shaft Sinking and Roadway Drivage

凿井吊盘 sinking platform
吊桶 kibble, shaft bucket
安全梯 safety ladder
泛光灯(探照灯) floodlight
通风管道 ventilation duct
激光导向测量 laser guide measurement
光面爆破 smooth blasting
空心爆炸法 shotfiring
炸药 explosive
导火线 fuse
安全导火线 safety fuse
雷管 detonator
即发(瞬发)雷管 instantaneous detonator
毫秒延发电雷管 millisecond electric detonator
毫秒雷管 millisecond blasting cap
巷道 roadway, gallery
巷道掘进 tunnelling, roadway drivage
巷道掘进指标 tunnelling quota
采场 stope
工作面 work-face
回采工作面 recovery work-face
每人工作面班产量 face output per man shift (face OMS)
顶板 roof
悬臂梁 cantilever bar
巷道支护 roadway support, roof support
支柱 prop
木支柱 wooden prop
刹杆 lagging
金属支柱 steel prop
塑料支柱 plastic prop
锚喷支护 roof bolting concrete spraying for roadway

support
钢筋混凝土支柱 **reinforced concrete prop**
喷射混凝土支护 **shotcrete support**
回柱 **prop recovery**
液压支架 **hydraulic support**
液压千斤顶 **hydraulic jack**
垛式液压支架 **powered support of chock type, hydraulic chock**
自移式液压支架 **self-advancing hydraulic support**
掩护式自移支架 **self-advancing shield support**

运　输 Haulage

井筒提升 **shaft hoisting**
主巷 **mine haulage roadway**
电机车 **electric locomotive**
蓄电池电机车 **battery locomotive**
架线蓄电池两用电机车 **trolley-cum-battery locomotive**
重车道 **track for full tubs**
空车道 **track for empty tubs**
人员运输车(斜井人车) **manriding car, "man-trip" train**
卷扬机(提升机) **hoisting engine, hoister**
皮带运输机 **belt conveyor**
槽形皮带运输机 **troughed belt conveyor**
刮板运输机 **scraper conveyor**
链板运输机① **chain-scraper conveyor**
自行矿车 **shuttle car**
斗式提升机 **bucket hoist conveyor**
可伸缩皮带运输机 **extensible belt conveyor**
可弯曲铠装运输机 **armoured flexible conveyor**
顺槽转载机 **stage loader**
运煤机(电溜子) **conveyor**
工作面运输 **coal-face haulage**
机械化盾构 **mechanized shield unit**
爬斗装岩 **scraper loading**

1

矿山机械 Mining Machinery

2
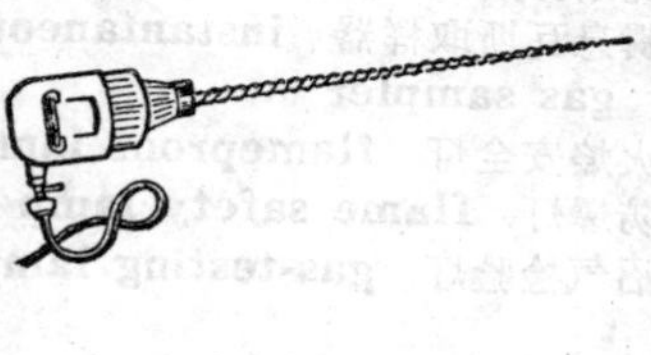

风镐 **pneumatic pick**
风钻 **pneumatic drill**
凿岩机 **rock drill, hammer drill**
电钻② **electric drill**
台钻 **bench drill**
气腿凿岩机 **airleg rock drill**

联合采煤机 **coal combine**
连续采煤机 **continuous mining machine**
截煤机 **coal-cutting machine, cutter-loader**
滚筒式截煤机 **drum cutter**
双滚筒可调高采煤机 **double-ended ranging shearer**
露天采煤机械 **opencut mining machinery**
迈步式挖掘机 **walking excavator**
轮斗式挖掘机(轮斗铲) **bucket wheel excavator**
履带式挖掘机 **crawler-mounted excavator**
绳斗电铲 **drag-line excavator**
擢煤机 **mechanical coal loader**

1
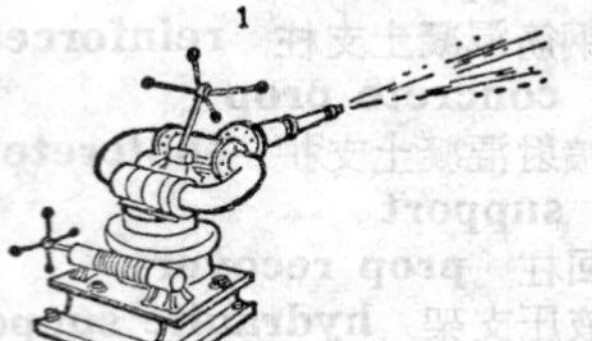

硬质合金截煤机 **carbide miner**
硬质合金多头转割机 **carbide-tipped multiple-rotating cutter**
水力采矿机械 **hydraulic mining machinery**
水力爆破 **hydraulic blasting**
水枪① **hydraulic giant**
隧道掘进机 **tunneller**
矿山生产自动化 **automation in mining production**

安全生产 Safety in Production

保安规程 **safety regulations**
矿山事故 **mine hazard**
沼气 **firedamp**
窒息性空气(碳酸气) **blackdamp (chokedamp)**
一氧化碳 **carbon monoxide**
爆炸后气体 **afterdamp**
臭气(硫化氢) **stinkdamp (hydrogen sulphide)**

2

3

瓦斯和煤尘爆炸 **explosion of gas and coal dust**
顶板压力计 **roof pressure gauge**
瓦斯分布 **distribution of gas**
排放瓦斯法 **gas draining method**
瓦斯浓度测量 **measurement of gas concentration**
瓦斯量 **amount of gas**
瓦斯报警器② **gas alarm**
瓦斯探测器 **gas detector**
瞬息瓦斯取样器 **instantaneous gas sampler**
火焰安全灯 **flameproof lamp**
防爆灯 **flame safety lamp**
沼气检验灯 **gas-testing lamp**

火灾 **fire hazard**
自燃 **spontaneous combustion**
采空区火灾(老塘火灾) **gob fire**
防火墙 **firebreak**
灭火器 **fire extinguisher**
泡沫堵塞技术 **"foam plug" technique**
泡沫剂 **foam agent**
消防龙头 **hydrant**
喷洒泡沫溶液 **spraying of foam-agent solution**
密闭 **sealing up**
矿区水灾 **flooding of mine**
突发水灾 **flash flood**
水渗透 **infiltration of water**
排水 **drainage**
水仓(聚水坑底) **water sump**
井筒管子格间 **pump compartment**
输水管道 **water pipe**
矿井水净化站 **mine water purifying station**
矿工装备 **miner's outfit**
矿工安全帽 **miner's safety helmet**
帽灯③ **cap-lamp,head lamp**
电池 **battery**
手灯 **hand lamp**
氧气面具 **oxygen respirator**
吸氧装备 **oxygen apparatus**
一氧化碳过滤面具 **carbon monoxide filter respirator**
氧气发生器全套装备 **self-contained oxygen generator**
紫外线灯(太阳灯) **ultraviolet lamp(artificial sun)**
汞汽灯 **mercury-vapour lamp**
职业病的预防 **prevention of occupational disease**
风湿病 **rheumatism**
矿工眼球震颤病 **miner's nystagmus**
矽肺病 **silicosis**
肺尘埃沉着病 **pneumoconiosis**

电 力 Power

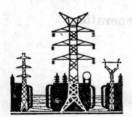

发 电 Electric Power Generation

发电站 **power station**
水力发电站 **hydroelectric power station, hydropower station(hydro)**
火力发电站 **thermal power station**
地热电站 **geothermal power station**

潮汐电站 **tidal power station**
风力发电站 **wind power station**
原子能电站 **atomic power station**
太阳能电站 **solar power station**
发电设备制造厂 **power equipment plant**
十五万千瓦成套水力发电设备 **150,000 kilowatt hydroelectric power generating plant**
装机容量 **installed capacity**
总发电量 **total generation**
总容量(总功率) **aggregate capacity**
额定功率 **rated capacity**
单机功率 **unit capacity**
输入功率 **input power**
输出功率 **output power**
功率因数 **power factor**
频率 **frequency**
效率 **efficiency**
额定转速 **rated speed**
高峰负荷时间 **peak-load period, peak hours**
正常负荷时间 **off-peak period, off-peak hours**
基本负荷 **basic load**
马力 **horse power**
千瓦 **kilowatt(KW)**
千瓦〔小〕时(度) **kilowatt-hour(KWH)**
电压 **voltage**
伏特 **volt**
电流 **current**
交流电 **alternating current(AC)**
直流电 **direct current(DC)**
安培 **ampere**
电阻 **resistance**
电容 **capacitance**
电抗 **reactance**

水力发电 Hydroelectric Generation

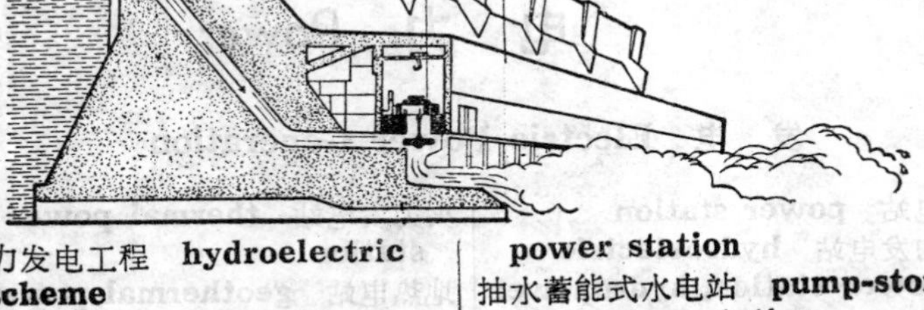

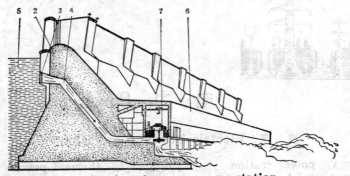

水力发电工程 **hydroelectric scheme**
引水式水电站 **run-of-river power station**
抽水蓄能式水电站 **pump-storage power station**

日调节水力发电站 **pondage station**
堤坝式水电站① **dam-type power station**
水工建筑物 **hydraulic structure**
大坝② **dam, dike**
围堰 **cofferdam**
进水闸门③ **intake gate**
引水隧洞④ **intake tunnel**
集蓄的河水⑤ **river water impounded**
发电厂房⑥ **powerhouse**
水轮发电机组⑦ **turbogenerator unit**
高水头 **high head**
低水头 **low head**
有效落差(有效水头) **effective head**
水情 **regimen**
水力参数 **hydraulic conditions**
流量 **flow discharge**
流量率——立方米/秒 **rate of flow——cubic metres per second**
溢流 **overflow**
涡轮机(透平) **turbine**

8

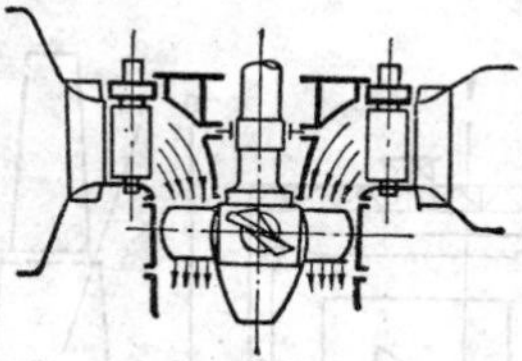

9

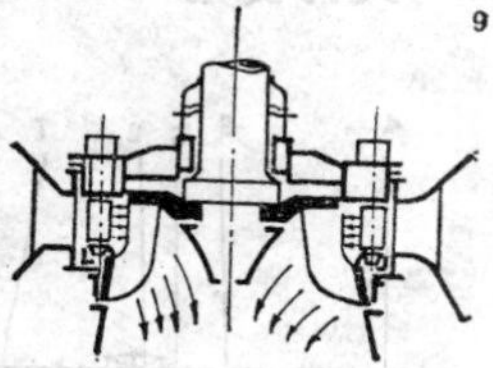

水轮机 **water(hydraulic) turbine**
冲击型水轮机 **impulse water turbine**
反击型水轮机 **reaction water turbine**
水泵水轮机 **pump-turbine**
轴流式水轮机⑧ **axial-flow water turbine**
混流式水轮机⑨ **mixed-flow water turbine**
蜗壳 **spiral casing,volute chamber**
转轮 **runner**
主轴 **shaft**
导叶 **guide blade,guide vane**
顶盖 **head cover**
联轴器 **coupling**
尾水管 **draft tube,discharge tube**
尾水渠 **tailrace**
前池 **forebay**
进水管 **penstock**
上下式水闸 **vertical-lift gate**
水轮发电机 **hydraulic generator**
立式 **vertical type**
卧式 **horizontal type**
伞型 **umbrella type**
定子 **stator**
定子机座 **frame**
定子铁芯 **core**
定子绕组 **stator winding**
叠绕组 **lap winding**

波绕组 **wave winding**
转子 **rotor**
转轴 **shaft**
转子中心体 **core**
轮毂 **hub**
支臂 **hub spider**
磁轭 **magnetic yoke**
叠片磁极 **laminated pole**
极靴 **pole shoe**
阻尼绕组 **damper winding**
旋桨式风扇 **paddle-wheel fan**
上机架 **upper generator bracket**
下机架 **lower generator bracket**
上导轴承 **upper guide bearing**
下导轴承 **lower guide bearing**
推力轴承 **thrust bearing**
制动器 **brake**
空气冷却器 **air cooler**
辅机 **auxiliary set**
励磁机 **exciter**
永磁发电机 **magneto generator,permanent magnet generator**

火力发电 Thermal Power Generation

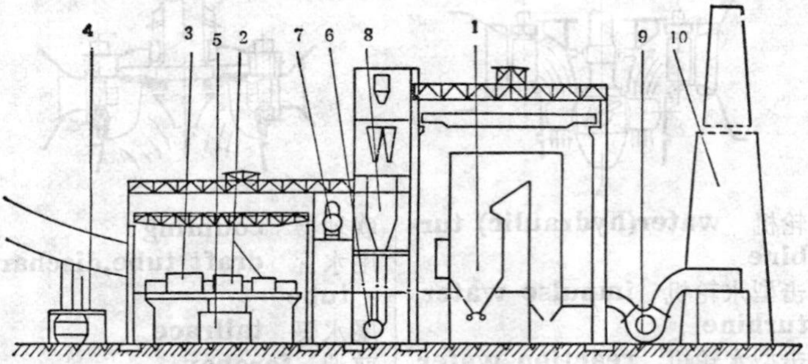

锅炉① **boiler**
汽轮机② **steam turbine**
发电机③ **generator**
主变压器④ **main transformer**
冷凝器⑤ **condenser**
磨煤机⑥ **pulverizer,coal grinder**
除气器⑦ **de-aerator**
原煤仓⑧ **coal bunker**
吸风机⑨ **induced-draft fan**
烟囱⑩ **chimney**
汽轮机 **steam turbine**
高压汽缸 **high pressure cylinder**
中压汽缸 **intermediate pressure cylinder**
低压汽缸 **low pressure cylinder**
喷嘴 **nozzle**
汽轮机转子⑪ **turbine rotor**
叶片⑫ **blade, vane**
叶轮⑬ **blade wheel**
导叶 **guide blade, guide vane**

主轴⑭ shaft
整体锻件 solid forging
中间再热 reheating
主汽门 stop valve
蒸气总管 steam main
调速器 governor
调速系统 speed-governing system
危急保安器 emergency stop protection
蒸气发生能力(蒸气发生率)——每小时——吨 steam raising capacity (live steam rate)——tons per hour
表面式冷凝器 surface condenser
冷凝水 condensate
冷凝水泵 condensate pump
喷水抽气机 water-jet air ejector
临界转速 critical speed
亚临界转速 sub-critical speed
飞逸转速 runaway speed
汽轮发电机组 turbogenerator

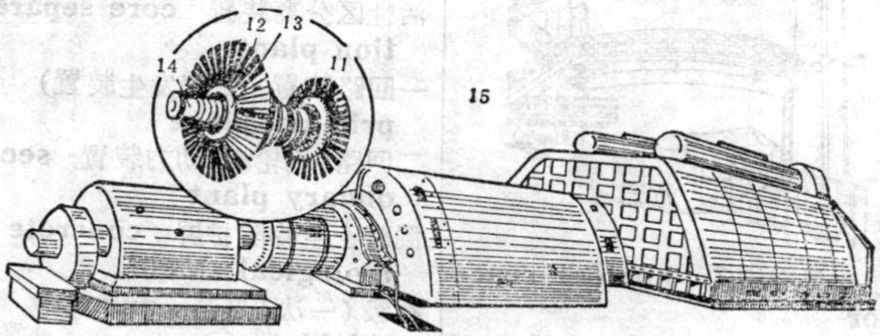

双水内冷汽轮发电机⑮ turbogenerator with a double internal water-cooling system
空心铜线圈 hollow copper wire coil
绝缘水管 insulation pipe
定子和转子均用水内冷 internal water-cooling for both stator and rotor
配套运转 operating on the unit principle
发电机主断路器 generator main circuit breaker
断开容量——千伏安 interrupting capacity——KVA
集电弓式隔离开关 pantograph isolators
架空电路接线结构 overhead line terminal structure
过电压吸收器 surge arrester
不接地中性点 insulated neutral point
备用机组 standby unit, emergency set
燃气轮机发电机组 gas-turbogenerator
自由活塞燃气发生器 free-piston gasifier
空气加热器 air boiler
轴流式压气机 axial compressor
离心式压气机 centrifugal compressor

燃烧室 **combustion chamber**
增压装置 **charging set**
扩压器 **diffuser**
换热器 **heat exchanger**
中间冷却 **intercooling**
开式循环 **open cycle**
闭式循环 **closed cycle**
半闭式循环 **semi-closed cycle**
平衡活塞 **dummy piston**
自动起动 **automatic starting**
接触断路螺线管 **contact breaker solenoid**
周转减速齿轮 **epicyclic reduction gear**

原子能发电站 Atomic (Nuclear) Power Station

1

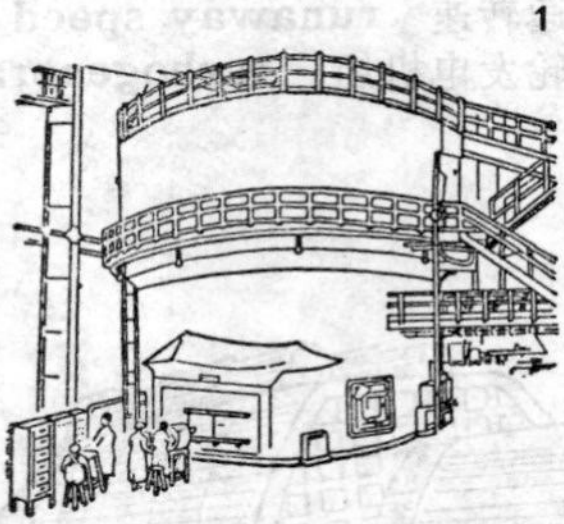

原子核反应堆① **nuclear reactor**
气冷石墨慢化天然铀反应堆 **gas-cooled, graphite-moderated natural uranium reactor**
筒形堆心 **cylindrical reactor core**
双壁耐压容器 **double-shell pressure vessel**
燃料管道 **fuel-element channel**
铀棒 **uranium rod**
控制棒 **control rod**
活性区分离装置 **core separation plant**
一回路装置（蒸气发生装置） **primary plant**
二回路（汽轮机）动力装置 **secondary plant**
混凝土生物防护屏 **concrete biological shield**
初级（一次）屏蔽 **primary shield**
次级（二次）屏蔽 **secondary shield**
净化中心站 **decontamination centre**
热交换器 **heat exchanger**
核电力 **nuclear-generated electric power**

地热电站 Geothermal Power Station

地热钻孔 **geothermal borehole**
蒸气冒涌装置 **flashing steam plant**
总管 **main**
控流阀 **flow control valve**
中压涌流器 **intermediate pressure flash vessel**
低压涌流器 **low pressure flash vessel**
蒸气滤净器 **steam scrubber**
排水池 **water discharge tank**
低压汽轮机 **low pressure turbine**

控制系统 Control System

中央控制室 **central control room**
控制台 **control desk, control board**
监视信号盘 **supervisory panel**
调节开关柜 **regulator cubicle**
辅助开关设备 **auxiliary switchgear**
数据自动检测装置 **data logger**
模拟电路图 **mimic diagram**
远距离操作设备 **remote operating equipment**
信号装置 **signal device**
报警装置 **alarm device**
(自动控制的)扰动 **disturbance**
开动 **starting up**
停机 **shutdown**
厂用电系统 **station service system**
对部分地区暂停供电 **load shedding**
开关设备 **switchgear**
露天开关场 **outdoor switchyard**
露天油断路器 **outdoor oil circuit-breaker**
隔离开关 **isolator**
气中开关设备 **air-break switchgear**
气吹式断路器 **air-blast circuit-breaker**
灭弧 **arc suppression(quenching)**
配电室 **switch room**
配电盘 **switchboard**
自动重合闸继电器 **automatic circuit recloser**
瓷绝缘子 **porcelain insulator**
装脚绝缘子 **post insulator**
耐张绝缘子 **strain insulator**
旋转开关 **rotary switch**
插塞开关 **plug switch**
载流容量 **current-carrying capacity**
合闸顺序 **switching order**
合闸力 **switching force**
合闸 **switching on**
开闸 **switching off**
转接 **switching over**
断电(停电) **supply interruption (suspension)**

变电输电 Power Transformation and Transmission

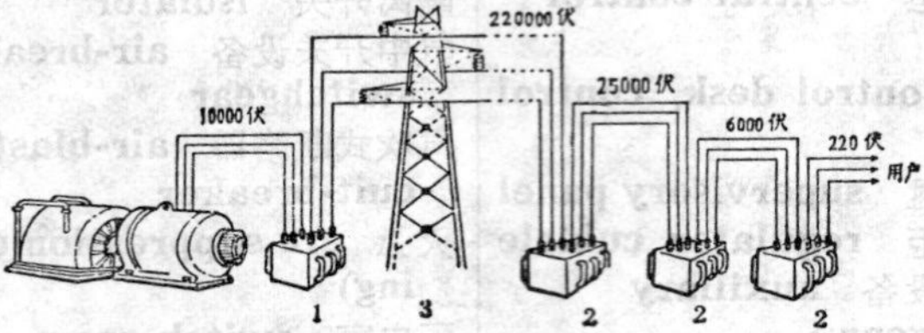

变电所 **transformer station, substation**

输电变压器 **transmission transformer**

升压变压器① **step-up transformer**

降压变压器② **step-down transformer**

高压电缆箱 **high voltage cable end box**

低压电缆箱 **low voltage cable end box**

变压器箱 **transformer tank**

油箱 **oil tank**

带荷自动抽头变换开关 **automatic on-load tap-changer**

全绝缘氮封变压器 **fully-insulated nitrogen-sealed transformer**

自耦变压器 **auto transformer**

冷还原取向性硅钢片芯 **cold-reduced grain-oriented silicon steel core**

入地变压器 **buried transformer**

接地变压器 **grounding transformer, earthing transformer**

防潮材料 **non-hygroscopic material**

变压器亭(配电亭) **kiosk**

整流 **rectification**

直流发电机 **dynamo**

可控硅整流器 **silicon-controlled rectifier**

高压电网 **grid**

超高压电网 **supergrid**

网络接合点 **network junction point**

输电线(电源线) **powerline**

架空电线 **overhead line, aerial cable**

高压电路 **high tension line**

低压电路 **low tension line**

高压电线塔③ **pylon**

地下电缆 **buried cable**

纸绝缘铅皮线 **paper-insulated lead-sheathed cable**

铝包电缆 **aluminium-sheathed cable**

氯丁橡胶包电缆 **neoprene sheathed cable**

硅橡胶绝缘 **silicon rubber insulation**

三芯电缆 **three-core cable**

电缆沟 **cable duct**

电缆暗道 **cable gallery**
接地线芯 **earthing core**
胶皮线 **rubber insulated wire**
漆包线 **enamel insulated wire**
带电线芯 **live core**
中性线芯 **neutral core**
单芯充油电缆 **single-core oil-filled cable**
双层铠装电缆 **double-armoured cable**
电缆架 **cable stand**
电缆槽 **cable tank**
电缆夹 **cable clip, cable clamp**
压合接头 **compression fittings**
电缆剪 **cable cutter**
母线系统(汇流条系统) **busbar system**
架线工 **overhead line worker**
装线配件 **line accessories**
紧线钳 **draw tongs**
电线杆上操作台 **pole platform**
配电干线 **distribution main**
动力干线 **power main**
照明干线 **lighting main**
环形干线 **ring main**
主干线(中途干线) **trunk main**
分压电路 **bleeder circuit**
网络保护装置 **network protector**
高压高遮断容量保险丝 **high-voltage high rupturing capacity fuse (high-voltage HRC fuse)**
保险丝盒 **fuse box**

机 械 Machinery

机械厂 Machine-Building Plants

通用机器厂 **general machines plant**
机床厂 **machine tools plant**
重型机床厂 **heavy machine tools plant**
冶金、矿山机械 **metallurgical and mining machinery**
石油、化学工业机械 **machinery for the petroleum and chemical industries**
农业机械 **farm machinery**
电力机械 **electric machinery**
建筑机械 **building machinery**
筑路机械 **road-building machinery**
运输机械 **transport machinery**

轻工业机械 **light industry machinery**
铸工车间(翻砂车间) **foundry**
锻工车间 **forge**
机工车间 **machine shop**
辅助车间 **auxiliary shop**
修配车间 **repair shop**
装配车间 **assembly shop, fitting shop**
装配线 **assembly line**
制模工 **moulder**
铸工 **founder**
锻工 **hammersmith, hammerman**
车工 **lathe operator, turner**
钳工 **bench worker, fitter**
刨工 **planer**
铣工 **miller**
钻工 **driller**
焊工 **welder**
铆工 **riveter**
装配工 **assembler**
修理工 **repairman**
电工 **electrician**
生产成套设备 **producing complete plants**
用一般设备制造达到现代标准的新机械 **using ordinary equipment to make new machinery up to modern standards**
采用先进工艺技术 **adopting advanced technologies and techniques**

机床(一) Machine Tools (I)

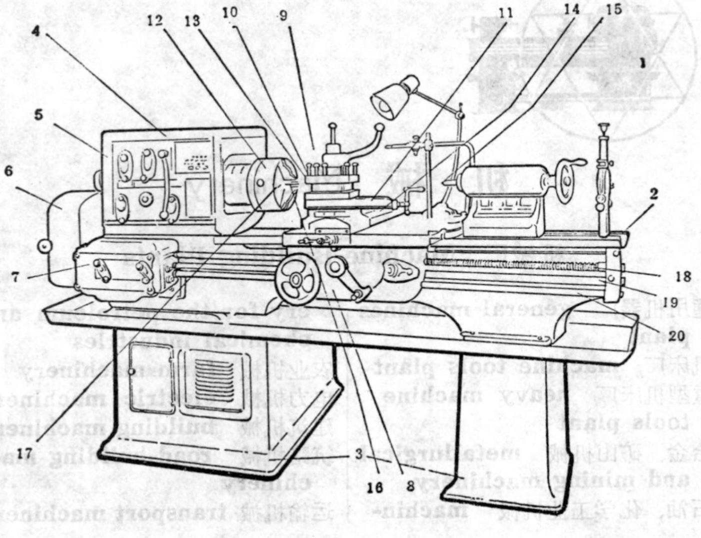

车床 **lathe**
皮带车床 **belt driven lathe**
万能车床 **universal lathe**
立式车床 **vertical lathe**
卧式车床 **horizontal lathe**
丝杠车床 **leading screw lathe**
多刀车床 **multi-tool lathe**
高速车床 **high speed lathe**
仿形车床 **copying lathe**
自动六角车床 **automatic turret lathe**
全齿轮马鞍车床 **gear-head lathe with gap bed**
车刀 **lathe tool**
粗车刀 **roughing tool**
精切刀 **finishing tool**
高速车刀 **high speed turning tool**
切削工具(刀具) **cutting tool**
(刀具的)切削寿命 **working durability, service life (of cutting tool)**
夹具 **jig**
万能工作夹具 **universal fitxure**
机动车床(普通车床)① **engine lathe**
床身② **bed**
床座③ **base**
床头箱④ **headstock**
变速齿轮箱⑤ **speed gear box**
交换齿轮箱⑥ **change gear box**
进给齿轮箱⑦ **feed gear box**
溜板箱⑧ **apron**
刀架⑨ **carriage, tool post**
上刀架(小拖板)⑩ **top rest**
横刀架(横拖板)⑪ **cross slide**
夹盆⑫ **chuck**
刀夹⑬ **tool holder**
刀架滑台⑭ **tool slide**
尾座顶尖⑮ **tailstock centre**
活顶夹⑯ **live centre**
花盆⑰ **face plate**
导螺丝杠⑱ **lead screw**
进刀轴⑲ **feed shaft**
回动轴⑳ **reverse shaft**

机床(二) Machine Tools (II)

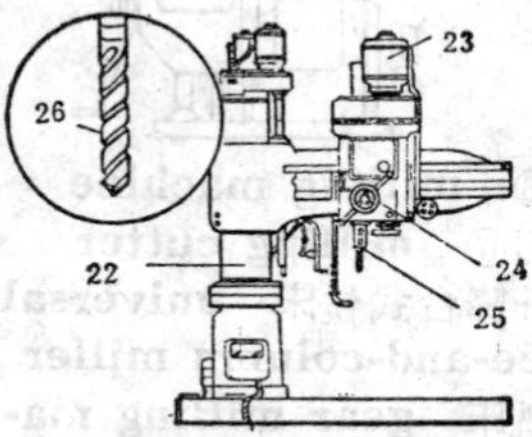

钻床 **drilling machine**
多轴钻床 **multiple-spindle drilling machine**
回转式钻床 **rotary drilling machine**
排钻床 **gang drill**
灵敏钻床 **sensitive drill press**
摇臂钻床㉑ **radial drill, drilling machine with pivoted arm**
立柱㉒ **column**
传动电动机㉓ **driving motor**
手轮㉔ **hand wheel**
钻轴㉕ **drill spindle**
钻头㉖ **drill**
双刃钻 **double cutting drill**
麻花钻 **twist drill**

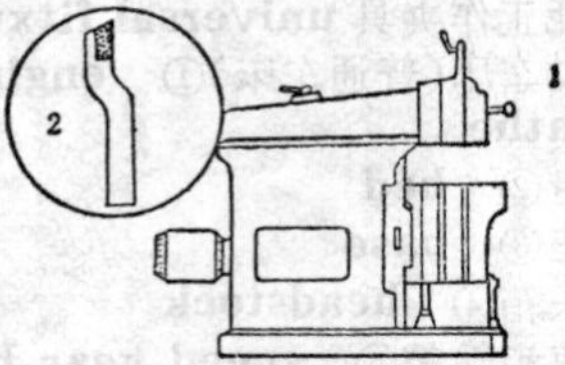

刨床① **planer, planing machine**
牛头刨床 **shaper**
龙门刨床(双柱刨床) **double-housing planer, double-column planer**
双面刨床 **double face planer**
液压刨床 **hydraulic planer**
粗刨刀② **roughing planing tool**
切断刨刀 **parting planing tool**

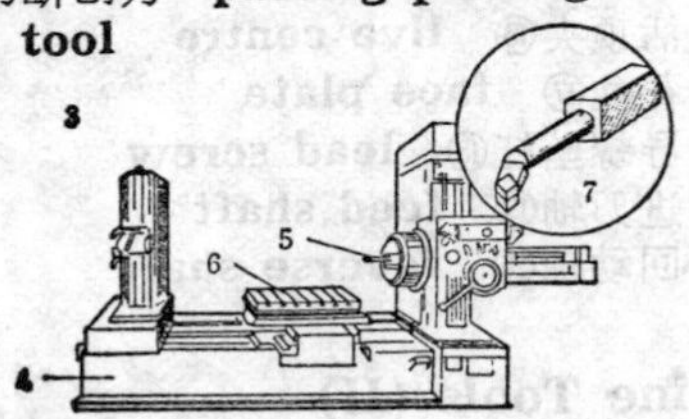

镗床③ **boring machine**
  床身④ **base**
  镗杆⑤ **boring spindle**
  镗床工作台⑥ **boring table**
镗孔刀具⑦ **boring apparatus**

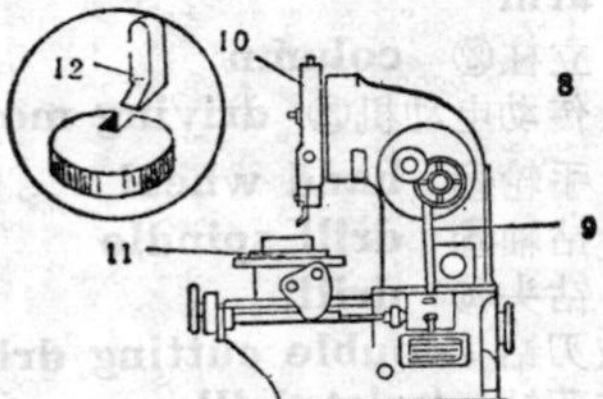

插床⑧ **slotting machine**
  传动轴⑨ **driving spindle**
  冲头⑩ **punch**
  工作台⑪ **work table**
插刀⑫ **slotting tool**
冲模插床 **die slotting machine**
槽铣刀 **slotting cutter**

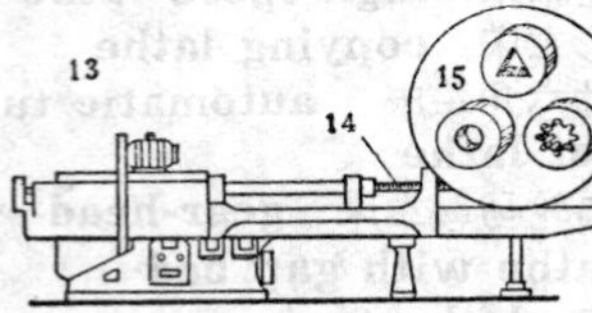

拉床⑬ **broaching machine**
  拉刀⑭ **broach**
  滑块⑮ **slide block**
平面拉刀 **surface broach**
整体拉刀 **solid broach**
组合拉刀 **built-up broach**
细齿拉刀 **serration broach**

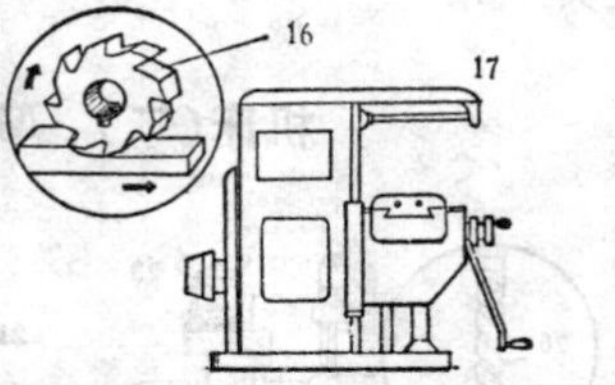

铣床⑯ **milling machine**
  铣刀⑰ **milling cutter**
万能升降台式铣床 **universal knee-and-column miller**
齿轮铣床 **gear milling machine**
螺纹铣床 **thread milling machine**
立体仿形铣床 **three-dimensional copy milling machine**

滚齿机 **gear hobbing machine**
花键轴铣床 **spline shaft hobbing machine**
齿轮滚铣刀 **gear hobber**

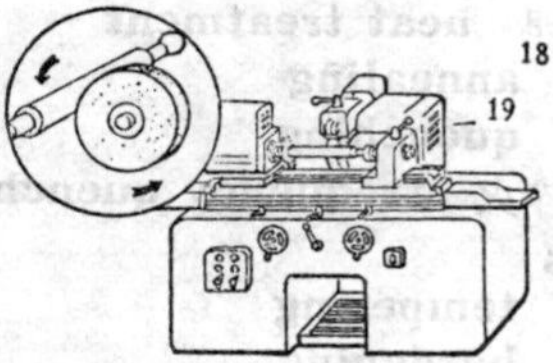

磨床 **grinding machine, grinder**
内圆磨床 **internal grinding machine**
外圆磨床⑱ **external grinding machine, cylindrical grinder**
砂轮座 **grinding wheel head**
球磨床 **ball grinder**
坐标磨床 **jig grinder**
磨轮(砂轮)⑲ **grinding wheel**
导轮 **guide wheel**
轮轴 **wheel spindle**
金刚砂 **emery**

组合机床 **aggregate machine tool**
组合万能机床 **combined universal machine tool**
连续自动工作机床 **transfer machine**
电解加工机床 **electrolytic machine tool**
电火花加工机床 **electric spark machine tool**
超声波加工机床 **ultrasonic machine tool**
程序控制机床 **programme control machine tool**
数字程序控制机床 **digital process control machine tool**

铸造和锻造 Casting and Forging

铸型 **mould**
砂型 **sand mould**
湿型 **green sand mould**
金属铸模 **metal mould**
模型 **pattern**
砂箱 **mould box, flask**
上箱 **cope**
下箱 **drag**
型芯 **core**
型砂 **moulding sand**
面砂 **precoated sand**
合成砂 **synthetic sand**
冒口 **riser**
抛砂机 **sand slinger**
化铁炉(冲天炉) **cupola**
直接电弧炉 **direct arc furnace**
电感应炉 **electric induction furnace**
坩埚 **crucible, fire pot**
熔化锅 **melting pot**
高温计 **pyrometer**
浇铸 **pouring, casting**
压铸 **pressure casting**
离心铸造 **centrifugal casting, rotary casting**
熔模精密铸造 **precision-investment casting**
失蜡铸造 **lost-wax casting**

壳型铸造 **shell moulded casting**
压力硬模铸造 **pressure die casting**
粉末冶金 **powder metallurgy**
锤锻 **hammer forging**
自由锻造 **smith forging**
铁砧 **anvil**
镦锻 **upsetting**
镦锻机 **upsetter**
摇锤锻造 **helve hammer forging**
模锻 **drop forging**
水压机锻造 **hydraulic forging**
夹板落锤 **board drop hammer**
气锤 **air hammer**
汽锤 **steam hammer**
滚锻 **roll forging**
冲击锻 **impact forging**
反击锻 **counterblow forging**
冲压 **stamping**
挤压 **squeezing**
拉拔 **drawing**
挤出 **extruding**
热处理 **heat treatment**
退火 **annealing**
淬火 **quenching**
功频淬火 **frequency quenching**
回火 **tempering**
硬化 **hardening**
表面硬化 **surface hardening**
时效硬化 **age hardening**
冷加工 **cold working**
冷锻 **cold forging**
冷拔 **cold drawing**
冷压 **cold pressing**
冷弯 **cold bending**

加工方法 Working Process

车削 **turning**
切削 **cutting**
高速切削 **high-speed cutting**
无屑加工 **chipless machining**
电解切削 **electrolytic cutting**
刨 **planing, shaping**
铣 **milling**
螺纹铣削 **thread milling**
磨削 **grinding**
镜面磨削 **mirror face grinding**
钻孔 **drilling**
镗孔 **boring**
磨光(抛光) **polishing**
滚花 **knurling**
倒棱 **chamfering**
去毛刺 **burring**
攻〔螺〕丝 **tapping**
铰孔 **reaming**
铣槽 **channeling**
冲孔 **punching**
拉削 **broaching**
超声波加工 **ultrasonic machining**
电火花加工 **electroarcing process**
铆接 **riveting**
焊接 **welding**
电焊 **electric welding**
乙炔焊 **acetylene welding**
溶化 **fusing**
喷漆 **spray-painting**

机件 Machine Parts

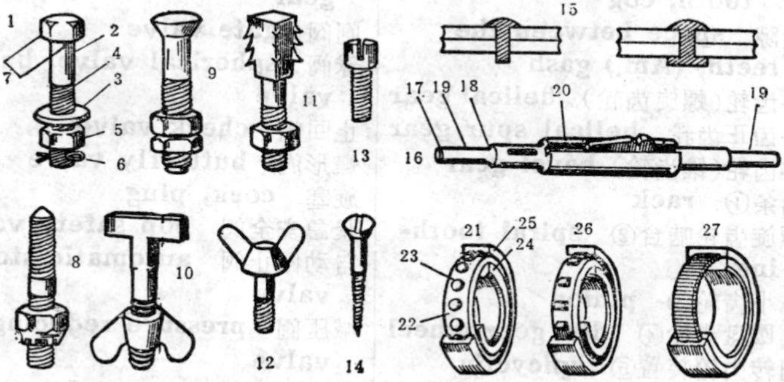

部件 **unit, component part**
备件 **spare part**
配件 **fitting**
螺栓① **bolt**
  螺栓杆② **shank**
  垫圈③ **washer**
  螺纹④ **thread**
  螺母⑤ **nut**
  开尾销⑥ **split pin**
  扳手钳口宽度⑦ **width of spanner jaw**
双头螺栓⑧ **stud**
埋头螺栓⑨ **countersunk-head bolt**
丁字头螺栓⑩ **T-head bolt**
棘螺栓⑪ **rag bolt, stone bolt**
螺钉 **screw**
翼形螺钉⑫ **thumb (wing) screw**
有槽螺钉⑬ **slotted screw**
木螺钉⑭ **wood screw**
钉子 **nail**
平头钉(图钉) **tack**
铆钉⑮ **rivet**
轴⑯ **shaft**
倒棱⑰ **chamfer**
斜面 **bevel**
轴颈⑱ **journal**
座⑲ **seat**
键槽⑳ **keyway**
锥形座 **conical seat**
滚珠轴承㉑ **ball bearing**
  轴承罩㉒ **bearing cage**
  钢珠㉓ **steel ball**
  内座圈㉔ **inner race**
  外座圈㉕ **outer race**
滑动轴承(普通轴承) **plain bearing**
减摩轴承(滚动轴承) **anti-friction bearing**
滚柱轴承㉖ **roller bearing**
滚针轴承㉗ **needle bearing**
经向轴承(横力轴承) **radial bearing**
微型轴承 **micro bearing**
单列向心球轴承 **single-row centripetal ball bearing**
推力球轴承 **thrust ball bearing**
双列球面滚子轴承 **double-row**

spherical roller bearing
齿轮 gear
齿 tooth, cog
齿隙 space between the teeth, (Am.) gash
斜齿轮(螺旋齿轮) helical gear
斜齿正齿轮 helical spur gear
伞齿轮(锥齿轮) bevel gear
齿条① rack
螺旋齿轮啮合② spiral toothing
小齿轮③ pinion
圆盘齿轮④ disc gear wheel
周转齿轮装置⑤ epicyclic gearing
行星轮⑥ planet wheel
中心轮⑦ sun wheel
人字齿轮 double helical spur gear
闸阀 gate valve
球阀 spherical valve, ball valve
止回阀 check valve
蝶形阀 butterfly valve
旋塞 cock, plug
紧急安全阀 pop safety valve
自动停止阀 automatic stop valve
减压阀 pressure reducing valve
单向阀 one-way valve

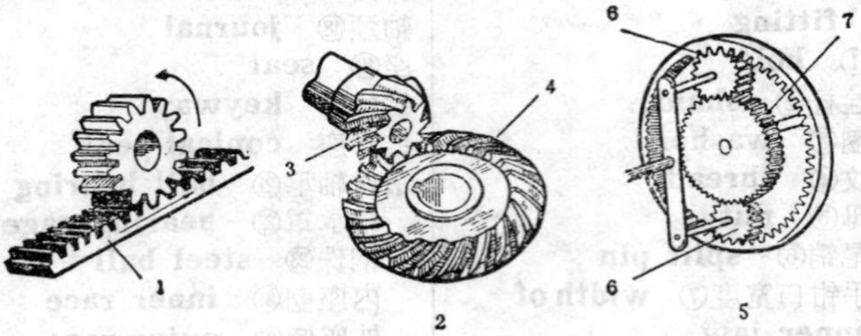

锅炉、泵、空气压缩机等 Boiler, Pump, Air Compressor, etc.

锅炉 boiler
水管锅炉 water tube boiler
水冷壁 water wall
燃烧室(炉膛) combustion chamber
水软化装置 demineralization plant
给水泵 feed pump
汽包 steam pocket
饱和压力 saturation pressure
过热器 superheater
烟道 flue pass
再热器 reheater
中间再热锅炉 reheat boiler
蒸汽管道 steam line
弯头 bend
弯接管 bend connector
离心喷射器 cyclone
磨煤机 pulverizer
送风机 forced-draft fan

吸风机 induced-draft fan
离心泵 centrifugal pump
叶轮 impeller
蜗壳 volute
往复泵 reciprocating pump
进口 inlet
出口 outlet
止回阀 check valves
连杆 connecting rod
曲柄 crank
筒 cylinder
活塞 piston
轴流泵 axial-flow pump
混流泵 mixed-flow pump
齿轮泵 gear pump
转子泵 rotor pump
螺旋泵 screw pump, volute pump
回转泵 rotary pump
涡轮泵 turbine pump
压力泵 force pump
柱塞泵 plunger pump
多级泵 stage pump
空气压缩机 air compressor
气锤 air hammer, pneumatic hammer
磨擦压力机 friction press
机动压力机 power press
水(液)压机 hydraulic press
包装机 baling press
压片机 tablet press
制砖机 brick press
榨油机 oil press

发动机 Engine

蒸汽机 steam engine
汽轮机(蒸汽透平) steam turbine
水轮机 hydraulic turbine
燃气轮机 gas turbine
核动力燃气轮机 nuclear powered gas turbine
喷气发动机 jet engine
核能透平喷气发动机 nuclear turbojet
内燃机 internal combustion engine
汽油机 gasoline engine
转缸式发动机 rotary engine
四冲程 four-stroke-cycle
吸气 intake
压缩 compression
作功 power (work)
排气 exhaust
柴油机 diesel engine
陆用柴油机 stationary diesel engine
船用柴油机 marine diesel engine
汽缸盖 cylinder head
汽缸 cylinder
活塞 piston
活塞环 piston ring
连杆 connecting rod
进气歧管 intake manifold
排气歧管 exhaust manifold
曲轴 crankshaft
凸轮 cam
曲柄 crank
挺杆 tappet
正时齿轮 time gear
惰轮 idling gear
喷油泵 injection pump

离心调节器 **centrifugal governor**
散热器 **radiator**
汽缸数 **number of cylinders**
汽缸内径 **cylinder bore**
汽缸排量 **cylinder displacement**
活塞行程 **stroke, travel of piston**
额定速度 **rated speed**
额定功率 **rated output**
最大功率 **maximum output**
持续功率 **continuous output**
燃油消耗率 **fuel consumption**
外型尺寸 **overall dimensions**
总重量 **total weight**

电动机 Electric Motor

感应电动机(异步电动机) **induction motor**
同步电动机 **synchronous motor**
同步感应电动机 **synchronous induction motor**
换向器电动机 **commutator motor**
滑环电动机 **slipring motor**
直流电动机 **direct current motor**
单相 **single phase**
三相 **three phase**
开敞式 **open type**
封闭式 **enclosed type**
全封闭式 **totally enclosed type**
鼠笼式 **squirrel-cage type**
立式 **vertical type**
卧式 **horizontal type**

手工具和量具 Hand Tool and Measuring Tool

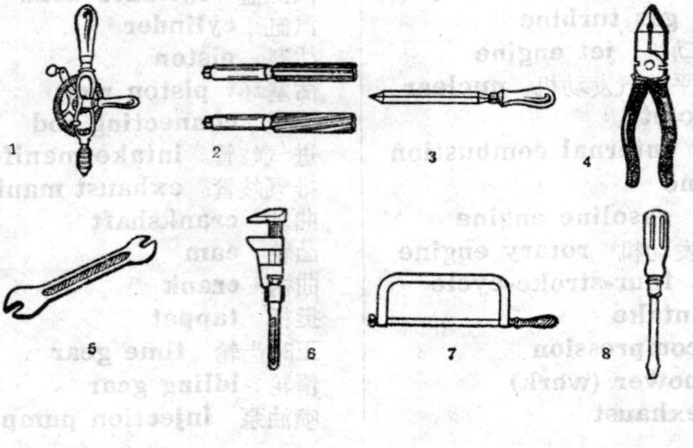

手锤 **hammer**
圆头铲 **round spade**
方铲 **square spade**
手虎钳 **hand vice**
手摇钻① **hand drill**
手铰刀② **hand reamer**
刮刀 **scraper**
三角刮刀③ **three-cornered scraper**
手钳 **pliers**
剪钳④ **combination cut pliers**
平头钳 **flat nose pliers**
扳手⑤ **spanner, wrench**
活扳手⑥ **monkey wrench**
锉 **file**
扁锉 **flat file**
凿 **chisel**
弓锯(钢锯)⑦ **hack saw**
螺丝起子(改锥)⑧ **screwdriver**
螺丝攻 **screw tap**
螺旋扳手 **screw wrench**
钢尺 **steel rule**

9
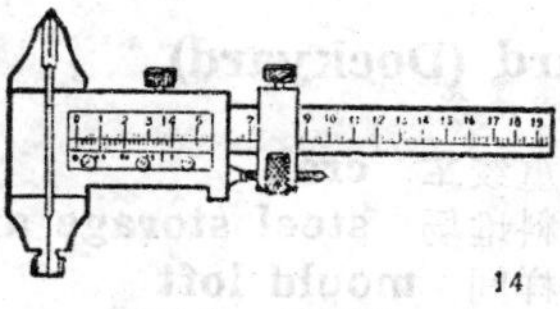
14

13
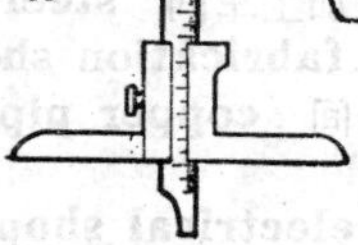
10
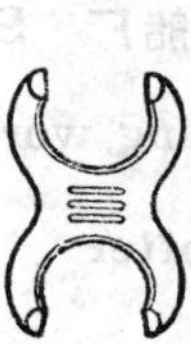
12

11
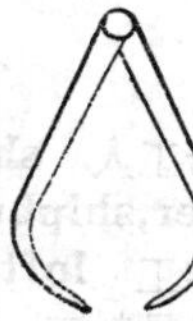
15
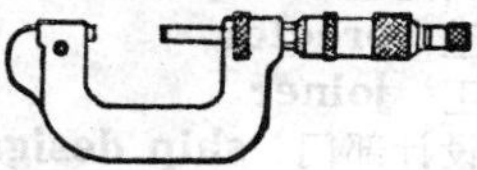

卷尺 **tape measure**
金属卷尺 **metallic tape**
折尺 **folding pocket measure**
丁字尺 **T square**
三角板 **set square**
游标卡尺⑨ **vernier caliper**
卡钳(卡尺)⑩ **caliper(s)**
外卡钳⑪ **outside caliper**
内卡钳⑫ **inside caliper**
千分尺,(分厘卡)⑬ **micrometer**
螺纹千分尺 **crew micrometer**
千分表, 校表 **dial indicator**
圆规 **compasses**
量角器 **protractor**
分线规 **divider (s)**
组合角尺(万能角尺) **combination set**
角规 **angle gauge**
中心规 **centre gauge**
齿轮规 **gear tooth gauge**
螺距规 **screw pitch gauge**
线规 **wire gauge**
水平仪 **level gauge**
测深计⑭ **depth gauge**
圆柱塞规⑮ **plug gauge**
隙规 **gap gauge**

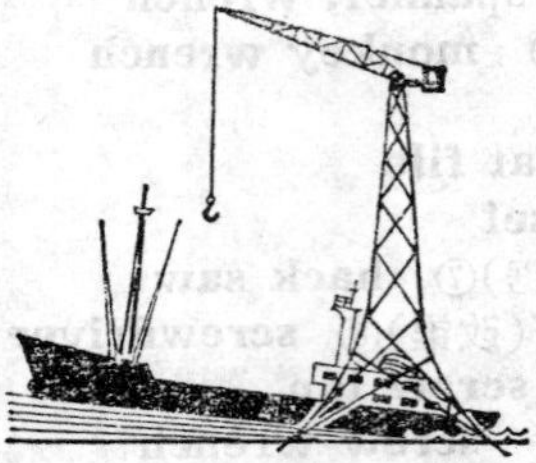

造　船　Shipbuilding

造船厂　Shipyard (Dockyard)

造船工人　**shipbuilding worker, shipbuilder**
放样工　**loftsman, lofter**
造船号料工　**marker**
造船木工　**shipwright**
船体装配工　**ship fitter**
装配工　**erector**
细木工　**joiner**
船舶设计部门　**ship design department**
船体建造部门　**hull fabrication department**
装备部门　**outfitting department**
压缩空气系统　**compressed-air system**
丙烷气系统　**propane-gas system**
运输系统　**transport system**
滚轴传送系统　**roller conveyor system**
气垫传送系统　**hover-transport system**
电动绞车　**electric winch**
起重绞车　**crab**
钢料堆场　**steel storage area**
放样间　**mould loft**
木工车间　**carpenter's shop**
钢料放样、加工车间　**steel lay-off and fabrication shop**
管子铜工车间　**copper piping shop**
电工车间　**electrical shop**
金属薄板车间　**sheet metal shop**
索具车间　**rigging shop**
俯仰式起重机　**luffing crane**
高架移动式起重机(桥式吊车)　**overhead travelling crane**
机工车间　**machinist shop**
电镀车间　**galvanizing shop**
船台　**building slipway, building berth**
造船架　**stock**
脚手架　**staging**
龙骨墩　**keel-block**
液压边墩　**hydraulic bilge-block**

胎架 **cradle for hull section**
剪切机 **shearing machine**
弯板机 **plate-bending and forming machine**
校平机 **straightening rolls**
自动化滚轧机 **automatic rolling mill**
型钢弯曲机 **profile (frame) bender**
光电跟踪气割机 **photo-electric-tracing flame cutting machine**
自动跟线气割机 **automatic line-following gas-cutter**
干船坞 **dry dock, graving dock**
浮船坞 **floating dock**
湿〔船〕坞 **wet dock**
船坞灌了水 **dock flooded, dock filled**
船坞抽干了水 **dock pumped-out, dock emptied**

造船工艺 Technology of Shipbuilding

造船学 **naval architecture**
轮机工程 **marine engineering**
室内造船 **shipbuilding in hall**
串联造船 **tandem ship construction**
分段建造 **section fabrication**
总段建造 **module fabrication**
两段法造船 **ship construction in two parts**
船体建造 **hull fabrication**
放样 **mould lofting**
实尺样板 **full-scale template**
比例放样 **scale lofting**
号料 **plate marking**
光学号料① **optical marking, photo marking**
电印号料 **electro-print marking**
船体钢料切割 **hull steel cutting**
水下切割 **underwater cutting**
钢板边缘加工 **plate edge planing**
爆炸成型 **explosive forming**
火工矫正 **plate fairing by hot working**

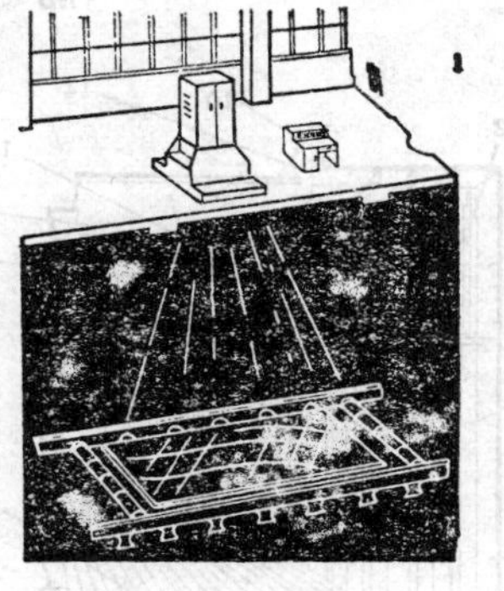

肋骨弯曲 **frame bending**
铺设龙骨 **laying the keel**
船体装配 **hull assembly, hull erection**
船台装配 **erection on building berth**
机械除锈 **mechanical de-rusting**
化学除锈 **chemical de-rusting**
高压水除锈 **high-pressure water de-rusting**

喷丸除锈 **shotblasting**
船体焊接 **hull welding**
垂直自动焊接 **vertical automatic welding**
横向自动焊接 **horizontal automatic welding**
水下焊接 **underwater welding**
安装机器 **installing the machinery**
装备 **fitting-out**
预装备 **fitting-out in advance**
单元装备 **unit fitting-out**
分段装备 **block fitting-out**
安装轴系 **installing the shafting**
装管 **pipe fitting**
铺设电线 **wiring**
安装电器设备 **installing electrical equipment**
喷漆 **spray painting**
船下水 **launching**
纵向下水 **end launching**
横向下水 **side launching**
系泊试验 **dock trial**
航行试验(试航) **sea trial (trial run)**

船 体 Hull

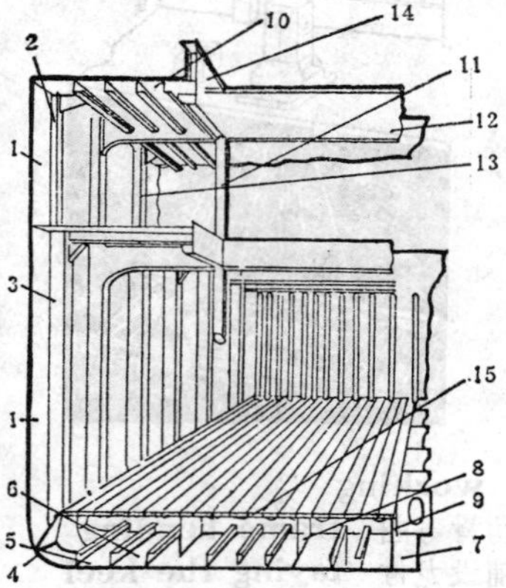

上层建筑 **superstructure**
主船体 **main hull**
球鼻型船首 **bulbous (bulb-nosed) bow**
货舱 **hold**
舱壁 **bulkhead**
气密舱壁 **airtight bulkhead**
防火舱壁 **fireproof bulkhead**
水密舱 **watertight compartment**
外板① **shell plating**
舷缘列板② **sheer strake**
舷侧列板③ **side strake**
舭龙骨④ **bilge keel**
舭板⑤ **bilge plate**
船底外板⑥ **bottom plating**
龙骨板⑦ **keel plate**
舷侧纵桁 **side stringer**
旁桁材⑧ **side girder**
双层底中桁材⑨ **centre girder**
甲板板⑩ **deck plating**
甲板支柱⑪ **deck pillar (stanchion)**
甲板横梁⑫ **deck beam**
肋骨⑬ **frame**
舱口围板⑭ **hatch coaming**
货舱护条 **cargo batten**
垫货板 **dunnage board**
舱底板⑮ **ceiling**

电 子 Electronics

电子设备 Electronic Equipment

电子仪器 **electronic instrument**
电子医疗仪器 **electronic medical instrument**
无线电器材 **radio tools and equipment**
无线电元件 **radio component**
无线电测量仪表 **radio measuring instrument**
电信器材 **telecommunications equipment**
半导体元件 **semiconductor component**
电视广播器材 **television broadcasting equipment**
导体 **conductor**
电路 **electric circuit**
安培计 **ammeter**
电压表 **voltmeter**
电阻 **resistor**
电感 **inductor**
电容器 **capacitor, condenser**
电子管 **electronic tube, valve**
二极管 **diode**
灯丝 **filament**
三极管 **triode**
栅极 **grid**
四极管 **tetrode**
五极管 **pentode**
六极管 **hexode**
七极管 **heptode**
八极管 **octode**
晶体管 **transistor**
单晶硅 **monocrystal silicon**
多晶硅 **multicrystal silicon**
控制栅极 **control grid**
帘栅极 **screen (grid)**
抑制栅极 **suppressor grid**
晶体二极管(半导体二极管) **diode transistor, semiconductor diode**
结 **junction**
PN结 **PN junction**
NP结 **NP junction**
晶体三极管 **triode transistor**
PNP型晶体管 **PNP transistor**
NPN型晶体管 **NPN transistor**
空穴传导 **hole conduction**
电子传导 **electron conduction**
发射极 **emitter**

集电极 **collector**
基极 **base**
线圈 **coil**
线圈组 **coil assembly**
振荡器 **oscillator**
检波器 **detector**
放大器 **amplifier**
整流器 **rectifier**
硅可控整流元件(可控硅) **silicon controlled rectifier**
变压器 **transformer**
滤声器 **acoustic filter**
变频器 **converter**
电位计 **potentiometer**
光电管(光电池) **photocell, photoelectric cell**

无线电收音机 Radio Receiver (Radio Set)

交流电收音机 **mains set**
直流电收音机 **battery set**
立体声收音机 **stereo receiver**
矿石收音机 **crystal radio**
汽车收音机 **auto radio, car radio**
超外差式收音机 **superhet (erodyne) radio set**
〔时〕钟控〔制〕收音机(时钟收音机) **clock radio**
按钮调谐收音机 **push-button-type receiver**
晶体管收音机(半导体收音机) **transistor radio, semiconductor receiver**
调幅收音机 **AM (amplitude modulation) receiver**
调频收音机 **FM (frequency modulation) receiver**
印刷电路 **printed circuit**
集成电路 **integrated circuit**
固体电路 **solid circuit**
薄膜电路 **membrane circuit**
微波集成电路 **microwave integrated circuit**
收音机外壳 **cabinet**
隔板 **baffle board**
电眼(阴极射线管) **magic eye (cathode-ray tube)**
扬声器(喇叭)孔 **loudspeaker aperture**
低音标尺 **bass tone scale**
高音标尺 **treble tone scale**
低音控制 **bass tone control**
高音控制 **treble tone control**
调频转钮 **tuning knob**
长波波段 **long-wave band**
中波波段 **medium-wave band**
短波波段 **short-wave band**
高保真度 **high-fidelity, hi-fi**
射频 **radio frequency (RF)**
中频 **intermediate frequency (IF)**
声频 **audio frequency (AF)**
高频 **high frequency (HF)**
甚高频(特高频) **very high frequency (VHF)**
超高频 **ultra high frequency (UHF)**
超短波 **ultra short-wave**
微波 **microwave**
电源开关与音量控制 **power switch and volume control**
自动音量控制 **automatic volume control (AVC)**
波段转换开关 **band switch**

波段选择按钮 **push-button wave band selector**
电动主扬声器 **main loudspeaker (electro-dynamic loudspeaker)**
高音扬声器 **treble frequency loudspeaker (tweeter)**
保险丝 **fuse**
电压选择开关 **voltage selecting switch**
铁氧体棒状天线 **ferrite-rod antenna**
铁氧体棒状天线控制 **ferrite-rod antenna control**
电源变压器 **mains transformer**
低频变压器(输出变压器) **low-frequency (LF) transformer (output transformer)**
机内特高频天线 **built-in VHF antenna**
偶极天线 **dipole antenna**
磁带录音机插孔 **socket for tape recorder**
附加扬声器插孔 **socket for additional loudspeaker**
特高频天线插孔 **socket for VHF antenna**
中长波天线插孔 **socket for medium and long wave aerials**
电唱机插孔 **socket for pick-up**
天线转换开关 **antenna switch**
耳机 **earphone**

电视〔接收〕机 Television Receiver (Teleset)

黑白电视机 **monochrome (black-and-white) television receiver (TV set)**
彩色电视机 **colour television receiver, colour TV set**
投影式电视接收机 **projection television receiver**
偶极天线 **dipole antenna, doublet antenna**
频道选择开关 **channel selector**
频率微调 **frequency fine tuning**
音量调整 **audio volume control**
音调调整 **tone control**
亮度调整 **brightness control**
对比度调整 **contrast control**
水平同步(行同步)控制 **horizontal hold control**
垂直同步(幅同步)控制 **vertical hold control**
图象宽度调整 **width control**
图象高度调整 **height control**
线性调整 **linearity control**
色度调整 **chroma control, colour-saturation control**
色调调整 **hue control**
会聚调整 **convergence control**
自动增益控制 **automatic gain control (AGC)**
自动频率控制 **automatic frequency control (AFC)**
自动亮度控制 **automatic brightness control (ABC)**
自动相位控制 **automatic phase control**
显像管 **picture tube**

像点(像素) **picture elements**
浓淡点 **half-tone elements**
黑白显像管 **monochrome picture tube**
电子枪 **electron gun**
偏转系统 **deflection yoke**
第二阳极 **second anode**
电子束 **electron beam**
荧光屏 **fluorescent screen**
彩色显像管 **colour picture tube, colour kinescope**
单枪彩色显像管 **single-gun colour picture tube, single-gun tube**
单枪三束彩色显像管 **trinitron**
三枪彩色显像管 **tri-gun colour picture tube, tri-gun tube**
三支电子枪 **three electron guns**
荫罩 **shadow mask**
三色荧光屏 **tricolour phosphor screen**
重像(幻像) **ghost image**
(荧光屏上)"雪花"干扰 **snow**
蜂音 **buzz**

电子计算机 Electronic Computer

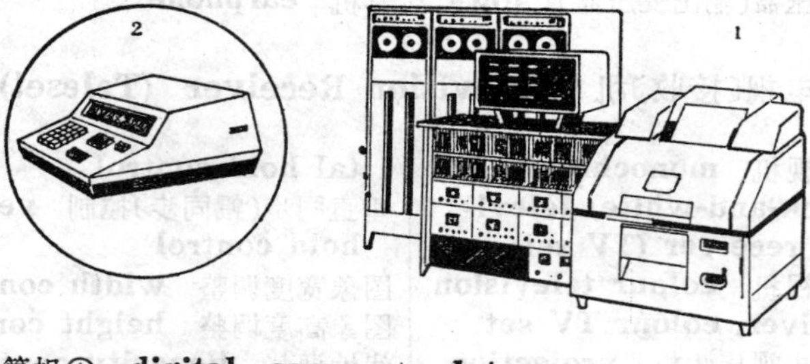

数字计算机① **digital computer**
模拟计算机 **analogue computer**
串行计算机 **serial computer**
并行计算机 **parallel computer**
实时计算机 **real-time computer**
分时计算机 **time-sharing computer**
小型计算机 **minicomputer**
台式计算机② **desk computer**
微型计算机 **microcomputer**
电子计算器 **electronic calculator**
袖珍计算机 **pocket calculator**
电子天平 **electronic scale**
第一代计算机 **first generation computer**
第四代计算机 **fourth generation computer**
计算机系列 **computer family, computer series**
双工系统 **duplex system**
多机系统 **multi-computer system**
主机 **main frame**
外部设备 **external equipment**

外围设备 **peripheral equipment**
硬件 **hardware**
软件 **software**
固件 **firmware**
机器语言 **machine language**
计算机语言 **computer language**
汇编语言 **assembly language**
编译程序语言 **BCY language**
公式翻译程序 **FORmula TRANslator (FORTRAN)**
汇编程序 **assembler**
目标程序 **object program**
翻译程序 **translator**
编译程序 **compiler**
程序库 **routine library**
二进〔数〕制 **binary number system**
二—十进制转换 **binary-to-decimal conversion**
二—十进制记数法 **binary-coded decimal notation**
浮点表示法 **floating-point representation**
定点表示法 **fixed-point representation**
定点制数的表示法 **fixed-point representation of a number**
代码 **code**
原码〔形式〕 **code true form**
补码 **complement**
溢出 **overflow**
逻辑代数(布尔代数) **Boolean algebra**
人—机联系 **man-computer interaction**
人—机通信 **man-machine communication**
运算速度 **operational speed**

电子数字计算机 Electronic Digital Computer

运算器(运算装置) **arithmetic unit**
存储器 **memory, storage**
磁心存储器 **magnetic core memory**
半导体存储器 **semiconductor memory**
随机存取存储器 **random access memory**
控制器 **control unit**
输入设备 **input device**
输出设备 **output device**
控制台 **console, control desk**
纸带输入机 **paper tape reader**
穿孔带 **punched tape**
穿孔卡〔片〕 **punched card**
绘图机 **plotter**
X—Y绘图仪 **X-Y plotter**
门电路 **gate circuit**
“与”门 **AND gate**
“或”门 **OR gate**
“非”门 **NOT gate**
触发器 **flip-flop**
寄存器 **register**
加法器 **adder**
逻辑电路 **logical circuit**
微型电路 **microcircuit**
固态电路 **solid state circuit**
集成电路 **integrated circuit**
集成电路片 **silicon chip**
硅基片 **silicon chip**
中规模集成〔电路〕 **medium-**

scale integration (MSI)
大规模集成〔电路〕 **large-scale integration (LSI)**
双极集成电路 **bipolar integrated circuit**
金〔属〕氧〔化物〕半导体集成电路 **metal-oxide semiconductor integrated circuit**
全薄膜化集成电路 **all-thin-film integrated circuit**
中断 **interruption**
程序 **program**
程序设计系统 **programming system**
微程序设计 **microprogramming**
原始数据 **initial data**
中间结果 **intermediate result**
指令 **instruction**
信息 **information**
数据处理 **data processing**
位(比特) **bit (binary digit)**
字长 **word length**
字节 **byte**
字组 **block**
反馈 **feedback**
操作程序 **sequence of operations**
联机操作 **on-line operation**
脱机操作 **off-line operation**

雷 达 Radar

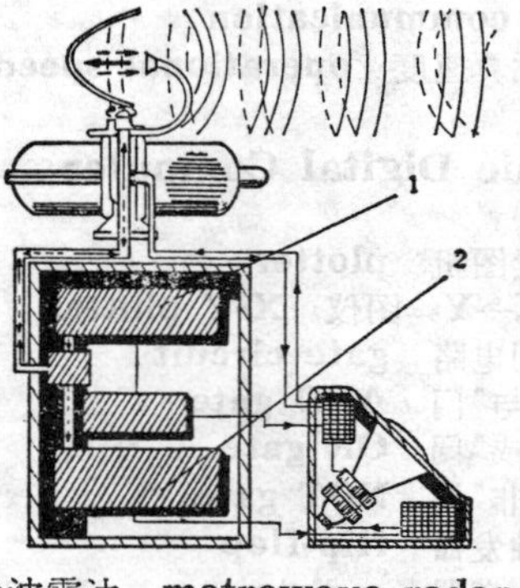

米波雷达 **metrewave radar**
微波雷达 **microwave radar**
激光雷达 **laser radar**
脉冲雷达 **pulse radar**
三座标雷达(空间雷达) **three-dimensional radar (space radar)**
多卜勒雷达 **Doppler radar**
跟踪雷达 **tracking radar**
制导雷达 **guidance radar**
导航雷达 **navigation radar**
卫星监视雷达 **satellite surveillance radar**
地面监视雷达 **ground surveillance radar**
航海雷达 **marine radar**
航天雷达 **spaceborne radar**
雷达发射机① **radar transmitter**
调制器 **modulator**
激励器 **exciter**
雷达接收机② **radar receiver**
滤波器 **filter**
混频器 **mixer**
振荡器 **oscillator**
自动增益控制 **automatic gain control (AGC)**
自动频率控制 **automatic frequency control (AFC)**
限幅器 **limiter**

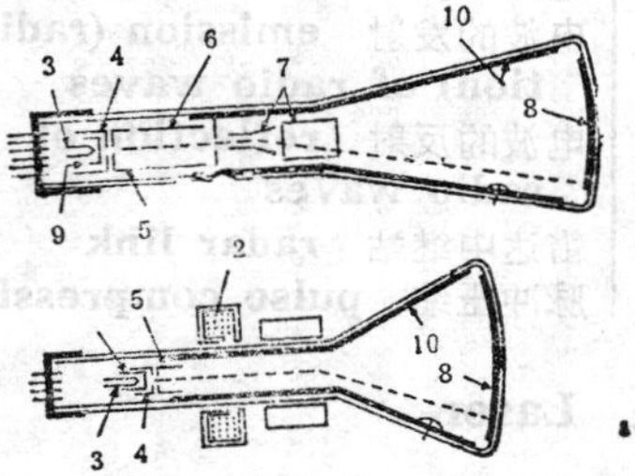

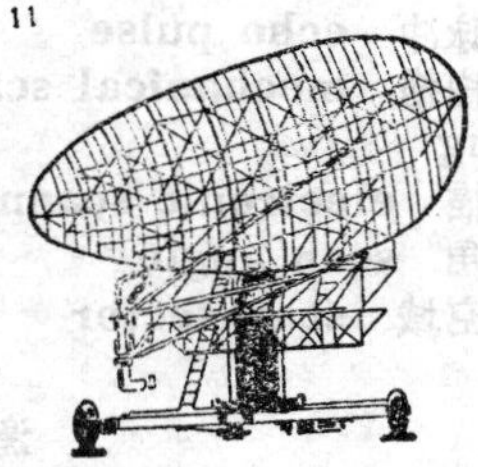

检波器 **detector**
解调器 **demodulator**
监测器 **monitor**
扫描器 **scanner**
磁控管 **magnetron**
中频放大器 **IF amplifier**
射频放大器 **RF amplifier**
视频放大器 **video amplifier**
显示器 **indicator (display)**
阴极射线管(高速电子管)① **cathode-ray tube**
聚焦线圈② **focusing coil**
电子束 **electron beam**
旁热丝③ **heater**
控制栅④ **control grid**
第二栅⑤ **second grid**
聚焦电极⑥ **focusing electrode**
偏转板极⑦ **deflecting plate**
荧光屏⑧ **luminescent screen (radarscope)**
阴极⑨ **cathode**
阳极⑩ **anode**
荧光屏上尖头信号 **blip**
记录速度 **writing speed**
收发转换开关 **transmit-receive switch (TR switch)**
天线收发转换开关 **anti-TR switch (ATR)**
旋转天线 **rotating antenna**
反射器天线 **reflector antenna**
抛物面天线⑪ **parabolic antenna**
赋形波束天线 **shaped-beam antenna**
余割平方天线 **cosecant-squared antenna**
单脉冲天线 **monopulse antenna**
龙伯透镜天线 **Luneberg lens antenna**
雷达信号 **radar signal**
雷达信息录取 **extraction of radar information**
方位角录取 **azimuth angle extraction**
仰角录取 **elevation extraction**
距离录取 **range extraction**
高度录取 **height data extraction**
波门录取 **gate extraction**
雷达覆盖空域 **zone of radar coverage**
噪声 **noise**
杂波 **clutter**
门限电压 **threshold voltage**
目标捕获 **target acquisition**

回波 radio echo
回波脉冲 echo pulse
机械扫描 mechanical scanning
电扫描 electronic scanning
扫描角 scan angle
扫描空域 scan sector
电源 power
电波的发射 emission (radiation) of radio waves
电波的反射 reflection of radio waves
雷达中继站 radar link
脉冲压缩 pulse compression

激 光 Laser

发光物质 luminescent substance
激励装置 exciter unit
光学谐振腔 optical resonant cavity
激光器 gas laser
气体激光全息摄影术 gas laser holography
氦氖激光器 helium-neon laser, He-Ne laser
离子激光器 ion laser
氩离子激光器 argon ion laser
二氧化碳激光器 carbon dioxide laser
固态激光器 solid state laser
光激励 light excitation
红宝石激光器① ruby laser

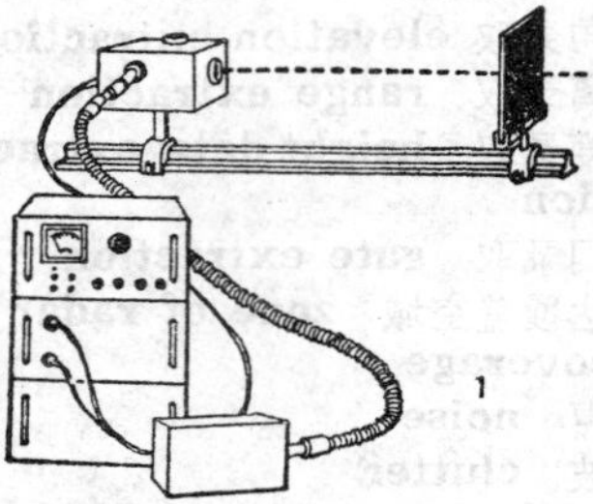

1

半导体激光器 semiconductor laser
PN结激光器 PN junction laser
激光准直仪 laser collimator
激光测距仪 laser rangefinder
激光通讯 laser communications
激光导航 laser navigation
卫星跟踪激光器 satellite tracking laser
空间目标跟踪激光器 space tracking laser
相干性 coherence
干涉仪 interferometer
探鱼仪 fish detector
超声波探伤仪 ultrasonic flaw detector
可控硅充电机 silicon controlled rectifier battery charger
自动程序控制装置 automatic program control device
时间继电器 time relay
心电图机 cardiograph
灭虫紫外线灯 ultraviolet lamp for insect extermination
电子扫描显微镜 electronic scanner microscope

自动化 Automation

自动控制 automatic control
自动控制系统 automatic control system
自动调节 automatic regulation
自动调节系统 automatic regulating system
反馈 feedback
反馈控制系统 feedback control system
被控制量 controlled variable, regulated variable
控制量 manipulated variable
稳定性 stability
品质指标 index of quality, criterion of control quality
衰减度 degree of decay
静态精度 static accuracy
动态精度 dynamic accuracy
开环控制 open-loop control
前馈控制 feedforward control
闭环控制 closed-loop control
定值调节 constant value control, fixed set-point control
程序控制 program control
随动系统 servo system
伺服机构 servomechanism
伺服机械手 servo manipulator
自动机(机器人) robot
脉冲系统 pulse system
计算机控制系统 computer control system
数字控制 numerical control
数字顺序控制 digital process control
数据处理 data processing
传感器 sensor, sensing element
集中检测系统 contralized monitoring system
自动化技术工具 automation equipment
半导体开关元件 thyristor
工业自动化 industrial automation
化工生产过程自动化 automation of chemical processes
油气田自动化 automation of oil and gas field
冶金生产自动化 automation of metallurgic processes
选矿生产过程自动化 automation of mineral processing
高炉自动化 automation of blast furnace
转炉自动化 automation of converter
轧钢自动化 automation of steel rolling
带钢热轧机计算机控制 computer control of narrow strip hotrolling mill
电力系统自动化 automation of electric-power system
电力系统安全控制 security control on electric-power system
水力发电站自动化 automation of hydroelectric power station
火力发电站自动化 automation of thermal power station

数字程序控制机床 numerically controlled machine tool
连续自动工作机床 transfer machine
铁路编组站自动化 automation of railway marshalling yard
铁路行车指挥自动系统 automatic system for railway traffic control
遥控 remote control
遥调 remote regulating
遥控力学 telemechanics
指令遥控系统 command remote control system
指令信号 command signal
数字指令 digital command
预警指令 alarm command
遥控编码 remote control coding
指令码 command code
信息码 information code
前导码 lead code
同步码 synchronous code
地址码 address code
开门码 opening code
保密码 secret code
执行码 actuating code
频率码 frequency code
译码矩阵 decoding matrix
编码矩阵 encoding matrix
指令监控台 command monitor
电视监视系统 television observation system
雷达监测系统 radar observation system
导航监测系统 navigation observation system
遥测监测系统 telemetry observation system
指令发射机 command transmitter
指令接收机 command receiver
编码器 encoder
解算器 resolver
无线电制导 radio guidance
红外制导 infrared guidance
激光制导 laser guidance
遥测 telemetry, telemetering
遥测系统 telemetry system
医用遥测 medical telemetry
空间遥测 space telemetry
远距信号 remote signalling
同步定点控制 synchro-position control
安全遥控设备 safety remote control equipment
射流技术 jet techinque
射流 jet
射流元件 jet component
单喷口 single jet
双喷口 double jet
空气喷射 air jet
液体喷射 fluid jet
可压缩射流 compressible jet
电子射流 electron jet
水枪射流 giant jet
高速射流 high speed jet

建筑 Building Construction

建筑业工种人员 Building Trades

工班 **work(ing) shift**
起重机班组 **crane team**
装配工 **assembler, assembly-man**
混凝土班组 **concrete team**
混凝土工 **concreter**
拌和机司机 **mixer-driver**
钢筋工 **steel fixer, steel bender**
焊工 **welder**
设备安装工 **fitter**
泥水工(砖石工) **mason**
石工 **stonemason, mason**
脚手架工 **scaffolder**
砌砖工 **bricklayer**
瓦工 **tiler**
灰泥工 **plasterer**
营造木工 **carpenter**
饰面工 **facing worker**
花饰铅条窗安装工 **lead-light glazier, fret glazier**
油漆工 **painter**
玻璃工 **glass fitter**
装饰工 **decorator**
电工 **electrician**
管子工(水暖工) **plumber**
小工 **assistant**
修理工 **repairman**
仓库管理员 **storekeeper**
技术检查员 **inspector**
工长 **foreman**
工段长 **section chief**
工段工程师 **section engineer**
工地主任 **site director, building director**
设计人员(制图人员) **designer**
承建者 **builder, contractor**
建筑师 **architect**

建筑材料 Building Materials

粘结材料 **cementing materials**
生石灰 **quicklime**
熟石灰 **slaked lime**
石灰膏(石灰乳) **lime putty**
生石膏 **gypsum (plaster stone)**
熟石膏 **plaster of Paris**
粉饰用石膏粉 **gypsum plaster**
水泥 **cement**
水泥标号 **strength of cement**
高标号水泥 **high-strength cement**
硅酸盐水泥(普通水泥) **portland cement**
快硬硅酸盐水泥(超级水泥) **accelerated portland cement (supercement)**
高铝水泥(矾土水泥) **high alumina cement**
膨胀水泥 **expansive cement**
钢渣水泥 **slag cement**
水泥灰浆 **cement mortar**
石灰灰浆 **lime mortar**
石膏灰浆 **gypsum lime mortar, gypsum mortar**
薄浆 **grout**
水泥砂浆 **cement grout**
灰泥 **plaster**
草筋灰 **chopped-straw reinforced lime mortar**
混凝土 **concrete**
粗骨料 **coarse aggregate**
细骨料 **fine aggregate**
掺合料(外加剂) **admixture**
水灰比 **water-cement ratio**
模板(模壳) **forms, formwork**
混凝土砌块 **concrete block**
钢筋混凝土 **reinforced concrete**
无节钢筋(光面钢筋) **plain bar reinforcement**
竹节钢筋① **deformed bar reinforcement, ribbed bar reinforcement**
钢丝网② **wire fabric**
预制混凝土元件 **precast concrete unit**
预应力混凝土 **prestressed concrete**

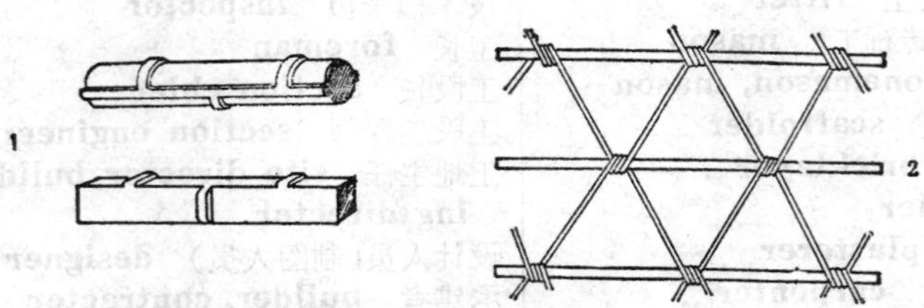

红砖 **red brick**
青砖 **blue brick, sewer brick**
墙面砖 **face brick**
瓷砖 **glazed brick, enamelled brick**
空心砖 **hollow tile, cavity tile**
多孔砖 **perforated brick**
阶砖 **floor tile**
花阶砖 **encaustic tile**
粉煤灰砖 **fly-ash brick**
灰沙砖 **sand lime brick**
土坯砖(泥砖) **adobe**
瓦 **roofing tile**
板瓦和筒瓦 **pan-and roll roofing tiles**
板瓦(平瓦) **plain tile**
凹瓦 **concave tile**
凸瓦 **convex tile**
搭接瓦 **shingle-lap tile**
瓦楞板 **corrugated sheet**
玻璃瓦 **glazed roofing tile, enamelled terra-cotta tile**
木料 **wood**
木材 **timber**
板材(制材) **sawn timber, (Am.) lumber**
松杉板材 **deal**
湿材(生材) **greenwood**
干燥木材 **seasoned wood**
压缩木材 **compressed wood, compression wood**
纤维板 **fibreboard, wallboard, composition board**
蔗渣纤维板 **celotex**
防腐材料 **anti-rot material**
绝缘材料 **insulating material**
装饰材料 **finishing material**
石料 **building stone**
花岗石 **granite**
片麻岩石 **gneiss**
大理石(云石) **marble**
白云石 **dolomite**
云母大理石 **cipolin(o)**
彩花石 **brocatello**
珍珠岩制品 **perlite products**
铺路石板 **flagstone**
石米水泥制成的铺地石 **granolith**
大卵石 **cobblestone**
小卵石 **pebble**
窗玻璃 **window glass**
磨沙玻璃 **frosted glass**
雕花玻璃 **cut glass**
彩花玻璃 **stained glass**
磨口玻璃 **ground glass**
双重保温玻璃 **thermopane**
吸热玻璃 **heat-absorbing glass, anti-actinic glass**
有机玻璃(塑料玻璃) **plexiglass, organic glass**
钢化玻璃 **toughened glass**
油毡 **asphalt felt**
沥青纸 **asphalt paper**
钢窗〔框〕 **steel casement**
油灰 **putty**
预制件 **precast member, precast element, prefab**
预制板件 **precast panel**
预制大面积轻型墙板 **curtain walling**

建筑机械和手工工具 Builder's Machinery and Hand Tools

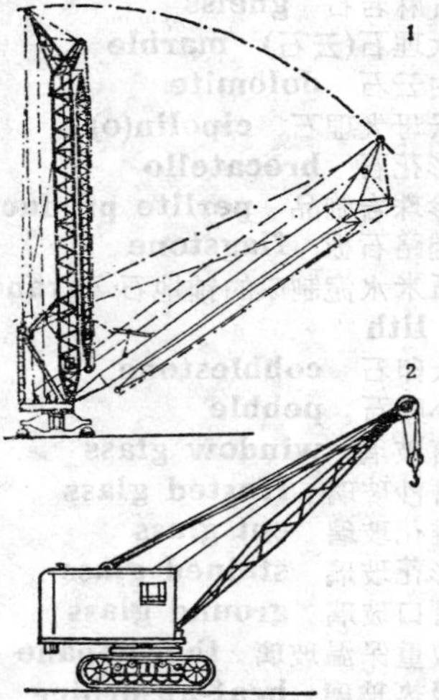

塔式吊杆起重机① **tower crane**
履带式起重机② **caterpillar crane**
旋臂起重机 **jib crane**
天顶吊车 **overhead crane**
万能吊车 **universal crane**
塔式吊架起重机 **tower hoist**
拖运吊架起重机 **mobile hoist**
手动滑车组 **hand pulley block**
桅杆起重机 **derrick**
电动螺旋起重机组 **power-driven screw-jack sets**
液压起重机组 **hydraulic jack sets**
喷枪 **spray gun**
气锤 **pneumatic hammer**
排除积水泵 **sump pump**
混凝土破碎机 **concrete breaker**
旋转式钻孔机 **rotary drill**
拖拉机式铲土机 **tractor shovel**
挖沟机 **trench excavator, trenching machine, trencher**
推土机 **bulldozer**
斜角推土机 **angledozer**
水力挖土机 **hydraulic excavator**
动力挖掘机 **power digger**
水力打孔机 **hydraulic thrust boring machine**
碎石和筛选联合作业车 **mobile stone crushing and screening plant**
冲击式碎土机 **impact grinder**
回转式碎石机 **gyratory crusher**
混凝土搅拌机 **concrete mixer**
混凝土浇注机 **concrete pouring machine**
按重量配料拌和机 **weigh batching mixer, weigh batcher**
打桩机 **pile-driver**
打桩机架 **pile-driver tower**
振动打桩机 **vibrating pile-driver**
砂浆拌和机 **mortar mixer**
车载砂浆拌和机 **truck-mounted mortar mixer**
沥青熔锅 **asphalt cauldron**
钢筋弯折机 **bending machine,**

angle-bender
钢筋调直机 **bar straightener**
钢筋剪切机 **bar cutter**
铲装车 **loading shovel**
底卸斗 **hopper**
混凝土载运车 **concrete cart, buggy**
水泥喷枪 **cement gun**
混凝土泵 **concrete pump**
滑模 **sliding form**
升模 **climbing form**
混凝土摊铺机 **concrete spreader**
振捣机 **vibrating tamper, vibrator**
开隧道机 **tunnelling machine**
脚手架 **scaffold**
工作便桥 **gantry**
梯凳 **stepladder**
梯子 **ladder**
伸缩梯 **extending ladder**
临时支架 **falsework**
拱架 **centres, centering**
基础支撑 **shoring of foundation**
吊斗 **ship**
架空运料索道 **aerial ropeway, (Am.) aerial tramway**
测锤 **plumb-bob**
钢尺 **steel tape**
粉线 **chalk line**
粉线盒 **chalk line case**
镘刀(泥刀，抹子) **trowel**
砌砖镘刀 **bricklayer's trowel**
抹灰镘刀 **plasterer's trowel (float)**
托灰板 **hawk**
砌砖手锤 **bricklayer's hammer**
灰沙斗 **hod**
水平仪 **level**
木锤 **mallet**
凿石锤 **mason's hammer**
铆钉锤 **riveting hammer**
灰浆槽 **mortar trough**
石灰池 **lime pit**
筛板 **screen**
混凝土推平耙 **come-along**
起钉钳 **nail puller**
手力剪铁刀 **hand iron-cutters, hand iron-shears**
木夯 **beetle**
油灰刀 **putty knife**

建筑工程 Construction Project

设计(制图) **designing**
草图 **preliminary drawing**
简图 **schematic drawing**
详图(大样图) **detail drawing**
立面图 **elevation**
平面图 **plan**
剖面图 **cross-section**
建筑透视图 **architectural perspective**
蓝图 **blueprint**
安全系数 **factor of safety**
工程造价 **construction cost**
单位造价 **unit price, unit cost**
担保期限 **guarantee period**
建筑许可证 **building permit**
施工进度计划 **program(me), schedule**
施工进度表 **progress chart**

施工总平面图 **layout of construction work**
依时竣工 **timely completion, keeping to program(me)**
误期 **delay**
最后验收 **final acceptance**
建筑声学 **architectural acoustics**
建筑力学 **architectural mechanics**
楼面面积 **floor space**
建筑面积 **building area**
建筑密度 **building density**
不合格 **below proof**
修复 **restoration**
整修 **refurbishment**
改建 **alteration**
扩建 **extension**
增建 **addition**
侧面伸建部分 **wing**
附加建筑物 **annex**
墙外附属建筑物 **appendage**
拆除〔钢架骨架结构〕 **unbuttoning**
退缩线 **receding line**
建筑工地 **construction site**
场地清除 **site clearing**
推平施工地址 **bulldozing of the site**
破土 **ground breaking**
奠基 **laying the foundation stone**
工地临时围板 **hoarding, boarding**
进出道 **access road**
轻便运输路 **pioneer road**
工地办事处 **building office**
材料库(贮料堆) **stock of materials (stock pile)**
废料场 **spoil area, waste area**
工地设备 **site facilities**
工地组织 **site organization**
工地轻便铁道 **field railway**
工地试验 **field test**
工地工作通知 **field work order**
现场校正图 **record drawing, as-built drawing**
施工详图 **working drawing**

房屋构造 Building Construction

基础 **foundation, substructure**
基脚(底脚) **footing**
桩基础 **pile foundation**
底岩 **bed-rock**
填成的地基 **made ground**
木桩 **wood pile, timber pile**
预制混凝土桩 **precast concrete pile**
现浇混凝土桩 **cast-in-place concrete pile**
灌浆 **grouting up**
防地震结构 **earthquake resistant structure**
挡土墙 **retaining wall**
地下室 **basement**
地下室墙 **basement wall**
骨架承重结构 **skeleton construction**
柱子 **column**
大梁 **girder**
拱 **arch**
拱座 **abutment**
斗拱 **bracket**

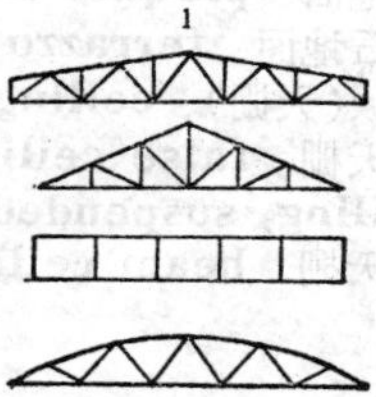

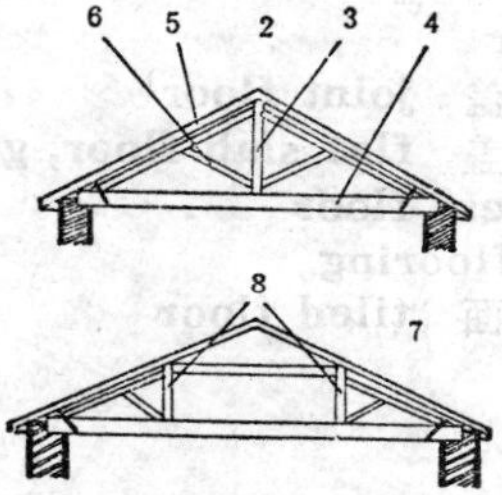

桁架① **truss**
单柱桁架(金字架)② **king post truss**
桁架中柱③ **king post**
系梁④ **tie-beam**
主椽⑤ **principal rafter**
支柱(斜撑)⑥ **strut**
双柱架⑦ **queen post truss**
双柱⑧ **queen posts**
承重墙 **bearing wall**
完幅隔火墙 **fire wall**
空心墙 **hollow wall**
墙体面板条层 **wall furring**
砌砖法 **brick bond**
露头砖(丁砖)⑨ **header**
露侧砖(顺砖)⑩ **stretcher**
露头半砖(假丁砖) **half header (false header)**
竖身丁砖⑪ **bull header**
竖身顺砖⑫ **bull stretcher**
立砌砖 **soldier**
屋角丁砖⑬ **quoin header**
装潢砌砖 **decorative bond**
涂泥篱笆墙 **wattle and daub**
夯土墙 **rammed earth wall**
半砖墙 **half-brick wall**
单砖墙 **one-brick wall, whole-brick wall**
一砖半墙 **brick-and-a-half wall, one-and-half brick wall**
砖层 **course of bricks**
盖顶砖层 **coping course, barge course**
毛粉饰(毛批荡) **stucco**
粗毛粉饰(石米粗砂批荡) **rough-cast**
水磨批荡(意大利批荡) **scagliola**
抹灰(批荡) **plastering, plaster-work**
两道抹灰工作 **two-coat work (render and set)**
刷石灰水 **whitewashing**
色粉涂饰 **distempering**
层压塑料墙板 **laminated plastics wall panel**
楼盖结构 **floor construction**

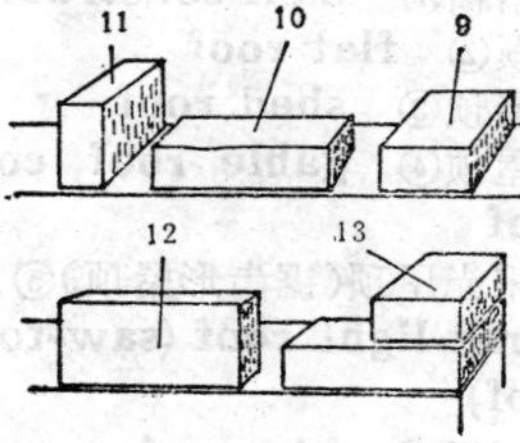

梁板结构楼盖 **beam-and-slab floor**
搁栅楼盖 **joint floor**
光板楼盖 **flat slab floor, girderless floor**
地板 **flooring**
阶砖地面 **tiled floor**
木板地面 **plank floor**
镶木地面 **parquet floor**
水磨石地面 **terrazzo floor**
天花板(天棚) **ceiling**
空心天棚 **false ceiling, drop ceiling, suspended ceiling**
露梁天棚 **beam ceiling**

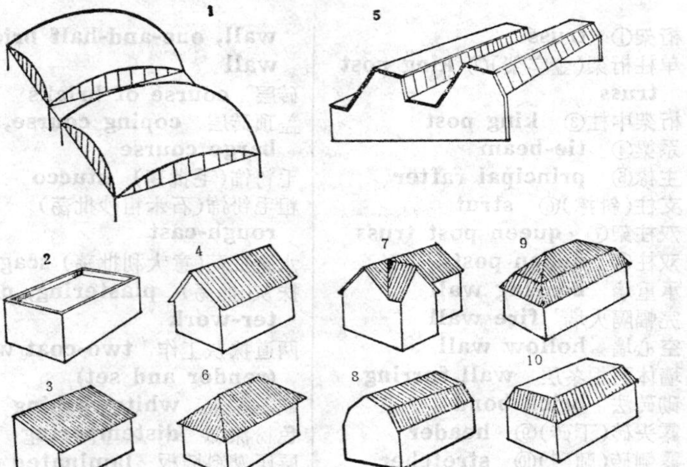

屋面结构 **roof construction**
薄壳结构① **shell construction**
平屋顶② **flat roof**
单坡屋顶③ **shed roof**
人字屋顶④ **gable roof, comb roof**
北窗采光屋顶(锯齿形屋顶)⑤ **north-light roof (saw-tooth roof)**
四坡屋顶⑥ **hip roof**
屋谷⑦ **valley**
斜折线形屋顶⑧ **gambrel roof**
复折形屋顶⑨ **mansard roof, curb roof**
平台四坡屋顶⑩ **deck roof**
曲线屋顶 **curved roof**
扇形屋顶 **ribbed roof**
拱形屋顶 **arched roof**
扇形穹顶 **fan vault**
大屋顶 **overhanging roof**

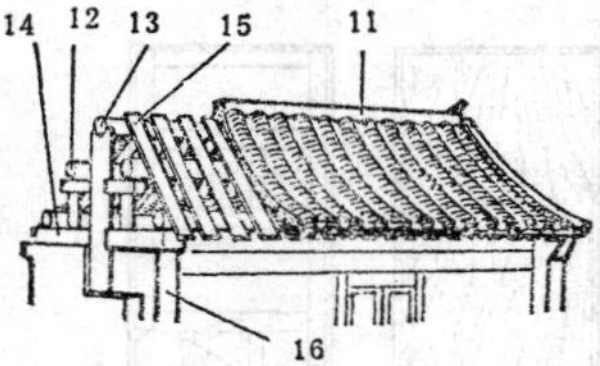

屋脊⑪ **ridge**
檩(桁)⑫ **purlin**
脊檩⑬ **ridgepole**
梁⑭ **beam**
椽子 **rafter**
角椽⑮ **angle rafter**
柱⑯ **column**
望板 **sheathing**
屋檐 **eaves**
飞檐 **upturned eaves**
雨水斗 **roof drain**
水落管 **downpipe, downsprout**
大沟(檐槽) **gutter**
屋顶采光塔楼 **clerestory**
屋顶小棚屋 **penthouse**
避雷针 **lightning conductor, lightning rod**
组合结构 **composite construction**
镶面结构 **veneered construction**
分件装运现场装配结构 **knocked down system of construction**
预制全面板装配结构 **large panel construction**
充气临时建筑 **inflatable building**
工业化建筑体系 **industrialized building system**

楼梯、窗、门 Stair, Window, Door

楼梯 **stairway**
一段梯级 **a flight of stairs**
两段梯级间平台 **landing**
楼梯栏杆 **stair railing, banisters**
梯级平板 **stair tread**
楼梯井 **stair well**
直上楼梯 **straight flight**
分叉楼梯 **bifurcated stair, double-return stair**
两边傍墙楼梯 **box stair, enclosed stair**
单边傍墙楼梯 **semihoused stair**
螺旋式楼梯 **spiral stair, winding staircase**
升降机(电梯) **lift, (Am.) elevator**
升降机井 **lift well, (Am.) elevator shaft**
升降机舱 **lift cabin**
运货电梯 **goods lift, (Am.) freight elevator**
自动扶梯 **escalator**
窗框 **window frame**
窗扇(窗扉) **sash, window pane**
窗台 **windowsill**
外推内拉(竖铰链)窗 **casement**
两重竖铰链窗 **double-casement window**
双层玻璃窗 **double-glazed window**
篷式窗(上撑窗) **awning window (top-hung window)**
旋转窗 **pivoted casement**
中旋窗 **centre-hung sash**

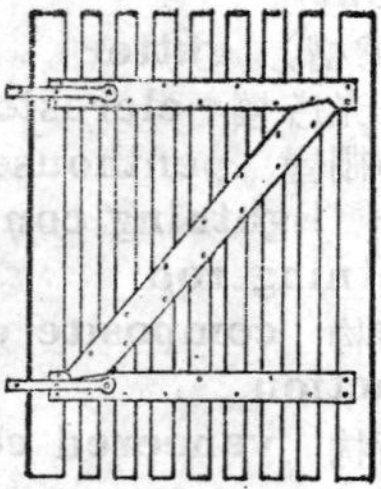

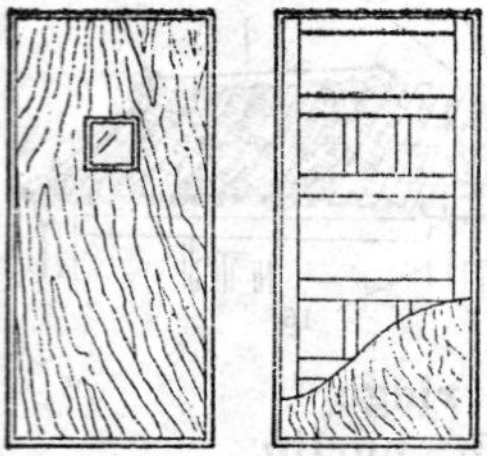

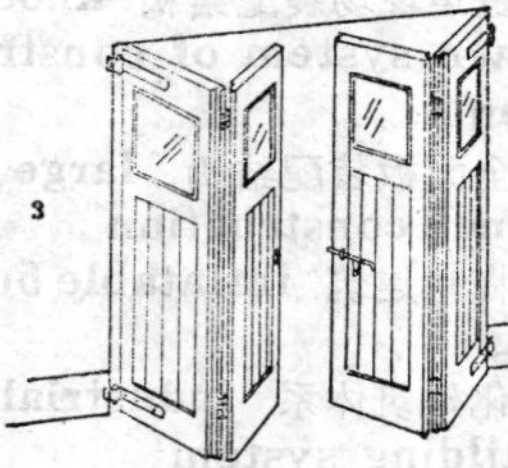

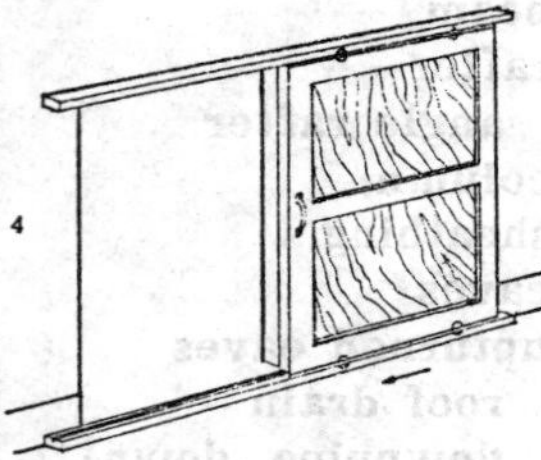

上下扯窗 double-hung window, sash window
内向仰开窗 hopper light, hopper casement
横推窗 sliding sash
楣窗(气窗) fanlight
天窗 skylight
地下室采光窗 vault light, pavement light
屋顶窗(老虎窗) dormer window, dormer
风景窗 picture window
百叶窗 blinds, shutters
纱窗 window screen
窗格玻璃 windowpane
窗插销 window bolt, casement fastener
旋钮闩 turn button
窗风撑 casement stay
法国式窗(落地长窗) French window
连排窗 ribbon windows, window band
彩花玻璃窗 stained-glass window
门过梁(门楣) door lintel
门框 doorcase, doorframe
门槛 threshold, doorsill
门扇 door
木栅门① batten door, ledged and braced door
拼板门 board-and-brace door
夹板门(镶面门)② flush door, hollow-core door
折门③ folding door, accordion door
单扇门 single door
双扇门 double door, two-leaf-

ed door
铰链门 hinged door
旋转门 revolving door
推拉门(滑动门)④ sliding door
弹簧门 swinging door
玻璃窗门 sash door
百叶门 shutter door
纱门 door screen
屋外围墙门(大门) gate
大门中的小门 wicket
楼板、屋顶上落梯口 hatch, hatchway
门阶 doorsteps
门台阶 stoop
门自动关闭器 door closer
门闩 bolt
门闩锁 latch
外门锁 vestibule latch, night lock
门扣 door catch
门上外窥孔 judas
铁栅门 iron gate
可折铁栅门 collapsible gate
装甲门 armoured door
横闩门 barred door

浴室、厨房、排水系统 Bathroom, Kitchen and Drainage System

供水 water supply
总水管 water main
用户水管 service pipe
龙头 tap, faucet
冷、热水供应 hot and cold running water
浴室 bathroom
浴盆 bathtub
淋浴喷头 shower nozzle
脸盆 washbasin
抽水马桶 lavatory bowl, water closet bowl
水箱 flush tank
化粪池 septic tank
厨房 kitchen
洗涤盆 rinsing sink
洗碗碟盆 ashing-up sink
煤气管开关 gas-tap, gas-cock
灶 kitchen range
烟囱 chimney, smokestack
煤气炉 gas cooker
煤气表 gas meter
水表 water meter
排水系统 drainage system
建筑物内排水管 building drain
屋内污水渠 domestic sewage
建筑物外排水管 building sewer
渗井 absorbing well
地面水集水井 inlet well
污水渗井 cesspool, cesspit
暗渠 concealed gutter
檐下雨水槽 eaves gutter, eaves trough
污气管 vent pipe

空气调节、隔音和照明 Airconditioning, Soundproofing and Lighting

通风过道 **breezeway**
通气管道(风道) **air duct**
地下室通风采光井 **areaway**
地下层通气防湿沟 **air drain**
空气调节机 **airconditioner**
送气系统 **plenum system**
送气风扇 **plenum fan**
间接供暖 **indirect heating**
集中供暖 **central heating**
供暖管 **caliduct**
暖气供暖系统 **warm air heating system**
热水供暖 **hot-water heating**
冷却装置 **cooling unit**
热空气供暖器 **hot-air heater**
蒸气散热器 **steam radiator**
室内恒温器 **room thermostat**
湿度调节器 **humidistat**
壁炉 **fireplace**
壁炉面饰 **mantelpiece, mantel shelf, chimney piece**
壁炉柴架 **andiron**
隔音构造 **sound-proof(ing) construction, acoustic construction**
吸音砖 **sound-proof tile**
吸音板 **sound-proof board**
吸音涂料 **anti-noise paint**
生活用电设施 **domestic electrical installation**
街道地下电缆 **street cable**
引入用户电缆 **service cable**
引入用户电线 **service line**
进线口 **service entrance**
穿墙套管 **wall bushing**
断路闸板 **circuit-breaker panel**
保险丝盒 **fuse-box**
电源插座 **outlet**
室内照明 **indoor lighting**
顶棚灯 **ceiling lamp**
吊灯 **pendant lamp**
顶棚照明槽 **ceiling lighting trough**
流明化顶棚 **luminated ceiling**
日光灯(光管) **fluorescent lamp, fluorescent tube**
壁灯 **wall lamp**
枝形灯架 **chandelier**
吊扇 **ceiling fan**

建筑物各部分 Parts of a Building

住宅 **house, residence, dwelling**
(房屋)正面 **facade**
门廊 **porch**
会客厅 **reception room**
起居室 **living-room**
饭厅 **dining-room**
卧室 **bedroom**
起居兼卧室 **living-bedroom**
书房 **study**
厨房 **kitchen**
厕所 **toilet, water closet, lavatory**
储藏室 **storeroom, lumber-room**
用具室 **utility room**
地下室(地窖) **cellar**
车房 **garage**
楼下 **ground floor, (Am.) first floor**
二楼 **first floor, (Am.) second floor**
楼上 **upstairs**
楼下 **downstairs**
阁楼 **attic, garret**
夹层楼 **mezzanine**
阳台 **balcony**
骑楼 **veranda(h), (Am.) porch, piazza**
骑楼底人行道(拱廊) **arcade**
柱廊 **colonnade**
(有排窗)廊道 **gallery**
过道 **passage, passageway**
走廊 **corridor**
院子 **courtyard**
围墙内空地 **grounds**
大院 **compound**
前院 **forecourt**
花园 **garden**
后院 **backyard**
花藤架(凉亭) **arbour, bower**
假石山 **rock-garden, rockery**
室外厕所 **privy, (Am.) outhouse**
小便处 **urinal**
公寓楼 **block of flats, (Am.) apartment house**
套间 **suite of rooms**
两房(三房)公寓间 **two-room (three-room) flat**
屋顶公寓间 **penthouse apartment**
公共建筑物 **public building**
门房 **gatehouse**
阶前路 **entry, entryway**
进门大厅 **entrance hall, foyer**
门厅 **vestibule**
访客候见厅 **anteroom, antechamber**
文娱室 **recreation room**
休息室 **lounge**
膳堂 **dining hall**
集体宿舍 **dormitory**
家属宿舍 **married quarters**
(公共场所的)小食亭 **refreshment pavilion**
天台花园 **roof-garden**
伞篷花园 **pavilion garden**
撑伞式天盖 **umbrella roof**

建筑物类型 Types of Building

多层楼房 **multistorey building**
三十三层大楼 **33 storey tower block**
六层以上高楼 **high-rise**
六层以下矮楼 **low-rise**
摩天楼 **skyscraper**
无电梯楼房 **walk-up**
平房 **single-storey building**
一幢两户住层 **two-family house, duplex house**
错层式房屋 **split-level house**
独立建筑 **free-standing building**
行列式房屋 **row houses**
城镇行列式两层住房 **town houses**
附建单坡屋 **lean-to**
侧翼建筑 **wing**
四合院 **quadrangle dwellings, courtyard dwellings**
四合院中的一幢房 **pavilion**
避暑别墅 **summer house**
别墅 **villa**
村舍 **cottage**
窑洞 **cave house**
风雨板屋(鱼鳞板屋) **clapboard house, weatherboard house**
夯土建筑 **rammed earth construction**
泥砖建筑 **adobe construction**
圆木建造的屋 **log cabin**
木板屋 **shack, shanty**
棚 **shed**
水上棚屋 **pile dwelling**
茅屋 **thatched house**
简陋小屋 **hut**
草泥屋 **cobwall hut**

建筑物名称 Names of Some Buildings

纪念堂 **memorial hall**
礼堂(会堂) **auditorlum (assembly hall)**
巍峨大厦 **edifice**
豪华第宅 **mansion**
宫 **palace**
殿 **hall, palace**
亭 **pavilion, kiosk**
台 **platform, stage**
阁 **pavilion (storeyed)**
牌楼 ***pailou,* archway**
纪念建筑物 **monument**
官邸 **official residence**
伊斯兰教堂(清真寺) **mosque**
寺庙 **temple**
修道院 **monastry**
教堂 **church**
大教堂 **cathedral**
城堡 **castle**
金字塔 **pyramid**
小方尖塔 **pyramidion**
塔 **tower**
教堂尖塔 **steeple**
佛塔 **pagoda**
舍利塔 **dagoba**
伊斯兰教堂的塔 **minaret**
钟楼 **bell tower, belfry**
角楼 **corner tower, turret**

照壁 **entrance screen**
公厕 **public lavatory, public conveniences, (Am.) comfort station**
殡仪馆 **funeral parlour**
火葬场 **crematorium**
陵墓 **mausoleum**
公墓 **cemetery**
衣冠冢 **cenotaph**

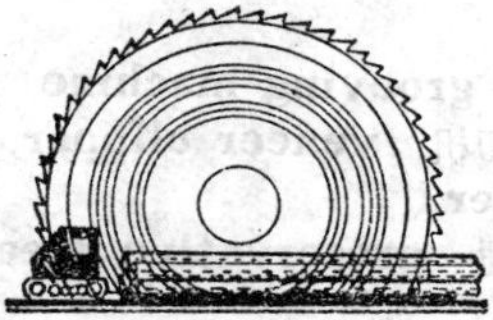

木材加工 Timber Processing

木 材 Timber

新伐木材 **green timber**
普通用材 **common timber**
高级用材 **select timber**
硬材(硬木) **hardwood**
轻材(含脂材) **lightwood**
原木 **log**
圆材 **round timber**
方材 **squared timber, square**
风干木材 **air-dried timber (AD)**
(按所需湿度)风干的木材 **air-seasoned timber (AS)**
已加工的木材 **worked timber**
规格板 **dimension board**
薄板(片木) **veneer**
层压板(胶合木) **plywood, laminated wood**
三夹板 **three-plywood**
合成树脂粘结层压板 **resin-bonded plywood**
隔热板(防火板) **insulating board**
绝缘纤维板 **masonite**
木丝板(刨花板) **wood-wool slab**
厚木板 **plank**
板条 **lath, batten, strip**
方木条(小方木) **rail**
木材性质 **qualities of timber**
坚实性 **hardness**
韧性(耐朽性) **toughness**
挠性 **flexibility**
翘曲 **warping**
收缩 **shrinkage**
木纹 **woodgrain**
缺陷 **defect**

心裂 **heartshake**
心腐 **heart rot**
风裂(环裂) **windshake**
星状裂 **starshake**
幅裂 **check**
干燥开裂 **season crack**
袋腐(朽包) **pocket rot**
湿朽 **wet rot**
粉蠹(木蠹虫) **powder post beetle**
白蚁 **termite, white ant**
船蛆(凿船贝) **shipworm**

制材和木工 Lumber Manufacture and Woodworking

锯木场(制材厂) **sawmill, lumber mill**
制材(锯制材) **lumber**
木材精加工 **wood finishing**
贮木场 **wood yard (bay)**
木工机械 **woodworking machinery**
木材运送链带 **bulb-chain**
剥皮机 **barking drum, barker**
铡柴机(碎木机) **hog, hogger**
带锯 **bandsaw machine**
圆锯 **circular saw machine, (Am.) buzz saw**
链锯 **chain saw**
木工车床(造型车床) **pattern maker's lathe**
木工铣床 **wood milling machine**
木工钻床 **wood boring machine**
木工刨床 **wood planing machine**
木工压刨床 **wood planer and thicknesser**
超光制刨床 **super surfacer**
压板机 **veneer press**
旋板机 **rotary veneer lathe**
制榫机 **tenoning machine**
榫眼机 **mortising machine**
开槽机 **grooving machine**
薄板剪切机 **veneer clipper, clipper**
防腐处理 **preservative treatment**
干燥处理 **seasoning**
蒸汽干燥 **steam seasoning**
热风干燥 **hot-air seasoning**
水养护 **water seasoning**
增加密度 **densifying**
化学压弯法 **chemical bending**
叠板压弯法 **laminated bending**
接合 **joint**
平接 **butt joint**
斜角接 **mitre joint**
嵌接 **scarf joint**
拼接(镶接) **splice**
半嵌接合(子口接合) **halved joint (ship lap)**
榫卯接合 **mortise and tenon joint, mortise joint**
榫眼 **mortise**
榫头 **tenon**
凹凸槽拼接 **tongue-and-groove joint**
鸠尾榫(马牙榫) **dovetail joint**
胶合 **glue joint**
动物胶 **animal glue**
骨胶 **bone glue**

皮胶 **hide glue**
乳胶 **emulsion**
填缝料 **crack filler**
油灰 **putty**
〔油漆前〕打粉底 **chalking**
紫胶(虫胶) **shellac (lac)**
清漆(光油) **varnish**
紫胶清漆 **shellac varnish**
油树脂清漆 **oleo-resinous varnish**
漆 **lacquer**
漆稀释剂("天拿水") **lacquer thinner, thinner**
木焦油(杂酚油) **creosote**
木糠 **sawdust**
木粉(木屑) **wood flour**
刨花(木丝) **wood wool**

木工工具 Woodworking Tools

1

2
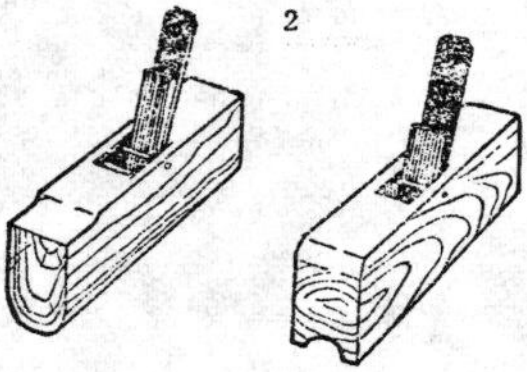

3
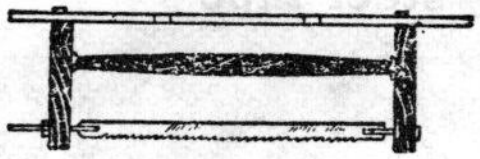

4

5
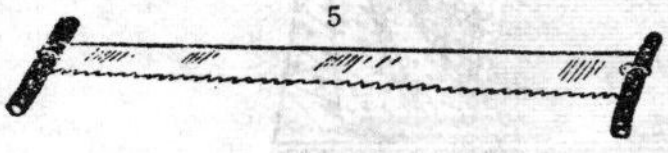

斧 **ax**
小斧 **hatchet**
横口斧 **adze**
手摇钻和钻头 **brace and bit**
木螺钻 **auger bit**
麻花钻 **twist drill**
弓转钻 **bow drill, fiddle drill**
平刨 **bench plane**
轴刨(弯刨)① **spokeshave plane**
槽刨 **rebate (rabbet) plane, fillister**
卡角刨(摩角刨)② **angle plane**
平口凿 **chisel**
圆口凿 **gouge**
榫眼凿 **mortise chisel, framing chisel**
角錾 **corner chisel**
木锉 **wood rasp**
三角锉 **triangle file**
架锯③ **framed saw**
双人大锯④ **two-man framed saw**
龙锯("过江龙")⑤ **two-handled saw**
拔钉锤 **claw hammer**

大榔头 **sledge hammer**
撬杆 **crowbar**
撬棍 **pinch bar**
拔钉撬棍 **wrecking bar**
钉头栓 **nail set**
老虎钳 **vise**
螺丝起子 **screwdriver**
锯齿磨 **handsaw sharpening tool**
油石 **oilstone**
砂纸 **sandpaper**
刮刀 **scraper**
折尺 **zigzag rule**
钢卷尺 **steel tape**
曲尺(角尺) **square**
活动曲尺 **bevel square**
圆规 **compasses**
分规 **dividers**
木工用水准仪 **carpenter's level**
划线规 **marking gauge**
准线 **guideline**
墨斗线 **carpenter's ink box and line**
木工铅笔 **carpenter's pencil**
排笔 **combination brush pen**
油漆刷 **paint brush**

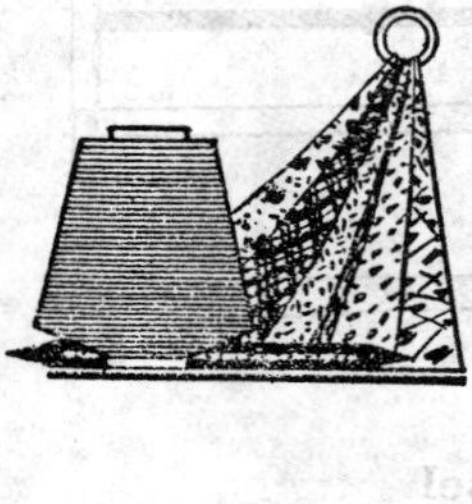

纺 织 Textiles

纺织工人 Textile Workers

落纱工 **doffer**
络筒工 **winder**
纺纱工 **spinner**
摇纱工 **reeler**
缫丝工 **silk reeler**
拈丝工 **throwster**
整经工 **warper**
穿经工 **enterer**
落布工 **cloth doffer**
挡车工 **operator**
漂白工 **bleacher**
染色工 **dyer**
印花工 **cloth-printing operative, printer**
配色工 **colourist**
保全工 **maintenance worker**

棉 纺 Cotton Spinning

清花 **blowing (opening)**
  原棉 **raw cotton**
  棉包 **cotton bale**
  锯齿棉 **saw-ginned cotton**
  皮辊棉 **roller-ginned cotton**
  开棉机 **opener**
  开清棉联合机 **blowing room machinery**
  棉箱给棉机 **hopper feeder**
  拆包机(抓棉机) **bale breaker**
  混棉 **mixing**
  自动混棉机① **automatic blender**
  清棉机 **scutcher**
  棉卷 **lap**
  滤尘器 **dust chamber**
  气流配棉器 **air-flow distributor**
梳棉 **carding**
  梳棉机② **carding machine, card**
  盖板梳棉机 **flat card**
  棉结 **nep**
  盖板(针帘)③ **flat**
  针布 **card clothing**
  圆筒(锡林)④ **cylinder**

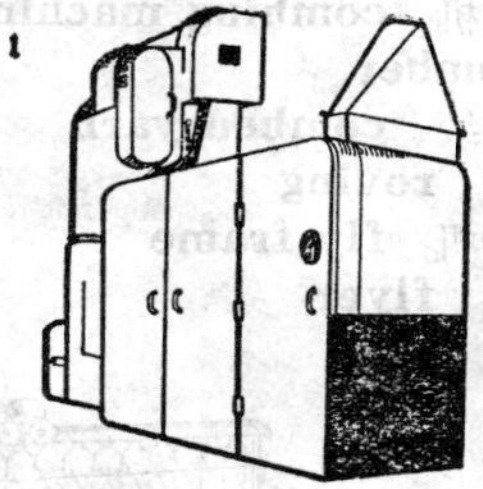

  小滚筒(道夫)⑤ **doffer**
  刺毛辊⑥ **taker-in**
  棉卷辊(罗拉)⑦ **lap roller**
  给棉辊(罗拉)⑧ **feed roller**
  棉卷均匀度仪 **lap evenness tester**
  棉条(梳条)⑨ **sliver**
  棉网 **cotton-fleece**
  棉条筒⑩ **sliver can**
  圈条器 **coiler**
  落棉 **droppings**
  回花 **cotton waste**
并条 **drawing**
  并条机 **drawing frame**
  紧压辊 **calender roller**
  皮辊 **leather roller**

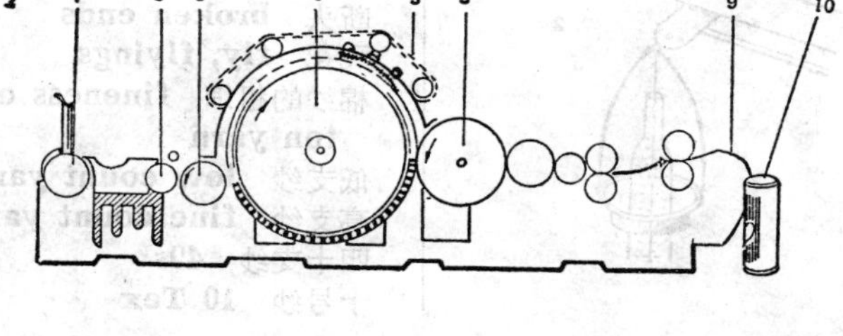

精梳 **combing**
条卷机 **sliver lap machine**
钳 **clamp**
精梳机 **combing machine, comber**
精梳纱 **combed yarn**
粗纺 **roving**
粗纱机 **fly frame**
锭翼 **flyer**
头道粗纱机 **slubbing frame**
弍道粗纱机 **intermediate frame**
三道粗纱机 **roving frame**
粗纱 **roving**
粗纱头 **roving waste**
纱架 **creel**
粗纱筒管 **roving bobbin**

1

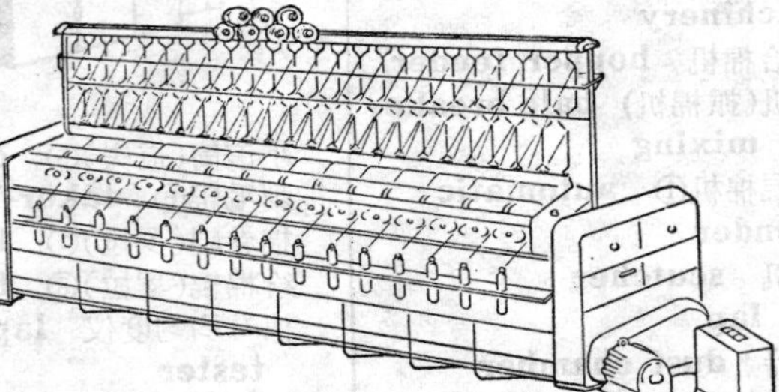

精纺 **spinning**
细纱机①(环锭纺纱机) **ring spinning frame**
纱锭② **spindle**
高速分离锭子 **high-speed separating spindle**
大(小)牵伸 **high (low) draft**
超大牵伸 **supper high draft**

2

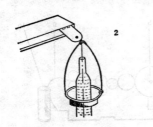

每分钟转数 **revolutions per minute (RPM)**
气流纺纱 **open-end spinning**
条子直接纺纱 **sliver-to-yarn spinning**
落纱机 **doffing machine**
棉纱(细纱) **cotton yarn**
短纤纱 **spun yarn**
接头数 **piece-ups**
断头率 **breakage**
断头 **broken ends**
飞花 **fly, flyings**
棉纱的粗细 **fineness of cotton yarn**
低支纱 **low count yarn**
高支纱 **fine count yarn**
四十支纱 **40s**
十号纱 **10 Tex**

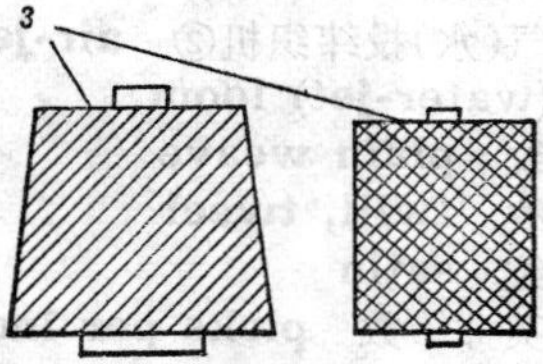

络纱 **winding**
络纱滚筒 **winding drum**
并纱机 **doubling winder**
拈线机 **twisting frame**
环锭拈线机 **ring doubling frame**
络纱机 **winding machine**
筒子纱③ **cheese**
宝塔筒子 **cone core**
自动络纱 **automatic winding**
摇纱 **reeling**
摇纱机 **reeling machine**
绞纱 **reeled yarn**
打包 **baling**
小包机 **bundling press**
液压打包机 **hydraulic baling press**

棉 织 Cotton Weaving

整经 **warping (beaming)**
经轴(织轴) **beam**
轴经整经机 **beamer**
整经筘(分纱筘) **spacing reed**
整经机 **warping machine**
分段整经机 **sectional warping machine**
浆纱 **sizing, slashing**
浆纱机④ **sizing machine**
浆槽⑤ **size box**
煮浆桶 **size boiling kettle**
调浆桶 **size mixing kettle**
齿轮输浆泵 **gear type size pump**
浆液循环装置 **size circular unit**
烘筒式浆纱机 **cylinder sizing machine**
热风式浆纱机 **hot air sizing machine**
轴经上浆 **beam warp sizing**
经纱上浆 **slashing sizing**

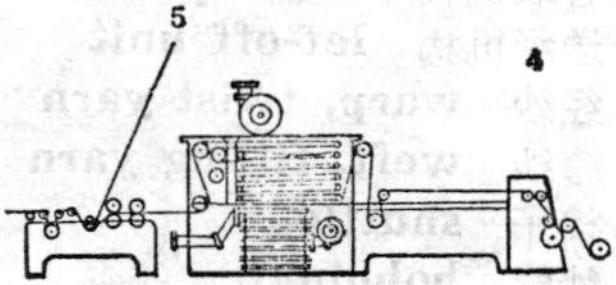

浆料助剂 **sizing agent**
上浆成份 **sizing ingredients**
上浆率 **sizing percentage**
化学浆料 **sizing chemicals**
合成浆料 **synthetic size**
淀粉〔浆〕 **starch**
穿经(穿筘) **drawing-in**
综框 **heald shaft**
综片 **heald**
钢筘 **reed, picker**
停经片 **dropper**
穿筘架 **drawing-in frame**

1

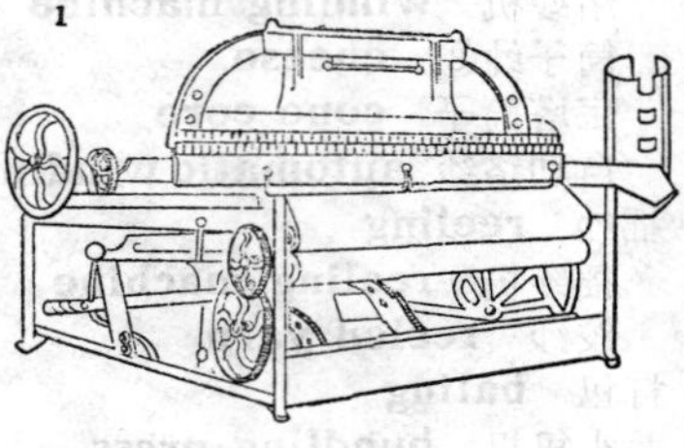

织布 weaving
织机 loom
自动织机① automatic loom
开口机构 shedding unit
投梭机构 picking unit
打纬机构 beating-up unit
卷取机构 take-up unit
送经机构 let-off unit
经纱 warp, twist yarn
纬纱 weft, filling yarn
梭子 shuttle
纱管 bobbin
纬管(纡管) pirn
自动换纬 automatic pirn change
换梭箱 shuttle change box
自动卷纬机 automatic pirn winder
光电提花织机 photo-electric jacquard loom
提花织造花板 pattern card
踏盘织机 tappet loom
多臂织机 dobby loom
无梭织机 shuttleless loom
剑杆织机 rapier loom
多梭箱织机 multiple box loom
喷气(水)投纬织机② air-jet (water-jet) loom
平纹 plain weave
斜纹 twill, tweel
缎纹 satin
每英寸纬数 picks per inch
每英寸经数 ends per inch
坯布幅宽 width of grey cloth
成品幅宽 width of finished cloth
布边 selvage
验布机③ cloth inspecting machine

2

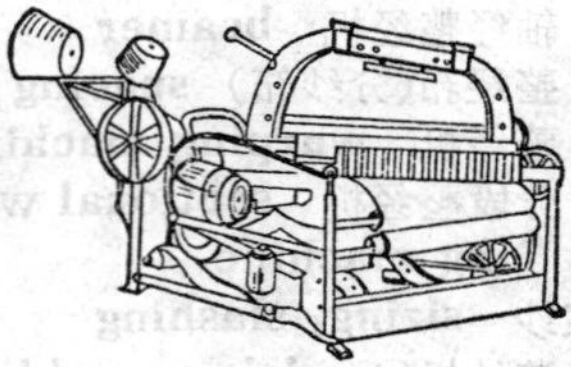

3

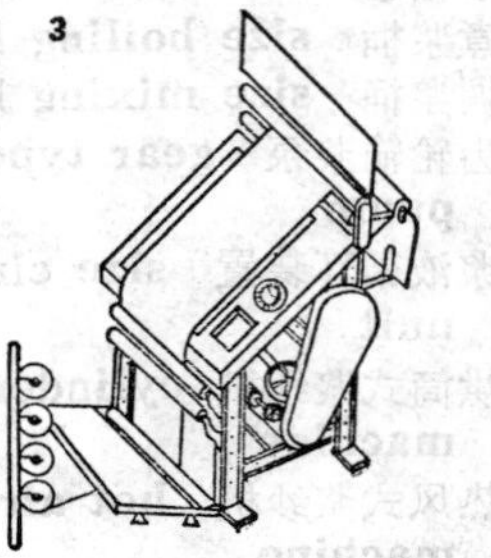

印 染 Printing and Dyeing

织物的预处理 **pre-treatment of fabric**
- 准备 **preparation**
- 烧毛 **singeing**
- 退浆 **desizing**
- 煮布锅 **kier**
- 丝光机 **mercerizing machine**
- 水洗 **rinsing**
- 洗布机 **cloth washing machine**
- 漂白 **bleaching**
- 脱水机 **hydroextractor**
- J形箱 **J-box**

印花 **printing**
- 印花机 **printing machine**
- 套色印花 **multicolour printing**
- 防染印花 **reserve printing, resist printing**
- 滚筒绢网印花 **rotary screen printing**
- 双面绢面印花 **duplex screen printing**
- 平板印花 **plate printing**
- 拔染印花 **discharge printing**
- 辊筒印花 **calender printing**
- 彩色印花 **colour printing**
- 静电印花 **electrostatic printing**

染色 **dyeing**
- 染色间 **dye-house**
- 分批染色 **batch dyeing**
- 染色样本 **pattern card**
- 绳状染色机 **winch dyeing machine**
- 开幅卷染 **jig dyeing**
- 绞纱染色 **hank dyeing**
- 脉动染色 **pulsator dyeing**
- 喷射染色 **jet dyeing**
- 匹染 **piece dyeing**
- 间格染色 **space dyeing**
- 单色(本色) **self shade**
- 交染 **cross dyeing**
- 印染一步法 **printing and dyeing in a single process**
- 荧光增白剂 **fluorescent brightening agent, fluorescer**
- 染色亲和力 **dyeing affinity**
- 吸色率(上染率) **dye-uptake**
- 色泽坚牢度 **fastness to colour**
- 耐洗坚牢度 **fastness to washing**
- 耐白光坚牢度 **fastness to light**
- 耐汗渍坚牢度 **fastness to perspiration**
- 耐摩擦坚牢度 **fastness to rubbing**
- 耐烟气坚牢度 **fastness to fumes**
- 褪色 **fading**
- 渗色 **bleeding**
- 比色法 **colorimetric method**
- 色彩(色调) **hue**
- 色泽 **shade**
- 颜料 **pigment**

染料 **dyestuff**
- 天然染料 **natural dye**
- 靛蓝 **indigo**

姜黄素 **turmeric**
茜素 **alizarin**
胭脂红 **carmine**
合成染料 **synthetic dye**
直接染料 **direct dye**
酸性染料 **acid dye**
碱性染料 **basic dye**
硫化染料 **sulphur dye**
还原染料 **vat dye**
冰染染料 **glacial dye**
活性染料 **reactive dye**
分散性染料 **disperse dye**
媒染染料 **polygenetic dye**

织物后整理 After-Treatment of Fabrics

干热定形 **dry-heat set**
汽蒸定形 **steam set**
永久定形 **permanent set**
退光 **delustring**
干整理 **dry finishing**
圆筒干燥机 **cylinder drier**
悬挂式干燥机 **festoon drier**
拉幅机 **tenter frame,stenter**
轧光整理 **calender finish**
蒸气轧光机 **steam calender**
轧花(拷花，压花) **embossing**
轧花辊 **embossing roller**
起绒(拉绒) **raising**
刮布 **shearing**
刷布机 **cloth brushing machine**
打褶机 **pleating machine**
码布机 **folding machine**
卷布机 **cloth rewinder**
堆布机 **piling machine**
化学处理 **chemical finishing**
树脂整理 **resination,resin finishing**
防皱整理 **crease-resist finishing**
耐久压烫整理 **permanent pleating**
拒水整理 **water repellent finishing**
“洗可穿” **“wash and wear”**
防水整理 **waterproof treatment**
防蛀整理 **anti-moth treatment**
阻燃整理 **flame-proof treatment**
防污整理 **anti-soiling finishing**
防静电整理 **anti-static finishing**
防起毛整理 **anti-napping finishing**
防起球整理 **anti-pilling finishing**
防熔整理 **anti-fusing finishing**
试验 **testing**
原棉分析机 **raw cotton analyser**
梳片式长度分析仪 **comb-type fibre length sorter**
束纤维强力机 **fibre tuft strength tester**
纤维切断器 **staple fibre cutter**
棉卷均匀度仪 **lap evenness tester**
条子粗纱测长器 **sliver and**

roving length sampler
拈度试验机 twist tester
纱线拈度机 yarn twist counter
单纱强力机 single strand tester
绞纱强力试验机 hank yarn strength tester
纤维杂质分离机 fibre and impurity analyser
纱线均匀度检查器(摇黑板器) yarn evenness tester
电感测湿仪 induction moisture meter for textiles
绞纱圈长测长器 hank circumference measuring apparatus
八篮恒温烘箱 8-basket conditioning oven
气候牢度试验 weathering test
织物磨损试验机 cloth wear testing machine

丝 织 Silk

缫丝厂 reeling mill
选茧车间 cocoon sorting workshop
开茧 cocoon opening
茧衣 cocoon's outer floss
双宫茧 doupion, cocoon double
薄皮茧 cocoon foible
煮茧车间 cocoon cooking workshop
膨化天然丝胶 natural gum softening
天然丝胶 sericin
缫丝车间 reeling workshop
缫丝机 reeling machine,filature
索绪机 cocoon beater,grouping end machine
理绪 cocoon picking
给茧装置 cocoon supplier
落绪 dropping end
出丝率 silk yielding
生丝 raw silk
熟丝 degummed silk,scoured silk
缫丝锅 reeler's trough
解舒 reeling quality
缫丝下脚 reeling waste
添绪 end feeding
绞丝 skein
但尼尔(简称"旦") denier (den.or d.)
复摇机(扬返机) hank reeling machine
绞纱烘燥机 hank drier
切断检验 winding test
脱胶 degumming
脱胶剂(练丝液) degumming agent
丝素 fibroin
洗涤 scouring process
绢纺(丝纺) silk spinning
绢丝 spun silk
绢纺工艺 schappe spinning
绢纺厂 waste silk spinning mill

精梳绢丝 **schappe silk**
绢绸 **schappe voile**
柞蚕绢丝 **spun tussah yarn**
加拈丝线 **thrown silk**
并丝机 **doubling winder**
丝绒(天鹅绒) **velour**
丝棉 **floss silk**
绉织物 **crepe**
双面缎纹织物 **double faced satin**

麻 织 Linen

韧皮纤维 **bast fibre**
亚麻 **flax**
黄麻 **jute**
大麻 **hemp**
苎麻 **ramie**
剑麻(波罗麻) **sisal**
亚麻短纤维(短麻屑) **tow**
麻纺织机器 **linen textile machinery**
剥纤维机 **fibre extracting machine**
打麻机 **scutcher**
梳麻机 **carding machine**
链式粗梳机 **chain bar spreader**
链式并条机 **chain bar drawing frame**
亚麻精纺机 **flax spinning frame**
湿纺机 **wet frame**
半干精纺机 **half-dry spinning frame**
半干纺亚麻纱 **half-dry spun flax yarn**
亚麻纱 **linen yarn**
黄麻纱 **jute yarn**
苎麻纱 **ramie yarn**
亚麻织机 **linen loom**

毛 织 Woollens

粗梳毛纺厂 **woollen mill**
羊毛 **wool**
原毛 **raw wool**
死毛(抢毛) **kemp**
中国羊毛 **Chinese wool**
中国羔羊毛 **China lamb's wool**
海宁羊毛 **Haining wool**
西宁羊毛 **Xining wool**
安哥拉山羊毛(马海毛) **mohair**
开士米羊绒 **cashmere**
硬再生毛(短弹毛) **mungo**
轻再生毛(长弹毛) **shoddy**
剪毛 **wool shearing**
洗毛 **wool washing, scouring**
混毛 **wool mixing**
梳毛 **carding**
选毛 **wool sorting**
毛织机 **woollen loom**
缩呢机 **felting machine**
钢丝起绒机 **card raising machine**
剪毛机 **cropping machine**
开毛机 **wool opener**
蒸呢机 **decatizing machine**

洗涤机 **rinsing machine**
(毛条)复洗 **backwashing**
热风烘燥机 **hot-air drier**
粗梳毛纱 **woollen yarn**
精梳毛纱 **worsted yarn**
粗梳毛纺织物 **woollen**
精纺毛织物 **worsted**

针 织 Knitting

针织厂 **knitting mill**
针织机 **knitting machine**
经编机 **warp knitting machine**
经编整经机 **tricot warper**
纬编 **weft knitting**
圆形针织机 **circular knitting machine**
平机(横机) **flat knitting machine**
大罗纹机① **rib machine**
棉毛机(双面机) **interlock knitting machine**
自动织袜机 **automatic hosiery machine**
缝袜头机 **lockstitch looper**
袜子定形机 **hose setting machine**
三色电子羊毛衫提花机 **tricolour electric woollen jacquard knitting machine**
光控手套自动机 **photo-electric automatic glove knitting machine**
积极式喂纱 **active knitting feed**
定形机 **boarding machine**
圆形针织物 **circular web**
针织绒布 **double plush**
电子针织机 **electronic knitting machine**

1

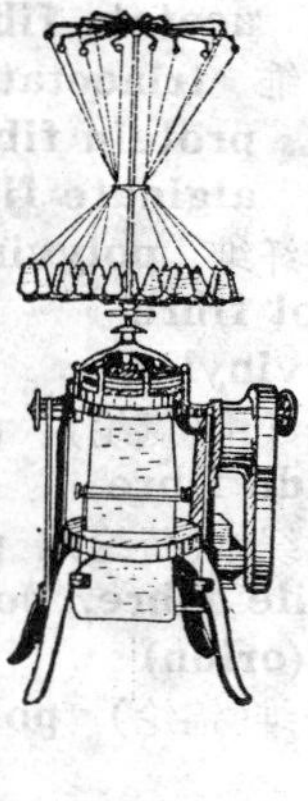

脱套自停装置 **press-off detector**
经编衬纬 **warp knitting with weft insertion**
经编针织物 **warp-knitted fabric**
纬编针织物 **weft-knitted fabric**

化 纤 Chemical Fibres

人造纤维 **man-made fibre, artificial fibre**
合成纤维 **synthetic fibre**
纤维素纤维 **cellulose fibre**
粘胶人造纤维 **viscose rayon fibre**
粘胶短纤维 **viscose staple fibre**
高湿模量纤维 **high wet-modulus fibre**
醋酯纤维 **acetate fibre**
三醋酯纤维 **triacetate fibre**
蛋白纤维 **protein fibre**
海藻纤维 **alginate fibre**
聚乙烯醇纤维 **polyvinyl alcohol fibre**
维尼纶 **vinylon**
聚氯乙烯纤维(氯纶) **polyvinyl chloride fibre**
聚丙烯腈纤维(腈纶) **polyacrylonitrile fibre, polyacrylic fibre (orlon)**
聚酰铵纤维(锦纶) **polyamide fibre**
耐纶(尼龙) **nylon**
聚酯纤维 **poly-ster fibre**
涤纶("的确良") **dacron**
聚丙烯纤维(丙纶) **polypropylene fibre**
长丝 **filament**
人造短纤维 **staple fibre**
无光人造丝 **delustred rayon yarn**
纺液染色(纺前染色)纱线 **solution-dyed yarn**
单根长丝(单纤维丝) **monofilament**
复丝(多纤维) **multifilament**
弹性织物 **elastic fabric**
弹力耐纶(弹力尼龙) **elastic nylon**
膨体纱 **bulk yarn**
干纺 **dry spinning**
湿纺 **wet spinning**
熔融纺丝 **melt spinning**
树脂切片 **resin flake**
真空干燥 **vacuum drying**
螺杆挤压机 **screw-extruder**
纺丝机 **spinning machine**
联苯箱 **biphenyl box**
纺丝泵 **spinning pump**
喷丝头 **spinneret (nozzle)**
绕丝机 **take-up machine**
浸渍 **dip**
压榨 **pressing**
磨碎 **grinding**
老化(老成) **ageing**
黄化 **xanthating**
过滤 **filtration**
压滤机 **filter press**
脱泡〔作用〕 **de-aeration**
凝固浴(纺丝浴) **coagulating bath**
上油 **oiling**
卷曲 **crimping**
卷曲机 **crimping machine**
纺丝溶液 **spinning solution**
缩聚作用 **polycondensation**
纤维物理性能 **physical properties of fibre**
强力(强度) **strength**
打节强度 **knot strength**

圈结强度 **loop strength**
伸长 **elongation**
弹性 **elasticity**
含水量 **moisture content**
公定回潮率 **official regain**
卷曲数 **number of crimps**
卷曲率 **percentage of crimp**
残余卷曲率 **residual crimp percentage**
收缩率 **shrinkage percentage**
防水性 **waterproofing property**
防皱性 **resistance to creasing**
防霉性 **mould resistance**
防蛀性 **resistance to insects**
耐晒性 **resistance to sunlight**
耐磨(耐穿)性 **resistance to wear**

橡 胶 Rubber

炼 胶 Rubber Processing

胶乳 **latex**
凝胶 **coagulum**
生胶 **crude rubber**
生胶块 **rubber block, rubber biscuit**
生胶片 **sheet rubber**
烟胶片 **smoked sheet (SS)**
风干胶片 **air-dried sheet (ADS)**
皱胶片 **crepe**
白皱片 **pale crepe**
软化 **softening, maceration**
热水缸 **vat containing hot water**
洗涤 **cleaning, washing**
洗涤机 **washing machine**

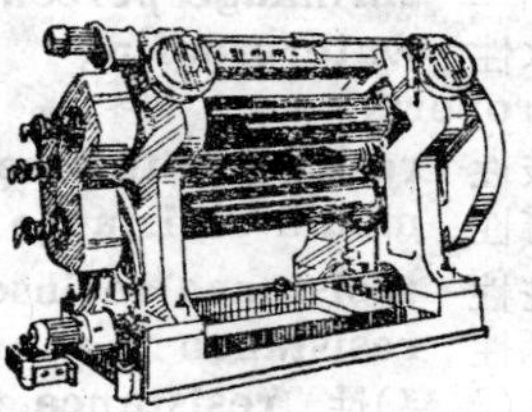

1

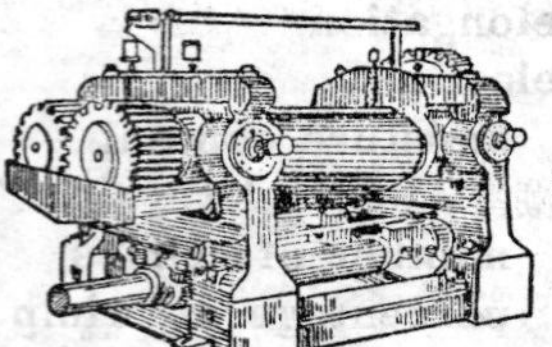

2

槽纹辊洗涤机 **corrugated (grooved) roll washing machine**
烘干 **drying**
真空烘干机 **vacuum drier**
烘胶房 **drying loft, hot box**
切胶机 **cutting machine, cutter**
破胶机 **breakdown mill**
粗碎机 **grinding mill**
加入配料 **adding ingredients**
开炼(混炼) **mixing, compounding**
开炼机 **stock blender (mixer)**
压延 **calendering**
三辊压延机① **three-roll calender**
压出机 **extruder**
混炼压出机 **compounder-extruder**
辗胶机 **rolling mill**
塑炼机 **plasticator**
压皱片机 **crêping machine**
切片机 **slicing machine, slicer**
精炼机 **refining mill**
硫化 **vulcanizing**
半硫化 **set cure**
硫化罐 **vulcanizer**
硫化橡胶(熟胶) **vulcanized rubber**
塑炼(捏炼) **kneading**
蜗杆塑炼机 **worm kneading machine**
开放式塑炼机 **open roll mill**
密闭式塑炼机② **closed roll mill**
成形机 **make-up machine**
压出 **extrusion**
蜗杆压出机 **worm (screw) extruder**
带滤网的压出机 **screw cleaning machine**
涂胶机 **rubber coating machine**
轮胎翻新硫化机 **tyre reconditioning vulcanizer**

炼胶配料 Ingredients Used in Rubber Processing

乳化剂 **emulsifying agent, emulsifier**
熟化剂 **curing agent**
凝聚剂 **coagulant**
脱水剂 **dehydrating agent**
硫化剂 **vulcanizing agent**
软化剂 **softening agent, macerating agent**

防老化剂 **antioxidant; age-resisting agent**
催化剂 **catalyst**
活性剂 **activating agent, activator**
增塑剂 **plasticizing agent, plasticizer**
塑解剂 **peptizing agent, peptizer**
发泡剂 **blowing agent, aerating powder**
助发泡剂 **blowing promotor**
还原剂 **reducing agent**
防日光老化剂 **sun-screening material**
着色剂(颜料) **colouring agent, pigment**
融合剂 **fluxing agent**
香豆酮(古马隆) **coumarone**
湿润剂 **humectant**
补强剂 **reinforcing agent**
酚类防老剂 **phenolic antioxidant**
芳香剂(除臭剂) **odorant, odor control agent**
油剂 **oiling agent**
芳族烃油 **aromatic hydrocarbon oil**
高芳族油 **highly aromatic oil**
环烷油 **naphthenic oil**
锌钡白(立德粉) **lithopone, crypton**
炭黑 **carbon black**
白炭黑(二氧化硅) **silica white (silicon dioxide)**
添加填充剂(吃粉) **absorb fillers**
滑石粉 **talc**
填料 **filling material, filler**

橡胶种类 Types of Rubber

天然橡胶 **natural rubber**
巴拉橡胶 **para rubber**
接枝橡胶 **graft rubber**
泡沫胶 **foam rubber**
海绵胶 **sponge rubber**
恒粘度门尼橡胶 **constant Mooney rubber**
抑制结晶橡胶 **crystallization-inhibited rubber**
除蛋白橡胶 **deproteinized rubber**
再生胶 **reclaimed rubber (reclaim)**
超级橡胶 **super rubber**
海南橡胶 **Hainan rubber**
巴拉塔胶 **balata**
杜仲胶(古塔波胶) **gutta-percha**
节路顿胶 **gutta-jelutong**
合成橡胶 **synthetic rubber**
氯丁橡胶 **chlorobutadiene rubber**
异丁烯橡胶 **isobutene rubber**
丁腈橡胶 **acrylonitrile butadiene rubber**
顺丁橡胶 **cis-butadiene rubber**
乙丙烯橡胶 **ethylene-propylene rubber**
硅橡胶 **silicone rubber**
氟橡胶 **fluorine rubber**
异戊橡胶 **isoprene rubber**
丁基橡胶 **butadiene rubber**

丁苯橡胶 **styrene butadiene rubber**
丁钠橡胶 **sodium rubber**
丁锂橡胶 **lithium polybutadiene rubber**
高顺式聚异戊二烯橡胶 **cis-rich polyisoprene rubber**
高顺式聚丁二烯橡胶 **cis-rich polybutadiene rubber**
聚硫橡胶 **polysulphide rubber**
聚丙烯酸酯橡胶 **polyacrylate (polyacrylic) rubber**
聚氨酯橡胶 **polyurethane rubber**
聚硅氧烷橡胶 **polysiloxane rubber**
氟硅橡胶 **fluorinated silicone rubber**
聚炭弹性体 **fluorocarbon elastomer**
环化橡胶 **cyclic (cyclized) rubber**
无环弹性体 **acyclic elastomer**
油充橡胶 **oil-extended rubber**
油软化橡胶 **oil-softened rubber**
耐滑橡胶 **high hysteresis rubber**

橡胶性能 Properties of Rubber

粘弹性能 **viscoelasticity, viscoelastic properties**
　粘弹计 **viscoelastometer**
粘度 **viscosity**
　粘度计 **viscosimeter, viscometer**
回弹性 **elastic resilience**
　弹性计 **elastometer, resiliometer**
抗张性能 **tensile properties**
　抗张强力试验机 **tensile testing machine**
　张力计 **tensi(o)meter, tension gauge**
可塑性 **plasticity**
　(门尼)可塑计 **(Mooney) plastometer**
屈挠性 **flexibility**
　屈挠试验计 **flexometer**
　硬度计 **durometer**
　硫化仪 **vulkameter**
耐候性 **resistance to weathering**
耐药品性 **resistance to chemical reagents**
耐压强度 **resistance to compression**
耐龟裂性 **resistance to cracking**
抗破裂强度 **resistance to rupture**

塑 料 Plastics

塑料的拼份 Ingredients of Plastics

石油 **petroleum**
天然气 **natural gas**
液化石油气 **liquefied petroleum gas**
炼油厂气 **refinery gas**
煤油 **kerosene**
粗汽油 **crude gasolene**
气态烃 **gaseous hydrocarbon**
液态烃 **liquid hydrocarbon**
固态烃 **solid hydrocarbon**
脂族烃 **aliphatic hydrocarbon**
链烷 **alkane**
丁烷 **butane**
链烯 **alkene (olefin)**
乙烯 **ethylene**
丙烯 **propylene**
丁烯 **butylene (butene)**
炔 **alkyne**
乙炔 **acetylene**
芳族烃 **aromatic hydrocarbon**
苯 **benzene (benzol)**
甲苯 **toluene**
二甲苯 **xylene**
聚合烃 **polymeric hydrocarbon**
合成树脂 **synthetic resin**
高分子化合物 **high molecular compound**
单体 **monomer**
聚合物（聚合体） **polymer**
高聚物 **high polymer**
均聚物 **homopolymer**
共聚物 **copolymer**
等规聚合物 **isotactic polymer**
线型聚合物 **linear polymer**
网状聚合物 **network polymer**
配料 **compounding ingredients**
增塑剂 **plasticizer**
稳定剂 **stabilizer**
润滑剂 **lubricant**
发泡剂 **foaming agent**
填料（填充剂） **filler**
有机填料 **organic filler**
无机填料 **inorganic filler**
硬化剂 **hardening agent**
固化剂 **curing agent**
着色剂（颜料） **dye, pigment**

制造方法和工艺 Manufacture Methods and Technology

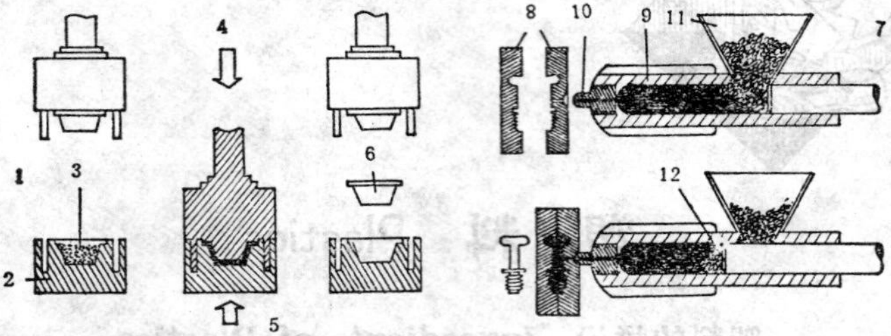

加成聚合 **addition polymerization, polyaddition**

游离基聚合 **free radical polymerization**

阳离子催化聚合 **cationic polymerization**

阴离子催化聚合 **anionic polymerization**

定向聚合 **oriented polymerization**

缩合聚合(缩聚) **condensation polymerization**

环化聚合 **cyclopolymerization**

聚合方法 **method of polymerization**

本体聚合〔法〕 **mass polymerization**

溶液聚合〔法〕 **solvent (solution) polymerization**

悬浮聚合〔法〕 **suspension polymerization**

乳液聚合〔法〕 **emulsion polymerization**

固定床聚合〔法〕 **fixed bed polymerization**

流化床(沸腾床)聚合〔法〕 **fluidized bed polymerization**

加工方法 **technological process**

模制(模塑) **moulding**

模压法① **compression moulding**

压缩塑模② **compression mould**

酚醛塑料粉③ **phenolplast powder**

加压④ **pressing**

加热⑤ **heating**

制成品⑥ **finished product**

注模法⑦ **injection moulding**

注射塑模⑧ **injection mould**

注模机⑨ **injector**

注射喷嘴⑩ **injecting nozzle**

加料仓⑪ **stock bunker**

活塞⑫ **piston**

挤出(挤压) **extrusion**

吹塑模制 **blow moulding**

真空成形 **vacuum forming**

冷塑 **cold moulding**

板材冲压 **flat sheet punching**

压延 **calendering**

涂覆 **coating**
离心(旋转)浇注成形 **centrifugal (rotational) casting**
发泡 **foaming**
脱模 **knockout, ejection**

塑料种类 Varieties of Plastics

热固性塑料 **thermosetting plastics**
酚醛塑料(电木) **phenolplastics (bakelite)**
热塑性塑料 **thermoplastic plastics**
聚氯乙烯 **polyvinyl chloride (PVC)**
聚合树脂 **polymerization resin**
缩聚树脂 **condensation resin**
常用塑料 **general purpose plastics**
工程塑料 **engineering plastics**
改性塑料 **modified plastics**
软质塑料 **flexible plastics**
硬质塑料 **rigid plastics**
泡沫塑料 **foam(ed) plastics**
聚〔二〕苯醚塑料 **polydiphenyl ether plastics**
聚酰胺塑料 **polyamide plastics**
聚酰胺—1010 **polyamide-1010**
环氧树脂 **epoxide(epoxy) resin**
硝化纤维素塑料 **nitrocellulose plastics**
丙烯酸塑料 **acrylic plastics**
等规聚合物塑料 **isotactic polymer plastics**
乙烯类塑料 **vinyl group of plastics**
聚醛树脂 **aldehyde resin**
聚异丁烯塑料 **polyisobutylene plastics**
聚乙烯 **polyethylene (polythene)**
聚乙烯甲基醚塑料 **polyvinyl methyl ether plastics**
全卤塑料 **perhalogenated (perhalogeno-) plastics**
聚乙烯咔唑 **polyvinyl carbazole**
聚炭酸酯塑料 **polycarbonate plastics**
聚氨酯塑料 **polyurethane plastics**
丙酮树脂 **acetone resin**
氨树脂 **amino resin**
甲酚树脂 **cresol resin**
乙氧基醋酸树脂 **ethoxyline resin**
呋喃树脂 **furan resin**
糠醛树脂 **furfural resin**
聚乙烯亚胺树脂 **polyethylene imine resins**
可熔酚醛树脂 **resol resin**
硅酮树脂 **silicone resin**
磺酰胺树脂 **sulphamide resin**
二甲苯酚树脂 **xylenol resin**
香豆酮树脂 **coumarone resin**

塑料性能 Properties of Plastics

抗霉性 **resistance to mildew**
介电强度 **dielectric strength**
电绝缘性 **insulation characteristics**

抗电弧性 **resistance to electric arc**
耐磨性 **resistance to abrasion**
吸水性 **water absorption power**
着色性 **ability to take on colours**
耐化学腐蚀性 **resistance to chemical corrosion**
尺寸稳定性 **dimensional stability**
冲击强度(耐冲击性) **impact strength**
表面强度 **surface strength**
不易燃性 **non-inflammability**
透光性 **ability to transmit light**
弹性 **elasticity**
韧性 **toughness**
脆性 **brittleness**
硬性 **hardness**

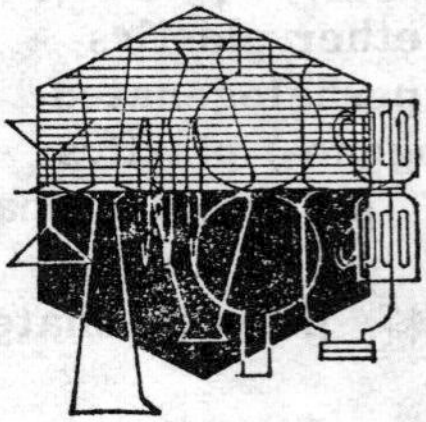

玻 璃 Glass

玻璃制造 Glass-Making

玻璃工厂 **glassworks**
原料分批混合 **batch mixing of raw materials**
硅石 **silica**
水晶 **rock crystal**
石英岩 **quartzite**
石英砂 **quartz sand**
长石 **feldspar**
石灰石 **limestone**
白云石 **dolomite**
硼砂 **borax**
硼酸 **boric acid**
碳酸钡 **barium carbonate, witherite**
铅丹 **red lead**
磷酸 **phosphoric acid**
砒霜 **white arsenic**
芒硝 **Glauber('s) salt**
纯碱 **sodium carbonate**
破碎废玻璃 **callet**
助熔剂 **melting promoter**
着色剂 **pigment, colouring agent**
脱色剂 **decolouring agent, decolourizer**
加速剂 **accelerant**
熔炼 **melting**
坩炉 **crucible**
槽炉(池炉) **tank furnace**
温度梯度 **temperature gradient**

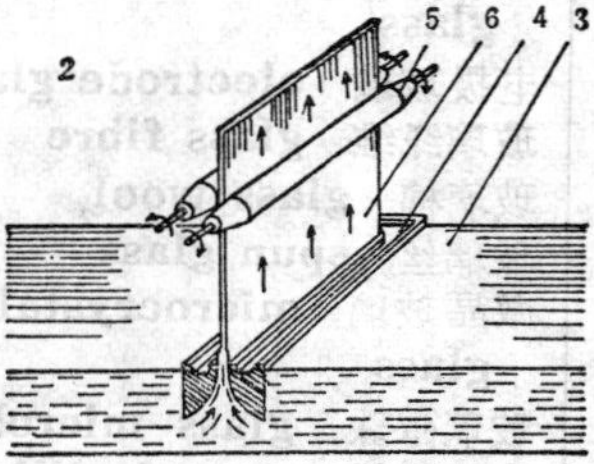

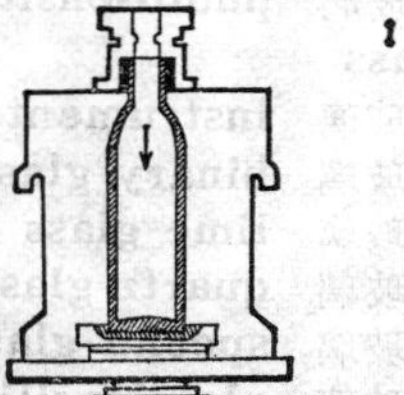

成形 **forming**
吹制① **blowing**
(取熔融玻璃用的)铁杆 **punty, pontil**
铁杆供料器 **punty feeder**
料滴供料机 **gob feeder**
形坯(料泡) **parison**
自动制瓶机 **automatic bottle-making machine**
槽子砖垂直引上法② **the Fourcault process**
玻璃液③ **molten glass**
槽子砖④ **trough with a long slit**
引上机⑤ **upward drawing machine**
玻璃板⑥ **sheet-glass**
水平拉制法 **horizontal drawing**
研磨 **grinding**
抛光 **polishing**
铁丹 **rouge**
退火 **annealing**
退火窑 **annealing kiln**
退火温度 **annealing temperature**
消除热应力 **relieving of thermal stress**

玻璃种类 Types of Glass

片玻璃 **sheet glass**
平板玻璃 **plate glass**
图案玻璃 **figured plate glass**
磨光玻璃 **polished glass**
乳白玻璃 **milk glass, opal glass**
磨砂玻璃 **frosted glass**
磨口玻璃 **ground glass**
彩花玻璃 **stained glass**
安全玻璃 **security glass**
三层安全玻璃 **triplex glass**
夹丝玻璃 **wire(d) glass**
叠层玻璃 **laminated glass**
硬质玻璃 **hard glass**
钢化玻璃 **toughened glass, tempered glass**
镜玻璃 **mirror glass**
雕花玻璃 **cut glass**
浮雕玻璃 **cameo glass**
压花玻璃 **embossed glass**
光学玻璃 **optical glass**
透镜〔片〕 **lens**
眼镜片 **eyeglass**
滤光玻璃 **filter glass**
荧光玻璃 **fluorescent glass**

透紫外线玻璃 **sunalux glass**
光敏玻璃 **photosensitive glass**
仪器玻璃 **instrument glass**
二元玻璃 **binary glass**
石灰玻璃 **lime glass**
石英玻璃 **quartz glass**
特种玻璃 **special glass**
铝硅玻璃 **aluminosilicate glass**
硼硅玻璃 **borosilicate glass**
高硅氧玻璃 **vycor glass**
吸热玻璃 **heat-absorbent glass**
防火玻璃 **fire-resisting glass, fireproof glass**
防弹玻璃 **bulletproof glass**
焊接用玻璃 **solder glass**
激光玻璃 **laser glass**
磁性玻璃 **magnetic glass**
半导电玻璃 **semiconducting glass**
导电玻璃 **conductive glass**
高介电玻璃 **superdielectric glass**
电极玻璃 **electrode glass**
玻璃纤维 **glass fibre**
玻璃棉 **glass wool**
玻璃丝 **spun glass**
微晶玻璃 **microcrystalline glass**
玻璃微珠 **glass microballoon**
玻璃肥料 **glass fertilizer**
粘性(粘滞度) **viscosity**
脆性 **brittleness**
炸裂 **cracking**
耐腐蚀性 **resistance to corrosion**
透明性 **transparency**
半透明性 **translucency**
不透明性 **opaqueness**
透光率 **light transmission rate**
折射 **refraction**
反射 **reflection**

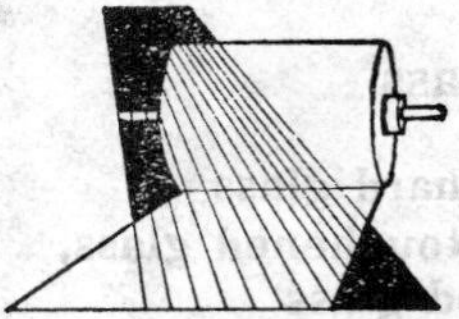

造纸 Paper

造纸的原材料 Papermaking Materials

棉花 **cotton**
麻类纤维 **bast-fibre**
稻麦秆 **straw**
棉秆 **cotton stalk**
玉米秆 **corn stalk**
芒草 **Chinese silvergrass**
芦苇 **reed**
西班牙草 **esparto grass**

蔗渣 **bagasse**
纸莎草 **papyrus**
竹子 **bamboo**
破布 **rags**
废纸 **wastepaper**
造纸木材 **pulp wood**
针叶树 **conifer**
马尾松 **Masson pine**
红松 **Korean pine**
云杉 **spruce**
铁杉 **hemlock**
胶冷杉 **balsam fir**
杨 **poplar**
桦 **birch**
染料 **dyestuff**
矿物颜料 **mineral pigment**
胶料 **sizing material, sizing**
化学药品 **chemicals**
填充料 **filling material, filler**
涂布料 **coating material**

原料处理 Treatment of Raw Materials

拣出无用和有害的物质 **sorting out useless and harmful materials**
杂质 **extraneous components**
除尘 **dusting**
除墨 **de-inking**
浸透 **macerating**
清洗 **washing**
破碎 **crushing**
打散 **thrashing**
剥树皮 **barking**
切碎 **chopping, chipping**

制纸浆 Pulping

木料的成份 **composition of wood**
纤维素 **cellulose**
半纤维素 **semicellulose**
木素 **lignin**
碳水化合物 **carbohydrate**
树胶树脂 **gum resin**

化学制浆 **chemical pulping**
碱法制浆 **alkaline process, sulphate pulping**
碳酸钠(纯碱) **sodium carbonate (soda)**
氢氧化钠(烧碱) **sodium hydroxide (caustic soda)**
硫酸钠 **sodium sulphate**
酸法制浆 **acid process, sulphite pulping**
亚硫酸氢钙 **calcium bisulphite**
硫磺 **sulphur**
石灰 **lime**
亚硫酸氢镁 **magnesium bisulphite**
氧化镁 **magnesium oxide**
蒸煮器 **digester, boiler**
蒸煮液 **cooking liquor**
泄料池 **blow pit**
木质素溶解 **lignin dissolved**
树胶水解 **gum hydrolyzed**
洗浆 **washing**
筛浆 **screening**
半制浆 **half stuff**

氯化处理 **chlorination**
漂白粉(次氯酸钙) **bleaching powder (calcium hypochlorite)**
漂白机 **bleacher**
稀释 **diluting**
漂洗槽 **potcher**
脱水 **dewatering**
增稠 **thickening**
机械制浆 **mechanical pulping**
纸浆制造机 **macerator**
磨木机 **grinding machine, grinder**
磨石 **grindstone, pulpstone**
磨纹 **pattern**
剥皮木料 **barked wood**
送料链条 **feed chain**
螺旋挤浆机 **screw press**
浆池 **vat**
筛浆机 **screen**
旋涡精选机 **vortex action pulp cleaner**
匀浆机 **refiner**
连续化学机械制浆 **continuous chemical-mechanical pulping**
连续蒸煮器 **continuous digester**
盘磨机 **disc grinder**
微生物制浆 **bacterial pulping**
微生物 **bacterium**
酶 **enzyme**
木质素被酶分解 **lignin enzymolyzed**
纸浆的种类 **kinds of pulp**
木浆 **wood pulp**
草浆 **straw pulp**
化学浆 **chemical pulp**
机械浆 **mechanical pulp**
精制浆 **refined pulp**

打浆和施胶 Beating and Sizing

备料 **preparation of stock**
打浆机 **beater**
旋转飞刀 **rotating fly-bar**
底刀 **bed-plate**
浆槽 **beater tub**
分丝帚化的小纤维 **hairlike fibril**
纤维悬浮液 **suspension of fibre**
施胶 **sizing**
添加料 **additive**
松香 **resin**
明矾 **alum**
石膏 **gypsum**
滑石 **talc**
纸土 **paper clay**
白垩 **chalk**
磨浆机 **refiner**
浆团 **knot, cluster**
结筛(除节机) **knotter**
沉砂槽 **riffler**
浆度 **beating degree**
稠度 **consistency**
均匀状态 **homogeneous state**

抄 纸 Paper Making

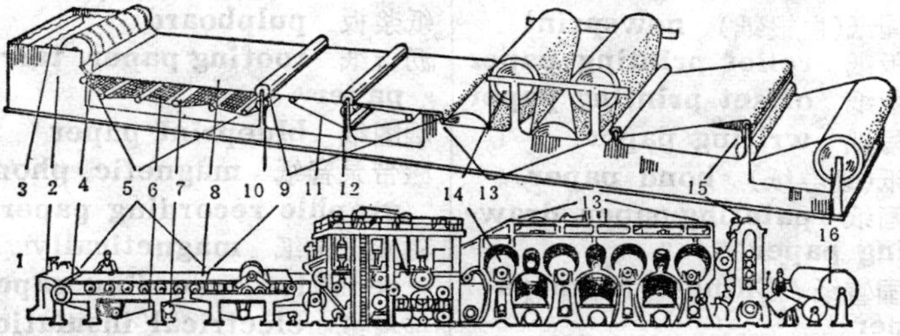

湿法造纸 wet process of papermaking
抄纸机① paper machine
流浆箱② stock chest
纸浆③ papermaking pulp
浆料进口 stock inlet
出浆口(浆堰)④ sluice
铜网部⑤ wire section, fourdrinier section
铜网⑥ bronze wire (screen)
铜网导辊⑦ wire guide roll
形成湿纸页⑧ forming wet sheet
压榨部⑨ press section
吸水压榨 suction press
真空吸水箱⑩ suction box, vacuum couch
毛毡带⑪ felt web
湿压辊⑫ wet press roll
干燥部⑬ drying section
蒸气烘缸⑭ steam heated cylinder
干燥毛毡 dryer felt
冷缸 cooling cylinder
压光 finishing
压光机⑮ calender
卷纸机⑯ winder, reel
复卷机 rewinder
切纸机 cutter, trimmer
三边切纸机 trilateral paper trimming machine
令 ream

造纸厂及其产品 Paper Mill and Its Products

造纸厂 paper mill
纸板厂 paperboard mill
备料车间 raw material treatment department
配料车间 furnishing department
制浆车间 pulp making department
抄纸车间 papermaking department
成品车间 finishing department

耐破度试验 **bursting test**
耐折度试验 **folding test**
拉力试验 **tensile strength test**
新闻纸(白报纸) **newsprint**
凸版纸 **relief printing paper**
胶版纸 **offset printing paper**
书写纸 **writing paper**
磅纸(证券纸) **bond paper**
图画纸 **painting paper, drawing paper**
中国宣纸 **Chinese Xuan paper**
打字纸 **manifold paper**
复写纸 **carbon paper**
钢板(打字)蜡纸 **stencil paper**
蜡光纸 **glazed paper**
皱纸 **crêped paper**
凹凸纸 **embossed paper**
纱纸(薄纸) **tissue paper**
金纸 **tinsel**
锡纸 **tinfoil**
包装纸 **wrapping paper**
牛皮纸 **kraft paper**
瓦楞纸 **corrugated paper**
玻璃纸 **cellophane**
建筑纸板 **building paperboard**
纤维板 **fibreboard**
粗纸板 **chipboard**
纸浆板 **pulpboard**
沥青纸 **roofing paper, tarred paper**
晒图纸 **blueprint paper**
磁带录音纸 **magnetic phonographic recording paper**
磁感记录纸 **magnetically sensitive recording paper**
绝缘纸 **electrical insulation paper**
涂布纸 **coated paper**
砂纸 **sandpaper**
发光纸 **luminous paper**
不燃纸 **incombustible paper**
易燃纸 **combustible paper**
防水纸 **waterproof paper**
防锈纸 **rustproof paper**
钢纸 **vulcanized paper**
合成纤维纸 **synthetic fibre paper**
塑料涂布纸 **plastic-coated paper**

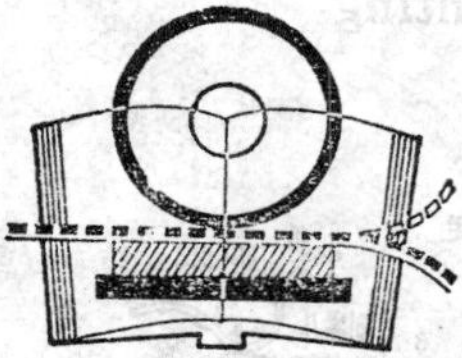

印 刷 Printing

印刷的起源和发展 Origin and Development of Printing

纸的发明 **invention of paper**

印章的使用 **use of seal**

印泥 **cinnabar ink**

石碑雕刻文字 **stone inscription**

拓印 **ink rubbing, squeeze**

拓石 **squeeze from stone inscription**

刻版印刷发明于隋朝，公元600年左右 **block printing invented in about 600 A.D. in the Sui Dynasty**

《金刚经》——世界最早的印刷物，印于唐朝，公元868年 **Indra Sūtra—the oldest printed book in existence, printed in 868 A.D. in the Tang Dynasty**

毕升于宋朝公元1041—1048年间发明活字印刷 **Bi Sheng invented movable type printing in the Song Dynasty between 1041 and 1048 A.D.**

木刻活字 **movable wooden type**

胶泥活字 **fired earthenware type**

中国印刷术向外国传播 **spreading of Chinese printing technique to foreign countries**

现代印刷术 **modern printing**

印刷术的新发展 **new developments in printing**

照相排字机 **photosetting machine**

自动电子排字机 **automatic electronic photosetting machine**

电子刻版机 **electronic engraving machine**

电子分色机 **electronic colour analyser**

感光树脂印版 **sensitive resin plate**

电子印刷机 **electronic printing machine**

印刷的种类 Kinds of Printing

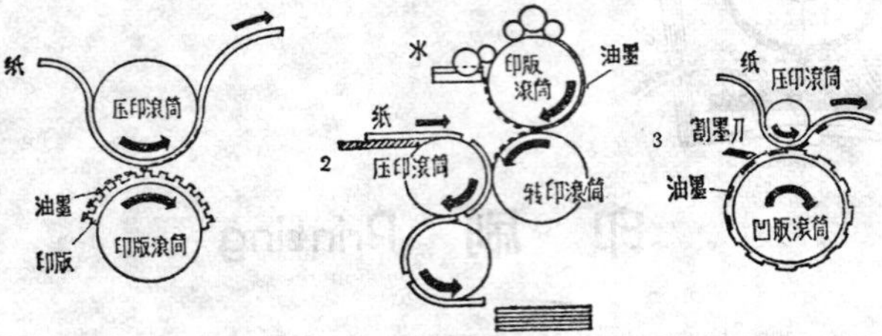

刻版印刷 **block printing**
活版印刷 **typography, movable type printing**
凸版印刷① **relief printing, letterpress**
平版印刷——石印和胶印② **planography—lithography and offset printing**
凹版印刷③ **gravure, intaglio printing**
孔版印刷 **stencil printing**
特种印刷 **special printing**
木刻水印 **coloured woodblock printing**
彩色印刷 **multicolour printing**
珂罗版印刷 **collotype, photogelatin printing**
橡皮版印刷(苯胺印刷) **flexography, aniline printing**
丝网印刷 **silk screen printing**
静电印刷 **xerography**
磁性印刷 **magnetic printing**
蜡版油印 **mimeography**
贴花印刷 **decal printing**
手摇印刷 **hand press printing**
报纸印刷 **newspaper printing**
美术印刷 **fine arts printing**
书籍印刷 **book printing**
铁皮印刷 **steel plate printing**
软管印刷 **soft tube printing**
胶版誊写版印刷 **hectographic printing**
凹凸印刷 **embossing**
影印 **photographic reprinting**
直接影印 **photostating**

排版(排字) Type Setting (Composing)

排字工人 **type setter, compositor**
印刷工人 **printer**
字模 **character (letter) matrix**
铸字 **character casting, letter founding**
铸字厂 **type foundry**
活字架 **type case**
排字手盘 **composing stick**
排字尺 **setting rule**

捆版绳 **page cord**
衬垫物(铅条) **furniture (lead)**
校样活字盘 **galley**
校样(小样) **galley proof**
手稿 **manuscript**
手写体 **script**
印刷体 **print**
黑体 **boldface**
斜体 **italic**
宋体 **Song style character**
美术字 **artistic character**
废字 **obsolete character**
排字机 **composing machine, type setter**
单字铸排机 **monotype**
行型活字铸排机 **linotype**
拼版 **assembling**
铅空 **space**
拼好的活字版 **lockup form**
活字版架 **chase**
垫版 **laying**
垫版楔子 **quoin, wedge**
大样(机样) **press-proof**
校对 **proofreading**
校对符号 **proofreader's marks**

制 版 Plate Making

印版 **printing form, plate**
活字版 **printing form of movable type**
复制版 **duplicate plate**
制铅版 **stereotype making**
压制纸型 **making mould (matrix) by pressing**
纸型用纸 **papier mâché**
浇铸铅版 **stereotype casting**
镀镍 **nickel plating**
平铅版 **flat stereotype**
圆铅版 **curved stereotype**
电版 **electrotype, electro**
制电版(电解法制铜版) **electrotyping**
蜡模 **wax mould**
石墨粉 **graphite powder**
电解槽 **electrobath**
硫酸铜溶液 **solution of copper sulphate**
电解 **electrolysis**
线条图版 **line cut, line engraving**
网点图版(照相铜版) **halftone**
照相法制图版 **photoengraving, photoetching**
色调 **tone**
滤色镜 **ray filter lens**
网屏 **halftone screen**
网线 **thread**
网点 **dot**
阴图底片 **negative**
晒印照片 **photoprinting**
阳图 **positive**
腐蚀溶液 **etching solution**
腐蚀空白部分 **etching non-printing parts**
防蚀蜡层 **etching-proof wax coating**
保护图文部分 **protecting image parts**
塑料版 **plastic plate**
石版 **litho plate**
照相法制平版 **photolithography**
金属平版(胶印版) **offset plate**

拒水性 tendency to repel water
亲墨性 affinity for ink
照相法制凹版 photointaglio etching

印 刷 Printing

印刷厂 printing house
付印 going to press
在印刷中 in the press
印刷好了 off the press
大印量印刷 long run
小印量印刷 short run
装版 mounting
印刷物检查 checking of printed stock
印刷错误 misprint
印刷物污迹 workup
印版磨损 press batter
印刷机的四大部分 the four units of a printing press
  进纸部分 feeding unit
  施墨部分 inking unit
  印刷部分 printing unit
  出纸部分 delivery unit
凸版印刷机 letterpress, relief press
平压式印刷机 platen press
平台印刷机(辊压式印刷机) flat-bed press, cylinder press
二回转印刷机 two-revolution press
轮转印刷机 rotary press
卷筒进纸印刷机 web-fed (roll-fed) press
单页进纸印刷机 sheet-fed press
胶版(平版)印刷机 offset press
  压印滚筒 impression cylinder
  印版滚筒 plate cylinder
  油墨滚筒 ink roller
  橡皮滚筒(转印滚筒) rubber blanket cylinder (offset cylinder)
  湿润滚筒 damping roller
多色胶印机 multicolour offset press
凹版印刷机 intaglio press
轮转凹印机 rotogravure press
凹印机刮墨刀 doctor blade
复印机 duplicating press, duplicator
快干油墨 fast drying ink
热固油墨 heatset ink

书籍装订 Bookbinding

人工装订 hand binding
机械装订 machine binding
折叠成书帖 folding into signatures
缝合 sewing
涂胶水 applying adhesive, gluing
压实 pressing
修切 trimming, cutting
装入书封 casing in

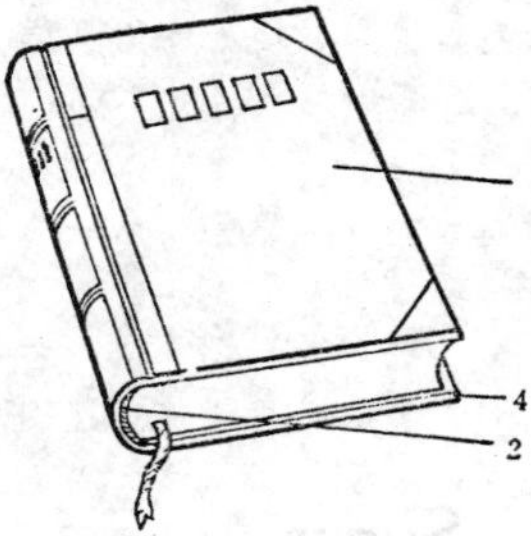

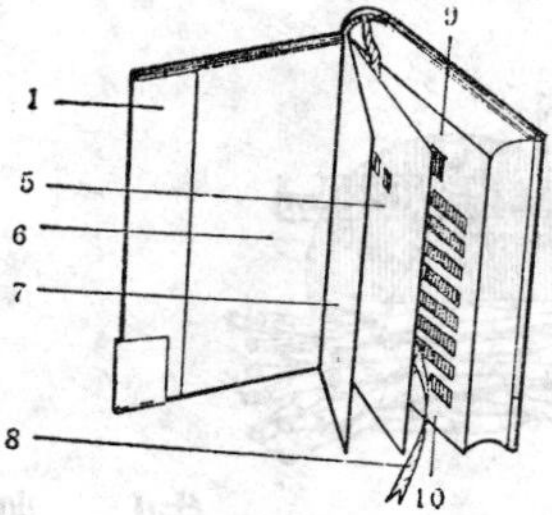

衬里 **lining**
饰边 **edge-decorating**
加护封 **jacketing**
铁线装订 **wire stitching**
散装本 **unbound**
合订本 **bound volume**
活页 **loose leaf**
平装本 **paperback edition**
精装本 **hardback edition**
高级精装本 **de luxe edition**
标准本 **library edition**
缩印本 **compact edition**
影印本 **photographic reprint edition**
普及本 **popular edition**
拓本 **rubbing edition**
改装本 **rebind**
线装书 **old-type thread-stitched book**
毛边书 **rough edge edition**
皮面 **leather binding**
硬纸板面 **pasteboard binding**
硬纸面 **stiff paper binding**
玻璃纸面 **cellophane cover**
塑料面 **plastic cover**
布面 **cloth binding**
色边 **coloured edge**
金边 **gilt edge**
对开 **folio**
四开 **quarto**
八开 **octavo**
十六开 **sixteen mo, 16 mo**
三十二开 **thirty-two mo, 32 mo**
袖珍本 **pocket edition**
缩微本 **microcopy**
护封① **jacket, dust cover**
书脊纱布② **back (spine) gauze**
封面③ **front cover**
封底④ **back cover**
书名页⑤ **title page**
卷首插画 **frontispiece**
环衬页⑥ **end paper**
扉页(衬页)⑦ **flyleaf**
正文 **body of the work**
奇数页 **recto**
偶数页 **verso**
书签带(丝带)⑧ **bookmark (ribbon)**
天头空白⑨ **head (upper) margin**
地脚空白⑩ **foot (lower) margin**

制 糖 Sugar

糖类名称 Names of Sugars

蔗糖 **cane sugar**
甜菜糖 **beet sugar**
红糖 **brown sugar**
白糖 **white sugar**
粉糖 **powdered sugar**
砂糖 **granulated sugar**
片糖 **tablet sugar**
方糖 **cube sugar**
冰糖 **rock sugar**
冰片糖 **rock sugar in tablets**
细白糖 **castor sugar**
白绵糖 **confectioner's sugar**
葡萄糖 **grape sugar, glucose**
丁维葡萄糖 **D-glucose**
麦芽糖 **maltose**
阿拉伯糖 **arabinose**
果糖 **fruit sugar, fructose**
还原糖 **reducing sugar**
非还原糖 **non-reducing sugar**
转化糖 **invert sugar**
右旋糖 **dextrose**
左旋糖 **levulose**
糖膏 **massecuite**
糖精 **gluside, sacharin**

糖厂副产品 By-products of Sugar Refinery

蔗蜡 **sugarcane wax**
蔗脂 **sugarcane fat**
纤维原料 **crude fibre**
合成纤维 **synthetic fibre**
紙浆 **pulp for papermaking**
糠醛 **furfural**
谷氨酸 **glutamic acid**
谷氨酸钠(味精) **monosodium glutamate**
发酵原料 **ferment**
酒精 **alcohol**
药用酵母 **medicinal yeast**
饲用酵母 **yeast for animal feeds**
甘油 **glycerin**
丙酮 **acetone**
乙醇 **ethanol**
丁醇 **butanol**
柠檬酸 **citric acid**

取 汁 Juice Extraction

精制糖厂 sugar refinery
土法制糖 indigenous methods of sugar extraction
现代方法制糖 modern methods of sugar extraction
蔗糖厂 cane mill
糖蔗 sugarcane
理平 compacting
切断 chopping
撕碎 shredding
撕碎机 shredder
压榨 crushing
三辊压榨机 three-roller crushing mill
蔗汁 cane juice
筛分 screening
蔗渣 bagasse
甜菜糖厂 beet mill
洗涤机 washer
滑槽 chute
盘式切丝机 disc slicer
鼓式切丝机 drum slicer
人字形甜菜丝 V-shaped chip, cossette
浸提 diffusion
浸提器组 diffusion battery
甜菜浆 beet pulp
甜菜汁 beet juice
贮汁箱 receiving tank
加热 heating
热汁器 juice heater

清 汁 Juice Purification

蔗汁澄清 clarifying cane juice
石灰处理 liming
石灰乳(氢氧化钙) milk of lime (calcium hydroxide)
中和 neutralization
亚硫酸法 sulphitation process
二氧化硫 sulphur dioxide
亚硫酸晶体沉淀 precipitation of calcium bisulphite crystals
清除被吸附的杂质 removal of adsorbed impurities
非糖沉淀物的凝聚 condensation of nonsugar precipitates
压滤机 filter press
甜菜汁澄清 clarifying beet juice
二碳饱充法 carbonation process
二氧化碳 carbon dioxide
碳酸钙沉淀 precipitation of calcium carbonate
测定最佳碱度 measuring optimum alkalinity
去色 decolorization
漂白 bleaching
浓缩 concentration
糖浆 syrup, concentrated juice
糖浆纯度 purity of syrup
滤泥 filter mud
转光度检糖汁 polarimeter

煮　炼 Boiling Until Crystallization

三系煮糖法 **three-series sugar extraction**
多效蒸发罐 **multiple-effect evaporator**
真空蒸发罐(煮糖罐)① **vaccuum boiling pan**
超饱和 **supersaturation**
晶种法 **seeding**
助晶槽② **seeding trough**
晶种(籽晶) **seed crystal (grain)**
离心分蜜机③ **centrifugal separator**
晶粒 **crystal, granule**
母液 **mother liquor**
糖蜜 **molasses**
甲糖④ **first sugar**
甲蜜⑤ **first molasses**
乙糖 **second sugar**
乙蜜⑥ **second molasses**
丙糖⑦ **third sugar**
废糖蜜⑧ **final molasses, blackstrap**
振动筛⑨ **vibrating screen**
原糖 **raw sugar**
精制糖 **refined sugar**
旋转式干燥机 **revolving drier**
自动称重包装机 **automatic weighing and packing machine**

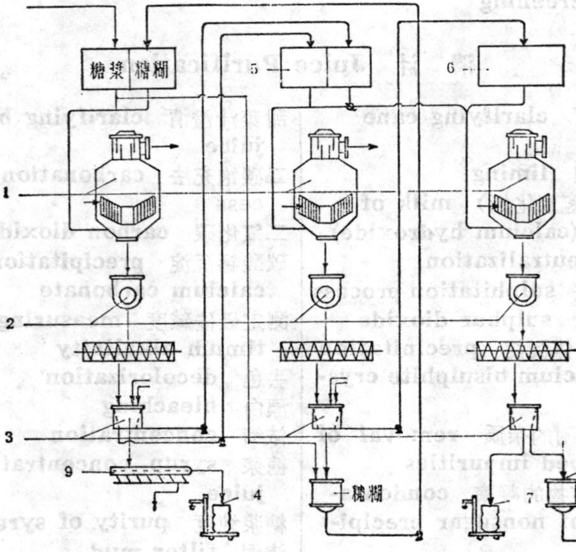

食品加工 Food Processing

罐头厂 Cannery

食品原料 **raw-food material**
水洗 **water washing**
高压喷水机 **high-pressure water spray**
清洗浮选机 **flotation washer**
干洗 **dry cleaning**
空气喷净 **air blasting**
预处理 **preparatory operations**
分选 **sorting**
按大小分级 **size grading**
按成熟程度分级 **maturity grading**
剪削修整 **trimming**
(豌豆)去蔓 **vining (peas)**
(豌豆)脱荚 **shelling (peas)**
(玉米)去衣 **husking (maize)**
(玉米)除须 **silking (maize)**
(玉米)脱粒 **shelling (maize)**
(水果)去皮 **peeling (fruits)**
(水果)去心 **coring (fruits)**
(柑桔)分瓣 **sectioning (citrus fruits)**
去核 **pitting**
切片 **slicing**
切丁 **dicing**
浸泡 **soaking**
去渣 **straining**
取汁 **extracting the juice**
均质 **homogenization**
预煮 **precooking**
电介质加热 **dielectric heating**
填装 **filling**
自动填料机 **automatic filling machine**
排气(空罐) **exhausting**
热排气 **thermal exhausting**
排气箱 **exhaust box**
自动真空封罐机 **automatic vacuum-can sealing machine**
热灭菌 **heat sterilization**
冷却 **cooling**
加贴标签 **labelling**

饼干面包厂 Bakery

硬质面粉(面筋含量高) **hard flour (high gluten content)**
软质面粉(面筋含量低) **soft flour (low gluten content)**
压榨酵母(鲜酵母) **pressed yeast**
活性干酵母 **active dried yeast**
碳酸氢钠(小苏打) **sodium bicarbonate (baking soda)**
碳酸氢铵(食臭粉) **ammonium bicarbonate**
酒石酸氢钾 **cream of tartar**
砂糖 **granulated sugar**
饴糖 **malt syrup**
葡萄糖浆 **glucose syrup**
起酥油 **shortening**
奶油 **butter**
猪油 **lard**
植物油 **vegetable oil**
氢化油 **hydrogenated oil**
乳化剂 **emulsor**
磷脂 **phospholipid**
香料(香精) **essence**
色素 **colouring matter**
强化剂 **enrichment ingredients**
饼干制造 **biscuit manufacture**
连续式和面机 **continuous mixer**
折叠型压片机 **laminator**
滚印式成型机 **rotary moulder**
甜饼干 **sweet biscuit, (Am.) cookie**
苏打饼干 **soda cracker**
夹心饼干 **sandwich biscuit**
维夫(威化)饼干 **wafer**
面包制造 **bread manufacture**
一次发酵法 **straight dough method**
二次发酵法 **sponge dough method**
发酵室 **fermentation chamber**
切块机 **divider**
搓圆机 **rounder**
醒发 **quick rising**
醒发室 **proofer**
烘烤炉 **oven**
烤盘 **tray**
冷却 **cooling**
包装 **packaging**
包装机 **wrapper**

糖果厂 Confectionery Manufactory

糖果 **sweets, (Am.) candy**
原辅料 **ingredients**
蔗糖 **cane sugar**
甜菜糖 **beet sugar**
麦芽糖 **malt sugar**
枫糖 **maple sugar**
蜂蜜 **honey**
糖蜜 **molasses**
糖浆 **syrup**
焦糖 **caramel**
淀粉 **starch**
乳品 **milk products**
蛋品 **egg products**
明胶 **gelatin**
果仁 **nut**

调香 flavouring
增色 colouring
硬糖 hard sweets, caramel
水果糖 fruit drops
花生脆糖 peanut brittle
太妃糖 toffee, (Am.) taffy
软糖 soft sweets
牛奶巧克力软糖 fudge
夹心糖 filled sweets
巧克力糖 chocolate
乳脂夹心巧克力 chocolate cream
乳脂心 cream filling, cream centre
棉花糖 marshmallow
蛋白牛奶果仁糖 nougat
条糖 candy bar
棒糖 lollipop
口香糖 chewing-gum

啤酒厂 Brewery

酿造啤酒的原料 brewing materials
大麦芽 barley malt
啤酒花 hops
辅料 adjuncts
捣碎 mashing
芽浆桶(糖化桶) mash tub
淀粉分解酶 amylolytic enzymes
麦芽汁 wort
煮沸 boiling
酿造锅 brew kettle
渗滤系统 percolating system
发酵槽 fermentation tank
底发酵 bottom fermentation
顶发酵 top fermentation
生啤酒 green beer
熟化 aging
熟啤酒 mature beer
装桶机 racking machine
啤酒桶 beer cask
桶装啤酒 draught beer
装瓶机 bottle filler
瓶装啤酒 bottled beer
罐装啤酒 canned beer
储藏啤酒 lager beer
黑啤酒 dark beer
苦啤酒 bitter beer

蒸酒厂 Distillery

蒸馏酒的生产 production of distilled spirits
粉碎粮谷 grinding the grain
糊化 gelatinizing the starch
加麹(加入霉菌生的淀粉酶) addition of fungal amylase
糖化 converting the starch into sugars
糊精 dextrin
麦芽糖 maltose
葡萄糖(右旋糖) glucose (dextrose)
加酒母 addition of yeast
酿酶(酒化酶) zymase
酒醅 wash
蒸馏 distillation
甑(蒸馏器) still
柱馏器 column still

酒槽 **spent grain**
白酒 **plain spirit**
色酒 **flavoured spirit**
浸制法 **infusion process**
酒精强度 **alcoholic strength**
六十度烧酒 **potable spirit containing 60% alcohol by volume**
英美标准酒精强度 **proof**
英国标准强度100%的酒含酒精57.3%(容量比) **British 100 proof spirit contains 57.3% alcohol by volume**
美国标准强度100%的酒含酒精50%(容量比) **U.S. 100 proof spirit contains 50% alcohol by volume**

陶瓷 Ceramics

中国早期陶器 Early Chinese Pottery

新石器时代中期陶器 **mid-neolithic pottery**
仰韶彩陶 **Yangshao painted pottery**
新石器时代晚期陶器 **late neolithic pottery**
龙山黑陶 **Longshan black pottery**
印纹陶 **stamped pottery**
灰陶 **grey pottery**
赤陶 **terra-cotta**
商代白色刻陶 **incised white pottery of the Shang Dynasty**
手制 **shaping by hand**
模制 **shaping in a mould**
轮制 **shaping on a potter's wheel**
纹饰 **ornamental pattern**
绳纹 **cord mark**
席纹① **mat mark**
篦纹 **comb mark**
几何形纹② **geometric pattern**
螺纹 **spiral pattern**

回纹 **fret pattern, meander pattern**
方格纹 **chequered pattern**
彩绘 **colour painting**
(彩绘的)颜料 **pigment**
陶罐③ **pottery jar**
陶尊④ **pottery vase**
陶豆⑤ **pottery stemmed bowl**
陶鼎⑥ **pottery tripod**
陶鬲⑦ **pottery tripod with bulbous hollow legs**
陶鬶⑧ **pottery pitcher**
陶片 **pottery shard**
釉陶 **glazed pottery**
半瓷质器物 **semi-porcelain ware**
原始瓷器 **protoporcelain ware**

1

2

3

4
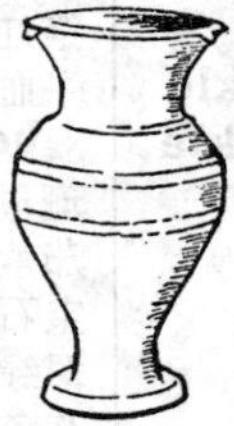
5
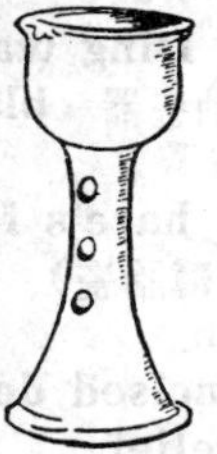
6

7
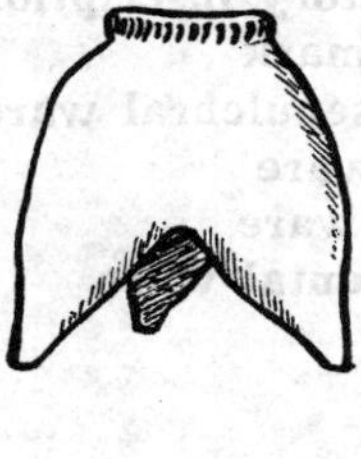
8
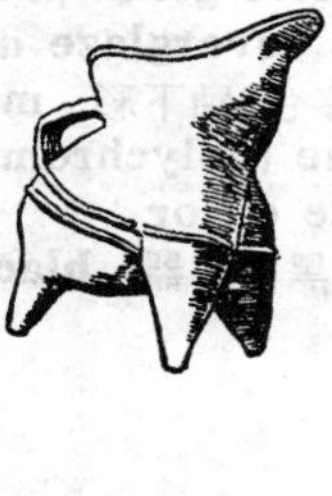

中国古瓷 Old Chinese Porcelain

青瓷 **celadon**
越窑器 **Yue ware**
秘色越器 **Yue ware specially made for imperial use**
汝窑器 **Ru ware**
官窑器 **Guan ware**
龙泉青瓷 **Longquan celadon**
哥窑器 **Ge ware**
钧窑器 **Jun ware**
景德镇影青瓷器 **misty blue Jingdezhen ware**
开片大小 **size of crackle**
鱼子纹 **fish roe crackle**
冰裂纹 **cracked ice crackle**
百圾碎 **hundredfold crackle**
邢窑白瓷器 **ivory-white Xing ware**
定窑器 **Ding ware**
建窑黑釉瓷器 **black Jian ware**
兔毫盏 **hare's fur cup**
蛋壳瓷(薄胎瓷) **eggshell porcelain**
刻花 **incised design**
凸雕 **relief**
镂空(通花) **openwork**
米花 **rice-grain pattern**
釉上彩 **overglaze décor**
单色(多色)釉下彩 **monochrome (polychrome) underglaze décor**
磁州窑黑白瓷器 **black-painted cream-white Cizhou ware**
青花瓷 **blue and white porcelain**
釉里红 **underglaze red**
釉上斗彩 **blue and white porcelain with polychrome overglaze décor**
万历五彩 **Wan Li polychrome**
古月轩(珐琅彩)瓷器 **Gu Yue (polychrome enamel décor) ware**
彩釉 **coloured glaze**
祭红釉 **sacrificial red glaze**
牛血红(郎窑红)釉 **sang-de-boeuf glaze**
珊瑚红釉 **coral red glaze**
茄紫釉 **aubergine glaze**
宝石蓝釉 **sapphire blue glaze**
翠绿釉 **emerald green glaze**
艾色釉 **sage green glaze**
鳝鱼黄釉 **eelskin yellow glaze**
月白釉 **clair de lune glaze**
团花 **floral medallion**
斗方 **panel**
饰金 **gilding**
题款 **dedicatory inscription**
年号 **reign mark**
明器(冥器) **sepulchral ware, funerary ware**
祭器 **ritual ware**
玩器 **ornamental ware**

现代陶瓷工艺 Modern Ceramic Technology

粘土 **clay**
瓷土(高岭土) **china clay (gaolin)**
球土 **ball clay**
瓷石 **china stone (petuntse)**
石英 **quartz**
长石 **feldspar**
蒙脱石 **montmorillonite**
陶瓷混合料(坯料) **ceramic mix (body)**
设计 **designing**
成形 **forming,shaping**
可塑成形 **plastic forming**
拉坯 **throwing**
盘车拉坯 **jiggering**
干压 **dry pressing**
流体静压 **hydrostatic pressing**
热压 **hot pressing**
注浆成形 **casting**
粘土浆 **slurry**
粘土悬浮剂 **deflocculant**
石膏模 **plaster mould**
干燥 **drying**
干燥炉 **drying oven**
修整 **polishing**
未经烧制的生陶瓷器 **green ware**
烧制 **firing**
间歇窑 **periodic kiln**
隧道窑 **tunnel kiln**
蒙烰窑(隔焰窑) **muffle kiln**
装窑 **placing**
加热 **heating up**
徐热 **soaking**
冷却 **cooling**
出窑 **drawing**
初次焙烧 **preliminary firing, biscuit firing**
素坯 **biscuit**
绘画 **painting**
施釉 **glazing**
贴花 **transfer printing**
烧釉 **glost firing**
釉皿 **glost ware**

陶瓷种类 Types of Ceramics

硬瓷 **hard porcelain**
软瓷 **soft porcelain**
骨灰瓷 **bone china**
块滑石瓷 **steatite porcelain**
烘炙陶瓷 **frit porcelain**
缸瓷 **stoneware**
乳白瓷 **opalescent porcelain**
金属陶瓷 **cermet**
电子陶瓷 **electronic ceramics**
热电陶瓷 **thermoelectric ceramics**
压电陶瓷 **piezoelectric ceramics**
超高介电常数陶瓷 **ultra-high-dielectric-constant ceramics**
高频陶瓷 **radio ceramics**
光学陶瓷 **optical ceramics**
耐火陶瓷 **refractory ceramics**
耐酸陶瓷 **acid-proof ceramics**

耐腐蚀陶瓷 corrosion-resistant ceramics
加固陶瓷 reinforced ceramics
磁性陶瓷 magnetic ceramics
日用陶瓷器 ceramic ware for daily use
宜兴紫砂陶器 Yixing red stoneware
广彩瓷器 Guangzhou décor porcelain ware
陶瓷洁具 ceramic sanitary ware
美术陶瓷 art pottery and porcelain, artistic ceramics

美术陶瓷 Art Pottery and Porcelain

陶瓷雕塑 ceramic sculpture
白釉陶半身像 bust in white-glazed pottery
彩瓷小人像 polychrome porcelain statuette
表现社会主义新风尚的群像 new genre groups representative of socialist life
唐马(仿唐三彩陶马) Tang horse (three-colour glazed pottery horse patterned after the Tang model)
熊猫小塑像 panda figurine
结晶釉 crystalline glaze
结晶釉花瓶 flower vase with crystalline glaze
花盆 jardinière, ornamental flower pot
花插 flower holder
瓷屏 porcelain plaque
笔筒 cylindrical brush box
笔洗 tray for washing brushes
笔架 brush rest
水注 tiny pot to hold water for ink slab
注子 ewer
鸣鸟酒具 chirping bird wine set

美术工艺 Arts and Crafts

象牙雕刻 Ivory Carving

象牙雕刻艺术品 art ivory
浮雕 bas-relief, low relief

深雕 **high relief**
通雕 **pierced work**
立体圆雕 **sculpture in the round**
完整一块的雕刻 **monobloc sculpture**
多层象牙球 **ivory balls within balls**
将象牙块削成正圆球形 **making a piece of ivory perfectly spherical**
在象牙球中钻圆锥形孔若干个 **boring several conical holes into the ivory ball**
圆锥形孔的尖端在球中心会合 **apices of conical holes meeting at the centre of the ball**
在每一孔内按要求切出的层数画线 **marking the inside of each hole with lines to indicate the number of balls to be cut out**
用弯刃雕刻刀先将中心球切出 **first cutting out the central ball by means of a graver with a curved blade**
将中心球磨光雕花 **polishing and carving the central ball**
由内到外依次切出并雕刻其余各层 **cutting out and carving the other balls successively from the inside out**
乌木座象牙插屏 **ivory plaque mounted in ebony**
彩色象牙雕像 **tinted ivory figure**

其他手工艺 Other Handicrafts

漆器 **lacquer ware**
银丝螺钿漆托盘 **lacquer tray inlaid with silver and mother-of-pearl**
雕漆(剔红) **carved lacquer**
脱胎漆雕刻品 **objects carved out of solid lacquer**
玉雕 **jade carving**
石雕 **stone carving**
石雕窗格 **stone tracery**
角雕 **horn carving**
木雕 **wood carving**
金木雕 **gilt wood carving**
竹根雕 **bamboo-root carving**
椰雕 **coconut-shell carving**
榄雕 **olive-stone carving**
墨鱼骨雕 **cuttle-bone carving**
雕花墨砚 **carved ink-stone**
贝雕画 **picture in carved shell**
羽毛画 **picture in plume**
麦秸画 **picture in straw**
树皮画 **picture in bark**
木画 **picture in cork**
蛋壳画 **eggshell painting**
掐丝珐琅 **cloisonné**
北京景泰蓝 **Beijing cloisonné**
料器 **glass artware**
玻璃小饰品 **glass trinkets**
草编织品 **straw plaited work**
藤编织品 **rattan basketwork**
竹编织品 **bamboo basketwork**

柳条编织品 **wickerwork**
刺绣 **embroidery**
抽纱 **drawn-work**
挂毯 **tapestry**
绒贴 **patchwork**
绒鸟 **chenille bird**
通草花 **rice-paper flower**
剪纸 **papercut**
佛山秋色 **Foshan papier mâché work**
盆景 **miniature landscape, mini-scape**
套盒 **Chinese boxes**
灯色 **decorative lanterns**
走马灯 **shadow-picture lantern**
彩绘绢扇 **painted silk fan**
檀香扇 **carved sandal-wood folding fan**
泥人 **clay figurine**
面人 **dough figurine**

珠宝首饰 Jewelry

项链 **necklace**
项圈 **circlet**
坠子 **pendant**
小盒坠子 **locket**
戒指 **ring**
印章戒指 **signet-ring**
耳环 **earrings**
镯子 **bracelet**
别针 **brooch**
簪 **hairpin**
领带夹 **tie-clip**
袖扣 **cuff-links**
金银丝细工饰品 **filigree**
浮雕宝石 **cameo**
宝石 **gem**
金刚钻(钻石) **diamond**
珍珠 **pearl**
玉 **jade**
翡翠 **true jade, jadeite**
软玉 **nephrite**
红宝石 **ruby**
蓝宝石(蓝刚玉) **sapphire**
纯绿宝石(祖母绿) **emerald**
绿刚玉 **oriental emerald**
黄玉 **topaz**
黄宝石 **oriental topaz**
紫水晶(紫石英) **amethyst**
东方紫水晶 **oriental amethyst**
碧石(碧玉) **jasper**
水蓝宝石 **aquamarine**
绿柱石 **beryl**
金绿玉 **chrysoberyl**
猫儿眼 **cat's eye**
蛋白石 **opal**
绿松石 **turquoise**
石榴石 **garnet, carbuncle**
青金石 **lapis lazuli**
玛瑙 **agate**
苔纹玛瑙 **moss agate, Mocha stone**
缟玛瑙 **onyx**
缠丝玛瑙 **sardonyx**
玉髓 **chalcedony**
绿玉髓 **chrysoprase**
肉红玉髓 **cornelian**
血滴石 **bloodstone, heliotrope**
琥珀 **amber**

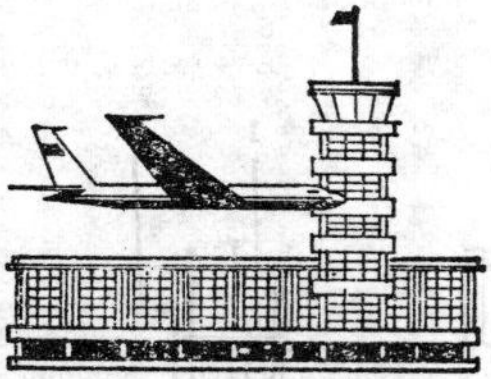

民 航 Civil Aviation

民航服务处 Civil Air Transport Service

国内航空线 **internal air route**
国际航空线 **international air route**
航班时刻表 **flight schedule**
航班号 **flight number**
原机直达航班 **through flight**
中途不停站的直达航班 **non-stop flight**
夜间航班 **night flight**
头等座 **first class**
经济座(旅游座) **economy class (tourist class)**
不定日期客票 **open date ticket**
定日期客票 **confirmed date ticket**
货物空运单 **airwaybill, airbill**
合同货物 **cargo under contract**
免领进口许可证验放凭单 **application for release of articles without import licence**
退票手续费 **cancellation charge**
民航旅客集散站 **air terminal**
民航机场交通车 **airport bus**

"旅客退票，不迟于开航前____小时办理者，仍需付手续费。" **"In the event of bookings cancelled anytime up to____hours before scheduled departure,a cancellation charge will be made."**

"旅客迟至开航前____小时以内才要求退票，我们就有权将已付票款全部或部分扣下，不予退还。" **"We reserve the right to retain the whole or part of the fare in the case of bookings cancelled within ____hours of scheduled departure."**

"不定日期客票要在开航前____天落实。" **"Open date tickets must be firmed up ___days in advance."**

"票价随时可能变更，未必事先通告。" **"All fares are subject to change with or without notice."**

民航机场 Airport

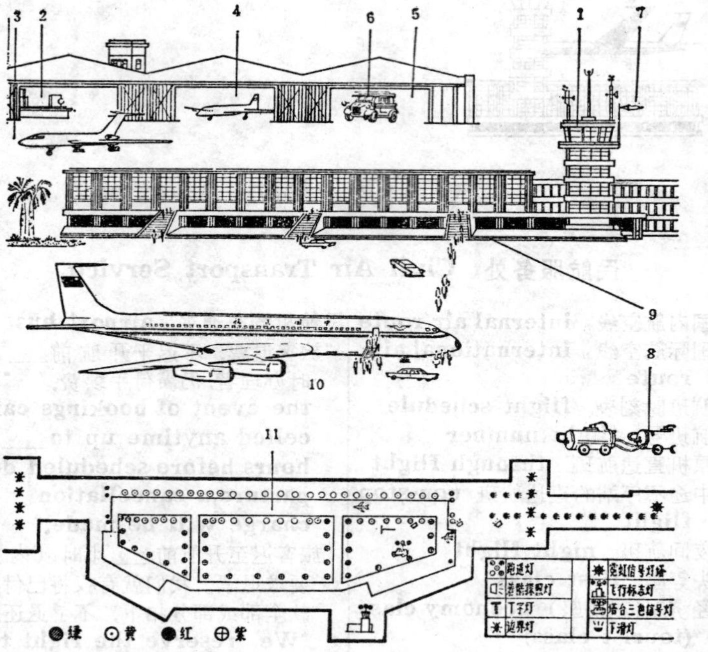

喷气客机场 **jetport**
指挥塔台① **control tower**
航修厂② **aircraft repair and maintenance workshop**
维修场③ **service apron**
例行维修 **routine maintenance**
飞行前维修 **preflight maintenance**
飞行后维修 **postflight maintenance**
飞机库④ **hangar**
全天候机库 **all-weather hangar**
可控气候机库 **climatic hangar**
伸缩式机库 **telescopic hangar**
充气式机棚 **inflatable hangar**
消防站⑤ **fire station**
消防车⑥ **fire truck**
泡沫灭火车 **foam tender**
气象站 **meteorological station**
风向袋⑦ **wind sock**

加油服务 **refuelling service**
加油车⑧ **refuelling tender**
充气车 **air servicer**
机场救护车 **crash tender**
雷达扫描器 **radar scanner**
候机大楼⑨ **terminal building**
停机坪⑩ **parking apron, tarmac**
装卸场 **loading apron**
进入场 **approach apron**
滑行道 **taxiway**
跑道⑪ **runway**
滑行道灯 **taxiway lights**
跑道灯 **runway lights**
齐地面跑道灯 **flush runway lights**
移动式跑道灯 **B-2 runway lights**
地平线标志灯 **horizon lights**
进场角信号灯 **angle-of-approach light**
进场灯 **approach light**
下滑道灯 **glide path lights**
降落方向指示灯 **landing direction light**
降落信号灯 **landing light**
标灯 **beacon light**
边界灯 **boundary lights**
水上飞机碇泊灯 **anchor light**
水上机场航道灯 **channel lights**
水上机场滑行水道灯 **taxi-channel lights**

航空旅行 Air Travel

报到办手续 **check-in**
行李过磅托运 **having the luggage weighed in**
免费运送行李限额 **free luggage allowance**
超重行李 **excess luggage**
登机牌 **boarding card**
舷梯 **ramp**
客机设备 **airliner accommodation**
装有空气调节和增压设备的机舱 **air-conditioned and pressurized cabin**
减少炫光的偏振玻璃舷窗 **cabin window polarized to reduce glare**
中央过道 **centre aisle**
每排六座布置 **six-abreast seating**
座位间隔 **seat pitch**
座椅 **armchair seat**
卧椅 **sleeperette chair**
衣帽架 **coat rack**
衣帽间 **wardrobe**
盥洗室 **toilet**
饮食柜 **buffet**
配餐柜 **pantry**
厨房 **galley**
旅客供应品 **catering stores**
行李舱 **luggage compartment**
货舱 **cargo hold**
驾驶舱 **flight deck**
机组 **flight crew**
驾驶员 **pilot**
副驾驶员 **co-pilot**
领航员 **navigator**
随机机械员 **flight engineer**
服务组 **cabin crew**
领班服务员 **purser**
男服务员 **steward**

女服务员 **stewardess**
对旅客广播系统 **passenger address system**
起动 **revving up**
滑行上跑道 **taxiing onto the runway**
起飞 **take-off**
高空飞行 **high altitude flying**
平稳飞行 **smooth flight**
不平稳飞行 **bumpy flight**
颠簸 **rocking, tossing, bumping**
爬升 **climbing**
降低 **losing height**
盘旋 **circling**
空中加油 **air refuelling,flight refuelling**
气穴 **air pocket**
进入机场 **homing in**
降落 **landing**
着地 **touchdown**
空中爆炸 **mid-air explosion**
飞机坠毁 **plane crash**
劫持飞机 **hijacking**
迫降 **forced landing**
"一路平安!" **"Happy landings!"**
"起飞(降落)时请不要吸烟,并系好安全带。" **"No smoking while taking off(landing), and fasten your seat belts."**
"不要在空中拍照。" **"No photos from the air."**

飞机类型 Types of Aircraft

单翼飞机① **monoplane**
双翼飞机② **biplane**
陆上飞机 **landplane**
滑橇起落架飞机 **skiplane**
水上飞机 **seaplane**
船式水上飞机③ **flying boat**
浮筒式水上飞机④ **floatplane**
水陆两用飞机 **amphibian**
短距起落飞机 **STOL (short take-off and landing) aircraft**
垂直起落飞机 **VTOL (vertical take-off and landing) aircraft**
旋翼飞机⑤ **autogyro**
直升飞机⑥ **helicopter**
亚音速运输机 **subsonic transport**
跨音速运输机 **transonic transport**
超音速运输机 **supersonic transport (SST)**
超高音速运输机 **hypersonic transport**
航天飞机 **space shuttle**
远程运输机 **long-range transport**
短程运输机 **short-range transport**
航空支线运输机 **feederline transport**
洲际航班飞机 **intercontinental airliner**
巨型喷气客机 **jumbo jet**
长期票乘客运输机 **commuter transport**
货运机 **cargo transport**
航空邮政运输机 **airmail transport**
护航飞机 **escort aircraft**

可改装运输机 **convertible transport**

通用飞机 **general-purpose aircraft, utility aircraft**

农用飞机⑦ **agricultural aircraft**

救护飞机 **ambulance aircraft**

搜寻营救飞机 **search and rescue aircraft**

测量飞机 **survey aircraft**

气象观测飞机 **meteorological aircraft**

游览飞机 **touring aircraft**

1

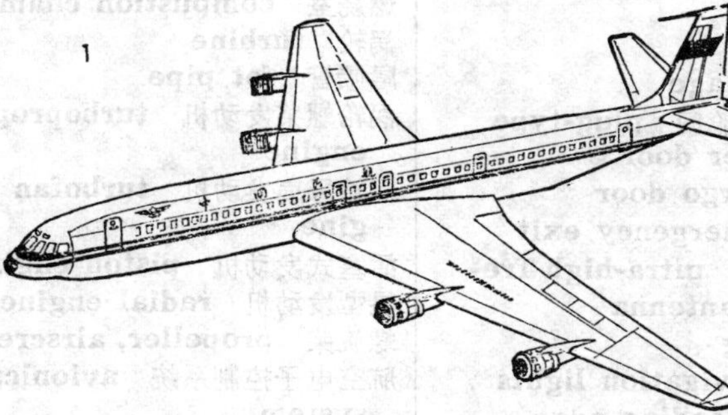

3

6

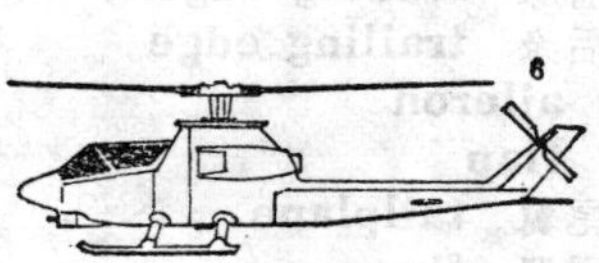

4

5

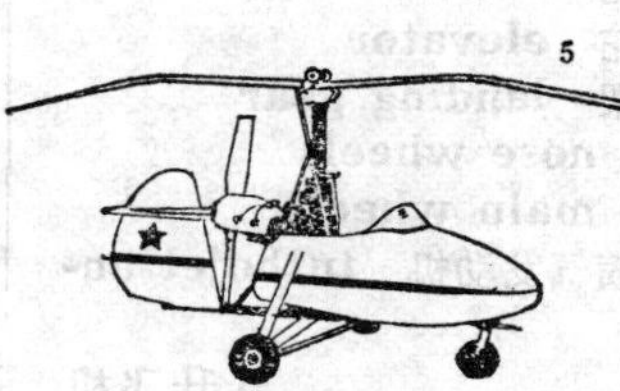

7

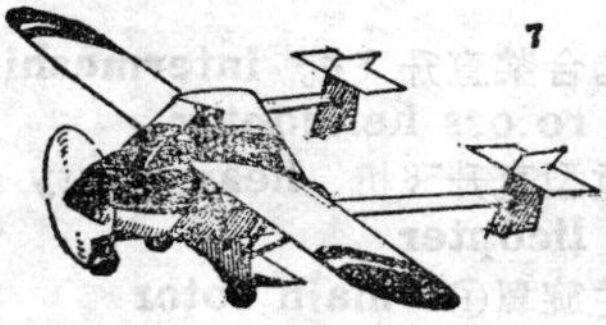

2

运输机 Transport Plane

四台喷气发动机的客货运输机 **four-jet passenger-cargo transport**
中国民航标志 **insignia of CAAC**
机头 **nose**
机身 **fuselage**
塞式密封客舱门 **plug-type passenger door**
货舱门 **cargo door**
应急门 **emergency exit**
超高频天线 **ultra-high frequency antenna**
机翼 **wing**
航行灯 **navigation lights**
机翼前缘 **leading edge**
机翼后缘 **trailing edge**
副翼 **aileron**
襟翼 **flap**
水平尾翼 **tailplane**
垂直尾翼 **fin**
方向舵 **rudder**
升降舵 **elevator**
起落架 **landing gear**
前轮 **nose wheels**
主轮 **main wheels**
涡轮喷气发动机 **turbojet engine**
进气道 **air intake**
压气机 **compressor**
燃料喷嘴 **fuel nozzle**
燃烧室 **combustion chamber**
涡轮 **turbine**
尾喷管 **jet pipe**
涡轮螺桨发动机 **turboprop engine**
涡轮风扇发动机 **turbofan engine**
活塞式发动机 **piston engine**
星型发动机 **radial engine**
螺旋桨 **propeller, airscrew**
航空电子控制系统 **avionics system**
自动飞行控制系统 **automatic flight control system**
自动驾驶仪 **autopilot**
仪表着陆系统 **instrument landing system (ILS)**
最大平飞速度 **maximum level speed**
巡航速度 **cruising speed**
实用升限 **service ceiling**
有效载荷 **payload**
最大航程 **maximum range**

直升飞机 Helicopter

单桨直升飞机 **single-rotor helicopter**
双桨直升飞机 **dual-rotor helicopter**
纵列桨直升飞机 **tandem-rotor helicopter**
啮合桨直升飞机 **intermeshing-rotors helicopter**
重型直升飞机 **heavy-duty helicopter**
主旋翼① **main rotor**
尾旋翼② **tail rotor**

反扭矩旋翼 **anti-torque rotor**
可折旋翼 **folding rotor**
旋翼旋转面 **rotor disc**
旋翼支架 **rotor pylon**
桨叶 **rotor blade**
铰接桨叶 **hinged blade**
扑动桨叶 **flapping blade**
桨距 **blade pitch**
总桨距 **collective pitch**
总桨距操纵杆 **collective pitch lever**
周期变距 **cyclic pitch change**
周期变距操纵杆 **cyclic pitch control stick**
尾桁 **tailboom**
水平安定面 **horizontal stabilizer**
三轮式起落架③ **tricycle-type landing gear**
滑橇起落架 **skid-type landing gear**
充气浮筒 **pneumatic float**
应急浮筒式起落架 **emergency flotation gear**
涡轮轴发动机 **turboshaft engine**
飞行起重操作 **flying crane operation**
起重能力 **hoisting capacity**
悬停升限 **hovering ceiling**
直升飞机场 **heliport**

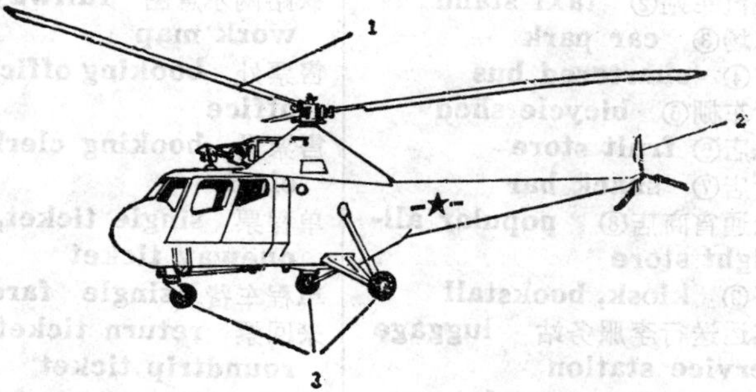

铁路交通运输 Railway Transport

火车站(一) Railway Station (I)

火车站广场 **station square**
钟楼 **clock tower**
公共汽车候车亭① **bus shelter**
出租汽车站② **taxi stand**
停车场③ **car park**
包车④ **chartered bus**
自行车棚⑤ **bicycle shed**
水果店⑥ **fruit store**
小食店⑦ **snack bar**
大众通宵商店⑧ **popular all-night store**
书亭⑨ **kiosk, bookstall**
代客运送行李服务站 **luggage service station**
旅客住宿介绍处 **applying-for-hotel-accommodation office**
市内交通图⑩ **city traffic map**
天气预报⑪ **weather bulletin**
问讯处 **inquiry office**
"旅客留言" **"Left Messages"**
火车时刻表 **railway timetable**
列车到达时刻表 **arrival timetable, (Am.) arrival schedule**
列车离站时刻表 **departure timetable, (Am.) departure schedule**
铁路网示意图 **railway network map**
售票处 **booking office, ticket office**
售票员 **booking clerk, ticket clerk**
单程票 **single ticket, (Am.) oneway ticket**
单程车费 **single fare**
来回票 **return ticket, (Am.) roundtrip ticket**
来回程车费 **return fare**
半票 **half ticket**
月台票 **platform ticket**
预订到____的直达车票 **booking through to ____**
"买去北京的票吗？请到左边第一个窗口。" **"Booking to Beijing? First window on the left."**
"第62次快车14点20分到。" **"Number 62 Passenger**

Express is due in at fourteen twenty."

"前往____的下一列车是第43次快车，23点33分从____开出，5点47分到达____。" **"The next train to ____ is Number 43 Express, depart ____ twenty-three thirty-three, arrive ____ O-five forty-seven."**

"可以提早____天订票。" **"Tickets may be booked ____ days in advance."**

"到____没有直达车，要在____转车。" **"There's no through train to____. You'll have to change at____."**

"去____的单程票价是____元，卧铺另计。" **"Single fare to____ ¥____, berth extra."**

"车票有效期是____天。" **"The ticket is good for____days."**

"1米20以下的儿童才能买半票。" **"Half fare for children under one metre twenty only."**

火车站(二) Railway Station (II)

候车大厅 **waiting hall**
车次与站台指示牌 **train and platform indicator**
自动扶梯 **escalator**
外宾候车室 **waiting room for foreign guests**
贵宾候车室 **VIP room**
母婴候车室 **mother-and-child room**
餐室 **refreshment room**
糖果糕点小卖部 **confectionery**
纪念品柜台 **souvenier counter**
小银行 **minibank**
外币兑换柜台 **money exchange desk**
电话间 **telephone booth**
急救站 **first-aid station**
行李托运处 **luggage office**
磅秤 **weighing machine**
托运的行李 **registered luggage**
行李标签 **luggage tag, luggage label**
行李票(收据) **luggage check**
超重行李收费单 **excess (overweight) luggage voucher**
大型衣箱 **trunk**
手提箱 **suitcase**
铺盖卷 **bedroll**
小件行李寄存处 **left-luggage office, (Am.) checkroom**
旅行袋 **travelling bag**
挂包 **sling bag**
网袋 **string bag**
手提袋 **carryall**
柳条篮 **wicker basket**
背囊(帆布背包) **rucksack, knapsack**
意见箱 **suggestion box**
"欢迎批评建议" **"Suggestions and Comments Welcome."**
广播器 **loudspeaker**
广播通知 **announcement over the public address system**
"布朗先生,布朗先生,____公司的罗伯特·布朗先生,请即到问讯处,有急事。" **"Calling for Mr. Brown, calling for Mr. Brown. Mr. Robert Brown, of____Company, please come to the inquiry office. Urgent!"**
"请注意:乘坐第20次快车去北京的旅客,现在可以上车。" **"Attention, please. Number 20 Passenger Express to Beijing is ready for immediate boarding."**
"就要开车啦,快上车!" **"All aboard!"**

火车站(三) Railway Station (III)

站台(月台) **platform**
站长 **stationmaster**
铁路警察 **railway policeman**
搬运工人 **porter**
列车员 **conductor**
验票员 **ticket collector**

剪票铗 **ticket punch**
出发站台 **departure platform**
离站指示器 **departure indicator**
到达站台 **arrival platform**
电动站台运货车 **electric platform truck**
到站指示器 **arrival indicator**
终点牌 **destination plate**
天桥 **footbridge, platform bridge**
桥下通道 **underpass**
出口处 **exit**
栅门 **barrier**
快车(普通快车) **express**
特别快车 **special express**
直达快车 **through express**
慢车 **stopping train, (Am.) local train**
客货混合列车 **mixed train**
终点站 **terminus, terminal**
中途小站 **way station**
联轨站(枢纽站) **junction**

客　车 Passenger Train

车厢 **carriage, coach**
连廊 **vestibule**
车厢内部设备 **interior accommodation**
中央过道两旁双座席 **seats in pairs on each side of centre aisle**
单人躺椅座席 **individual reclining seat**
内嵌烟灰缸的扶手 **armrest with built-in ashtray**
软垫座席 **cushioned seat**
旋转座席 **swivel seat**
背靠背的长椅硬座 **back-to-back bench seats**
座旁小灯 **reading light**
双层玻璃窗 **double-glazed window**
行李架 **luggage rack**
空气调节器 **air-conditioner**
灭火器 **fire-extinguisher**
通风装置 **ventilator**
蒸气散热器 **steam radiator**
车厢内的警报索 **communication cord**
厕所 **lavatory, toilet**
卧车 **sleeping car, sleeper**
走廊 **corridor**
卧室 **sleeping compartment**
上铺 **upper berth**
下铺 **lower berth**
折叠式小桌 **folding table**
翻椅 **tip-up seat**
餐车 **dining car, diner**
餐车服务员 **table attendant**
小食部 **buffet**
行李车 **luggage van**
包乘组 **train crew**
列车长 **chief conductor**
“往____的____快车还有三分钟就要开出。不是乘这一班车的，请离开列车。” **“Number ____ Express to ____ is leaving in three minutes. Those who are not going on this train, please step off.”**
“买了直达____车票的旅客，可在任何中途站下车停留，于车票有效期内随时乘坐其他列车继续行程。" **"Passengers booked through to ____ may stop over at any intermediate station and resume their journey on another train any time within the validity of the ticket."**

"旅客中途下车，不按所购车票坐完全程，票价差额概不退还。" **"No refund will be made to passengers who choose to break their journey at an intermediate station."**

"旅客乘坐本列车，超过原票所规定旅程的，请补票。" **"Passengers who choose to extend their journey on this train can do so on payment of the excess fare."**

"这是郑州站。去西安的旅客在这里转乘西行列车。" **"Zhengzhou. Passengers for Sian change here to westbound train."**

"列车停站时，不得使用车上厕所。" **"Do not use the toilet when the train is at a stop."**

机车（一） Locomotive (I)

内燃机车① **diesel locomotive**

内燃机械力传动 **diesel mechanical power transmission**

内燃液力传动 **diesel hydraulic power transmission**

流体传动装置 **fluid gear**

内燃电传动 **diesel electric power transmission**

柴油发电机组 **diesel-electric set**

交直流电传动 **AC-DC electric power transmission**

主发电机 **main generator**

牵引电动机 **traction motor**

操纵台 **control stand**

仪表板 **instrument panel**

冷却水温度计 **cooling water temperature gauge**

油压表 **fuel pressure gauge**

空转控制钮 **idling control knob**

撒沙装置操纵杆 **sander control knob**

充电控制灯 **control lamp for battery charge**

燃料泵进给踏板 **fuel injection pump feed pedal**

电力机车② **electric locomotive**

架空接触导线 **overhead contact wire**

受电弓 **bow current collector,pentograph**

主断路器 **main switch, main circuit breaker**

引入线绝缘子 **lead-in insulator**

压缩空气断路器 **compressed-air circuit breaker**

篷顶切断开关 **roof disconnecting switch**

变压器 **transformer**
硅整流装置 **silicon-controlled rectifier**
驱动电动机 **driving motor**
制动器电动机 **brake motor**
电动机风扇 **motor ventilator**
风喇叭 **air whistle**
电力机车司机室 **electric locomotive driver's cabin**
司机台 **driver's control desk**
位置指示器 **position indicator**
信号灯 **signal light**
牵引电机电流 **traction motor current**
牵引电机电压 **traction motor voltage**
励磁电流 **exciting current**
仪表灯 **instrument light**
按钮开关 **push-button switch**
司机驾驶盘 **driver's control handwheel**
副司机台 **assistant driver's control desk**
警铃 **alarm bell**
紧急制动器 **emergency brake**
燃气轮机车 **gas turbine locomotive**
蒸汽机车③ **steam locomotive**

1
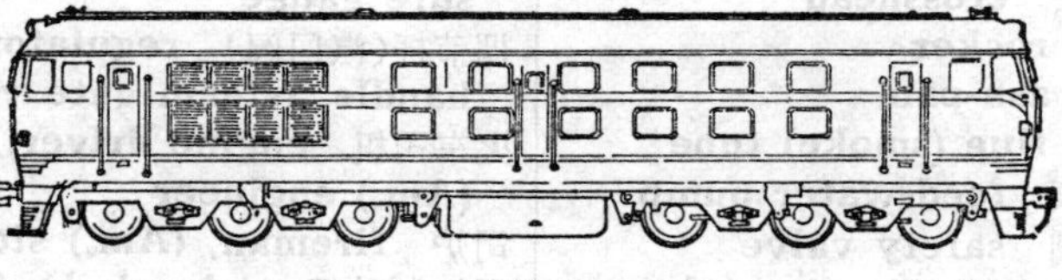
内燃机车

2
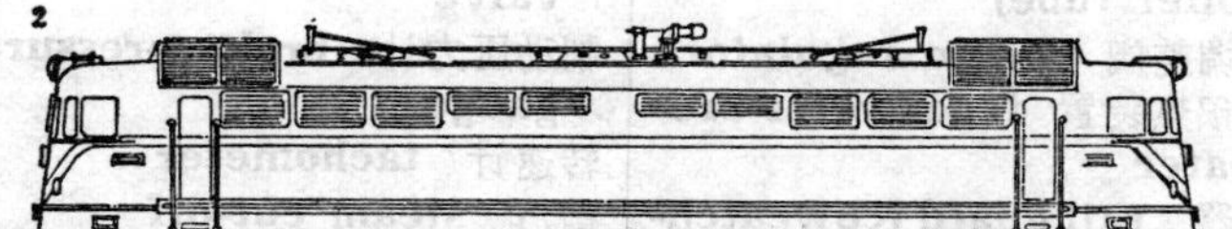
电力机车

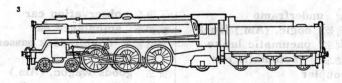

3

蒸汽机车

机车（二） Locomotive（II）

蒸汽机车 **steam locomotive**
锅炉 **boiler**
火箱 **fire box**
连杆 **connecting rod**
汽包 **steam dome**
沙箱 **sand box**
沙管 **sand tubes**
风力撒沙装置 **pneumatic sanding gear**
烟囱 **chimney**
汽室 **steam chest**
汽缸 **steam cylinder**
活塞杆 **piston rod**
十字头 **crosshead**
摇杆 **rocker**
灰箱 **ash-pan**
烟管 **flue (smoke) tube**
注水泵 **feed-water pump**
安全阀 **safety valve**
小烟管（锅炉管） **fire tube (boiler tube)**
蒸汽调整阀 **steam regulator**
给水预热装置 **feed-water preheater**
排障器 **rail guard (cowcatcher)**
支承轴 **carrying axle**
连动轴 **coupled axle**
主动轴 **driving axle**
汽笛 **steam whistle**
煤水车 **tender**
自动润滑泵 **automatic lubricant pump**
预热压力计 **preheater pressure gauge, manometer**
加热压力计 **heating pressure gauge**
水位表 **water gauge**
锅炉〔蒸汽〕压力计 **boiler pressure gauge**
调节杆（汽门阀） **regulator handle (steam gate valve)**
火车司机 **engine driver, (Am.) engineer**
司炉 **fireman, (Am.) stoker**
司机制动阀 **driver's brake valve**
制动压力计 **brake pressure gauge**
转速计 **tachometer**
截汽 **steam cut-off**
遥测温度计 **telethermometer**

铁路车辆 Rolling Stock

车架 **underframe**
转向架 **bogie, (Am.) truck**
风刹车 **pneumatic brake**
自动车钩 **automatic car coupler**
车轮 **coach wheel**
轮缘 **wheel flange**
了望车 **observation car**
救护车 **ambulance car**
双层客车 **double-deck passenger coach**
货车 **goods wagon, (Am.) freight car**
敞车① **open goods wagon**

篷车② covered goods wagon
高边车 high-sided wagon
低边车 low-sided wagon
行李车 luggage van
邮车 mail car
罐车(液柜车)③ tank wagon
冷藏车④ refrigerator wagon
牲畜车 livestock wagon
多层间隔运禽车 multi-deck partitioned wagon for the transport of fowl
集装箱平车 container flatcar
矿石车 ore transport wagon
木材车 timber transport wagon
漏底车 hopper wagon
倾卸车 tipping wagon
侧倾车 side-tipping wagon
倾斗车 trough tipper, (Am.) dump car
查道车 rail inspection car
救险起重车 breakdown crane wagon

1

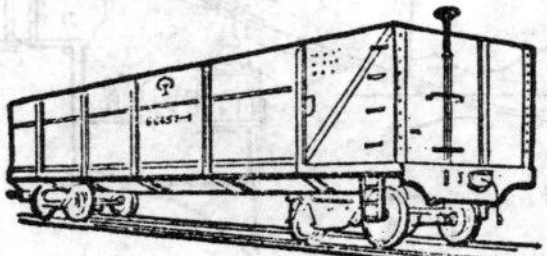

2

3

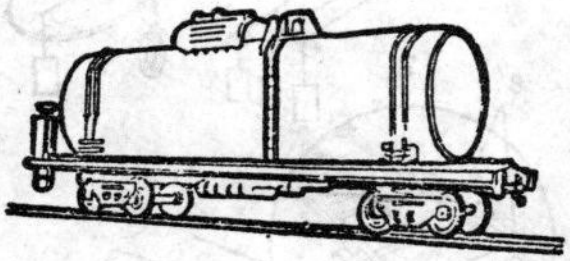

4

登山铁路 Mountain Railways

齿轨铁路〔系统〕① **rack and pinion railway system**
登山齿轨② **rack (mountain) railway (cog railway)**
电力机车③ **electric railway locomotive**
齿轨车辆④ **rack railway coach**
承重齿轮⑤ **running wheel**
主动轮⑥ **driving pinion(s)**
导轨(齿条)⑦ **rack**
铁轨⑧ **rail**
双导轨 **double rack**
缆索铁道⑨ **funicular railway**
缆索铁道车辆(缆车)⑩ **funicular railway coach, (Am.) cable car**
牵引索⑪ **haulage cable**
缆车索道(架空索道)⑫ **suspension cable railway (aerial cableway)**
单线索道⑬ **monocable rope-**

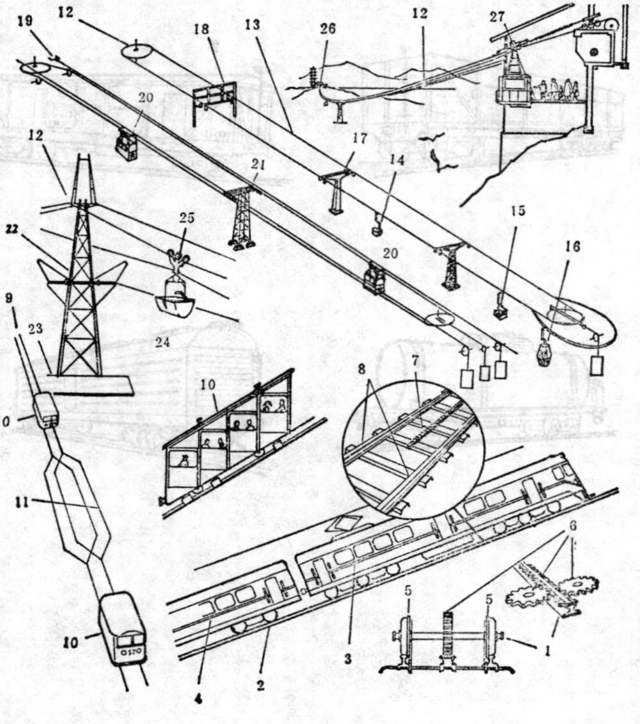

way

架空滑车单座⑭ **lift chair (single chair)**

双人座⑮ **two-seater lift chair (double chair)**

小舱⑯ **small cabin**

循环索缆 **circulating rope, circulating cable**

支柱⑰ **one-mast support**

龙门架⑱ **gantry support**

双线索道⑲ **bi-cable ropeway**

承载钢缆 **standing cable (carrying cable)**

客舱⑳ **passenger cabin, (Am.) shuttle car**

中间支架㉑ **intermediate support, intermediate mast**

双线架空索道 **double cable suspension railway**

花架铁塔㉒ **lattice mast**

铁塔基座㉓ **tower base foundation**

牵引索滑轮 **haulage-cable pulley**

翻转式装料斗㉔ **tipping bucket, dumping bucket**

挡块 **tip stop**

滚轮滑动架㉕ **pulley cradle**

山谷站㉖ **valley station**

山顶站㉗ **mountain station (top station)**

铁路交通管理 Railway Traffic Control

调度室 **dispatching room**

调度员 **train dispatcher**

中心控制台 **console of centralized control**

编组站 **marshalling yard, (Am.) classification yard**

驼峰调车场 **hump**

转车台 **turntable**

圆形修车房(圆形车库) **roundhouse**

红外线探伤仪 **infrared detector**

编组轨道 **classification tracks**

调轨机车 **shunting engine, (Am.) switcher**

车辆缓行器 **retarder**

指挥塔(信号楼) **yard (control) tower, (Am.) switch tower**

编组站站长 **yardmaster**

轨道模型盘 **track diagram**

双向通话设备 **two-way speaking appliance**

信号员 **signalman**

信号旗 **signal flag**

号志灯 **signal lantern**

路签 **key**

自动闭塞色灯信号 **automatic block signalling with colourlight signals**

机车色灯信号机 **ATC (automatic train control)**

转辙信号 **switch signal**

列车近站信号 **distant signal, approach signal**

臂板信号 **semaphore**

减速信号 **reduce-speed sign**

停车信号 **stop sign**

司机鸣笛标 **whistle sign**

公里标 **kilometre post**

货运站 Freight Terminal

货棚 **freight shed**
货棚侧线 **shed siding**
装货站台 **loading dock**
装运标尺 **load gauge**
桥秤 **weighbridge**
电动货车和拖车 **electric truck with trailer**
货运列车 **freight train**
棚车 **boxcar**
敞车 **open-top car**
平车 **flatcar**
货箱 **packing-case**
板条箱 **crate**
货盘 **pallet**
零担货物 **LCL (less-than-carload) freight**
货运单 **consignment note, way-bill**
公路铁路联运 **coordinated road-rail transport**
平车载拖车的运输方式 **piggyback**
运费 **freight rates**
铁路货运量 **volume of railway freight**
日装车数 **daily loading of freight wagons**

铁路定线 Railway Location

测量 **surveying**
测量经纬仪 **surveyor's transit**
测量罗盘仪① **surveyor's compass**
平板仪② **surveying plane table**
水准仪③ **surveyor's level**
标尺 **surveying rod**
标杆 **surveyor's pole**
山岭 **mountain ridge**
河谷④ **river gorge**
地震区 **earthquake zone**
地下河⑤ **underground river, subterranean river**
断层⑥ **fault**
溶洞 **karst cave**
流沙⑦ **drifting sand**
泥石流⑧ **mud-rock flow**
瓦斯层 **gasfilled layer**
岩浆爆发 **magmatic explosion**
粉砂 **silt**
滑坡(山崩) **landslide, landslip**
塌方 **cave-in**
铁路桥 **railway bridge**
隧道⑨ **tunnel**
涵洞 **culvert**
路堤 **embankment**
路旁水沟 **ditch, trench**
暗沟 **underdrain**
铁路示意图 **diagrammatic map of railway**
高架铁路 **elevated railway**
悬索铁路 **cable railway**
地下铁路 **underground railway, tube, (Am.) subway**
活动道路 **travolator**
单轨铁路 **monorail**
标准轨距 **standard gauge**

宽轨 **broad gauge**
窄轨 **narrow gauge**
单轨线 **single-track line**
双轨线 **double-track line**
焊接长轨 **long welded rail**
无缝长轨 **continuous welded rail**

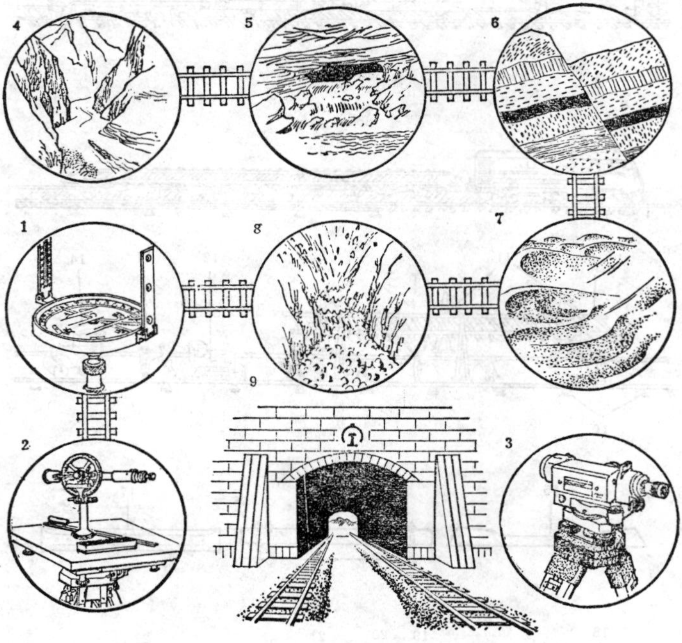

铺 轨 Track Laying

铺轨队 **rail gang**
工长 **gang foreman, ganger**
道床 **roadbed**
铁路路堤 **railway embankment**

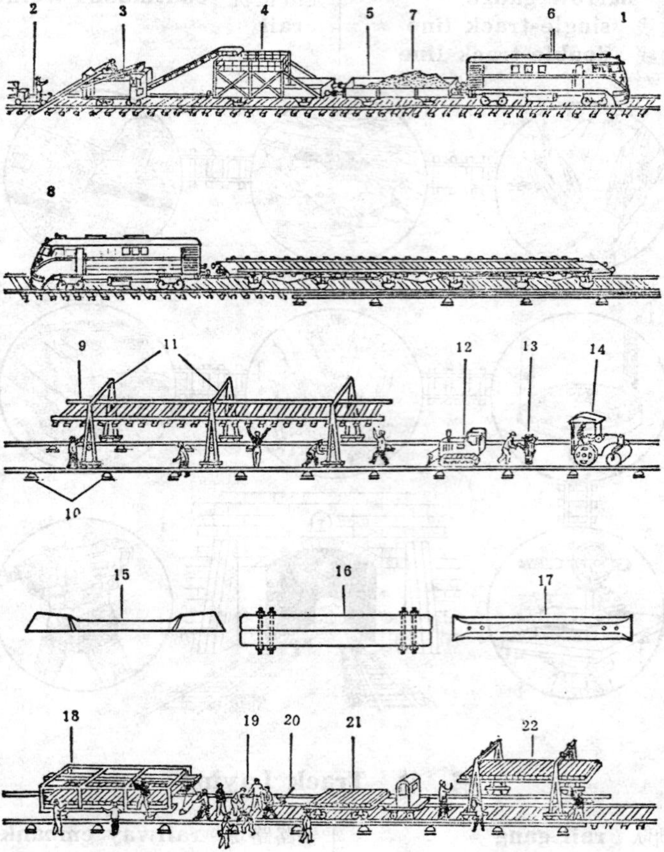
2
3
4
5
7
6
1
8
9
11
12
13
14
10
15
16
17
18
19
20
21
22
23
26
24
25

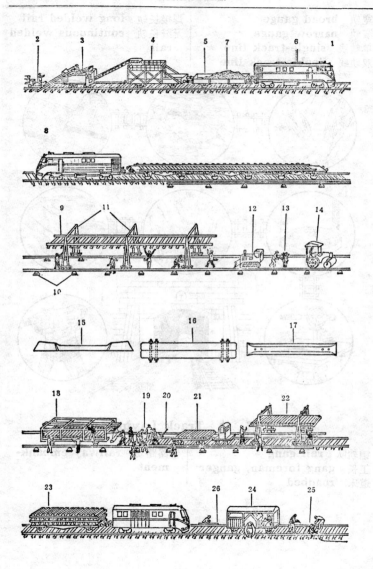

工程列车① **track construction train**
指挥车② **control truck**
筛碴机③ **ballast-washing machine**
料斗车④ **hopper truck**
弃土车⑤ **waste truck**
道碴机车⑥ **ballast train locomotive**
筛过的道碴 **cleaned ballast**
挖出的弃土⑦ **waste**
载轨列车(工程车)⑧ **track carrying train**
轨节⑨ **section of track**
轨座⑩ **rail chair**
龙门吊车⑪ **travelling portal crane**
推土机⑫ **bulldozer**
内燃夯土机⑬ **power rammer**
道床碾压机⑭ **ballast-roller**
轨枕 **sleeper, (Am.) crosstie**
混凝土轨枕⑮ **concrete sleeper**
双轨枕⑯ **double sleeper**
钢轨枕⑰ **steel sleeper**
杂酚油(木馏油) **creosote**
轨枕铺设机⑱ **sleeper-layer**
铺路工⑲ **platelayer, tracklayer**
起轨器(钢轨钳)⑳ **rail tongs**
轨道平车(养路小车)㉑ **sleeper truck**
轨枕输送机㉒ **sleeper conveyor truck**
轨枕输送机车㉓ **sleeper transport train**
轨枕捣固机㉔ **ballast-tamping machine**
焊工组㉕ **welding team**
铝热焊料斗 **thermite welding funnel**
道轨水准仪㉖ **rail level**

钢 轨 Rail

轨头 **rail head**
轨腰 **rail web**
轨底 **rail bottom**
钢轨垫板 **sole plate, base plate**
钢轨垫片 **washer**
螺纹道钉 **sole plate screw**
弹簧垫圈 **spring washer**
钢轨扣件 **clip**
丁字头螺栓 **hook bolt**
轨缝 **rail joint**
鱼尾板 **rail fish-plate, (Am.) joint bar**
鱼尾板螺栓 **fish bolt**
接头轨枕 **coupled sleeper**
接头轨枕螺栓 **coupling bolt**
就地操纵道岔 **hand switch, hand-operated point**
握柄架 **hand switch box**
平衡锤 **switch weight**
道岔表示器(道岔表示灯) **switch signal (switch lamp)**
转辙杆 **stretcher bar**
尖轨 **switch toe**
道岔滑床板 **slide chair**
护轨 **inner check rail**
辙叉 **frog**
辙叉翼轨 **wing rail**
道岔连接轨 **closure rail**
遥控道岔 **remote-controlled**

point
平交道口 level crossings, (Am.) grade crossings
道口栏杆 lattice barrier
道口看守工 gatekeeper, (Am.) crossing watchman
道口预告信号 warning cross
道口看守房 gatekeeper's cabin
养路领工员 line inspector
呼叫自动栏木 microphone operated barrier
内话机 electric speaking-tube appliance
无人看守道口 unprotected crossing
交通管理色灯 traffic warning light

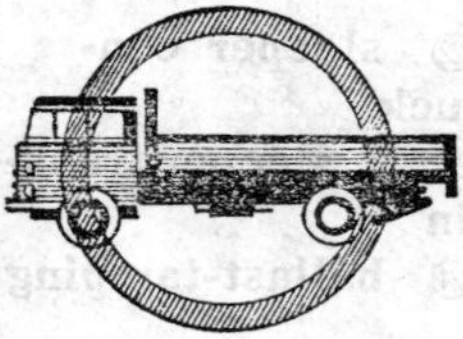

公路交通运输 Road Transport

道路、街道 Roads, Streets

公路 highway, highroad
公路容量 highway capacity
国家公路 national highway
地方公路 local highway, local road
乡村公路 country road
公路干线 arterial highway, trunk road
公路支线 secondary road, feeder road
高速公路 motorway, (Am.) superhighway, express-way, freeway
偏僻道路 back road
禁止中途停车的直通道路 clear-way
高架道路 elevated road
低于地面的道路 depressed road
双层道路 double-deck road
辐射式公路 radial road
环心式公路 orbital road
侧绕公路 bypass highway (bypass)
支路 byroad
环行公路 ring road, (Am.) belt road
辅助道路 relief road
征税道路 toll road
路〔线〕 route
单向行车路 one-way road
双向行车路 two-way road
驮运道路 pack road
临时绕行道 detour

马车路 coach road
大车路(牛马车路) cart road
通道 thoroughfare
林荫大道 boulevard
大街 avenue
街道 street
横街 side street
巷(里,坊) lane
由街道通到房舍的车道 drive, (Am.) driveway
石板街 flagged path, flagstone path
胡同(屋间巷,窄巷) alley
死胡同 blind alley, dead end, cul-de-sac
走道 walkway
人行小道 footpath
小径 path, track, trail
山径 mountain path
泥路 earth (dirt) road
铺木路 wood block road
卵石路 cobbled road
陶砖路 vitrified brick road
碎石路 gravel road
柏油路 macadam road, asphalt road, blacktop road
水泥混凝土路 cement concrete road
道路结构 road structure
路冠(路顶) road crown
路面 road surface, pavement
沥青路面 asphalt surface, bituminous layer
混凝土路板 concrete slab
路面下层 sub-surface
路基 subgrade, foundation
路床(路基面) road base, roadbed
副基 subbase
石碴层 ballast layer
压实的粒料层 compacted aggregate
路肩 shoulder
排水渠 drainage ditch

筑路和清道机械 Road-Making and Street-Cleaning Machines

挖土机① power navvy, power shovel, (Am.) shovel-type excavator
平地机② road grader

1

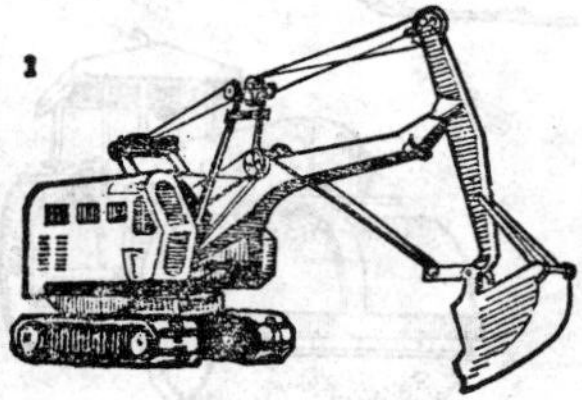

2

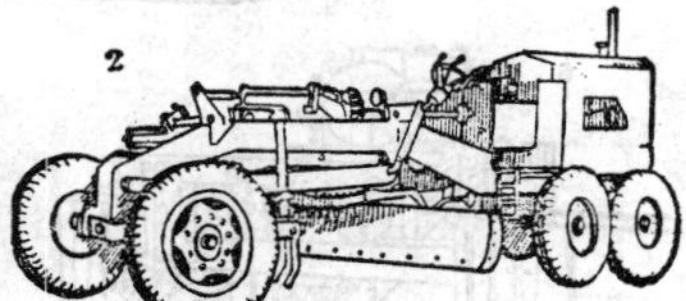

推土机① **bulldozer**
斜角推土机 **angledozer**
夯锤(夯具)② **ram, earth tamper, compactor**
撒石机 **stone spreader, macadam spreader**
石片散布机 **chippings spreader**
铲运机 **scraper**
混凝土搅拌机③ **concrete mixer**
钢筋敷设机 **steel reinforcement laying machine**
混凝土散布机④ **concrete spreading machine, concrete spreader**
焦油炉 **tar heater**
焦油浇注机⑤ **tar sprayer**
沥青铺面机 **asphalt layer**
混凝土路面接缝切削机⑥ **concrete surface joint cutter**
压路机⑦ **road roller**

1

3
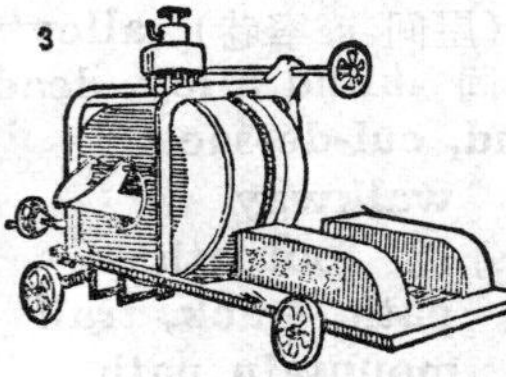

4
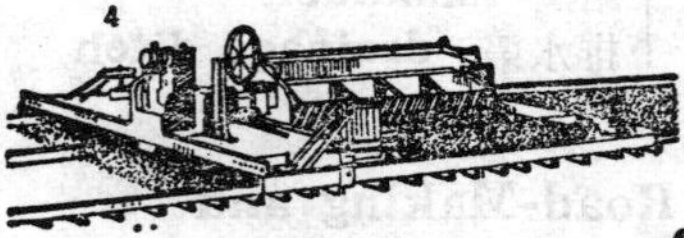

2

5
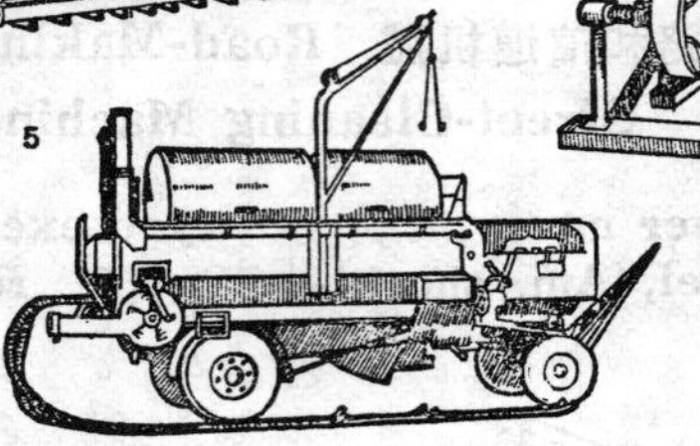

6
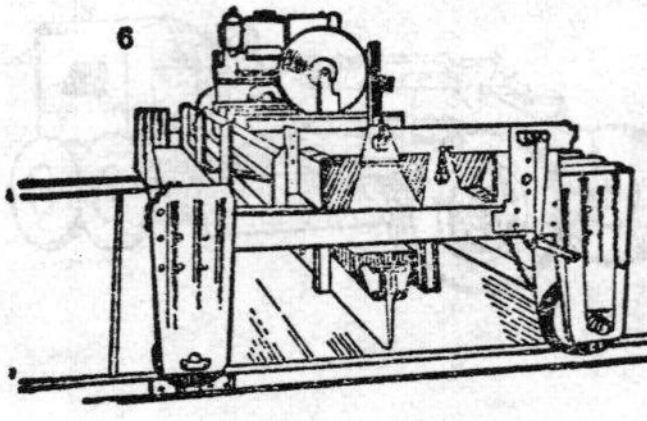

7
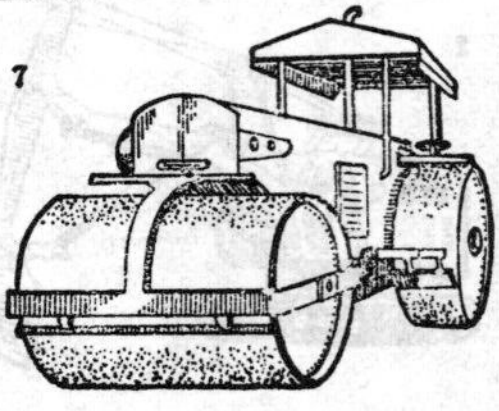

扫路机(清道机) **road sweeping machine**
清道手推车 **road sweeper's barrow**
街道冲洗车 **street and gully cleanser**
渠道渗井清理车 **gully and cesspool emptier**
清粪车 **nightsoil collector**
垃圾车 **refuse lorry (Am.) garbage truck**
洒水车 **watering lorry, flushing truck, sprinkler**
扫雪车 **snow plough**

高速公路 Motorway (Superhighway)

分离道路 **divided road**
非分离道路 **undivided road**
中央分离带 **median strip**
行车方向分离带 **directional separator**
外侧分离带 **outer separator**
路侧带 **margin, verge, side strip**
自行车道 **cycle path, bikeway**
镶石路边 **curb**
路边石 **curbstone**
行人道 **pavement, (Am.) sidewalk**
路面 **roadway**
行车线范围 **travelled way**
车线 **traffic lane**
第一(外)车道 **first (outside) lane**
第二(内)车道 **second (inside) lane**
中心车道 **centre lane**
路边车道 **curb lane**
辅助车道 **auxiliary lane**
变速车道 **speed change lane**
分离转向车道 **separated turning lane**
停车候车道 **waiting bay, (Am.) turn-out lane**
回车道 **turnaround**
路上停车道 **parking lane**
超车或避车车道 **lay-by**
道路立体枢纽 **traffic interchange, (interchange)**
立体交叉 **grade separation, flying junction**
丁字型立体交叉 **T-grade separation**
Y字型立体交叉 **Y-grade separation**
菱形立体交叉 **diamond interchange**
苜蓿叶式立体交叉 **cloverleaf**
立体环行交叉 **bridged rotary intersection**
直联式立体交叉 **directional interchange**
立体交叉上叉道 **flyover,(Am.) overpass**
立体交叉下叉道 **underpass**
平面交叉 **intersection, junction**
十字交叉(十字路口) **right-angle intersection (crossroads)**
铁路与公路平交道 **level crossing, (Am.) grade crossing**
三枝交叉 **three-way intersection, three-leg intersection**

四枝交叉 **four-way intersection, four-leg intersection**
丁字型交叉 **T-intersection**
Y字型交叉 **Y-junction, (Am.) Y-intersection**
叉式交叉 **fork junction**
剪刀式交叉 **scissor junction, (Am.) oblique intersection, skew intersection**
错列交叉 **right left/ left-right staggered junction, (Am.) offset intersection**
多枝交叉 **multiway intersection, multiple intersection**
环行交叉 **roundabout, (Am.) traffic circle**
导流式交叉 **channelized intersection**
非导流式交叉 **unchannelized intersection**

道路状况 Road Conditions

全国公路规划 **national highway program**
道路网 **road network**
公路局 **road board, highway bureau**
筑路 **road making, road construction**
道路养护(养路) **road maintenance**
修路 **road mending**
道路改良 **road improvement**
重铺路面 **resurfacing**
平稳的道路 **smooth road**
崎岖的道路 **rough road, bumpy road**
路面上的凹凸 **potholes and bumps**
条坑路面 **washboard**
宽度收缩(交通拥挤)路段 **bottleneck**
坡度 **gradient**
慢坡 **easy grade**
陡坡 **steep grade**
坡度变更点(纵坡转折点) **break in grade**
上坡路 **upgrade**
下坡路 **downgrade**
路弯 **bend, turn**
U字形转弯 **hairpin bend, hairpin turn**
Z形路 **zigzag route**
路边服务站 **roadside service**
路边询问站 **roadside information centre**
路边加油站 **roadside filling station, service station**
公路行车旅馆(附有停车场设施的) **motel**
"此路不通" **"No thoroughfare"**
"不得在公路上乱扔杂物。" **"Do not litter the highway."**
"修路" **"Road under repair"**
"道路施工" **"Road under construction"**
"小心障碍" **"Beware obstruction"**
"提防危险" **"Beware dangers"**
"此路通行" **"Road clear"**
"此处修路，请转左行" **"Road closed for repair. Turn left"**
"路边禁止停车" **"No curb-**

parking"

"禁止摄影" "Photographing prohibited"

"外国人未经许可，不得逾越此线" "Out of bounds to foreigners without special permit"

桥 梁 Bridges

双线、双层铁路和公路两用桥① double-track, double-deck rail and road bridge

引桥② approach to the bridge, approach span

混凝土路面③ concrete road surface

四股车道的公路④ four-lane highway

人行道⑤ footway, pavement

桥栏杆⑥ bridge railing

钻石形桁架⑦ diamond-shaped truss

桥塔⑧ bridge tower

桥墩⑨ pier

石拱桥⑩ stone arch bridge

桥面(路面) bridge floor

主拱⑪ main arch

拱肩拱(小拱)⑫ spandrel arch (minor arch)

桥台⑬ abutment

斜坡道⑭ ramp

拱跨⑮ span of arch

连拱桥 multiple arch bridge

多跨桥 multiple span bridge

十七孔桥 seventeen-arch bridge, bridge of seventeen spans

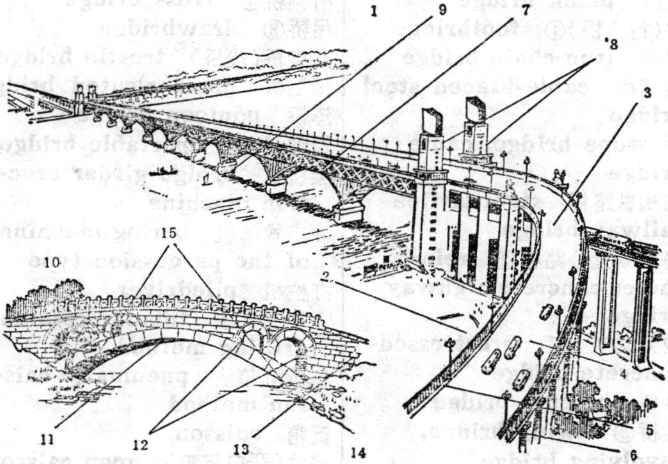

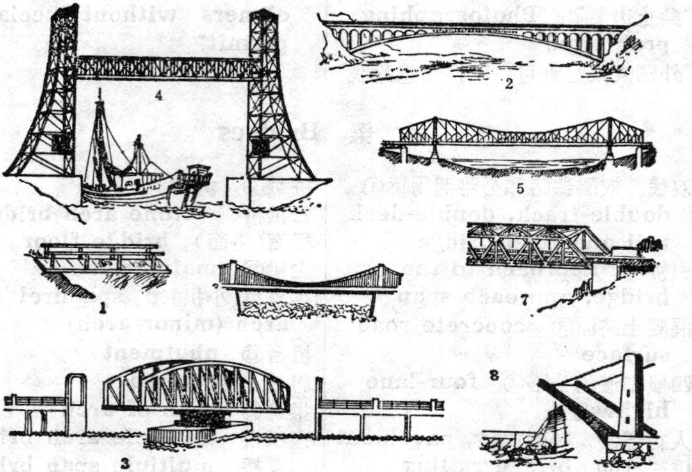

双曲拱桥 **two-way curved arch bridge**
木板桥 **plank bridge**
小桥(行人桥)① **footbridge**
铁索桥 **iron-chain bridge**
索拉钢桥 **cable-braced steel bridge**
索桥 **rope bridge, cable bridge**
钢结构铁路桥 **steel lattice railway bridge**
钢筋混凝土公路桥② **reinforced concrete highway bridge**
预应力混凝土桥 **prestressed-concrete bridge**
开合桥 **bascule bridge**
旋转桥③ **swing bridge, revolving bridge**
升降桥④ **lift bridge**
悬臂桥⑤ **cantiliver bridge**
悬索桥⑥ **suspension bridge**
桁架桥⑦ **truss bridge**
吊桥⑧ **drawbridge**
高架桥(栈桥) **trestle bridge**
预制桥 **prefabricated bridge**
浮桥 **pontoon bridge**
轻便活动桥 **portable bridge**
架桥机 **bridge girder erection machine**
冲击式钻机 **boring machine of the percussion type**
打桩机 **piledriver**
管柱钻孔法 **tubular column drilling method**
气压沉箱法 **pneumatic caisson method**
沉箱 **caisson**
沉井(开口沉箱) **open caisson**
围堰 **cofferdam**

交通安全 Traffic Safety

防止事故 **prevention of accidents**
交通调查 **traffic study**
交通现象 **traffic behaviour**
交通容量 **traffic capacity**
车道容量 **lane capacity**
驻车容量 **parking capacity**
交通规则 **traffic regulations**
公路巡逻队 **highway patrol**
交通巡逻队 **traffic patrol**
交通警察 **traffic policeman**
摩托车巡逻警察 **motor traffic policeman, (Am.) motor patrolman**
交通安全教育运动 **educational movement for traffic safety, traffic safety campaign**
治安纠察队 **public security patrol**
安全设施 **safety installations**
安全地带 **safety zone**
交通岛 **traffic island**
中央分离岛 **medial island, divisional island**
转向诱导岛 **directional island**
安全岛 **refuge, pedestrian island**
乘客上下车安全岛 **loading island**
中央岛 **rotary island, central island**
导流岛 **channelizing island**
交通岗 **traffic point**
交通岗亭 **traffic control box**
交通指挥塔 **raised control tower**
交通指挥台 **podium**
警笛 **police whistle**
唇式扩音器 **lip microphone**
手持式扩音器 **hand microphone**
警察指挥棒 **police baton**
车辆感知器 **vehicle detector**
车辆感知板 **vehicle detector pad**
道路安全防护栏 **road guard, road fence**
路障 **road block**
行人防护栏 **pedestrian guard rail**
路面反光镜(猫眼) **cat's eye**
呼援电话亭 **telephone rescue box**
援救站 **rescue service**
修理救援车 **break-down vehicle, (Am.) wrecker**
乘客座位安全带 **seat belt, safety belt**
驾驶技术考核 **driving test**
驾驶汽车者 **motorist**
驾驶员(司机) **driver**
实习驾驶员 **learner driver**
汽车实地试验 **road test**
实习驾驶员执照 **learner driver's provisional licence**
司机执照 **driver's licence**
机动车行驶证 **vehicle registration certificate**
机动车车牌 **number plate**
交叉路口交通规则 **regulations for crossing**

停放车辆规则 **regulations for parking**
速度限制 **speed limit**
速度监视所 **speed-trap**
行驶时两车前后距离限制 **restricted clearance**
侧方车距 **lateral clearance**

交通标志和信号 Traffic Signs and Signals

转向限制标志 **turn-control signs**
直行① **NO TURNS; GO STRAIGHT THROUGH**
直行和右转弯② **NO LEFT TURN; GO STRAIGHT THROUGH or TURN RIGHT**
直行和左转弯③ **NO RIGHT TURN; GO STRAIGHT THROUGH or TURN LEFT**
向右转弯④ **TURN RIGHT ONLY**
向左转弯⑤ **TURN LEFT ONLY**
靠右(行驶) **KEEP RIGHT**
向左或右转弯⑥ **TURN; TURN LEFT or RIGHT ONLY**
单行线 **ONE-WAY TRAFFIC**
禁令标志 **prohibitory signs**
禁止驶入⑦ **NO ENTRY; DO NOT ENTER, WRONG WAY**
禁止停车⑧ **NO STOPPING**
禁止车辆停驻 **NO PARKING**
禁止通行⑨ **ROAD CLOSED**
禁止汽车通行⑩ **ROAD CLOSED TO CARS; NO MOTORCARS; AUTOS NOT PERMITTED**
禁止大型卡车通行⑪ **NO HEAVY TRUCKS**
禁止汽车及摩托车通行⑫ **NO CARS and MOTORCYCLES**
禁止超车⑬ **NO PASSING; DO NOT PASS; NO OVERTAKING**
禁止汽车调头⑭ **NO U-TURN**
禁止人力货车通行⑮ **NO HANDCARTS**
禁止载客三轮车通行⑯ **NO PEDICABS**
禁止畜力车通行⑰ **NO BEAST-DRAWN CARTS**
禁区 **AREA CLOSED; RESTRICTED AREA**
(车辆)重量限制⑱ **MAXIMUM WEIGHT…**
载重限制 **LOAD LIMIT…**
(车辆)高度限制⑲ **MAXIMUM HEIGHT…**
(车辆)速度限制⑳ **MAXIMUM SPEED…; SPEED LIMIT…**
禁止鸣喇叭㉑ **NO HORN; NO HOOTER**
警告标志 **warning signs**
交叉路口㉒ **CROSSROADS**
急转弯或回转弯㉓ **BEND**
铁路与公路交叉㉔ **CROSS-BUCK**
铁路道口 **RAILWAY CROSSING**
危险㉕ **DANGER!**
陡坡㉖ **STEEP HILL**

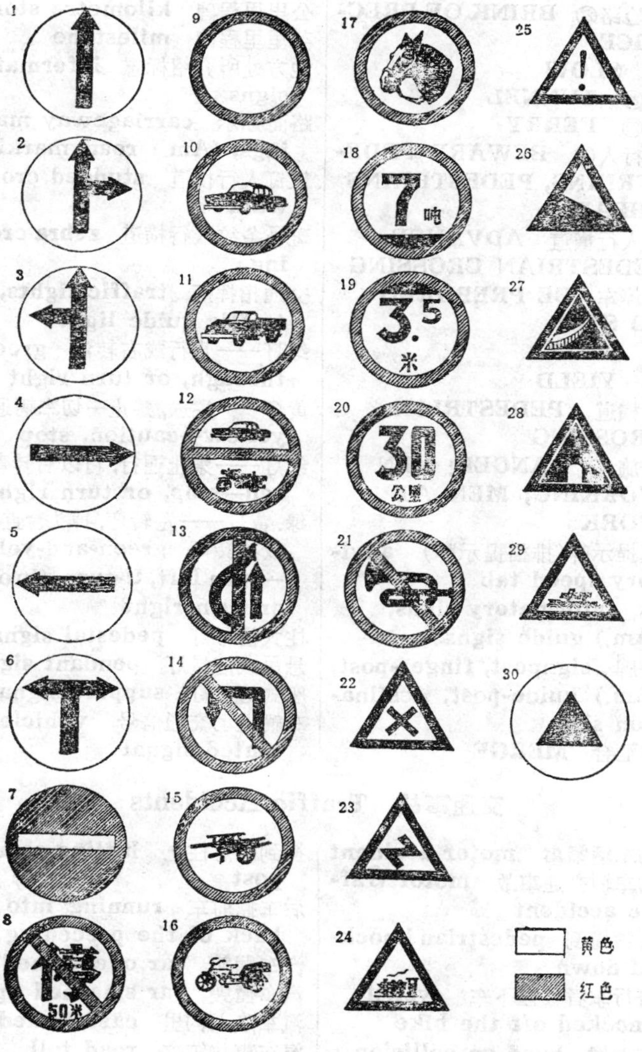

1
2
3
4
5
6
7
8
9
10
11
12
13
14
15
16
17
18
19
20
21
22
23
24
25
26
27
28
29
30
7 吨
3.5 米
30 公里
50米
黄色
红色

雨天路滑 **SLIPPERY WHEN WET**
傍山险路㉗ **BRINK OF PRECIPICE**
慢驶 **SLOW**
隧道㉘ **TUNNEL**
渡口㉙ **FERRY**
注意行人㉚ **BEWARE PEDESTRIANS, PEDESTRIANS AHEAD**
预告人行横道 **ADVANCE PEDESTRIAN CROSSING**
准备停车 **BE PREPARED TO STOP**
停车 **STOP**
让路 **YIELD**
人行横道 **PEDESTRIAN CROSSING**
工人施工 **DANGER! MEN WORKING; MEN AT WORK**
速度提示牌(排档提示牌) **advisory speed tab**
路标 **informatory signs, (Am.) guide signs**
指路牌 **signpost, finger-post, (Am.) guide-post, destination sign**
道路汇合 **MERGE**
入市区路线 **CITY ROUTE**
自行车路线 **BICYCLE ROUTE**
公里里程碑 **kilometre stone**
英里里程碑 **milestone**
地方处所介绍标志 **information signs**
路面标示 **carriageway markings, (Am.) road markings**
嵌钉人行横道 **studded crosswalk**
斑马条纹人行横道 **zebra crossing**
交通指挥灯 **traffic lights, traffic guide lights**
绿灯——直行或右转弯 **green—through, or turn right**
黄灯——注意,禁止一切车辆通行 **yellow—caution, stop**
红灯——禁止通行,可以右转弯 **red—stop, or turn right**
绿、黄灯——左转弯,掉头,直行,或右转弯 **green-and-yellow—turn left, U-turn, through or turn right**
柱式信号灯 **pedestal signal**
悬吊式信号灯 **pendant signal**
座式信号灯 **support signal**
车辆促动交通信号 **vehicle-actuated signal**

交通事故 Traffic Accidents

机动车辆肇事 **motor accident**
机动车辆交通事故 **motor traffic accident**
行人被撞倒 **pedestrian knocked down**
骑自行车者被撞下车 **cyclist knocked off the bike**
两车对撞 **head-on collision**
撞到路灯柱上 **hitting a lamp-post**
后车撞前车 **running into the back of the preceding car**
汽车翻转 **car overturned**
汽车撞毁 **car smashed up**
汽车陷入沟里 **car ditched**
汽车事故伤亡 **road toll**

事故原因 **cause of accident**
无执照驾驶 **driving without a licence**
驾驶作风恶劣 **reckless driving**
酒后驾驶汽车 **driving under the influence of alcohol**
超速 **speeding, violation of speed limit**
违反交通规则 **violation of traffic regulations**
违反交通规则行为 **traffic offence**
违章驾驶行为 **motoring offence**
违反停放规定行为 **parking offence**
高速转弯 **cornering at speed**
直穿环行交叉 **cutting across the roundabout**
逆行驶入单向行车街道 **driving anti-wise into a one-way street**
不顾交通信号灯 **ignoring traffic lights**
冲红灯 **running the red light**
不遵守交通规则走路 **jaywalking**
疲劳驾驶 **fatigue driving**
驾驶能力衰退 **impaired driving**
炫目的车头灯光 **glaring headlight**
道路失修 **road neglect**
交通拥塞 **traffic congestion, traffic jam**
急刹车 **sudden braking**
作一百八十度转弯 **making a U-turn**
突然转向 **swerving**
侧滑 **skidding**
保护现场痕迹 **securing the traces**
度量刹车印 **measuring the skid marks**
检查车辆证件 **examining car documents**
交通事故现场图 **condition-collision diagram**
事故地点档案 **accident location file**
呼吸分析器测醉试验 **breathalyser test**
损伤赔偿 **damages for injury**
违反交通规则罚款 **traffic violation fine**
警告 **caution**
违章行为记入执照 **endorsement of licence**
吊销执照 **revocation of licence**
纪律处分 **disciplinary action**

公共汽车交通 Bus Service

公共汽车市线 **urban bus service**
公共汽车郊线 **suburban bus service**
城乡间公共汽车 **country bus**
市际公共汽车 **interurban bus, intercity bus**
公共汽车队 **bus fleet**
带拖卡的公共汽车 **bus with trailer**

伸缩连接 **concertina connection**
双层公共汽车 **double-deck bus, double-decker**
中途上落站 **bus-stop**
中途上落站牌 **bus-stop plate**
候车亭 **bus shelter**
终点站 **bus terminal**
路线指示牌 **route indicator**
气动折门 **air-operated folding door**
电动滑门 **power-operated sliding door**
让乘客上车 **picking up passengers**
让乘客下车 **dropping off passengers**
司机驾驶室 **driver's cabin, cab**
司机座位 **driver's seat**
左座驾驶 **left-hand drive**
右座驾驶 **right-hand drive**
通道 **gangway, aisle**
站立位置 **standing space, (Am.) standee space**
站立乘客 **standing passenger, (Am.) standee**
拉手吊带 **strap**
拉着吊带站立的乘客 **strap-hanger**
座位靠背上的扶手铁杆 **grab-rail**
扶手铁柱 **stanchion**
让座 **offering one's seat to another**
乘务员 **conductor**
检票员 **inspector**
购票(付车费) **paying one's fare**
售票 **collecting fares**
按段站收费办法 **zonal fare system**
一个票价路段 **fare-stage**
远近一律的车费 **uniform fare for any distance**
月票 **monthly ticket**
持月票乘车者 **commuter**
过段站下车 **overriding**
过段站补票 **paying due fare for overriding**
全线行车时间 **overall running time**
开车频率 **frequency of service**
每隔五分钟开一辆车 **a five-minute frequency, buses running on a five-minute headway**
交通拥挤时刻(高峰时间) **rush hours, peak hours**
非交通拥挤时刻 **off-peak hours**
高峰交通量 **peak traffic**
通宵车 **all-night service**
交通运输调度 **accommodation of traffic**
更改行车路线 **rerouting**
公共汽车运行表 **bus table**
"请买票!" **"All fares, please!"**
"禁止不购票乘车。" **"No fare dodging," "No bilking."**
"下车请跟着!" **"Step along, please!" "Step lively, please!"**
"不要让孩子踏上座位。" **"Don't let children put their feet on the seat."**
"梯口禁止站立。" **"No travelling on the steps."**

汽车总站 Central Bus Station

旅客大厅 **passenger concourse**
候车室 **waiting hall**
询问处 **inquiry office**
询问处服务员 **inquiry clerk**
票房 **booking office, ticket office**
售票窗口 **ticket window**
票房售票员 **ticket clerk, booking clerk**
电话订票 **booking by phone**
预售三天票 **selling tickets three days in advance**
退订购票 **cancelling one's booking**
临近开车时退订票 **last-minute cancellation**
退票付还价款 **redeeming a ticket**
请求签票延长有效期限 **request for ticket validity extension endorsement**
包裹行李处 **parcels and luggage office**
超重行李收费 **overweight charge**
托运行李 **having luggage registered**
小件行李寄存处 **left luggage office, (Am.) checkroom**
寄存行李 **depositing luggage**
取出行李 **withdrawing luggage**
汽车站站长 **local traffic supervisor**
各线班车离站站台 **main service departure bays**
长途班车 **long-distance service**
加班车 **special bus**
同班加开车 **duplicate vehicle**
包车(专车) **chartered bus**
终点站橱窗牌 **destination blind**
中途站 **way-stop**
(乘务员)叫站 **calling out the stops**
到站 **arrival**
卸客 **discharging (dropping off) passengers**
卸乘客行李 **discharging (unloading) passengers' luggage**
洗车场 **washing bay, wash area**
洗车装置 **washing plant**
保养场 **servicing bay, maintenance bay**
汽车站总停车库 **depot**
车房 **garage**
停车空位 **parking gap**

货车运输 Trucking

公路货运 **freight road transport**
总重 **total weight**
毛重 **gross weight**
皮重 **tare**
净重 **net weight**
容积 **volume**
体积 **bulk, dimensions**
货车装载 **truck loading**
载重量 **load-carrying capaci-**

ty
有效负载 payload
装载高度 loading height
装载面积 loading area
装载限度 loading limit
装满 loading to capacity
轻载 light loading
超载 overload
超载能力 extra load-carrying capacity
货物装卸 freight handling
装卸坡台 loading ramp
长距离运输 long haul
短距离运输 short haul
无载行程 dead mileage
运输调度 movement control
急运(抢运) rush transport
运输车场 transport park
公路尽头 roadhead
清卸地点 emptying point
送达地点 delivery point
卸载台 discharging platform

机动车辆 Motor Vehicles

运输车辆 transport vehicle
运输卡车① lorry, truck
重型运输卡车 heavy-duty truck
中型运输卡车 medium-duty truck
轻型卡车 light truck
柴油机运输车辆 diesel engine road vehicle (DERV)
柴油机卡车 diesel truck
自动装卸机械化运输车 mechanized lorry
自卸卡车② tip lorry, tipper, dump truck
侧向自卸车③ side-tip dumper
三向自卸车 three-way tipper
底卸拖运车 bottom-dump hauler
低架卡车 low loader
平台式运输车 platform truck
垂放边栏运输车 dropside truck, dropsider
牵挂式运输车④ tractor-trailer
搭挂式运输车 semi-trailer

1

3

2

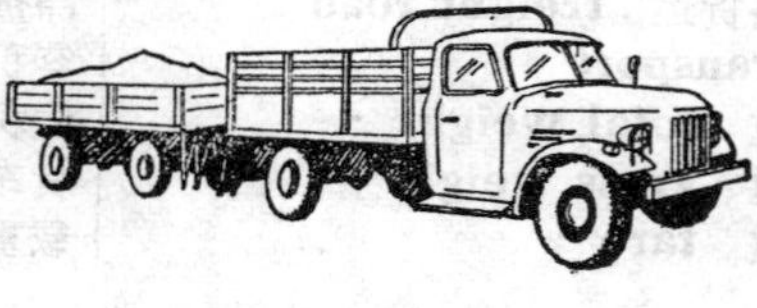
4

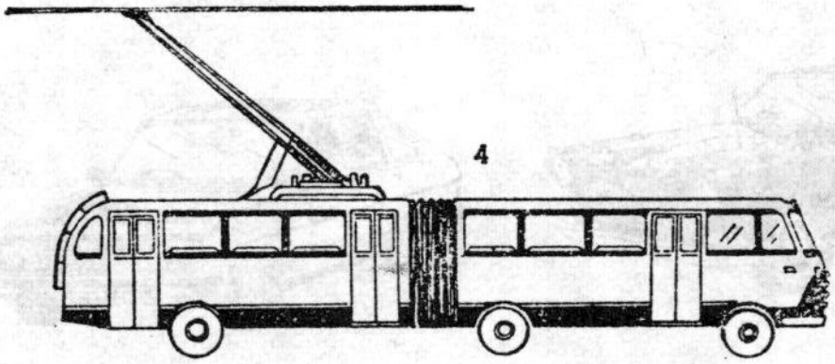
4

2

1

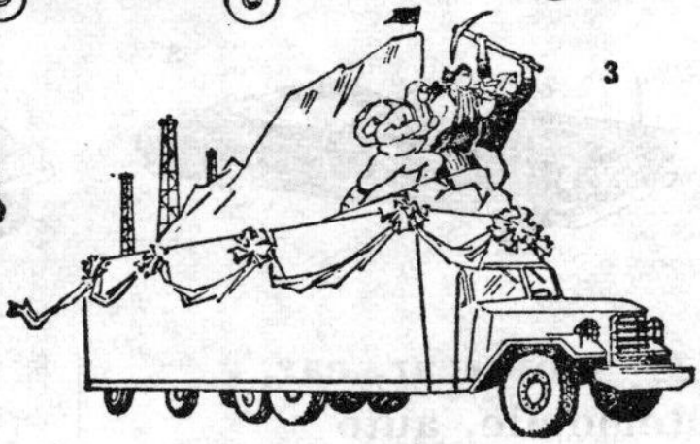
3

铰接式挂车 **articulated trailer**
铰接式六轮车 **articulated six-wheeler**
长型货物挂车 **pole trailer, pole carrier**
载重牵引车 **prime mover**
无车厢运货车 **goods chassis**
快速运货车 **express freight car, express freighter**
客货运输车 **carryall**
车后开门运输车① **estate car, shooting-brake, station wagon**
全篷轻型运输车 **van**
轻型送货车② **delivery van**
无篷低栏小型运送车 **pickup**
公路运输集装箱车 **frameless road haulage container**
散装货物运输车 **bulk carrier**
救火车 **fire engine**
油槽车 **petrol tanker**
水槽车 **drinking water tanker**
冷藏车 **refrigeration van, (Am.) reefer**
邮车 **mail van**
广播宣传车 **loudspeaker van, sound truck**
汽车行列 **motorcade**
彩车(游行表演展览车)③ **float**
运输汽车队 **caravan of trucks**
载客车辆 **passenger vehicle**
无轨电车④ **trolley-bus**
架空接触电线 **trolley wire, overhead contact line**
聚电杆 **trolley pole, contact pole**
触轮 **trolley wheel**
有轨电车 **tram, (Am.) streetcar**
大型长途旅游客车 **motor coach**
小型客车 **minibus**
微型客车 **microbus**
工人上下班车 **workers carrier**
校车 **school bus**
教练车 **training car**

1

2

3

4

小汽车 **motorcar, car, automobile, auto**
大型高级轿车① **limousine**
小轿车② **saloon (car), (Am.) sedan (car)**
双座小汽车 **coupé**
折篷小汽车③ **convertible (car)**
硬顶小汽车 **hard-top (car)**
带天窗的小汽车 **sun-roof car**
敞式汽车 **open car**
蚬壳形汽车 **fastback (car)**
跑车 **sports car**
小型汽车 **compact**
微型汽车 **minicar, bubble car**
出租小汽车 **taxi (cab)**
微型出租小汽车 **minicab**
气垫车 **air cushion vehicle, cushioncraft, hovercraft**
活动房屋〔车〕 **mobile home**
旅行用的大篷车 **caravan**
野营用车辆 **camper**
救护车④ **ambulance**
警车 **police van, police car**
摩托车 **motorcycle, motorbike**
小轮摩托车 **motor scooter**
机器脚踏两用车 **moped, autocycle**
机动三轮车 **motor cabin, cyclecar, tricar**
轻型越野车(吉普) **jeep**

汽 车 Motorcar (Automobile)

发动机系 **power system**
汽油发动机⑤ **petrol (gasoline) engine**
柴油发动机 **diesel engine, heavy oil engine**
汽缸体 **cylinder block**
汽缸盖 **cylinder head**
活塞 **piston**
活塞环 **piston ring**
连杆 **connecting rod**
曲轴 **crankshaft**
飞轮 **flywheel**
凸轮轴 **camshaft**
进气阀 **intake (inlet)**

valve
排气阀 exhaust valve
排气管 exhaust pipe
消声器 silencer, (Am.) muffler

5

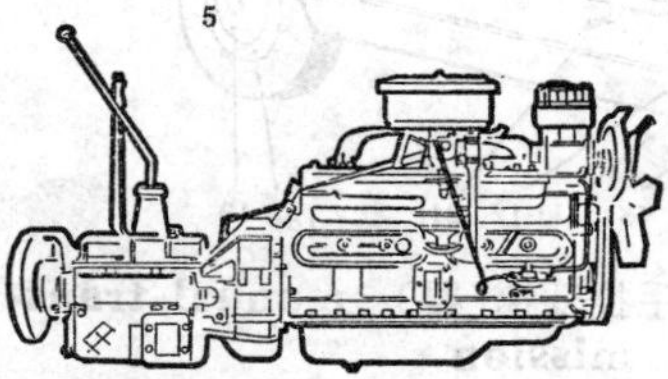

润滑系 lubrication system
机油泵 oil pump
机油盘(油槽) oil sump, (Am.) oil pan
机油滤清器 oil filter
供油系 fuel supply system
油箱 fuel tank
燃油滤清器 fuel filter
空气滤清器 air filter
汽油泵 fuel pump
供油泵 fuel feed pump
汽化器 carburettor
喷油泵 injection pump
喷油嘴 atomiser, injection valve, injection nozzle
冷却系 cooling system
散热器 radiator
水泵 water pump
风扇 cooling fan
风扇皮带 V-belt, fan belt
电系 electric system
发电机 dynamo (generator)
起动机 starter motor
分电器(配电盘) distributor (timer)
火花塞(火嘴) spark-plug
点火开关(点火钥匙) ignition switch (ignition key)
起动机开关(起动机按钮) starter switch (starter button)
喇叭按钮 horn (hooter) button
头灯 head lamp, headlight
大灯(远距灯) driving light
小灯(近距灯) anti-dazzle (short range) light
翼子板灯 wing lamp, fender light
刹车灯 stop light, brake light
尾灯(后灯) taillight (rear lamp
雾灯 fog light
车侧标志灯 side marker light
方向指示灯 trafficator blinker, (Am.) direction indicator, turn signal light
车厢内顶灯 dome light
仪表板照明灯 panel light, dash lamp
减光器开关(小灯开关) dimmer switch, dipswitch, (Am.) dimswitch
倒车灯 reversing light, backup light
机油警灯 oil warning light
顶篷灯 roof light
牌照灯 number plate light

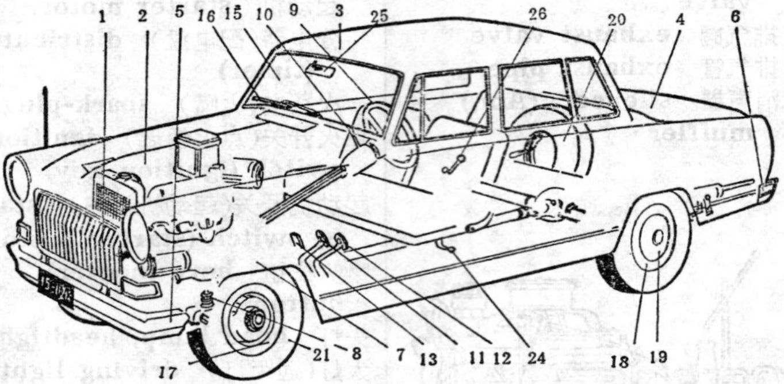

车体 **car body**
散热器护栅① **radiator grille**
发动机罩② **engine bonnet, (Am.) engine hood**
车篷③ **car roof**
汽车后部行李箱④ **car boot, luggage boot (Am.) baggage trunk**
后部车门 **tailgate**
车门与手把 **car door and handle**
前保险杠⑤ **front bumper**
后保险杠⑥ **rear bumper**
保险杠护垫 **bumper guard**
防护板(挡泥板)⑦ **wing, fender (mudguard)**
脚踏板 **running board**
车架 **chassis frame**
横梁 **cross-member**
前桥(前轴) **front axle**
后桥(后轴) **rear axle**
螺形弹簧⑧ **helical (coil) spring**
板簧 **leaf (laminated, plate) spring**
自动变速〔器〕 **automatic transmission**
手控变速〔器〕 **manual transmission**
变速箱 **gear box**
传动轴 **drive shaft, propeller shaft**
万向轴 **cardan shaft**
万向带(十字轴) **universal joint**
离合器机组 **clutch assembly**
减振器 **damper, shock absorber, (Am.) snubber**
方向盘(驾驶盘)⑨ **steering wheel**
变速杆(换档杆)⑩ **gear shifting lever, gear change rod**
脚踏制动板(脚闸)⑪ **brake pedal, foot brake, (Am.) service brake**
离合器脚踏板⑫ **clutch pedal**
加速踏板(油门)⑬ **acceleration pedal, accelerator**
手闸⑭ **hand brake**
停车制动器 **parking brake**
紧急制动器 **emergency brake**
挡风玻璃⑮ **windscreen, (Am.) windshield**
风挡刮水器⑯ **windscreen wiper, (Am.) windshield**

wiper
车轮 wheel
轮箍⑰ wheel rim (wheel band)
轮盘⑱ wheel disc (wheel dish)
轮盖 wheel cover (wheel cap)
轮毂 wheel hub (wheel nave)
轮毂盖⑲ hub cover (hub cap)
双胎车轮 dual (double) wheel
备用车轮⑳ spare wheel
车轮制动器 wheel brake
制动鼓 brake drum
制动盘 brake disc
轮胎㉑ tyre
充气轮胎 pneumatic tyre
单管(无内胎)轮胎 tubeless tyre
白边轮胎 white-wall tyre
内胎 tyre tube
内胎气门和盖 tyre tube valve and cap
轮胎防滑链 tyre chain
仪表板㉒ dashboard, instrument panel
仪表㉓ instruments
安培表(电流表) ammeter, battery indicator
油温计 oil temperature gauge
油压表 oil pressure gauge
水温表 water temperature indicator
气压表 pressure gauge
油位表 fuel level gauge, petrol gauge, (Am.) gasoline level gauge
速度与里程表 speedometer with mileometer (mileage recorder, odometer)
车用时钟 car clock
车用无线电收音机 car radio
车内设备与装潢 interior trim and appointments
遮日板 sun shield, (Am.) sun visor
圆背坐椅 bucket seat
可折合坐椅 jump seat
可调靠背坐椅 reclining seat
坐椅调整手把㉔ seat adjusting handle
地毯 floor mat, auto carpet
后视镜㉕ driving mirror, rear view mirror
车门固定按钮 door lock knob
车窗升降器手把㉖ window riser (window raiser) handle
车顶通风装置 roof ventilation
导管通风装置 duct ventilation
司机个人用具匣㉗ cubby-hole, (Am.) glove compartment

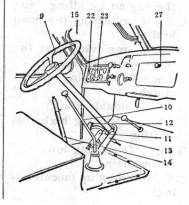

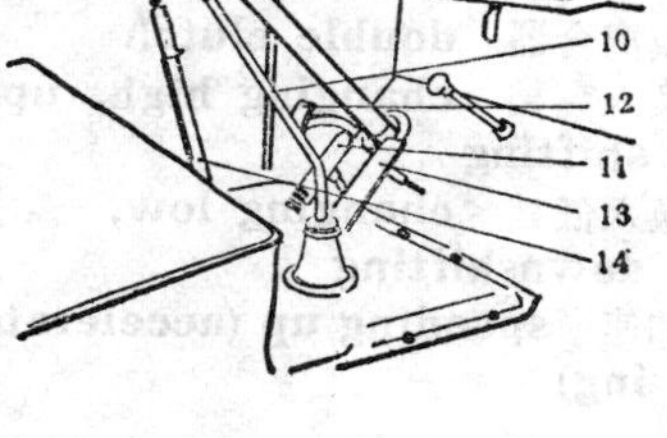

汽车驾驶 Driving

总的性能 **overall performance**
操纵灵敏性 **manoeuvrability**
方向稳定性 **directional stability**
对路面的附着能力 **road-holding ability, grip**
全面能见度 **full (panoramic) visibility**
前面能见度 **forward visibility**
后面能见度 **backward visibility**
有限视界 **restricted visibility**
转弯半径 **turning circle**
爬坡能力 **gradeability, climbing ability**
底盘轴距 **chassis wheelbase**
汽车驾驶 **car driving**
入空档 **placing gear in the neutral position**
起动发动机 **starting the engine**
空转发动机加温 **warming up the engine by idling**
松开手闸 **releasing the hand brake**
入起动档 **removing gear to the starting position**
接合离合器 **engaging the clutch**
双离合器 **double clutch**
换入高档 **changing high, upshifting**
换入低档 **changing low, downshifting**
加速 **speeding up (accelerating)**
减速 **slowing down (decelerating)**
前进 **going forward**
超车 **overtaking**
用高速档经济车速行驶 **cruising**
开慢车 **clocking over**
全速行驶 **driving at full speed**
正常速度 **normal speed**
恒速 **constant speed**
快车道速度 **expressway speed**
向左转 **turning left**
向右转 **turning right**
掉头 **turning round (turnabout)**
倒车 **backing, reversing**
刹车 **braking**
停车 **stopping**
停放汽车 **parking**
新发动机磨合运转 **running in of a new engine**
通过障碍物 **negotiating an obstacle**
停车后重新起动 **re-starting**
驶入车房 **garaging**
上坡起动 **uphill starting**
下坡制动 **downhill braking**
加油(踏油门) **bending the throttle, stepping on the gas**
前轮驱动 **front-wheel drive**
后轮驱动 **rear-wheel drive**
四轮驱动 **four-wheel drive**
汽车对方向盘反应迟钝 **understeer**
汽车对方向盘反应过敏 **oversteer**
推车起动 **push starting**

汽车维修 Car Maintenance and Repair

汽车修理工 **car repairman (auto-mechanic)**
日常维修 **routine maintenance**
调整发动机 **tuning up**
故障检查和排除 **troubleshooting, troublehunting**
全面检修 **overhaul**
发生故障 **breakdown**
故障 **failure, stoppage**
故障部位 **trouble spot**
发动机毛病 **engine trouble**
发动机滞行 **sluggish engine**
发动机停顿 **engine stalling**
发动机失灵 **engine seized up**
发动机积垢 **engine sludging**
活塞积碳 **carbon on piston**
火花塞塞嘴变质 **deteriorated spark plug tip**
离合器打滑 **clutch slipping**
离合器发抖 **clutch jerky**
刹车不紧 **brake not holding well**
挂档困难 **trouble in gearshift**
汽化系统有毛病 **trouble in the carburetion system**
点火系统有毛病 **trouble in the ignition system**
电气系统有毛病 **trouble in the electric system**
后桥有敲击声 **knocks in the rear axle**
车轮打滑 **wheel skidding**
车轮定位不准 **wheels not in alignment**
发动机爆震 **pinking**
左右偏离 **yawing**
左右(横向)颠簸 **rolling**
前后(纵向)颠簸 **pitching**
空转 **wheel spinning**
机械故障 **mechanical defect, mechanical bug**
轮胎穿孔 **tyre puncture**
漏气轮胎 **flat tyre**
爆胎 **tyre blowout, tyre break**
燃油汽管渗漏 **fuel and vapour line leaking**
轮胎翻修 **tyre soling**
胎冠翻修 **tyre recapping**
补胎 **tyre patching**
换胎 **tyre changing**
去碳 **carbon removing**
去锈 **rust removing**
车身镶板矫正 **body panel straightening**
加油站 **filling station, petrol station, (Am.) gasoline station**
加油泵 **petrol (gasoline) filling pump**
维修车间 **maintenance shop**
检修坑 **repair pit**
车用千斤顶 **car jack**
洗车机 **car washer**
轻便车台 **portable car ramps**
楔形车轮垫块 **wheel chock**
黄油枪 **grease gun**
润滑油罐 **lubricant (oil) can**
喷枪 **spray gun**
铆枪 **riveting gun**
发动机清洗枪 **engine cleaning gun (engine cleaner)**
机动打气机 **motor driven air**

pump
脚踏打气机 **foot-operated air pump**
气焊气割机 **gas welding and cutting outfit**
轻便空气压缩机 **portable air compressor**
发动机修理架 **engine repair stand**
转车台 **turntable**
齿轮与轴承拆卸器 **gear and bearing puller**
小齿轮拆除工具 **pinion removal tool**
轮胎拆装杆 **tyre lever**
轮胎撑开器 **tyre spreader**
橡皮木槌 **rubber mallet**
丝锥板牙套具 **tap and die set**
老虎钳 **vice**
电池充电机 **battery charger**
头灯灯光定位器 **headlight beam setter**
麂皮 **chamois leather**
废棉纱 **cotton waste**

摩托车 Motorcycle

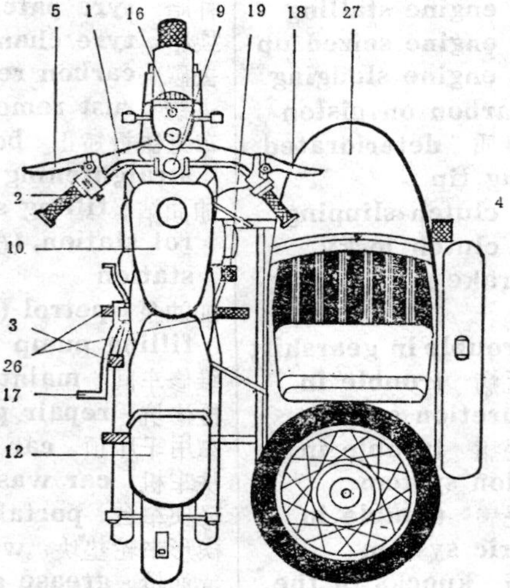

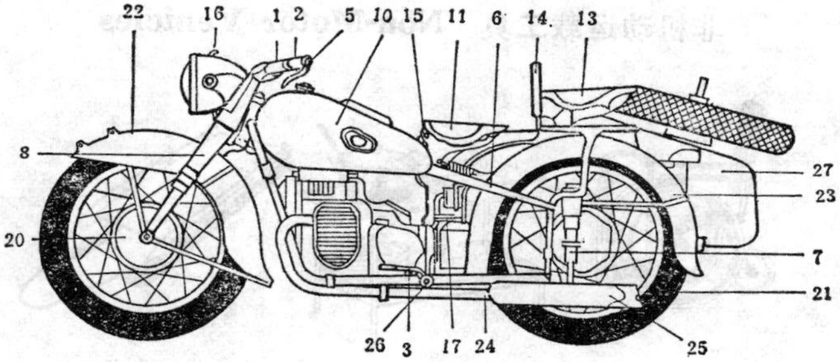

两缸四冲程发动机 **two-cylinder four-stroke motor**
单缸二冲程发动机 **single cylinder two-stroke motor**
车把① **handlebar**
变速转把② **gear twist grip (handlebar gear change)**
脚控变速杆③ **foot-operated gear lever**
节流阀转把(油门转把)④ **throttle twist grip**
离合器握把⑤ **clutch lever**
车架⑥ **frame**
缓冲器⑦ **telescopic springing**
可伸缩筒式前叉⑧ **telescopic fork**
转向减振器⑨ **steering damper**
汽油箱⑩ **fuel tank, petrol tank, (Am.) gasoline tank**
机油箱 **oil box**
悬臂式鞍座⑪ **cantiliver saddle**
双座鞍⑫ **dual seat**
后座⑬ **pillion**
鞍座手把⑭ **saddle grip**
鞍座支架⑮ **saddle bracket**
点火开关⑯ **ignition switch**
电起动器 **dynastarter**
脚踏起动器⑰ **kickstarter**
前闸手柄(手闸)⑱ **front brake hand lever (hand brake)**
后闸踏板(脚闸)⑲ **rear brake pedal (foot brake)**
轮毂闸⑳ **hub brake**
车轮㉑ **wheel**
前挡泥板㉒ **front fender**
后挡泥板㉓ **rear fender**
挡泥瓣 **mud flap**
排气管㉔ **exhaust pipe**
消声器(排气箱)㉕ **silencer, muffler (exhaust box)**
脚垫㉖ **foot-rest**
蓄电池存放匣 **battery compartment**
工具箱 **tool box**
摩托车撑架 **motorcycle stand**
风挡 **windscreen(Am.) windshield**
行李架 **luggage rack**
鞍形袋 **saddle bag, panniers**
边车㉗ **sidecar**
拖车(挂车) **trailer**

非机动运载工具 Non-Motor Vehicles

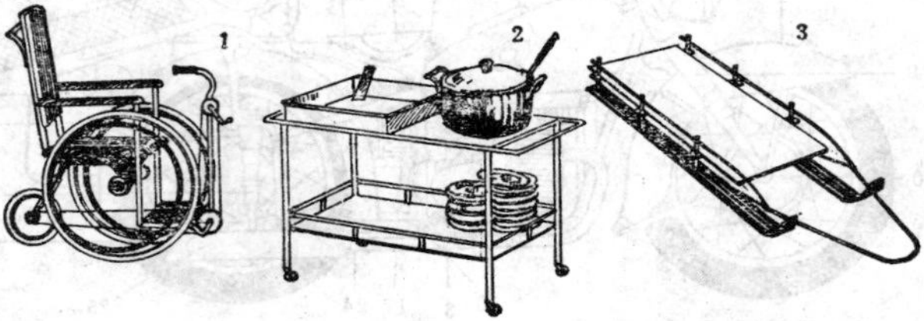

三轮车 **tricycle**
载客三轮车 **pedicab**
轮椅① **wheel chair, invalid carriage**
手推童车 **stroller**
手推婴儿车 **perambulator (pram), (Am.)baby carriage**
手推车 **push-cart, hand-cart**
两轮手推车 **hand barrow**
独轮手推车 **wheelbarrow, single-wheel barrow**
脚轮小台(小台车)② **trolley**
人力车 **rickshaw**
轿子 **sedan chair**
担架 **stretcher, litter**
畜力车 **beast-drawn cart**
马车 **horse carriage**
牛车 **ox-cart**
雪橇③ **sleigh, sledge, (Am.) sled, cutter**
长雪橇 **bobsleigh, bobsled**
滑橇 **sledge runner**
驮畜 **pack animal**
驮畜队 **pack train**
骆驼队 **caravan of camels**

自行车 Bicycle

车架④ **frame**
前管⑤ **head tube**
上管⑥ **top tube(cross bar)**
下管⑦ **down tube**
立管⑧ **seat tube**
立叉⑨ **seat stays(rear fork)**
平叉⑩ **chain stays(bottom fork)**
前叉⑪ **front fork**
前叉锁母⑫ **head lock ring**
前叉立管⑬ **front fork tube**
叉腿⑭ **fork blade**
灯架⑮ **lamp bracket**
车把⑯ **handlebar**
把套⑰ **handlebar grip**
后闸手把⑱ **rear brake hand lever**
前闸手把⑲ **front brake hand lever**
把立管⑳ **handlebar stem**
翘把 **rise handlebar**
车轮㉑ **wheel**
轮胎(外胎)㉒ **tyre (outer cover)**

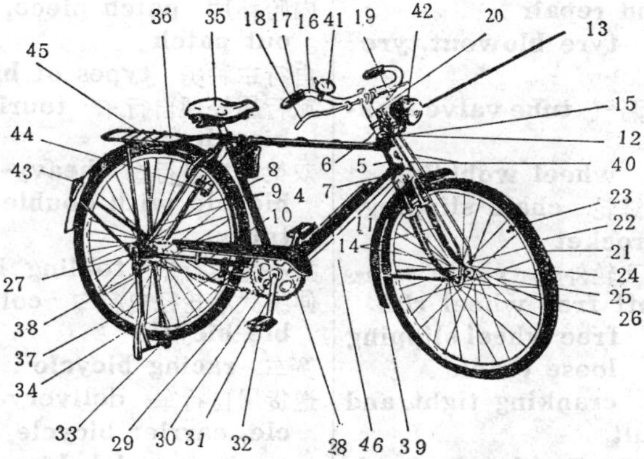

内胎 **tube**
内胎气门阀(气嘴)㉓ **tube valve**
轮圈(轮箍)㉔ **rim (band)**
轮辐条㉕ **wire spoke**
轮毂㉖ **wheel hub**
轮轴 **wheel axle**
飞轮㉗ **free wheel, gear wheel**
飞轮轮缘(飞轮外套) **free wheel sprocket**
飞轮千斤(棘轮爪) **ratchet pawl**
链条传动装置 **chain drive**
链轮㉘ **chain wheel, chain sprocket**
传动链(滚子链条)㉙ **drive chain, bushed chain**
链条调整装置 **chain adjuster**
中轴㉚ **bottom bracket bearing axle**
曲柄㉛ **crank**
脚蹬㉜ **pedal**
车闸 **brake**
蹬形闸㉝ **stirrup brake**
闸拉杆 **pull rod, brake rod**
闸皮㉞ **brake shoe**
钳形闸 **caliper brake**
钢闸绳(带套) **bowden cable**
涨闸 **internal expanding hub brake**
附件 **accessories**
弹簧鞍座㉟ **spring seat saddle**
尾架㊱ **carrier**
撑架㊲ **cycle stand**
单撑架 **kick-stand**
全链罩 **full chain guard**
半链罩㊳ **partial chain guard**
挡泥板㊴ **mudguard**
保险叉㊵ **safety fork**
车铃㊶ **bicycle bell**
车灯㊷ **bicycle lamp**
尾灯㊸ **rear reflector**
摩电机㊹ **dynamo**
车锁㊺ **bicycle lock**
打气筒㊻ **bicycle air pump, tyre inflater**

自行车故障与维修 **cycle failure and repair**
轮胎爆裂 **tyre blowout, tyre break**
车胎阀门漏气 **tube valve leaking**
车轮摇晃 **wheel wobbling**
链条滑离链轮 **chain slipping off sprocket**
链条滑离飞轮外套 **chain slipping off free wheel rim**
飞轮打滑 **free wheel slipping**
曲柄松滑 **loose crank**
蹬转困难 **cranking tight and difficult**
自行车修理工具 **bicycle repair kit**
自行车扳手 **bicycle wrench set**
橡皮胶 **rubber cement**
橡皮胶水 **rubber solution**
内胎补片 **patch piece, blowout patch**
自行车种类 **types of bicycle**
旅行用轻便自行车 **touring bicycle**
双梁载重自行车 **heavy-duty bicycle with double top tubes**
折叠式自行车 **folding bicycle**
伸缩式小轮径自行车 **collapsible bicycle**
赛车 **racing bicycle**
送货用自行车 **delivery bicycle, carrier bicycle**
特技自行车 **trick bicycle**
儿童用自行车 **child's bicycle**
女用自行车 **woman's bicycle**
多档自行车 **multi-speed bicycle**

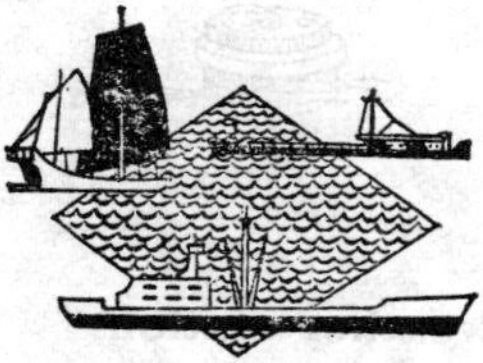

航　运　Shipping

港　口　Port

商港　**commercial port**
自由港　**free port**
出发港　**port of departure**
停泊港　**port of call**
目的港　**port of destination**
到达港　**port of arrival**
避难港(避风港)　**port of distress**
不冻港　**ice-free port, warmwater port**
天然港　**natural harbour**
人工港　**artificial harbour**
港口结构　**harbour accommodation**
航道　**navigation channel**
激光航道标　**laser channel marker**
引水站　**pilot station**
引水船　**pilot boat**
港口导航系统　**harbour navigation system**
防波堤　**breakwater, mole**
柱形浮标①　**spar (pillar) buoy**
罐形浮标②　**can buoy**
球形浮标③　**spherical buoy**
鼓形浮标(浮鼓)④　**drum buoy**
鸣笛浮标　**whistle buoy**

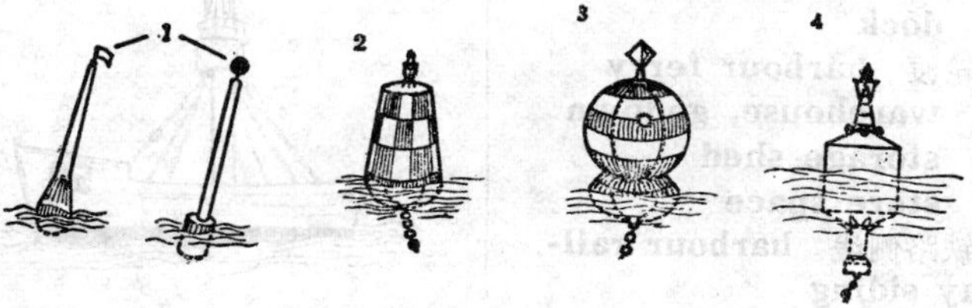

1

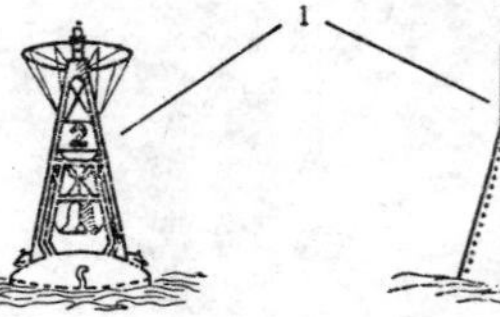

2

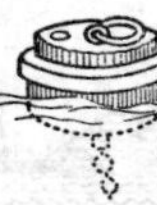

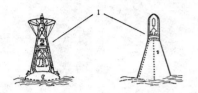

灯浮标 **light buoy①**
港池 **harbour basin**
锚地 **anchorage**
港外泊地 **roadstead (roads)**
泊位 **berth**
系泊处 **moorings**
系泊浮筒② **mooring buoy**
系缆桩 **bollard, dolphin**
灯塔 **lighthouse, beacon**
灯船③ **lightship**
微波航道信标 **microwave course beacon**
码头 **dock, wharf, quay**
顺岸码头 **wharf**
突堤码头 **pier**
栈桥 **jetty**
浮码头 **floating pier, pontoon**
旅客码头 **passenger pier**
包装货码头 **packed cargo wharf**
散装货码头 **bulk cargo wharf**
集装箱码头 **container wharf**
油码头 **oil wharf**
船坞 **dock**
港口轮渡 **harbour ferry**
货仓 **warehouse, godown**
货棚 **storage shed**
堆场 **store space**
港口铁路侧线 **harbour railway siding**

气象站 **weather station**
港口雷达 **harbour radar**
信号台 **signal tower**
避风所 **storm shelter**
港务局 **port administration bureau**
港务机关 **port authority**
海关 **customs**
检疫 **quarantine**
燃料供应船 **bunkering tanker**
杂货供应船 **chandlering launch**
淡水船 **freshwater tanker**
供应和补给 **supply and replenishment**
检修设备 **servicing and repair facilities**
货运 **freightage**
吞吐量 **volume of freight traffic**
转运量 **volume of transshipment**

3

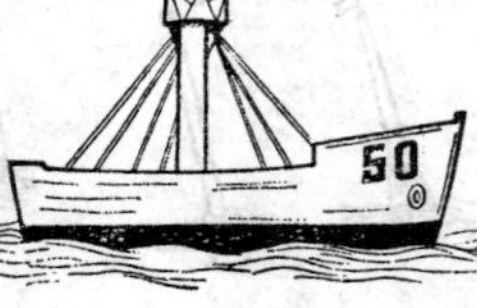

机动船舶 Powered Vessels

4

5

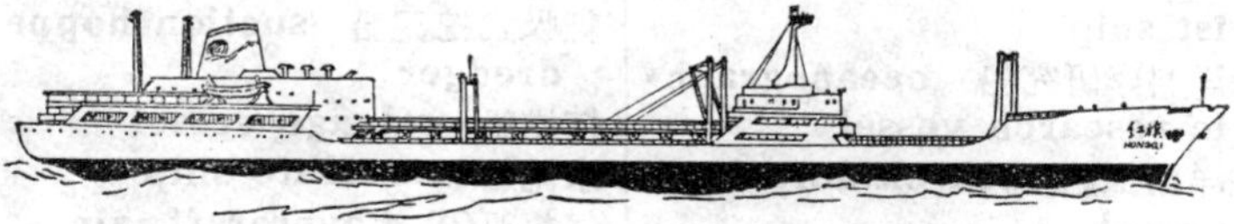

蒸汽机船 **steamship (SS), steamer**
内燃机船 **motor vessel (MV)**
汽轮机船 **turbine steamer**
电力推进船 **electric (propulsion) ship**
柴油机电动船 **diesel-electric ship**
核动力船 **nuclear-powered ship**
喷水推进船 **hydrojet-propelled ship**
机帆船 **motor junk**
客船 **passenger ship**
定期航船(班船) **liner**
定期远洋船 **ocean liner**
邮船 **mail liner**
沿海船 **coasting vessel, coaster**
不定期不定线船 **tramp**
内河轮船 **river steamer**
客货船 **passenger-cargo ship**
货船 **freighter, cargo ship**
五万吨级远洋货轮④ **50,000-ton-class ocean-going freighter**
油船⑤ **oil tanker**
超级油船 **super tanker**
巨型〔原〕油船 **very large crude oil carrier (VLCC)**
拖船 **tugboat**
载驳母船(子母船)⑥ **lighter aboard ship (LASH)**
载驳货船 **barge carrier**
干货船 **dry cargo ship**

6

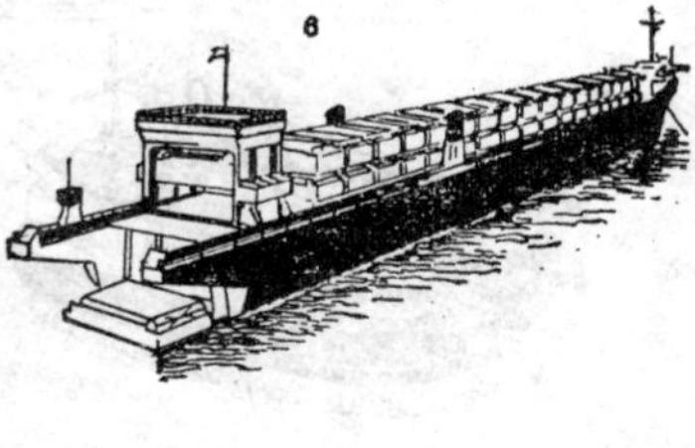

散装货船 **bulk carrier**
集装箱船 **container ship**
冷藏货船 **refrigerator freighter**
运煤船 **collier**
牲畜船 **cattle ship**
渡船 **ferry (boat)**
车辆渡船 **vehicular ferry**
汽艇 **motorboat**
机动游艇 **motor yacht**
游览船 **excursion boat, tourist ship**
海洋科学研究船 **oceanographic research vessel**
海洋勘探船 **sea exploration vessel**
石油钻井船 **drilling platform, rig**
顶推船① **pushboat, pusher**
破冰船② **ice-breaker**
测量船 **surveying vessel**
航标船 **buoy tender**
挖泥船(疏浚船) **dredger**
通用挖泥船 **all-purpose dredger**
抓斗式挖泥船 **floating grab dredger**
链斗式挖泥船③ **bucket (ladder) dredger**
吸扬式挖泥船 **suction dredger**
绞吸式挖泥船 **screw dredger**
耙吸式挖泥船 **suction hopper dredger**
打捞船 **salvage vessel**
水泥船 **concrete ship**
气垫船④ **hovercraft, air cushion craft, surface effect ship (SES)**
水翼船⑤ **hydrofoil**
双体船 **twin-hull vessel**

1

2
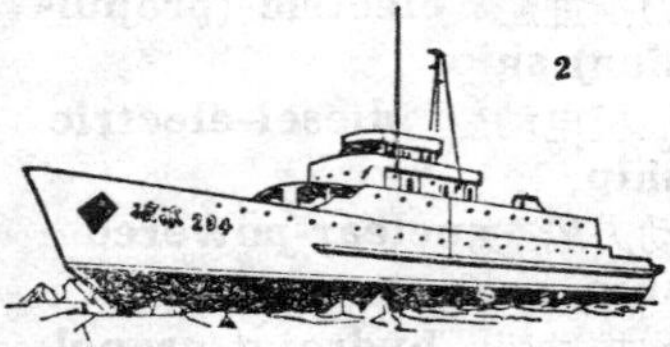
3
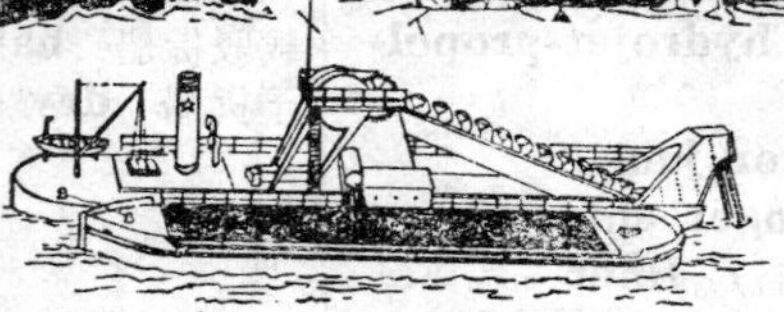
4

5

非机动船 Non-powered Vessels

驳船 **barge, lighter**
帆船 **sailing vessel**
单桅纵帆船 **sloop**
双桅横帆船 **brig**
三桅帆船 **bark, barque**
张帆小游艇⑥ **sailing dinghy**
中国式帆船⑦ **junk**
  船桅 **mast**
  船帆 **sail**
  翼帆 **studding sail**
  船首三角帆 **flying jib, jib**
  帆桁 **yard**
  索具 **rigging**
  支索(稳正索) **stay**
  船篷 **awning**
  船舵 **rudder**
  舵柄 **tiller**

撑篙船 **punt**
篙 **pole**
用篙撑船 **punting**
帆布艇 **canvas canoe**
橡皮艇 **rubber dinghy**
独木舟 **dugout**
浮桥舟 **pontoon**
木筏 **raft**
竹筏 **bamboo raft**
羊皮筏 **sheepskin raft**

舢板(舢舨) **sampan**
短桨 **paddle**
划桨(无桨叉支撑) **paddling**
荡桨(有桨叉支撑) **rowing**
划艇 **rowboat**
桨 **oar**
桨叉 **rowlock, oarlock**
摇橹船⑧ **sculling boat**
橹⑨ **scull**
摇橹 **sculling**

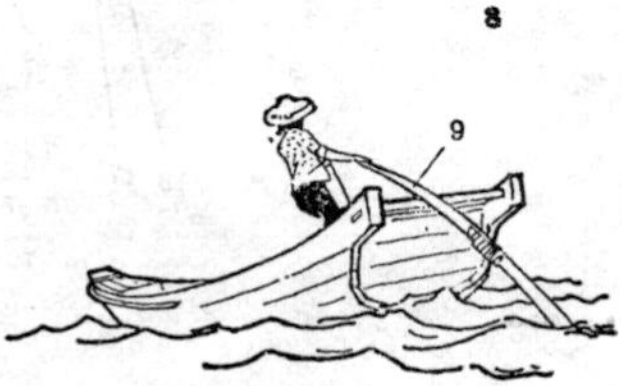

客货船 Passenger and Cargo Ship

船身 **hull**
船头 **bow**
船尾 **stern**
舷(船边) **side**
左舷① **port (side)**
右舷② **starboard (side)**
船首旗杆③ **jack staff**
船尾旗杆④ **ensign staff**
公司旗 **house flag**
开船旗 **blue peter**
两脚桅 **bipod mast**
锚和锚链⑤ **anchor and cable**
起锚机⑥ **windlass**
水尺 **draught, draft**
载重线标志 **Plimsoll mark**
吃水线 **water line**
前桅 **foremast**
主桅 **main mast**
后桅 **mizzen mast**
前甲板⑦ **fore deck**
后甲板⑧ **aft deck, after deck**
装卸吊杆⑨ **cargo derrick**
吊杆柱(将军柱)⑩ **Samson post, king post**
装卸绞车⑪ **cargo winch**
救生艇吊艇柱⑫ **lifeboat davit**
舱口⑬ **hatch (way)**
舱壁 **bulkhead**
烟囱⑭ **funnel**
通气筒⑮ **ventilator, vent**
栏杆⑯ **railing**
系船缆索 **hawser, mooring rope**

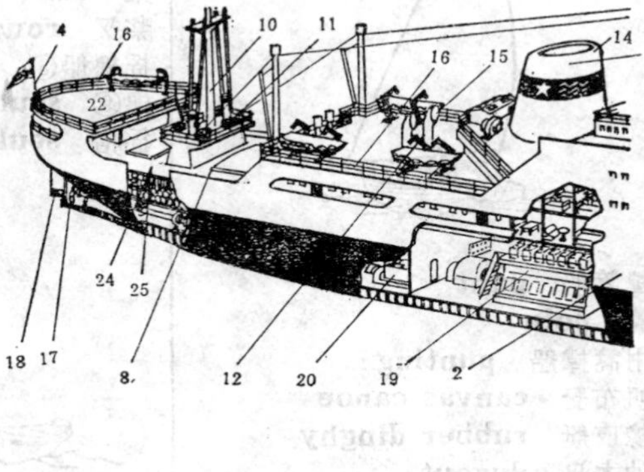

系缆桩 **bitt, bollard**
挡鼠隔 **rat guard**
舷门 **gangway**
舷梯 **accommodation ladder**
绳梯 **Jacob's ladder**
舷窗 **porthole**
探照灯 **searchlight**
左舷灯——红色 **port light——red**
右舷灯——绿色 **starboard light——green**
驱动系统 **driving unit**
螺旋桨⑰ **screw propeller**
螺旋桨轴 **shaft**
舵⑱ **rudder**
主机⑲ **main engine**
辅机⑳ **auxiliary engine**
船首楼㉑ **forecastle**
船尾楼㉒ **poop**
桥楼(驾驶楼)㉓ **bridge**
主甲板㉔ **main deck**
后甲板㉕ **quarter deck**
甲板间 **tween decks**
甲板室 **deck house**
旅客舱室 **passenger cabin**
特等客舱套间 **stateroom suite**
豪华套间 **de luxe suite**
餐厅 **dining saloon**
休息室 **lounge**
会议室 **conference room**
海图室 **chart room**
船员食堂 **crew's mess room**
厨房 **galley**
厨具室 **pantry**
厕所 **toilet, head**
货舱㉖ **hold**
行李舱 **luggage locker**
贵重货舱 **treasure room**
备用燃料舱 **reserve bunker**
压载舱 **ballast tank**

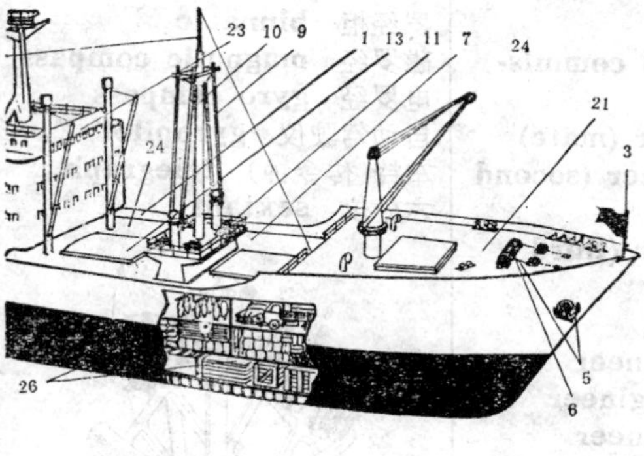

污水舱 **bilge**
燃料柜(燃料舱) **fuel tank**
淡水柜(淡水舱) **freshwater tank**
制淡水设备 **freshwater distilling plant**
容积吨位 **capacity tonnage**
总登记吨位 **gross registered tonnage**
净登记吨位 **net registered tonnage**
净排水量(空船排水量) **net displacement tonnage**
总排水量(满载排水量) **gross displacement tonnage**
载重吨位 **deadweight tonnage**

航　海 Navigation

远洋航行 **ocean voyage**
初航 **maiden voyage**
船队 **fleet**
护航队 **convoy**
商船队 **merchant fleet**
船只 **vessel**
国产船 **China-built ship**
外籍船 **foreign-nationality ship**
租用船 **chartered ship**
海员 **seaman**
全体船员 **crew**
船长 **captain, master, skipper**
政治委员 **political commissar**
大副 **chief officer (mate)**
二副 **second officer (second mate)**
三副 **third officer (third mate)**
事务长 **purser**
轮机长 **chief engineer**
二管轮 **second engineer**
三管轮 **third engineer**
大管事 **chief steward**
二管事 **second steward**
导航员 **navigator**
舵手 **quartermaster, helmsman**
水手长 **boatswain (bosun)**
水手 **sailor**
船上理货员 **supercargo**
船上木工 **ship's carpenter (Chips)**
驾驶室 **wheelhouse**
航海日志 **logbook**
海图 **chart**
舵轮 **steering wheel, helm**
航海仪器 **navigation instrument**
罗经柜 **binnacle**
磁罗经 **magnetic compass**
电罗经 **gyro compass**
自动驾驶仪 **gyropilot**
车铃(传令钟) **telegraph**
六分仪 **sextant**

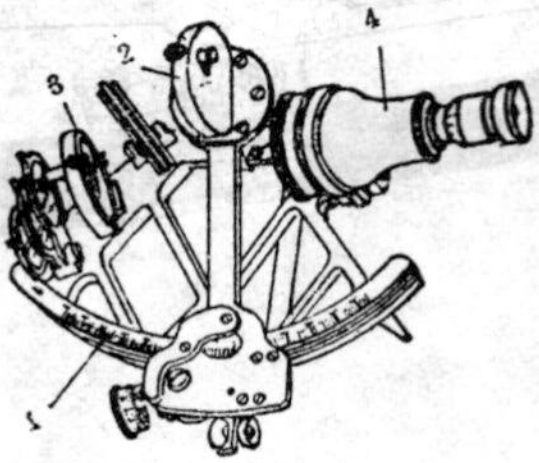

刻度盘① calibrated scale
指标镜② rotating mirror
地平镜③ fixed mirror
望远镜④ telescope
拖曳式计程仪 patent log
陀螺稳定器 gyro stabilizer
回声测深器 echo sounder
无线电测向仪 radio direction-finder
电子导航仪定位 ascertaining position by electronic navigator
船位显示器 plan position indicator (PPI)
航海时计 marine chronometer
雷达导航 radar pilotage
雷达装置 radar unit
扫描器 scanner
显像装置 display unit
"多普勒"测距仪 Doppler ranger
汽笛 siren, whistle
航行灯 navigation light
航道 fairway
航向 course
起锚启航 weighing anchor
解缆开航 unmooring, slipping the moorings
在航行中 under way
全速 full speed
中速 moderate speed
慢速 slow speed
微速 dead slow speed
全速前进 full speed ahead
微速后退 dead slow astern
航速 18 节(海里/小时) speed of 18 knots (nm/hr)
顶流航行 sailing against the current
顺流航行 sailing with the current
涟波(1级海况) rippled sea
小浪(2级海况) smooth sea
轻浪(3级海况) slight sea
中浪(4级海况) rather rough sea
强浪(5级海况) rough sea
波峰 crest
波谷 trough
浪花 spray
暴风 storm
飓风 hurricane
台风 typhoon
旋风 cyclone
轻雾 mist
大雾 thick fog
能见度好 visibility good
能见度差 visibility poor
涨潮 flood tide
落潮 ebb tide
航线正确 on the right course
航线偏误 on the wrong course
方位 bearing(s)
航行顺利 plain sailing
抛锚 dropping (casting) anchor
系缆 mooring
港岸停泊 in port
靠码头 in dock
出港证 clearance permit
航海健康申明书 marine declaration of health
检疫合格证 health clearance papers
海事报告 sea protest
发送信息(发送信号) sending a message (sending a signal)

接收信息(接收信号) **acknowledging a message (acknowledging a signal)**
检疫通信(检疫信号) **pratique message signal**
判定位置 **locating**
无线电报 **radiotelegraphy**
高频无线电话 **VHF radiotelephony**
声号 **sound signal**
摩氏信号灯 **Morse signalling lamp**
摩氏手旗信号 **Morse signalling by handflags**
摩氏手臂信号 **Morse signalling by arms**
航海手旗信号 **semaphore**

海难救助 Salvage

公海事故 **accident on the high seas**
碰撞 **collision**
失火 **on fire**
爆炸 **explosion**
操纵装置失灵 **steering gear damaged**
搁浅 **run aground**
触礁 **hit a submerged reef**
发动机故障 **engine trouble**
危险船倾 **dangerous list**
出现漏水 **sprung a leak**
漂浮 **adrift, drifting**
操纵失灵 **disabled**
遇险 **in distress**
下沉 **sinking**
船只遇难 **shipwreck**
弃船 **abandon ship**
生存者求援 **survivors require assistance**
呼救电报 **distress call**
呼救信号 **SOS**
声音信号 **sound signal**
视觉信号 **visual signal**
烟雾信号 **smoke signal**
救助队 **rescue party**
打捞队 **salvage party**
救火船 **fireboat**
遇险位置在北纬____度，东经____度 **position of distress at latitude ____ degrees north, longitude ____ degrees east**
救助船① **salvage vessel**
沉船② **wreck, sunken ship**
浮筒打捞法③ **lifting a wreck by pontoons**
压气抽水法④ **refloating a wreck by using compressed air to blow out the water**

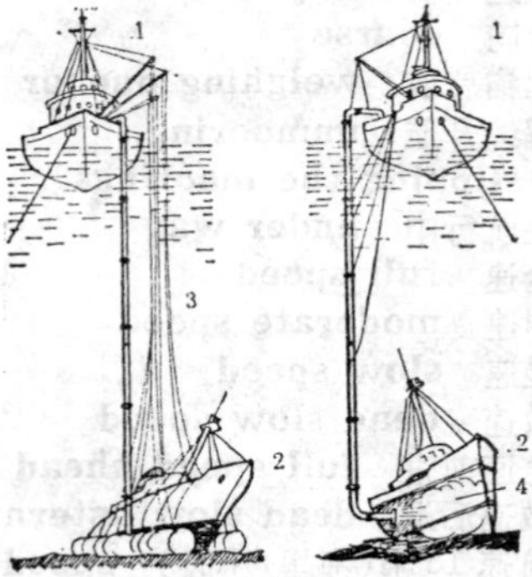

潜水员 **diver**
蛙人⑤ **frogman**

水中呼吸器⑥ **aqualung**
橡皮脚掌⑦ **flipper**
救生设备 **life-saving apparatus, life-saving kit**
救生衣物⑧ **life preserver**
救生艇 **lifeboat**
救生筏 **life raft**
救生火箭 **life rocket**
救生衣⑨ **life jacket**
空气救生衣 **air jacket**
救生圈⑩ **life buoy**
救生带 **life belt**
伤亡人数 **casualties**

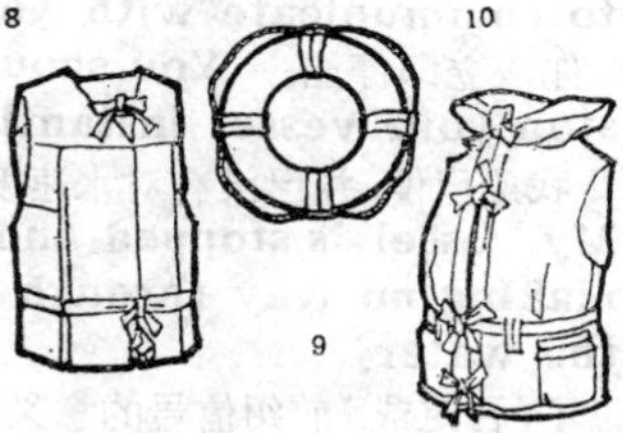

国际通语信号旗 International Code Flags

信号旗 **code flag, signal flag**
字母旗① **letter flag**
回答旗② **answering pennant (answering flag)**
数字旗③ **numeral flag**
代旗④ **substitute flag**
单字母信号 **single-letter signals.**

A 我下面有潜水员；请慢速远离我。 **I have a diver down; keep well clear at slow speed.**

B 我正在装、卸或载运危险货物。 **I am taking in, or discharging,or carrying dangerous goods.**

C 是（肯定或"前组信号的意义应理解为肯定的"）。 **Yes (affirmative or "The significance of the previous group should be read in the affirmative").**

D 请让开我；我操纵困难。 **Keep clear of me; I am manoeuvring with difficulty.**

E 我正在向右转向。 **I am altering my course to starboard.**

F 我操纵失灵；请与我通信。 **I am disabled; communicate with me.**

G 我需要引水员。（在渔场由邻近一起作业的渔船使用时，它的意思是"我正在收网"。） **I require a pilot. (When made by fishing vessels operating in close proximity on the fishing grounds, it means: "I am hauling nets.")**

H 我船上有引水员。 **I have a pilot on board.**

I 我正在向左转向。 **I am altering my course to port.**

J 我船失火，并且船上有危险货物，请远离我。 **I am on fire and have dangerous cargo on board: keep well clear of me.**

K 我希望与你通信。 **I wish to communicate with you.**

L 你应立即停船。 **You should stop your vessel instantly.**

M 我船已停，并已没有对水速度。 **My vessel is stopped and making no way through the water.**

N 不(否定或“前组信号的意义应理解为否定的”)。(这个信号仅可以用视觉或用音响信号发出。在用话音或无线电发送这个信号时应该用“NO”字。) **No (negative or “The significance of the previous group should be read in the negative”). (This signal may be given only visually or by sound. For voice or radio transmission the signal should be “NO”.)**

O 有人落水。 **Man overboard.**

P (在港内)本船将要出海，所有人员应立即回船。 **(In harbour) All persons should report on board as the vessel is about to proceed to sea.**
(在船上，当由渔船使用时，意为:) 我的网缠在障碍物上。 **(At sea, it may be used by fishing vessels to mean:) My nets have come fast upon an obstruction.**

Q 我船没有染疫，请发给进口检疫证。 **My vessel is “healthy” and I request free pratique.**

R 你可谨慎地驶过我船。 **You may feel your way past me.**

S 我的机器正在开倒车。 **My engines are going astern.**

T 请让开我，我正在对拖网作业。 **Keep clear of me; I am engaged in pair trawling.**

U 你正在临近危险中。 **You are running into danger.**

V 我需要援助。 **I require assistance.**

W 我需要医疗援助。 **I require medical assistance.**

X 中止你的意图，并注意我发送的信号。 **Stop carrying out your intentions and watch for my signals.**

Y 我正在拖走锚。 **I am dragging my anchor.**

Z 我需要一艘拖轮。(在渔场由邻近一起作业的渔船使用时，它的意思是“我正在放网”。) **I require a tug. (When made by fishing vessels operating in close proximity on the fishing grounds it means: “I am shooting nets.”)**

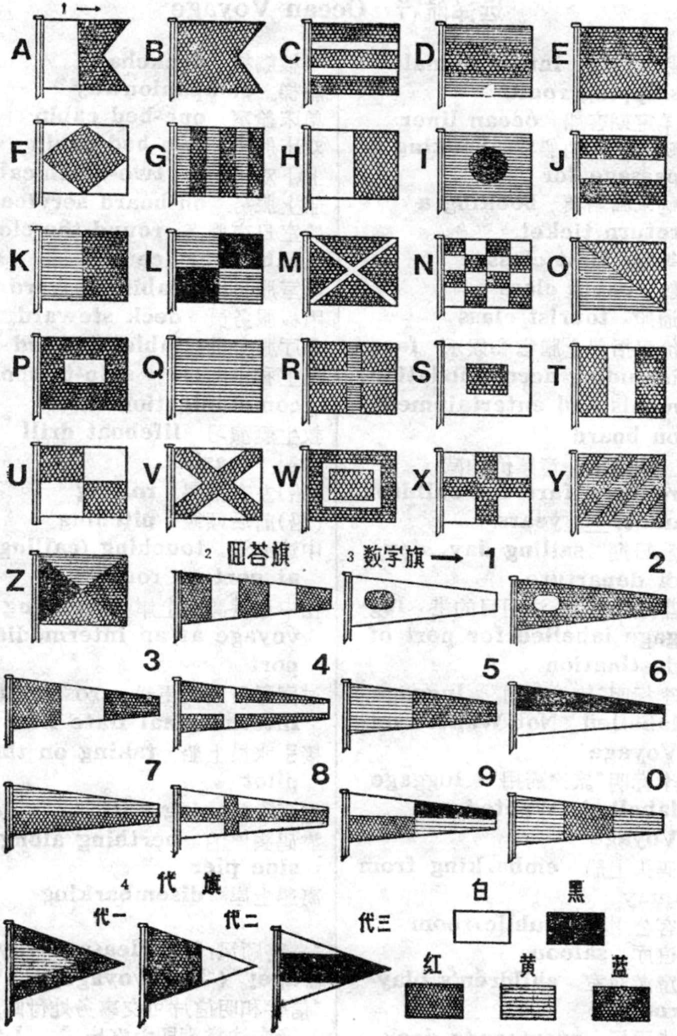
1
A
B
C
D
E
F
G
H
I
J
K
L
M
N
O
P
Q
R
S
T
U
V
W
X
Y
Z
2 回答旗
3 数字旗
1
2
3
4
5
6
7
8
9
0
4 代旗
代一
代二
代三
白
黑
红
黄
蓝

远洋航行 Ocean Voyage

国际航海线 **international shipping route**
远洋定期客船 **ocean liner**
订购到____的船票 **booking a passage for____**
订购来回船票 **booking a return ticket**
头等舱 **first class**
房舱 **cabin class**
普通舱 **tourist class**
票价包括船上膳宿和娱乐 **fare including accommodation, meals and entertainment on board**
____岁以下儿童票价酌减 **reduced fare for children under____years**
启航日期 **sailing day, day of departure**
行李贴上标签，注明目的港 **luggage labelled for port of destination**
行李标明"旅途不用" **luggage labelled "Not Wanted on Voyage"**
行李标明"旅途需用" **luggage labelled "Wanted on Voyage"**
从码头上船 **embarking from quay**
旅客公用室 **public room**
交谊厅 **saloon**
儿童游戏室 **children's playroom**
散步甲板 **promenade deck**
阳光甲板 **sun deck**
甲板躺椅 **deckchair**
舱梯 **companionway**
单床舱室 **one-bed cabin**
双床舱室 **two-bed cabin**
上下双铺舱室 **two-berth cabin**
船上服务 **on-board service**
舱室日夜服务 **round-the-clock cabin service**
舱室服务员 **cabin steward**
甲板服务员 **deck steward**
餐厅服务员 **table steward**
船上和岸上通讯 **ship-to-shore communication**
救生艇演习 **lifeboat drill**
晕船 **seasick**
(船)左右摇晃 **rolling**
(船)前后颠簸 **pitching**
中途靠港 **touching (calling) at port en route**
在中途港离船上岸 **breaking voyage at an intermediate port**
过国际日期变更线 **crossing the International Date Line**
接引水员上船 **taking on the pilot**
进港 **making port**
靠码头停泊 **berthing alongside pier**
离船上岸 **disembarking**

"一路顺风！" **"Pleasant voyage!" ("Bon voyage!")**
"信件和明信片可交事务处付邮，每逢中途靠港即予寄出。" **"Letters and postcards can be**

mailed through the purser's office and will be forwarded from each port of call."

"航行途中可用无线电话和电报与岸上通讯。" "Radio telephone and telegraph facilities are available while at sea."

"贵重物品可寄存事务处保险箱。" "Valuables may be deposited in safe deposit boxes at the purser's office."

"停膳概不退款。" "No refund will be made for meals not taken."

"不要惊慌，这是演习。" "Don't panic! This is a drill."

"旅客可在船上接待亲友，费用自付。" "Guests may be entertained on board at the passenger's expense."

"请来访者离船返岸。" "All visitors ashore!"

"东（西）行过国际日期变更线，加（减）一天。" "One day is gained (lost) on crossing the International Date Line eastward (westward)."

货物处理 Cargo Handling

货物种类 **cargo classification**
过境货物 **transit cargo**
转运货物 **transshipment cargo**
运往____的货物 **cargo in transit to____**
通运货物 **through cargo**
包装货 **packed cargo**
散装货 **bulk cargo**
杂货 **general cargo**
甲板货 **deck cargo**
冷气货 **air-cooled cargo**
尺码货，轻泡货 **measurement cargo**
笨大货物 **bulky cargo**
超长货物 **lengthy cargo**
超重货物 **heavy lift cargo**
贵重货物 **precious (valuable) cargo**
货物运输 **cargo transport**
进口货物 **import cargo**
出口货物 **export cargo**
空运 **air transport**
陆运 **overland transport**
海运 **sea transport**
水运 **water transport**
水陆联运 **coordinated water-land transport**
运输保险 **transportation insurance**
订舱位 **booking shipping space**
提货单 **bill of lading (B/L)**
发货人（发货单位） **shipper, consignor**
收货人（收货单位） **consignee**
码头工人 **docker**
装卸工人 **stevedore, (Am.) longshoreman**
领班 **foreman**
理货员 **tallyman, cargo-checker**
码头管理员 **wharfinger**
仓库管理员 **warehouse (godown) keeper**

商品检查员 **cargo surveyor**
熏烟消毒员 **fumigation officer**
称货员 **weighman**
吊车司机 **craneman**
装货 **loading, pickup**
卸货 **unloading, discharging**
积载图(船图) **stowage (cargo) plan**
积载系数 **stowage factor**
水尺 **draft**
舱单(货物清单) **manifest, cargo list**
检舱 **hold inspection**
清舱 **hold cleaning**
地脚货 **sweepings**
熏舱消毒 **hold fumigation**
垫舱 **dunnaging, padding**
垫舱板 **dunnage plank**
防擦板 **chafing plate**
装载(码垛) **cargo stowing**
隔票 **cargo separation**
混装 **mixed loading**
翻舱 **cargo shifting**
平舱 **cargo trimming**
超载 **overload**
纠正左(右)舷倾 **correcting a port (starboard) list**
压舱物 **ballast**
货物多溢 **cargo overlanded**
货物短缺 **cargo shortlanded**
索赔 **claim for compensation**
延滞费 **demurrage**
驳运费 **lighterage**
堆存费(仓库费) **stowage**
空舱费 **dead freight**

装卸机具 Loading and Unloading Gear

门座起重机(龙门吊车)① **gantry crane**
搬运吊车 **transfer crane**
旋臂转柱起重机 **slewing portal crane**
桥吊(装卸桥)② **bridge crane**
塔吊 **tower crane**
电吊 **electric crane**
浮吊③ **floating crane**
伸臂起重机④ **cantilever crane**
岸吊 **shore crane**
斜槽煤吊 **coal chute crane**
流动式吊车 **mobile crane**
移动式吊车 **travellift**
锤头式吊车 **hammer-head crane**
汽车式起重机⑤ **truck crane**
叉车(铲车)⑥ **forklift**
斗式铲车⑦ **bucket lift truck**
跨道车⑧ **straddle truck**
台式升降装卸车 **elevating platform truck**
货盘车 **pallet truck**
底盘车 **chassis**
台车 **bogie**
自动倾卸卡车 **tipper**
牵引车(拖头) **tractor, hustler**
拖车(挂车) **trailer**
皮带输送机⑨ **belt conveyor**
吸粮机 **grain elevator (sucker)**
吸铁吊具 **lifting magnet**
堆货机 **stacking machine**
抓斗 **grab**
漏斗 **funnel**

摇臂吊杆 **derrick**
滑车⑩ **block, pulley**
吊货钢丝绳 **cargo runner**
吊杆负荷 **capacity of derrick**
卷扬机(绞车)⑪ **winch**
链式起重机(葫芦)⑫ **chain hoist**

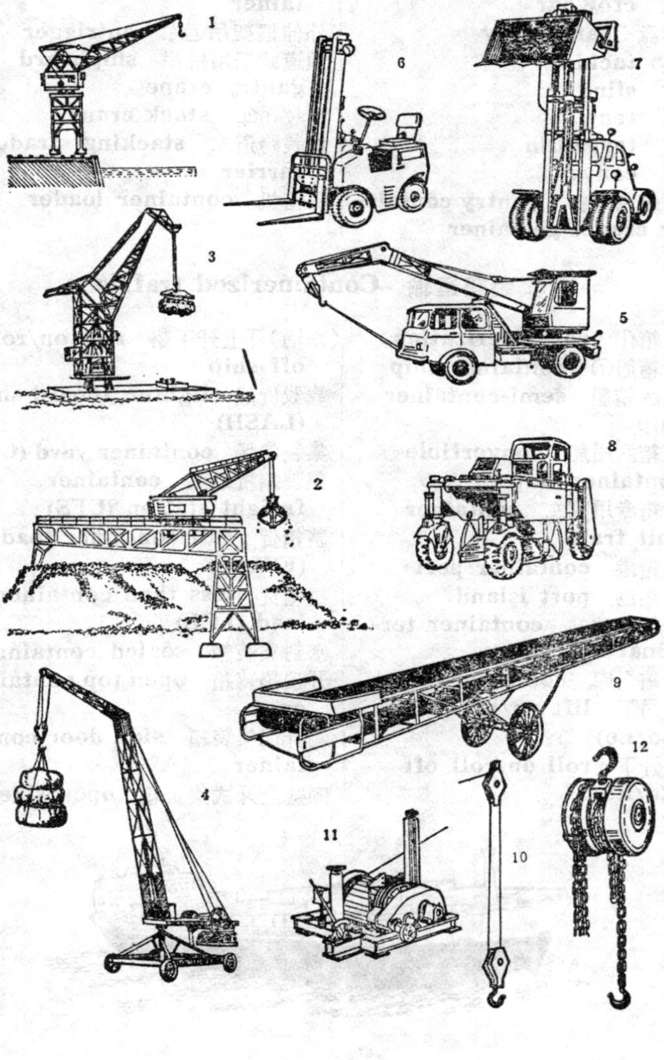

网络 **cargo net**
装卸扣(钩环) **shackle**
装卸钩(手钩) **cargo hook**
撬杠 **crowbar**
吊货盘 **cargo tray**
索具 **tackle**
吊索 **sling**
帐篷 **tent**
油布 **tarpaulin**
帆布 **canvas**
集装箱装卸桥 **gantry container crane, portainer**
装卸桥轨道 **gantry container crane rail**
移动式集装箱吊运车 **transtainer**
外伸框架吊运车 **outrigger**
轨道式船用桥吊 **shipboard gantry crane**
堆装吊车 **stack crane**
堆装跨道车 **stacking straddle carrier**
装箱机 **container loader**

集装箱运输 Containerized traffic

集装箱化 **containerization**
集装箱船① **container ship**
半集装箱船 **semi-container ship**
集装箱两用船 **convertible container ship**
集装箱专用列车 **container unit train**
集装箱港 **container port**
人工岛港 **port island**
集装箱集散站 **container terminal**
集装箱仓库 **container depot**
吊上吊下 **lift on/lift off (Lo/Lo)**
开上开下 **roll on/roll off (Ro/Ro)**
(车辆)开上开下船 **roll on/roll off ship**
载驳货船 **lighter aboard ship (LASH)**
集装箱场 **container yard (CY)**
集装箱货运站 **container freight station (CFS)**
整箱货 **full container load (FCL)**
拼箱货 **less than container load (LCL)**
密封集装箱 **sealed container**
开顶集装箱 **open top container**
侧开门集装箱 **side door container**
侧壁全开式集装箱 **open side**

1

container

通风集装箱 **ventilated container**

干货集装箱② **dry cargo container**

散装货集装箱 **bulk container**

汽车集装箱 **car container**

牲畜集装箱③ **pen container**

罐状集装箱 **tank container**

板架集装箱 **flat rack container**

冷藏集装箱 **refrigerated container**

保温集装箱 **insulated container**

内柱式集装箱 **interior post type container**

外柱式集装箱 **outside post type container**

折叠式集装箱 **collapsible container**

薄壳式集装箱 **monocoque container**

装箱 **vanning**

拆箱 **devanning**

门到门运输 **door-to-door transportation**

门到场 **door to CY**

门到站 **door to CFS**

紧固作业 **lashing operation**

集装箱运输方式 **container transport systems**

底盘车方式 **chassis system**

海——陆公司方式 **Sea-Land system**

跨运车方式 **straddle carrier system**

麦逊公司方式 **Matson system**

搬运吊车方式 **transfer crane**

3

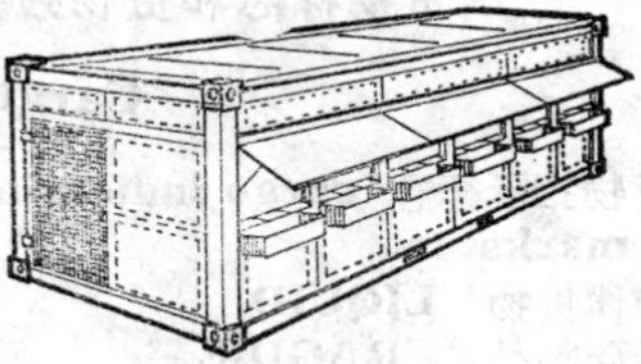

2

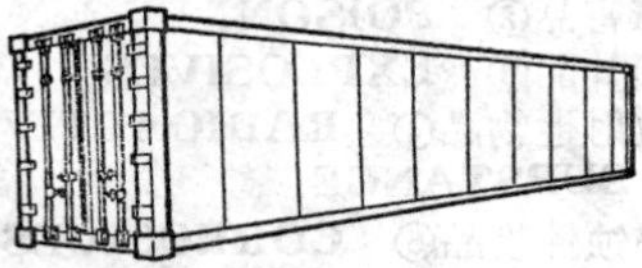

system

集装箱海上运输公司方式 **Container Marine Lines system, (CML system)**

场内搬运车方式 **internal transfer vehicle system (ITV system)**

快速集装箱装卸方式 **speedtainer system**

劳托维克装卸方式 **Loutovick system**

场地起重机装卸方式 **yard crane system**

集装箱码头 **container wharf**

(集装箱)堆场 **marshalling yard**

集装箱货运站 **container freight station (CFS)**

箱位 **slot**

集装箱出入口 **dock**

间档 **bay**

装货跳板 **dock leveler**

地秤 **platform truck scale**

货物标志和货物残损 Cargo Marks and Cargo Damage

货物指示标志 cargo indication marks
液体货物 LIQUID
易碎物品 FRAGILE
易燃物品① IMFLAMMABLE
易腐物品 PERISHABLE
危险物品 DANGEROUS
毒害品② POISON
爆炸品③ EXPLOSIVES
放射性物品④ RADIOACTIVE SUBSTANCE
腐蚀性物品⑤ CORROSIVES
小心⑥ HANDLE WITH CARE
小心玻璃 GLASS (HANDLE WITH CARE)
请勿倒置⑦ KEEP UPRIGHT
此端向上 THIS END UP
必须平放 KEEP FLAT
切勿平放 NOT TO BE LAID FLAT
切勿投掷 NO DUMPING
切勿挤压 DO NOT CRUSH, NO CRUSHING
切勿坠落 DO NOT DROP, NO DROPPING
禁止用手钩⑧ USE NO HOOKS
由此吊起⑨ SLING HERE
用滚子搬运 USE ROLLERS
保持干燥 KEEP DRY
保持冷藏 KEEP FROZEN
防湿⑩ GUARD AGAINST DAMP
防冻⑪ PROTECT AGAINST COLD
防热⑫ PROTECT AGAINST HEAT
防光⑬ KEEP IN DARK PLACE
由此开启⑭ OPEN HERE
货物残损 cargo damage
箱子破 case broken
箱子裂 case plank split (case cracked)
箱子磨损 box chafed (box frayed)
箱子擦损 box scratched
箱子切损 box chipped
虫损 damage by insects
碰坏 damage by clashing
撞坏 damage by collision
挤坏 damage by squeezing
压坏 damage by crushing
拖坏 damage by towing
袋破 bag torn
袋漏 bag leaky
袋口松散(散包) bag seam slack
袋子油渍 bag oil-stained
袋子污渍 bag dirt-stained
袋子霉渍 bag mildew-stained
袋子潮湿 bag wet with moisture
桶漏 drum leaky
桶瘪入 drum dented
桶凸出 drum bulged
桶生锈 drum rusty
包箍失落 bale hoop missing
包胀破(炸包) bale burst
散捆 bundle off

7

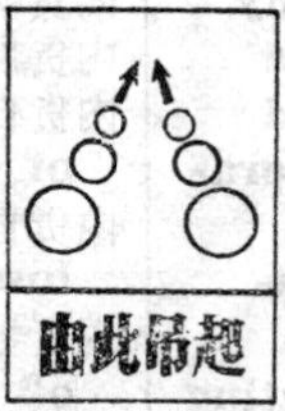

9

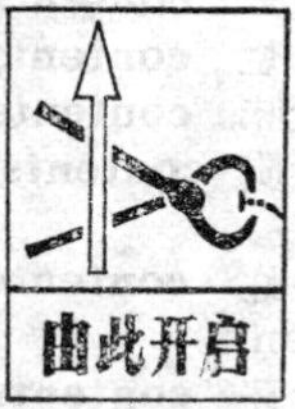

14

12

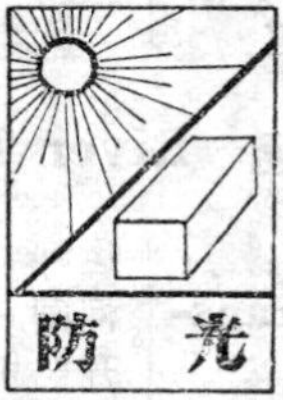

13

10

11

8

6

3

1

2

5

(浅蓝色) 4

红色

内货外露 **contents exposed**
内货发霉 **contents mouldy**
内货霉烂 **contents rotten**
内货变味 **contents rancid**
内货变质 **contents deteriorated**
内货虫蛀 **contents worm-eaten**
内货发芽 **contents sprouting**
内货渗出 **contents oozing**
内货收缩 **contents shrunken**
内货蒸发 **contents evaporated**
内货腐蚀 **contents attacked**
内货自然融化 **natural melting of contents**
内货自然损耗 **natural (normal) loss of contents**
内货数量不足 **shortage or loss of contents in weight**

内河交通 River Traffic

内河 **inland river**
内河航运 **inland water transport**
河道(水道) **watercourse**
可航水道 **navigable channel, waterway**
主航道 **main channel**
顺流交通 **downstream traffic**
逆流交通 **upstream traffic**
河港 **river port**
河源 **riverhead, source**
上游 **upper reaches**
中游 **middle reaches**
下游 **lower reaches**
河口 **estuary, mouth of river**
三角洲 **delta**
支流 **tributary**
浅滩 **ford, shallows**
河中小岛 **river islet**
潮〔水〕河 **tidal river**
边界河 **border river**
运河 **canal**
河闸,船闸 **lock(s)**
升船机 **ship lift (ship elevator)**
使船通过河闸驶向上(下)游 **locking a ship up (down)**
河堤保护 **bank protection**
防洪堤 **flood dike, flood bank**
分洪工程 **flood diversion project**
护堤工程 **dike fortification work**
排水闸 **drainage lock, sluice**
排水渠 **draining ditch, outfall ditch**
木桩 **pile, stake**
沙包 **sandbag**
堆石护坡 **rock facing**
草皮 **turf**
河道疏浚 **river dredging**

邮电 Post and Telegraph

邮政系统 Postal System

人民邮政 **People's Post**
邮局 **postoffice**
邮务所 **postal agency**
流动邮务所 **mobile postal agency**
邮票代售处 **stamp sales agency**
原寄局(寄发局) **office of origin (despatching office)**
寄达局 **office of destination**
投递局 **office of delivery**
邮区 **postal district, postal zone**
邮区号码 **number of postal area, (Am.) ZIP code number**
邮政局长 **postmaster**
邮务员 **postal clerk**
柜台值勤邮务员 **counter clerk**
拣信员 **sorter**
邮递员 **postman, (Am.) mailman, mail carrier**
一八七四年国际邮政公约 **International Postal Convention of 1874**
万国邮政联盟 **Universal Postal Union**

邮政业务 Postal Service

邮件 **post, (Am.) mail**
国内邮件 **inland mail, domestic mail**
国外邮件 **foreign mail**
国外寄来的邮件 **incoming foreign mail**
寄往国外的邮件 **outgoing foreign mail**
国际邮件 **international mail**
国际邮件互换 **exchange of international mail**
(车船递送的)普通邮件(平邮) **surface mail**
航空邮件 **airmail**
航空信 **airmail letter,air letter**

航空签条 **airmail label, airmail sticker**
航空邮寄 **by airmail, par avion**
挂号邮件 **registered mail**
挂号签条 **registered mail label**
挂号信 **registered letter**
保价邮件 **insured mail**
保价信 **insured letter**
保价费 **insurance**
回执 **signed delivery receipt**
遗失或损坏赔偿 **compensation for loss or damage**
快递 **express delivery, (Am.) special delivery**
快递邮件 **express mail**
快信 **express letter**
露封信件 **unsealed letter**
改寄邮件 **redirected mail**
邮资不足的信件 **understamped letter**
欠资信 **postage-due letter**
无法投递的邮件 **undeliverable mail**
死信 **dead letter**
待领邮件业务〔处〕 **poste restante, (Am.) general delivery**
留局待领信件 **poste restante letter**
邮政信箱 **post-office box (PO box)**
用户到局认领邮件的邮政信箱 **call box**
用户自行开箱取邮件的邮政信箱 **lockbox**
明信片 **postcard**
双明信片 **reply-paid postcard, (Am.) double postal card**
美术明信片 **picture postcard**
封缄信片 **lettercard**
邮简 **letter sheet**
航空邮简 **aerogram(me), air letter**
包裹邮务〔处〕 **parcel post**
邮政包裹 **postal parcel, (Am.) package**
保价包裹 **insured parcel**
小件邮包 **postal packet, small parcel**
大宗包裹 **bulky parcel**
包裹柜台 **parcel counter**
包裹秤重机 **parcel-weighing machine**
最高重量 **maximum weight**
包裹详情单 **parcel form**
领取包裹通知 **notice of arrival**
寄件人 **sender**
收件人 **addressee**
邮汇业务 **postal remittance service**
邮政汇票 **money order**
电汇汇票 **telegraph money order**
汇费 **commission**
汇款通知 **advice of payment**
指定兑付局 **designated office of payment**
接受订阅报刊 **accepting subscriptions for newspapers and periodicals**
分发报刊 **distributing newspapers and periodicals**
印刷品 **printed matter**
邮箱 **post box, (Am.) mailbox**
邮筒 **pillar box**
投信口 **letter slot (drop)**

航空信箱 **airmail box**
邮袋 **postbag, (Am.) mailbag**
邮戳 **postmark**
信件秤 **letter scales**
收信(收箱) **collection from the post box**
拣信 **sorting**
自动拣信机 **computerized sorter**
盖上日戳 **datestamping**
管道风力输送 **pneumatic dispatch**
"无法投递时,退回寄件人。" **"In case of non-delivery, return to the sender."**
"收件人已死亡。" **"Addressee deceased."**
"无人认领。" **"Unclaimed."**
"无此地址。" **"No such address."**
"地址不详。" **"Address incomplete."**
"已搬迁,地址不明。" **"Moved, address unknown."**

邮资、邮票 Postage and Stamps

邮资 **postage, postal rates**
国内邮资 **inland postage**
国际邮资 **international postage**
邮资标准 **postal tariff**
附加邮资 **surcharge**
欠资 **postage due**
挂号邮资 **additional postage for registration**
包裹邮资 **parcel postage**
邮资免付 **post-free**
邮资已付 **post-paid**
自动邮资盖印机 **frankingmachine**
超重 **overweight**
超重费 **overweight charge**
手续费 **service charge**
查询费 **service charge for tracing item of mail**
撤回信件或更改收件人地址申请费 **service charge for letter recall or change in addressee's address**
进口欠资函件处理费 **service charge for notification of inward postage-due letter**
邮票 **(postage) stamp**
航空邮票 **airmail stamp**
特种邮票 **special stamp**
纪念邮票 **commemorative stamp**
印在明信片或邮简上的邮票 **imprinted stamp**
作废邮票 **invalid stamp**
注销邮票 **cancelled stamp**
各种资额的邮票 **stamps of various denominations**
各种图案的邮票 **stamps of various designs**
新发行的邮票 **newly released stamp**
崭新邮票 **mint stamp**
一套邮票 **a set of stamps**
自动售邮票机 **automatic stampvending machine**
贴邮票机 **stamp affixer**
(代替邮票的)邮戳 **indicia**

集 邮 Philately (Stamp Collecting)

邮票目录(邮票一览) **stamp catalog(ue)**
集邮簿 **stamp album**
邮票钳 **stamp tongs**
放大镜 **magnifying glass**
私人收藏 **private collection**
公家收藏 **public collection**
集邮展览 **philatelic exhibition**
集邮者 **philatelist, stamp collector**
集邮团体(集邮者协会) **philatelic society (philatelic association)**
集邮者〔代表〕大会 **philatelic congress**
集邮邮票 **philatelic stamp**
旧邮票 **used stamp**
未用过的邮票 **unused stamp**
珍贵邮票 **rare stamp**
缺损邮票 **spoilt stamp**
伪造的邮票 **counterfeit stamp, forgery**
复制品 **duplicate**
首日邮戳 **first-day issue postmark**
首日封 **first-day cover**
末日邮戳 **last-day postmark**
纪念邮戳 **cachet, commemorative postmark**
特别盖销 **special cancellation**
有纪念邮戳的信封 **cacheted envelope**

电 报 Telegraph

长途电信局 **long-distance tele-communications bureau**
电报局 **telegraph office**
发报局 **sending office, office of origin**
收报局 **receiving office, office of destination**
电报大楼 **telegraph building**
电报柜台 **telegraph counter**
国际报房 **international telegraph room**
报房 **telegraph apparatus room, traffic room**
莫尔斯电报系统 **Morse telegraph system**
高频无线电 **high-frequency radio**
打字电报机 **teletypewriter**
载波设备 **carrier equipment**
传真机室 **facsimile room**
快速电报系统 **rapid telegraphic system**
数据传输机 **data-transmitting unit**
报文格式器 **telegram format setter**
光电发报机 **photo-electric transmitter**
快速凿孔机 **rapid card-puncher**
中文译码机 **Chinese code-converter**

十二路电信传真机 **12-channel telephoto**
气敏半导体电缆查漏仪 **gas-sensitive semiconductor cable leak detector**
报务员 **telegrapher, telegraphist**
电报 **telegram**
海底电报 **cable(gram)**
政务电报 **government telegram**
明语电报 **telegram in plain language**
密码电报 **telegram in cipher, cipher telegram**
阿克米商品成语电码 **ACME code**
业务(公务)电报 **service telegram**
私务电报 **private telegram**
新闻电报 **press telegram**
天文电报 **astronomical telegram**
气象电报 **meteorological telegram**
致意电报 **greetings telegram**
贺电 **telegram of congratulations, congratulatory telegram**
唁电 **telegram of condolence**
普通电报 **ordinary telegram**
加急电报 **urgent telegram**
书信电报 **lettergram**
日间书信电报(日信电) **day letter**
夜间书信电报(夜信电) **night letter**
传真电报 **phototelegram**
分送电报 **multiple telegram**
已付回报费的电报 **reply paid telegram**
已付回报费凭单 **reply paid voucher**
话传电报 **telephone telegram**
跟转电报 **telegram to follow the addressee**
改发电报 **redirected telegram**
校对电报 **collated telegram**
专送 **express delivery**
亲启 **personal delivery**
指定在某日投送 **delivery on a specified date**
送妥通知 **telegraphic notification of delivery, telegram with notice of delivery**
邮局留文 **poste restante**
邮局挂号留文 **poste restante registered**
国际转帐电报 **international transferred account telegram**
国际转帐电报业务凭证 **international transferred account telegraph service card**
电报挂号 **cable address**
挂号期限 **registration period**
收报人付费国际私务电报 **international collect private telegram**
国际电报信用卡 **international credit card for telegraph services**
凭信用卡拍发收报人付费电报 **sending a collect telegram against a credit card**
收报人付费卡 **collect card**
电报纸 **telegraph form**
报头 **preamble**

纳费业务标志 **paid service indication**
收报地名 **destination**
收报人姓名住址 **addressee's name and address**
电文 **text, message**
发报人署名 **sender's signature**
收据 **receipt**
收报时间 **time of receipt**
计字 **word counting**
计费 **calculating charges**
计费字数 **number of chargeable words**
电报每字资费 **telegraph rate per word**
资费表 **tariff, schedule of rates**
少收资费 **undercharging**
多收资费 **overcharging**
退款 **refunding**
数字 **figure**
字母 **letter**
符号 **sign**
缩写 **abbreviation**
斜划 **fraction bar**
连字号 **hyphen**
破折号 **dash**
省略号 **apostrophe**
印刷体书写 **writing in block letters**
大写(用文字表达的)数字 **figures in longhand writing**
发送电报 **dispatching a telegram, transmitting a telegram**
接收电报 **receiving a telegram**
接受顾客交发的电报 **accepting a telegram for dispatch**
译成电码 **coding**
译电 **decoding**
"请填写电报纸。" **"Please fill-in the telegraph form."**
"拍加急吗？" **"Send urgent?"**
"加急收费加倍。" **"Urgent telegrams cost double."**
"书信电报收费减半。" **"Lettergrams are charged at half the ordinary rate."**

用户电报 Telex

用户电报交换机 **telex exchange**
发报间 **punching room**
电传打字电报机 **teleprinter**
凿孔纸条 **punched tape, perforated tape**
凿孔机 **puncher**
计时器 **time meter**
自动发报机头 **autohead**
用户电报交换台值机员 **telex switchboard operator**
主叫用户 **caller, calling subscriber**
被叫用户 **called subscriber**
有关人命安全的用户电报 **safety of life telex call**
政务用户电报 **government telex call**
普通私务用户电报 **ordinary private telex call**
用户电报挂号单 **booking form for telex service**

公众用户电报挂号单 **booking form for telex call through public booth**
数码键 **figure key**
字母键 **letter key**
回车键 **"carriage return" key**
换行键 **"line-feed" key**
D键 **"D" key**
"你是谁?"键 **"Who are you?" key**
拆线键 **clearing button**
你停止发送 **PO (Stop your transmission.)**
你已与被叫用户接通 **DF (You are in communication with the called subscriber.)**
请复述 **COL (Collation, please./ I collate.)**
我复述 **I collate.**
符号 **sign**
"R"信号(已收到) **signal R (received)**
等一等 **MOM (wait, waiting)**
间隔信号 **signal "space"**
错误 **E (error)**
回呼密语 **answer-back code, back code**
变码 **garbled code**
呼叫信号 **calling signal**
呼叫号码 **call-number**
凿孔 **punching a tape**
挂号 **booking a telex call**
发报 **running a tape, sending off a message**
拆线 **cutting the line**
准备好凿孔纸条 **preparing a message in the form of a punched tape**
电传机号码 **telex number**

电 话 Telephone

电话局 **telephone office**
电话总机 **telephone exchange**
自动交换机 **automatic switchboard**
纵横制交换机房 **crossbar telephone exchange room**
专用小交换机 **private branch exchange (PBX)**
国际终端交换所 **international terminal exchange**
中继线 **trunk line**
电话分机 **extension telephone**
公共电话间 **telephone kiosk, (Am.) telephone booth**
电话号码簿 **telephone directory, (Am.) telephone book**
自动桌式电话机 **automatic desk telephone**
拨号盘 **dial**
指孔盘 **finger plate**
送受话器 **handset**
送受话器叉簧 **cradle**
受话器(听筒) **receiver**
送话器(口承) **mouthpiece**
商业电子电话机① **electronic**

1

business telephone

录音电话机，书写电话机 **dictograph (dictaphone)**

按钮电话 **push-button telephone**

键盘电话机 **key telephone**

电视电话(机) **picture (tele) phone, video-phone, view phone**

可移动无线电话机 **cordless portaphone**

头带受话器(耳机) **earphone**

无塞绳受话器 **cordless earphone**

电话号码 **telephone number**

分局号码 **area code, district code**

查号台 **directory enquiry**

话务员 **telephone operator, telephonist**

发话人 **calling party, caller**

受话人 **called party, person receiving the call**

长途电话 **trunk call, (Am.) long distance call**

长途电话台 **long-distance exchange (operator)**

市内电话 **urban telephone**

郊区电话 **suburban telephone**

国际无线电话 **international radio telephone**

国际转话 **international transit call**

直接拨号长途电话 **direct distance dialing call**

遇险电话 **distress call**

急用电话 **emergency call**

叫号电话(局间电话) **number call (station-to-station call)**

叫人电话 **person-to-person call, personal call**

通知通话时间和通话费用 **advise duration and charge (ACD)**

传呼电话 **messenger call**

政务电话 **government telephone**

预约电话(定时电话) **sequency call (fixed time call)**

公务(业务)电话 **service (business) telephone**

受话人付费电话 **collect call, reverse charge call**

普通电话 **ordinary call**

加急电话 **urgent call**

公共电话 **public telephone**

会议电话 **conference telephone**

销号费 **cancellation fee**

通话计时器 **telephonometer**

通话占用分钟数 **call minutes**

通话总消耗时间 **total elapsed time**

“喂，总机吗？请接五局二八二三。” **“Hullo, operator? Get me 5-2823, please.”**

“等一等。” **“Hold the line, please.”**

“占线！” **“Line engaged!”**

“打错了。” **“Wrong number.”**

“没人接。” **“No answer.”**

“接通了！请讲话！” **“You're in connexion. Please go ahead.”**

“时间到了，要不要延长？” **“Time's up. Are you extending?”**

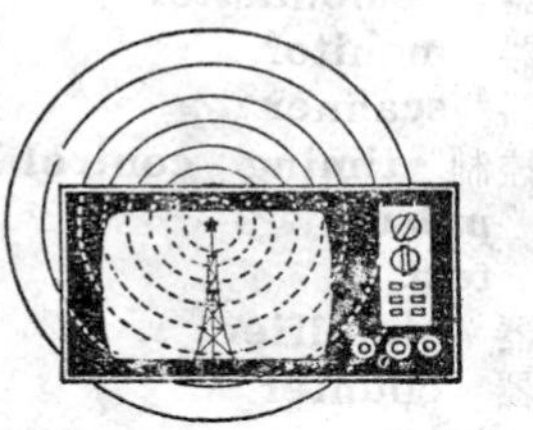

无线电和电视 Radio and Television

无线电通讯 Radio Communication

无线电报 **radiogram**
天线 **aerial, antenna**
音频 **audio frequency**
高频放大器 **audio-frequency amplifier**
显示器 **indicator**
自动音调调整 **automatic tone correction**
自动调谐 **automatic tuning control**
发射机 **transmitter**
发射台 **transmitting station**
步谈机 **walkie-talkie**
载波(载频) **carrier**
频率 **frequency**
超高频 **ultra high frequency**
甚高频 **very high frequency**
高频 **high frequency**
中频 **medium frequency**
低频 **low frequency**
微波 **microwave**
超短波 **ultra short wave**
短波 **short wave**
中波 **medium wave**
长波 **long wave**
滤波器 **filter**
低通滤波器 **low pass filter**
高通滤波器 **high pass filter**
带通滤波器 **band pass filter**
振荡器 **oscillator**
调谐器 **tuner**
电容器 **capacitor, condenser**
电阻器 **resistor**
二极管 **diode**
三极管 **triode**
晶体管 **transistor**
变压器 **transformer**
电感 **inductance**
导体 **conductor**
线圈 **coil**
电路 **circuit**
基群 **basic group**
指示灯 **indication (indicator) lamp**
告警指示器(报警信号设备) **alarm**
衰减器(增益调整器) **attenuator**
电源 **power**
电平 **level**
电压 **voltage**

电流 **current**
交流电 **alternate current (AC)**
直流电 **direct current (DC)**
输出 **output**
输入 **input**
保险丝 **fuse**
拾音器 **pick-up**
电缆 **cable**
插头(塞子) **plug**
插座(塞孔) **jack, socket**
额定电流(标称电流) **nominal current**
额定电压(标称电压) **nominal voltage**
U形插塞 **U-link**
导频 **pilot**
继电器 **relay**
调制器 **modulator**
解调器 **demodulator**
监视器 **monitor**
扫描器 **scanner**
同步控制 **timing control**
脉冲 **pulse**
测试 **test**
放大器 **amplifier**
计数器 **counter**
谐波 **harmonic**
发生器 **generator**
增音机 **repeater**
阻抗 **impedance**
按钮 **button**
耦合 **coupling**
阈 **threshold**
塞绳 **cord**
电容 **capacitance**
电容量 **capacity**

无线电广播 Radio Broadcasting

广播电台 **broadcasting station**
播音室 **studio**
播音室广播 **studio broadcast**
实况广播 **live broadcast**
国内广播 **home broadcast**
国际广播 **international broadcast**
联播 **network broadcast, chain broadcast**
转播 **relay broadcast**
重播 **repeat**
双重广播 **dual broadcast**
定向广播 **directional broadcast**
立体声广播 **stereophonic broadcast**
两路立体声广播 **binaural broadcast**
照原稿宣读的广播 **scripted broadcast**
不用稿子的广播 **unscripted broadcast**
无线电广播节目 **radio program(me)**
播音室广播节目 **studio program(me)**
室外广播节目 **remote program(me), nemo**
实况广播节目 **live program(me)**
录音广播节目 **pre-recorded program(me), taped program(me)**
联播节目 **network program(me)**

全国广播网 **national network**
呼号 **call sign, call signal**
信号调(信号曲) **signature tune**
新闻广播 **news broadcast**
实况广播报道 **running commentary**
广播剧 **radio drama**
广播讨论会 **panel discussion**
广播讨论小组 **panel**
专题讲座节目 **forum**
(电子学)广播课程 **radio course (in electronics)**
广播体操 **broadcast callisthenics**
天气预报 **weather forecast**
答问比赛节目 **quiz program(me)**
行情报告 **market report**
报时信号 **time signal**
广播时间 **air time**
播音员 **announcer**
实况广播员 **commentator**
广播稿 **script**
广播节目撰稿者 **scriptwriter**
广播节目间的简短通知 **spot announcement**

广播技术 Broadcasting Technique

无线电传输 **radio transmission**
无线电发射机 **radio transmitter**
微音器(话筒) **microphone, mike**
录音室 **recording studio**
录音车 **recording van**
多声道录音 **multichannel recording**
多声道录音机 **multichannel recorder**
立体声录音机 **stereo recorder**
磁带录音机 **tape recorder**
循环磁带录音机 **endless tape recorder**
盒式磁带录音机 **cassette recorder**
收录两用机 **radio cassette**
磁带 **magnetic tape**
带盘 **tape reel**
盒式磁带 **cassette tape**
放音 **playback**
消音 **erasure**
前置放大器 **preamplifier**
混频 **mixing**
混频和音量控制 **mixer and volume control**
控制间 **control booth**
监听扬声器 **monitoring loudspeaker**
回声室 **echo chamber**
放大器 **amplifier**
主控制室 **master control room**
调制 **modulation**
调制器 **modulator**
调幅 **amplitude modulation (AM)**
调频 **frequency modulation (FM)**
调相 **phase modulation (PM)**
压电振荡器 **piezoelectric oscillator**
射频放大器 **radio-frequency amplifier**
天线 **antenna**

垂直天线 **vertical antenna**
多振子天线 **multi-element antenna**
电磁波 **electromagnetic wave**
广播信道 **broadcast channel**
专用广播信道 **clear channel**
地方广播信道 **regional channel**
本地广播信道 **local channel**
频率容限 **frequency tolerance**
载波功率 **carrier power**
信号强度 **signal strength**
射电场强 **radio field intensity**
天空电波(天波) **sky wave**
地面电波(地波) **ground wave**
衰落 **fading**
广播有效作用区 **broadcast service area**
噪声 **noise**
静电干扰 **static interference**
人为干扰 **jamming**
有线转播 **rediffusion on wire**
有线广播 **wire broadcasting**

电视广播 Telecasting

电视 **television (TV)**
黑白电视 **monochrome TV, black-and-white TV**
彩色电视 **colour television**
兼容制彩色电视系统 **compatible colour television system**
电视〔广播〕台 **television broadcast(ing) station**
电视塔 **television tower**
电视发射机 **television transmitter**
电视频道 **television (frequency) channel**
全频道彩色电视机 **all-channel colour TV set**
频带宽度 **bandwidth**
音频载波 **sound carrier**
图像载波 **picture carrier**
远距离电视摄像 **remote pickup**
电视车 **television mobile unit**
电视摄像机 **television camera, telecamera**
电视摄像管 **television camera tube, (Am.) pickup tube**
超正析摄像管 **image orthicon**
光电摄像管 **iconoscope(ico)**
移像光电摄像管 **image iconoscope**
光导摄像管 **vidicon**
氧化铅光导摄像管 **plumbicon**
析像管 **image dissector**
扫描 **scanning**
同步信号 **synchronizing signal**
消隐信号(消隐脉冲) **blanking signal (blanking impulse)**
频率调制音频信号 **frequency modulated sound signal**
图像信号 **picture signal**
彩色传输 **colour transmission**
彩色信号 **colour signal**
电视录像 **television recording**
录像器 **video recorder**
录像磁带 **video tape**
磁带录像 **video tape recording (VTR)**

磁盘录像 **magnetic disc recording**
屏幕录像 **kinescope recording**
屏幕录像机 **kinescope recorder**
电子束录像 **electron beam recording (EBR)**
激光录像 **video recording by laser**
单像管 **monoscope, monotron**
电视节目监控器 **television program(me) monitor**
电视演播室 **television studio**
电视电影 **telecine**
电视广播剧 **teleplay**
电视实况转播 **live telecast, televising**
电视课程 **telecourse**
电视讲话 **televised speech**
电视记者招待会 **televised news conference**
马拉松式电视广播节目 **telethon**
电视观众 **televiewers**
电视转播 **television relay**
国际电视现场转播 **live international television coverage**
微波中继 **microwave relay**
同轴电缆 **coaxial cable**
闭路电视 **closed-circuit television (CCTV)**
手术示范室① **operation theatre**
反射镜② **mirror**
微音器(话筒)③ **microphone (mike)**
电视摄像机④ **television camera, telecamera**
控制台⑤ **control desk**
接收机⑥ **receiver**
艾多福投影机⑦ **Eidophor projector**
工业电视 **industrial television (ITV)**
单管式彩色工业电视摄像机 **single-tube colour ITV camera**
水下电视 **underwater television**
微光电视 **low light level television**

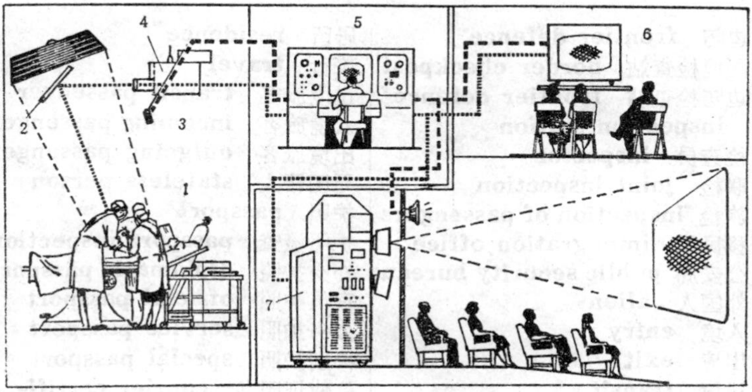

卫星通讯 Satellite Communications

火箭 **rocket**
通讯卫星 **comsat (communications satellite), telstar**
静止卫星(同步卫星) **geostationary satellite (synchronous satellite)**
位置控制 **position control**
姿态控制 **attitude control**
天线 **antenna**
转发器 **repeater, translator**
遥测 **telemetering**
指令 **command**
电源 **power**
地面站 **ground station**
卡塞格伦天线 **Cassegrain antenna**
发射机 **transmitter**
接收机 **receiver**
终端设备 **terminal equipment**
控制设备 **control equipment**
可靠性 **reliability**
频分多路(FDM) **frequency-division multiplexing**
调频(FM) **frequency modulation**
频分多址(FDMA) **frequency-division multiaddress**

附 录 Appendices

(一)边境手续用语 About Border Formalities

边防 **frontier defence**
国境检查站 **border checkpost**
边防检查站 **frontier defence inspection station**
检查员 **inspector**
联检 **joint inspection**
旅检 **inspection of passengers**
移民局 **immigration office**
公安局 **public security bureau**
外国人 **alien**
入境 **entry**
出境 **exit**
过境 **transit**
居留 **residence**
旅行 **travel**
过境旅客 **transit passenger**
入境旅客 **incoming passenger**
出境旅客 **outgoing passenger**
无国籍人 **stateless person**
护照 **passport**
护照检查 **passport inspection**
外交护照 **diplomatic passport**
官员护照 **official passport**
公务护照 **service passport**
特别护照 **special passport**
信使证明书 **courier certifi-**

cate
入境签证 **entry visa**
出境签证 **exit visa**
过境签证 **transit visa**
一次入境签证 **single entry visa**
多次入境签证 **multiply entry visa**
旅游签证 **tourist visa**
居留签证 **resident visa**
办理签证 **applying for a visa**
办理居留登记 **applying for residence registration**
申报户口 **reporting for entry in the domiciliary register**
办理迁移证件 **applying for removal permit**
入境许可证 **entry permit**
出境许可证 **departure permit**
居留证 **residence permit**
旅行证 **travel permit**
通行证 **pass**
登陆证 **landing permit, shore pass**
登轮证 **boarding (embarking) permit**
住宿证 **lodging permit**
海员证 **seaman's book**
身份证 **certificate of identity, identity book (card)**
离职证 **discharge book**
拒发签证 **refusal to issue a visa**
拒绝入境 **entry disallowed**
违反规定 **contravention of provisions**
警告 **warning**
罚款 **fine**
拘留 **detention**
吊销签证 **cancelling a visa already issued**
宣布签证作废 **annulling a visa already issued**
限令某人出境 **ordering a person to leave the country within a time limit**
驱逐出境 **expulsion from the country**
逮解出境 **deportation**
偷越国境 **surreptitious (clandestine) crossing of the border**
边境事件 **border incident**
外交豁免权 **diplomatic immunity**
通过外交途径处理 **to be dealt with through diplomatic channels**
海关 **customs**
海关规则 **customs regulations**
海关检查 **customs inspection**
海关监管 **customs supervision and control**
海关登记 **customs registration**
办理海关手续 **going through (completing) customs formalities**
报关 **making a customs declaration**
海关人员 **customs officer**
海关文件 **customs papers**
外币申报单 **foreign currencies declaration form**
旅行支票 **traveller's cheque**
证券 **security**
票据 **bill**
兑换水单 **exchange memo**
行李申报单 **luggage declara-**

tion
武器申报单 declaration of firearms
进口许可证 import licence
出口许可证 export licence
外国货物转运准许证 foreign goods conveying permit
免验证 PWE authority, laissez-passer
免验放行 release without customs examination
登记放行 release upon registration
发货票 invoice
收据 receipt
行李票 luggage check
行李票签 luggage tag
随身携带的行李 hand luggage
托运的行李 registered luggage
分离运输行李 unaccompanied luggage
个人用品 personal effects
本人身上所带物品 articles carried on one's person
代别人携带的物品 articles carried on behalf of others
应申报物品 articles to be declared
关税 customs duty
税单 duty receipt
普通税率 general tariff
最低税率 mininum tariff
特惠关税 preferential tariff
纳税物品 dutiable articles
免税物品 duty-free articles
免税定额 duty-free allowance
减税物品 duty-rebated articles
国际惯例 international practice
缉私队(抄关队) search party
走私行为 act of smuggling
违章行为 act of violation of regulations
谎报 false declaration
听候处理 pending decision
海关处分通知书 customs decision
没收违禁品 confiscation of contraband
扣留物品 articles under detention
海关加封物品 articles under customs seal
外交信袋放行 passing of diplomatic mailbag
外交信使行李物品放行 passing luggage of diplomatic courier
退关 shut out
结关 getting customs clearance
办完海关手续 customs formalities completed
检疫所(检疫站) quarantine service (station)
防疫检查 quarantine inspection
检疫锚地 anchorage for health clearance
卫生检查 sanitary inspection
港口医务官员 port medical officer
检疫对象 quarantine object
检疫证书 quarantine certificate
种痘 vaccination against

smallpox
预防霍乱接种 **vaccination against cholera**
预防注射 **inoculation**
鼠疫 **plague**
斑疹伤寒 **typhus**
回归热 **relapsing fever**
天花 **smallpox**
黄热病 **yellow fever**
感染区 **infected area**
黄皮书 **yellow book**
健康证 **health certificate**
航海健康申明书 **maritime declaration of health, declaration of physical fitness for voyage**
疑是传染病例 **suspected case of epidemic**
病情 **full particulars of the case**
症状 **symptoms of the case**
发病日期 **date of the onset**
反常死亡 **abnormal mortality**
隔离〔检疫〕三天 **being under quarantine for 3 days**
黄色旗 **Q flag, yellow flag, (Am.) yellow jack**
检疫通行证(进口检疫证) **pratique**
消毒 **disinfection**
除鼠 **deratization**
除虫 **disinsecting, disinsectization**
动植物检疫所 **animal and plant quarantine service**

(二)外国港口 Foreign Ports

元山(朝鲜) **Wonsan (Korea)**
清津(朝鲜) **Ch'ongjin (Korea)**
金策(朝鲜) **Kimch'aek (Korea)**
兴南(朝鲜) **Hungnam (Korea)**
南浦(朝鲜) **Namp'o (Korea)**
釜山(朝鲜) **Pusan (Korea)**
仁川(朝鲜) **Inch'on (Korea)**
东京(日本) **Tokyo (Japan)**
横滨(日本) **Yokohama (Japan)**
川崎(日本) **Kawasaki (Japan)**
千叶(日本) **Chiba (Japan)**
横须贺(日本) **Yokosuka (Japan)**
大阪(日本) **Osaka (Japan)**
神户(日本) **Kobe (Japan)**
名古屋(日本) **Nagoya (Japan)**
北九州(日本) **Kitakyushu (Japan)**
下关(日本) **Shimonoseki (Japan)**
佐世保(日本) **Sasebo (Japan)**
长崎(日本) **Nagasaki (Japan)**
鹿儿岛(日本) **Kagoshima (Japan)**
函馆(日本) **Hakodate (Japan)**
胡志明市(越南) **Hô Chi Minh City (Viet Nam)**
海防(越南) **Haiphong (Viet Nam)**
岘港(越南) **Da Nang (Viet Nam)**
磅逊(柬埔寨) **Kompong Som (Cambodia)**

曼谷(泰国) **Bangkok (Thailand)**
槟城(马来西亚) **Penang (Malaysia)**
瑞天咸港(马来西亚) **Port Swettenham (Malaysia)**
马六甲(马来西亚) **Malacca (Malaysia)**
古晋(马来西亚) **Kuching (Malaysia)**
亚庇(马来西亚) **Kota Kinabalu (Malaysia)**
山打根(马来西亚) **Sandakan (Malaysia)**
新加坡 **Singapore**
文莱(文莱) **Bandar Seri Begawan (Brunei)**
雅加达(印尼) **Djakarta (Indonesia)**
丹戎不碌(印尼) **Tandjungpriok (Indonesia)**
三宝垄(印尼) **Semarang (Indonesia)**
苏腊巴亚(泗水)(印尼) **Surabaja (Indonesia)**
棉兰(印尼) **Medan (Indonesia)**
巨港(巴邻旁)(印尼) **Palembang (Indonesia)**
巴东(印尼) **Padang (Indonesia)**
马辰(印尼) **Bandjarmasin (Indonesia)**
坤甸(印尼) **Pontianak (Indonesia)**
巴厘巴板(印尼) **Balikpapan (Indonesia)**
马尼拉(菲律宾) **Manila (Philippines)**
宿务(菲律宾) **Cebu (Philippines)**
三宝颜(菲律宾) **Zamboanga (Philippines)**
仰光(缅甸) **Rangoon (Burma)**
毛淡棉(缅甸) **Moulmein (Burma)**
吉大港(孟加拉) **Chittagong (Bangladesh)**
加尔各答(印度) **Calcutta (India)**
孟买(印度) **Bombay (India)**
马德拉斯(印度) **Madras (India)**
科伦坡(斯里兰卡) **Colombo (Sri Lanka)**
亭可马里(斯里兰卡) **Trincomalee (Sri Lanka)**
卡拉奇(巴基斯坦) **Karachi (Pakistan)**
阿巴丹(伊朗) **Abadan (Iran)**
巴士拉(伊拉克) **Basra (Iraq)**
科威特(科威特) **Kuwait (Kuwait)**
亚丁 (也门民主人民共和国) **Aden (People's Democratic Republic of Yemen)**
荷台达(阿拉伯也门共和国) **Hodeida (Yemen Arab Republic)**
吉达(沙特阿拉伯) **Jidda (Saudi Arabia)**
亚喀巴(约旦) **Aqaba (Jordan)**
特拉维夫——雅法(以色列) **Tel Aviv-Jaffa (Israel)**
海法(以色列) **Haifa (Israel)**
埃拉特(以色列) **Elath (Israel)**

贝鲁特(黎巴嫩) **Beirut (Lebanon)**
拉塔基亚(叙利亚) **Latakia (Syria)**
伊斯坦布尔(土耳其) **Istanbul (Turkey)**
伊兹密尔(土耳其) **Izmir (Turkey)**
亚历山大(埃及) **Alexandria (Egypt)**
塞得港(埃及) **Port Said (Egypt)**
苏伊士(埃及) **Suez (Egypt)**
的黎波里(利比亚) **Tripoli (Libya)**
班加西(利比亚) **Benghazi (Libya)**
卜雷加港(利比亚) **Marsa el Brega (Libya)**
托卜鲁克(利比亚) **Tobruk (Libya)**
突尼斯(突尼斯) **Tunis (Tunisia)**
阿尔及尔(阿尔及利亚) **Algiers (Algeria)**
瓦赫兰(奥兰)(阿尔及利亚) **Oran (Algeria)**
卡萨布兰卡(摩洛哥) **Casablanca (Morocco)**
丹吉尔(摩洛哥) **Tangier (Morocco)**
拉斯帕耳马斯(加那利群岛) **Las Palmas de Gran Canaria (Canary Islands)**
圣克鲁斯(加那利群岛) **Santa Cruz de Tenerife (Canary Islands)**
努瓦克肖特(毛里塔尼亚) **Nouakshott (Mauritania)**
达喀尔(塞内加尔) **Dakar (Senegal)**
巴瑟斯特(冈比亚) **Bathurst (Gambia)**
比绍(几内亚(比绍)) **Bissau (Guinea(Bissau))**
科纳克里(几内亚) **Conakry (Guinea)**
弗里敦(塞拉利昂) **Freetown (Sierra Leone)**
蒙罗维亚(利比里亚) **Monrovia (Liberia)**
阿比让(象牙海岸) **Abidjan (Ivory Coast)**
阿克拉(加纳) **Accra (Ghana)**
塔克腊迪(加纳) **Takoradi (Ghana)**
洛美(多哥) **Lomé (Togo)**
科托努(贝宁) **Cotonou (Benin)**
拉各斯(尼日利亚) **Lagos (Nigeria)**
哈尔科特港(尼日利亚) **Port Harcourt (Nigeria)**
杜阿拉(喀麦隆) **Douala (Cameroon)**
巴塔(赤道几内亚) **Bata (Equatorial Guinea)**
利伯维尔(加蓬) **Libreville (Gabon)**
让蒂尔港(加蓬) **Port-Gentil (Gabon)**
黑角(刚果) **Pointe Noire (Congo)**
马塔迪(扎伊尔) **Matadi (Zaire)**
罗安达(安哥拉) **Luanda (Angola)**
洛比托(安哥拉) **Lobito (Angola)**
苏丹港(苏丹) **Port Sudan**

(Sudan)
马萨瓦(埃塞俄比亚) **Mesewa (Ethiopia)**
吉布提(吉布提) **Djibouti (Djibouti)**
摩加迪沙(索马里) **Mogadishu (Somali)**
蒙巴萨(肯尼亚) **Mombasa (Kenya)**
达累斯萨拉姆(坦桑尼亚) **Dar es Salaam (Tanzania)**
桑给巴尔(坦桑尼亚) **Zanzibar (Tanzania)**
坦噶(坦桑尼亚) **Tanga (Tanzania)**
洛伦索——马贵斯(莫桑比克) **Lourenco Marques (Mozambique)**
贝拉(莫桑比克) **Beira (Mozambique)**
莫桑比克(莫桑比克) **Mozambique (Mozambique)**
塔马塔夫(马达加斯加) **Tamatave (Madagascar)**
马任加(马达加斯加) **Majunga (Madagascar)**
路易港(毛里求斯) **Port Louis (Mauritius)**
圣但尼(留尼汪) **Saint-Denis (Réunion)**
开普敦(南非) **Cape Town (South Africa)**
伊丽莎白港(南非) **Port Elizabeth (South Africa)**
德班(南非) **Durban (South Africa)**
康斯坦萨(罗马尼亚) **Constanta (Romania)**
里耶卡(南斯拉夫) **Rijeka (Yugoslavia)**
斯普利特(南斯拉夫) **Split (Yugoslavia)**
瓦尔纳(保加利亚) **Varna (Bulgaria)**
布加斯(保加利亚) **Burgas (Bulgaria)**
都拉斯(阿尔巴尼亚) **Durrës (Albania)**
发罗拉(阿尔巴尼亚) **Vlorë (Albania)**
雅典——比雷埃夫斯(希腊) **Athens —— Piraeus (Greece)**
萨洛尼卡(希腊) **Salonika (Greece)**
瓦莱塔(马耳他) **Valletta (Malta)**
热那亚(意大利) **Genoa (Italy)**
威尼斯(意大利) **Venice (Italy)**
那不勒斯(意大利) **Naples (Italy)**
里窝那(意大利) **Leghorn (Italy)**
塔兰托(意大利) **Taranto (Italy)**
的里雅斯特(意大利) **Trieste (Italy)**
巴塞罗那(西班牙) **Barcelona (Spain)**
毕尔巴鄂(西班牙) **Bilbao (Spain)**
巴伦西亚(西班牙) **Valencia (Spain)**
直布罗陀(英占) **Gibraltar (British occupied)**
里斯本(葡萄牙) **Lisbon (Portugal)**
波尔图(葡萄牙) **Oporto (Por-**

tugal)
马赛(法国) **Marseilles (France)**
土伦(法国) **Toulon (France)**
尼斯(法国) **Nice (France)**
波尔多(法国) **Bordeaux (France)**
勒阿弗尔(法国) **Le Havre (France)**
加来(法国) **Calais (France)**
敦刻尔克(法国) **Dunkirk (France)**
安特卫普(比利时) **Antwerp (Belgium)**
阿姆斯特丹(荷兰) **Amsterdam (Holland)**
鹿特丹(荷兰) **Rotterdam (Holland)**
伦敦(英国) **London (UK)**
利物浦(英国) **Liverpool (UK)**
南安普敦(英国) **Southampton (UK)**
朴次茅斯(英国) **Portsmouth (UK)**
普利茅斯(英国) **Plymouth (UK)**
布里斯托尔(英国) **Bristol (UK)**
加的夫(英国) **Cardiff (UK)**
塔尔伯特港(英国) **Port Talbot (UK)**
斯温西(英国) **Swansea (UK)**
多佛尔(英国) **Dover (UK)**
赫尔(英国) **Hull (UK)**
纽卡斯尔(英国) **Newcastle-on-Tyne (UK)**
格拉斯哥(英国) **Glasgow (UK)**
阿伯丁(英国) **Aberdeen (UK)**
贝尔法斯特(英国) **Belfast (UK)**
都柏林(爱尔兰) **Dublin (Ireland)**
科克(爱尔兰) **Cork (Ireland)**
奥斯陆(挪威) **Oslo (Norway)**
卑尔根(挪威) **Bergen (Norway)**
特隆赫姆(挪威) **Trondheim (Norway)**
斯德哥尔摩(瑞典) **Stockholm (Sweden)**
哥德堡(瑞典) **Göteborg (Sweden)**
马尔默(瑞典) **Malmö (Sweden)**
哥本哈根(丹麦) **Copenhagen (Denmark)**
汉堡(西德) **Hamburg (W Germany)**
不来梅(西德) **Bremen (W Germany)**
威廉港(西德) **Wilhelmshaven (W Germany)**
罗斯托克(东德) **Rostock (E Germany)**
格但斯克(波兰) **Gdańsk (Poland)**
格丁尼亚(波兰) **Gdynia (Poland)**
赫尔辛基(芬兰) **Helsinki (Finland)**
土尔库(芬兰) **Turku (Finland)**
雷克雅未克(冰岛) **Reykjavik (Iceland)**
列宁格勒(苏联) **Leningrad (USSR)**
维堡(苏联) **Vyborg (USSR)**
摩尔曼斯克(苏联) **Murmansk (USSR)**
敖德萨(苏联) **Odessa (USSR)**
符拉迪沃斯托克(海参崴)(苏联)

Vladivostok (USSR)
悉尼(澳大利亚) **Sydney (Australia)**
墨尔本(澳大利亚) **Melbourne (Australia)**
阿得雷德(澳大利亚) **Adelaide (Australia)**
布里斯班(澳大利亚) **Brisbane (Australia)**
纽卡斯尔(澳大利亚) **Newcastle (Australia)**
弗里曼特尔(澳大利亚) **Fremantle (Australia)**
达尔文(澳大利亚) **Darwin (Australia)**
霍巴特(澳大利亚) **Hobart (Australia)**
惠灵顿(新西兰) **Wellington (New Zealand)**
奥克兰(新西兰) **Auckland (New Zealand)**
莫尔兹比港(巴布亚新几内亚) **Port Moresby (Papua New Guinea)**
阿批亚(西萨摩亚) **Apia(W Samoa)**
帕果——帕果(东萨摩亚) **Pago Pago (E Samoa)**
苏瓦(斐济) **Suva (Fiji)**
努美阿(新喀里多尼亚岛) **Nouméa (New Caledonia)**
帕皮提(塔希提岛) **Papeete (Tahiti)**
韦腊克鲁斯(墨西哥) **Veracruz (Mexico)**
坦皮科(墨西哥) **Tampico (Mexico)**
曼萨尼略(墨西哥) **Manzanillo (Mexico)**
马萨特兰(墨西哥) **Mazatlán (Mexico)**
阿卡普尔科(墨西哥) **Acapulco de Juárez (Mexico)**
巴拿巴城(巴拿马) **Panama City (Panama)**
科隆(巴拿马) **Colón (Panama)**
哈瓦那(古巴) **Havana (Cuba)**
西恩富戈斯(古巴) **Cienfuegos (Cuba)**
金斯敦(牙买加) **Kingston (Jamaica)**
蒙特哥贝(牙买加) **Montego Bay (Jamaica)**
太子港(海地) **Port-au-Prince (Haiti)**
圣多明各(多米尼加) **Santo Domingo (Dominica)**
威廉斯塔德(库腊索岛) **Willemstad (Curacao)**
西班牙港(特立尼达和多巴哥) **Port of Spain (Trinidad and Tobago)**
巴兰基利亚(哥伦比亚) **Barranquilla (Colombia)**
卡塔赫纳(哥伦比亚) **Cartagena (Colombia)**
布韦那文图拉(哥伦比亚) **Buenaventura (Colombia)**
瓜亚基尔(厄瓜多尔) **Guayaquil (Ecuador)**
卡亚俄(秘鲁) **Callao (Peru)**
瓦尔帕来索(智利) **Valparaiso (Chile)**
塔尔卡瓦诺(智利) **Talcahuano (Chile)**
阿里卡(智利) **Arica (Chile)**
安托法加斯塔(智利) **Antofagasta (Chile)**

彭塔阿雷纳斯(智利) **Punta Arenas (Chile)**
马拉开波(委内瑞拉) **Maracaibo (Venezuela)**
拉瓜伊拉(委内瑞拉) **La Guaira (Venezuela)**
乔治敦(圭亚那) **Georgetown (Guyana)**
帕拉马里博(苏里南) **Paramaribo (Surinam)**
里约热内卢(巴西) **Rio de Janeiro (Brazil)**
圣多斯(巴西) **Santos (Brazil)**
累西腓(巴西) **Recife (Brazil)**
蒙得维的亚(乌拉圭) **Montevideo (Uruguay)**
布宜诺斯艾利斯(阿根廷) **Buenos Aires (Argentina)**
罗萨里奥(阿根廷) **Rosario (Argentina)**
布兰卡港(阿根廷) **Bahia Blanca (Argentina)**
蒙特利尔(加拿大) **Montreal (Canada)**
魁北克(加拿大) **Quebec (Canada)**
哈利法克斯(加拿大) **Halifax (Canada)**
圣约翰(加拿大) **St. John (Canada)**
温哥华(加拿大) **Vancouver (Canada)**
彻奇尔(加拿大) **Churchill (Canada)**
纽约(美国) **New York (USA)**
费城(美国) **Philadelphia (USA)**
巴尔的摩(美国) **Baltimore (USA)**
波士顿(美国) **Boston (USA)**
波特兰(美国缅因州) **Portland, Maine (USA)**
迈阿密(美国) **Miami (USA)**
新奥尔良(美国) **New Orleans (USA)**
休斯敦(美国) **Houston (USA)**
圣弗兰西斯科(旧金山)(美国) **San Francisco (USA)**
洛杉矶(美国) **Los Angeles (USA)**
长滩(美国) **Long Beach (USA)**
圣迭戈(美国) **San Diego (USA)**
西雅图(美国) **Seattle (USA)**
波特兰(美国俄勒冈州) **Portland, Oregon (USA)**
火奴鲁鲁(檀香山)(美国) **Honolulu (USA)**

(三)民航机构 Civil Aviation Organizations

中国民用航空总局 **General Administration of Civil Aviation of China (CAAC)**
巴基斯坦国际航空公司 **Pakistan International Airlines (PIA)**
法国航空公司 **Air France (AF)**
加拿大航空公司 **Air Canada**
加拿大太平洋航空公司 **Canadian Pacific Airlines (CPA)**
日本航空公司 **Japan Air Lines (JAL)**
全日本航空公司 **All Nippon Airways (ANA)**
英国航空公司 **British Airways**

泛美航空公司 **Pan American World Airways (Pan Am)**
环球航空公司 **Trans-World Airlines (TWA)**
西德汉莎航空公司 **Lufthansa**
荷兰皇家航空公司 **Royal Dutch Airlines (Koninklijke Luchtvaart Maatschappij, KLM)**
斯堪的纳维亚航空公司 **Scandinavian Airlines System (SAS)**
比利时世界航空公司 **Belgian World Airlines (Société Anonyme Belge d'Exploitation de la Navigation Aérienne, SABENA)**
意大利国际航空公司 **Italian International Airlines (Aerolinee Italiane Internazionali, ALITALIA)**
瑞士航空公司 **Swissair**
爱尔兰国际航空公司 **Irish International**
康达斯帝国航空公司(澳大利亚) **Qantas Empire Airways LTD (QEA)**
国泰航空公司 **Cathay Pacific**
印度航空公司 **Air India**
泰国航空公司 **Thai Airways International LTD**
孟加拉航空公司 **Bangladesh Biman**
塞浦路斯航空公司 **Cyprus Airways**
印度尼西亚鹰记航空公司 **Garuda Indonesian Airways (GIA)**
伊朗航空公司 **Iran Air**
伊拉克航空公司 **Iraqi Airways**
黎巴嫩航空运输公司 **Lebanese Air Transport**
马来西亚航空公司 **Malaysian Airline System (MAS)**
新加坡航空公司 **Singapore Airlines**
中东航空公司 **Middle East Airlines**
蒙古航空公司 **Mongolian Airlines**
菲律宾航空公司 **Philippine Air Lines (PAL)**
阿富汗皇家航空公司 **Royal Afghan Airlines**
约旦皇家航空公司 **Royal Jordanian Airlines (ALIA)**
沙特阿拉伯航空公司 **Saudi Arabian Airlines**
土耳其航空公司 **Turkish Airlines (Turk Haval Yollari AO, THY)**
缅甸联邦航空公司 **Union of Burma Airways**
也门航空公司 **Yemen Airlines**
非洲航空公司 **Air Afrique**
阿尔及利亚航空公司 **Air Algérie**
科摩罗航空公司 **Air Comores**
加蓬航空公司 **Air Gabon**
几内亚航空公司 **Air Guinée**
马达加斯加航空公司 **Air Madagascar**
马拉维航空公司 **Air Malawi**
马里航空公司 **Air Mali**
毛里塔尼亚航空公司 **Air Mauritanie**
扎伊尔航空公司 **Air Zaire**

埃塞俄比亚航空公司 **Ethiopian Airways**

加纳航空公司 **Ghana Airways**

刚果航空公司 **Lina Congo**

埃及航空公司 **Misrair (Egypt Air)**

尼日利亚航空公司 **Nigeria Airways**

泛非航空公司(坦桑尼亚) **Pan African Air Services (Tanzania)**

南非航空公司 **South African Airways**

苏丹航空公司 **Sudan Airways**

佛得角航空运输公司 **Cape Verde Air Transport (Transportes Aereos de Cabo Verde)**

突尼斯航空公司 **Tunis Air**

赞比亚航空公司 **Zambian Airways**

阿根廷航空公司 **Aerolineas Argentinas**

哥伦比亚中央航空公司 **Aerolineas Centrales de Colombia (ACES)**

墨西哥航空公司 **Aeromexico**

秘鲁航空公司 **Aeroperu**

巴哈马航空公司 **Bahamasair**

古巴航空公司 **Cubana**

多米尼加航空公司 **Dominicana**

巴西航空运输公司 **Tramsbrasil**

苏联民航 **Soviet Air Line (AEROFLOT)**

巴尔干保加利亚航空公司 **Balkan Bulgarian Airlines**

捷克斯洛伐克航空公司 **Czechoslovak Airlines (Ceskoslovenske Aerolinie, CSA)**

芬兰航空公司 **Finnair**

伊比利亚航空公司 **Iberia**

东德国际航空公司 **Interflug**

波兰航空公司 **LOT**

卢森堡航空公司 **Luxair**

匈牙利航空公司 **Malev Hungarian Airlines**

罗马尼亚航空公司 **Tarom**

葡萄牙航空运输公司 **Transportes Aereos Portugueses (TAP)**

南斯拉夫航空运输公司 **Yugoslav Air Transport (Jugoslovenski Aerotransport, JAT)**

瑙鲁航空公司 **Air Nauru**

新西兰航空公司 **Air New Zealand**

澳大利亚安塞特航空公司 **Ansett Airlines of Australia**

第五部分

农　　业

Part V

Agriculture

目录

Contents

农村人民公社 Rural People's Commune

中国农村的基层单位 **basic unit of China's countryside**
三级所有制 **three levels of ownership, ownership on three levels**
以(生产)队为〔所有制〕基础 **with production team as the basic level of ownership**
基本核算单位 **basic accounting unit**
大队所有部分 **brigade-owned sector**
公社所有部分 **commune-owned sector**
社办事业 **commune-run undertaking**
社办企业 **commune-run enterprise**
公社党委会 **commune Party committee**
公社党委书记 **secretary of commune Party committee**
大队党支部 **brigade's Party branch**
大队党支书 **brigade's Party branch secretary**
副书记 **deputy secretary**
(生产)大队长 **brigade leader**
生产队长 **team leader**
副队长 **deputy leader**
生产队委员会 **team committee**
生产队委 **team committee member**
妇女工作组主任 **head of the women's work group**
民兵营长 **militia battalion leader**
贫下中农群众代表 **rank-and-file representative of the poor and lower-middle peasants**
贫下中农协会 **poor and lower-middle peasants' association**
社员代表大会 **commune members' representatives assembly**
生产管理委员会 **committee for the management of production**
计划生育委员会 **committee for the promotion of family-planning**
大队干部 **brigade cadre**
公社(机关所在) **commune office, headquarters of the commune**
大队部 **brigade office**
生产队部 **team office**
农业办公室 **office of agricul-**

ture
文教办公室 **office of culture and education**
知青办公室 **office in charge of educated youth work**
政治处 **political work department**
武装部 **people's military department**
保卫组 **security group**
财务组 **section for financial affairs**
农村人口 **rural population**
农业人口 **agrarian population**
非农业人口 **non-agrarian population**
农户 **peasant household**
军属 **PLA man's family**
烈属 **revolutionary martyr's family**
侨眷 **family of overseas Chinese**
困难户 **needy family**
五保户 **household who enjoys the "five guarantees"**
城市下乡知识青年 **educated youth from town**
农业科技人员 **agro-technician**
"赤脚医生" **"barefoot doctor"**
拖拉机站 **tractor station**
拖拉机手 **tractor driver**
管水员 **irrigation supervisor, irrigator**
仓库保管员 **storehouse keeper**
会计员 **accountant**
记账员 **bookkeeper**
出纳员 **cashier**
犁手 **ploughman**
记分员 **work-point recorder, work-point bookkeeper**
渔民 **fishermen**
牧民 **herdsmen**
农业机械化 **mechanization of agriculture**
提高农业劳动生产率 **raising labour productivity in agriculture**
土地规划 **plan of land utilization**
开荒 **land reclamation**
开发山区 **developing mountain areas**
耕山队 **mountain-cultivating team**
开发新土地 **bringing new land under cultivation**
生产计划 **production plan**
国家计划 **state plan**
生产指标 **production target**
生产定额 **fixed production quota**
单位面积产量 **unit yield, per unit-area yield**
平均亩产 **average yield per mu**
总产量 **total output, total yield**
生产管理 **production management**
生产责任制 **system of production responsibility**
包产到组 **fixing output quotas on a production group basis**
三包一奖制 **system of fixed quotas for workdays, output and costs, with part of the extra output**

as reward
联系产量计报酬 **calculating payment (workpoints) on the basis of the output**
生产进度 **rate of production**
农忙季节 **busy farming season**
农闲季节 **slack farming season**
高产稳产田 **land of high and stable yields**
旱涝保收田 **land of stable yield even in case of drought or waterlogging**
因地制宜 **suiting local conditions**
水稻生产现场会议 **on-the-spot meeting on rice growing**
"三夏"生产现场会议 **on-the-spot meeting on summer harvesting, planting and field management**
粮食空前丰收 **record grain harvest**
粮食生产超过历年最高水平 **surpassing the record year in grain output**
比去年大大增产 **making a sizable increase over the last year**
比去年同期增加百分之… **…per cent higher than in the same period of the last year**
比19___年增加百分之… **rising by…per cent over 19___**
…产量超过19___年 **output of… surpassing that for 19___**
比19___年(该产量)相应数字增加百分之…以上 **more than…per cent above that for the corresponding figure for 19___**
…倍增加 **___fold increase**
多种经济 **diversified economy**
副业生产 **sideline production**
家庭副业 **household sideline production**
集体养猪场 **collective pig farm**
公养 **collective raising**
私养 **raising by individual households**
(猪)公有私养 **raising collective-owned pigs by individual households**
公栏私养 **raising pigs on a collective pigsty by individual households**
自留畜 **private livestock**
自留地 **private plot**
零星果树 **scattered fruit trees**
零星树木 **small holding of trees**
农村集市 **rural fair**
国营商业的补充 **supplement to state commerce**
议价贸易 **buying and selling at negotiated prices**
分配 **distribution**
各尽所能 按劳分配 **from each according to his ability, to each according to his work**
多劳多得 **more income for those who work more**
照顾国家、集体和个人利益 **attention to the interests of the state, the collective and the individual**

秋收分配 **distribution after autumn harvest, autumn distribution**
粮食分配 **distribution of grain**
收入分配 **distribution of income**
分配方案 **distribution plan**
公粮 **agricultural tax in grain, public grain**
余粮 **surplus grain**
减征公粮 **reduction of tax quota in grain**
免交公粮 **exemption from agricultural tax in grain**
集体收入 **collective income**
生产队收入 **production team's income**
社员收入 **income of the commune members**
全年总收入 **gross annual income**
支出数字 **figures on expenditure**
生产队账目 **production team's accounts**
劳动定额 **work quota**
男(女)全劳动力 **able-bodied man (woman)**
辅助劳动力 **auxiliary manpower**
出勤率 **rate of attendance**
评工记分 **evaluation of work and allotment of work-points**
劳动日 **man-day, work-day**
工分值 **work-point value**
补贴工分 **subsidiary work-points**
口粮依人定量 **basic food rationing according to the capacity of each**
商品粮 **commodity grain**
救济粮 **relief grain**
农业信用贷款 **agricultural credit**
粮所 **grain station**
粮仓 **granary**
晒谷场 **grain-sunning ground, sunning ground**
分配草案 **drafted distribution plan**
逐步积累生产队的公积金 **building up the team's accumulation fund**
扣除 **deduction**
补助金 **subsidy**
合作医疗资金 **cooperative medical fund**
敬老院 **home for the aged**
兽医站 **veterinary station**
农科站 **agro-technical station**
农业技术推广站 **centre for the popularization of advanced agrotechnics**
公社卫生院 **commune hospital**
大队卫生站 **brigade's medical and health centre**
合作医疗 **cooperative medical service**
大队办小学 **brigade-run primary school**
文化室 **centre of cultural activities**
灯光球场 **floodlit playground**
有线广播 **wire-broadcasting**
流动放映队 **mobile film pro-**

jection team
电视室 **television room, TV room**
科学种田 **scientific farming**
科学实验小组 **scientific experiment group**
农忙托儿所 **busy season nursery**
男民兵 **militiaman**
女民兵 **militiawoman**
基干民兵 **core member of the militia, core militiaman**
普通民兵 **ordinary militiaman**
征兵站 **conscription station, draft centre**
农业八字宪法——水、肥、土、种、密、保、管、工 **The Eight-Point Charter for Agriculture——water, fertilizer, soil, seeds, rational close planting, plant protection, management, tools**

农业气象学 Agricultural Meteorology

生物气象学 **biometeorology**
生物气候学 **bioclimatology, bioclimatics**
植物与气候的相互作用 **plant-climate interaction**
气候环境资料 **climatic environmental data**
植物小气候 **phytoclimate**
小气候的人工调控 **artificial modification of microclimates**
农业地形气候学 **agrotopoclimatology**
生物气候律 **bioclimatic law**
树线 **tree-line, (Am.) timber line**
等始花线 **isanthesic line**
农业气候区划 **agroclimatic classification**
农业气候区 **agroclimatic region**
农业气象站 **agricultural me-**

teorological station, agrometeorological station
农业气象辅助站(观测站) auxiliary agricultural meteorological station
农业气象预报 agrometeorological forecast
农业天气预报 agricultural weather forecast
简明〔天气〕预报 forecast bulletin
当天天气预报 short-range forecast
近期天气预报 medium-range forecast, extended forecast
数值天气预报 numerical weather predication (NWP), numerical forecast
天气报告 weather report
天气图 weather map (chart), synoptic map (chart)
传真天气图 facsimile chart
地面〔观测〕天气图 surface chart, surface synoptic chart
高空气象图 upper-air chart
(气象图用)气象符号 plotting symbol
日射 insolation
日照可能最长度 maximum possible solar duration
净辐射平衡 net radiation balance
直接日射强度表 pyrheliometer
电位表 potentiometer
勒〔克司〕(米烛光) lux (metre-candle)
照度计(勒〔克司〕计) luxmeter
呎烛光 foot-candle
韦斯顿照度计 Weston Illuminometer
光强度 light intensity
克卡 gram-calorie (gm-cal)
英国热单位 British thermal unit (BTU)
最适光强度较差 optimum light intensity range
光饱和点 light saturation point
补偿点 compensation point
周期性 periodicity
光周期性 photoperiodism
临界光周期 critical photoperiod
光给充足的地区 region with an abundant light supply
光黑时间相对长度 relative length of the light and dark periods
日夜兼适植物 day-night neutral plant
短日照长夜植物 short-day-long-night plant
长日照短夜植物 long-day-short-night plant
日曝 solarization
光〔的〕质〔量〕 quality of light
温度效率 thermal efficiency
温效指数 temperature efficiency index
生长期有效积温 growing degreeday
最高温度 maximum temperature
最低温度 minimum temperature
最适温度 optimum temperature

平均温度 **mean temperature**
昼夜气温 **diurnal temperatures**
日气温较差 **diurnal temperature range**
对作物的温度较差 **temperature range for crop plants**
最适温度较差 **optimum temperature range**
最适夜间温度较差 **optimum night temperature range**
能交换调节 **regulation of the energy exchange**
地温 **ground temperature**
土温(土壤温度) **soil temperature**
土温的日变化 **daily fluctuations in soil temperature**
土温的年变化 **annual variation in soil temperature**
改变地温性质 **altering the thermal properties of the ground**
热害 **heat damage**
温室气候 **class-house climate, greenhouse climate**
热浪 **heat wave**
冷空气 **cold air**
寒潮 **cold wave (current)**
高压 **anticyclone, high cyclone**
高压脊 **ridge of high pressure**
脊线 **ridge line**
低压 **depression, low cyclone**
低压槽 **trough**
槽线 **trough-line**
冷锋 **cold front**
暖锋 **warm front**
风暴 **storm**
台风 **typhoon**
风级(风力) **windscale**
风速表 **anemometer**
风向指示器 **wind direction indicator**
风向标 **wind vane**
台风警报 **typhoon warning**
尘暴 **dust-storm**
沙暴 **sandstorm**
防风带 **shelterbelt**
风障 **windbreak**
大气中的水汽含量 **moisture content of the atmosphere**
空气湿度 **humidity of the air**
绝对湿度(水汽浓度) **absolute humidity, vapour concentration**
相对湿度 **relative humidity**
湿度表 **hygrometer**
饱和差 **saturation deficit**
温湿指数 **moisture-temperature index, hydrothermal index**
蒸发表 **atmometer, atmidometer, evaporimeter**
水汽凝结体 **hydrometeor**
降水量 **precipitation**
有效降水量 **effectiveness of precipitation, effective precipitation**
晴天 **clear sky**
少云天 **sky slightly clouded**
多云天 **cloudy sky**
多云近阴天 **very cloudy sky**
阴天 **overcast sky**
高云 **high cloud**
中云 **medium cloud, middle cloud**
低云 **low cloud**

平均云量 **mean cloudiness**
轻雾 **mist**
霾 **haze**
雾 **fog**
雾滴 **fog-drip, fog-droplet**
树挂雾凇 **rime**
云的调控 **cloud modification**
云的催化 **cloud seeding**
人工造雨 **rainmaking**
降雨 **rainfall**
全年降雨分布 **distribution of rainfall throughout the year**
雨量强度 **rain intensity, raininess**
雨带的变移 **shifting of the rain belt**
雨量器 **raingauge, pluviometer, udometer**
毛毛雨 **drizzle, mizzle**
冻毛毛雨 **freezing drizzle**
雨滴 **rain drop**
冻雨 **freezing rain**
雨凇 **glaze**
极微雨 **very light rain, trace**
小雨 **light rain**
中雨 **moderate rain**
大雨 **heavy rain**
阵雨 **rain shower**
暴雨 **cloudburst**
暴风雨 **rainstorm**
雷暴 **thunderstorm, lightning storm**
雷区 **region of thunderstorm activity**
雷阵雨 **thunder shower**
雨〔夹〕雪 **sleet**
露 **dew**
地面霜 **ground frost**
严霜 **killing frost**
辐射霜 **radiation frost**
风霜(平流霜) **wind frost, advection frost**
防霜 **frost protection**
风机(防霜风扇) **wind machine, frost fan**
降雪量 **snowfall**
米雪 **snow grains**
雪暴 **snowstorm**
低吹雪 **drifting snow**
高吹雪 **blowing snow**
积雪 **snow cover, snowpack**
测雪板 **snowboard**
测雪桩 **snowstake**
冰雪面消融 **ablation**
雪的水当量 **snowpack water equivalent**
冰日 **ice day**
冰暴 **ice storm, silver storm**
〔冰〕雹 **hail**
冰丸(小雹) **ice pellet, small hail**
雹块 **hailstone**
雹暴 **hailstorm**
冻害 **winter injury**
冰点下气温 **subfreezing temperature**
径冻不足 **insufficient cold**
植物生长季节 **vegetation season, growing season**
农作季节 **agricultural season**
季节性迟后 **seasonal lag**
仲春 **the middle of spring**
盛夏 **the height of summer**
仲秋 **midautumn**
隆冬 **depth of winter**
二十四节气 **twenty-four solar terms**

立春 **First Spring Day, Spring Begins**
雨水 **Rain Falling Day, Rain water, the Rains**
惊蛰 **Torpid-Arousing Day, Insects Excited**
春分 **Vernal Equinox**
清明 **Clear and Bright Day, Clear and Bright**
谷雨 **Rain-for-Grain Day, Grain Rains**
立夏 **First Summer Day, Summer Begins**
小满 **Prime Fill-Up Day, Grain Fills**
芒种 **Grain-in-Ear Day, Grain in Ear**
夏至 **Summer Solstice**
小暑 **Mid-Heat Day, Slight Heat**
大暑 **Scorching-Heat Day, Great Heat**
立秋 **First Autumn Day, Autumn Begins**
处暑 **Limit of Heat Day, Limit of Heat**
白露 **Pearl Dew Day, White Dew**
秋分 **Autumnal Equinox, Autumn Equinox**
寒露 **Cold Dew Day, Cold Dew**
霜降 **Frost Descending Day, Hoar Frost Falls**
立冬 **First Winter Day, Winter Begins**
小雪 **Little Snow Day, Little Snow**
大雪 **Heavy Snow Day, Heavy Snow**
冬至 **Winter Solstice**
小寒 **Moderate Cold Day, Little Cold, Slight Cold**
大寒 **Acute Cold Day, Severe Cold**
生长期中气温 **growing-season temperatures**
无霜生长期 **frost-free growing season**
不合季节的高气温 **unseasonably high temperature**
气温突降 **sudden drop in temperature**
二分雨 **equinoctial rains**
梅雨 **plum rains**
霪雨 **excessive rain**
干旱 **drought**
伏天 **dog days**
湿润的大气兼有低速风 **moist atmosphere accompanied by winds of low velocity**
秋老虎 **autumnal summer heat**
寒露风 **cold-dew wind**
干冷的冬天 **cold climate with dry winter**
冬旱 **winter drought**
干燥的大气兼有高速风 **dry atmosphere accompanied by winds of high velocity**
湿冷的冬天 **cold climate with moist winter**
天气谚语 **weather lore, weather proverb**

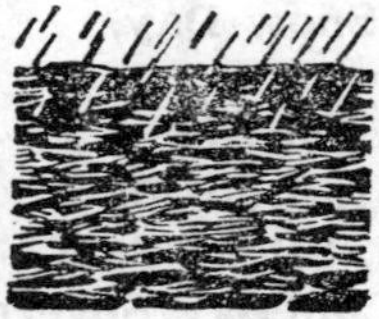

土壤 Soil

自然土壤 **natural soil**
农业土壤 **agricultural soil, soil well suited to agriculture**
可耕土壤 **arable soil**
原生矿物 **primary mineral**
次生矿物 **secondary mineral**
母质 **parent material**
母岩 **parent rock**
火成岩 **igneous rock**
原生岩 **primary rock**
花岗岩 **granite**
玄武岩 **basalt**
沉积岩 **sedimentary rock**
运积岩 **transported rock**
砂岩 **sandstone**
页岩 **shale**
变质岩 **metamorphic rock**
大理石 **marble**
石英岩 **quartzite**
岩石的风化 **weathering of rocks**
生物风化 **biological weathering**
化学风化 **chemical weathering**
物理风化 **physical weathering**
风蚀 **wind erosion**
土壤形成 **soil formation**
成土过程 **soil-forming proces**
农业土壤发生 **genesis of agricultural soil**
成土因素 **soil-forming factor**
土壤生物 **soil organism**
生物系列 **biosequence**
土壤绝对年龄 **absolute age of soil**
土壤相对年龄 **relative age of soil**
地质循环 **geocycle, geological cycle**
生物群落 **biocoenosis, biotic community**
生物循环 **biological cycle**
土壤微生物区系 **soil microflora**
土壤肥力 **soil fertility**
自然肥力 **natural fertility**
人为肥力 **anthropogenic fertility**
有效肥力 **effective fertility**
土壤发育 **soil development**
熟化作用 **maturation**
生土、未成熟土 **immature soil**
熟土 **mature soil**
肥沃土 **fertile soil**
疏松土 **loose soil**
瘦瘠土 **infertile soil, lean soil**

结壳土壤 **incrusted soil**
固结土壤 **consolidated soil**
土粒 **soil particle**
土块 **clod**
土壤质地 **soil texture**
粗质土壤 **coarse-textured soil**
细质土壤 **fine-textured soil**
细土 **fine soil**
致密质地 **close texture**
早发土 **early soil**
中等质地土壤 **medium-textured soil**
机械组成 **mechanical composition**
机械分析 **mechanical analysis**
砾石 **gravel**
砂 **sand**
砂质土 **sandy soil**
砂壤土 **sandy loam**
砂砾质壤土 **sandy gravelly loam**
砂质粘壤土 **sandy clay loam**
粉砂 **silt**
粉砂壤土 **silt loam**
粉砂粘土 **silty clay**
粘粒 **clay particle**
粘土 **clay**
重粘土 **heavy clay**
轻粘土 **light clay**
粘壤土 **clay loam**
壤土 **loam**
壤砂土 **loam sand**
土壤结构 **soil structure**
土壤组成 **soil constitution**
土壤团粒 **soil granule**
单粒结构 **single-grain structure**
片状结构 **platelike structure**
块状结构 **blocklike structure**
棱柱状结构 **prismlike structure**
角块状结构 **angular blocky structure**
团粒状结构 **granular structure**
团块状结构 **crumb structure**
土壤团聚体 **soil aggregate**
土壤水 **soil water, water in soil**
土壤水分 **soil moisture**
土壤湿度 **soil humidity**
含水量 **moisture content, water content**
持水量 **moisture-holding capacity, water retaining capacity**
凋萎系数 **wilting coefficient**
永远致萎点 **permanent wilting point**
暂时致萎点 **temporary wilting point**
变干，失去水分 **drying out**
蒸腾率 **transpiration ratio**
自由水 **free water**
毛管运动 **capillary movement**
毛〔细〕管水 **capillary water**
最大毛管持水量 **maximum capillary capacity**
悬着水分 **suspended moisture**
田间持水量 **field capacity**
有效水分 **available water**
无效水分 **unavailable water**
重力水 **gravitational water**
吸湿水，吸着水 **hygroscopic water**
最适水分 **optimum moisture**
持水当量 **moisture equivalent**
地面水 **surface water**

地下水 **subterranean water**
地下渗流 **percolation**
土壤密度 **soil density**
土壤比重 **specific gravity of soil**
土壤容重 **volume weight of soil**
土壤孔隙度 **soil porosity**
毛管孔隙 **capillary pore, capillary space**
非毛管孔隙 **non-capillary pore**
好气性细菌 **aerophile bacterium (pl. bacteria)**
嫌气性细菌 **anaerobic bacterium (pl. bacteria)**
土壤空气 **soil air**
容气量 **air capacity**
透气性，透气度 **air permeability**
土壤通气性 **soil aeration**
通气良好的土壤 **well-aerated soil**
通气不良的土壤 **poorly-aeratcd soil**
土壤温度 **soil temperature**
土壤热量平衡 **heat balance of soil**
土壤热容量 **heat capacity of soil**
容积热容量 **heat capacity per unit volume**
土壤比热 **specific heat capacity of soil**
土壤导热性(或导热率) **heat conductivity of soil**
导热率 **thermal conductivity**
土壤温度表(土温计) **soil thermometer**
土壤的机械施用率 **soil workability**
脱粘点 **sticky point**
临界含水量 **critical moisture content**
土壤的塑性指数 **plasticity index of soil**
液态极限 **liquid limit**
塑性极限 **plastic limit**
土壤渗透性 **soil permeability**
比表面积 **specific surface area**
孔隙 **pore**
膨胀 **swelling**
收缩 **shrinking**
龟裂，坼裂 **fissure**
裂纹 **crack**
结皮，结壳 **crust**
土壤结持度 **soil consistence, soil consistency**
土壤结持常数 **soil consistence constant**
粘结性 **coherence**
分散 **dispersion**
絮凝作用 **flocculation**
粘粒絮凝 **clay flocculation, flocculation of clay**
无机物质 **inorganic matter**
盐基 **base**
盐基交换 **base exchange**
盐基代换量 **base-exchange capacity**
盐基饱和度 **degree of base saturation**
土壤溶液 **soil solution**
土壤胶体 **soil colloid**
土壤盐渍度 **soil salinity**
盐化〔作用〕，盐渍〔作用〕 **salinization**
返盐 **uprise of salt**

土壤反应 **soil reaction**
土壤酸度 **soil acidity**
交换性酸度 **exchange acidity**
活性酸度 **active acidity**
潜性酸度 **potential acidity**
水解性酸度 **hydrolytic acidity**
土壤碱度 **soil alkalinity**
土壤酸碱度值(pH值) **pH value of the soil**
土壤缓冲作用 **soil buffer action**
吸收性能(吸收能力) **absorbing power**
交换量 **exchange capacity**
阳离子交换量 **cation exchange capacity**
阴离子交换量 **anion-exchange capacity**
有机物质 **organic matter**
离子的代换能力 **ion exchange power**
有机质的矿质化 **mineralization of orgainc matter**
有机质的腐殖化 **humification of organic matter**
腐殖质 **humus, humic substance**
腐殖酸 **humic acid**
吸收表面 **absorption surface**
腐殖质粘土复合体 **humus-clay complex**
土壤吸收性复合体 **absorbing complex of soil**
碳氮比 **carbon-nitrogen ratio (c/N)**
土壤剖面 **soil profile**
土层 **soil horizon**
土被(地被物) **soil covering**
植被 **plant cover, vegetation**
表土 **surface soil, topsoil**
亚表土 **subsurface soil**
松软表土 **mould**
耕作层土 **ploughed soil**
底土, 心土 **subsoil**
犁底层, 犁磐 **plough (Am. plow) sole pan, plough pan**
土层, 土体 **solum**
淋溶层(A层) **eluvial horizon, zone of leaching (A horizon)**
灰化层 **podzolic horizon, spodic horizon**
淀积层(B层) **illuvial horizon, zone of deposition (B horizon)**
淹育层 **submergenic horizon**
渗育层 **percogenic horizon**
潜育层 **gley horizon**
不透水层 **impervious layer**
埋藏土层 **buried soil horizon**
粘磐 **clay pan**
石灰结核(砂姜) **lime concretion**
铁锰结核 **iron-manganese concretion**
泛域土, 非地带性土壤 **azonal soil**
土壤地带性 **soil zonality**
土色 **soil colour**
淡色土 **light-coloured soil**
暗色土 **dark-coloured soil**
土壤的分布 **distribution of soil**
土壤分类 **soil classification**
土纲 **soil order**
土壤亚纲 **soil suborder**
土类 **soil great group**
土壤亚类 **soil sub-group**

土族 **soil family**
土系 **soil series**
土型 **soil type**
冰沼土 **tundra soil**
冰川土 **glacial soil**
冻土 **frozen soil**
灰化土 **podzolic soil**
黑钙土(黑土) **chernozem, black earth**
栗钙土 **chestnut soil**
灰钙土 **sierozen**
灰色土 **grey soil**
漠境土 **desert soil**
半漠境土 **semi-desert soil**
棕钙土 **brown soil**
棕色森林土 **brown forest soil**
褐土,褐色土 **cinnamon soil**
红壤,红土 **red earth, red soil**
黄壤 **yellow earth, yellow soil**
黄土 **loess**
黄土性土 **loessial soil**
紫色土 **purple soil**
砖红壤 **laterite**
沼泽土 **marshy soil, boggy soil**
草甸土 **meadow soil**
草原土 **steppe soil**
水稻土,水田土壤 **paddy soil, rice soil**
菜园土 **vegetable soil**
盐〔渍〕土 **saline soil**
含盐土壤 **salty soil**
碱土 **alkali soil**
白碱土 **white alkali soil**
黑碱土 **black alkali soil**
碱化土 **alkalized soil**
盐碱土 **saline-sodic soil, saline-alkali soil**
冲积土 **alluvial soil**
森林土 **forest soil**
森林-草原土 **forest-steppe soil**
青藏高原土壤 **Qinghai-Tibet plateau soil**
山地森林土 **mountain-forest soil**
山地草甸草原土 **mountain meadow-steppe soil**
山地半漠境土 **mountain semi-desert soil**
土壤调查 **soil investigation**
流域规划 **basin planning**
大地整理 **land preparation**
土壤制图 **soil mapping**
土样 **soil sample**
土壤采样钻 **soil auger**
土壤三相 **three-phase of soil**
土壤固相 **solid phase of soil**
土壤液相 **liquid phase of soil**
土壤气相 **gaseous phase of soil**
土壤详图 **detailed soil map**
土壤概图 **reconnaissance soil map**
剖面描述 **description of profile**
肥力鉴定 **fertility characterization**
土壤改良 **soil amelioration, soil improvement**
盐碱土改良 **saline-sodic soil amelioration, saline-alkali soil amelioration**
土壤侵蚀 **soil erosion**
正常侵蚀 **normal erosion**
地质侵蚀 **geological erosion**
自然侵蚀 **natural erosion**

加速侵蚀 **accelerated erosion**
水蚀 **water erosion**
雨滴侵蚀 **raindrop erosion**
表面侵蚀 **surface erosion**
沟蚀，沟状侵蚀 **gully erosion**
土崩 **landslide**
风积土 **wind-blown soil**
侵蚀率 **erosion ratio**
土壤流失 **soil loss**
防止土壤侵蚀 **soil erosion control**
土壤保持 **soil conservation**
水土保持 **soil and water conservation**

肥 料 Fertilizer

一般用语 General Terms

简单肥料 **straight fertilizer**
混合肥料 **mixed fertilizer, fertilizer mixture**
多种混合肥料 **multicomponent fertilizer**
复合肥料 **compound fertilizer**
完全肥料 **complete fertilizer**
不完全肥料 **incomplete fertilizer**
直接肥料 **direct fertilizer**
间接肥料 **indirect fertilizer**
颗粒肥料(粒肥) **granular fertilizer, granulated fertilizer, pelletized fertilizer**
液体肥料(液肥) **liquid fertilizer**
粉状肥料(肥田粉) **powdered fertilizer**
细菌肥料 **bacterial fertilizer**
抗菌素肥料 **antibiotic fertilizer**
速效肥 **quick-acting fertilizer, active fertilizer**
长效肥(迟效肥) **slow-release fertilizer, controlled-release fertilizer, controlled-availability fertilizer**
残积肥 **residues of previous fertilizer applications**
矿质肥料(无机肥料) **mineral fertilizer, inorganic fertilizer**
有机肥料 **organic fertilizer**
积肥 **manure storage,**

manure accumulation
堆肥 **compost, composted manure**
肥料要素 **fertility element**
植物养分 **plant nutrient**
主要养分 **major nutrient**
次要养分 **minor nutrient**
微量养分 **micronutrient**
肥料需要量, 需肥量 **fertilizer requirement**
肥料等级(以氮、磷、钾肥比率表示) **fertilizer grade (designated by the percentage of N.P.K.)**
有效养分 **available nutrient**
肥料配合式 **fertilizer formula**
肥料保证成分 **fertilizer guarantee**
肥料载送剂 **fertilizer carrier**
肥料盐指数 **fertilizer salt index**
肥源 **fertilizer source**

天然有机肥料 Natural Organic Fertilizers

骨肥 **bone fertilizer**
生骨粉 **raw bone meal**
蒸制骨粉 **steamed bone meal**
脱脂骨粉 **bone tankage**
过磷酸钙骨粉 **bone superphosphate**
酸化鱼粕 **acidulated fish scrap**
干鱼粕或鱼粉 **dried fish scrap or meal**
蹄骨粉 **hoof-and-horn meal, hoof and horn**
干血粉 **dried blood**
杂肉干粉 **animal tankage**
动物粪肥 **barnyard manure, stable manure, (Am.) manure**
腐熟厩肥, 沤肥 **rotted manure, decomposed manure**
农家肥 **farmyard manure (F.Y.M.), muck**
腐熟农家肥 **well-rotted farmyard manure**
稿秆拌和的农家肥 **strawy farmyard manure**
粪肥 **faecal manure**
干粪肥 **poudrette**
液体厩肥 **liquid manure**
猪牛粪水 **pig and cattle slurry**
猪(牛)粪 **pig (cattle) dung**
干牛粪 **dried cow manure**
干羊粪 **dried sheep manure**
粪肥堆 **dung heap, manure pile**
家禽粪 **poultry-dung, fowl manure**
干家禽粪肥 **dried poultry manure**
秘鲁海鸟粪 **Peruvian guano**
蚯蚓 **earthworm**
蚯蚓粪 **earthworm cast, cast**
蚕粪(蚕沙) **silkworm faeces, silkworm excrements**
三鸟毛(鸡、鸭、鹅毛) **feathers**
根瘤菌 **root nodule bacteria**
固氮根瘤菌 **nodular nitrogen-fixing bacteria**

塘泥 pond silt
河泥 river mud, river silt
干污泥 dried sewage sludge
垃圾 refuse, garbage
泥炭粪肥 peat fertilizer
泥炭藓 peat moss
绿肥 green manure
黄花苜蓿 sickle alfafa, sickle lucerne
紫云英 astragalus, Chinese clover, milk vetch
苕子 vetch
田菁 sesbania
白芥 white mustard
草木樨 sweet clover
柽麻属 crotalaria
海草肥 seaweed fertilizer
绿藻 green algae
红萍 Azolla pinata
木棉籽麸 kapok seed press pulp
椰干麸 copra press pulp
蓖麻油渣 castor pomace
棉籽粉 cotton seed meal
饼肥 cake fertilizer
菜籽饼 rapecake
豆饼粉 ground beancake
可可豆饼粉 ground cocoa cake
灰肥 ash fertilizer
草木灰 plant ashes
椰壳灰 coconut shell ash
亚麻籽粉 linseed meal
花生麸 peanut press pulp
烟草梗 tobacco stems
花生秸 peanut stems
稻秆 rice straw
作物残茬 crop residues

化学肥料 Chemical Fertilizers

氮肥 nitrogen fertilizer, nitrogenous fertilizer
无水氨（液），液态氨 anhydrous ammonia
粗氨水 ammonia liquor
煤气厂氨水 gas liquor
氨水（氢氧化铵） aqua ammonia, ammonia water, ammonium hydroxide
尿素（脲） urea
乙烯双脲 ethylene diurea (EDV)
甲醛尿素 urea formadehyde
硝酸铵 ammonium nitrate
硫酸铵 ammonium sulphate, sulphate of ammonia
混酸铵（路那硝） Leuna saltpeter
碳酸铵 ammonium carbonate
碳酸氢铵 ammonium bicarbonate
硝酸钠（智利硝） sodium nitrate
硝酸钙 calcium nitrate
硝酸钠钾 nitrate of soda-pot ash
石灰氮（氰氨化钙） calcium cyanamide
硝酸铵钙 cal-Nitro, A-N-L, Ammonium nitrate-limestone mixture
氯化铵 ammonium chloride
氨化泥炭 ammoniated peat
磷肥 phosphate fertilizer,

phosphatic fertilizer
安福粉（磷酸一铵） Ammophos (monoammonium phosphate)
磷酸钙 calcium phosphate
过磷酸钙 superphosphate, calcium superphosphate
重过磷酸钙 triple super (phosphate), concentrated superphosphate
熔合磷肥 fused tricalcium phosphate
硝酸磷肥（"过磷酸铵"） nitraphosphate, "ammonium superphosphate"
氨化过磷酸钙 ammoniated superphosphate
磷酸二钙 dicalcium phosphate
钢渣磷肥（托马斯磷肥） basic slag, Thomas phosphate
莱纳磷肥 Rhenania phosphate
磷灰石 rock phosphate
硝酸过磷酸钙 nitric superphosphate
偏磷酸钾 potassium metaphosphate
钙镁磷肥 fused calcium-magnesium phosphate
钾肥 potash fertilizer, potassium fertilizer
钾碱 potash
钾盐（天然氯化钾） sylvite
粗钾盐 manure salt (KCL)
氯化钾 muriate of potash (M/P), potassium chloride
硫酸钾 potassium sulphate
硝酸钾 potassium nitrate
钾镁硫酸盐 Sul-Po-Mag, sulphate of potassium-magnesia, potassium magnesium-sulphate
氮磷钾肥 azophoska
光卤石，杂盐 carnallite
钾盐镁矾 kainite
氧化钾 potassium oxide
氧化钾当量 potassium oxide equivalent
钙肥 calcium fertilizer
土壤改良剂 soil amendment
石灰 lime, burnt lime, quicklime
消石灰 hydrated lime
石膏 gypsum
镁肥 magnesium fertilizer
白云石 dolomite
烧白云石 calcined dolomite
白云石质消石灰 dolomitic hydrated lime
烧水镁矾 calcined kieserite
镁氧矿 magnesia
菱镁矿 magnesite

其他肥料 Other Fertilizer Materials

硫酸铝 aluminum sulphate
硬石膏 anhydrite
硫酸铜 copper sulphate, cupric sulphate
绿矾 copperas
硼砂 borax
硫酸亚铁 ferrous sulphate
硫酸锰 manganese sulphate

大量需要的营养元素 **macronutrient**

微量需要的营养元素 **micronutrient**

含有最适度的溶解养分的 **eutrophic**

溶解养分增加过程 **eutrophication**

植物生长调节剂 **plant-growth regulator**

植物生长激素 **plant-growth substance, plant hormone, phytohormone**

促进生根粉剂 **root-inducing powder**

促进生根激素 **root-inducing hormone**

成花诱导 **floral induction**

开花后用激素喷洒 **postbloom spray with hormone**

九二〇激素 **920 plant hormone**

萘乙酸 **naphthalene acetic acid**

异茁长素，吲哚乙酸 **indole acetic acid**

吲哚丁酸 **indole butyric acid**

施　肥 Fertilizer Application

土壤施肥 **fertilization of the soil**

合理施肥 **rational application of fertilizer**

普遍施用 **general application**

局部施用 **local application**

护养施肥 **maintenance application**

培养肥力 **building up fertility**

潜在肥力 **inherent fertility, potential fertility**

肥效 **effect of fertilizer**

肥料的残留值 **residual value of fertilizers**

基肥 **basal manure**

施基肥 **basal dressing**

深耕施肥法(全层施肥法) **deep tillage with fertilizer application**

分层施肥法 **different applications at different depths**

施混合肥 **application of mixed fertilizers**

种肥 **starter fertilizer**

种肥溶液 **starter solution**

种子拌肥 **seed dressing**

分两次施肥 **application in two dressings**

追肥 **topdressing**

分期追肥 **topdressing at different stages**

后期追肥(抽穗后追肥) **post-earing topdressing**

飞机追肥 **aerial topdressing**

施肥量 **application rate, rate of manure**

中和值 **neutralizing value (N.V.)**

补偿地力作物，补肥作物 **restorative crop**

表施 **surface application, topdressing**

撒施法 **broadcast method, broadcast application**

表施氮肥 **nitrogen top-**

dressing
表面施肥淋水 surface application of fertilizers combined with surface watering
稀释 dilution
免耕直播表施法 surface application under a system of zero tillage and direct seeding
灭茬掺肥 fertilizer incorporation by stubble-ploughing
施过肥的田 manured plot
未施肥的田 unmanured plot
侧施法 side-placement method, side dressing
条施法 row method, row application, drilling
穴施法 perforated method, application in the planting hole
液施法 liquid method, liquid application
肥水拌和后施用 manure and water applied premixed
槽车撒布 tanker distribution
随水灌肥 application with irrigation water
叶面喷洒 foliage spray, foliar spray
根外施肥 ex-root nutrition
压青(施用绿肥) green manuring
有机物质 organic matter
施灰泥 marling
施石灰 liming
养分平衡 nutrient balance
吸持量 sorption capacity
过度吸收 luxury uptake
营养缺乏 nutrient stress, nutrient deficiency
叶片诊断 foliar diagnosis
营养吸收度 nutrient content, nutrient uptake
营养浓度(百分) nutrient concentration (%)

水 利 Water Conservation

水利工程 Water Conservancy Project

抗旱 resisting drought
防洪 flood prevention
排涝 draining water-logged areas
水利工程学 hydrotechnics
土方工程 earthworks

石方工程 **rock excavation**
坍方 **landslide, slide**
塌陷 **collapse, cave-in**
年流量 **annual discharge**
支流 **tributary**
(河道)分叉 **forking**
河流汇合点 **confluence, junction**
潮区(感潮河段) **tidal reach**
三角洲上受咸水侵入的河汊 **delta reaches being contaminated by salt water**
河口湾 **estuary**
海堤 **seawall**
防波堤 **breakwater**
增加陆地 **land accretion**
海中收回陆地 **winning land back from the sea**
新增的陆地 **innings**
圩田 **polder**
冲去土地盐分 **leaching land of salt**
(开运河使)河道取直 **(digging a canal) to cut the meanders of a river**
防洪 **flood protection, flood control**
洪水痕迹 **flood level mark**
最大洪水 **maximum flood**
特大洪水 **catastrophic flood, superflood**
骤发洪水 **flash flood**
空前未有的洪水 **record flood**
洪峰 **peak flood, flood peak, crest**
堤 **bank, embankment**
泛滥，淹没 **inundation, flooding**
冲坍，冲崩 **washing out**
护堤 **bank protection**
折流坝 **groyne, (Am.) groin**
防洪警报装置 **flooding warning system**
水尺 **water level gauge**
自记水位计 **water-level recorder, automatic water-level recorder**
水情 **regimen**
水位上升速率 **rate of rise of water level**
平均水位(平水) **mean water**
高水位线 **high water mark**
低水位 **low water**
最低水位(枯水) **minimum flow, lowest flow**
分洪 **flood diversion**
治河 **harnessing of a river**
淤塞 **silting up**
疏浚 **dredging**
上游 **upstream**
下游 **downstream**
土坝(土石坝) **earth dam**
迎水面(上游面) **upstream face**
背水面(下游面) **downstream face**
水位抬高 **raising of water level**
正常高水位 **normal top water level**
非常水位 **exceptional water level**
最高壅水位 **maximum water level, top water level**
泄洪 **flood discharge**
溢洪道 **spillway**
溢流堰 **weir**
自由式溢流堰 **uncontrolled**

weir, open spillway
浸水式溢流堰(潜堰) controlled weir, controlled spillway
溢流坝(滚水坝) spillway dam, overflow dam
重力式溢流坝 gravity spillway dam
分水坝分水堰 diversion dam, diversion weir
拱坝 arch dam
连拱坝 multiple arch dam
堆石坝 rockfill dam
乱石堆筑 randam rubble fill
水闸 sluice, sluice gate
鼓形水闸门 drum gate
坝体加高 raising of dam
超水高度 freeboard
坝体加固 strengthening of dam
围堰 cofferdam
上游围堰 upstream cofferdam
下游围堰 downstream cofferdam
水上(上游水) headwaters
引水渠(前渠) headwater channel, headrace
进水口 water intake, water inlet
引水隧洞 intake tunnel
水头 head, pressure head
压力水入口 pressure intake port
压力水管 penstock, pressure pipe-line
回水区 backwater zone, backwater area
回水长度 backwater length
泄水道 tailrace
尾水 tailwater
静水池(消力池) stilling pool
人工湖，人工蓄水池 artificial lake
水库 reservoir

农田基本建设 Farmland Improvement Groundwork

农田给水工程 farm water supply engineering
给水水源 water supply sources, sources of water supply
给水系统 water supply system
灌溉水源 sources of irrigation water
灌溉工程 irrigation project
灌溉区 irrigation district
排水计划 scheme for irrigation and drainage, water management scheme
水流集贮 water harvesting
集水区 catchment area,(Am.) watershed
径流 run-off
拦蓄水 intercepted waters
农田蓄水坝 farm dam
蓄水库 impounding reservoir
水库总容量 total storage capacity, total reservoir storage
水库有效库容 usable storage of a reservoir
蓄水量/挖方比率 storage ratio, storage/excavation ratio (S/E ratio), water-to-

earth ratio
供水水库 **service reservoir, distribution reservoir**
农田水库 **farm reservoir**
(水库)充水 **filling**
(水库)放水(消落) **draw-off**
水位下降 **drawdown**
放空, 排空 **emptying**
泄漏 **leakage**
侧边泄水道 **by-wash, by-channel**
水道 **watercourse**
山塘围堰 **hillside dam**
山沟堰 **gully dam**
环山渠 **winding canal along the hillsides**
梯田 **terraced fields**
梯田排水道 **terrace outlet channel**
梯田系统 **terrace system**
蓄水围 **ring dam**
农用水塘 **farm pond**
地下水 **underground water, subsurface water**
潜水(地下水) **ground water**
地下径流 **groundwater runoff**
潜水位(地下水位) **ground-water table, water table**
降低地下水位 **lowering of water-table**
地下水流 **ground water flow**
凿通, 打通 **making an opening through**
水井 **well**
管井 **tube well, wellpoint**
机钻井孔 **borehole**
自流井 **artesian well**
解冻(冰雪融解) **thawing**
融雪水 **snow melt**
调节水闸 **closing dike**
涵洞 **culvert**
渡槽 **aqueduct**
渡水高埂 **elevated ditch**
沟 **ditch**
(稻)田水管理 **water management (in paddy fields)**
大田布局 **field layout**
灌溉需水总量 **irrigation requirement, duty of water**
公顷/米水量 **hectare-metre of water**
�/呎水量 **acre-foot of water**
潜在蒸发蒸腾 **potential evapotranspiration**
补给土壤储水量 **replenishing soil moisture reserve**
土壤缺水度 **soil moisture deficit (S.M.D.)**
水质 **water quality**
水的处理 **water treatment**
碱性水的酸化 **acidification of alkaline water**
灌溉效率 **irrigation efficiency,distribution efficiency**
灌溉强度 **irrigation intensity**
灌溉结构 **irrigation structure**
灌溉系统图 **irrigation layout plan**
灌溉渠网 **grid of irrigation channels**
灌溉总渠 **main irrigation artery**
灌溉主渠(干渠) **main (irrigation) canal**
灌溉支渠 **secondary canal, irrigation lateral**
自流灌溉 **irrigation by gravity flow**

自流灌溉的农田 **commanded land**
自流水总管道 **gravity main**
抽上蓄水 **pumped storage**
机械提水灌溉 **pumping irrigation**
排灌站 **pumping station**
吸升水头 **suction head**
灌溉水头 **irrigating head**
低扬程泵 **lowlift pump**
高扬程泵 **highlift pump**
水泵抽水坑 **sump**
水下泵 **submersible pump**
涡轮泵 **turbine pump**
抽水井 **suction well**
过顶渠 **summit canal**
倒虹吸管 **inverted siphon, sag pipe**
灌溉龙头 **irrigation hydrant**
竖管 **standpipe**
输水管 **main pipes**
接水喉管 **lateral pipes**

灌溉方法 Irrigation Methods

地面灌溉 **surface irrigation**
方块灌溉 **check-basin irrigation**
畦灌 **border-strip irrigation**
田埂 **border dike**
畦沟(田边沟) **border ditch**
灌溉沟 **irrigation ditch, field ditch**
浸灌 **flooding irrigation**
漫灌 **wild-flooding irrigation**
冲洗 **flushing**
垅沟灌溉 **corrugation irrigation**
沟灌 **furrow irrigation**
地下渗灌 **subirrigation**
鼠道 **mole**
喷灌 **sprinkler irrigation, spray irrigation**
多种用途喷灌系统 **multi-purpose sprinkler system**
多孔管喷灌装置 **perforated sprinkler**
滴灌 **drip irrigation, trickle irrigation**
滴流出水管 **emitter**
固定喷灌系统 **solid-set sprinkler system**
固定喷头 **stationary nozzle**
活动喷灌装置 **portable sprinkler**
中枢灌溉系统 **centre-pivot irrigation system**
中央井 **central well**
活动支承塔 **mobile support tower**
注射肥料进入给水管 **injecting fertilizers into the water supply line**
定期换水 **refreshing the water periodically**
一层水 **water layer**
慢慢放水 **letting the water down slowly**
种前灌水 **pre-sowing watering, pre-sowing irrigation**
种后灌水 **post-sowing irrigation**
种时(或种后)植地浇水 **spot watering at (or after) planting**

定植浇水 **setting-in watering**
生长全期浇水 **throughout-life watering**
收割前浇水 **pre-harvest watering**
全面浇水 **overall watering**
防霜冻灌溉 **irrigation for frost protection**
预灌 **advance irrigation, pre-wetting**
连续空中喷灌 **continuous overhead sprinkling**
排水 **drainage**
地表排水 **surface drainage**
排水沟 **drainage ditch**
排水道 **outlet**
排出水 **drained-off water**
排干田 **drained field**

一些地理名词 Some Geographical Terms

山区 **mountain region**
山地 **rough country**
山腰 **hillside, mountainside**
峡谷 **gorge, canyon**
沟壑 **ravine**
溪流 **brook, (Am.) creek**
山溪 **mountain stream**
山洪 **swollen mountain stream**
旱谷 **wadi, dry river bed**
平原 **plain**
丘陵地 **hilly land**
起伏不平之地 **rolling land**
沼泽地区 **marshland**
三角洲 **delta**
沙漠 **desert**
草原 **grassland**
绿洲 **oasis**
泥石流 **mud-rock flow**
泥流 **mud flow, mudstream**
沙丘 **sand dune**
稳定沙丘 **arrested dune**
流沙 **quick sand**
干旱带 **arid zone, arid region**
临时山洪 **arroyo-running**
泛滥平原 **flood plain**
土岗 **earth hummock**
高原 **plateau**
高地 **tableland**
沼泽河 **swamp stream**
瀑布 **waterfall**
悬崖泉 **cliff spring**
涝 **waterlogging**
分水岭 **water divide**
瀑流 **cataract**
江水盆地 **catch pit**
地下泉 **underground spring**
伏流 **underground stream**
自喷井 **gusher**
喷泉 **gushing spring**
高地田 **upland field**
荒地 **wasteland**

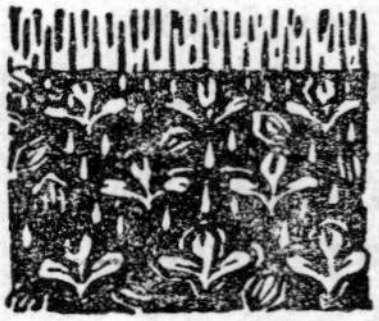

选种和育种 Seed Selection and Breeding

种子和种 Seeds and Species

胚 **embryo**
胚茎 **plumule**
胚根 **radicle**
下胚轴 **hypocotyl**
上胚轴 **epicotyl**
胚乳 **endosperm**
子叶 **cotyledon, seed leaf**
种皮 **seed coat**
〔物〕种 **species**
种名 **specific name**
种型 **specific type**
原种 **maternal seed, mother seed, pedigree seed, stock seed**
原种种子 **original seed**
原始种 **initial species, original species**
端始种 **incipient species**
自生种(原生种) **indigen(e)**
基本种 **elementary species**
当地种(本地种、乡土种) **native species, indigenous species, endemic species**
外地种(外来种) **exotic species**
复合种 **aggregate species**
无性种 **asexual species**
无性种(无融生殖种) **apomictic species**
恒有种 **constant species**
世界种 **cosmopolitan species**
优势种 **dominant species**
杂交种 **hybrid species**
新种 **novel species**
伴生种 **auxiliary species, companions**
连生种 **fast growing species**
偶现种 **casual species**
栽培种 **cultivated species, cultigen**
姊妹种 **dual species**
群型种 **cenospecies**
兼用种 **dual-purpose breed**
次要种 **secondary species, accessory species**
亚种 **subspecies**
残遗种 **relic species, deleted species**
优良种子 **elite seed**
品系 **strain, line**
对照品系 **check clone**

系谱(谱系) **line of descent, lineage**
近交系(自交系) **inbred strain, inbred line**
远交系 **outbred strain, outbred line**
复合品系 **composite strain**
纯品系 **pure strain**
高产品系 **high-yielding strain**
生理小种 **physiological form, physiological strain**
品种 **variety, breed**
地方品种 **local variety, native breed**
改良品种(育成种) **improved variety**
推广良种 **popularization of good strains**
栽培品种 **cultivar**
对照品种 **check variety**
多系品种(混系种) **composite variety**
标准品种 **standard variety**
蔓性品种 **vine variety**
引进品种 **introduced variety**
大种 **major species**
小种 **microspecies**
纯育品种 **pure-breeding variety**
抗性品种 **resistant variety**
抗旱品种 **drought-resistant variety**
耐寒品种 **hardy variety**
早熟品种 **early-maturing variety**
中熟品种 **midseason variety, mid-variety, medium variety**
晚熟品种 **late variety, late maturing variety**
高秆品种 **long-stalked variety**
矮秆品种 **short-stalked variety**
无核品种 **seedless variety**
稀穗品种 **lax-spiked variety**
感温性品种 **temperature response variety**
光周期反应性品种 **photoperiodic response variety**
推广品种 **popularized variety**
推荐品种 **recommended variety**
夏季品种 **summer variety**
秋季品种 **autumn variety**
冬季品种 **winter variety**
综合品种 **synthetic variety**
稀有品种 **rare variety**
高产品种 **high yielding seed**
亚变种 **subvariety**
变劣品种 **off-type variety**
特征明显的变种 **distinct variety**
合格种子 **certified seed**
纯洁种子(不混杂种子) **pure seed**
不纯种子(混杂种子) **mixed seed**
杂种种子 **hybrid seed**
中间杂种 **intermediate hybrid**
天然杂种 **natural hybrid**
永久杂种 **permanent hybrid**
结构杂种 **structural hybrid**
三系杂种 **ternary hybrid**
回交种 **comeback**
自然播种种子 **self-sown seed**
败育种子(不稔种子) **abortive seed**

不育种子 **sterile seed**
成熟籽粒 **ripe seed**
饱满籽粒 **plump seed**
消毒种子 **disease-treated seed**
染病种子 **infected seed**
萌芽种子 **germinating seed**
需暗种子 **dark seed**
破皮种子 **scarified seed**
皱缩种子 **wrinkled seed**
发育不全种子 **rudimentary seed**
处理过的种子 **treated seed**
未洗净的种子 **underwashed seed**
注册种子 **registered seed**
烘干种子 **roasted grain**
多籽植物 **allseed**
单籽果 **one-seeded fruit**
等外谷粒 **off-grade grains**
农作物品种名称 **cultivar-name**
育种家 **breeder**
育种协会 **breeding association**

作物遗传学 Crop-plant Genetics

隐性性状 **recessive trait, recessive character**
显性性状 **dominant trait, dominant character**
母〔本植〕株 **mother plant**
父〔本植〕株 **father plant**
基因 **gene**
纯合基因 **homozygous genes**
杂合基因 **heterozygous genes**
有丝分裂 **mitosis**
减数分裂 **meiosis**
染色体 **chromosome**
嘧啶 **pyrimidine**
嘌呤 **purine**
腺嘌呤 **adenine**
胸腺嘧啶 **thymine**
乌嘌呤 **guanine**
胞嘧啶 **cytosine**
键合 **bonding**
基因分离 **segregation of the genes**
基因自由组合 **independent assortment of the genes**
基因型(遗传型) **genotype**
表〔现〕型 **phenotype**
一对基因杂种 **monohybrid**
双因子杂种 **dihybrid**
三因子杂种 **trihybrid**
连锁群 **linkage group**
连锁基因 **linked genes**
交换 **crossing-over**
单交换 **single crossing-over**
双交换 **double crossing-over**
雄性不育性 **male sterility**
染色体型雄性不育性 **male sterility of the chromosomic type**
细胞质型雄性不育性 **male sterility of the cytoplasmic type**
倍数性 **ploidy**
基因组 **genome**
染色体基数 **x number, basic number**
单倍体染色体数 **n number, gametic number**
二倍体数 **2n number, diploid number, somatic number**
整倍体 **euploid**
同倍体 **homoploid**

非整倍体 **aneuploid**
异倍体 **heteroploid**
单倍体 **haploid**
二倍体 **diploid**
三倍体 **triploid**
四倍体 **tetraploid**
五倍体 **pentaploid**
六倍体 **hexaploid**
七倍体 **septaploid**
八倍体 **octoploid**
九倍体 **nonoploid**
双二倍体 **double deploid, amphidiploid**
异源多倍体 **allopolyploid**
芽〔的突〕变 **bud sport, bud mutation**
嵌合体 **chimaera, chimera**
周缘嵌合体 **periclinal chimera**
周缘区分嵌合体(边缘嵌合体) **mericlinal chimera**
扇形嵌合体 **sectorial chimera**
基因突变 **gene mutation**
从显性到隐性 **from dominant to recessive**
从隐性到显性 **from recessive to dominant**
从有生命力到死亡 **from viable to lethal**
致死基因 **lethal gene**
分开保留上级表现型 **isolating and maintaining superior phenotype**
弃掉下级表现型 **discarding inferior phenotype**
群选 **mass selection**
单株选择 **single plant selection**
综合育种 **combination breeding**
上级基因排代某一个体的下级基因 **superior genes displacing the inferior genes of one individual**

育　种 Seed Breeding

植物育种 **plant breeding**
育种材料 **breeding material**
原始材料(亲本材料) **parent material**
(具某一特征的)品种 **race**
抗锈病品种 **rust-resistant race**
种子改良 **seed amelioration**
定向培育 **directive breeding**
纯系选择 **pure-line selection**
纯育(同系交配) **pure breeding**
纯育(纯一传代) **breed-tree, tree breeding**
传粉 **pollening**
自由传粉 **free pollination**
蕾期授粉法 **bud pollination**
亲近授粉 **close pollination**
近缘授粉 **sib-pollination**
人工辅助授粉 **artificial supplementary pollination**
防止飘来花粉 **protection against stray pollen**
返祖现象 **atavism, reversion**
返祖性再生 **atavistic regeneration**
世代交替 **alternation of generations, metagenesis**
杂交育种 **cross-breeding**

创造新品种 **creation of a new variety**
种质 **germ plasm**
可遗传的特性 **heritable characteristic**
遗传组合 **genetic combination**
附加遗传物质 **additional genetic material**
不同基因型而表征相似的群体 **land race**
对遗传的人工操纵 **genetic manipulation**
人工杂交 **artificial crossing, artificial hybridization, controlled crossing**
有性杂交 **sexual hybridization**
有性杂种 **sexual hybrid**
无性杂交 **asexual hybridization**
无性杂种 **asexual hybrid**
品种间杂交 **interbreed**
种间杂交 **interspecific crossing, interspecific hybridization**
种间杂种 **interspecific hybrid, species hybrid**
品系间杂交 **line cross**
属间杂种 **bigeneric hybrid, bigener**
双杂交 **double cross(ing)**
复合杂交 **composite cross(ing), composite hybridization**
正反交 **reciprocal cross**
交叉杂交(二品种交替杂交) **criss-crossing**
三元杂交(三品种杂交) **three-way cross**
杂交的演进 **sequence of hybridization**
级进杂交 **grading up**
杂交返祖 **reversion on crossing**
杂交优势 **heterosis**
杂交后代(子代) **filial generation**
杂交一代 **F1, first filial generation**
杂交二代、三代… **F2, F3…**
杂交亲和性 **cross-compatibility**
杂交不亲和性 **cross-incompatibility**
杂交结实性 **cross-fertility, cross-fruitfulness**
杂交不结实性 **cross-infertility**
杂交不育 **cross-sterility**
不可交配性 **incrossability**
A系(雄性不育系) **A-line**
B系(保持系) **B-line**
R系(恢复系) **R-line**
绿色革命 **green revolution**
育种规划 **breeding program**
育种方案 **breeding project**
育矮种和半矮种 **breeding dwarf and semidwarf varieties**
广谱抗病 **broad-spectrum disease resistance**
甄别试验品种 **screening experimental varieties**
自然突变 **spontaneous mutation**
诱发突变 **induced mutation, directed mutation**
化学诱变 **chemomorphosis**
诱变剂 **mutagen**
化学诱变剂 **chemical mutagen**

辐射育种 **radiation breeding**
突变率 **mutation rate**
品系退化 **standard aberration of seed strains, degeneration of seed strains**
杂交育种工作者 **hybridologist**
植物育种站(选种站) **plant breeding station**
育种圃(育种区) **breeding nursery**
育种小区 **breeding plot**
原种圃 **stock plot, elite plot**
杂种圃 **hybrid nursery**
玻璃纸袋 **glassine bag**

种子测定 Seed Testing

种子检查 **seed inspection**
种子鉴定 **seed certification**
(种子)健全鉴定 **score for soundness**
鉴定表 **score card, scoring card**
品种试验 **variety test**
(品种)种子试验区 **seed-trial ground**
品种区 **variety plot**
品种试验小区 **variety test plot**
品系试验 **strain test**
对照试验 **check test**
比较试验 **comparative test**
田间试验 **field test**
保护区 **protective plot**
对照小区 **check plot**
种子纯度 **purity of seeds**
品种纯度 **purity of variety, varietal purity**
种子成活力 **seed viability**
种子(生)活力 **seed vitality**
成活率(存活率) **survival rate**
品种特征 **varietal characteristic**
抗病力 **disease-resistant power**
种子升重(1公升种子重量) **seeds litre-weight**
种子容量 **seeds volume-weight**
无籽性(无核性) **seedlessness**
种子传播的病害 **seed-borne disease**
种子管理站(种子检验站) **seed control station**
品种鉴定说明(品种检索表) **key to varieties**

耕作和栽植 Tillage and Planting

耕作 **tillage**
耕作作工 **tillage action**
耕作设备(耕作工具) **tillage equipment, tillage tools**
耕作目的 **tillage objective**
耕作施工 **tillage operation**
耕作要求 **tillage requirements**
埋入 **anchoring**
覆埋 **burying**
密实 **compaction**
打碎 **crushing**
刨块 **cutting**
内翻 **inversion**
拌混 **mixing**
锄松 **loosening**
碎分 **shattering**
分劈 **shearing**
土壤的物理反应 **soil physical reaction**
碎劈 **tearing**
抛离 **throwing**
全面耕作 **broadcast tillage, total surface tillage**
条行耕作 **strip tillage**
分层耕作 **zone tillage**
出苗前耕作 **pre-emergence tillage**
出苗后耕作 **post-emergence tillage**
收割前耕作 **pre-harvest tillage**
收割后耕作 **post-harvest tillage**
种前耕作 **pre-planting tillage**
种后耕作 **post-planting tillage**
头轮耕作 **primary tillage**
次轮耕作 **secondary tillage**
起种植床(起平畦) **bedding**
疏间 **blocking, thinning, checking**
錾土 **chiseling**
综合耕作施工 **combined tillage operations**
交叉十字犁耕 **cross cultivation, cross ploughing**
碎压(碎土与压密同时进行) **cultipack**
中耕 **cultivation**
作蓄水坑 **damming, pitting, basin listing**
掘土 **digging**
荡平 **dragging**
耙田 **harrowing**
植株培土 **hilling**
锄土 **hoeing**
掺合 **incorporating**
土地整治 **land forming**
地面挖补 **land planting**
拔起(根茎) **lifting**
双边开沟 **listing, middle-**

breaking
犁田 **ploughing**
残积物处理 **residue processing**
起垄 **ridging**
用滚杆除草 **rod weeding**
滚压 **rolling**
用旋转锄锄土 **rotary hoeing**
用旋转机具耕作 **rotary tilling**
耙松表土 **scarifying**
耕底土 **subsoiling**
深耕 **deep tillage**
垂直覆盖 **vertical mulching**
锄草 **weeding**
田间管理工作 **field work**
清耕法 **clean tillage, clean culture, clean cultivation**
全套耕作 **complete tillage**
水土保持耕作 **conservation tillage**
(对农机)通道限制 **controlled traffic**
常规耕作法(惯用耕作法) **conventional tillage**
非全套耕作(省略耕作) **incomplete tillage**
最省耕作(减省耕作) **minimum tillage, reduced tillage**
留残茬耕作(免犁耕作) **mulch tillage, stubble mulch tillage, ploughless farming**
免耕法 **no-tillage system, zero tillage**
一次完成耕作 **once-over tillage**
犁植结合法 **plough-planting system**
最适度的耕作 **optimum tillage**
取向耕作 **oriented tillage**
亚表土耕作 **subsurface tillage**
表土耕作 **surface tillage**
等高耕作 **contour tillage**
残茬处理 **crop residue management**
作物轮作 **crop rotation**
休闲 **fallow**
土壤管理 **soil management**
条行间种 **strip cropping, strip farming**
夏季休闲 **summer fallow**
苗床栽植 **bed planting**
撒播栽植 **broadcast planting**
保平栽植 **flat planting**
双边沟栽植 **lister planting**
窄行栽植 **narrow row planting**
垄植 **ridge planting**
缝栽 **slit planting**
草皮上栽植 **sod planting**
轮辙上栽植 **wheel track planting**
闭垄 **back furrow**
墒沟 **dead furrow**
泥盘 **pans**
犁翻层 **plough layer**
压成层(犁底层,机具行驶压实层) **pressure plan, plough sole, traffic sole**
根床 **root bed**
苗床 **seedbed**
可耕性 **tillability**
耕作面情况 **tilth**
(农机具转弯的)田头地 **turnrow, turn strip, head land**
单一作物经营 **one-crop farming, monoculture**
多种作物经营 **diversified**

farming
作物复种 **succession of crop**
连作 **continuous cropping**
五种作物轮作 **five-crop rotation, five-course rotation**
前作物 **preceding crop, forecrop**
后作物 **succeeding crop, aftercrop**
双作 **double cropping**
套种,间种 **undersowing**
补充作物 **catch crop, intercrop**
伴种作物 **companion crop**
播种 **interplanting**
高秆植物下栽植 **underplanting**
坡地垦殖 **hillculture**
人工护养栽培 **protected cropping**
水栽法 **hydroponics**
灌溉农业经营 **irrigation farming**
旱地农业经营 **dryland farming**
集约农业经营 **intensive farming**
粗放农业经营 **extensive farming**
无灌溉农业经营 **dry farming**
烧垦(刀耕火种) **shifting cultivation, swidden cropping, slash-burn-and-abandon process**
开垦荒地 **pioneering, land clearing (reclaiming)**
先锋作物 **pioneer plant**
栽培试验 **growing-on test**
梯田种植 **terrace cropping**
种植面积 **sown area**
耕作总面积 **total area under cultivation**
种双行 **sowing in paired rows**
植距 **sowing distance, planting distance, spacing**
株距 **seed spacing, plant spacing**
行距 **row spacing**
密植 **close planting**
合理密植 **rational close planting**
宽行栽植 **wide-row planting**
窄行栽植 **narrow-row planting**
梅花形栽植① **quincunx planting**

1

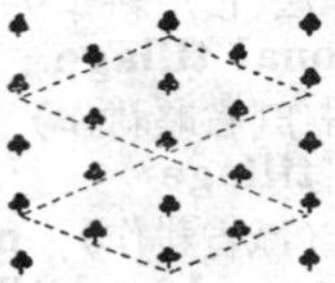

无保护播种(无覆盖物的播种) **pure sowing**
留株播种(屏障播种) **coulisse planting, flap planting**
按尺度索方形穴播 **wire-row planting**

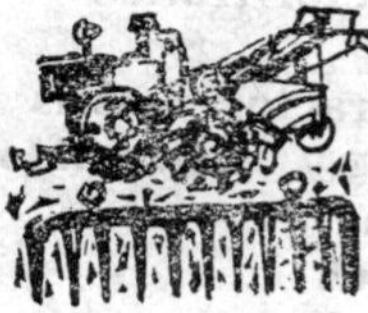

农业机械与农具 Agricultural Machinery and Farm Implements

拖拉机 Tractors

农用拖拉机 **agricultural tractor, farm tractor**
万能拖拉机 **universal tractor, general-purpose tractor**
重型拖拉机 **heavy-duty tractor**
中型拖拉机 **medium-sized tractor**
小型拖拉机 **small tractor, baby tractor**
手扶式拖拉机 **walking tractor**
轮式拖拉机 **wheeled tractor**
标准型轮式拖拉机 **standard-type wheeled tractor**
两轮犁耕拖拉机 **two-wheeled ploughing tractor**
三轮型中耕拖拉机 **tricycle-type row-crop tractor**
钢轮拖拉机 **steel-wheeled tractor**
胶轮拖拉机 **rubber-tyred tractor**
气胎轮拖拉机 **pneumatic-tyred tractor, air-tyred tractor**
履带式拖拉机 **caterpillar tractor, crawler tractor, tracklayer**
窄履带式拖拉机 **narrow-track tractor**
半履带式拖拉机 **half-track tractor**
全履带式拖拉机 **full-track tractor**
小型履带式拖拉机 **baby track-layer**
中耕(行间)拖拉机 **row-crop tractor**
柴油拖拉机 **diesel tractor**
汽油拖拉机 **petrol tractor**
前悬挂通用机架 **front-mounted toolbar**
中悬挂通用机架① **mid-mounted toolbar**

1

后悬挂通用机架 **rear-mounted toolbar**

双向拖拉机(可逆式拖拉机) **reversible tractor**
串联式拖拉机 **tandem tractor**
水旱地两用拖拉机 **amphibious tractor**
山坡地拖拉机 **hillside tractor**
园圃拖拉机 **horticultural tractor, garden tractor**
后引擎拖拉机 **rear-engined tractor**
机引农具 **tractor-trailed implement**
拖拉机底盘 **tractor chassis**
拖拉机可调式座位 **adjustable tractor seat**
牵引装置 **hitch**
牵引杆 **draw bar**
联结钩 **hitch iron**

犁 Ploughs

铧式犁 **share plough**
轮式犁 **wheeled plough**
双轮双铧犁 **two-wheeled double-share plough**
多铧犁 **many-bottom(ed) plough gangplough, multishare plough**
圆盘犁 **disc plough, (Am.) disk plow**
垂直圆盘犁 **vertical-disc plough**
垂直多圆盘犁 **poly-disc, disc tiller**
多组圆盘犁 **gang disc plough**
跃障圆盘犁 **stump-jump disc plough**
垂直小圆盘犁 **harrow plough**
五铧圆盘犁 **five-share disc plough**
圆盘开沟铲 **disc furrower**
多组犁 **gang plough**
开沟犁 **digger plough**
中间悬挂式双向犁 **mid-mounted reversible plough**
起垄犁，培土犁 **ridging plough, ridge plough**
单铧犁 **single-furrow plough**
双铧犁 **double-bladed plough, two-furrow plough, two-bottom plough**
锄式开沟器 **hoe furrow opener**
(带有前车架的)犁 **plough with forecarriage**
独轮犁 **one-wheel plough**
摆杆步犁① **swing plough**

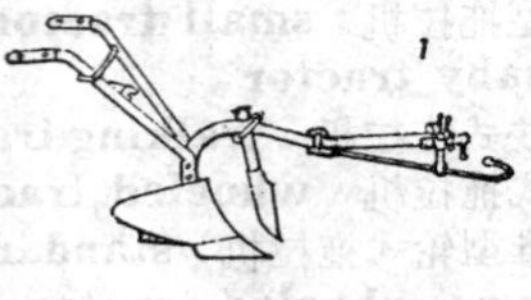

双轮犁 **two-wheel plough**
高速犁 **high-speed plough**
双向立垡犁 **reversible plough of half-turn type**
双向四分之一翻转犁 **reversible quarter-turn plough**
双组犁 **two-gang plough**
单向犁 **run-round plough, two-way plough, (Am.) one-way plow**

双向犁 **one-way plough, reversible plough, (Am.) two-way plow**
有壁犁 **mouldboard plough**
无壁犁 **mouldboardless plough**
悬挂式犁 **mounted plough**
双壁开沟犁 **double-breasted plough**
双层犁 **double-deck plough, double-cut plough, double-depth plough**
双壁起垄犁 **double-mouldboard ridging plough**
牵引式犁 **trailed plough**
半悬挂式犁 **semi-mounted plough**
全悬挂式犁 **fully mounted plough**
深耕犁 **deep digging plough**
心土犁(深耕犁) **subsoil plough**
直接悬挂式心土犁 **direct-mounted subsoiler**
心土铲(深耕铲)① **subsoiling plough, subsoiler**

1

牵引犁 **drag plough**
重型拖拉机牵引犁 **heavy tractor plough**
架式犁 **frame plough**
开沟犁(起垄犁) **gutter-plough**
挖沟犁 **trench plough**
双壁开沟犁 **lister**
窄式开沟铲 **scooter**
暗沟犁 **mole plough**
暗沟排水犁 **mole drainage plough**
坡地排水沟犁 **hill drainage plough**
凿形松土犁 **chisel plough**
犁播机(条播犁) **drill plough**
长壁犁(草地犁) **lea plough**
坡地犁 **hillside plough**
机力升降犁 **power-lift plough**
犁铧(犁头) **plough-share**
犁辕(犁梁) **plough beam**
犁体 **plough body, (Am.) plow bottom**
犁壁 **mouldboard, (Am.) moldboard**
通用型犁壁 **general-purpose mouldboard**
深耕犁壁 **digger mouldboard**
犁刀 **plough coulter, (Am.) plow colter**
直犁刀 **knife coulter**
圆盘犁刀 **disc coulter**
副犁(小前犁) **skim coulter**
切角式小前犁 **fin cutter**
犁把手 **plough handle**
犁架 **plough stock**
犁柄 **stilt, (Am.) plow tail, plow neck**
犁螺栓 **ploughbolt**
犁耕机具装备 **ploughing outfit**
铧刃 **edge of share**
铧尖 **plough point**
车架 **wheeled carriage**
前车架 **forecarriage**
地轮 **land wheel**
沟轮 **furrow wheel**
牵引杆 **draught beam, draw beam, drawbar**

犁沟宽度调节器 **furrow-width adjuster**
犁侧板 **landside**
犁托 **frog**
步犁 **walking plough**
畜曳改良步犁 **animal-drawn improved plough**

耙 Harrows

机引之字耙 **zigzag tractor harrow**
播种耙 **seeds harrow**
轻型耙 **light harrow**
鸭掌式耙(牵引耙) **duckfoot harrow, drag harrow**
钉齿耙 **tined harrow, toothed harrow, spike-tooth harrow**
木架钉齿耙① **wooden-framed spiked harrow**

1

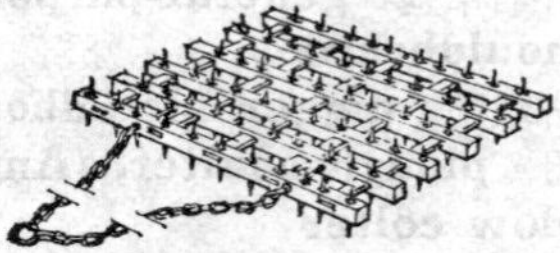

弹簧齿耙 **spring-tined harrow**
簧齿除草耙 **spring-toothed weeder**
簧齿式中耕机耙 **spring-tined cultivator-harrow**
旋转式除草机 **rotary weeder**
地轮传动旋转耙 **ground-driven rotary harrow**
链耙 **chain harrow**
旋转耙 **rotary harrow**
钉齿链耙 **spiked link harrow**
挠性链齿耙 **flexible harrow**
自净机引耙 **self-cleaning tractor harrow**
刀齿自净耙 **pitchpole harrow**
动力摆动耙 **power-driven reciprocating harrow**
动力驱动摆动式钉齿耙 **reciprocating power-driven tine harrow**
圆盘耙② **disc harrow**

2

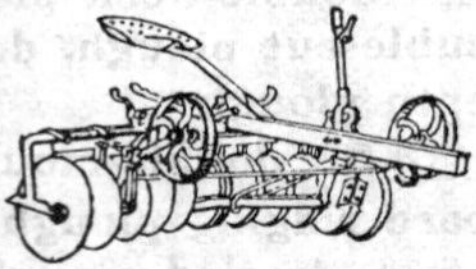

重悬挂A型圆盘耙 **heavy mounted A-type disc harrow**
牵引式圆盘耙 **trailed disc harrow**
偏置式圆盘耙 **off-set disc harrow**
单列圆盘耙(灭茬圆盘耙) **single-row disc harrow**
双功圆盘耙(双列圆盘耙) **double-action disc harrow**
串联圆盘耙 **tandem disc harrow**
悬挂式串联耙 **mounted tandem harrow**
圆盘耙组 **disc gang**
调整杆 **adjusting lever**
用圆盘耙耙地 **disking**
绳索牵引双向耙 **cable-towed two-way harrow**
浅耕松土耙 **pulverizing harrow**
除草小耙 **drill-harrow**
草地耙 **grassland harrow**
刀耙 **blade harrow**

带齿拖耙(钉板耙) **Dutch harrow**
无齿拖板(板耢) **toothless drag harrow**
平地耙 **smoothing harrow**
平地拖板 **planker, scrubber**
匀土齿耙 **spike tooth rake**
水田耙 **paddy field harrow**
耙的刮刀 **scraper**

压土器 Rolls

光面压土器 **flat roll**
环面压土器 **ring roll**
机引压土器 **tractor roller**
滚压器 **roll pack(er)**
耕沟土垡压平器 **furrow press**
田面细平拖板 **float**
平地机 **land leveller**
平地滚压器 **land roller**

旋转耕作机 Rotary Cultivators

手扶旋耕机 **walking rotary cultivator**
旋锄机 **rotary hoe**
拖挂旋耕机 **trailed rotary cultivator**
悬挂式螺旋挖掘机 **mounted helical digger**

条播机 Seed Drills

杯式排种装置 **cup-feed mechanism**
种子漏斗 **seed hopper**
圆盘排种装置 **disc feed mechanism**
外槽轮排种装置 **internal double-run force feed mechanism**
内槽轮排种装置 **brush feed mechanism**
刷式排种装置 **brush feed mechanism**
碟形排种装置 **plate feed mechanism**
销齿式排种轮 **studded roller**
条播开沟器 **drill coulter**
单圆盘条播开沟器 **single-disc drill coulter**
双圆盘条播开沟器 **double-disc drill coulter**
划行器 **marker**
机挂条播机 **tractor-mounted drill**
半悬挂机引条播机 **semi-mounted tractor drill**
分组式条播机 **unit drill**
精密条播机 **spacing-drill, precision drill**
单粒排种条播机 **single-seed drill**
可逆式条播机 **conversible seed drill**
谷物条播机 **corn drill**
玉米条播机 **maize drill, (Am.)**

corn drill
蔬菜条播机 **vegetable drill**
棉花条播机 **cotton drill**
块根作物条播机 **root drill**
垄播机 **ridge drill**
手推转盘条播机 **rotary hand drill**
联合条播机(谷播肥料联合条播机) **combined drill, combined grain-and-fertilizer drill**

撒播机 Broadcasting Machines

手推播种车 **seed barrow**
手摇撒播器 **fiddle**
机动撒播器 **rotary seeder**
流动撒播机 **mobile seeder**
机引撒播器 **tractor-powered broadcast seeder**
下排式撒播器 **drop-type broadcaster**
全幅撒播机 **full-width seed broadcaster**

点播机 Dibblers

点播机① **dibbler**

1

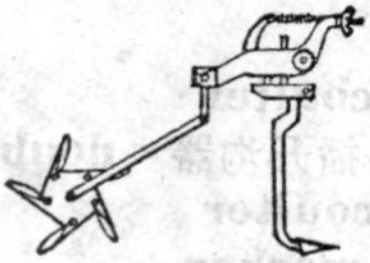

方形穴播机 **checkrow planter, checkrow bunch planter, hill-check planter, square-cluster planter**
累积式穴播机(带穴播阀) **cumulative-drop planter**
穴播机 **hill planter**
双行方形穴播机 **two-row check row planter**
多粒排种穴播机 **hill-drop planter**

种植机 Planters

鱼鳞坑田面播种机 **basin planter**
垄作播种机 **bedder planter**
重粘土田播种机 **blackland planter**
兼施液肥播种机 **liquid fertilizer planter**
沟播机 **lister**
除草覆盖撒播机 **weeder-mulcher broadcast planter**
水稻直播机 **paddy planter**

马铃薯种植机① **potato planter**

1

蔬菜播种机 **vegetable(-seed) planter**
块根种植机 **tuber planter**
球茎作物种植机 **bulb planter**
种茎作物栽植机 **ratoon planter**
耕耘播种机(留茬地播种机) **tiller planter**
花生播种机 **peanut planter**

移植机 Transplanting Machines

水稻插秧机 **rice transplanter, paddy transplanter, rice planter**
人力水稻插秧机 **hand-operated rice transplanter**
多用水稻插秧机 **multi-purpose rice transplanter**
双行插秧机 **twin-row transplanter**
三行插秧机 **triple-unit transplanter**
插秧船 **floating seedling-container for rice-transplanting**

中耕机具 Implements for Inter-cultivations

作垄器 **ridger**
牵引式三行作垄器 **trailed three-row ridger**
深耕中耕机② **grubber**

2

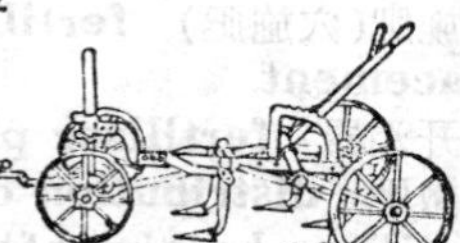

中耕通用机架 **hoeing toolbar**
无独立操向后悬挂机架 **rear toolbar with no independent steerage**
独立操向后悬挂机架 **rear toolbar with independent steerage**
中悬挂中耕机 **midmounted hoe**
中耕用自动底盘 **self-propelled toolbar**
动力输出轴传动转锄机 **p.t.o.-driven rotary hoe**
行间转锄机 **inter-row rotary hoe**
振动锄 **vibro-hoe**
间苗机 **gapper, thinner**
旋转盘刀式间苗机 **rotary-head thinner**
摆动式间苗机 **oscillating thinner**

顺行间苗机① **down-the-row thinner**

中耕机铲 **cultivator shares**

中耕机齿 **cultivator teeth, cultivator tines**

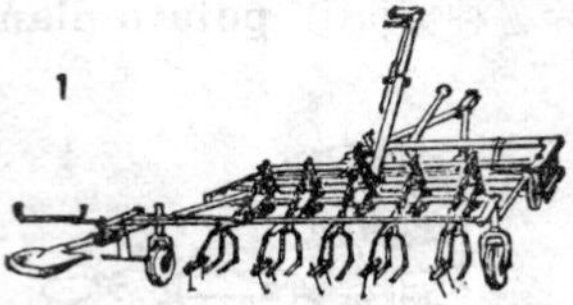

施肥机具 Manure Distributors

碟盘——搅杆式排肥装置 **plate and flicker feed**

辊式排肥装置 **roller feed**

搅拌轮式排肥装置 **agitator feed**

往复板式排肥装置 **reciprocating plate feed**

输送带——刷式排肥装置 **conveyor and brush feed**

机挂旋转式撒肥机 **tractor-mounted spinner distributor**

转盘式撒肥机 **spinning disc distributor**

振斗撒肥机 **fertilizer distributor with oscillating spout**

石灰撒布机 **lime spreader**

星轮排肥装置 **star-wheel fertilizer feed**

施肥附加装置 **fertilizer (placement) attachment**

农家肥撒布机 **farmyard manure spreader**

带水平辊农家肥撒布机 **farmyard manure spreader with horizontal rotors**

粪沟清理机 **mechanical gutter cleaner**

行走轮驱动撒肥机 **traction spreader**

机引离心式撒肥车 **tractor-drawn centrifugal spreader**

双列击肥轮撒肥机 **two-beater spreader**

固肥液肥通用撒布机 **universal spreader for solid and liquid fertilizers**

真空罐式液肥洒布机 **vacuum tank spreader**

液肥罐 **fertilizer tanker, liquid manure tanker**

液肥撒布车 **tanker-spreader**

泥肥罐，粪水罐 **sludge tank**

液肥喷雾机 **fertilizer sprayer**

定点施肥(穴施肥) **fertilizer placement**

施肥开沟器 **fertilizer placer**

飞机撒肥 **distribution of fertilizer by aircraft**

收割机械 Harvesting Machinery

联合收割机① **combine harvester, combine**

1

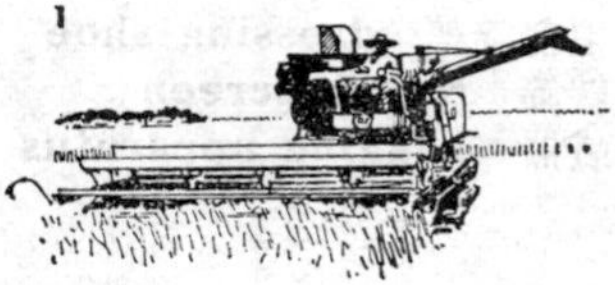

自走式联合收割机 **self-propelled combine**
偏心拨禾轮 **pickup reel**
切割器 **cutterbar**
螺旋推运器(搅龙) **auger**
升运器 **elevator**
喂入轮 **feeding beater**
脱粒装置 **threshing mechanism**
杂穗推运螺旋 **returns auger**
逐稿轮 **stripper beater**
杂穗升运器 **tailings elevator**
平台式逐稿器 **straw shaker**
杂穗盘(杂穗滑板) **returns pan**
(筛孔)可调筛 **adjustable sieve**
谷粒筛(下筛) **grain sieve**
谷粒升运器 **grain elevator**
粮箱 **grain tank**
粮箱卸载装置 **grain tank unloader**
发动机 **engine**
条铺检拾附加装置 **windrow picking attachment**

割捆机 Binder

拨禾轮 **reel**
分禾器(分茎器) **divider**
鱼雷式分禾器 **torpedo divider**
旋转式分禾器 **revolving divider**
收割台帆布输送带 **platform canvases**
打捆台 **binder deck**
打捆装置 **binding mechanism**
打结装置 **knotting mechanism**

脱粒机 Threshing Machines

清选脱粒机 **finishing thresher**
固定脱粒机 **stationary thresher**
移动式脱粒机 **travelling thresher, portable thresher**
脚踏脱粒机 **pedal thresher**
电动脱粒机② **power thresher**

2

自动喂入装置 **self-feeder**
脱粒滚筒 **thresher drum**
脱粒凹板 **thresher concave**
击杆式脱粒滚筒的凹板 **beater-type drum and convave**
钉齿式脱粒滚筒和凹板 **peg-type drum and convave**
逐稿器 **straw shaker**
颖糠(颖壳) **chaff**
碎茎稿 **cavingo**
未脱粒穗 **chobs**
除芒器 **awner**
碎稿筛 **cavings riddle**
净粒器 **chobber**
颖糠碎稿吹风机 **chaff and cavings blower**
清粮室筛架 **dressing shoe**
旋转筛 **rotary screen**
装袋器 **bagging apparatus**

块根作物收割机械 Root Harvesting Machinery

马铃薯挖掘犁① **potato raising plough**

1

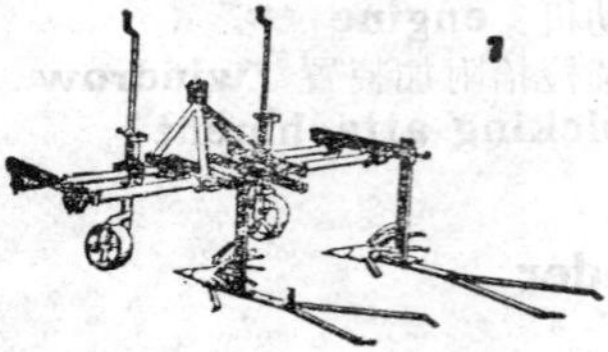

挖根机 **rooter**
掘薯抛掷机 **potato spinner**
升运式挖掘机 **elevator digger**
摇筛式马铃薯挖掘机② **swing-sieve potato digger**
茎叶切碎机 **haulm pulverizer**
马铃薯分级机 **potato sorter**
甜菜挖掘机 **sugar-beat lifter**
甜菜切顶机 **sugar-beat topper**
切顶堆行机 **topper-windrower**
切顶装载机 **topper-loader**
甜菜联合收割机 **complete beat harvester**
甜菜清理装载机 **beat cleaner loader**

2

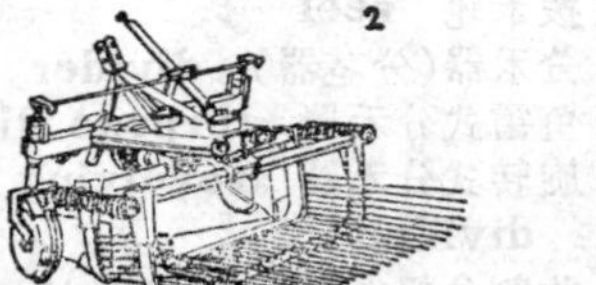

谷场谷仓用机械 Barn Machinery

预净机 **pre-cleaner**
种子清选机 **seed cleaner**
抖筛 **reciprocating sieve**
气吸风力清选机 **aspirating cleaner**
筛选机 **sieve cleaner**
塔式谷物干燥机 **tower-type grain drier**
风选机 **winnower**
旋转筛联合风选分级机 **combined**

winnower and grader with rotary screen
进料斗 deed hopper
筛 sieve
风扇 fan
滑槽(除砂和莠种子) chute (for sand and weed seeds)
送谷滑槽 grain delivery chute
斗式升运器 bucket elevator
旋转筛 rotary screen
尾谷装袋口 tail corn sacking spout
头谷装袋口 head corn sacking spout
吸风塔(柱形吸风筒) aspiration leg
窝眼式滚筒选种机 indented cylinder seed cleaner
风力清选机 pneumatic separator
比重清选机 specific gravity separator
干式种子消毒机 seed dusting machine
种子药物消毒机 chemical seed dresser
带清理滚笼的块根切碎机① root cutter with cleaning cage

1

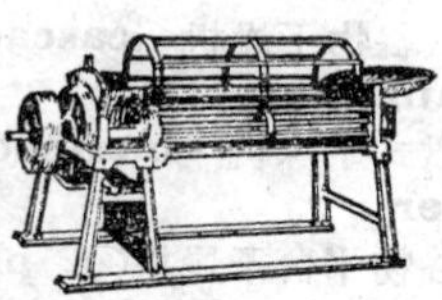

盘式石磨机 buhr-stone mill
对辊磨 roller-crushing mill
锤式粉碎机 hammer mill
压块机 cuber
制粒机 pelleter

作物干燥设备 Crop Drying Equipments

盘式干燥机 tray drier
环形输送带干燥机 endless belt conveyor drier
干燥室 drying chamber
高温干燥机 high temperature drier
旋转干燥筒 rotary drying drum
三级高温干燥机 three-stage high-temperature drier
多次通过式干燥机 multipass drier
连续式干燥机 continuous drier
间歇式干燥机(分批式干燥机)② batch drier

2

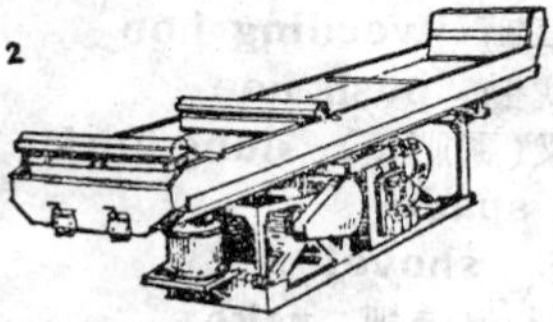

袋装干燥法 sack-drying method
送气室 plenum chamber
风扇式空气加热器 fan-heater
红外线干燥机 infrared drier
仓内干燥法 barn-drying method
轴流式风扇 axial-flow fan
隧道式干燥机 tunnel drier

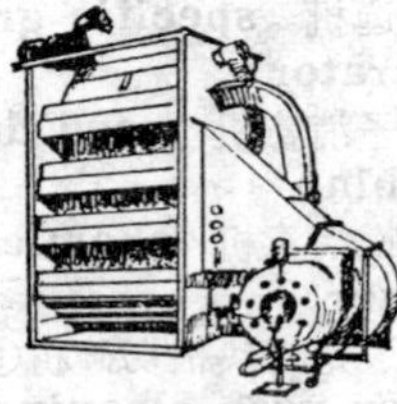

1

塔式谷物干燥机① **tower-type grain drier**

阶梯式谷物干燥机 **cascade grain drier**

倾斜盘式干燥机 **inclined tray drier**

袋装谷物平台干燥机② **platform drier for bagged grain**

通风谷物干贮塔 **ventilated silo grain drier**

辐射通风干贮塔 **radial-flow ventilated silo**

2

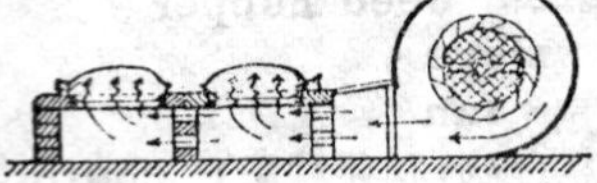

在谷仓地台上干燥谷物设备③ **drying grain equipment on the barn floor**

3

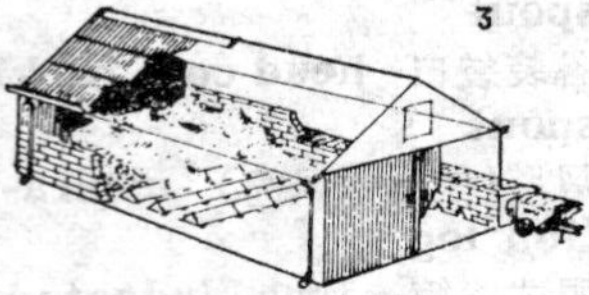

砖砌主管道 **brick main duct**

刷扫式输送螺旋 **sweep auger**

农 具 Farm Tools

除草锄 **weeding hoe**

推式锄 **push hoe**

粪叉(厩肥叉) **dung fork**

铲 **spade**

方锹 **shovel**

铁耙,钉齿耙 **rake**

粪钩锄 **dung hoe**

长柄镰刀 **scythe**

钩镰 **sickle**

草耙 **hay rake**

连枷 **flail**

挖根锄 **grubbing hoe**

凹口锄 **crescent hoe**

行播器 **row-seeder**

点播器 **dibber**

牛轭 **yoke**

扁担 **carrying pole**

畚箕 **basket**

禾桶 **threshing tub**

谷拨 **grain scraper**

禾叉(干草叉) **pitchfork**

作物保护 Crop Plant Protection

一般用语 General Terms

预防和消灭植物病虫害 **prevention and elimination of plant diseases and pests**
综合防治 **integrated control**
化学防治 **chemical control**
生物防治 **biological control**
主动保护(积极保护) **active protection**
植物防病注射 **vaccination of plants**
植物杀除剂试验 **phytocidal test**
空气传染 **air-borne infection**
气中侵染 **aerogenous infection**
空中防治 **aero-control**
植物检疫 **plant quarantine, plant sanitation**
种子消毒 **seed disinfection**
土壤消毒 **soil disinfection**
消毒剂 **disinfectant**
制止植物疾病蔓延 **checking the spread of plant disease**
抗感染 **anticontagion**
抗虫害 **pest-resistance**
虫害防治 **pest control**
杂草防治 **weed control**
植物免疫性 **phyto-immunity**
药物喷射 **chemical spray**
喷雾(喷撒) **spraying**
空中喷雾 **aero-spraying**
喷粉 **dusting**
飞机喷粉 **air-dusting**
触杀剂喷雾 **contact spraying**
自动喷雾器 **automatic sprayer**
喷药伤害 **spray injury**
诱捕 **trapping**
诱虫灯 **trap lamp**
捕虫沟(诱杀沟) **insect-trench, trap trench**
抗药性(耐药性) **drug-fast**
(害虫的)天敌 **natural enemy (of pests)**
消灭病原体 **eliminating the pathogen**

植物病害 plant Diseases

植物流行病 **epiphytotic disease**
植物虫毒病害 **phytotoxemia**
植物病理检验 **phytopathological inspection**
感染密度(危害度) **density of infection**
抗病力(抗病性) **disease resistance**
植物病害防治 **control of plant diseases**
植物病害流行预测 **forecast of epiphytotic diseases**
受感染植物 **attacked plant**
病的起源 **pathogenesis, pathogeny**
病原体 **pathogen**
病原细菌 **pathogenic bacteria**
致病生物 **pathogenic organism**
土著细菌 **autochthonous bacteria**
病原菌 **pathogenic fungi**
接触传染 **contagion**
病毒 **virus**
发病 **disease development**
发病率 **disease incidence**
发作(发病) **attack**
严重发病 **bad attack**
感染(侵染) **infection**
大量感染 **mass infection**
感病性 **susceptibility**
媒介昆虫(传病昆虫) **insect vector**
传递(传播) **transmitting**
侵害(侵袭) **invasion, attack**
潜伏期 **incubation period, incubative stage, latent period**
病征 **symptom, sign**
检查 **examination**
病害甄别(病害诊断) **disease screening**
损伤(破损) **injury, break**
损害(伤害) **lesion**
愈合 **coalescence, cicatrization**
坏死 **necrosis**
坏死组织 **necrotic tissue**
环境条件 **environmental conditions**
营养缺乏病 **deficiency disease**
营养缺乏病症 **deficiency symptom**
耐病性 **disease tolerance**
病毒病 **virus disease**
枯萎病(凋萎病) **blight**
抗凋萎素 **antiblastion**
萎缩症 **atrophy**
青枯病 **bacterial wilt**
叶斑病 **leaf spot**
花叶病 **mosaic**
霉病 **mildew**
霜霉病 **downy mildew**
炭疽病 **anthracnose,anthrax**
煤污病 **sooty mould, black blight**
穿孔病 **shot hole**
白粉病 **powdery mildew**
颈腐病 **neck rot**
根腐病 **root rot**
根肿病 **clubroot**
黑腐病 **black rot**

软腐病 **soft rot**
雪腐病 **snow mould**
斑萎病 **spotted wilt**
溃疡 **canker**
疮痂病 **scab**
疱疹(湿疹) **blister tetter**
疱锈病 **blister rust**
黑斑病 **black spot**
白化病 **albinism**
黑穗病(黑粉病) **smut**
黑穗病菌 **smut fungus**
感染黑穗病的 **smutted**
不感染黑穗病的 **smut-free**
圆葱黑粉病 **smut of onion**
镰刀菌萎蔫病 **fusarium wilt**
锈病 **rust**
锈病防治剂 **rust preventer**
螨病 **acariasis**
囊尾蚴病 **bladder-worm disease**
马铃薯早(或晚)疫病 **early (or late) blight of potato**
日灼 **sun-scald, sunscorch**

虫 害 Insect Pests

害虫防治 **pest control**
环阻法 **banding**
遭受虫害 **insect infestation, being plagued by pests**
害虫 **injurious insect, destructive insect, pest, vermin**
主要害虫 **primary pests**
咀嚼式口器害虫 **chewing pests, insects with biting mouth parts**
刺吸式口器害虫 **sucking pests, insects with sucking mouth parts**
澳洲蛀甲 **Australian grain borer**
象虫 **weevil**
豆象 **bruchid weevil**
虻害 **warble fly pest**
小地老虎 **black cutworm**
植物跳虱 **plant lice**
甲虫 **beetle**
红蜘蛛 **red spider**
龟甲虫 **tortoise beetle**
五月金龟子 **May beetle**
铁线虫 **wireworm**
卷叶虫 **roller**
卷叶蛾 **tortrix moth**
潜叶虫 **leaf miner**
锯蜂(叶蜂) **sawfly**
根虫 **rootworm**
马铃薯瓢虫 **potato beetle**
水果食心虫 **fruit worm**
菜青虫 **cabbage worm**
豌豆象鼻虫 **pea weevil**
椿象 **stink bug**
天牛 **long-horned beetle**
跳甲 **flea beetle**
毛虫 **caterpillar**
蚜虫 **aphid**
蚱蜢 **grass hopper**
蝗虫 **locust**
蚧(介壳虫) **scale insect**
蜻蜓 **dragonfly**
蛞蝓 **slug**
凤蝶 **swallowtail**
蜗牛 **snail**
白蚁 **termite, white ant**

虫口密度 population density
捕虫饵 insect bait
毒杀 poisoning

农　药 Agricultural Chemicals

农用杀虫剂 agricultural insecticide
胃毒剂 stomach poison, stomach insecticide
触杀剂 contact insecticide
接触性毒剂 contact toxicant, contact poison
后效杀虫剂 residual insecticide
内吸剂 systemics
内吸杀虫剂 systemic insecticide
熏蒸〔消毒〕剂 fumigant
驱虫剂 insect repellant
引诱剂(诱虫剂) attractant
窒息剂 asphyxiant
窒息气 asphyxiant gas
敏感性 susceptibility
抗药性(对杀虫剂) resistance to insecticide
剂量(药量) dose, dosage
有效药剂 effective agent
剂量效应 dosage effect
农药污染 pesticide contamination
残效 carry-over effect
残留毒性(残毒) residual toxicity
农药残留标准 trace standard of agricultural chemicals
农药中毒 being poisoned by agricultural chemicals
粉剂 dust, powder
可湿性粉剂 wettable powder
悬浮液 suspension
乳剂 emulsion
油乳剂 oil emulsion
液剂 flowable
烟雾剂 smoking agent
补助剂 accessory agent
粉末载体 dust carrier
溶剂 solvent
润湿剂 wetting agent
分散剂 dispersing agent
增效剂 synergist
浓度 concentration
适期施药 proper timing of insecticide application

杀虫剂 Insecticides

无机杀虫剂 inorganic insecticide
有机杀虫剂 organic insecticide
有机含磷杀虫剂 organic phosphorous insecticide
滴滴涕 DDT
六六六(六氯化苯) HCH, BHC
福美双(涕门涕滴) Thiram, TMTD
甲氧滴滴涕 methoxychlor
敌百虫 dipterax
除虫菊 pyrethrum
除虫菊粉 pyrethrum powder,

Dalmatian insect powder
除虫菊酯 **pyrethrin**
丙烯除虫菊 **allethrin**
艾氏剂 **aldrin**
异艾氏剂 **Isodrin**
狄氏剂 **Dieldrin**
异狄氏剂 **endrin**
六氯乙烷混合剂 **hexachloraethane mixture**
氯化烃杀虫剂 **chlorinated hydrocarbon insecticide**
氯丹 **chlordane**
七氯 **heptachlor**
巴丹 **Padan**
三硫磷 **trithion**
甲拌磷(三九一一杀虫剂) **thimet**
倍硫磷 **baytex**
内吸磷(一〇五九杀虫剂) **systox**
1605(对硫磷杀虫剂) **parathion**
硫磺粉 **sulphur dust**
马拉松 **malathion**
八甲磷 **schradan**
杀螟松 **sumithion**
罗纳丹 **ryanodine**
硫丹 **thiodan**
乐果 **rogor**
杀螟腈 **cyanox**
毒杀芬 **toxaphene**
土壤杀虫剂 **soil insecticide**
二嗪农 **diazinon**
鱼藤酮 **rotenone**
胡椒荃丁醚 **peperonyl butoxide**
砷酸铅 **lead arsenate**
砷酸钙 **calcium arsenate**
亚砷酸 **arsenolite**
巴黎绿 **Paris green**
氟化钠 **sodium fluoride**
稻丰散 **ersan**
杀蚜剂 **aphidicide**
杀螨剂 **acaricide**
阿拉散(一种杀螨剂) **aratjame**
杀螨特 **aramite**
三氯杀螨砜 **tedion**
杀幼虫剂(杀蠋剂) **larvicide**
杀蛾剂 **mothicide**
杀虱剂 **pediculicide**
杀虫毒剂 **poison insecticide**
杀虫粉 **insect powder**
杀虫胶 **insect paste**
无效杀虫剂 **inefficient insecticide**
杀鼠剂 **raticide, rodenticide**
灭鼠 **deratization**
杀鼠灵 **warfarin**

杀霉菌剂 Fungicides

霉菌 **fungus (pl. fungi)**
病原菌 **pathogenic fungi**
疫菌 **blighting fungi**
土壤霉菌 **soil fungi**
霉菌对作物的危害 **ravage of fungi on crops**
抗霉性(抗霉力) **mold resistance**
消毒(杀菌) **disinfection**
抗菌活性 **antibiotic activity**
抑菌剂 **germifuge, bacteriostat**
农用抗菌素 **agricultural antibiotic**
抗真菌素 **eumycin**
抗真菌剂 **antifungal**

杀菌剂 **germicide**
杀真菌素 **cabicidin**
杀真菌剂 **mycocide**
保护性杀真菌剂 **protective fungicide**
无机杀菌剂 **inorganic fungicide**
有机杀菌剂 **organic fungicide**
抗霉素 **antimycin**
拒霉素 **resistomycin**
抗微生物剂 **antimicrobic**
抗寄生物药剂 **antiparasitic**
杀寄生物剂 **parasiticide**
多硫化钡 **solbar**
石硫合剂 **lime-sulfur solution**
福美双 **arasan**
二硝散 **nirit**
苯汞铵 **puratized NSE**
氰胍甲汞 **panogen**
福美砷 **asomate**
托布津 **topsin**
百菌清 **Daconil**
稻丰宁 **rabcon**
二氯萘醌 **phygon**
灭菌丹 **phaltam**
灭瘟素 **blasticidin**
萎锈灵 **oxathiin**
克瘟散 **hinozan**
稻瘟霉素 **blastmycin**
抗稻瘟素 **antipiriculin**
杀藻剂 **algicide**
杀菌剂的化学稳定性 **chemical stability of fungicides**
渗进作物内部 **permeating the plant**
消除感染 **eliminating infection**
粘附在叶片上 **adhering to foliage**
霉菌孢子 **fungus spore**
毒效 **poisonous effect**
飞机喷粉机 **airplane duster**

除草剂 Herbicides

杂草(莠草) **weed**
稗① **tare (weed), barnyard grass**

有害杂草 **injurious weed**
杂草丛生 **overrunning weeds, invasion of weeds**
杂草为害 **weed encroachment**
长满杂草的 **weedy, infested with weeds**
难根除的杂草 **troublesome weeds**
危害大的杂草 **ill weeds**
寄生的杂草 **parasitic weeds**
非乡土性杂草 **imported weeds**
无杂草的 **weed-free**
接触除莠剂 **contact weed-killer**
选择性除莠 **selective weeding**
选择性除草剂 **selective herbicide**
非选择性除草剂(灭生性除草剂) **nonselective herbicide, sterilant**
百草枯 **Paraquat**
敌草索 **Dacthal**
稗蓼灵 **Bipc**

八氯环乙烯酮 **octane**
莠去津 **atrazine**
敌稗 **propanil**
扑草净 **prometryne**
灭草隆 **monuron**
非草隆 **femuron**
敌草隆 **diuron**
燕麦灵 **barban**
除草油 **weed oil**
除莠油 **deweeding oil**
除草效力 **herbicide action**
(非)选择性触杀型叶片喷药 **selective (nonselective) foliage contact spray**
(非)选择性内吸传导型叶片喷药 **selective (nonselective) translocated spray**
(非)选择性根部施药 **selective (nonselective) root application**
出苗前(后)喷药 **preemergence (postemergence) spray**
原生质选择性 **protoplasmic selectivity**
酶作用 **enzyme action**
施药方法 **application method**
粘附强度 **adhesion strength**
影响除草剂药效的因素 **factors influencing the action of herbicides**
生长点的位置 **location of growing point**
叶的取向 **orientation of leaves**

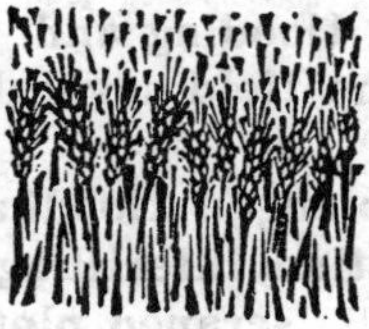

禾谷类作物 Cereal Crops

稻谷生产 Rice Production

水稻① **paddy rice, lowland rice**

1

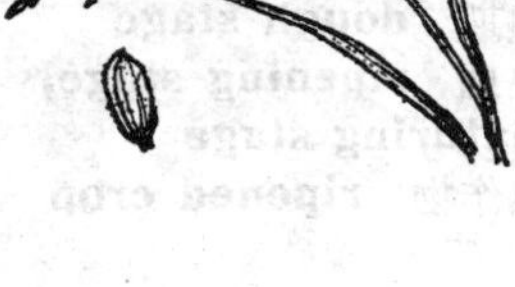

陆稻(旱稻) **upland rice, dry rice**
籼稻 ***xian* rice, long-grain rice**
粳稻 ***jing* rice, short-grain rice**
粘稻 ***zhan* rice, non-glutinous rice**
糯稻 **glutinous rice**

早稻 **early rice, early season rice**
中稻 **midseason rice, middle-season rice**
晚稻 **late rice**
单季稻 **single-cropping of rice**
双季稻 **double-cropping of rice**
三季稻 **triple-cropping of rice**
再生稻 **ratooning rice**
抗旱品种 **drought-resistant variety**
抗倒伏品种 **lodging-resistant variety**
抗稻瘟品种 **rice-blast-resistant variety**
耐寒性 **cold tolerance**
耐旱性 **drought tolerance**
伸穗力 **panicle exsertion**
分蘖力 **tillering ability**
秆力 **straw strength**
深水中的生长力 **elongation in deep water**
受浸后的复原 **recovery from submergence**
受旱后的复原 **recovery from drought stress**
谷粒的糖淀粉含量 **amylose content of the grain**
基础种 **foundation seed**
浸种 **seed soaking**
催芽 **accelerating germination**
炼芽 **hardening-off seeds**
播种量 **seeding rate**
秧龄 **seedling age**
秧田 **seedling bed**
泡田 **ponding**
发芽力 **germinating power**
发芽势 **germinating energy, vigour of germination**
稻苗绵腐病 **seedling blight of rice**
移植 **transplanting**
插秧 **setting out rice seedling**
直播 **direct seeding**
返青 **recovery from transplanting**
浆土 **puddled soil**
插秧密度 **density of transplants**
单位面积株数 **number of plants per unit area**
一次插下的株数 **number of plants per hill**
给田排灌几次 **flooding and draining the field several times**
持久灌水 **prolonged flooding**
中耕 **cultivation, intertillage**
已刮草的一块田 **scraped plot**
中耕机锄铲——齿式 **cultivator steel**
中耕器锄铲——刮式 **hoe blade**
拔节阶段(长茎阶段) **stem elongation stage**
孕穗阶段 **booting stage**
抽穗阶段 **heading stage**
扬花阶段 **flowering stage**
灌浆阶段 **filling stage, milking stage**
蜡熟期 **dough stage**
成熟期 **ripening stage, maturing stage**
完熟作物 **ripened crop**

成熟不均匀 **uneven ripening**
倒伏 **lodging, falling over**
不结实的小穗 **sterile spikelet**
可脱粒度(落粒倾向) **panicle threshability, shattering tendency**
稻秆的弯折角 **culm angle**
难脱粒水稻品种 **hard-to-thresh rice variety**
割幅 **swath**
收割(割禾) **reaping rice**
打禾 **rice threshing**
手打 **hand threshing, manual threshing**
手打的稻谷 **hand-threshed paddy**
机打 **mechanized threshing**
禾桶和禾围 **threshing tub and a shield**
脱粒干净 **thorough threshing**
擦破谷壳 **peeling of the grain**
堆秆 **straw stacking**
簸谷 **winnowing**
晒干 **sun-drying**
机械干燥 **mechanical drying**
储藏干燥 **in-storage drying**
仓内干燥 **in-bin drying**
袋装干燥 **sack drying**
稻谷加工 **rice processing**
碾米 **rice milling**
清选 **cleaning**
去谷壳 **husking**
糙米 **husked rice, brown rice**
去麸皮 **bran removal**
糠 **bran flour**
米糠油 **rice bran oil**
分级 **grading**
包装 **packaging**
麻袋 **jute bag**
无包装储放 **bulk storage**
秤重 **weighing**
碾米机，碾米厂 **rice mill**
精碾程度 **degree of polishing**
磨粉 **flour milling**
千粒重 **1000 kernel weight**
谷粒大小 **grain dimensions, grain size**
碾出米量 **milling yield**
烹调品质 **culinary quality**
白米 **white rice, polished rice**
碎米 **broken rice**

水稻病虫害 Rice Pests and Diseases

蝗虫 **locust**
稻螟 **rice borer**
粘虫① **armyworm**
地老虎② **cutworm**
蜡蝉 **planthopper**
瘿蚊 **gall midge**

1
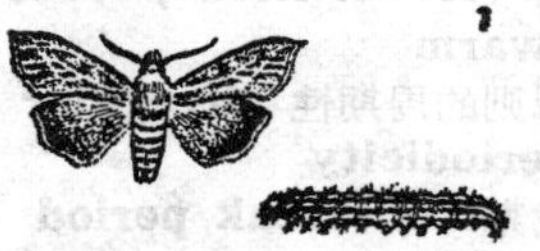

2

瘿蚊成虫① **gall midge adult**

1

青叶蝉 **green leafhopper**

铁甲虫 **hispa**

水稻病毒媒介昆虫 **insect vector of rice virus**

稻纵卷叶螟 **rice leaf roller**

稻纵卷叶螟成虫 **adult rice leaf roller**

蝼蛄 **mole cricket**

水稻二化螟 **rice-stem borer**

水稻二化螟的蛹② **pupa of rice-stem borer**

2

水稻二化螟幼虫③ **larva of rice-stem borer**

水稻二化螟成虫 **stem borer adult**

3

蓟马 **thrips**

叶蝉 **leafhopper**

稻叶黑粉病 **leaf smut of rice**

白叶枯病 **bacterial leaf blight**

细菌性叶条纹病 **bacterial leaf stripe**

稻纹枯病 **sheath and culm blight of rice**

稻条斑病 **cercospora spot of rice**

稻瘟病④ **rice blast**

4

稻麴病 **false smut, green smut of rice**

茎腐病 **stem rot**

黄矮病 **yellow-dwarf**

徒长 **spindling**

恶苗病(徒长病) **Bakanae disease**

叶的衰老 **senescence of leaves**

褪绿病 **chlorosis**

(对生长的)抑制 **stress**

性质不良的土壤 **problem soil**

飞蝗 **migratory locust**

群集度 **gregariousness**

蝗灾 **plague of locusts**

蝗虫防治 **locust control**

截捕沟 **trap trench**

独居蝗虫 **solitary locust**

蝗群 **locust horde, locust swarm**

不规则的周期性 **irregular periodicity**

爆发期 **outbreak period**

爆发地区 **outbreak area**

迁徙飞行 **migration flight**
蝗虫入侵 **locust invasion**
沙漠蝗虫 **desert locust**
毒饵诱杀法 **poison bait method**
砷类毒饵 **arsenical poison bait**
六六六 **gammexane**
组织蝗虫防治 **organization of locust control**
打蝗斗争 **anti-locust battle**
改变爆发地区的生态 **altering the ecology of outbreak area**
喷射最严重的蝗灾地区 **spraying the worst locust-infested area**
二硝磷甲酚喷射 **spraying dinitro-ortho-cresol**
对蝗虫主动防御 **active defence against locusts**
营养缺乏病 **deficiency disease, deficiency disorder**
营养缺乏检验 **deficiency checking**
营养缺乏症状 **deficiency symptom**
缺氮、磷等 **nitrogen deficiency, phosphorus deficiency, etc.**

小麦生产 Wheat Production

普通小麦① **common wheat**

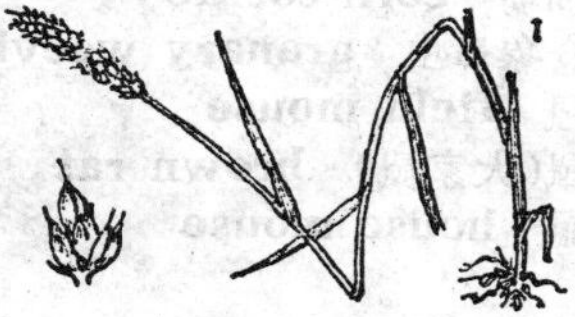
1

春小麦 **spring wheat**
冬小麦 **winter wheat**
将冬小麦转化为春小麦 **converting winter wheat to spring wheat**
种子春化 **seed vernalization**
面包小麦 **bread wheat**
硬质小麦 **hard wheat**
软质小麦 **soft wheat**
硬粒小麦 **durum wheat, macaroni wheat**
实茎小麦 **solid stem wheat**
密穗小麦 **club wheat**
斯卑尔脱小麦 **spelt wheat**
土耳其小麦 **Turkish wheat**
野生二粒小麦 **wild emmer, wild wheat**
栽培一粒小麦 **einkorn wheat**
二粒小麦 **emmer**
圆锥小麦 **poulard wheat**
波兰小麦 **Polish wheat**
杂交小麦种子 **hybrid wheat seed**
小麦杂交优势 **heterosis in wheat, hybrid vigour in wheat**
细胞质的雄性不育性 **cytoplasmic male sterility**
雄性不育品系 **male-sterile line**
复育因素 **fertility-restoring factor**
"诺林"种质 **"Norin" germ plasm**
"诺林"遗传特征 **"Norin" heredity**

墨西哥小麦 **Mexican wheat**
抗锈病的小麦 **rust-resistant wheat**
小麦生长带 **wheat belt**
种小麦地 **wheatland**
适应较严酷的环境 **being adapted to harsher environments**
累积土壤湿度 **accumulated soil moisture**
防渍 **prevention against waterlogging**
适中的湿度 **moderate moisture**
着生分蘖 **consolidative tillering**
行侧追肥(行间追肥) **side dressing**
防霜冻 **frost prevention**
雪栏 **snow-fence**
筛选机 **screening-machine, sifter**
麦子 **wheat grain**
谷朊 **glutelin**
麸朊 **gliadin**
全麦面粉 **whole-wheat flour**
小麦线虫 **wheat nematode, wheatworm**
麦种蝇 **wheat bulb fly**
谷蛾 **wheat-flour moth, grain moth**
小麦瘿 **wheat galls**
粉螨 **flour mite**
秆锈病 **stem rust**
叶锈病 **leaf rust**
赤霉病 **scab**
腥黑穗病 **stinking smut**
散黑穗病 **loose smut**
小麦黑粉病 **flag smut of wheat**
根腐病 **root rot**
禾谷花叶病 **wheat mosaic**
野燕麦 **wild oat**
麦仙翁 **corn-cockle**
谷仓象鼻虫 **granary weevil**
田鼠 **field mouse**
褐鼠(大家鼠) **brown rat**
家鼠 **house mouse**

玉米生产 Maize Production

玉米(玉蜀黍)① **maize, (Am) Indian corn, corn**

1

非甜质玉米 **field corn**
硬质种玉米 **flint corn**
粉质种玉米 **flour corn, soft corn**
马齿种玉米 **dent corn**
甜质玉米 **sweet corn**
爆裂种玉米 **popcorn**
蜡质玉米 **waxy corn**
玉米穗轴(玉米芯) **cob, ear**
玉米雄花穗 **tassel**
玉米抽丝 **silking**
玉米苞叶 **husk**
雌雄〔花〕同株植物 **monoecious**

plant
玉米去雄 **detasseling**
自花授粉 **self-pollination**
手工去雄 **manual detasseling**
试验品系 **tester line**
遗传的灵活性 **genetic flexibility**
近交的适合性 **inbred suitability**
杂交优势株 **plant exhibiting hybrid vigour**
纯合种子 **homozygous seed**
异合种子 **heterozygous seed**
糖淀粉扩张基因 **amylose extender gene, ae gene**
行播作物 **row crop**
提早播种 **earlier planting**
缩短行距 **reducing the row-spacing**
精耕细作 **intensive cultivation**
最少耕作法 **minimum tillage**
等高耕作的玉米田 **contour-ploughed cornfield**
田间脱粒 **field shelling**
玉米摘芯脱粒机 **picker-sheller**
湿磨 **wet-milling**
玉米淀粉 **cornstarch**
胶淀粉 **amylopectin**
玉米糖 **corn sugar**
玉米油 **corn oil**
玉米粉 **corn meal, corn flour**
玉米象虫 **maize billbug**
玉米粘虫 **maize armyworm**
玉米根虫 **maize rootworm**
玉米根蚜 **corn root aphid**
玉米〔叶〕蚜 **corn-leaf aphid**
玉米穗夜蛾 **corn earworm**
玉米螟 **corn borer**
玉米条纹毒病 **maize streak**
玉米黑粉病 **corn smut**

大麦生产 Barley Production

大麦① **barley**

1

裸〔大〕麦(青稞) **naked barley**
春大麦 **spring barley**
冬大麦 **winter barley**
在温室用化学诱变雄性不育 **chemical inducement of male sterility in the greenhouse**
较密行距 **closer row-spacing**
割晒条铺 **windrowing**
搓成粉粒 **pearling**
麦芽 **malt**
制麦芽的大麦品种 **malting variety of barley**
优良的制麦芽品质 **good malting quality**
麦芽糖 **maltose, malt sugar**

高粱生产 Sorghum Production

高粱① **sorghum, *gaoliang***

1

食用高粱 **grain sorghum**
西非高粱 **milo**
南非高粱 **kafir corn**
苏丹草 **Sudangrass**
高粱苏丹草杂交种 **sorghum-sudangrass hybrid, "Sordan"**
芦粟(芦黍甜高粱) **sorgo, sweet sorghum, sugar sorghum**
帚用高粱 **broomcorn**
青饲高粱(饲用高粱) **grass sorghum**
密穗 **dense panicle**
散穗 **loose panicle**
茎秆的髓 **pith in the stalk**
脱粒后的穗子 **brush**
高粱醇溶朊 **kaf(f)irin**
加工制糖浆 **processing for syrup**
高粱饴 **sorghum sweetmeat**

次要禾谷类作物 Minor Cereals

燕麦② **oats**

1

裸燕麦(油麦、莜麦) **naked oats**
春燕麦 **spring oats**
冬燕麦 **winter oats**
燕麦粉 **oat flour**
(燕)麦片 **oatmeal, oat-flakes**
燕麦皮 **oat hull**
糠醛 **furfural**
黑麦 **rye**
黑麦稿秆 **rye straw**
荞麦 **buckwheat**
粟(谷子, 小米)③ **millet**

3

珍珠稷 **pearl millet, cattail millet**
非洲稷(龙爪稷, 鸭脚粟) **African millet**

黍、稷、糜子① **shu broom corn millet, proso millet**
穇(湖南稷子) **billion-dollar grass, Japanese millet**
菰 **wild rice**
甜茅 **mannagrass**

油料作物 Oil Crops

落花生 Peanut

丛生型 **bushy type**
蔓生型 **trailing type**
厚荚 **thick-walled pod**
薄荚 **thin-walled pod**
除草 **weeding**
培土 **hilling**
果针 **peg**
下针 **pegging the entire**
饱满的果实 **completely filled fruit**
不饱满的果实 **partially filled fruit**
离壳 **shrinking away from the shell**
烘干花生 **roasted peanut**
花生油 **peanut oil**
花生麸 **peanut-oil press cake**
花生酱 **peanut butter**
细菌性萎蔫病 **bacterial wilt**
花生丛簇病 **peanut tosette**
叶斑病 **leaf spot disease**

大 豆 Soybean

黄〔大〕豆① **yellow bean, yellow soybean**
青〔大〕豆② **green bean, green soybean**
黑〔大〕豆③ **black bean, black soybean**

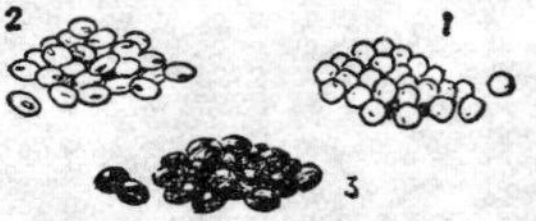

根瘤结核 **nodule**
长根瘤 **nodulation**
种子的接种 **inoculation of seeds**
接种体 **inoculum**
专用品种 **variety tailor-made for specific use**
炸荚 **shattering**
豆油 **soybean oil**
豆饼(豆麸) **bean cake**
豆粕 **bean meal**
豆腐 **bean curd**
豆浆 **bean milk**
酱油 **soy sauce**
炭疽病 **anthracnose**
基腐病 **foot rot**
细菌性斑点病 **bacterial blight**
大豆象 **bean weevil**
细菌性疱状斑 **bacterial pustule**
荚茎雕腐病 **pod and stem blight**
褐茎腐烂病 **brown stem rot**
大豆花叶病 **soybean mosaic virus**

椰 子 Coconut

椰树④ **coconut palm, coconut tree**

椰子园 **coconut plantation**
高种椰子 **tall coconut palm**
矮种椰子 **dwarf coconut palm**
芽眼 **eye**
吸器(“椰饼”) **haustorium, “apple”**
椰林 **coconut grove**
椰肉 **coconut meat**
椰子水 **coconut water, coconut milk**
椰干 **copra**
椰干炉 **copra kiln**
摘椰子 **harvesting coconuts from the palms**
椰油 **coconut oil**

皂化数 **saponigication number**
椰麸 **coconut cake**
椰衣 **coconut husk**
椰衣纤维 **coir**
浸解纤维(沤出纤维) **retting the fibre**
古铜叶萎病 **bronze leaf wilt**
尖茎病 **tapering stem wilt, pencil point**
二瘤犀岬 **rhinoceros beetle**
椰心叶岬 **coconut hispid**
椰园蚧 **coconut scale**

油 棕 Oil Palm

油棕① **oil palm**

1

油棕种植场 **oil-palm plantation**
人工授粉 **artificial pollination**
果皮 **pericarp**
类胡萝卜素 **carotenoid**
佛焰花序 **spadix**
果穗 **fruit bunch**
油棕白油种 **albescens of oil palm**
厚壳种(杜拉种) **dura**
薄壳种(丹那拉种) **tenera**
无壳种(比西夫拉种) **pisifera**
带土包扎移植 **ball transplanting**
酶活动 **enzymatic activity**
游离脂肪酸 **free fatty**
人造黄油 **margarine**
干棕仁 **dried kernel**
棕油 **palm oil**
棕仁干燥筒 **kernel silo**
油棕萎蔫病 **fusarium will**
橙斑病 **orange spot**

芝 麻 Sesame

芝麻② **sesame**
蒴果 **capsule**

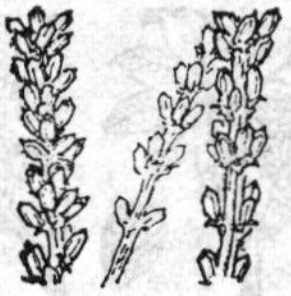

2

芝麻花 **sesame flower**
芝麻茎 **stalk of sesame**
芝麻油 **sesame oil**
芝麻酱 **sesame soy**
芝麻麸 **sesame oil press cake**
不裂的芝麻品系 **strain of indehiscent sesame**
不炸荚的品种 **variety with nonshattering fruit**
潜叶虫 **leaf miner**

油橄榄 Olive

橄榄园 **olive orchard**
橄榄枝① **olive branch**
橄榄油 **olive oil**
油分离器 **oil separator**
除去苦糖甙 **removing bitter glucoside**
油橄榄甲虫 **olive fruit fly**
油橄榄实蝇 **olive fruit fly**

1

杂 类 Miscellany

油菜(芸薹) **rape**
油菜籽 **rapeseed**
菜油 **rape oil, rapeseed oil**
菜籽饼 **rape cake**
茶油 **tea oil, tea-seed oil**
向日葵油 **sunflower oil**
葵籽饼 **sunflower oil cake**
核桃油 **walnut oil**

非食用油 Nonedible Oils

油桐树 ***tong* tree**
油桐园 ***tong* orchard**
早结果矮种 **dwarf, early-bearing variety**
晚结果大种 **large-growing, late-bearing variety**
接枝树 **whip**
骨籽枝 **scaffold branch**
桐籽 ***tong* nut**
桐油 ***tong* oil, Chinese wood oil**
木油树 ***mu you shu***
木油 ***mu* oil**
日本木油 **Japanese wood oil**
石栗 **candlenut, candle berry tree**
石栗油(烛果油) **candlenut oil**
亚麻籽 **linseed**
亚麻籽油 **linseed oil**
亚麻籽饼 **linseed cake**
蓖麻② **castor-oil plant**

2

蓖麻籽 **castor bean**
蓖麻油 **castor oil**
蓖麻籽饼 **castor pomace**
苏子油 **perilla oil**
乌桕油 **Chinese tallow**

糖料作物 Sugar Crops

甘 蔗 **Sugarcane**

甘蔗① **sugarcane**

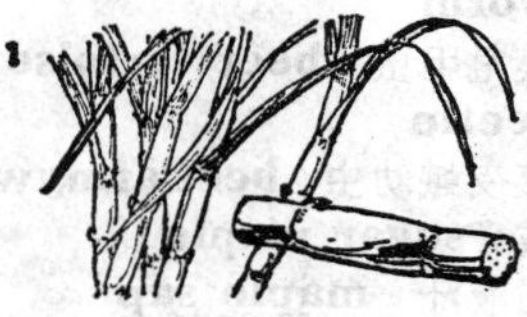

薄壁细胞 **parenchyma cell**
薄壁基本组织 **parenchymatous ground tissue**
节 **node**
芽(芽眼) **bud, eye**
根原基 **root primordium**
叶痕 **leaf scar**
叶舌 **ligule**
叶耳 **auricle**
垂皮 **dewlap**
叶鞘 **sheath, leaf sheath**
种根(临时根) **set-root**
苗根(永久根) **shoot root**
次生茎(分蘖茎) **secondary shoot**

蔗头 **rootstock of a cane stool**
蔗茎插条(蔗"种") **cane stem cutting, cane "seed"**
穴植 **planting in holes**
沟植 **planting in furrows**
挖坑起畦种植法 **planting fields to the "grand bank" system**
补植(补苗) **replanting**
培土平垄 **bedding**
蔗糖含量 **sucrose content**
白利糖度(甘蔗锤度) **degrees Brix**
手提折光计 **hand refractometer**
低斩(傍地斩) **cutting at the ground level**
宿根蔗(旧头蔗) **stubble cane, ratoon cane**
宿根蔗栽培 **ratoon cultivation**
甘蔗枯叶残茎 **trash and tops**
开蔗垄 **off-barring the cane**
蔗渣 **bagasse**
吸涨作用 **imbibition**
离析作用 **maceration**
糖膏 **massecuite, fillmass**
糖蜜 **molasses**
结晶器 **crystallizer**
粗糖 **raw sugar**
脱色 **decoloration**
钻心虫(甘蔗螟虫) **stalk borer**
甘蔗绵蚜虫(蔗蠀) **woolly aphid of the leaf**
甘蔗金龟子(蔗龟、蛴螬) **grub**
凤梨病 **pineapple disease**
黑穗病 **smut**

其他糖料作物 Other Sugar Crops

糖用甜菜① **sugar beet**

1

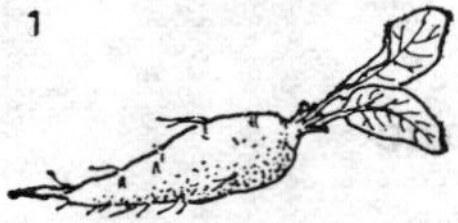

成簇种子 **seed cluster**
单颗条播 **single-seed drilling**
新出地面苗 **braird**
间苗 **singling, thinning**
顺行间苗 **down-the row thinning**
横向分簇间苗 **cross-blocking thinning**
切顶 **topping**
带土成分低 **low dirt tare**
风干行 **windrow**
堆藏窖 **clamp**
甜菜缨 **beet top**
甜菜糖浆 **beet molasses**
甜菜糖 **beet sugar**
甜菜渣 **beet pulp**
甜菜废液 **beet slop**
甜菜网螟(草地螟) **beet webworm**
甜菜龟甲虫 **beet tortoise beetle**
甜菜夜蛾幼虫 **beet armyworm**
糖槭 **sugar maple**
槭树液汁 **maple sap**
槭糖浆 **maple syrup**
槭糖 **maple sugar**
糖棕 **sugar palm, gomuti**
亚塔椰子树 **nipa palm**

饮料作物 Beverage Crops

茶叶生产 Tea Production

茶树① **tea plant**

1

茶场 **tea plantation**

茶园 **tea garden**

无性繁殖系选择 **clonal selection**

母树选择 **selection of mother trees**

小叶品种 **small-leaved variety**

大叶品种 **large-leaved variety**

茶的自花受精 **selfing of tea**

临时遮阳棚 **temporary shade house**

构架(主干修剪) **framing, stem pruning**

成型(成型修剪) **shaping, shape pruning**

养护(养护修剪) **maintenance pruning, production pruning**

复原 **rehabilitation**

整形(深修剪) **reshaping, deep pruning**

再构架(根颈修剪) **reframing, collar pruning**

采茶 **tea plucking**

顶芽 **terminal bud**

托叶 **stipule**

采茶法 **plucking system**

2

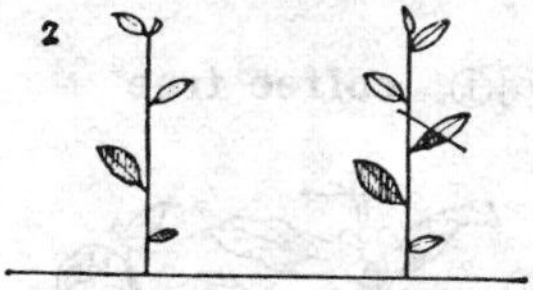

"一芽二(三)叶"② **"two (three) leaves and a bud,〔B+2(3)〕"**

采摘周期 **plucking cycle**

采摘剪 **plucking shears**

茶厂 **tea factory**

干缩 **withering**

揉茶 **rolling of green tea leaves**

揉茶机 **rolling machine, roller**

发酵室 **fermentation chamber**

烘焙炉 **drying oven**

防止外干里湿 **preventing casehardening**

精筛 **sorting by screens**

香气 **aroma**
泡茶 **infusing tea**
香味 **flavour**
品茶员 **tea taster**
叶茶类 **leaf teas**
白毫 **pekee (P)**
小种 **souchon (S)**
橙黄白毫 **orange pekoe (OP)**
白毫小种 **pekoe souchon (PS)**
碎茶类 **broken teas (BT)**
花香 **fannings (F)**
茶末 **dust tea (D)**
武夷茶 **Wuyi, *bohea, boei***
拼配 **blending**
红茶 **black tea**
绿茶 **green tea**
乌龙茶 **Wulong**
祁门红茶 **Qimen black**
龙井茶 **Longjing**
碧螺春 **Biluochun**
毛茶 **crude tea**
熙春 **Xichun**
珠茶 **gunpowder tea**
花茶类 **scented teas**
茉莉花茶 **jasmine tea**
玫瑰红茶 **rose black tea**
砖茶 **brick tea**
根腐病 **root rot**
立枯病 **damp (ing) -off**
红锈病 **red rust**
麻点病 **bird's eye spot disease**
灰斑病 **grey blight**

咖啡生产 Coffee Production

咖啡树① **coffee tree**

小粒种咖啡 **Arabian coffee**
中粒种咖啡 **robusta coffee**
高种咖啡 **excelsa coffee**
大粒种咖啡 **Liberian coffee**
荫蔽管理 **shade management**
遮阳棚 **slathouse**
荫蔽树 **shade tree**
覆盖作物 **cover crop**
咖啡树整形 **training coffee**
摘顶 **capping**
第一次剪枝 **first pruning, finca**
多干修枝法 **multiple-stem system**
咖啡浆果 **coffee berry**
独豆咖啡 **peaberry**
咖啡豆 **coffee bean**
银皮,种皮 **silverskin, parchment coat**
剥肉 **pulping**
发酵池 **fermenting tank, fermenting vat**
安全点(转黑点) **punto-negro, black point**
硬质咖啡 **hard coffee**
带壳咖啡 **parchment coffee**
咖啡针锈病 **Hemilcia rust**

可可生产 Cocoa Production

可可树① **cacao tree, cocoa tree**

1
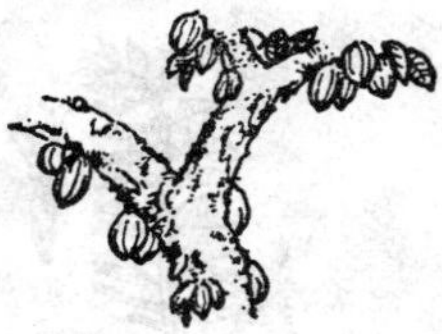

薄皮种可可(甜可可) **Criollo cocoa, sweet cacao**
厚皮种可可(苦可可) **Forastero cocoa, bitter cacao**
薄皮厚皮杂交种 **Criollo-Forastero hybrid**
无性繁殖 **clonal propagation, vegetative propagation**
有性繁殖 **generative propagation**
压条法 **marcottage**
嵌木芽接法 **chip budding**
改良福科特芽接法 **modified Forkert's method of budding**
可可插条 **cacao cutting**
可可插条繁殖箱 **propagation bin for cacao cuttings**
可可斑螟 **cacao moth**
鬼帚病(丛枝病) **witches' broom disease**
肿枝病 **swollen shoot virus disease**
可可黑果腐病 **black pod disease of cacao**
可可豆 **cocoa bean**
发酵箱 **fermentation bin**
焙过的可可豆 **roasted cocoa bean**
可可脂 **cocoa butter**
可可碱 **theobromine**

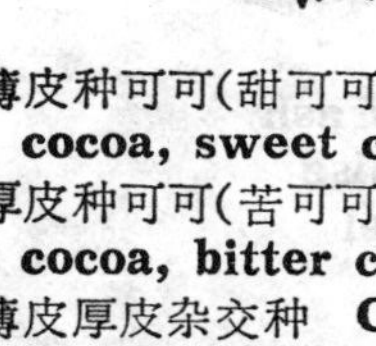

香料作物 Spice Crops

胡椒 **pepper**
胡椒粒 **peppercorn**
黑胡椒 **black pepper**
白胡椒 **white pepper**
辣椒 **chil(l)i, red pepper**
灯笼椒 **sweet pepper, bell pepper**
芫荽 **coriander**
肉桂 **cinnamon**
白豆蔻 **cardamon**

1

2

3
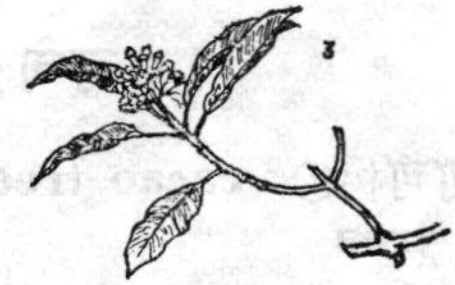
4

5

6

小豆蔻 **cardamon**
香草兰① **vanilla**
香草醛 **vanillin**
肉豆蔻② **nutmeg**
肉豆蔻衣 **mace**
丁香③ **clove, clove tree**
丁香油 **clove oil**
姜 **ginger**
姜黄④ **turmeric**
花椒 **prickly ash**
八角 **star anise**
茴香⑤ **fennel**
莳萝 **dill**
薄荷⑥ **mint**
留兰香(绿薄荷) **spearmint**
胡椒薄荷 **peppermint**
多香果 **allspice, piments, Jamaican pepper**

烟草生产 Tobacco Production

普通烟草(红花烟草)⑦ **tobacco, common tobacco**
黄花烟草 **Aztec tobacco**
弗吉尼亚烟叶 **Virginia (tobacco)**
布赖特烟叶 **Bright (tobacco)**
伯利烟叶 **Burley (tobacco)**

7
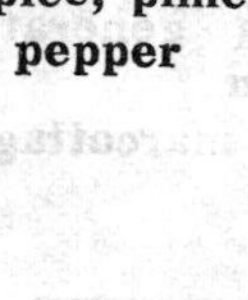

土耳其烟叶 **Turkish tobacco**
苏门答蜡烟叶 **Sumatra tobacco**
古巴烟叶 **Havana (tobacco)**
马里兰烟叶 **Maryland tobacco**
路易斯安那上等黑烟叶 **perique (tobacco)**
均匀撒种 **uniform distribution of seeds**
去劣去杂 **roguing the weak, sickly, and off-type plants**
打顶 **topping**
抹腋芽(抹赘芽) **removing the axiliary buds**
分批采收 **harvesting by the "priming" system**
连茎收割 **cutting entire stalks**
上部叶(顶叶) **leaf**
中部叶(腰叶) **seconds, cutters**
下部叶(脚叶) **lugs**
烟叶梗 **tobacco stick**
烟叶干燥室 **tobacco barn, tobacco shed**
热气烤干 **flue-curing**
烟熏烤干 **fire-curing**
室内吹干 **dark air-curing**
晒干 **sun-curing**
〔烟叶〕发酵 **fermentation, sweating**
发酵室 **fermentation barn**
烤烟 **flue-cured tobacco, fire-cured tobacco**
尼古丁含量(烟碱含量) **nicotine content**
焦油含量 **tar content**
雪茄烟心 **cigar filler**
雪茄外包烟叶 **cigar wrapper**
雪茄内包烟叶 **cigar binder**
口嚼烟草 **chewing tobacco**
口嚼烟块 **plug cut**
卷烟 **cigarette**
混合烟丝 **pipe blend**
香料配制烟 **aromatic tobacco**
剥除叶中脉 **stripping out the midrib**
黑胫病 **black shank**
烟草花叶病 **tobacco mosaic (virus)**
烟草环斑病 **tobacco ring spot virus**
烟草夜蛾幼虫 **tobacco budworm**

蔬 菜 Vegetables

菜园 **vegetable garden, kitchen garden**
商品菜园 **market garden**
卷心菜(椰菜、甘蓝, 洋白菜) **cabbage**
抱子甘蓝 **Brussels sprouts**
花椰菜(花菜、菜花) **cauliflower**
软化栽培 **blanching culture**
嫩茎花椰菜 **green brocedi**
球茎甘蓝(“芥蓝头”) **kohlrabi**
大白菜(黄芽菜) **Beijing cabbage, *baicai***
白菜 ***pakchoi*, Chinese cabbage**
菜心 **flowering cabbage, mock *pakchoi***
芥蓝 **cabbage mustard**
茼蒿 **garland chrysanthemum**
芥菜 **leaf mustard**
菠菜 **spinach, spinage**
莴苣(生菜) **lettuce**
直立莴苣 **cos lettuce**
散叶莴苣 **loose-headed lettuce**
结球莴苣 **head lettuce**
水芹菜(西洋菜) **watercress**
枸杞 **Chinese matrimony vine**
苋菜 **Chinese spinach, edible amaranth**
蕹菜 **water spinach**
马齿苋 **purslance**
芹菜(旱芹) **celery**
水芹 **water dropwort**
芜菁 **turnip**
芜菁甘蓝 **rutabaga**
莙荙菜(叶甜菜) **chard, leaf beet, spinach beet**
石刁柏(芦笋、龙须菜) **asparagus**
莼菜 **water shield**
韭菜 ***jiucai*, Chinese leek**

荞头(薤) *jiaotou*, **Chinese onion**
洋葱(圆葱) **onion, common onion**
葱(大葱) **spring onion, stone leek**
小玉葱 **Chinese green onion, chive**
姜 **ginger**
辣椒 **chilli**
灯笼椒(圆椒) **bell pepper, sweet pepper**
大蒜(蒜头) **garlic**
火蒜 **roasted garlic**
香芹菜(芫荽) **parsley**
芫荽 **coriander**
萝卜 **radish**
胡萝卜 **carrot**
茄子 **eggplant**
西红柿(番茄) **tomato**
苦瓜 **balsam pear, bitter cucumber**
丝瓜 **sponge gourd, dishcloth gourd**
水瓜 **vegetable sponge**
黄瓜(青瓜) **cucumber**
冬瓜 **wax gourd, white gourd**
甜瓜 **muskmelon**
节瓜(毛瓜) *jiegua*, **hairy squash**
南瓜(番瓜) **Chinese squash**
葫芦瓜 **bottle gourd**
西葫芦 **pumkin**
笋瓜 **winter squash**
竹笋 **bamboo shoot**
冬笋 **winter bamboo shoot**
茭白(茭笋) *jiaobai*, **wild rice shoots**
慈姑 **arrowhead**
莲藕 **lotus root**
荸荠(马蹄) **water chestnut**
白豆角 **white string bean**
青豆角 **green string bean**
四季豆 **kidney bean**
木薯 **cassava**
马铃薯 **potato**
甘薯(番薯) **sweet potato**
芋(芋头) **taro, dasheen**
参薯(大薯) **greater yam, yampi**
葛(竹芋) **arrowroot**
沙葛 *shage*, **yam bean**
菱角(龙角) **water caltrop**
豌豆 **garden pea**
嫩豌豆 **green pea**
菜豆 **lima bean**
刀豆 **Jack bean, sword bean**
豇豆 **string bean**
豆芽 **bean sprouts**

水果作物 Fruit Crops

柑桔类 Citrus

无性繁殖 **asexual propagation**
接穗的选择 **selection of scionwood**
实生苗砧木 **seedling stock, seedling rootstock**
幼苗行植 **lining out**
休眠芽接 **dormant budding**
春季芽接 **spring budding**
倒T形盾状芽接法 **budding on inverted-T shield-bud method**
〔芽接用〕带片芽 **bud with wood**
〔芽接用〕去片芽 **bud without wood**
劈接 **cleft-grafting the stub**
高接 **top-working**
压条枝 **marcot(te)**
剪枝 **topping**
摘心(打尖) **pinching**
除徒长枝 **removal of water sprouts**
品种衰老 **varietal senescence**
定期复壮老品系 **periodic rejuvenation of the old-line variety**
汁囊 **juice sac**
酸果 **tart fruit**
柑桔外果皮 **flavedo**
全采 **clean picking**
选采 **spot picking**
脱青 **degreening**
上腊 **waxing**
干桔渣 **dried citrus pulp**
桔子油 **citrus seed oil**
果胶 **pectin**
橙皮素 **hesperidin**
橙(甜橙) **orange, sweet orange**
酸橙 **sour orange, bitter orange**
柑 **king orange**
蜜柑(椪柑) **Chinese honey orange, Ponkan**
宽皮桔 **mandarin**
红橘(朱砂桔) **tangerine**
四季桔 **Citrus microcarpa**
金橘 **Kumquat**
毛柑 **Mauritius papeda, kabuyao, porcupine orange**

1

白柑① white-sapote
柠檬 lemon

2
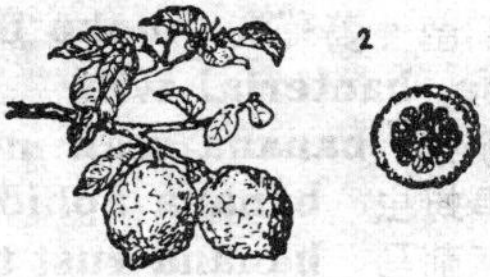

粗皮柠檬② rough lemon
莱檬 lime
柚子 pomelo, pumello
沙田柚 pear-shaped pomelo
葡萄柚 grapefruit
香橼（枸橼）③ citron
佛手柑④ finger(ed) citron, "Hand-of-Buddha"
黄皮 wampee
桔蚜 citrus aphid
桔小实蝇 citrus fruit fly
柑桔红蜘蛛 citrus red mite, citrus red spider
桔锈螨 citrus rust mite
黑点蚧 citrus black scale
桔粉虱 citrus whitefly
桔粉蚧 citrus meolybug
盖氏桔粉蚧 citrophilus mealybug
柑桔绿霉病 green mo(u)ld of citrus
柑桔青霉病 blue mo(u)ld of citrus
柑桔溃疡病 citrus canker
柑桔疮痂病 citrus scab
柑桔细菌性火疫病 citrus blast
柑桔衰退病 citrus decline

3
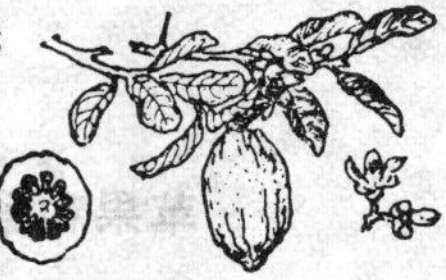

4
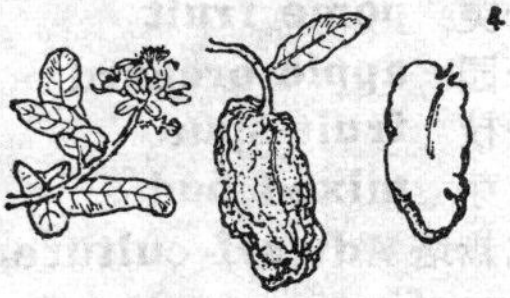

香 蕉 Banana

香牙蕉 common banana
大蕉 plantain, cooking banana
幼剑芽 young sword sucker
（从老株切取的）地下茎块 rhizome pieces (cut from old stool)
雄花簇 male flower cluster
两性花 perfect flower
雌花 female flower
单性结实 parthemocarpy
除无用芽 removing unwanted sprouts
留结实芽 retaining fruiting

suckers
香蕉花蕾 **male bud**
断蕾 **cutting off male flower clustero**
用竿支撑蕉树茎 **propping up banana stems with poles**
一梳香蕉 **comb**
一轴香蕉① **bunch**

1

易腐水果 **perishable fruit**
防湿袋(防潮袋) **moistureproof bag**
大蜜啥(兰田种) **Yros Michel**
香蕉萎蔫病(巴拿马病) **banana with Panama disease**
香蕉叶斑病(芭蕉瘟) **banana leaf spot, sigatoka disease**
香蕉〔根〕象岬 **banana root borer, banana weevil, banana beetle**
香蕉茎象岬 **banana stem borer weevil**
香蕉细菌性萎蔫病 **moko disease, bacterial wilt**
香蕉痂蛾 **banana scab moth**
香蕉黑蚜虫 **banana aphid**
香蕉锈蓟马 **banana rust thrip**
束顶病(萎缩病) **bunchy top disease**

苹果和梨 Apple and Pear

仁果类 **pome fruit**
苹果园 **apple orchard**
短果枝 **fruit spur**
混合芽 **mixed bud**
短化栽培 **dwarf culture, dwarfing**
短化砧〔木〕(短性砧) **dwarf(ing) stock**
东茂林砧木 **East Malling (EM) stock**
短型芽变 **dwarf bud sport, dwarf bud mutation**
早熟非贮藏类型 **early non-storage type**
中熟贮藏类型 **mid-season storage type**
晚熟贮藏类型 **late storage type**
萘基乙酰胺 **NAD (alphanaphthaleneacetamide)**
附果(假果) **accessory fruit**
苹果汁 **cider, apple juice**
火疫病 **fireblight**
苹果蠹蛾 **codlin(g) moth**
苹绵蚜 **woolly apple aphid**
苹果天牛 **apple longicorn beetle**
苹果潜叶虫 **apple leaf miner**
苹蓟马 **apple thrips**
改良闭心式整枝 **modified leader training**
截短枝条 **heading-back**
疏芽 **disbudding**

生长调节剂 growth regulators
细胞动素 cytokinin
赤霉素 gibberellin
大小年结果习性 biennial habit, alternate habit
大收年 on year
小收年 off year
萘乙酸 NAA (naphthaleneacetic acid)
防止采前落果 preventing preharvest fruit drop
离层 abscission layer

苹果锈病 apple rust
苹果白粉病 apple mildew
苹果树腐烂病 apple-tree canker
梨 pear, common pear
砂梨 Chinese pear, sand pear
雪梨 snow pear
梨枝干枯病 pear-blight
梨瘿蚊 pear midge
梨黑星病 pear scab
梨枝小蠹 pear-twig beetle

菠萝（凤梨） Pineapple

1

菠萝① pineapple
主株茎 stem of main plant
蘖芽(块茎芽) ratoon
(地上)吸芽 (aerial) sucker
果柄 fruit stem
基生裔芽 basal slip
复果(聚花果) multiple fruit
鳞状果皮 scaly rind
冠裔芽 crown slip
冠芽 crown
无刺卡因种 Smooth Cayenne

黄色果肉品种 variety of the yellow-fleshed group
白色果肉品种 variety of the white-fleshed group
单一作物经营 single-crop plantation
成花诱导 floral induction
季节外开花 out-of-season flowering, extraseasonal flowering
季节外结果 out-of-season fruiting, extraseasonal fruiting
菠萝红蜘蛛 pineapple red mite
菠萝粉蚧 pineapple mealybug
菠萝坚盾蚧 pineapple scale
菠萝发酵病 yeasty fermentation
菠萝水泡病 Thielaviopsis soft rot

葡 萄 Grape

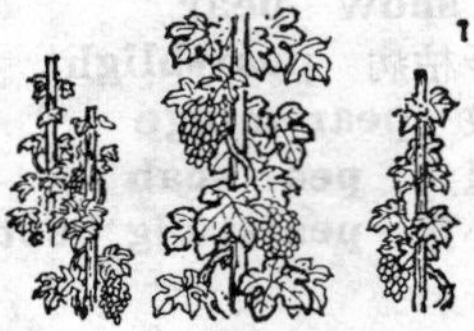

1

葡萄① **grape**
葡萄栽培 **viticulture**
葡萄园 **vineyard, grapary**
欧洲种葡萄 **vinifera, wine grape**
美洲种葡萄 **labrusca**
圆叶葡萄 **muscadine**
玫瑰香葡萄 **muscat, muskat**
无核品种 **seedless variety**
葡萄藤 **grapevine**
主蔓 **arm**
支柱栽培 **stake culture**
葡萄棚 **trellis**
单干形整枝 **cordon training**
短枝修剪 **spur pruning**
种蔓修剪 **cane pruning**
直立雄蕊 **upright stamen**
有效花粉 **functional pollen**
弯曲雄蕊 **reflexed stamen**
无效花粉 **impotent pollen, nonfunctioning pollen**
环状剥皮 **girdling**
葡萄串 **grape cluster**
发育不良的〔葡萄〕浆果 **shot berry**
葡萄干 **raisin**
小粒葡萄干 **currant**
葡萄根瘤蚜 **grape phylloxera, vine louse**
葡萄霜霉病 **grape downy mildew**
葡萄透翅蛾 **grape clearwing moth**
葡萄叶蜂 **grape sawfly**

木 瓜 Papaya

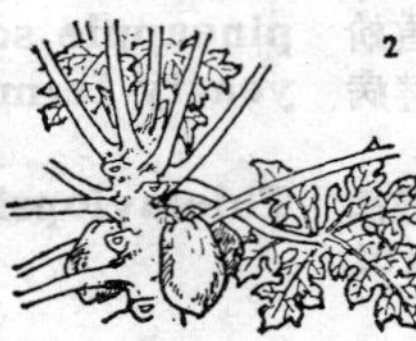

2

木瓜② **papaya, papaw**
公木瓜树(雄株) **staminate papaya tree, male plant**
两性木瓜树(两性株) **hermaphrodite papaya tree, bisexual plant, perfect plant**
母木瓜树(雌株) **pistillate papaya tree, female plant**

苏劳种 **Solo variety**
短种木瓜 **dwarf strains of papaya**
碧地种 **Betty variety**
蓝茎种 **Blue Stem variety**
木瓜乳 **papaya latex**
木瓜酶(木瓜素) **papain**
木瓜碱 **carpaine**
山木瓜 **mountain papaya, mountain papaw**

草 莓 Strawberry

长匐茎 **runner**
草莓梗 **crown**
瘦果 **achene**
需要地面覆盖 **needing mulching**
草莓蚜虫 **strawberry aphid**

核果类 Drupe Fruits

桃 **peach**
杏 **apricot**
杏仁 **almond**
苦杏仁(北杏) **bitter almond**
甜杏仁(南杏) **dessert almond**
扁桃 **almond**
李 **plum**
樱桃 **cherry**
开心式整枝 **open-centred training**
粘核种 **clingstones**
离核种 **freestones**
催熟 **accelerating maturity**

其他果类作物 Other Fruit Crops

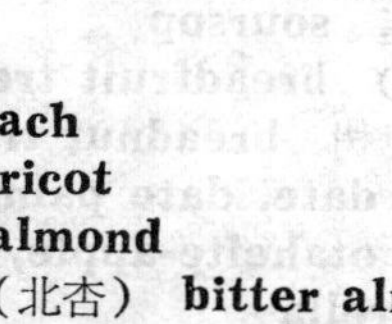
1

鳄梨① **avocado, alligator pear**
芒果 **mango**
芒果的镶接 **veneer grafting of mango**
芒果花序枯萎病 **blossom blight of mango**
香芒 **kuwini, kaweni**
臭芒果 **batjang, gray mango**
腰果(槚如) **cashew**
腰果梨 **cashew apple**

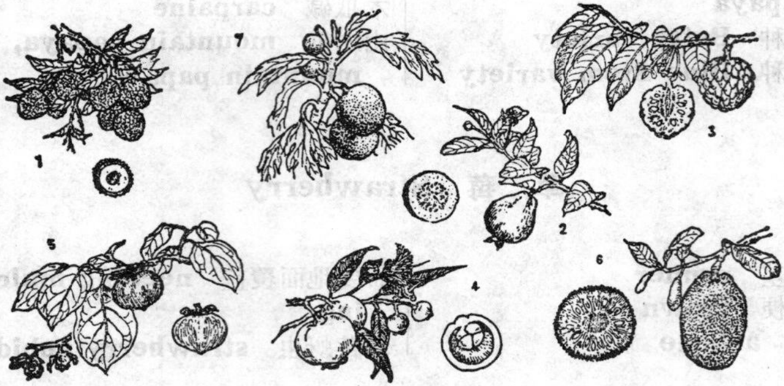

荔枝① **lychee, litchi**
龙眼 **longan**
杨桃 **carambola**
香杨桃 **bilimbi**
番石榴② **guava**
番荔枝③ **sugar-apple**
高山番荔枝 **cherimoya**
蒲桃④ **rose apple**
枇杷 **loquat**
柿⑤ **Kaki, persimmon**
软柿 **seeded kaki fruit**
水柿 **seedless kaki fruit**
柿饼 **dried persimmon**
石榴 **pomegranate**
杏 **apricot**
红果仔 **pitanga, surinam cherry**
无花果 **fig**
无花果虫媒 **caprifer**
无花果授粉 **caprification**
波罗蜜(木波罗)⑥ **jack-fruit**
香波罗蜜 **champedak**
榴莲 **durian**
红毛榴莲 **soursop**
面包树⑦ **breadfruit tree**
有核面包树 **breadnut tree**
枣椰子 **date, date palm**
芒枣树 **otaheite-apple, amberella**
人心果 **sapodilla**
树番茄 **tree tomato**
红毛丹 **rambutan**
金毛丹 **pulasan**
曼密果 **mamey-apple**
鸡蛋果 **passion fruit, purple granadilla**
山竹子 **mangosteen**
蛇果 **gandaria**
异叶果 **ilama**
牛心梨 **bullock's-heart, custard-apple**
枣 **Chinese date, jujube**
猕猴桃 **Chinese gooseberry, "monkey" peach**
罗汉果 ***luohanguo***

纤维作物 Fibre Crops

棉花 Cotton

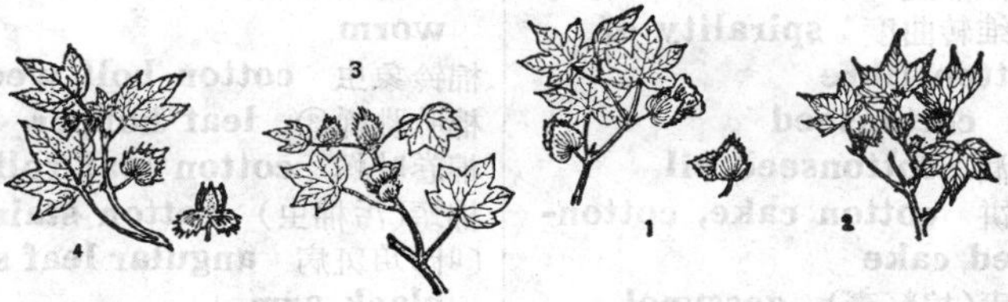

棉田 cotton field
中棉(树棉)① Chinese cotton, tree cotton
草棉② Levant cotton
陆地棉③ upland cotton
海岛棉④ sea-island cotton
埃及棉 Egyptian cotton
巴西棉 Brazilian cotton, kidney cotton
岱字棉 Deltapine
爱字棉 Acala
珂字棉 coker
二形性 dimorphism
叶枝(单轴枝) vegetative branch, monopodial branch
果枝(合轴枝) fruiting branch, sympodial branch
回交 backcrossing
棉铃(棉桃)⑤ cotton ball
落铃 boll shedding
棉绒⑥ lint
摘心(打尖) top removal
化学脱叶剂 chemical defoliant
轧棉(轧花) ginning
原棉 raw cotton

籽棉 **unginned cotton, seed-cotton**
皮棉(去籽棉花) **ginned cotton, lint**
衣分率(衣分指数) **lint percentage, lint index**
棉短线 **linters**
纤维〔平均〕长度 **staple**
长绒棉 **cotton of long staple**
超级长绒 **extra long staple**
短绒棉 **cotton of short staple**
纤维整齐度 **fibre uniformity**
纤维细度 **fibre fineness**
纤维强度 **fibre strength**
纤维成熟度 **fibre maturity**
棉纤维转曲度 **spirality of cotton fibre**
棉籽 **cottonseed**
棉籽油 **cottonseed oil**
棉籽饼 **cotton cake, cottonseed cake**
棉毒素(棉籽毒) **gossypol**
棉蚜① **cotton aphid**

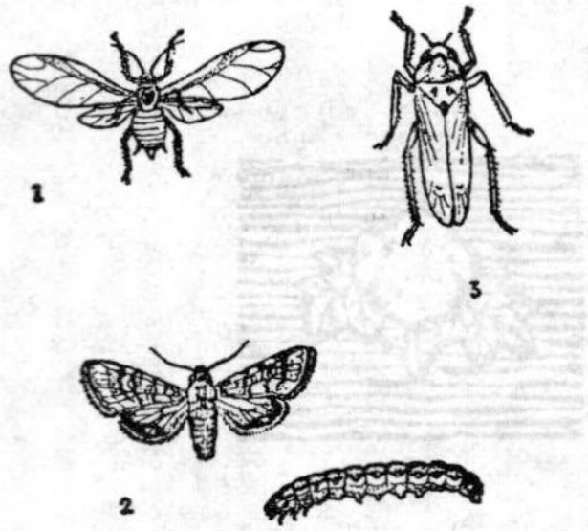

棉铃虫② **bollworm**
红铃虫 **pink bollworm**
〔棉〕金刚钻虫 **diamond bollworm**
棉铃象虫 **cotton boll weevil**
棉叶跳蝉③ **leaf hopper**
棉卷叶螟 **cotton leaf roller**
棉蝽(污棉虫) **cotton stainer**
〔叶〕角斑病 **angular leaf spot, black arm**
棉炭疽病 **cotton anthracnose**

亚 麻 Flax

4

纤维亚麻④ **fibre flax**
亚麻田 **flax field**
亚麻田除草 **flax weeding**
拔麻 **flax pulling**
拔麻机 **flax puller**
沤麻 **flax retting**
沤麻池 **retting dam**
夹榨滚筒 **rollers**
捣麻机 **paddling-machine**
亚麻稿秆 **flax straw**
手工梳理 **hand combing**
麻梳 **flax comb**
〔梳出的〕麻屑 **flax tow**
打麻 **flax dressing**
亚麻碎屑 **flax waste**
亚麻锈病 **flax rust**
亚麻萎蔫病 **flax wilt**

黄　麻　Jute

1

圆果种黄麻① **round-pod jute**
长果种黄麻② **cylindrical-pod jute**
〔从沤过的黄麻〕分离纤维 **separating fibres (from retted jute stems)**
田间撕分 **field ribboning**
麻袋 **gunny sack**
打包麻布 **burlap cloth**
根瘤线虫 **root-knot nematode**

2

苎麻和大麻　Ramie and Hemp

3

苎麻③ **ramie, China grass**
刮麻机 **raspador, decorticator**
收割打麻机 **harvester-ribboner**
韧皮纤维剥除机 **bast-fibre decorticator**
煮炼 **scouring**
一绞 **hank**
梳整 **carding**
果胶含量 **pectin content**
青苎麻 **green ramie**
黄苎麻 **yellow ramie**
夏布 **grass linen**
丝核菌 **Rhizoctonia solani**

4

大麻④ **hemp, true hemp**
雌雄异株植物 **dioecious plant**
雄麻 **staminate hemp**
雌麻 **pistillate hemp**
麻线 **twine**

大麻屑 **hemp tow, hemp combings**

碎茎打麻机 **hemp-breaker-and-scutcher**

其 他 Miscellany

1

槿麻(洋麻)① **Kanaf, Deccan hemp**

适应异花授粉 **adaptation for cross-pollination**

感光性品种 **photoperiodic response variety**

喷雾沤(室沤) **mist retting, chamber retting**

堆沤 **stack retting**

蕉麻(马尼拉麻) **abaca, Manila hemp**

剑麻(菠萝麻)② **sisal (green agave)**

2

灰叶剑麻 **henequen, Mexican sisal hemp**

马盖麻 **cantala, Manila maguey**

虎尾兰麻 **bowstring hemp, sansevieria**

3

青麻(苘麻)③ ***qingma*, China jute**

木棉树④ **kapok, capok, silk-cotton tree**

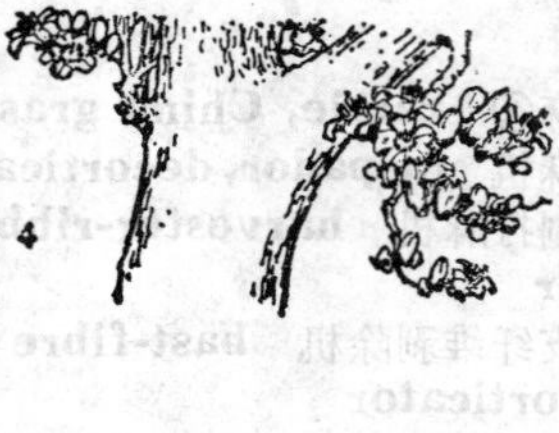

4

橡胶生产 Rubber Production

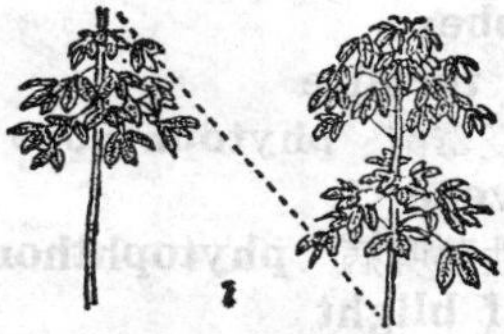

1

橡胶树① **rubber tree**
橡胶纵剖苗 **split Hevea seedling**
芽接桩 **budded stump**
高截干实生树 **high stumped seedling**
橡胶树的芽接 **budding of hevea**
芽片 **bud-patch**
芽接位 **budding panel**
街道式栽植法 **avenue planting system**
篱笆式栽植法 **hedge planting system**
疏伐 **thinning**
试割胶乳 **testatex**
胶苗试割分级器 **testatex grader**
轮式分级器 **wheel grader**
乳管 **latex vessel**
〔乳管〕网结系 **anastomosing system, anastomosing networks**
鲱骨形割线 **herringbone tapping cut**
胶乳合成 **latex formation**
连续割胶制 **continuous tapping system**
周期割胶制 **periodic tapping system**
排胶面 **latex flow area**
割面 **tapping panel**
涨压 **turgor pressure**
渗出 **exudation**
爆皮流胶 **bark burst, bark splitting and bleeding**
树皮消耗量 **bark consumption**
树皮再生 **bark renewal**
割胶过度 **overtapping**
褐皮病(死皮) **brown bark (BB) disease**
多割线 **multiple tapping cuts**
死皮树 **dry (rubber) tree**
干胶含量 **dry rubber content of the latex**
收胶桶 **latex collecting bucket**
收胶杯 **collecting cup**
胶舌 **spout**
割胶刀 **tapping knife**
收胶站 **collecting station**
稀释胶乳 **diluting the latex**

凝固 **coagulation**
抗凝固剂 **anticoagulant**
胶杯加氨 **cup ammoniation**
凝固池 **coagulating tank**
烟房 **smokehouse**
洞道式烟房 **tunnel smokehouse**
场设工厂 **plantation factory**
皱片 **crepe rubber**
生胶片 **sheet rubber**
保存胶乳(浓缩胶乳) **conserved latex, concentrated latex**
喷雾法橡胶(散片橡胶) **Hopkinson sprayed rubber**
橡胶粉 **rubber powder**
混合皱片 **compo crepe**
泥皱胶 **earth crepe**
白斑 **virgin patch**
白根病 **white root rot, white root disease**
条溃疡 **stripe canker**
斑溃疡 **patch canker**
块溃疡 **lump canker**
南美叶疫病 **South American leaf blight**
霜霉病 **downy mildew of rubber**
白蚁 **termite**
橡胶疫霉菌 **phytophthore heveae**
季风性落叶病 **phytophthora leaf blight**

林 业 Forestry

一般用语 General Terms

热带雨林带 **tropical rain forest region**
季雨林带 **monsoon forest region**
亚热带林带 **subtropical forest region**
温带混交林带 **temperate mixed forest region**
阔叶针叶混交林带 **mixed broadleaf-conifer forest region**
西南部针叶林带 **southwest conifer forest region**
草原和沙漠地带的森林 **forests in grasslands and deserts**
全国林业会议 **national forestry conference**
林业资源普查 **comprehensive survey of forest resources**
森林航测 **forest aerial photogrammetry**
大规模造林规划 **large-scale afforestation program**
普遍造林运动 **general affor-**

estation movement
重新造林 reafforestation, reforestation
森林综合利用 integrated forest utilization
多种利用林业 multiple-use forestry
森林监督管理 forest supervision
森林经营管理 forest management
森林行政管理 forest administration
增加森林生产率 increasing forest productivity
保续生产经营 sustained yield management
短轮伐期 short(-term) rotation
长轮伐期 long(-term) rotation
粗放林业 extensive forestry
集约林业 intensive forestry
农业间作 combination of forest and field crops
农场式林业 farm forestry
林业部 ministry of forestry
林业局 forestry bureau
林业站 forestry centre
大队林场 woodland of a production brigade
森林护养 forest conservation
封山育林 forest conservation
护林队 forest guards
森林法 forest law
滥伐森林 destructive cutting of forest
盗伐林木 theft of trees from a forest
伐除森林 deforestation
林木全光 forest denudation
林管区 forest district
林班 forest compartment
林班线 compartment line
原始森林 primeval forest, virgin forest
经济林 economic forest
建筑用材 construction timber
工业原料用材 wood as industrial raw material
用材林 timber forest
竹林 bamboo groves
防护林 protection forest, protective forest
水源涵养林 forest for conservation of headwaters
水土保持林 forest for water and soil conservation
防风林 windbreaks
防沙林 sand-breaks
护田林带 shelterbelt
海岸防护林 protective coastal forest
固砂林 protection forest for stabilization of sand dunes
护坡林 forest for protecting slopes from soil erosion
海防林 shelter belt for protecting sea coasts
泛区森林 forest on land liable to inundation
风景林 forest for scenery, ornamental plantation
森林地面 forest floor
活地被物 living mulches, living covers
死地被物(枯枝落叶层) litter, vegetable remains

林分 **forest-stand**
主林木 **major forest tree, chief species**
副林木 **subsidiary species**
林木组成(森林结构) **species composition of a forest, constitution of a forest**
单纯林 **pure forest**
混交林 **mixed forest**
引进种 **exotic species**
林龄 **age of stand**
龄级 **age class**
同龄林分 **even-aged stand**
异龄林分 **uneven-aged stand**
林相 **forest form**
生长量 **growth, increment**
树高生长量 **height increment**
直径生长率 **diameter increment percent**
林冠 **canopy**
树冠 **crown, tree-crown**
林冠层 **stor(e)y**
郁闭度 **canopy density, degree of closeness**
林分林冠郁闭 **canopy closing of a stand**
后生树林分 **second growth stand**
林分底面积 **basal area of a stand**
单层林 **single-storeyed forest, single-storied forest**
两层林 **two-storeyed forest**
多层林 **multi-storeyed forest**
上层木 **overstorey, overwood**
下层木 **understorey, underwood**
阴性树 **shade-bearing tree, shade-bearer**
阳性树 **light-demanding tree, light-demander**
喜温树种 **thermophilic tree species**
干材 **bole**
硬材(阔叶树材) **hardwood**
软材(针叶树材) **softwood**
早材(春材) **early wood (spring-wood)**
晚材(秋材) **late wood (autumn-wood)**
材积增长量 **volume increment**
立木蓄积 **growing stock**
尖削 **taper, fall-off**
木质组织 **xylem tissue**
心木 **corewood**
应力木 **reaction wood**
应拉木 **tension wood**
应压木 **compression wood**
节 **knot**
根段原木 **butt log**
树根生长周期性 **growth periodicity of tree roots**
根的软木化 **root suberization, root suberification**
根的更新 **root regeneration**
簇叶 **foliage**
伪年轮 **false ring**
压坏(压缩破坏) **compression failure**
风倒(拔树) **windthrow**
风倒木 **windfall**
风扭木 **windblown tree**
冻裂 **frost splits, frost cracks**
冻轮 **frost ring**
天然脱枝 **natural pruning**
落叶期 **abscission period**

造林学 Silviculture

采种 **seed collecting, seed collection**
种苗原产地 **provenance**
留种树 **seed tree**
改良树种 **genetically improved strain of tree**
选种圃 **selective nursery**
繁殖苗圃 **propagating nursery**
"双"苗床 **"double" nurseries**
移植苗圃 **transplant nursery**
修苗移植 **trimming transplanting**
移植成活率 **transplant survival percent, transplanting success**
增殖苗圃 **multiplication nursery**
穴植 **hole-planting**
带土栽植 **ball planting, planting with root ball**
假植 **heeling-in**
移植机 **transplanting machine**
丛植 **bunch planting, massive planting**
下木栽植(树下栽植) **underplanting**
定植苗 **planting stock**
苗木密度 **stocking, degree of stocking**
密植距 **close spacing**
疏植距 **wide spacing**
适中的植距 **intermediate spacing**
补植树 **replacement tree, "beat-up"**
抚育 **tending, after-care**
幼林抚育 **tending of young growth**
树冠抚育 **crown tending**
幼树(大苗) **sapling**
攀树器 **climbing iron**
打枝(修枝) **pruning**
修剪枯枝 **dry pruning**
晚期修剪 **late pruning**
修剪高度 **pruning range**
人工繁殖 **artificial propagation**
插条繁殖 **cutting propagation**
茎插条 **stem cutting**
根插条 **root cutting**
压条法 **marcottage, marcotting layerage**
堆土压条法 **mound layering, stool layerage**
空中压条法 **air layerage, marcottage**
波状压条法(重复压条法) **serpentine layerage (compound layerage)**
连续压条法 **continuous layerage**
嫁接 **grafting**
劈接 **cleft graft**
皮下接 **rind graft, bark graft**
根接 **root graft**
鞍接 **saddle graft**
腹接 **side graft**
舌状腹接 **side tongue graft**
搭接 **splice graft, whip graft**
镶接 **veneer graft**
楔接 **wedge graft**

舌接 **whip-and-tongue graft, whip graft**
根靠接 **root grafting by approach**
靠接 **inarching, approach grafting**
袋育植株 **polybag plant**
袋育芽接法 **polybag budding**
接穗 **scion**
矮化栽培 **dwarf culture**
树木矮化法 **nanigation**
矮壮树 **dumpy tree**
矮壮素 **ccc (cycocel)**
林木繁殖 **forest tree propagation**
实生树 **seedling-plant**
实生树群 **seedling population**
实生苗 **seedling sprout**
实生树林带 **seedling strip**
实生树植区 **seedling clearing**
荫生林 **coppice**
矮林作业 **coppice-method**
乔林作业 **high forest system**
下层林丛 **underbrush**
保护带 **boundary belt**
保护行(边行) **quard row, boundary row**
天然更新 **self-restoration, natural regeneration**
人工更新 **artificial regeneration**
更新修剪 **renewal pruning, rejuvenating pruning**
间种更新 **periodic rejuvenation**
择伐更新法 **selection system of natural regeneration**
上方天然下种更新法 **natural regeneration under shelterwood**
更新伐 **reproduction-cutting, reproduction-felling**
伞伐 **shelterwood cutting**
伞伐择伐作业 **shelterwood selection system**
划伐作业 **shelterwood group system**
择伐式间伐 **selection cutting**
择伐作业 **selection method**
疏伐 **thinning**
选择疏伐 **selective thinning**
抚育性疏伐 **improvement thinning, improvement cutting**
支配木 **dominant tree, dominant**
被支配木 **suppressed tree**
解放伐 **release cutting**
解除伐 **disengagement cutting, liberation cutting**
解放被压木 **release of overtopped trees (from overtopping trees)**
强度疏伐 **heavy thinning**
除伐 **cleaning**
后伐(终伐) **removal cutting, removal felling**
皆伐 **clear cutting, clear felling**
皆伐地面上栽植造林 **plantation on clear felled area**
控制的焚烧 **controlled burn**
采伐迹地 **clearing, cutover**
倒树机 **treedozer**
拔树起重器 **monkey jack**
横切动力锯 **dragsaw**
采运木轨道 **tramway for felling**

伐前更新 **preregeneration**
伐后更新 **regeneration after removal of old growth**
伐后残余林木 **residual stand**
更新间隔期 **regeneration interval**
植被重建 **revegetation**
林地保护树 **soil-protection wood**
定期保续收获 **sustained annual yield working**
连年保续作业 **deterioration indicator**
恶化指标 **damage (done) by severe frost cator**
严重霜害 **damage (done) by severe frost**
野兽食害 **damage by game**
冻死 **winter-killing**
苗木立枯病 **damping-off of seedling**
梢枯病 **top drying**
落叶病 **wilt disease**

森林试验站 Forest Experiment Station

试验区 **test block**
划定栽培区 **regional assignment**
分散的区组试验 **distributed block trial**
对照小区 **check plot**
重复单株小区试验 **replicated tree-plot experiment**
苗木培育圃 **plant school**
根实验室 **root laboratory**
品系甄别苗圃 **clone-screening nursery**
谱系栽培 **pedigree culture**
系比试验 **clone trial**
测树器 **dendrometer**
树高测定器 **hypsometer**
生长计 **auxanometer**
生长锥 **accretion borer, increment borer**
生长记录器 **auxograph**
比重计 **densitometer**
树木直径尺 **tree calipers**
树围卷尺 **circumference tape**
测容器 **xylometer**
树皮规 **bark-gauge**
剥皮器 **bark spud, barking iron**
分光光度计 **spectrophotometer**
照度计 **lightmeter**
露光计 **actionometer**
蒸腾计 **potometer**
生长(激)素 **auxin**
种植钵(营养钵) **culture pan**
盆栽试验 **pot incubation test**
附签条(标牌) **tagging**
林相图 **stock map**
产量等级指标 **yield class indication**
产量曲线图 **production pattern**
种植材料推荐 **planting recommendations**
树木园 **arboretum**
示范林 **demonstration forest**
示范区 **demonstration plot**
实验单元 **experimental unit**
指标林分 **index stand**

森林气象学 Forest Meteorology

森林小气候 **forest microclimate**
森林能量预算 **energy budget of a forest**
森林热量预算 **forest heat budget**
森林能量平衡 **forest energy balance**
森林热量平衡 **forest heat balance**
树干的热流 **heat flow in tree trunks**
温度梯度 **temperature gradients**
蒸散作用 **evapotranspiration, fly-off**
日辐射强度 **intensity of solar radiation**
(森林的)阳光返照率 **solar albeds (of a forest)**
林冠透光率 **transmissivity of a canopy to light**
森林内阳光的可变性 **variability of light in a forest**
短波辐射 **short-wave radiation**
长波辐射 **longwave radiation**
(白天多云时的)阴光 **shade light (on cloudy days)**
森林积雪 **forest snowpack**

森林除草 Weeding in the Forest

灌丛清除 **scrub clearance and cleaning**
机械除草 **machine weeding**
手工除草 **hand weeding**
除莠剂除草 **weeding with herbicides**
轻便除草机① **portable clearing saw, portable brushcutter**

1

2

手扶除草机 **pedestrian controlled weeding machine**
自动铲草机② **autoscythe**
背负式机动鼓风弥雾器 **motorised knapsack mistblower**
背负式手动喷射器 **hand-operated knapsack sprayer**

1

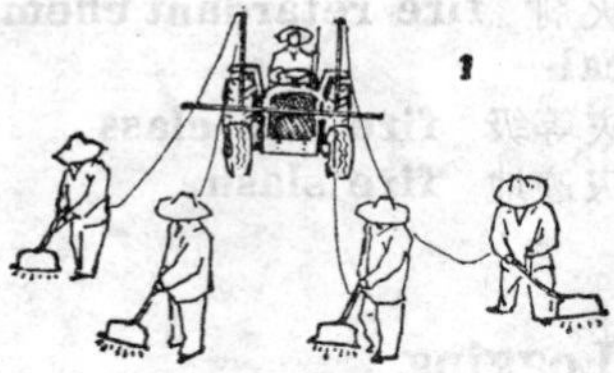

拖拉机除草机 tractor-powered weeding machine
拖拉机悬挂喷射器① tractor-mounted sprayer
树木注射器 tree injector
自动树木注射器 tree ject
修枝砍刀 billhook
修枝钩刀② brush(ing) hook
飞机喷施除莠剂 aerial application of herbicides
超低剂量喷药 ULV spray (ultra-low-volume spray)
护面罩 face shield
呼吸罩 respirator

2

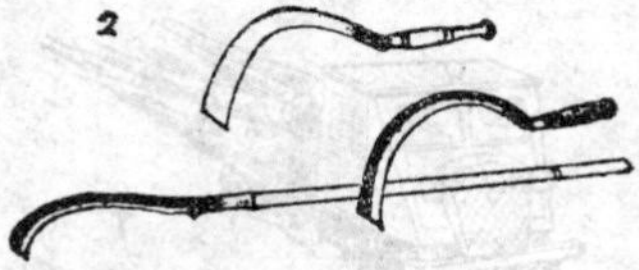

森林火灾防救 Forest Fire Control

火灾危险 fire hazards
火灾季节 fire season
火险天气预报 fire weather forecast
防火线 fire control line, firebreak, fire lane
防火沟 fire line
防火植物带 living firebreak
常绿防火林 green break, evergreen firebreak
保火险母树 fire insurance tree
消防营地 fire camp
消防人员 fire fighter, fireman
防火巡逻队员 fire patrolman
防火了望塔 fire tower
防火了望员 fire lookout, towerman
防火监视哨 fire guard
救火调度员 dispatcher
火灾定位仪 fire-finder
火势 fire behaviour
火情扫描 fire scan
蔓延速率计算器 rate-of-spread meter
野火 wildfire, free-burning fire
顺风火 head fire
飞火 spot fire, jumping fire
地表火 grass fire, ground fire
伏地火 creeping fire
树冠火 crowning fire
树干火 stem fire
闷火 smouldering fire
休眠火 hangover fire
雷击火 lightning-caused fire
扑灭林火 extinquishing a forest fire
围控火势 containing a fire, corraling a fire

迎头打火 **backfiring**
空中降水(飞机泼水) **water dropping**
飞机投水弹 **water bombing**
空降灭火员 **smoke jumper**
灭火直升飞机 **helitanker**
灭火泡沫剂 **fire foam**
阻火剂 **fire retardant chemical**
火灾等级 **fire size class**
火灾迹地 **fire slash**

木材采运作业 Logging

1

林内运木道 **clearing road**
滑材道 **log slip**
板滑道 **board-chute**
运材车① **log-waggon, log tractor**
高轮集材车 **logging wheels, katydid**
低轮集材车 **bummer**
架空集材机 **aerial skidder, cableway skidder**
楞场 **forest depot**
原木楞台 **log deck**
原木起运装置 **log hoist, log haul-up**
翻木机 **log turner, hook lever**
木材装车场 **log landing**
运材火车 **log train**
贮木场 **timber-yard, lumber-yard**
流送材 **drift-wood**
流材道 **timber-floating channel**
集送流材工 **log driver**
流材堵塞 **logjam**
留场 **capturer**
放排 **rafting**
木排 **raft**
贮材河绠 **log-holding boom**
曳材上水链槽 **haul-up**

常见树木名称 Names of Some Common Trees

红松 **Korean pine (Pinus Koraiensis)**
落叶松 **larch (Larix)**
赤松 **Japanese red pine (Pinus densiflora)**
油松 **Chinese pine (Pinus tabulaeformis)**
水松② **water pine (Glyptostrobus pensilis)**

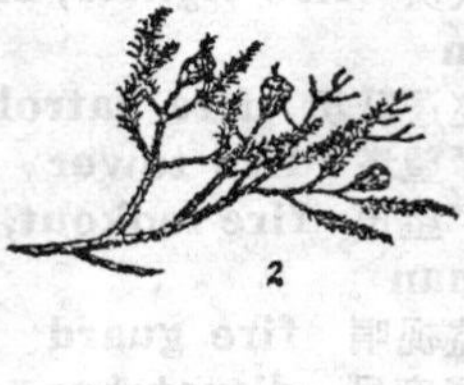

2

冷杉 **fir (Abies)**

云杉 **spruce (Picea)**

水杉 **dawn redwood (Metasequoia glyptostroboides)**

杉木(沙木) **China fir (Cunninghamia lanceolata)**

落羽杉① **bald cypress (Taxodium distichum)**

柏木 **mourning cypress (Cupressus funebris)**

侧柏(扁柏) **Chinese arborvitae (Biota orientalis)**

桧(桧柏) **Chinese juniper (Sabina chinensis)**

柳杉 **Chinese cryptomeria (Crytomeria fortunei)**

楠(柟) **nanmu (Phaebe nanmu)**

杨 **poplar (Populus)**

紫檀② **padauk (Pterocerpus)**

黄檀属 **rosewood (Dalbergia)**

柠檬桉③ **lemon eucalyptus (Eucalyptus citriodora)**

蓝桉 **Tasmanian blue eucalyptus, blue gum (Eucalyptus globulus)**

大叶桉④ **swamp mahogany, beakpod eucalyptus (Eucalyptus robusta)**

白千层 **cajeput tree, paperback tree (Melaleuca quinquenervia)**

栎 **oak (Quercus)**

檫木 **Chinese sassafras (Sassafras tsumu)**

苦楝⑤ **chinaberry tree (Melia azedarach)**

樟树 **camphor tree (cinnamomum camphora)**

鹅掌楸 **Chinese tulip tree (Liriodendron chinense)**

泡桐(白花种) **fortunes paulownia (Paulownia fortunei)**

泡桐(紫花种) **Paulownia imperials (Paulownia tomentosa)**

台湾相思树⑥ **Taiwan acacia (Acacia confusa)**

毛竹 **moso bamboo (Phyllostachys pubescens)**

香榧(榧)⑦ **Chinese torreya (Torreya grandis)**

腰果树(槚如树) cashew (Anacardium occidentale)
木麻黄 casuarina (Casuarina equisetifolia)
毛枝栗 common chinquapin (Castanea pumila)
板栗 Chinese chestnut (Castanea mollissima)
核桃 walnut (Juglans)
沙枣 Russian olive (Elaeagnus angustifolia)
银杏 gingko, maidenhair tree (Gingko biloba)
蒲葵 Chinese fan-palm (Livistona chinensis)

牧畜业 Animal Husbandry

牧区畜牧业 Pastoral Industry

牛羊业 pastoralism
草原 grassland, (Am.) rangeland
牧草地 sward, meadow
放牧地 pasture, (Am.) range
畜牧场 stock farm, (Am.) ranch
半农半牧区 mixed pastoral farming area, agricultural-pastoral area
草田轮作 ley farming
放牧 grazing, pasturing, depasturing
(草原)载畜量 carrying capacity, stocking density
载畜率 stocking rate
放牧育成 rearing on pasture
放牧肥育 grass finishing
放牧场出入口 bumper gate
放牧法 grazing system
定区放牧法 set-stock grazing
换区放牧法 mob-stock grazing
分区轮牧法 rotational grazing
划片轮牧法 paddock grazing
限界放牧法 strip grazing
后篱笆 back fence
前沿电篱笆 forward electric fence
过栏补饲放牧 forward creep grazing
青刈喂饲 green soiling
食腐羊群 scavenger sheep
再生草 silage aftermath
待期放牧 deferred grazing
早春放牧 early bite

放牧 **herding the cattle**
定居畜群 **sedentary herd**
游牧畜群 **nomadic herd**
行走中畜群，被赶畜群 **drove**
无人放牧的牲畜 **unherded animals**
离群牲畜 **straggler**
牛鼻圈 **bull ring**
曲柄牧羊棍 **crook**
套索 **lasso**
打号 **marking**
打耳标 **earmarking**
角上烙印 **horn branding**
冷冻打号 **freeze branding**

综合畜牧场 Animal Husbandry Complex

畜舍 **barn**
普通畜舍 **general-purpose barn**
养马场 **horse range**
马厩 **horse barn, stables**
栓系分隔栏 **tie stall**
无栓分隔栏 **loose-box, box stall**
厩旁小牧场 **paddock**
饲料箱 **feedbox**
干草槽 **hay manger, hayrack**
饲喂过道 **feedway, feed alley**
清粪过道 **litter alley**
饲槽档栏 **feeding rack**
排水沟，粪尿沟 **gutter**
奶牛场房舍 **dairy housing**
分栏舍饲法 **stall-barn system**
散放舍饲法 **loose-housing system**
奶牛房 **dairy shed, dairy barn**
牛房 **cow shed, cow barn, byre**
对头式栓牛 **facing cows in, faced-in cows**
对尻式栓牛 **facing cows out, faced-out cows**
下犊牛栏 **maturnity pen**
犊子栏 **calf pen**
干草搁架 **hayloft**
挤奶室 **milk room, milking parlour**
挤奶台 **elevated milking stall**
敞壁畜棚 **open shed**
室外牛栏 **cow pen**
活动场地 **exercise yard**
幼畜补饲栏 **creep**
幼畜隔栏补饲 **creep feeding**
自动控制畜舍 **controlled house**
简易畜舍 **climatic housing**
活动栅栏 **hurdle**
按钮操纵喂饲 **push-button feeding**
饲料输送管道 **feed line**
自动送料饲槽 **feed conveyor trough**
饲料分送器 **bunk feeder**
输送链式饲料分送器 **bunk feeder with chain conveyor**
连续饲槽 **continuous manger**
吊挂饲槽 **hanging feeder**
干碎料饲斗 **dry-mash hopper**
饲料计量 **feed metering**
精饲料计量箱 **concentrate metering hopper**
省饲料的家畜 **easy keeper**
多吃饲料的家畜 **hard keeper**

自动饲喂器 **automatic feeder**
自动饮水器 **autodrinker, automatic livestock waterer**
畜舍清扫机 **barn cleaner**
耙粪器 **dropping board scraper**
除粪道 **dunging passage**
粪尿沟清扫机 **gutter cleaner**
冲洗器 **flasher**
粪尿池 **lagoon**
氧化沟 **oxidation ditch**
畜舍污水 **barn sewage**
流出物处理 **effluent disposal**
牛体拭刷吸尘器 **cattle grooming machine**
家畜卫生 **animal sanitation**
熏烟消毒 **fumigation**
熏烟消毒器 **fumigator**
熏蒸剂 **fumigant**
药浴池 **dipping bath, dipping pit, dipping vat**
滴溜栏 **draining pen**
浸泡药浴 **plunge-dip**

喷雾药浴① **spray-dip**
待浴栏 **forcing pen**
浴羊剂 **sheepdip, sheepwash**
养羊场地 **sheep run**
养羊场 **sheep station**
舍饲养羊 **indoor sheep production**
羊栏 **sheepfold, sheepcot(e)**
种畜饲养场 **stud**
畜圈 **corral**
产羔圈 **drop corral**
产羔栏 **lambing pen**
产羔棚 **lambing shed**
母子圈 **mothering corral**
母羊认羔栏 **claiming pen**
临时羊栏 **chatching pen**
分群狭道 **cutting chute**
分群狭道活门 **dodge gate**
羊群放牧场 **sheepwalk**
养猪场 **pig farm, piggery, pigsty**
集中猪舍 **permanent pig house, (Am.) central hog house**
通用猪舍 **general-purpose pig house**
专业养猪场 **specialized pig farm**
完全圈养法 **total confinement system**
舍饲肥育猪圈 **pig parlour, pig corral**
单列式猪舍 **single-row pig house**
矮小型猪舍 **kennel-type piggery**
敞开式猪圈 **open-fronted pigpen**
母猪分娩栏 **farrowing stall**
母猪分娩房 **farrowing house**
初生猪筐 **farrowing basket**
自动哺乳器 **automatic sow**
(母猪圈中的)护仔栏 **farrowing rail, guard rail**
断奶猪群饲栏 **weaner pool and yard**
断奶仔猪 **weanling pig, runner**
猪浴池 **pig wallow**

饲料和饲养 Feeds and Feeding

饲养标准 **feeding standard**
采食量 **feed intake capacity**
能量平衡 **energy balance**
饲料转化率 **feed conversion, feed efficiency**
饲料到乳转化率 **feed-to-milk conversion efficiency**
干物质 **dry matter (DM)**
消化率 **digestibility**
平衡饲料 **balanced feed, balanced diet**
平衡用混合料 **balancer**
配制饲料 **formula feed**
饲料添加剂 **feed additive**
用电子计算机计配的饲料 **computer formulated diet**
平衡日粮 **balanced ration**
限量饲料 **controlled feeding**
自由采食饲养 **cafeteria feeding, free-choice feeding**
人工饲养 **artificial feeding**
饲喂时间表 **feeding schedule**
粗饲料 **roughage, coarse fodder**
混成精饲料 **concentrate mixture**
青绿饲料 **green feed**
预干青饲料 **wilted green**
青贮饲料 **silage, ensilage**
低水分青贮饲料 **drylage, haylage**
干粗饲料 **dry fodder**
散装饲料 **bulk feed**
整体饲料 **bundle feed**
小麦麸 **wheat bran**
油饼 **oil cake**
豆饼粉 **soybean meal (SBM)**
亚麻籽油饼粉 **linseed oil meal**
棉籽油饼粉 **cotton-seed oil meal**
干啤酒槽 **brewer's dried grains**
舐盐砖 **salt-lick**
微量矿物质添加剂 **trace mineral supplement**
家厨弃料 **home-waste**
泔水 **swill**
强化饲料 **fortified feed**

肥 育 Fattening

舍饲肥育 **yard finishing, yard fattening**
场饲肥育 **drylot finishing, drylot feeding**
放牧肥育 **grass finishing**
肥育场 **feedlot, drylot, fattening unit**
水泥地面肥育场 **paved feedlot**
肥育牲畜 **fattening stock, fattener(s)**
肥育幼畜 **fatling(s)**
待肥育牲畜 **store stock**
未经肥育牲畜 **unfattened stock**
高度肥育牲畜 **highly-finished stock**
肥育不足牲畜 **under-finished stock**

肥育过度牲畜 **overfinished stock**
膘情(肥度) **condition, finish, degree of fatness**
膘情系数 **coefficient of condition**
膘情好 **in good (high) condition, in good (high) flesh**
上等膘(肥膘) **show condition, prime condition**
膘情差 **lacking in condition, in thin flesh**
增膘 **conditioning**
掉膘 **losing condition, loss of flesh**
满膘 **highly-finished**
肥育期 **finishing stage**
(活)体重 **liveweight, body weight**
空腹体重 **empty body weight**
成年体重 **mature weight**
(肥育终期)体重 **final weight**
定期秤重 **routine weighing**
校正重 **adjusted weight**
增重 **liveweight gain, liveweight increment, gaining in weight**
断奶后增重 **postweaning gain**
秤重日期 **date weighed**
预期日增重 **expected daily gain**
平均日增重 **average daily gain**
增重率 **rate of liveweight growth, rate of body weight gain**
增重能力 **gaining ability**
增重效率 **efficiency of gain**
快速增重 **fast-gaining**
减重 **liveweight loss**
净增重 **net gain**
肥育配制饲料 **fattening ration**
饲料的营养成分 **feedstuff**
热敏探示器 **thermistor probe**

家畜繁育 Animal Breeding

品种 **breed**
品系 **strain of breed**
检定卓越畜系祖畜 **proved stock getter**
检定合宜品种祖畜 **proved sire of an appropriate breed**
祖畜后代 **get-of-sire**
繁育方法 **breeding system**
近亲繁育 **inbreeding**
品系繁育 **linebreeding**
品系杂交 **outcrossing**
杂交繁育 **crossbreeding**
级进杂交 **grading-up**
用纯种与本地种级进杂交 **upgrading the local breed by pure breeds**
杂交优势 **heterosis**
培育新种 **evolving new breeds**
遗传工程 **genetic engineering**
分子遗传学 **molecular genetics**
细胞遗传学 **cytogenetics**
数量遗传学 **quantitative genetics**
遗传密码 **genetic code**

自然选择 **natural selection**
遗传隔离 **genetic isolation**
选择配种用畜 **selection of mating stock**
生产性能特征 **performance traits**
出生重量 **birth weight**
妊娠期日数 **gestation days**
一窝产子数 **litter size**
一窝一子 **singleton**
一窝二子 **twins**
一窝三子 **triplets**
一窝四子 **quadruplets**
一窝多子 **multiple young at a birth**
泌乳期产乳总量 **milk yield in L.P. (lactation period)**
奶油脂肪(量) **butter fat**
繁育季节 **breeding season**
发情 **coming in(to) heat, being in season**
发情探测 **heat detection**
人工授精 **artificial insemination**
孕马血促性腺激素 **pregnant mare serum gonadotrop(h)in (P.M.S.G.)**
妊娠中隔期 **gestation interval**
谱系家畜育种(纯种繁殖) **pedigree breeding**

家 畜 Domestic Animal

1

马① **horse**
公马 **stallion**
母马 **mare**
驹 **foal**
公驹 **colt**
母驹 **filly**

2

驴② **ass, donkey**
小驴 **burro**
公驴 **jackass**
母驴 **jenny**
骡③ **mule**
驴骡(駃騠) **hinny**

3

斑马 **zebra**
纯种马 **clean-bred horse, pure-blooded horse**
种母马 **broad mare, producing mare**
种公马 **stud horse**

乘用马 **hack, saddle horse, mount**
矮脚乘用马 **cob**
驮马 **pack horse**
挽车马 **harness horse, draught horse**
重挽马 **heavy draught horse, (Am.) drafter**
农用重挽马 **farm draught horse, (Am.) farm chunk**
一套挽马 **horse team, (Am.) horse hitch**
小挽马 **harness pony**
力役马 **work horse**
军马 **army horse**
家用驯马 **family broken horse**
未驯马 **green horse**
难驯马 **restive horse**
赛跑用马 **racehorse, racer**
越障马 **fencer**
跳高马 **jumper**
娱乐用马 **pleasure horse**
伊犁马 **Ili horse**
蒙古马 **Mongolian Pony**
大通马(浩门马) **Tatung Pony**
阿拉伯马 **Arab horse**
纯血马 **Blood Horse**

1

牛(总称) **oxen, cattle**
黄牛① **common ox**
公牛 **bull**
母牛 **cow**
犊子 **calf**
阉公牛(犍) **bullock, ox**
(成年去势的)阉公牛 **stag**
(幼龄去势的)阉公牛 **steer**
公犊 **bull calf**
未产犊母牛 **heifer**
产犊母牛 **calver**
肉用牛(菜牛) **beef cattle, meat cattle**

2

奶牛② **cow, dairy cattle**
役用牛 **draft cattle, work cattle**
纯种牛 **purebred cattle**

3

水牛③ **buffalo**
印度水牛 **Indian buffalo**
非洲水牛 **African buffalo**
野黄牛(犎) **gaur**

4

牦牛④ **yak**
犏牛(牦牛黄牛杂种) ***pianniu*, cattle yak**

大额牛 **gayal**
蒙古牛 **Mongolian cattle**
秦川牛 **qinchuan cattle**
南阳牛 **Nanyang cattle**
北京黑白花牛 **Beijing Black-and-White cattle, Beijing Black Pied cattle**

1

绵羊① **sheep**
公羊 **ram, tup**
母羊 **ewe**
羔羊 **lamb**
老公羊 **aged ram, aged tup**
阉公羊 **gelded ram, wether**
家绵羊(金蹄兽) **domestic sheep, Ovis aries, golden hoof**

2

山羊② **goat**
公山羊 **billy goat, he-goat**
母山羊 **nanny goat, she-goat**
山羊羔 **kid**
乳用山羊 **dairy goat**
肉用羊 **mutton sheep**
粗毛羊 **coarse-wooled sheep**
细毛羊 **fine-wooled sheep**
长毛羊 **long-wooled sheep**
齐口羊 **full-mouthed sheep**
淘汰的老母羊 **cast-for-age (CFA) ewe**
羊群 **flock**
农区羊群 **farm flock**
领头羊 **bellwether**
领头(去屠场)羊 **Judas goat**
种羊 **breeding sheep**
大角野羊 **mountain sheep**
东方盘羊 **Urial Group, red sheep**
湖羊 ***huyang* sheep**
滩羊 ***tanyang* sheep**
成都麻羊 ***ma* goat**
藏羊 **Tibetan sheep**
中卫山羊 **Zhongwei goat**
美利奴羊 **Merino sheep**
新疆毛肉兼用细毛羊 **Xinjiang Merino sheep**
澳洲美利奴羊 **Australian Merino sheep**
克什米尔山羊 **Kashmere goat**
猪 **pig, (Am.) hog, swine**
家猪 **swine**
公猪 **boar**
阉猪 **hog, (Am.) stag, barrow, castrated pig**
小母猪 **gilt**
成年母猪 **sow**
种公猪 **stock boar**
种母猪 **brood sow**
一窝新产猪 **farrow**
同窝仔猪 **littermate**
仔猪 **piglet, pigling**
烤用仔猪 **roaster**
生猪 **live hog, hog on foot**
肉用型猪 **meat-type hog, pork-type hog**
腌用猪 **baconer**
鲜肉用猪 **pork pig, porker**

小型肉猪 **small pork, light porker**
中型肉猪 **medium porker, porket**
大型肉猪 **cutter**
大肥猪 **heavy pig**
生长肥育猪 **store pig**
猪群 **swine herd**
野猪 **wild boar**
广东猪 **Guangdong pig**
文昌猪 **Wenchang pig**
上海白猪 **Shanghai White pig**
北京黑猪 **Beijing Black pig**
昌黎猪 **Changli pig**
淮猪 **Huai pig**
哈白猪 **Harbin White pig**
吉林黑猪 **Jilin Black pig**
东北民猪 **Min pig**
宁乡猪 **Ningxiang pig**
沙子岭猪 **Shaziling pig**
新金猪 **Xinjin pig**
垛山猪 **Duoshan pig**
波中猪(黑猪)① **Poland China pig**
大白猪② **Large White pig, Large Yorkshire pig**
梅花猪③ **spotted pig**
家兔 **rabbit**
狗 **dog**
猫 **cat**
豚鼠(洋鼠) **guinea pig**

驯化野生动物 Domesticated Wild Animal

麝香鹿 **musk deer (Moschus moschiferus)**
驯化麝香鹿 **domesticating musk deer**
麝鹿围场 **musk deer pen**
外分泌腺 **exocrine glands**
麝香提取 **musk extraction**
梅花鹿 **sika deer, Japanese deer (Cervus nippon)**
印度象 **elephant (Elephas maximus)**
(野兽)踪迹 **spoor**
跟踪(野兽) **spooring**
獠牙 **tusk**
有獠牙的动物 **tusker**
象牙 **ivory**
幼象 **baby elephant**
受教驯象 **trained elephant**
象群 **herd of elephants**
象屋 **elephant house**
水貂 **Eastern mink, little black mink (Mustela vison)**
紫貂(黑貂) **sable (Martes zibellina)**
大灵猫 **civet (Viverra zibetha)**
陷阱诱捕 **trapping**

副业 Side-line Occupation

综合养鸡场 Poultry-farming Complex

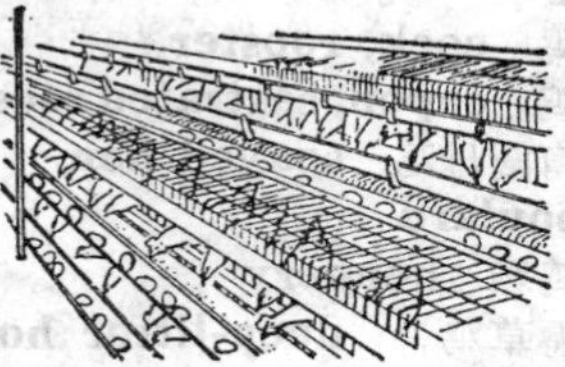

1

蛋用鸡 **egg-laying poultry**
排笼(养鸡法) **battery system**
排笼鸡舍① **battery house**
多层鸡笼 **multideck battery, multideck cage**
倾斜铁丝网地面 **sloping wire floor**
斜面产蛋箱 **roll-away nest**
自动集蛋系统 **automatic egg pickup system**
集蛋槽 **egg collecting trough**
传送带清粪鸡笼 **belt-cleaned poultry cage**
自流饮水器 **drinking fountain**
饲养员出入口 **service passage**
鸡笼清扫器 **cage cleaner**
饲养员过道 **service passage**
铺草运动场 **straw-yard, hen-yard**
(鸡舍)日浴廊 **sun porch**
(鸡舍)日浴台 **sun balcony**
产蛋工厂 **egg factory**
产蛋记录卡片 **egg record card**
产蛋期 **laying cycle**
平均产蛋量 **average egg yield**
产蛋强度 **laying intensity, laying rate**
产蛋力 **egg-laying capacity**
产蛋性能 **egg-laying performance**
母鸡只日产蛋率 **hen-day egg production**
母鸡第一产蛋年 **pullet year**
生物年度 **biological year**
硬壳蛋 **hard-shelled egg**
软壳蛋 **soft-shelled egg, membraneous egg**
无精蛋 **infertile egg, clear egg**
受精蛋 **fertile egg**
双黄蛋 **double-yolked egg**

(日产)双蛋 egg-pair
照蛋 candling eggs
照蛋灯,验蛋器 egg candler, egg tester
鸡蛋分级机 egg grader
臭蛋,孵不成的蛋 addle egg
可孵成的蛋 hatching egg
产蛋困难 egg bound
窝外蛋 floor egg
抱窝 sitting, brooding
一窝蛋 clutch of eggs
孵化季节 hatching season
人工孵化 artificial incubation
每批孵化数 hatching eggs per setting

2

电孵器② electric incubator
孵化器蛋盘 incubator tray, hatcher tray
生理零点 physiological zero
预孵 preincubation
翻蛋 egg turning
(孵化器)报警系统 alarm system
出雏盘 hatcher tray
雏鸡盒 chick box
天然孵化雏鸡 hen-hatched chick
人工孵化雏鸡 incubator-hatched chick
初生雏鸡 day-old chick
孵化率 hatchability
分层育雏笼 tier brooder
育雏室 brooder, brooder house
笼架式育雏室 battery brooder
肉用仔鸡鸡舍 broiler house
烤用仔鸡 roaster
食用鸡 table bird, table poultry
幼雏鸡 starter, started chick
中雏鸡 grower
中雏母鸡 started pullet, range-size pullet
产蛋鸡 layer
公鸡 cock, rooster
阉鸡 capon, castrated rooster
肥育阉母鸡 spayed hen, poulard
养鸡场 hennery
厚褥草鸡舍 deep-litter house
承粪板 dropping board
家禽饮水器 poultry drinker
栖木 perch, roost
全进全出制 all-in, all-out system
鸡群放养法 free-range poultry keeping
活动鸡舍 colony house
临时鸡笼 catching crate
家庭副业养鸡 backyard poultry raising
鸡笼 hen coop
开放式鸡舍 open-side poultry house
限量饲喂 restricted feeding
隔日饲喂 alternate-day feeding, skip-a-day restriction
每周五日饲喂制 skip-two-days-

per-week feeding program
填饲 forced feeding
饲鸡槽 poultry feeder
饲槽添料漏斗 hopper
撒喂 scratch feed, litter feeding of grain
阶段饲养 phase feeding
battery laying
笼养产蛋鸡饲料 battery laying feed
中雏日粮 growing ration
肉用仔鸡日粮 broiler ration
雏鸡生长素 chick growth factor
颗料饲料 pellet feed
饱饲 full feeding, being fed to appetite
顶点代谢 summit metabolism
嗉囊 crop
种用小母鸡 breeder pullet
种用小公鸡 breeder cockerel
群配 flock mating, mass mating
近交系小鸡 inbred line chick
近交杂种小鸡 inbred hybrid chick
(种用)后备母鸡 replacement pullet
来航鸡① Leghorn
澳洲黑鸡 Australorp
澳洲黑来航杂种鸡 Austra-White cross
小型来航鸡 Mini Leghorn
芦花洛克鸡② Barred Plymouth Rock
白洛克鸡③ White Plymouth Rock
九斤黄 cochin
狼山鸡④ Langshan
丝毛鸡(竹丝鸡)⑤ Silky (silkie) fowl
小种鸡 Bantam
大种鸡 Large fowl
珠鸡 Guinea fowl, Guinea hen
雌相公鸡 hen-cock
雄相母鸡 cock-hen
火鸡(吐绶鸡)⑥ turkey
雄火鸡 gobbler, tom turkey, turkey-cock
雌火鸡 turkey-hen
火鸡雏 turkey poult, squab turkey

水 禽 Waterfowl

水鸭 **fresh water duck**
公鸭 **drake**
小鸭 **duckling**
雏鸭 **green duck**
养鸭塘 **duck-pond**
养鸭者 **ducker**
叫鸭笛 **duck call**
浮萍 **duckweed**
龙须眼子菜 **duck grass**
填鸭 **duck-cramming, forced feeding of ducks**
填肥鸭 **forced-fed duck**
绿头鸭 **mallard**
黄鸭 **ruddy sheldrake**
麻鸭① **sheldrake**
北京鸭② **Beijing duck**
番鸭③ **perching duck**
半番鸭(泥鸭)④ **hybrid perching duck**
杂种鸭 **male duck**
养鹅场 **goosery**
养鹅者 **gooseherd**
填鹅 **goose noodling, goose cramming**
填鹅饲条 **noodle**
中国鹅⑤ **Chinese goose**
非洲鹅 **African goose**
天鹅⑥ **swan**
野鹅 **wild goose**

鸽与其他 Pigeon and Others

鸽 **pigeon,dove**
雏鸽 **squab**
养雏鸽 **squab raising**
鸽舍 **pigeon-house, pigeonry**
鸽栏，鸽圈 **pigeon pen**
鸽棚 **dove-cot**
鸽饲料 **pigeon feed**
鸽乳 **pigeon milk**
信鸽 **homing pigeon, carrier pigeon**
军用鸽(信鸽)教养员 **pigeoneer**
卡诺鸽 **carneau pigeon**
法国孟登鸽 **French Mondein pigeon**
荷麦鸽 **Homer pigeon**
野禽 **wild fowl**
鹧鸪 **partridge**
鹌鹑 **quail**
斑鸠 **turtledove**

蚕丝业 Sericulture

1

桑蚕(家蚕)① **Chinese silkworm (Bombyx mori)**
蚕卵 **silkworm egg**
桑叶 **mulberry leaf**
白桑 **white mulberry (Morus alba)**
作茧 **cocoon spinning**
收茧 **silk cocoons collecting**
双宫茧 **doupion cocoon**
双宫丝 **doupion silk**
缫丝 **silk reeling, filature**
缫丝机 **filature**
缫丝厂 **filature**
热水缫丝法 **hot-water reeling process**
丝身 **silk filament**
蚕丝胶 **sericin, silk gum**
带胶丝身 **bave**
脱胶 **degumming, boiling-off**
脱胶丝身 **brin**
生丝 **raw silk**
丝绵 **silk wadding**
废丝 **silk waste**
落绵 **silk noil**
茧衣 **cocoon stripping**
(白，黄)长吐 **long waste (white, yellow)**
(黄)乱吐 **short waste (yellow)**
黄头带 **yellow hard matte**
绢丝 **spun silk yarn**
丝线 **silk thread**
䌷丝 **noil yarn**
桑蚕绵球 **silk Peignee, silk tops**
柞蚕 **tussah, oak silkworm (Antherea pernyi)**
栎树叶(柞树叶) **oak leaf**
辐照 **irradiation**
快中子 **fast neutron**
快中子辐照蚕卵 **irradiation of silkworm eggs with fast neutrons**
流动中子源载运车 **mobile neutron source truck**
柞蚕丝 **tussah silk**
柞蚕绵球 **tussah silk spun laps, tussah silk spun Peignee**
柞蚕落绵 **tussah silk spun noil, tussah silk spun Bourette**
大挽手(长度柞蚕废丝) **tussah silk waste (long size)**
二挽手(短度柞蚕废丝) **tussah silk waste (short size)**
柞绸 **tussah pongee**

养蜂业 Apiculture

养蜂场 **apiary**
副业养蜂 **sideline beekeeping**
蜂群 **bee colony**
蜜蜂 **honey bee (Apis mellifera)**
蜂房，蜂巢 **beehive, bee-**

comb, honey-comb
蜂箱 **wooden beehive**
十框蜂箱 **ten-frame-hive**
隔王板 **queen-excluder**
巢础 **comb foundation**
母蜂，蜂王 **queen bee**
雄蜂 **drone bee**
工蜂 **worker bee**
采蜜蜂 **forager**
蜂房内工蜂 **house bee**
饲幼虫工蜂 **nurse bee**
蜂王台 **queen comb, queen's cell**
产雄蜂王 **drone layer**
人工培育蜂王 **grafting**
除去蜂王 **dequeening**
蜜源植物 **bee plant, honey plant**
花蜜 **nectar**
蜜胃 **honey stomach**
(蜜蜂后腿上的)花粉篮 **pollen basket**
蜂舞 **bee dances**
婚飞 **mating flight, nuptial flight**
蜂粮 **beebread**
分封 **swarming**
人工分封 **artificial swarming**
割蜜 **honey gathering, honey harvest**
粒状蜂蜜 **granulated honey, solidified honey, sugared honey**
王浆，蜂乳 **royal jelly, bee milk**
蜂蜡 **bee's wax**
蜂蜜分离机 **honey extractor, honey separator**
蜂蜜分离装置 **honey extracting equipment**
蜂蜜过滤器 **honey filter**
倾析法 **decantation system**
沉积槽 **sedimentation tank**
防螫面罩 **bee veil**
蜂螫药膏 **bee poison ointment**
意大利蜂 **Italian bee**
卡尼拉蜜蜂 **Carniolan bee**
蜜蜂腐烂病 **foulbrood**
蜜导鸟 **honey-guide**

狩　猎　Game Hunting

狩猎 **chasing, hunting**
狩猎场 **hunting-field, hunting-ground**
狩猎法 **game law**
禁猎季节 **closed game season**
鸟兽禁猎区 **sanctuary**
猎人 **huntsman, hunter**
助猎手(惊兽手) **beater**
狩猎术 **huntsmanship**
静猎 **still hunt(ing)**
围猎 **enclosing of game**
潜行猎 **stalking**
反向跟踪 **back-tracking**
追赶 **chasing**
装夹 **set, trap**
埋饵装夹 **buried bait set**
隧洞装夹 **cubby set**
陷阱，圈套，罗网 **trap, snare**
狩猎棚 **shooting hut, ambush shed**
猎枪 **shot gun**
乱射 **pot shot**

判准射 **judged shot**
杀射 **fatal shot**
放箭 **loosing an arrow**
猎兽犬 **hound, hunting dog**
猎鹿犬 **deerhound**
猎獾犬 **basset**
足迹味 **foot-scent**
猎物 **game**
小猎兽 **ground game**
棕熊(马熊) **brown bear (Uraus arctos)**
黑熊(狗熊) **Asiatic black bear**
熊胆 **gall of bear**
熊掌 **bear's paw**
獾 **badger**
果子狸(花面狸) **masked civet, gem-faced civet**
猞猁(林独) **lynx**
獐 **Chinese river-deer, Chinese water-deer**
驯鹿 **reindeer, caribou**
小麂 **reeve's muntjac**
虎 **tiger**
东北虎 **Northeast tiger**
华南虎 **South China tiger**
生皮 **pelt**
鸟枪 **fowling piece**
捕禽网 **fowling net, clapnet**
囮子鸟(媒鸟) **decoy bird**
引鸟入网 **decoying a bird into a net**

农村手艺工人 Village Craftsman

生产小组 **production group**
锻工场 **forge**
锻工,锻铁工人 **wrought iron worker**
铁匠的打铁助手 **smith's striker**
烧红的铁条 **glowing bar**
锤打铁条成一定形状 **hammering the iron into shape**
大锤 **sledge**
钢砧 **steel anvil**
造艇工人 **boat builder**
小帆船 **small sailing craft**
艇的骨架 **skeleton of a boat**
龙骨 **keel**
船首柱 **stem**
框架 **frame**
肋骨 **ribs**
板条 **plank**
鳞状叠板式 **clinker system**
平镶式 **carvel system, flush system**
电动手钻 **electric-powered hand drill**
卡钳 **caliper**
木工矩尺 **carpenter's square**
榫锯 **tenon saw**
横割锯 **cross-cut saw**
农村陶工 **country potter, village potter**
陶器作坊 **pottery**
采掘陶土 **clay digging**
陶坯制作工 **thrower**
陶工旋盘 **potter's wheel**
土团 **lumps of clay**
烧窑 **firing**
烧窑工人 **kilnman**
烧制瓦埚 **pot baking**
瓦盆 **crock**
(有嘴和把手)瓦壶 **pitcher**

高身大瓦埕 **huge Ali Baba jar**
烧炭工人 **charcoal-burner**
炭窑 **charcoal-kiln**
烧炭场 **charcoal-kiln site**
坑式烧炭法 **charring in pits**
堆积烧炭法 **charring in heaps**
箩筐编织工 **basket-maker**
箩筐类编织品 **basketry, basketwork**
柳条编织物 **wickerwork**
柳条 **willow stick, osier twig, osier stick**
竹条 **bamboo cane**
藤条 **rattan**
藤椅 **cane chair**
木片条篮子 **chip basket**
泡浸桶 **soaking tub**
刮刀 **scraper**
编织图案 **weaving pattern**
制桶工人 **cooper**
制桶工场 **coopery, cooperage**
打箍锤 **hoop-driver, hoop-setter**
桶板 **stave**
桶箍 **hoop**
绳索编造工 **ropemaker**
梳麻 **hemp hackling**
编索机 **ropemaker's spinning machine**
索心 **rope core, rope heart**
索的一股 **strand**
造车工人 **cartwright, wheel-wright**
农用板车 **farm wagon, farm cart**
边板 **side plank**
辕杆 **draught pole**
弯轮胎机 **tyre bender**
镰刀锤 **scythe hammer**
打镰砧 **scythe anvil**
水磨坊 **watermill**
上射水车 **overshot water-wheel, high-breast bucket wheel**
中射水车 **middleshot water-wheel, breast wheel**
下射水车 **undershot water-wheel, impact mill wheel**
水车沟 **millrace, raceway**
引水渠 **headrace**
磨坊工人 **miller**
磨坊设计人 **millwright**
磨粉厂 **flour mill**
粉筛 **flour sieve**
石磨 **millstone**
上磨石 **upper stone**
下磨石 **nether stone**

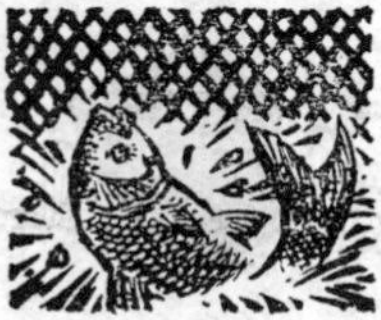

渔　业　Fishery

一般用语　General Terms

海岸渔业　**coastal fisheries**
近海渔业　**offshore fisheries**
公海渔业　**high seas fisheries**
深海渔业　**deep-sea fisheries**
远洋渔业　**distant fisheries**
港湾河口渔业　**estuary fisheries**
内陆(淡水)渔业　**inland (freshwater) fisheries**
塘鱼养殖业　**pond fisheries**
养鱼业　**fish farming**
渔捞　**fish harvesting**
渔权　**fishery rights**
渔权范围　**fisheries jurisdiction**
渔权界线　**fishery limit line**
独占渔区　**exclusive fishing zone**
侵犯渔权　**encroachment on fishery rights**
渔业法　**fisheries law**
水产部　**ministry of aquatic products**
渔业资源保护　**fisheries conservation**
鱼类存储量　**fishery stocks**
滥渔　**overfishing**
捕鱼量　**fish landings**
每年捕鱼量　**annual fish catch**
一网网获量　**haul**
捕鱼定额　**catch quota**
网目规定　**mesh-size regulations**
一个航次捕获量　**trip**
鱼汛期　**fishing season**
规定渔季　**legally open season**
禁渔季节　**closed season**
禁渔区　**fish sanctuary**
渔港　**fishing port, fish landing point**
渔场　**fishing ground**
渔区　**fishing area**
渔村　**fishing settlement, fishing village**
渔民(整体)　**fisherfolk**
渔民(个人)　**fisherman**
渔船队　**fishing fleet**
陆上勤务人员　**shoresman**

渔 具 Fishing Gear

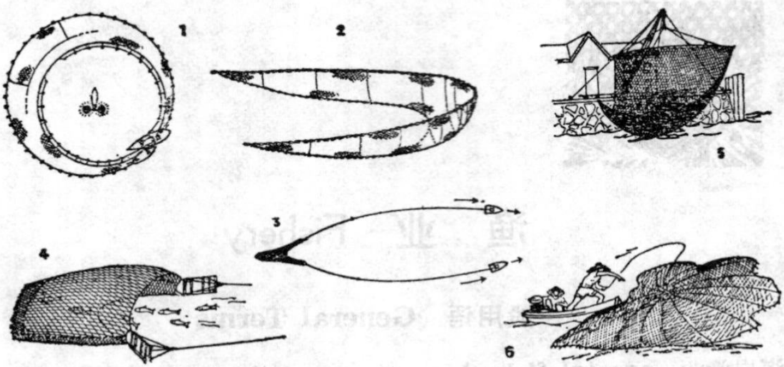

围网类 **surrounding nets**
围网 **purse seine**
双船环网① **two-boat ring net**
伦巴拉网② **lampare**
曳网类 **seine nets**
地曳网——无囊网 **bearch seine without bag**
地曳网——有囊网 **bearch seine with bag**
船曳网——有囊网 **boat seine with bag**
底曳网 **bottom seine**
双船底曳网, 对曳网③ **two-boat bottom seine, pair seine**
拖网类 **trawls**
双支架桁拖网 **double-rig beamtrawl**
铅锤型桁拖网 **beamtrawl of plumb staff type**
网板拖网④ **other trawl**
双船拖网(对拖网) **pair trawl**
底拖网 **bottom trawl**
中层拖网 **midwater trawl, pelagic trawl**
变水层拖网 **semi-pelagic trawl**
有翼拖网 **wing trawl**
V—D拖网 **V-D trawl**
高网口拖网 **high opening trawl**
船上操作采具器 **boat-operated dredge**
敷网⑤ **liftnet**
手提敷网 **portable liftnet**
船上操作敷网 **boat-operated liftnet**
岸边操作定点敷网 **shoreoperated stationary liftnet**
撒网⑥ **castnet**
有袋撒网 **castnet with pockets**
有闭合索撒网 **castnet with closing lines**

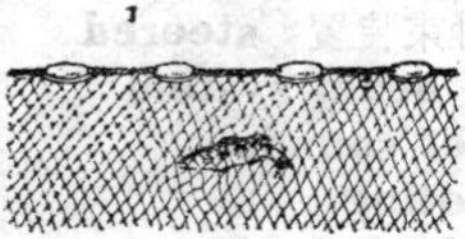

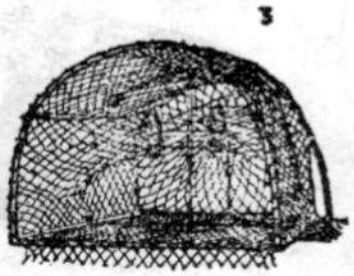

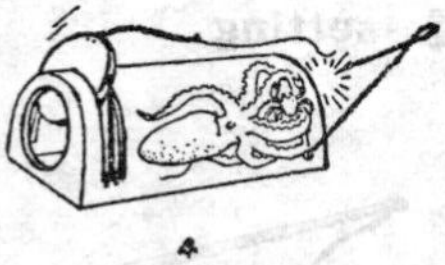

刺网① **gillnet**
底层定置刺网 **bottom-set gillnet**
底层定置缠络网 **bottom-set entangling net**
底层定置框刺网 **bottom-set frame net**
底层定置三层挂网 **bottom-set trammel**
混合式三层挂网刺网 **combined trammel-gillnet**
流网 **driftnet**
围刺网 **encircling gillnet, surrounding gillnet**
箱笼类 **pots**
鱼笼② **fish pot**
蟹虾笼③ **crab and lobster pot**
章鱼笼④ **octopus pot**
张网⑤ **fyke net**
无翼张网 **fyke net without wings**
有不等长翼张网 **fyke net with unequal wings**
有垣网张网 **fyke net with leader**
锚定长袋网 **anchored stownet**
旋围跳网 **encircling veranda net**
钓具 **fishing tackle**
手钓线 **handline**
活饵 **live-bait**
饵料袋 **bait pouch**
拟饵 **lure, artificial lure**
滚钓 **jig**
(有电动卷车)手钓线 **handline with electric reel**
(带花篮钓)手钓线 **handline with ripping hooks**
钓竿 **fishing pole**
延绳钓⑥ **longline**
底置悬浮延绳钓 **bottom-set floating longline**
漂动延绳钓 **drifting longline**
曳绳钓 **trolling**

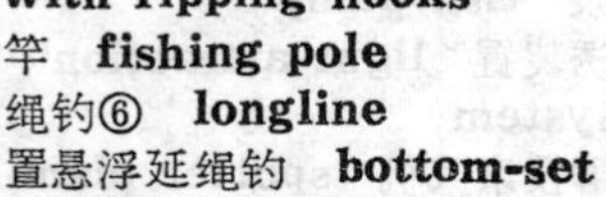

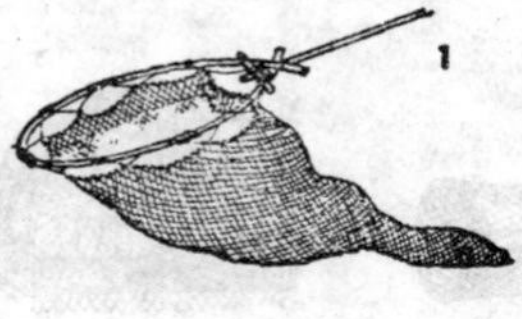

1

手抄网① **hand-operated scoop net**
船上操作抄网 **boat-operated scoop net**
浮子网 **floatline, headline**
沉子网 **footrope, ground rope, leadline**
网板 **otter board, trawl board**
游纲 **pennant**
曳纲 **warp**
网衣 **netting, webbing**
泥索 **mudrope**
舷外突出撑杆 **outrigger**
光诱捕鱼(灯光捕鱼) **light fishing**
集鱼灯 **fishing lamp, jack light**
鱼泵 **fish pump**
光诱装置 **light attraction system**
鱼群搜索飞机 **spotter plane**
升级采蛤器 **escalator dredge**
拖网曳纲张度计 **trawl warp tensionmeter**
电子探鱼 **electronic fish detection**
换能器 **transducer**
回声横直面探鱼器 **CERES (Combined Echo Ranging Echo Sounding)**
渔用声纳站 **fisherman's asdic**
亨伯探鱼装置 **Humber fish detection system**
取向性窄射束装置 **steered narrow beam system**
网位仪 **net sounder**
放网 **shooting**
收网 **hauling**
拖曳 **towing**
设置 **setting**

2

鱼叉② **fishing spear**
标枪 **harpoon**
捕鲸炮③ **whale harpoon gun**
追猎索 **hunting line**
回收索 **retrieving line**
缩结系数 **hanging ratio, taper ratio**
混合钢索 **combination rope**
网衣缝合折缩比率 **take-up of meshes**
减目 **tapering**
缝边 **joining of net sections**
鱼栅 **stream net**

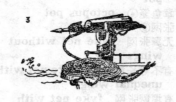

3

渔 船 Fishing Vessels

拖网船类 trawlers
舷拖网船 side trawler
升高艏楼甲板 raised forecastle deck
前网板吊架 fore gallows frame
后网板吊架 aft gallows frame
拖网绞车 trawl winch
拖网索 trawl cable
鱼舱 fish hold
艇甲板 boat deck
艉(滑道)拖网船 stern (ramp) trawler
拖网加工船 factory trawler
艉滑道 stern chute (or ramp)
艉桥楼 stern bridge
后网板架滑车 aft gallows block
拖网桥楼 trawling bridge
(鱼)加工舱 (fish) processing room
鱼粉制造装置 fishmeal plant
鱼油槽 fish oil tank
冷冻机 freezer
冷冻机舱 freezer hold
吊货杆 cargo boom
吊网架 gantry
拖网捕虾船 shrimp trawler
双杆拖网法 double-rigged trawling method
对拖拖网船 pair trawlers
横桁拖网船 beam trawler
小型舷拖网船 dragger
围网船类 seiners
围网船 purse seiner
围网绞车 seine winch
收围网吊杆 pursing davit
围网甲板艇 seine skiff
混合渔船 combination vessel
双艇围网法 two-boat seining system
刺网船类 gill netters
漂网船 drifter
动力绞盘 powered capstan
动力起网滚筒 powered roller
导缆孔 fairlead
漂网拖网船 drifter-trawler
漂网捕鲑船 salmon drifter
钓船类 hook-and-liners
延绳钓船 longliner
延绳钓母船 longline mother ship
捕鱼艇 catcher boat
起延绳机 longline hauler
平底小渔艇 dory
起钓机 gurdy
竿钓艇 pole and line boat
诱饵钓艇 bait boat
诱饵 chum
羽毛拟饵 feathered lure
活动搁架 portable racks
曳绳钓艇 troller
捕鲸船 whale catcher, whaler
鲸鱼加工船 whale factory ship
鱼粉制造船 fishmeal factory ship
捕鱼艇母船 base ship
冷藏运输船 refrigerated transport
冷冻船 freezer ship
救援拖船 rescue tug

(拖网、加工、冷冻)联队捕鱼法 **flotlla fishing**
远洋渔船队 **distant-water fishing fleet**
科学研究船 **scientific research vessel**
教练船 **training vessel**
捕沙丁鱼艇 **sardine launch**
采蛤小艇 **oyster canoe**
划艇 **rowboat**
独木舟 **dugout**
鸬鹚捕鱼 **cormorant fishing**
金枪鱼捕捞船 **tuna clipper**
珊瑚采集船 **coral boat**
供应船 **cog, cockboat**
渔帆船 **smack**
采蛤单桅船 **oyster sloop**
渔船船长 **skipper**
捕鱼总指挥 **chief fisherman**
船级 **class of ship**
罐头工厂船 **canning factory ship**
渔业调查船 **fisheries survey ship**
出海 **putting to sea**
空手归航 **broken voyage**
网获很多 **good catch, good haul**

电力捕鱼 Electrical Fishing

带电围网 **electrified seine**
带电拖网 **electrified trawl**
隔鱼电网 **electric fish fence**
吸鱼电磁 **fish magnet**
脉冲电场 **pulsed electric field**
无网捕鱼 **netless fishing**
带电鱼泵 **electrified fish pump**
电延绳钓 **electric longline**
吸鱼电极 **fish-attracting electrode**
电鱼叉 **electric harpoon**
电捕鱼器 **electric fishcatcher**
带电鱼钩 **electrified hook**
电幕 **electric screen**
电导 **electric guide**
电拖网捕虾装置 **electrical shrimp trawling system**
控制鱼的活动 **controlling fish movements**
电鱼至晕 **stunning the fish**

鱼的保藏 Preservation of Fish

雪藏鲜鱼 **fish iced fresh**
去了内脏的鱼 **dressed fish, eviscerated fish, gutted fish**
切鱼块 **filleting a fish**
切块作业线 **filleting line**
全鱼冷冻机 **whole-fish freezer**
冷藏鱼 **iced fish, frozen fish**
冷冻房 **iced chamber, cold chamber**

吹风冷冻间 **air blast freezer**
浸入冰冻法 **immersion freezing**
低温冰冻设备 **low-temperature freezing facilities**
冷藏舱 **cold-storage hold**
抗菌冰 **antibiotic ice**
超级冷冻 **superchilling**
海上加工 **processing at sea**
岸上加工 **processing ashore**
有效保存期 **useful storage life**
货架寿命 **shelf-life**
解冻装置 **thawing plant**
腌制场 **salting yard**
熏制场 **curing yard, smoking yard**

鱼类养殖 Fish Farming

海水养殖 **marine fish farming**
淡水养殖 **freshwater fish farming**
海水养殖场 **marine farm**
淡水养殖场 **freshwater farm**
选择性配种 **selective breeding**
选择种鱼 **selection of brood stock fish**
抽取鱼卵 **stripping fish of eggs**
抽取鱼精液 **stripping fish of milt**
人工授精 **artificial fertilisation**
盘内孵化受精卵 **hatching fertilised eggs in trays**
冷冻鱼精液 **frozen milt**
产卵力(生育力) **fecundity**
基因组成 **genetic make-up**
促性腺激素 **gonadotropin, gonadotropic hormone**
炔雌醇 **ethylestrenol**
雌二醇 **oestradiol**
含类固醇饲料 **steroid diet**
给鱼做标志 **fish marking**
切鳍 **finning**
标签 **tag**
鱼的喂饲 **fish feeding**
自然喂饲 **natural feeding**
提高饲料转化率 **improving food conversion ratio**
海水笼养 **marine cage farming**
浮笼圈养 **keeping stocks in floating cages**
散放场养 **free range farming, ranching**
高蛋白颗粒饲料 **high protein pellets**
条件反射 **conditioned response**
配合饵料 **synthetic fish food**
补充喂饲 **supplementary feeding**
(海水)含盐量 **salinity**
(淡水)碳酸钙含量 **calcium carbonate content**
鱼的移殖 **transplantation of fish**
移殖鱼 **transplanted fish**
移殖河(原产河) **donor stream**
移入河(接受河) **recipient stream**
仿造天然环境 **duplication of natural conditions**
鱼苗死亡率 **fry mortality**

产卵回游 **spawning migration, run**
鱼梯 **fish ladder, fishway**
半咸水鱼池 **brackish water fishpond**
鱼池配套 **fishpond system**
幼鱼池 **nursery pond**
鱼围篱 **fish corral**
鱼种池 **fry pond**
养鱼池(成鱼池) **rearing pond**
捕鱼池 **catching pond**
进水渠 **water-supplying canal**
主水闸 **main sluice gate**
次水闸 **secondary sluice gate**
水口栅栏 **screen**
池底 **pond floor**
水口埂 **bank, bund**
池埂 **ridge of a pond**
食场 **feeding pool**
水域 **water area, water space**
水面面积 **water surface area**
鱼池的营养状况 **nutrient status of a fishpond**
浮游生物 **plankton**
浮游植物 **plant plankton**
浮游动物 **zooplankton**
藻类植物 **algae**
水中溶氧 **dissolved oxygen in water**
鱼塘施肥 **pond fertilization**
肥泥肥水 **enriched pond soil and water**
畜粪肥 **animal manure**
麸(糠) **bran**
田螺 **pond snail**
浮萍 **duckweed**
苏丹草 **Sudan grass**
苦草(鞭节草) **vallisneria spiralis**
黑藻(轮叶水草) **hydrilla verticillata**
施肥过度 **overfertilization**
分层养鱼 **rearing fish at different depths**
清除掠食鱼和野杂鱼 **eradicating predatory and weed fish**
干塘起捕 **draining the pond to capture the fish**
幼鱼 **fingerling**
未成年鱼 **juvenile fish**
成年鱼 **adult fish**
未产卵鱼 **clean fish**
经产卵鱼 **foul fish**
(未产的)鱼卵 **roe**
(产下的)鱼卵 **spawn**
热带鱼 **tropical fish**
吃草鱼 **herbivorous fish**
吃肉鱼 **carnivorous fish**
青草饲料 **green fodder**
补充鱼种 **recruitment**
年龄组成 **age composition**
年龄群 **age group**
鱼的行动习性 **fish behaviour**
溯游产卵鱼 **anadromous fish**
降海产卵鱼 **catadromous fish**
放鱼苗 **seeding the fry**
连续同种交配 **breeding in and in**
连续异种交配 **breeding out and out**
鱼池处理 **fishpond treatment**

养 蚝 Oyster Cultivation

养蚝场 **oyster farm, oyster bank**
蚝种 **seed oyster**
海底培养 **bottom culture**
离海底培养 **off-bottom culture**
蚝壳料 **cultch, culch**
木筏悬置蚝壳 **shells suspended from rafts**
养蚝筏 **oyster raft**
生长场 **growing ground**
肥育区 **fattening area**
采蚝 **collecting oysters**
蚝钳 **oyster tongs**
钳蚝工 **oyster tonger**
帆船捕捞 **sail dredging**
蚝卵, 幼蚝 **spat**
蚝产卵 **spatting**
蚝幼体的附着 **setting of oyster larvae**
防止掠食动物 **predator control**
防淤 **siltation prevention**

珍珠养殖 Pearl Culture

珍珠贝 **pearl shell**
珍珠母 **mother-of-pearl, nacre**
银口珠母贝 **silver-lip pearl oyster**
采珠潜水员 **pearl diver**
采珠船 **pearling lugger**
采贝场 **shell bed**
珍珠养殖场 **pearl culture farm**
贝壳质 **conchiolin**
霰石晶体 **aragonite crystal**
皮细包 **epithelial cell**
套膜 **mentle**
珠核嵌入 **nucleus insertion**
宿主蚌 **host oyster**
移植技术 **grafting technique**
珠囊 **pearl sack**
贝壳质沉积 **deposition of nacre, nacre deposition**
皂石 **soapstone**
筏悬铁丝框 **wire basket on floating raft**
用完珠贝 **spent shell**

海洋鱼类 Marine Fishes

虎鲨 **bullhead shark (Heterodontidae)**
噬人鲨 **man-eater shark, great white shark (Chacharodon carcharias)**
须鲨 **nurse shark (Orectolobidae)**
沙锥齿鲨 **nurse shark (Car-**

1

charias arenarius)

鲸鲨 whale shark (Rhincodon typus)

吻沟双髻鲨(丁字鲨)① scalloped hammerhead (Sphyrina lewini)

角鲨 piked dogfish, spiny dogfish, spurdog (Squalus acanthias)

鱼翅(鲨鱼鳍) shark's fin

锯鳐 sawfish (Pristidae)

2

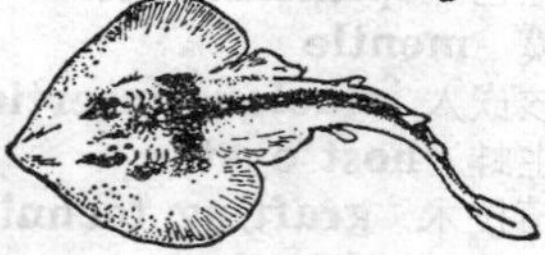

中国团扇鳐② Chinese thornback (Platyshina sinensis)

犁头鳐 guitarfish (Rhinobatidae)

魟 stingray (Dasyatidae)

蝠鲼 devilfish, manta ray (Mobulidae)

膨鱼腮(蝠鲼鳃) fills of devilfish, gills of manta ray

鸢鲼 eagle ray (Myliobatis tobijei)

电鳐 electric rey, torpedo (Torpedinidae)

银鲛 chimaera, ratfish (Chimaeridae)

黑线银鲛 silver shark (Chimaera phantasma)

鲟 sturgeon (Acipenseridae)

白鲟(象鱼) paddlefish (Psephurus gladius)

遮目鱼(虱目鱼) milkfish (Chanos chanos)

太平洋鲱(青条鱼) Pacific herring (Clupea pallasii)

3

鲥(三来鱼)③ grenadier, rattail (Macrura reevesii)

鳓(曹白鱼)④ white herring (Ilisha elongata)

大西洋沙丁鱼 European pilchard (Sardinia pilchardus)

小沙丁鱼(青鳞鱼) green pilchard, gilt sardine (Sardinella)

凤尾鱼 long-tailed anchovy (Coilia mystus)

鲑 salmon (Oncorhynchus)

大麻哈鱼 dog salmon, chum salmon, Pacific salmon (Oncorhynchus keta)

4

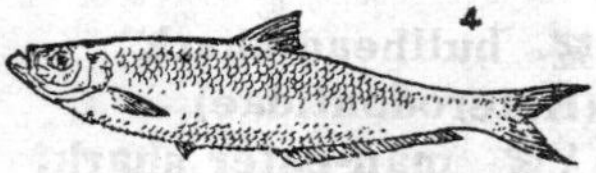

银鱼 **salangid glassfish (Salangidae)**
蛇鲻(狗棍) **lizard fish (Laurida)**
龙头鱼(虾潺) **Bombay duck (Harpodon nehereus)**
鳗鲡(鳗, 鳝) **common eel, freshwater eel (Anguillidae)**
白鳝 **elever, glass eel**
海鳗(狼牙鳝) **conger pike (Muraenesox cinereus)**
裸胸鳝 **moray eel (Gymnothorax)**
鲈(花鲈) **oriental spotted bass, common sea bass (Leteolebrax japonicus)**
竹刀鱼(秋刀鱼) **saury (Cololabis saira)**

1

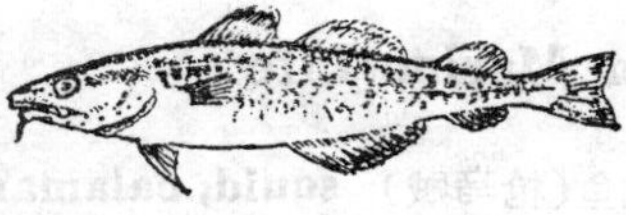

大头鳕① **Pacific cod (Gadus Macrocephalus)**
海龙 **pipefish (Syngnathidae)**
海马 **sea horse (Hippocampus)**
鲻 **mullet, grey mullet (Mugil caphalus)**
石斑鱼 **grouper (Epinephelus)**
胡椒鲷 **thick lip (Plectorhynchus pictus)**
花尾胡椒鲷 **thick lip (Plectorhynchus cinctus)**
红笛鲷(红鱼) **red snapper (Lutianus sanguineus)**
千年笛鲷 **emperor snapper (Lutianus sebae)**
圆鲹(池鱼) **scad (Decapterus)**
石首鱼 **croaker (Sciaenidae)**

2

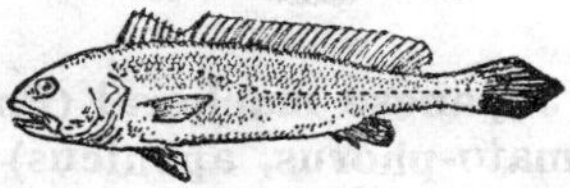

黄花鱼(大黄鱼)② **yellow croaker (Pseudoscinena crocca)**
小黄鱼(黄花鱼) **small yellow croaker (Pseudosciaena polyactis)**
单带绯鲤(红线鱼) **red goatfish (Upeneus moluscensis)**
金线鱼(红三) **golden thread (Nemipterus virgatus)**
宝刀鱼 **wolf herring (Chinocentrus dorab)**
鳀 **anchovy (Engrualidae)**
乌鲂 **sea bream (Sparidae)**
莹斑蓝子鱼 **rabbitfish (Siganus oramin)**
海鲶(赤鱼) **sea catfish (Arius)**
非洲鲫 **tilapia, bolti (Tilapia mossambica)**
玉筋鱼 **sandeel, sandlance (Ammodytidae)**
鰕虎鱼 **goby (Gobiidae)**
带鱼③ **cutlass fish, hair tail (Trichiurus haumela)**

3

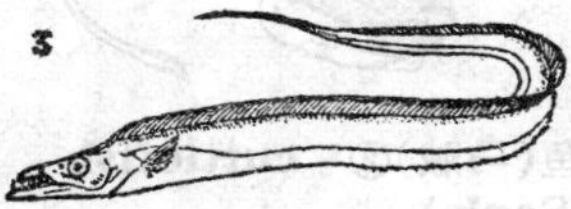

1

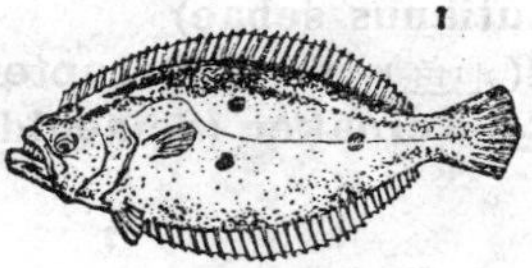

鲐 Japanese mackeral (Pneumato-phorus, aponicus)
马鲛 mackerel (Scombridae)
中华马鲛 Chinese mackerel (Scomberomorus sinensis)
大西洋马鲛 ero, king mackerel (Scomberomorus sinensis)
金枪鱼 tuna (Thunnidae)
鲳鱼(银鱼) pomfret (Stromateoides argenteus)
沟鲹(黑鳍鲳) thin crevalle (Atropus atropus)
牙鲆(左口鱼)① summer flounder (Paralickthys olivaceus)
鲽 flounder (Pleuronectidae)
鳎 sole (Soleidae)
舌鳎 tonguefish, tongue sole (Cynoglossidae)
剥皮鱼(马面鲀) filefish, leatherfish (Navodon modestus)
飞鱼 flying fish (Exocoetidae)
河豚 globefish, puffer (Fugu)
马鲅 threadfin (Polynemidae)
鲣鱼 skipjack tuna, oceanic bonito (Katsuwonus pelamis)
鲯鳅 dolphin fish (coryp haena hippurus)

其他海洋生物 Other Marine Life

鲍鱼(石决明) abalone, earshell (Haliotis)
海参 sea slug, sea cucumber, beche-de-mer (Holothuroidea)
食用海参 trepang, beche-de-mer
章鱼 octopus (Octopus)

2

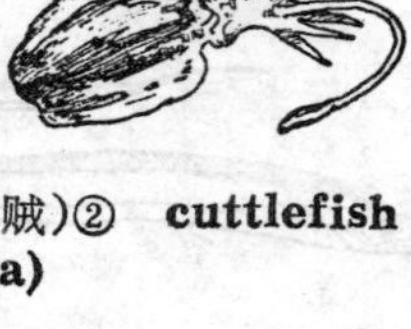

墨鱼(乌贼)② cuttlefish (Sepia)
鱿鱼(枪乌贼) squid, calamary (Loligo)
柔鱼 flying squid, sea arrow (Ommastrophidae)
海螺 conch
法螺 triton (Triton)
马蹄螺(公螺) trochus (Trochus niloticus)
蝾螺 top shell (Turbo cornutus)
贻贝(淡菜) mussel (Mytilus)
宝贝 money courie (Cypraea moneta)
扇贝 scallop (Pectinidae)
江瑶贝(干贝) pinna, pen shell (Pinna)

1

文昌鱼　**lancelet (Branchiostoma)**
龙虾　**spiny lobster (Panulirus)**
锦绣龙虾　**Panulirus ornatus**
对虾　**peneus (Penaeus)**
小虾　**shrimp**
大虾①　**prawn**
海蜇　**jellyfish, sea blubber (Rhopilema esculenta)**
海星　**starfish (Asteroidea)**
海绵　**sponges (Spongia)**
蟹　**crab**
梭子蟹(蝤蛑)　**swimming crab, portunid (Portunidae)**
寄生蟹　**hermit crab**
高脚蟹　**giant crab (Macrocheira Kaempfero)**
招潮　**fiddler crab, beckoning crab (Uca)**
玳瑁　**hawksbill sea turtle (Eretmochelys imricata)**
棱皮龟(革龟)　**leatherback sea turtle (Dermochelys coriacea)**
海龟　**green turtle (Chelonia mydas)**
海胆　**sea chestnut, sea urchin (Echinoidea)**
红珊瑚　**red coral (Corallium nobile)**

2

笙珊瑚②　**organ-pipe coral (Tubipora musica)**
石芝　**mushroom coral (Iungia)**
抹香鲸③　**sperm whale (Physeter catodon)**
龙涎香　**ambergris**
长须鲸　**razorback whale (Belaenoptera physalus)**
海獭　**sea otter (Enhydra lutris)**

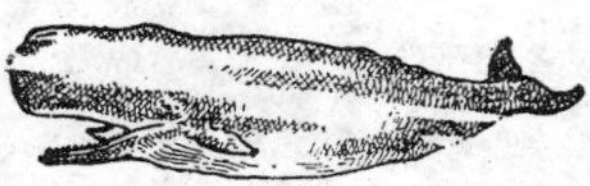

3

淡水鱼类　Freshwater Fishes

青鱼(黑鲩，螺丝青)　**snail carp (Mylopharyngodon piceus)**
草鱼(鲩)　**grass carp (Clenopharyngodon idellus)**
鲢(白鲢)　**silver carp (Hypophthalmichthys molitrix)**
鳙(大鱼，花鲢)　**bighead carp (Aristichthys nobilis)**
鲤　**common carp (Cyprinus carpis)**
鲫　**crucian carp (Carassius carassius)**

金鱼 **goldfish (Carassius auratus)**
鳊(北京鳊) **Beijing bream (Parabramis pekinensis)**
鲮(土鲮鱼) **mud carp (Cirrhina molitorella)**
鲶(鲇) **sheatfish (Parasilurus asotus)**
黄鳝(泥鳝) **swamp eel, synbranch eel (Fluta alba)**
乌鳢(生鱼) **snakehead mullet (Ophicephalus argus)**
鳜(桂鱼) **Chinese perch (Siniperca chuatsi)**
鳅 **loach (Cobitidae)**
鳑鲏 **Japanese bitterling (Acheilognathus)**
胡子鲶(塘虱) **catfish (Clarias fuscus)**
鳅鮀(石虎鱼) **gudgeon (Gobio)**
鳡(黄钻) **minnow (Elopichthys bambusa)**
食蚊鱼(柳条鱼) **mosquito fish (Gambusia affinis)**
胭脂鱼(火烧鳊) **Chinese sucker (Myxocyprinus asiaticus)**

附　录 Appendix

常见动植物　Common Animals and Plants

灵长类　Primates

猩猩(褐猿) **(Pongo pygmaeus) orangutan**
黑猩猩(黑猿) **(Pan troglodytes) chimpanzee**
大猩猩(大猿) **(Gorilla gorilla) gorilla**
长臂猿 **(Hylobates) gibbon**
狒狒 **(Papio hamadryas) baboon**
山都(豚尾狒狒) **(Papio comstud) chacma**
山魈 **(Mandrillus sphinx) mandrill**
猕猴 **(Macaca mulatta) rhesus monkey**
长尾猴 **(Cercopithecus) guenon**
金丝猴 **(Rhinopithecus roxel-**

lanae) golden monkey
卷尾猴(悬猴) (Cebus capuchinus) capuchin monkey
吼猴 (Mycetes) howler monkey
黑叶猴(乌猿) (Presbytis fransoisi) black leaf monkey
狐猴 (Lemur) lemur
指猴 (Chiromys madagascariensis) aye-aye
懒猴 (Nycticebus coucang) slow loris
眼镜猴 (Tarsius spectrum) tarsier

食肉兽类 Carnivores

狮 (Panthera leo) lion
虎 (Panthera tigris) tiger
金钱豹 (Panthera pardus) leopard
雪豹 (Panthera uncia) snow leopard
云豹 (Neofelis nebulosa) clouded leopard
猎豹 (Acinonyx venatica) cheetah
美洲狮 (Panthera concolor) cougar (puma)
美洲豹 (Panthera onca) jaguar
豹猫(狸猫) (Felis bengalensis) leopard cat
猞猁 (Felis lynx) lynx
家猫 (Felis domestica) cat
灵猫 (Viverra zibetha) civet
果子狸(花面狸) (Paguma larvata) masked palm civet
蛇獴 (Herpestes mungo) mongoose
鬣狗 (Hyaena hyaena) hyena
犬 (Canis familiaris) dog
狼 (Canis lupus) wolf
豺 (Cuon javanicus) dhole
狐(赤狐) (Vulpes vulpes) fox
白狐(北极狐) (Alopex lagopus) Arctic fox
貉(狗獾) (Nyctereutes procyonoides) racoon-dog
浣熊 (Procyon lotor) racoon
小熊猫 (Ailurus fulgens) panda
大熊猫 (Ailuropoda melanoleucus) giant panda
狗熊(黑熊) (Selenarctos thibetanus) Asiatic black bear
棕熊(马熊) (Ursus arctos) brown bear
白熊(北极熊) (Thalassarctos maritimus) polar bear
马来熊 (Helarctos malayanus) sun bear
紫貂(黑貂) (Martes zibellina) sable
水貂 (Mustela vison) mink
雪鼬(伶鼬，银鼠) (Mustela nivalis) weasel
黄鼬(黄鼠狼) (Mustela sibirica) yellow weasel
白鼬(扫雪) (Mustela erminea) ermine
艾鼬(艾虎) (Mustela eversmanni) polecat
青鼬(蜜狗) (Charronia fla-

vigula) yellow-throated marten
臭鼬 (Mephitis mephitis) skunk
獾(猪獾) (Meles meles) badger
沙獾 (Arctonyx collaris) sand badger
山獾(白猸) (Helictis moschata) ferret-badger
水獭 (Lutra lutra) otter
海獭 (Enhydra lutris) sea otter
海狗 (Callorhinus curilensis) kurilian fur seal
北海狮 (Eumetopias jubbata) sea-lion
海豹 (Phoca vitulina) harbour seal
海象(象海豹) (Mirounga) sea-elephant
海马 (Odobenus rosmarus) walrus

食草兽类 Herbivores

马 (Equus caballus) horse
驴 (Equus asinus) donkey
野驴(蒙驴) (Equus hemionus) Asiatic wild ass
骡 (Equus asinus X Equus caballus) mule
斑马 (Equus zebra) zebra
犀牛 (Rhinoceros) rhinoceros
貘 (Tapirus) tapir
野猪 (Sus scrofa) wild boar
猪 (Sus scrofa domestica) pig
河马 (Hippopotamus amphibius) hippopotamus
骆驼 (Camelus bactrianus) Bactrian camel
单峰驼 (Camelus dromedarius) dromedary
美洲原驼 (Lama guanicoe) guanaco (huanaco)
美洲驼 (Lama glama) llama
羊驼 (Lama alpacos) alpaca
鹿 (Cervus) deer
梅花鹿 (Cervus nippon) sika
马鹿(赤鹿) (Cervus elaphus) red deer
麝(香獐) (Moschus moschiferus) musk deer
毛冠鹿 (Elaphodus cephalophus) tufted deer
水鹿(黑鹿) Rusa unicolor sambar, waterbuck
驼鹿(犴) (Alces alces) elk
驯鹿 (Rangifer tarandus) reindeer
麅(狍子) (Capreolus capreolus) roe deer
长颈鹿 (Giraffa camelopardalis) giraffe
獾㹢狓 (Okapia johnstoni) okapi
水牛 (Bubalus bubalus) water buffalo
黄牛 (Bos taurus domestica) ox
瘤牛 (Bos indicus) zebu
牦牛 (Bos grunniens) yak
麝牛 (Ovibos moschatus)

musk ox
膨喉羚(羚羊) **(Gazella subgutturosa) goitred gazelle**
原羚 **(Procapra picticaudata) Tibetan gazelle**
藏羚 **(Pantholops hodgsoni) chiru**
青羊(斑羚) **(Naemorhedus goral) goral**
赛加羚羊(高鼻羚羊) **(Saiga tartarica) saiga**
羚牛 **(Budorcas taxicolor) takin**
岩羊(崖羊) **(Pseudois nayaur) bharal**
山羊 **(Capra hircus) goat**
绵羊 **(Ovis aries) sheep**
家兔 **(Oryctolagus cuniculus domestica) rabbit**
华南兔(山兔) **(Lepus sinensis) Chinese hare**
草兔(欧兔) **(Lepus europaeus) European hare**
鼠兔(啼兔) **(Ochotona) mouse hare**
印度象 **(Elephas maximus) Asiatic elephant**
非洲象 **(Elephas africanus) African elephant**
儒艮(人鱼) **(Dugong dugon) dugong (sea-cow)**
袋鼠 **(Macropus) kangaroo**

食虫兽类 Insectivores

树鼩 **(Tupaia belangeri) tree shrew (squirrel shrew)**
刺猬 **(Erinaceus europaeus) hedgehog**
鼩鼱 **(Sorex araneus) shrew mouse**
麝鼩 **(Crocidura suaveolens musk shrew**
鼹 **(Talpa) mole**
麝鼹 **(Scaptochirus moschatus) musk mole**
穿山甲 **(Manis pentadactyta) Chinese pangolin**
大食蚁兽 **(Myrmecophaga jubala) great anteater**
土豚(非洲食蚁兽) **(Orycteropus capensis) aard-vark**

鲸 类 Whales

蓝鲸 **(Balaenoptera musculus) blue whale**
长须鲸 **(Balaenoptera physalus) fin whale**
小鰛鲸(尖吻鲸) **(Balaenoptera acutorostrata) piked whale**
抹香鲸 **(Physeter catodon) sperm whale**
一角鲸 **(Monodon monoceros) narwhal**
虎鲸 **(Orcinus orca) killer whale**
海豚 **(Delphinus delphis) dolphin**
白鳍豚 **(Lipotes vexillifer) Chinese river dolphin**
江豚(江猪) **(Neomeris phocaenoides) finless black porpoise**

猛 禽 Birds of Prey

鹰 (Accipiter) hawk
苍鹰 (Accipiter gentilis) goshawk
雀鹰 (Accipiter nisus) sparrow hawk
鸢 (Milvus) kite
鵟 (Buteo buteo) buzzard
雕 (Aquila) eagle
金雕 (Aquila chrysaëtos) golden eagle
海雕 (Haliaectus) sea eagle
鹞 (Circus) harrier
鹗 (Pandion halio etus) osprey
隼 (Falco) falcon
游隼(鹘) (Falco peregrinus) peregrine falcon
燕隼 (Falco subbuteo) hobby
小隼 (Microhierax melanoleucos) pigmy falcon
鸮(猫头鹰) (Strigidae) owl

游 禽 Swimming Birds

鹅 (Anser domestica) goose
鸿雁 (Anser cygnoides) Chinese wild goose
豆雁 (Anser fabalis) bean goose
白额雁 (Anser albifrons) white-fronted goose
棉凫 (Nettapus coromandelianus) pygmy goose
天鹅(鹄) (Cygnus cygnus) swan
家鸭 (Anas domestica) duck
绿头鸭(大麻鸭) (Anas platyrhynchos) mallard
绿翅鸭(巴鸭) (Anas crecca) teal
麝香鸭 (Cairina moschata) musk duck
绒鸭 (Somateria) eider duck
鹊鸭 (Bucephala clangula) goldeneye
秋沙鸭 (Mergus merganser) goosander (merganser)
鸳鸯 (Aix galericulata) mandarin duck
红头潜鸭 (Aythya ferina) pochard
潜鸟 (Gavia stellata) loon
䴙䴘 (Podiceps) grebe
鹈鹕(塘鹅) (Pelecanus) pelican
鸬鹚 (Phalacrocorax carbo sinensis) Chinese cormorant
海鸬鹚 (Phalacrocorax pelagicus) pelagic cormorant

涉 禽 Wading Birds

苍鹭 (Ardea cinerea) grey heron
池鹭 (Ardeola bacchus) Chinese pond heron

白鹭 **(Egretta garzetta) egret**
鹳 **(Ciconia) stork**
鹮 **(Threskiornithidae) ibis**
白鹮 **(Threskiornis aethiopica) sacred ibis**
琵鹭 **(Platalea) spoonbill**
朱鹭(红鹤，火烈鸟) **(Phoenicopteridae) flamingo**
灰鹤 **(Grus grus) grey crane**
丹顶鹤 **(Grus japonensis) white crane**
蓑羽鹤 **(Anthropoides virgo) demoiselle crane**
秧鸡 **(Rallus aquaticus) water rail**
骨顶鸡(白骨顶) **(Fulica atra) coot**
红骨顶(黑水鸡) **(Gallinula chloropus) gallinule**
雉鸻 **(Jacanidae) jacana**
水雉 **(Hydrophasianus chirurgus) pheasant-tailed jacana**
蛎鹬 **(Haematopus ostralegus osculans) eastern oystercatcher**
金鸻(千鸟) **(Charadrius pluvialis) golden plover**
凤头麦鸡(绿田凫) **(Vanellus vanellus) lapwing**
鹬 **(Tringa) sandpiper**
丘鹬 **(Scolopax rusticola) woodcock**
燕鸻(土燕子) **(Glareola maldivarum) pratincole**
沙锥 **(Capella) snipe**

鸣 禽 Songbirds

百灵 **(Alaudidae) lark**
云雀 **(Alauda arvensis) skylark**
家燕 **(Hirundo rustica) house swallow**
黄鹂(黄莺) **(Oriolus oriolus) golden oriole**
乌鸦 **(Corvus) crow**
秃鼻乌鸦 **(Corvus frugilegus) rook**
寒鸦(慈乌) **(Corvus monedula) jackdaw**
渡鸦 **(Corvus corax) raven**
喜鹊(鹊) **(Pica pica) magpie**
松鸦 **(Garrulus glandarius) jay**
极乐鸟(凤鸟) **(Paradisea apoda) bird of paradise**
大山雀(白面山雀) **(Parus major) great tit**
䴓 **(Sitta europaea) nuthatch**
旋木雀 **(Certhia familiaris) tree creeper**
鸦雀 **(Paradoxornithidae) parrotbill**
画眉 **(Garrulax canorus) babbler**
红嘴相思鸟 **(Leiothrix lutea) Beijing nightingale**
白头鹎(白头翁) **(Pycnonotus sinensis) Chinese bulbul**
河乌 **(Cinclus cinclus) dipper (water ouzel)**
鹪鹩 **(Troglodytes troglodytes) wren**
鸫 **(Turdus) thrush**

乌鸫(百舌) **(Turdus merula) blackbird**
夜莺 **(Luscinia megarhynchos) nightingale**
蓝点颏(蓝喉歌鸲) **(Luscinia suecica) bluethroat**
红尾鸲 **(Phoenicurus) redstart (firetail)**
知更雀 **(Erithacus rubecula) robin**
柳莺 **(Phylloscopus) willow warbler**
苇莺 **(Acrocephalus) reed warbler**
戴菊莺 **(Regulus regulus) goldcrest**
鹟 **(Muscicapa) flycatcher**
鹡鸰 **(Motacilla) wagtail**
鹨 **(Anthus) pipit**
水鹨(冰鸡儿) **(Anthus spinoletta) water pipit**
太平鸟 **(Bombycilla garrulus) waxwing**
伯劳 **(Lanius) shrike**
椋鸟 **(Sturnus) starling**
八哥 **(Acridotheres cristatellus) crested myna**
鹩哥(秦吉了) **(Gracula religiosa) hill myna**
太阳鸟 **(Aethopyga) sunbird**
啄花鸟 **(Dicaeum) flowerpecker**
绣眼鸟 **(Zosterops) silvereye**
麻雀 **(Passer) sparrow**
织布鸟 **(Ploceus) weaverbird**
燕雀(花鸡) **(Fringilla montifringilla) brambling**
金丝雀 **(Serinus canarius) canary**
黄雀 **(Carduelis spinus) siskin**
朱雀 **(Carpodacus) rose finch**
锡嘴雀 **(Coccothraustes coccothraustes) grosbeak**
鹀 **(Emberiza) bunting**
黄胸鹀(禾花雀) **(Emberiza aureola) yellow-breasted bunting (rice bird)**

海鸟 Seabirds

海鸥 **(Larus) gull**
银鸥 **(Larus argentatus) herring gull**
燕鸥 **(Sterna) tern**
海燕 **(Hydrobates pelagicus) storm petrel**
鹱 **(Puffinus) shearwater**
鹲(热带鸟) **(Phaethon) tropic bird**
鲣鸟 **(Sula) booby**
信天翁 **(Diomedea) albatross**
军舰鸟 **(Fregatidae) frigate bird**

其他禽鸟 Other Birds

鸵鸟 **(Struthio camelus) ostrich**
美洲鸵 **(Rhea americana) rhea**

鹤鸵(食火鸡) **(Casuarius casuarius) cassowary**

鸸鹋 **(Dromaeus novaehollandiae) emu**

无翼鸟 **(Apteryx owenii) kiwi**

鴂 **(Rhynchotus rufescens) great tinamou**

企鹅 **(Spheniscus demersus) penguin**

兀鹫 **(Gyps) vulture**

秃鹫(坐山雕) **(Aegypius monachus) cinereous vulture**

松鸡 **(Tetrao) grouse**

榛鸡 **(Tetrastes bonasia) hazel hen**

雷鸟 **(Lagopus lagopus) ptarmigan**

锦鸡 **(Chrysolophus pictus) golden pheasant**

环颈雉 **(Phasianus colchicus torquatus) Chinese ring-necked pheasant**

长尾雉(鹳雉) **(Syrmaticus reevesii) long-tailed pheasant**

白鹇 **(Lophura nycthemera) silver pheasant**

孔雀 **(Pavo) peacock**

鹧鸪 **(Francolinus pintadeanus) partridge**

石鸡 **(Alectoris graeca) Greek partridge**

鹌鹑 **(Coturnix coturnix) quail**

珠鸡 **(Numida meleagris) guinea fowl**

吐绶鸡(火鸡) **(Meleagris gallopavo) turkey**

三趾鹑(水鹌鹑) **(Turnix tanki blanfordii) button quail**

大鸨 **(Otis tarda) great bustard**

沙鸡 **(Syrrhaptes paradoxus) sand grouse**

原鸽 **(Columba livia) rock dove**

家鸽 **(Columba livia domestica) pigeon**

斑鸠 **(Streptopelia orientalis) turtledove**

鹦鹉 **(Psittacula) parrot**

虎皮鹦鹉 **(Melopsittacus undulatus) budgerigar**

杜鹃 **(Cuculus) cuckoo**

雨燕 **(Apodidae) swift**

金丝燕 **(Collocalia vestita) collocalia**

蜂鸟 **(Trochilidae) hummingbird**

翠鸟(钓鱼郎) **(Alcedo atthis bengalensis) kingfisher**

翡翠 **(Halcyon) halcyon**

蜂虎 **(Meropidae) bee-eater**

佛法僧 **(Coracias) roller**

戴胜 **(Upupa epops) hoopoe**

犀鸟 **(Buceratidae) hornbill**

啄木鸟 **(Picidae) woodpecker**

琴鸟 **(Menura superba) lyrebird**

啮齿动物 Rodents

松鼠(灰鼠) **(Sciurus vulgaris) squirrel**

树狗(巨松鼠) **(Ratufa bicolor) giant squirrel**

黄鼠(地松鼠) **(Citellus dauricus) ground squirrel**

旱獭(土拔鼠) **(Marmota marmota) marmot**

花鼠(五道眉) **(Eutamias sibiricus) Asiatic chipmunk**

鼯鼠(大飞鼠) **(Petaurista) giant flying squirrel**

河狸 **(Castor fiber) beacer**

大仓鼠 **(Cricetulus triton) ratlike hamster**

田鼠 **(Microtus arvalis) vole**

麝鼠 **(Ondatra zibethica) musk rat**

竹鼠 **(Rhizomys sinensis) root rat**

黑家鼠(屋顶鼠) **(Rattus rattus) black rat**

褐家鼠(沟鼠) **(Rattus norvegicus) brown rat**

小家鼠 **(Mus musculus) mouse**

巢鼠 **(Micromys minutus) harvest mouse**

豚鼠(洋鼠，天竺鼠) **(Cavia cobaya) guinea pig**

豪猪(箭猪) **(Hystrix hodgsoni) porcupine**

两栖动物 Amphibians

泥螈(泥狗) **(Necturus maculatus) mud puppy**

小鲵(短尾鲵) **(Hynobius chinensis) Chinese land salamander**

大鲵(娃娃鱼) **(Megalobatrachus davidianus) giant salamander**

虎螈 **(Amblystoma tigrinum) tiger salamander**

瘰螈 **(Trituroides chinensis) Chinese newt**

大蟾蜍 **(Bufo bufo gargarizans) toad**

中国雨蛙 **(Hyla chinensis) Chinese tree frog**

虎纹蛙 **(Rana tigrina) Indian bullfrog**

青蛙(黑斑蛙) **(Rana nigromaculata) black-spotted frog**

哈士蟆(中国林蛙) **(Rana temporaria chen-sinensis) Chinese frog**

牛蛙 **(Rana catesbeiana) American bullfrog**

蝌蚪 **tadpole**

爬行动物 Reptiles

棱皮龟(革龟) **(Dermochelys coriacea) leatherback**

玳瑁 **(Eretmochelys imbricata) hawksbill turtle**

海龟(绿蠵龟) **(Chelonia mydas) green turtle**

蠵龟(赤蠵龟) **(Caretta caretta olivacea) loggerhead turtle**

金龟(乌龟) **(Geoclemys reevesii) tortoise**

陆龟 **(Testudo elongata) land turtle**

象龟 **(Testudo elephantopus) giant land turtle**
鳖(甲鱼) **(Amyda sinensis) Chinese freshwater turtle**
鼍(扬子鳄) **(Alligator sinensis) Chinese alligator**
美洲鳄 **(Alligator mississippiensis) alligator**
非洲鳄 **(Crocodylus porosus) crocodile**
印度鳄 **(Gavialis gangeticus) gavial**
蟒蛇 **(Python molurus) python**
大眼镜蛇(眼镜王蛇) **(Naja hannah) king-cobra**
眼镜蛇 **(Naja naja) cobra**
金环蛇 **(Bungarus fasciatus) gold-banded krait**
银环蛇 **(Bungarus multicinctus) silver-banded krait**
灰鼠蛇(过树龙) **(Ptyas korros) grey rat snake**
游蛇 **(Colubridae) colubrid snake**
水游蛇 **(Homalopsinae) colubrid water snake**
海蛇 **(Hydrophidae) sea snake**
蝰蛇 **(Viperidae) viper**
极北蝰 **(Vipera berus) common European viper**
黑斑蝰 **(Vipera russelli siamensis) daboia**
蝮蛇 **(Agkistrodon halys) pit viper**
五步蛇(蕲蛇) **(Agkistrodon acutus) moccasin**
响尾蛇 **(Crotalus) rattlesnake**
避役 **(Chamaeleon vulgaris) chameleon**
壁虎(守宫) **(Gekko japonicus) gecko**
蛤蚧 **(Gekko gecko) tokay**
巨蜥 **(Varanus salvator) kabaragoya**
鳄蜥(雷公蜥) **(Shinisaurus crocodilurus) Chinese montane lizard**
石龙子 **(Eumeces chinensis) Chinese skink**

海洋鱼类 Marine Fishes

鲸鱼 **(Cetacea) whale**
鲸鲨 **(Rhincodon typus) whale shark**
吻沟双髻鲨 **(Sphyrna lewini) scalloped hammerhead**
鳐 **(Rajidae)skate**
犁头鳐 **(Rhinobatos) guitarfish**
鲟 **(Acipenseridae) sturgeon**
白鲟(象鱼) **(Psephurus gladius) Chinese paddlefish**
鳓鱼(曹白鱼) **(Ilisha elongata) herring**
鲱(青条鱼) **(Clupea pallasi) Pacific herring**
沙丁鱼 **(Sardinops melanosticta) sardine**
鲥鱼(三来) **(Macrura reevesii) grenadier**
遮目鱼 **(Chanos chanos) milkfish**
凤鲚(凤尾鱼) **(Coilia mystus)**

long-tail anchovy
大马哈鱼 (Oncorhynchus keta) pacific salmon
香鱼 (Plecoglossus altivelis) sweetfish
银鱼 (Salangidae) glassfish
龙头鱼 (Harpodon nehereus) Bombay duck
鳗丽(白鳝) (Anguillidae) common eel
海鳗 (Muraenidae) moray
飞鱼 (Exocoetidae) flying fish
鳕 (Godidae) cod
海龙 (Syngnathidae) pipefish
海马 (Hippocampus) sea horse
鲻 (Mugilidae) grey mullet
马鲅 (Polynemidae) threadfin
鲈 (Lateolabrax japonicus) oriental spotted bass
石斑鱼 (Epinephelus) grouper
红笛鲷(红鱼) (Lutianus erythropterus) red snapper
黄鱼(黄花) (Pseudosciaena) yellow croaker
鲅(马鲛) (Scomberomorus sinensis) Chinese mackerel
鲐鱼(青花鱼) (Pneumatophorus japonicus) Japanese mackerel
金枪鱼 (Thunnidae) tuna
带鱼 (Trichiuridae) cutlass fish, hair tail
鲳 (Stromateidae) pomfret
圆鲹(池鱼) (Decapterus) round scad
玉筋鱼 (Ammodytidae) sand-lance
牙鲆(左口鱼) (Paralichthys olivaceus) summer flounder
鳎 (Soleidae) sole
舌鳎(牛舌) (Cynoglossidae) tonguefish
河豚 (Fugu) globefish
狮子鱼(剥皮鱼) (Liparis tanakae) snailfish

淡水鱼类 Freshwater Fishes

鲤 (Cyprinus carpio) common carp
鲫 (Carassius) crucian carp
青鱼(黑鲩) (Mylopharyngodon piceus) black carp
草鱼(鲩) (Ctenopharyngodon idellus) grass carp
鲢 (Hypophthalmichthys molitrix) silver carp
鳙 (Aristichthys nobilis) fathead, bighead
鲮 (Cirrhina molitorella) mud carp
北京鳊 (Parabramis pekinensis) Beijing bream
鳡(黄钻) (Elopichthys bambusa) minnow
鳑鲏 (Rhodeus ocellatus) bitterling
鳅鮀(石虎鱼) (Gobio) gudgeon
鳜(桂鱼) (Siniperca chuatsi) Chinese perch
胭脂鱼(火烧鳊) (Myxocyprinus asiaticus) Chinese sucker
鳅 (Cobitidae) loach

黄鳝 **(Fluta alba) symbranch eel**
乌鳢(生鱼) **(ophicephalus argus) snakehead mullet**
胡子鲶(塘虱) **(Clarias fuscus) freshwater catfish**
金鱼 **(Carassins auratus) goldfish**
非洲鲫 **(Tilapia mossambica) bolti**

软体动物 Molluscs

石鳖 **(Chitonidae) chiton**
鲍鱼 **(Haliotis gigantea) abalone**
宝贝 **(Cypraea) cowrie**
法螺 **(Charonia) triton shell**
蜗牛 **(Eulota) snail**
芋螺(鸡心螺) **(Conus) cone shell**
骨螺 **(Murex) rock shell**
竖琴螺(蜀江螺) **(Harpa) harp shell**
蝾螺 **(Turbo) turban shell**
蜘蛛螺 **(Lambis) spider shell**
荔枝螺 **(Thais) periwinkle**
蛾螺 **(Buccinum) whelk**
海兔 **(Aplusia) sea hare**
牡蛎(蚝) **(Ostrea) oyster**
贻贝(淡菜) **(Mytilus) mussel**
珍珠贝 **(Pteria) pearl oyster**
扇贝 **(Pecten) scallop**
蚶 **(Arca) ark shell**
蛤蜊 **(Mactra) surf clam**
蛏 **(Sinonovacula) razor clam**
砗磲 **(Teidacna) giant clam**
鹦鹉螺 **(Nautilus) pearly nautilus**
船蛸 **(Argonauta) paper nautilus**
章鱼 **(Octopus) octopus**
乌贼(墨鱼) **(Sepia) cuttlefish**
枪乌贼(鱿鱼) **(Loligo) squid (calamary)**

甲壳动物 Crustaceans

对虾 **(Penaeus orientalis) prawn**
龙虾 **(Panulirus) lobster**
大头虾 **(Cambarus clarkii) crayfish**
寄居虾(寄居蟹) **(Pagurus) hermit crab**
椰子蟹 **(Birgus latro) coconut crab**
梭子蟹(蝤蛑) **(Portunus trituberculatus) swimming crab**
招潮 **(Uca) fiddler crab (beckoning crab)**
河蟹(螃蟹, 毛蟹) **(Eriocheir sinensis) Chinese freshwater crab**
高脚蟹 **(Macrocheira kaempferi) giant crab**
虾蛄(螳螂虾) **(Squilla oratoria) mantis prawn**
水蚤(金鱼虫) **(Daphnia) water flea**

棘皮动物 Echinoderms

海百合 (Metacrinus) sea lily
海星 (Asterias) starfish
海胆 (Echinoidea) sea-urchin
海参 (Holothurioidea) sea-cucumber

昆虫 Insects

飞蝗 (Locusta) locust
蚱蜢 (Acrida chinensis) grasshopper
蟋蟀 (Gryllulus chinensis) cricket
蝼蛄(土狗子) (Gryllotalpa africana) mole cricket
螳螂 (Mantodea) mantis
薄翅螳螂 (Mantis religiosa) praying mantis
蜻蜓 (Odonata) dragonfly
蚱蝉(知了) (Cryptotympana atra) cicada
紫胶虫 (Laccifer lacca) lac insect
白腊虫 (Ericerus pela) wax insect
棉蚜 (Aphis gossypii) cotton aphis
椿象 (Hemiptera) plant bug
田鳖(桂花蝉) (Lethocerus indicus) lethocerus
臭虫 (Cimex) bed-bug
蛾 (Heterocera) moth
蝴蝶 (Rhopalocera) butterfly
棉铃虫 (Heliothis armigera) bollworm
桑蚕 (Bombyx mori) silkworm
柞蚕 (Antheraea pernyi) Chinese tussah silkworm
甲虫 (Coleoptera) beetle
萤火虫 (Luciola terminalis) firefly
龙虱 (Cybister japonicus) cybister
日本金龟子 (Popillia japonica) Japanese beetle
蜜蜂 (Apis mellifera) honey-bee
熊蜂 (Bombus) bumblebee
胡蜂(黄蜂) (Vespa) wasp
蚂蚁 (Formicidae) ant
白蚁 (Isoptera) termite
蟑螂 (Blattaria) cockroach
蚊 (Anopheles) mosquito
虻 (Tabanus) gadfly
蝇 (Muscidae) fly
虱 (Anoplura) louse
蚤 (Siphonaptera) flea
蜉蝣 (Ephemerida) may-fly
衣鱼(蠹鱼) (Lepisma saccharina) silver-fish

其他 Miscellaneous

蚂蟥 (Whitmania) leech
蚯蚓 (Pheretima tschiliensis) earthworm
蜘蛛 (Araneida) spider

粮 谷 Cereals

小麦 **(Triticum aestivum) wheat**
大麦 **(Hordeum vulgare) barley**
裸大麦 **(Hordeum vulgare var. nuda) naked barley**
燕麦 **(Avena sativa) oats**
莜麦(裸燕麦) **(Avena nuda) naked oats**
黑麦 **(Secale cereale) rye**
稻 **(Oryza sativa) rice**
糯稻 **(Oryza sativa var. glutinosa) glutinous rice**
玉米 **(Zea mays) maize**
高粱 **(Sorghum vulgare) sorghum**
甜高粱(芦粟) **(Sorghum vulgare var. saccharatum) sorgo (sweet serghum)**
黍 **(Panicum miliaceum) millet**
粟(小米) **(Setaria itallica) foxtail millet**
龙爪稷(鸭脚粟) **(Eleusine coracana) Affrican millet**
䅟(湖南稷子) **(Echinochloa crusagalli var. frumentacea) Japanese barnyard millet**
荞麦 **(Fagopyrum esculentum) buckwheat**

豆 类 Pulses

豌豆(麦豆) **(Pisum sativum) garden pea**
豇豆 **(Vigna sinensis) cowpea**
眉豆(饭豇豆) **(Vigna cylindrica) catjang**
长豇豆(长豆角) **(Vigna sesquipedalis) yardlong bean (asparagus bean)**
木豆 **(Cajanus cajan) pigeon pea**
大豆 **(Glycine max) soybean**
绿豆 **(Phaseolus radiatus) mung bean**
赤豆(小豆, 红豆) **(Phaseolus angularis) adzuki bean**
菜豆(云豆, 四季豆) **(Phaseolus vulgaris) kidney bean**
红花菜豆(龙爪豆) **(Phaseolus coccineus) scarlet runner (bean)**
雪豆(棉豆) **(Phaseolus lunatus) sieva bean**
蚕豆 **(Vicia faba) broad bean**
刀豆 **(Canavalia gladiata) sword bean**
矮刀豆(洋刀豆) **(Canavalia ensiformis) jack bean**
扁豆 **(Dolichos lablab) hyacinth bean**
兵豆(冰豆) **(Lens culinaris) lentil**

蔬 菜 Vegetables

卷心菜(椰菜) **(Brassica oleracea var. capitata) cabbage**

花椰菜 **(Brassica oleracea var. botrytis) cauliflower**

青菜(小白菜) **(Brassica chinensis) *pakchoi*, Chinese cabbage**

白菜(大白菜, 黄芽白) **(Brassica pekinensis) *baicai*, Beijing cabbage**

菜苔(菜心) **(Brassica parachinensis) mock *pakchoi***

芥蓝 **(Brassica alboglabra) cabbage mustard**

芥菜 **(Brassica juncea) leaf mustard**

芜菁 **(Brassica rapa) *turnip***

菠菜 **(Spinacia oleracea) spinach**

苋菜 **(Amaranthus gangeticas) edible amaranth**

马齿苋 **(Portulaca oleracea) purslane**

莼菜 **(Brasenia schreberi) water shield**

萝卜 **(Raphanus sativus) radish**

胡萝卜 **(Daucus carota) carrot**

荠菜 **(Capsella bursa-pastoris) shepherd's purse**

旱芹 **(Apium graveolens) celery**

枸杞 **(Lycium chinensis) matrimony vine**

辣椒 **(Capsicum frutescens) red pepper**

茄 **(Solanum melongena) eggplant**

马铃薯 **(Solanum tuberosum) potato**

番茄 **(Lycopersicum esculentum) tomato**

苦瓜 **(Momordica charantia) balsam pear**

丝瓜(水瓜) **(Luffa cylindrica) sponge gourd, vegetable sponge**

菜瓜(白瓜) **(Cucumis melo var. conomon) white melon**

黄瓜(青瓜) **(Cucumis sativus) cucumber**

冬瓜 **(Benincasa hispida) wax gourd (white gourd)**

节瓜 **(Benincasa hispida var. chieh-qua) *jiegua*, hairy squash**

葫芦瓜 **(Lagenaria siceraris) bottle gourd**

南瓜 **(Cucurbita moschata) China squash**

西葫芦(美洲南瓜) **(Cucurbita pepo) pumpkin**

茼蒿 **(Cheysanthemum coronarium var. spatiosum) crown daisy**

莴苣(生菜) **(Lactua sativa) lettuce**

慈姑 **(Sagittaria sagittifolia) arrowhead**

菱角 **(Trapa spp.) water caltrop**

荸荠(马蹄) **(Eleocharis**

dulcis) water chestnut
芋 **(Colecasis esculenta) taro**
番薯 **(Ipomoea batatas) sweet potato**
薯蓣(山药) **(Dioscorea opposita) Chinese yam**
参薯 **(Dioscorea alata) white yam**
豆薯(沙葛) **(Pachyrhizus erosus) yam bean**
葛 **(Pueraria edulis) kudzu**
水蔊菜(西洋菜) **(Nasturtium officinale) watercress**
茭白(茭笋) **(Zizania caduciflora) wild rice shoots**
龙须菜(芦笋,石刁柏) **(Asparagus officinalis) garden asparagus**
洋葱 **(Allium cepa) onion**
葱 **(Allium fistulosum) Welsh onion (spring onion)**
大蒜 **(Allium sativum) garlic**
韭葱(洋大蒜) **(Allium tuberosum) leek**
芫荽 **(Coriandrum sativum) coriander**

水 果 Fruits

苹果 **(Malus pumila) apple**
海棠果 **(Malus pruniflora) crab apple**
山楂 **(Crataegus pinnatifida) haw**
枇杷 **(Eriobotrya japenica) loquat**
雪梨 **(Pyrus nivalis) snow pear**
沙梨 **(Pyrus pyrifolia) sand pear**
桃 **(Prunus persica) peach**
梅 **(Prunus nume) Japanese apricot**
李 **(Prunus salicina) plum**
杏 **(Prunus armeniaca) apricot**
甜樱桃 **(prunus avium) sweet cherry**
榅桲 **(Cydonia oblonga) quince**
木瓜 **(Chaenomeles sinensis) Chinese quince**
贴梗海棠 **(Chaenomeles lagenaria) flowering quince**
红树莓(复盆子) **(Rubus) raspberry**
草莓 **(Fragaria ananassa) strawberry**
甜橙(广柑) **(Citrus sinensis) sweet orange**
柑 **(Citrus reticulata) mandarin orange**
柠檬 **(Citrus limon) lemon**
柚 **(Citrus grandis) pomelo**
葡萄柚 **(Citrus paradisi) grapefruit**
金桔 **(Fortunella margarita) kumquat**
黄皮 **(Clausena lansium) wampee**
荔枝 **(Litchi chinensis) litchi**
龙眼 **(Euphoria longan) longan**

韶子(红毛丹) (Nephelium lappaceum) rambutan
葡萄 (Vitis vinifora) grape
柿 (Diospyres kaki) persimmon
枣 (Zizyphus jujuba) jujube (Chinese date)
海枣(椰枣) (Phoenix dactylifera) date
猕猴桃 (Actinidia chinensis) Chinese gooseberry
石榴 (Punica granatum) pomegranate
番石榴 (Psidium guajava) guava
蒲桃 (Syzygium jambos) rose apple
番木瓜 (Carica papaya) papaya
五敛子(杨桃) (Averrhea carambola) carambola
榴莲 (Durio zibethinus) durian
凤梨(菠萝) (Ananas comosus) pineapple
木波罗 (Artocarpus heterophyllus) jack fruit
面包果 (Artocarpus communis) breadfruit
无花果 (Ficus carica) fig
芒果 (Mangifera indica) mango
山竹子(倒念子) (Garcinia mangostana) mangosteen
番荔枝 (Anona squamosa) custard apple
人心果 (Achras zapota) sapodilla
香蕉 (Musa sapientum) banana
粉蕉 (Musa nana) dwarf banana
橄榄 (Canarium album) Chinese white olive
西瓜 (Citrullus vulgaris) watermelon
香瓜(甜瓜) (Cucumis melo) musk melon

香 料 Spices

姜 (Zingiber officinale) ginger
姜黄 (Curcuma longa) turmeric
白豆蔻 (Amomum cardamomum) cardamon
肉豆蔻 (Myristica fragrans) nutmug
胡椒 (Piper nigrum) pepper
肉桂 (Cinnamomum cassia) Chinese cinnamon
丁香 (Syzygium aromaticum) clove
花椒 (Zanthoxylum bungeanum) prickly ash
八角茴香 (Illicum verum) star anise
茴香(小茴香) (Foeniculum vulgare) fennel
莳萝(土茴香) (Anethum graveolens) dill
香兰 (Vanilla fragrans) vanilla
薄荷 (Mentha arvensis)

field mint
留兰香 (Mentha spicita) spearmint
胡椒薄荷 (Mentha piperita) peppermint
众香果 (Pimenta dioica) pimento (allspice)

油脂植物 Oil Plants

大豆 (Glycine max) soybean
花生 (Arachis hypogaea) peanut
芝麻 (Sesamum indicum) sesame
油菜 (Brassica campestris) rape
油茶 (Camellia oleifera) tea-oil tree
椰子 (Cocos nucifera) coconut
油棕 (Elacis guineensis) oil palm
油渣果(猪油果) (Hodgsonia macrocarpa)
油橄榄 (Olea europaca) olive
胡桃(核桃) (Juglans regia) walnut
灰胡桃 (Juglans cinerea) butternut
腰果树 (Anacardium occidentale) cashew
毛梾(油种子树) (Cornus walteri) dogwood
油桐 (Aleurites fordii) tung-oil tree
木油桐 (Aleurites montana) mu-oil tree
石栗 (Aleurites moluccana) candlenut
蓖麻 (Ricinus communis) castor-oil plant
乌桕 (Sapium sebiferum) Chinese tallow tree
白苏 (Perilla frutescens) perilla
无患子(油患子) (Sapindus mukorossi) soapberry
鳄梨(油梨) (Persea americana) avocado (alligator pear)
粗榧 (Cephalotaxus sinensis) Chinese plum yew

纤维植物 Fibre Plants

树棉 (Gossypium arboreum) tree cotton
草棉 (Gossypium herbaceum) levant cotton
陆地棉 (Gossypium hirsutum) upland cotton
海岛棉 (Gossypium harbadense) sea island cotton
苎麻 (Boehmeria nivea) ramie, Chinese silk-plant
亚麻 (Linum usitatissimum) flax
大麻 (Cannabis sativa) hemp
黄麻 (Corchorus capsularis)

jute

苘麻(青麻) **(Abutilon theophrasti) Indian mallow (velvetleaf)**

槿麻(红麻) **(Hibiscus cannabinus) kenaf**

蕉麻(马尼拉麻) **(Musa textilis) abaca (Manila hemp)**

剑麻(菠萝麻) **(Agave sisalana) sisal**

木棉 **(Gossampinus malabarica) silk-cotton tree**

吉贝(爪哇木棉) **(Ceiba pentandra) kapok**

药用植物 Medicinal Plants

麻黄 **(Ephedra sinica) Chinese ephedra**

柴胡 **(Bupleurum chinense) Chinese thoroughwax**

升麻 **(Cimicifuga foetida) fetid bugbane**

夏枯草 **(Prunella vulgaris) self-heal**

黄芩 **(Scutellaria baicalensis) skullcap**

黄连 **(Coptis chinensis) Chinese goldthread**

玄参 **(Scrophularia buergerianna) figwort**

藏红花 **(Crocus sativus) saffron**

紫草 **(Lithospermum erythrorhizon) gromwell**

金银花 **(Lonicera japonica) honey suckle**

连翘 **(Forsythia suspensa) weeping golden bell**

白头翁 **(Pulsatilla chinensis) Chinese pasqueflower**

穿心莲 **(Andrographis paniculata) creat**

了哥王 **(Wikstroemia indica) wikstroemia**

附子 **(Aconitum carmichaelii) aconite (monkshood)**

吴茱萸 **(Evodia rutaecarpa) evodia**

细辛 **(Asarum sieboldii) wild ginger**

高良姜(良姜) **(Alpinia officinarum) lesser galingale**

大黄(药用大黄) **(Rheum officinale) rhubarb**

巴豆 **(Croton tiglium) croton**

大戟 **(Euphorbia pekinensis) Beijing euphorbia**

藿香 **(Agastache rugosus) wrinkled giant hyssop**

广藿香 **(Pogostemon cablin) patchouli**

泽泻 **(Alisma plantage-aquatica ssp. orientale) oriental water plantain**

薏苡仁 **(Coix lacry-jobi) Job's tears**

木通 **(Akebia quinata) akebi**

威灵仙 **(Clematis chinensis) Chinese clematis**

前胡 **(Peucedanum praeruptorum) hog fennel**

贝母 **(Fritillaria cirrhosa)**

fritillary
桔梗 (Platycodon grandiflorus) balloon flower
仙鹤草 (Agrimonia pilosa) hairy-vein agrimony
三七 (Panax Pseudo-ginseng) false ginseng
川芎 (Ligusticum wallichii) lovage
白芷 (Angelica anomala) angelica
丹参 (Salvia miltiorrhiza) redroot sage
沙参 (Adenophora stricta) lady bell
益母草 (Leonurus) motherwort
人参 (panax ginseng) ginseng
党参 (Codonopsis pilosula) Asia bell
黄芪 (Astragalus mongholicus) Mongolian milkvetch
当归 (Angelica sinensis) Chinese angelica
黄精 (Polygonatum sibiricum) Siberian Solomon's seal
杜仲 (Eucommia ulmoides) cucommia
何首乌 (Polygonum multiflorum) tuber fleeceflower
巴戟天 (Morinda officinalis) Indian mulberry
菟丝子 (Cuscuta chinensis) Chinese dodder seed
天门冬 (Asparagus) wild asparagus
麦门冬 (Liriope spicata) lilyturf
芡实 (Euryale ferox) euryale fruit
诃子 (Terminalia chebula) chebule
远志 (Polygala tenuifolia) milkwort
钩藤 (Uncaria rhynchophylla) gambier plant

花 卉 Flowers

向日葵 (Helianthus annuus) sunflower
菊花 (Dendranthema morifolium) chrysanthemum
雏菊 (Bellis perennis) daisy
翠菊(蓝菊) (Callistephus chinensis) China aster
万寿菊 (Tagetes erecta) marigold
大丽菊 (Dahlia pinnata) dahlia
百日菊 (Zinnia elegans) zinnia
矢车菊 (Centaurea cyanus) cornflower
蜡菊 (Helichrysum bracteatum) strawflower
月季 (Rosa chinensis) China rose
玫瑰 (Rosa rugosa) rugosa rose
香水花 (Rosa odorata) tea rose
玉兰 (Magnolia denudata) yulan magnolia
含笑 (Michelia figo) banana

shrub

石竹(洛阳花) (Dianthus chinensis) China pink

香石竹 (Dianthus caryophyllus) carnation

荷(莲) (Nelumbo nucifera) lotus

西番莲 (Passiflora caerulea) passion flower

秋海棠 (Begonia evansiana) begonia

紫丁香 (Syringa oblata) lilac

茉莉 (Jasminum sambac) jasmine

木犀(桂花) (Osmanthus fragrans) sweet hibiscus

扶桑(朱槿，大红花) (Hibiscus rosa-sinensis) Chinese hibiscus

木芙蓉 (Hibiscus mutabilis) cottonrose

牡丹 (Paeonia suffruticosa) tree peony

芍药 (Paeonia lactiflora) Chinese peony

夹竹桃 (Nerium indicum) oleander

鸡蛋花 (Plumeria rubra) frangipani

紫罗兰 (Matthiola incana) stock

堇 (Viola) violet

绣球花 (Hydrangea macrophylla) hydrangea

百合 (Lilium) lily

郁金香 (Tulipa gesneriana) tulip

玉簪花 (Hosta plantaginea) fragrant plantain lily

晚香玉 (Polianthes tuberosa) tuberose

水仙 (Narcissus tazetta var. chinensis) Chinese sacred lily (Chinese polyanthus narcissus)

鸢尾 (Iris tectorum) iris

菖兰(剑兰) (Gladiolus gandavensis) gladiolus

兰花 (Cymbidium virescens) orchid

姜花 (Hedychium coronarium) ginger lily

鸡冠花 (Celosia cristata) cockscomb

凤仙花 (Impatiens balsamina) garden balsam

栀子(白蝉) (Gardenia jasminoides) gardenia

牵牛花 (Ipomoca nil) morning glory

美人蕉 (Canna indica) canna

蜡梅 (Chimonanthus praecox) wintersweet

杜鹃花 (Rhododendron simsii) rhododendron

吊钟花 (Enkianthus quinqueflorus) evergreen enkianthus

百岁兰 (Welwitschia mirabilis) tumboa

桃花 (Prunus persica) peach blossom

梅花 (Prunus mume) plum blossom

山茶花 (Camellia japonica) camellia

樱花 (Prunus yedoensis) Japanese cherry blossom

黄水仙 **(Narcissus pseudonarcissus) daffodil**
风信花(洋水仙) **(Hyacinth orientalis) hyacinth**
仙客来 **(Cyclamen) cyclamen**
报春花 **(Primula) primrose**
一品红(圣诞树) **(Euphorbia pulcherrima) poinsettia**
蒲包花 **(Calceolaria) calcealaria**
文冠果花 **(Xanthocera sorbifolia) xanthocera**
木棉花 **(Gossampinus malabaria) kapok blossom**
银柳 **(Salix discolor) pussy willow**
紫藤 **(Wisteria) wistaria**
墨兰(春兰) **(Cymbidium sinense) Chinese cymbidium**
吊兰 **(Chlorophytum capense) pendulum orchid**
紫菀 **(Aster) aster**
金鱼草 **(Antirrhinum) snapdragon**
铃兰 **(Convallaria keikei) lily of the valley**
风铃草 **(Campanula medium) canterburry bell**
金风花(毛茛) **(Ranuculus) buttercup**
罂粟花 **(Papaver somniferum) poppy**
萱草(金针花) **(Hemerocallis fulva) day lily**
万年青 **(Rohdea japonica) evergreen**
金银花 **(Lonicera) honey suckle**
三色堇 **(Violet tricolor) pansy**
山指甲 **(Ligustrum sinense) Chinese privet**
珍珠兰(米仔兰) **(Aglais odorata) aglais**
凌霄花 **(Campsis chinensis) Chinese trumpet-creeper**
天竺葵 **(Pelargonium hortorum) geranium**
蜀葵 **(Althaea rosea) hollyhock**
番红花 **(Iridaceae crocus) crocus**
盆栽金桔 **(Fortunella margarita) potted kumquat**
四季桔 **(Citrus microcarpa) tangerine**
肉质植物 **succulent plant**
仙人掌 **(Cactaceae cactus) cactus**
仙人球 **(Echinocatus grusonii) barrel cactus, ferocactus**
仙人柱(仙人鞭) **(Cereus) cereus, organ-pipe cactus**
霸王鞭(三棱剑, 剑花) **(Zygocatus truncatus) crab cactus**
昙花 **(Epiphyllum oxypetalum) orchid cactus, leaf cactus**

常绿乔木 Evergreen Trees

铁树(苏铁) **(Cycas revoluta) sago cycas**
油杉 **(Keteleeria fortunei) keteleeria**
冷杉 **(Abies) fir**
铁杉 **(Tsuga chinensis) Chi-**

nese hemlock
银杉 **(Cathaya argyrophylla)**
云杉 **(Picea) spruce**
雪松 **(Cedrus) cedar**
马尾松 **(Pinus massoniana) pony-tail pine**
赤松 **(Pinus densiflora) Japanese red pine**
油松 **(Pinus tabulaeformis) Chinese pine**
红松 **(Pinus koraiensis) Korean pine**
华山松 **(Pinus armandil) Huashan pine**
白皮松 **(Pinus bungeana) lacebark pine**
五钗松(日本五针松) **(Pinus parviflora) Japanese white pine**
金松 **(Sciadopitys verticillata) umbrella pine**
杉(沙木) **(Cunninghamia lanceolata) China fir**
柳杉 **(Cryptomeria fortunci) Chinese cryptomeria**
日本柳杉 **(Cryptomeria japonica) Japanese cedar**
巨杉 **(Sequoiadendron giganteum) giant sequoia**
南洋杉 **(Araucaria) araucaria**
侧柏(扁柏) **(Biota orientalis) oriental arborvitae**
柏木(垂柏) **(Cupressus funebris) mourning cypress**
干香柏 **(Cupressus duclouxiana) Bhutan cypress**
桧(圆柏) **(Sabina chinensis) Chinese juniper**
罗汉柏 **(Thujopsis dolobrata) hiba arborvitae**
罗汉松 **(Podocarpus macrophyllus)**
紫杉 **(Taxus) yew**
红豆杉 **(Taxus chinensis) Chinese yew**
香榧 **(Torreya grandis) Chinese torreya**
木麻黄 **(Casuarina equisetifolia) casuarina**
榕 **(Ficus microcarpa) littleleaf fig**
垂叶榕 **(Ficus benghalensis) banyan**
菩提树 **(Ficus religiosa) peepul (bo tree)**
檀香 **(Santalum album) white sandalwood**
樟 **(Cinnamomum camphora) camphor tree**
楠 **(Phoebe nanmu) nanmu**
台湾相思树 **(Acacia confusa) Taiwan acacia**
紫檀(青龙木) **(Pterocarpus indicus) padauk**
黄杨 **(Buxus microphylla var. sinica) Chinese littleleaf box tree**
沉香 **(Aquilaria agallocha) eaglewood**
柠檬桉 **(Eucalyptus citriodora) lemon gum**
蓝桉 **(Eucalyptus globulus) Tasmanian blue gum**
大叶桉 **(Eucalyptus robusta) swamp mahogany**
白千层 **(Melaleuca leucadendra) cajeput tree (paperbark)**

乌木 (Diospyros ebenum) ebony

依兰香(依兰依兰) (Cananga odorata) ylang-ylang

落叶乔木 Deciduous Trees

银杏 (Gingko biloba) gingko (maidenhair tree)

落叶松 (Larix) larch

金钱松 (Pseudolarix amabilis) golden larch

水松 (Glyptostrobus pensilis) water pine

落羽杉 (Taxodium distichum) bald oypress

水杉 (Metasequoia glyptestroboides) dawn redwood

毛白杨 (Populus tomentosa) Chinese white poplar

银白杨 (Populus alba) white poplar

垂柳 (Salix babylonica) weeping willow

柽柳 (Tamarix chinensis) Chinese tamarisk

枫杨 (Pterocarya stenoptera) Chinese wingnut

山核桃 (Carya cathayensis) Chinese walnut

白桦 (Betula platyphylla) Asian white birch

桤木 (Alnus) alder

榛 (Corylus heterophylla) Siberian filbert

山毛榉 (Fagus) beech

栗 (Castanea mollissima) Chinese chestnut

栎 (Quercus) oak

榆 (Ulmus pumila) Siberian elm

榔榆 (Ulmus parviflora) Chinese elm

桑 (Morus alba) white mulberry

鹅掌楸 (Liriodendron) Chinese tulip tree

金缕梅 (Hamamelis mollis) Chinese witch hazel

苏合香 (Liquidambar orientalis) oriental sweet gum

法国梧桐 (Platanus orientalis) oriental plane tree

合欢 (Albizzia julibrissin) silk tree

凤凰木 (Delonix regia) flamboyant tree

皂荚 (Gleditsia sinensis) Chinese honey locust

紫荆 (Cercis chinensis) Chinese redbud

羊蹄甲 (Bauhinia variegata) mountain ebony (camel's foot)

槐 (Sophora japonica) Chinese scholar tree, Japanese pagoda tree

刺槐(洋槐) (Robinia pseudoacacia) locust tree

黄檀 (Dalbergia hupeana) rosewood

刺桐 (Erythrina indica) Indian coral tree

臭椿(樗) (Ailanthus altissima) tree-of-heaven

香椿 **(Toona sinensis) Chinese toon**
楝树(苦楝) **(Melia azedarach) Chinaberry**
乌桕 **(Sapium sebiferum) Chinese sapium**
丝棉木 **(Euonymus bungeana) spindle tree**
槭(枫) **(Acer) maple**
七叶树 **(Acsculus chinensis) Chinese horse chestnut**
椴 **(Tilia) linden**
梧桐 **(Firmiana simplex) Chinese parasol tree**
珙桐 **(Davidia involucrata) dove tree**
白蜡树(梣) **(Fraxinus chinensis) Chinese ash**
水曲柳 **(Fraxinus mandshurica) manchurian ash**
梓 **(Catalpa ovata) Chinese catalpa**
楸 **(Catalpa bungei) Manchurian catalpa**
柚木 **(Tectona grandis) teak**
栾(灯笼树) **(Koelreuteria paniculata) golden-rain tree**
泡桐 **(Paulownia) kiri**

棕榈 Palms

棕榈 **(Trachycarpus fortunei) hemp palm**
蒲葵 **(Livistona chinensis) Chinese fan palm**
棕竹 **(Rhapis humilis) bamboo palm (lady palm)**
油棕 **(Elaeis guineensis) oil palm**
省藤 **(Calamus platyacanthoides) rattan**
麒麟血藤 **(Calamus draco) dragon's-blood palm**
槟榔 **(Areca cathecu) betel palm**
桄榔 **(Arenga pinnata) gomuti palm (sugar palm)**
鱼尾葵 **(Caryota ochlandra) fishtail palm**
椰子 **(Cocos nucifera) coconut**
海枣(椰枣) **(Phoenix dactylifera) date palm**

藻类 Algae

葛仙米 **(Nostoc commune) star jelly**
发菜 **(Nostoc commune var. flagelliferme) flagelliform star jelly**
海带 **(Laminaria japonica) tangle**
羊栖菜 **(Sargassum fusiforme) fusiform sargassum**
海蒿子 **(Sargassum pallidum) pale sargassum**
紫菜 **(Porphyra) red laver**
石花菜 **(Gelidium amansii) gelidium**

海萝 **(Gloiopeltis) funori**
麒麟菜 **(Euchema) euchema**
江蓠 **(Gracilaria confervoides) gracilaria**
仙菜 **(Ceramium) rosetangle**
海人草 **(Digenea simplex) digenea**

菌 类 Fungi

藻状菌 **(Phycomycetes) algal fungus**
毛霉 **(Mucor) mucor**
黑根霉 **(Rhizopus nigricans) bread mould**
虫霉 **(Entomophthora) entomophthora**
子囊菌 **(Ascomycetes) sac fungus**
赤霉菌 **(Gibberella) gibberella**
麦角菌 **(Claviceps purpurea) ergot**
冬虫夏草 **(Cordyceps sinensis caterpillar fungus**
担子菌 **(Basidiomycetes) club fungus**
银耳 **(Tremella fuciformis) tremella**
木耳(云耳) **(Auricularia auricula) Jew's-ear**
猪苓 **(Polyporus umbellatus) agaric**
灵芝 **(Ganoderma lucidum) lucid ganoderma**
茯苓 **(Poria coccos) tuckahoe**
牛肝菌 **(Boletus) boletus**
蜜环蕈 **(Armillaria mellea) honey fungus**
鸡㙡 **(Collybia albuminosa) collybia (mushroom)**
香菇(冬菇) **(Lentinus edodes) lentinus (mushroom)**
蚝菌 **(Pleurotus ostreatus) oyster mushroom**
蘑菇 **(Agaricus campestris) champignon (meadow mushroom)**
草菇 **(Volvaria volvacea) volvaria (mushroom)**
大马勃 **(Calvatia gigantea) giant puffball**
曲霉 **(Aspergillus) aspergillus (green mould)**
青霉 **(Penicillium) penicillium (blue mould)**

地 衣 Lichens

扁枝衣(树花) **(Evernia) evernia**
栎扁枝衣 **(Evernia prunastri) oak moss lichen**
松萝 **(Usnea) usnea**
石蕊 **(Cladonia) cladonia**
驯鹿苔(石蕊) **(Cladonia rangiferina) reindeer lichen**
石耳 **(Gyrophora esculenta) edible manna lichen**

藓 类 Mosses

泥炭藓 (Sphagnum) peat moss
水藓 (Fontinalis) brook moss
黑藓属 (Andreaea) slit moss
葫芦藓 (Funaria hygrometrica) cord moss
灰藓 (Hypnum) carpet moss
大金发藓 (Polytrichum commune) pigeon-wheat moss (haircap moss)

蕨 类 Ferns

石松(过山龙) (Lycopodium clavatum) lycopodium (club moss)
卷柏(还魂草) (Selaginella tamariscina) selaginella (little club moss)
木贼 (Equisetum hiemale) scouring rush
瓶尔小草 (Ophioglossum vulgatum) adder's-tongue fern
海金沙 (Lygodium japonicum) climbing fern
蕨(乌糯) (pteridium aquilinum var. latiusculum) bracken
狗脊 (Woodwardia japonica) chain fern
金毛狗脊(黄狗头) (Cibotium barometz) scythian lamb (lamb plant)
桫椤 (Cyathea spinulosa) tree fern
贯众 (Cyrtomium fortunei) holly fern
鳞毛蕨 (Dryopteris) wood fern
水龙骨(岩蚕) (Polypodium nipponicum) polypody
苹(田字草) (Marsilea quadrifolia) clover fern
槐叶苹 (Salvinia natans) salvinia
满江红(红苹, 绿苹) (Azolla imbricata) mosquito fern

附 录：

简体字繁体字对照表

Appendix:

Table of Simplified Chinese Characters Against Their Complex Forms

2笔

厂〔廠〕
卜〔蔔〕
儿〔兒〕
几〔幾〕
了〔瞭〕

3笔

干〔乾〕
〔幹〕
亏〔虧〕
才〔纔〕
万〔萬〕
与〔與〕
千〔韆〕
亿〔億〕
个〔個〕
么〔麽〕
广〔廣〕
门〔門〕
义〔義〕
卫〔衛〕
飞〔飛〕
习〔習〕
马〔馬〕
乡〔鄉〕

4笔

【一】

丰〔豐〕
开〔開〕
无〔無〕
韦〔韋〕
专〔專〕
云〔雲〕
艺〔藝〕
厅〔廳〕
历〔歷〕
〔曆〕
区〔區〕
车〔車〕

【丨】

冈〔岡〕
贝〔貝〕
见〔見〕

【丿】

气〔氣〕
长〔長〕
仆〔僕〕
币〔幣〕
从〔從〕
仑〔侖〕
仓〔倉〕
风〔風〕
仅〔僅〕
凤〔鳳〕
乌〔烏〕

【丶】

闩〔閂〕
为〔爲〕
斗〔鬥〕
忆〔憶〕
订〔訂〕
计〔計〕
讣〔訃〕
认〔認〕
讥〔譏〕

【乛】

丑〔醜〕
队〔隊〕
办〔辦〕
邓〔鄧〕
劝〔勸〕
双〔雙〕
书〔書〕

5笔

【一】

击〔擊〕
戋〔戔〕
扑〔撲〕
节〔節〕
术〔術〕
龙〔龍〕
厉〔厲〕
灭〔滅〕
东〔東〕
轧〔軋〕

【丨】

卢〔盧〕
业〔業〕
旧〔舊〕
帅〔帥〕
归〔歸〕
叶〔葉〕
号〔號〕
电〔電〕
只〔隻〕
〔祇〕
叽〔嘰〕
叹〔嘆〕

【丿】

们〔們〕
仪〔儀〕
丛〔叢〕
尔〔爾〕
乐〔樂〕
处〔處〕
冬〔鼕〕
鸟〔鳥〕
务〔務〕
刍〔芻〕
饥〔饑〕

【丶】

邝〔鄺〕
冯〔馮〕
闪〔閃〕
兰〔蘭〕
汇〔匯〕

〔彙〕
头〔頭〕
汉〔漢〕
宁〔寧〕
讦〔訐〕
讧〔訌〕
讨〔討〕
写〔寫〕
让〔讓〕
礼〔禮〕
讪〔訕〕
讫〔訖〕
训〔訓〕
议〔議〕
讯〔訊〕
记〔記〕

【乛】

辽〔遼〕
边〔邊〕
出〔齣〕
发〔發〕
〔髮〕
圣〔聖〕
对〔對〕
台〔臺〕
〔檯〕
〔颱〕
纠〔糾〕
驭〔馭〕
丝〔絲〕

6笔

【一】

玑〔璣〕
动〔動〕
执〔執〕
巩〔鞏〕
圹〔壙〕
扩〔擴〕
扪〔捫〕
扫〔掃〕
扬〔揚〕
场〔場〕
亚〔亞〕
芗〔薌〕
朴〔樸〕
机〔機〕
权〔權〕
过〔過〕
协〔協〕
压〔壓〕
厌〔厭〕
厍〔厙〕
页〔頁〕
夸〔誇〕
夺〔奪〕
达〔達〕
夹〔夾〕
轨〔軌〕
尧〔堯〕
划〔劃〕
迈〔邁〕
毕〔畢〕

【丨】

贞〔貞〕
师〔師〕
当〔當〕
〔噹〕
尘〔塵〕
吁〔籲〕
吓〔嚇〕
虫〔蟲〕
曲〔麯〕
团〔團〕
〔糰〕
吗〔嗎〕
屿〔嶼〕
岁〔歲〕
回〔迴〕
岂〔豈〕
则〔則〕
刚〔剛〕
网〔網〕
钆〔釓〕
钇〔釔〕

【丿】

朱〔硃〕
迁〔遷〕
乔〔喬〕
伟〔偉〕
传〔傳〕
伛〔傴〕
优〔優〕
伤〔傷〕
伥〔倀〕
价〔價〕
伦〔倫〕
伧〔傖〕
华〔華〕
伙〔夥〕
伪〔僞〕
向〔嚮〕
后〔後〕
会〔會〕
杀〔殺〕
合〔閤〕
众〔衆〕
爷〔爺〕
伞〔傘〕
创〔創〕
杂〔雜〕
负〔負〕
犷〔獷〕
犸〔獁〕
凫〔鳧〕
邬〔鄔〕
饦〔飥〕
饧〔餳〕

【丶】

壮〔壯〕
冲〔衝〕
妆〔妝〕
庄〔莊〕
庆〔慶〕
刘〔劉〕
齐〔齊〕
产〔產〕
闭〔閉〕
问〔問〕
闯〔闖〕
关〔關〕
灯〔燈〕
汤〔湯〕
忏〔懺〕
兴〔興〕
讲〔講〕
讳〔諱〕
讴〔謳〕
军〔軍〕
讵〔詎〕
讶〔訝〕
讷〔訥〕
许〔許〕
讹〔訛〕
䜣〔訢〕
论〔論〕
讻〔訩〕
讼〔訟〕
讽〔諷〕
农〔農〕

设〔設〕
访〔訪〕
诀〔訣〕
【乛】
寻〔尋〕
尽〔盡〕
〔儘〕
导〔導〕
孙〔孫〕
阵〔陣〕
阳〔陽〕
阶〔階〕
阴〔陰〕
妇〔婦〕
妈〔媽〕
戏〔戲〕
观〔觀〕
欢〔歡〕
买〔買〕
纡〔紆〕
红〔紅〕
纣〔紂〕
驮〔馱〕
纤〔縴〕
〔纖〕
纥〔紇〕
驯〔馴〕
纨〔紈〕
约〔約〕
级〔級〕
纩〔纊〕
纪〔紀〕
驰〔馳〕
纫〔紉〕

7笔

【一】
寿〔壽〕
麦〔麥〕
玛〔瑪〕
进〔進〕
远〔遠〕
违〔違〕
韧〔韌〕
刬〔剗〕
运〔運〕
抚〔撫〕
坛〔壇〕
〔罎〕
抟〔摶〕
坏〔壞〕
抠〔摳〕
坜〔壢〕
扰〔擾〕
坝〔壩〕
贡〔貢〕
㧏〔掆〕
折〔摺〕
抡〔掄〕
抢〔搶〕
坞〔塢〕
坟〔墳〕
护〔護〕
壳〔殼〕
块〔塊〕
声〔聲〕
报〔報〕
拟〔擬〕
㧐〔㩳〕
芜〔蕪〕
苇〔葦〕
芸〔蕓〕
苈〔藶〕
苋〔莧〕
苁〔蓯〕
苍〔蒼〕
严〔嚴〕
芦〔蘆〕
劳〔勞〕
克〔剋〕
苏〔蘇〕
〔囌〕
极〔極〕
杨〔楊〕
两〔兩〕
丽〔麗〕
医〔醫〕
励〔勵〕
还〔還〕
矶〔磯〕
奁〔奩〕
歼〔殲〕
来〔來〕
欤〔歟〕
轩〔軒〕
连〔連〕
轫〔軔〕
【丨】
卤〔鹵〕
〔滷〕
邺〔鄴〕
坚〔堅〕
时〔時〕
呒〔嘸〕
县〔縣〕
里〔裏〕
呓〔囈〕
呕〔嘔〕
园〔園〕
呖〔嚦〕
旷〔曠〕
围〔圍〕
吨〔噸〕
旸〔暘〕
邮〔郵〕
困〔睏〕
员〔員〕
呗〔唄〕
听〔聽〕
呛〔嗆〕
呜〔嗚〕
别〔彆〕
财〔財〕
囵〔圇〕
觃〔覎〕
帏〔幃〕
岖〔嶇〕
岗〔崗〕
岘〔峴〕
帐〔帳〕
岚〔嵐〕
【丿】
针〔針〕
钉〔釘〕
钊〔釗〕
钋〔釙〕
钌〔釕〕
乱〔亂〕
体〔體〕
佣〔傭〕
㑇〔㑳〕
彻〔徹〕
余〔餘〕
佥〔僉〕
谷〔穀〕
邻〔鄰〕
肠〔腸〕
龟〔龜〕
犹〔猶〕
狈〔狽〕

鸠〔鳩〕
条〔條〕
岛〔島〕
邹〔鄒〕
饨〔飩〕
饩〔餼〕
饪〔飪〕
饫〔飫〕
饬〔飭〕
饭〔飯〕
饮〔飲〕
系〔係〕
〔繫〕

【丶】

冻〔凍〕
状〔狀〕
亩〔畝〕
庑〔廡〕
库〔庫〕
疖〔癤〕
疗〔療〕
应〔應〕
这〔這〕
庐〔廬〕
闰〔閏〕
闱〔闈〕
闲〔閑〕
间〔間〕
闵〔閔〕
闷〔悶〕
灿〔燦〕
灶〔竈〕
炀〔煬〕
沣〔灃〕
沤〔漚〕
沥〔瀝〕
沦〔淪〕
沧〔滄〕
沨〔渢〕
沟〔溝〕
沩〔溈〕
沪〔滬〕
沈〔瀋〕
怃〔憮〕
怀〔懷〕
怄〔慪〕
忧〔憂〕
忾〔愾〕
怅〔悵〕
怆〔愴〕
穷〔窮〕
证〔證〕
诂〔詁〕
诃〔訶〕
启〔啓〕
评〔評〕
补〔補〕
诅〔詛〕
识〔識〕
诇〔詗〕
诈〔詐〕
诉〔訴〕
诊〔診〕
诋〔詆〕
诌〔謅〕
词〔詞〕
诎〔詘〕
诏〔詔〕
译〔譯〕
诒〔詒〕

【乛】

灵〔靈〕
层〔層〕
迟〔遲〕
张〔張〕
际〔際〕
陆〔陸〕
陇〔隴〕
陈〔陳〕
坠〔墜〕
陉〔陘〕
妪〔嫗〕
妩〔嫵〕
妫〔媯〕
刭〔剄〕
劲〔勁〕
鸡〔鷄〕
纬〔緯〕
纭〔紜〕
驱〔驅〕
纯〔純〕
纰〔紕〕
纱〔紗〕
纲〔綱〕
纳〔納〕
纴〔紝〕
驳〔駁〕
纵〔縱〕
纶〔綸〕
纷〔紛〕
纸〔紙〕
纹〔紋〕
纺〔紡〕
驴〔驢〕
纼〔紖〕
纽〔紐〕
纾〔紓〕

8笔

【一】

玮〔瑋〕
环〔環〕
责〔責〕
现〔現〕
表〔錶〕
玱〔瑲〕
规〔規〕
匦〔匭〕
拢〔攏〕
拣〔揀〕
垆〔壚〕
担〔擔〕
顶〔頂〕
拥〔擁〕
势〔勢〕
拦〔攔〕
㧟〔擓〕
拧〔擰〕
拨〔撥〕
择〔擇〕
茏〔蘢〕
苹〔蘋〕
茑〔蔦〕
范〔範〕
茔〔塋〕
茕〔煢〕
茎〔莖〕
枢〔樞〕
枥〔櫪〕
柜〔櫃〕
㭎〔棡〕
枧〔梘〕
枨〔棖〕
板〔闆〕
枞〔樅〕
松〔鬆〕
枪〔槍〕
枫〔楓〕
构〔構〕
丧〔喪〕

画〔畫〕
枣〔棗〕
卖〔賣〕
郁〔鬱〕
矾〔礬〕
矿〔礦〕
砀〔碭〕
码〔碼〕
厕〔廁〕
奋〔奮〕
态〔態〕
瓯〔甌〕
欧〔歐〕
殴〔毆〕
垄〔壟〕
郏〔郟〕
轰〔轟〕
顷〔頃〕
转〔轉〕
轭〔軛〕
斩〔斬〕
轮〔輪〕
软〔軟〕
鸢〔鳶〕

【丨】

齿〔齒〕
虏〔虜〕
肾〔腎〕
贤〔賢〕
昙〔曇〕
国〔國〕
畅〔暢〕
咙〔嚨〕
虮〔蟣〕
黾〔黽〕
鸣〔鳴〕
咛〔嚀〕
咝〔噝〕
罗〔羅〕
〔囉〕
岽〔崬〕
岿〔巋〕
帜〔幟〕
岭〔嶺〕
刿〔劌〕
剀〔剴〕
凯〔凱〕
峄〔嶧〕
败〔敗〕
账〔賬〕
贩〔販〕
贬〔貶〕
图〔圖〕
购〔購〕

【丿】

钍〔釷〕
钎〔釬〕
钏〔釧〕
钐〔釤〕
钓〔釣〕
钒〔釩〕
钔〔鍆〕
钕〔釹〕
钖〔鍚〕
钗〔釵〕
制〔製〕
迭〔疊〕
刮〔颳〕
侠〔俠〕
侥〔僥〕
侦〔偵〕
侧〔側〕
凭〔憑〕
侨〔僑〕
侩〔儈〕
货〔貨〕
侪〔儕〕
侬〔儂〕
质〔質〕
征〔徵〕
径〔徑〕
舍〔捨〕
刽〔劊〕
郐〔鄶〕
怂〔慫〕
籴〔糴〕
觅〔覓〕
贪〔貪〕
贫〔貧〕
戗〔戧〕
肤〔膚〕
䏝〔膞〕
肿〔腫〕
胀〔脹〕
肮〔骯〕
胁〔脅〕
迩〔邇〕
鱼〔魚〕
狞〔獰〕
备〔備〕
枭〔梟〕
饯〔餞〕
饰〔飾〕
饱〔飽〕
饲〔飼〕
饳〔飿〕
饴〔飴〕

【丶】

变〔變〕
庞〔龐〕
庙〔廟〕
疟〔瘧〕
疠〔癘〕
疡〔瘍〕
剂〔劑〕
废〔廢〕
闸〔閘〕
闹〔鬧〕
郑〔鄭〕
卷〔捲〕
单〔單〕
炜〔煒〕
炝〔熗〕
炉〔爐〕
浅〔淺〕
泷〔瀧〕
泸〔瀘〕
泺〔濼〕
泞〔濘〕
泻〔瀉〕
泼〔潑〕
泽〔澤〕
泾〔涇〕
怜〔憐〕
㤘〔㥮〕
怿〔懌〕
峃〔嶨〕
学〔學〕
宝〔寶〕
宠〔寵〕
审〔審〕
帘〔簾〕
实〔實〕
诓〔誆〕
诔〔誄〕
试〔試〕
诖〔詿〕
诗〔詩〕
诘〔詰〕
诙〔詼〕

诚〔誠〕
郓〔鄆〕
衬〔襯〕
袆〔禕〕
视〔視〕
诛〔誅〕
话〔話〕
诞〔誕〕
诟〔詬〕
诠〔詮〕
诡〔詭〕
询〔詢〕
诣〔詣〕
诤〔諍〕
该〔該〕
详〔詳〕
诧〔詫〕
诨〔諢〕
诩〔詡〕

【乛】

肃〔肅〕
隶〔隸〕
录〔録〕
弥〔彌〕
〔瀰〕
陕〔陝〕
驽〔駑〕
驾〔駕〕
参〔參〕
艰〔艱〕
线〔綫〕
绀〔紺〕
绁〔紲〕
绂〔紱〕
练〔練〕
组〔組〕
驵〔駔〕
绅〔紳〕
䌷〔紬〕
细〔細〕
驶〔駛〕
驸〔駙〕
驷〔駟〕
驹〔駒〕
终〔終〕
织〔織〕
驺〔騶〕
绉〔縐〕
驻〔駐〕
绊〔絆〕
驼〔駝〕
绋〔紼〕
绌〔絀〕
绍〔紹〕
驿〔驛〕
绎〔繹〕
经〔經〕
骀〔駘〕
绐〔紿〕
贯〔貫〕

9笔

【一】

贰〔貳〕
帮〔幫〕
珑〔瓏〕
顸〔頇〕
韨〔韍〕
垭〔埡〕
挜〔掗〕
挝〔撾〕
项〔項〕
挞〔撻〕
挟〔挾〕
挠〔撓〕
赵〔趙〕
贲〔賁〕
挡〔擋〕
垲〔塏〕
挢〔撟〕
垫〔墊〕
挤〔擠〕
挥〔揮〕
挦〔撏〕
荐〔薦〕
荚〔莢〕
贳〔貰〕
荛〔蕘〕
荜〔蓽〕
带〔帶〕
茧〔繭〕
荞〔蕎〕
荟〔薈〕
荠〔薺〕
荡〔蕩〕
垩〔堊〕
荣〔榮〕
荤〔葷〕
荥〔滎〕
荦〔犖〕
荧〔熒〕
荨〔蕁〕
胡〔鬍〕
荩〔藎〕
荪〔蓀〕
荫〔蔭〕
荬〔蕒〕
荭〔葒〕
荮〔葤〕
药〔藥〕
标〔標〕
栈〔棧〕
栉〔櫛〕
栊〔櫳〕
栋〔棟〕
栌〔櫨〕
栎〔櫟〕
栏〔欄〕
柠〔檸〕
柽〔檉〕
树〔樹〕
䴓〔鳾〕
郦〔酈〕
咸〔鹹〕
砖〔磚〕
砗〔硨〕
砚〔硯〕
砜〔碸〕
面〔麵〕
牵〔牽〕
鸥〔鷗〕
䶮〔龑〕
残〔殘〕
殇〔殤〕
轱〔軲〕
轲〔軻〕
轳〔轤〕
轴〔軸〕
轶〔軼〕
轷〔軤〕
轸〔軫〕
轹〔轢〕
轺〔軺〕
轻〔輕〕
鸦〔鴉〕
虿〔蠆〕

【丨】

战〔戰〕
觇〔覘〕
点〔點〕

临〔臨〕
览〔覽〕
竖〔豎〕
尝〔嘗〕
眍〔瞘〕
眬〔矓〕
哑〔啞〕
显〔顯〕
哒〔噠〕
哓〔嘵〕
哔〔嗶〕
贵〔貴〕
虾〔蝦〕
蚁〔蟻〕
蚂〔螞〕
虽〔雖〕
骂〔罵〕
哕〔噦〕
剐〔剮〕
郧〔鄖〕
勋〔勛〕
哗〔嘩〕
响〔響〕
哙〔噲〕
哝〔噥〕
哟〔喲〕
峡〔峽〕
峣〔嶢〕
帧〔幀〕
罚〔罰〕
峤〔嶠〕
贱〔賤〕
贴〔貼〕
贶〔貺〕
贮〔貯〕
贻〔貽〕

【丿】

钘〔鈃〕
钙〔鈣〕
钚〔鈈〕
钛〔鈦〕
釾〔釾〕
钝〔鈍〕
钞〔鈔〕
钟〔鐘〕
〔鍾〕
钡〔鋇〕
钢〔鋼〕
钠〔鈉〕
钥〔鑰〕
钦〔欽〕
钧〔鈞〕
钤〔鈐〕
钨〔鎢〕
钩〔鈎〕
钪〔鈧〕
钫〔鈁〕
钬〔鈥〕
钭〔鈄〕
钮〔鈕〕
钯〔鈀〕
毡〔氈〕
氢〔氫〕
选〔選〕
适〔適〕
种〔種〕
秋〔鞦〕
复〔復〕
〔複〕
〔覆〕
笃〔篤〕
俦〔儔〕
俨〔儼〕
俩〔倆〕
俪〔儷〕
贷〔貸〕
顺〔順〕
俭〔儉〕
剑〔劍〕
鸧〔鶬〕
须〔須〕
〔鬚〕
胧〔朧〕
胨〔腖〕
胪〔臚〕
胆〔膽〕
胜〔勝〕
胫〔脛〕
鸨〔鴇〕
狭〔狹〕
狮〔獅〕
独〔獨〕
狯〔獪〕
狱〔獄〕
狲〔猻〕
贸〔貿〕
饵〔餌〕
饶〔饒〕
蚀〔蝕〕
饷〔餉〕
饸〔餄〕
饹〔餎〕
饺〔餃〕
饻〔餏〕
饼〔餅〕

【丶】

峦〔巒〕
弯〔彎〕
孪〔孿〕
娈〔孌〕
将〔將〕
奖〔獎〕
疬〔癧〕
疮〔瘡〕
疯〔瘋〕
亲〔親〕
飒〔颯〕
闺〔閨〕
闻〔聞〕
闼〔闥〕
闽〔閩〕
闾〔閭〕
闿〔闓〕
阀〔閥〕
阁〔閣〕
阄〔鬮〕
阂〔閡〕
养〔養〕
姜〔薑〕
类〔類〕
娄〔婁〕
总〔總〕
炼〔煉〕
炽〔熾〕
烁〔爍〕
烂〔爛〕
烃〔烴〕
洼〔窪〕
洁〔潔〕
洒〔灑〕
𬇕〔澾〕
浃〔浹〕
浇〔澆〕
浈〔湞〕
浉〔溮〕
浊〔濁〕
测〔測〕
浍〔澮〕
浏〔瀏〕
济〔濟〕

浐〔滻〕
浑〔渾〕
浒〔滸〕
浓〔濃〕
浔〔潯〕
浕〔濜〕
恸〔慟〕
恹〔懨〕
恺〔愷〕
恻〔惻〕
恼〔惱〕
恽〔惲〕
举〔舉〕
觉〔覺〕
宪〔憲〕
窃〔竊〕
诫〔誡〕
诬〔誣〕
语〔語〕
袄〔襖〕
诮〔誚〕
祢〔禰〕
误〔誤〕
诰〔誥〕
诱〔誘〕
诲〔誨〕
诳〔誑〕
鸩〔鴆〕
说〔說〕
诵〔誦〕
诶〔誒〕

【乛】

垦〔墾〕
昼〔晝〕
费〔費〕
逊〔遜〕
陨〔隕〕
险〔險〕
贺〔賀〕
怼〔懟〕
垒〔壘〕
娅〔婭〕
娆〔嬈〕
娇〔嬌〕
绑〔綁〕
绒〔絨〕
结〔結〕
绔〔絝〕
骁〔驍〕
绕〔繞〕
经〔經〕
骄〔驕〕
骅〔驊〕
绘〔繪〕
骆〔駱〕
骈〔駢〕
绞〔絞〕
骇〔駭〕
统〔統〕
绗〔絎〕
给〔給〕
绚〔絢〕
绛〔絳〕
络〔絡〕
绝〔絕〕

10笔

【一】

艳〔艷〕
项〔項〕
珲〔琿〕
蚕〔蠶〕
顽〔頑〕
盏〔盞〕
捞〔撈〕
载〔載〕
赶〔趕〕
盐〔鹽〕
埘〔塒〕
损〔損〕
埙〔塤〕
埚〔堝〕
捡〔撿〕
贽〔贄〕
挚〔摯〕
热〔熱〕
捣〔搗〕
壶〔壺〕
聂〔聶〕
莱〔萊〕
莲〔蓮〕
莳〔蒔〕
莴〔萵〕
获〔獲〕
〔穫〕
莸〔蕕〕
恶〔惡〕
〔噁〕
䓖〔藭〕
莹〔瑩〕
莺〔鶯〕
鸪〔鴣〕
莼〔蓴〕
桡〔橈〕
桢〔楨〕
档〔檔〕
桤〔榿〕
桥〔橋〕
桦〔樺〕
桧〔檜〕
桩〔樁〕
样〔樣〕
贾〔賈〕
逦〔邐〕
砺〔礪〕
砾〔礫〕
础〔礎〕
砻〔礱〕
顾〔顧〕
轼〔軾〕
轾〔輊〕
轿〔轎〕
辂〔輅〕
较〔較〕
鸫〔鶇〕
顿〔頓〕
趸〔躉〕
毙〔斃〕
致〔緻〕

【丨】

龀〔齔〕
鸬〔鸕〕
虑〔慮〕
监〔監〕
紧〔緊〕
党〔黨〕
唛〔嘜〕
晒〔曬〕
晓〔曉〕
唝〔嗊〕
唠〔嘮〕
鸭〔鴨〕
唡〔啢〕
晔〔曄〕
晕〔暈〕
鸮〔鴞〕
唢〔嗩〕
㖞〔喎〕
蚬〔蜆〕
鸯〔鴦〕

崂〔嶗〕
崃〔崍〕
罢〔罷〕
圆〔圓〕
觊〔覬〕
贼〔賊〕
贿〔賄〕
赂〔賂〕
赃〔贜〕
赅〔賅〕
赆〔贐〕

【丿】

钰〔鈺〕
钱〔錢〕
钲〔鉦〕
钳〔鉗〕
钴〔鈷〕
钵〔鉢〕
钶〔鈳〕
钜〔鉅〕
钹〔鈸〕
钺〔鉞〕
钻〔鑽〕
钼〔鉬〕
钽〔鉭〕
钾〔鉀〕
铀〔鈾〕
钿〔鈿〕
铁〔鐵〕
铂〔鉑〕
铃〔鈴〕
铄〔鑠〕
铅〔鉛〕
铆〔鉚〕
铈〔鈰〕
铉〔鉉〕
铊〔鉈〕
铋〔鉍〕
铌〔鈮〕
铍〔鈹〕
𬭛〔鏺〕
铎〔鐸〕
氩〔氬〕
牺〔犧〕
敌〔敵〕
积〔積〕
称〔稱〕
笕〔筧〕
笔〔筆〕
债〔債〕
借〔藉〕
倾〔傾〕
赁〔賃〕
颀〔頎〕
徕〔徠〕
舰〔艦〕
舱〔艙〕
耸〔聳〕
爱〔愛〕
鸰〔鴒〕
颁〔頒〕
颂〔頌〕
脍〔膾〕
脏〔臟〕
〔髒〕
脐〔臍〕
脑〔腦〕
胶〔膠〕
脓〔膿〕
鸱〔鴟〕
玺〔璽〕
鱽〔魛〕
鸲〔鴝〕
猃〔獫〕
鸵〔鴕〕
袅〔裊〕
鸳〔鴛〕
皱〔皺〕
饽〔餑〕
饿〔餓〕
馁〔餒〕

【丶】

栾〔欒〕
挛〔攣〕
恋〔戀〕
桨〔槳〕
浆〔漿〕
症〔癥〕
痈〔癰〕
斋〔齋〕
痉〔痙〕
准〔準〕
离〔離〕
颃〔頏〕
资〔資〕
竞〔競〕
闾〔閭〕
阂〔閡〕
阄〔鬮〕
阅〔閱〕
阆〔閬〕
郸〔鄲〕
烦〔煩〕
烧〔燒〕
烛〔燭〕
烨〔燁〕
烩〔燴〕
烬〔燼〕
递〔遞〕
涛〔濤〕
涝〔澇〕
涞〔淶〕
涟〔漣〕
涠〔潿〕
涢〔溳〕
涡〔渦〕
涂〔塗〕
涤〔滌〕
润〔潤〕
涧〔澗〕
涨〔漲〕
烫〔燙〕
涩〔澀〕
悭〔慳〕
悯〔憫〕
宽〔寬〕
家〔傢〕
宾〔賓〕
窍〔竅〕
窎〔窵〕
请〔請〕
诸〔諸〕
诹〔諏〕
诺〔諾〕
诼〔諑〕
读〔讀〕
诽〔誹〕
袜〔襪〕
祯〔禎〕
课〔課〕
诿〔諉〕
谀〔諛〕
谁〔誰〕
谂〔諗〕
调〔調〕
谄〔諂〕
谅〔諒〕
谆〔諄〕
谇〔誶〕
谈〔談〕

谊〔誼〕
𬣡〔譒〕
【乛】
恳〔懇〕
剧〔劇〕
娲〔媧〕
娴〔嫻〕
难〔難〕
预〔預〕
绠〔綆〕
骊〔驪〕
绡〔綃〕
骋〔騁〕
绢〔絹〕
绣〔綉〕
验〔驗〕
绥〔綏〕
绦〔縧〕
继〔繼〕
绨〔綈〕
骎〔駸〕
骏〔駿〕
鸶〔鷥〕

11笔

【一】
焘〔燾〕
琎〔璡〕
琏〔璉〕
琐〔瑣〕

麸〔麩〕
掳〔擄〕
掴〔摑〕
鸷〔鷙〕
掷〔擲〕
掸〔撣〕
壶〔壺〕
悫〔慤〕
据〔據〕
掺〔摻〕
掼〔摜〕
职〔職〕
聍〔聹〕
萚〔蘀〕
勚〔勩〕
萝〔蘿〕
萤〔螢〕
营〔營〕
萦〔縈〕
萧〔蕭〕
萨〔薩〕
梦〔夢〕
觋〔覡〕
检〔檢〕
棂〔欞〕
啬〔嗇〕
匮〔匱〕
酝〔醞〕
厣〔厴〕
硕〔碩〕

硖〔硤〕
硗〔磽〕
硙〔磑〕
硚〔礄〕
鸸〔鴯〕
聋〔聾〕
龚〔龔〕
袭〔襲〕
䴕〔鴷〕
殒〔殞〕
殓〔殮〕
赉〔賚〕
辄〔輒〕
辅〔輔〕
辆〔輛〕
堑〔塹〕
【丨】
颅〔顱〕
啧〔嘖〕
悬〔懸〕
啭〔囀〕
跃〔躍〕
啮〔嚙〕
跄〔蹌〕
蛎〔蠣〕
蛊〔蠱〕
蛏〔蟶〕
累〔纍〕
啸〔嘯〕
帻〔幘〕

崭〔嶄〕
逻〔邏〕
帼〔幗〕
赈〔賑〕
婴〔嬰〕
赊〔賒〕
【丿】
铏〔鉶〕
铸〔鑄〕
铹〔鐒〕
铒〔鉺〕
铑〔銠〕
铕〔銪〕
铗〔鋏〕
铙〔鐃〕
铛〔鐺〕
铝〔鋁〕
铜〔銅〕
铞〔銱〕
铟〔銦〕
铠〔鎧〕
铡〔鍘〕
铢〔銖〕
铣〔銑〕
铥〔銩〕
铤〔鋌〕
铧〔鏵〕
铨〔銓〕
铩〔鎩〕
铪〔鉿〕

铫〔銚〕
铭〔銘〕
铬〔鉻〕
铮〔錚〕
铯〔銫〕
铰〔鉸〕
铱〔銥〕
铲〔鏟〕
铳〔銃〕
铵〔銨〕
银〔銀〕
铷〔銣〕
矫〔矯〕
鸹〔鴰〕
秽〔穢〕
笺〔箋〕
笼〔籠〕
笾〔籩〕
偾〔僨〕
鸺〔鵂〕
偿〔償〕
偻〔僂〕
躯〔軀〕
皑〔皚〕
衅〔釁〕
鸻〔鴴〕
衔〔銜〕
舻〔艫〕
盘〔盤〕
鸼〔鵃〕

龛〔龕〕
鸽〔鴿〕
敛〔斂〕
领〔領〕
腘〔膕〕
脸〔臉〕
象〔像〕
猎〔獵〕
猡〔玀〕
猕〔獼〕
馃〔餜〕
馄〔餛〕
馅〔餡〕
馆〔館〕

【丶】

鸾〔鸞〕
庼〔廎〕
痒〔癢〕
䴔〔鵁〕
旋〔鏇〕
阈〔閾〕
阉〔閹〕
阊〔閶〕
阅〔閱〕
阌〔閿〕
阇〔闍〕
阎〔閻〕
阏〔閼〕
阐〔闡〕
羟〔羥〕
盖〔蓋〕
粝〔糲〕
断〔斷〕
兽〔獸〕
焖〔燜〕
渍〔漬〕
鸿〔鴻〕
渎〔瀆〕
渐〔漸〕
渑〔澠〕
渊〔淵〕
渔〔漁〕
淀〔澱〕
渗〔滲〕
惬〔愜〕
惭〔慚〕
惧〔懼〕
惊〔驚〕
惮〔憚〕
惨〔慘〕
惯〔慣〕
祷〔禱〕
谌〔諶〕
谋〔謀〕
谍〔諜〕
谎〔謊〕
谏〔諫〕
皲〔皸〕
谐〔諧〕
谑〔謔〕
裆〔襠〕
祸〔禍〕
谒〔謁〕
谓〔謂〕
谔〔諤〕
谕〔諭〕
谖〔諼〕
谗〔讒〕
谘〔諮〕
谙〔諳〕
谚〔諺〕
谛〔諦〕
谜〔謎〕
谝〔諞〕
谞〔諝〕

【乛】

弹〔彈〕
堕〔墮〕
随〔隨〕
粜〔糶〕
隐〔隱〕
婳〔嫿〕
婵〔嬋〕
婶〔嬸〕
颇〔頗〕
颈〔頸〕
绩〔績〕
绪〔緒〕
绫〔綾〕
骐〔騏〕
续〔續〕
绮〔綺〕
骑〔騎〕
绯〔緋〕
绰〔綽〕
骒〔騍〕
绲〔緄〕
绳〔繩〕
骓〔騅〕
维〔維〕
绵〔綿〕
绶〔綬〕
绷〔繃〕
绸〔綢〕
绺〔綹〕
绻〔綣〕
综〔綜〕
绽〔綻〕
绾〔綰〕
绿〔綠〕
骖〔驂〕
缀〔綴〕
缁〔緇〕

12笔

【一】

靓〔靚〕
琼〔瓊〕
辇〔輦〕
鼋〔黿〕
趋〔趨〕
揽〔攬〕
颉〔頡〕
揿〔撳〕
搀〔攙〕
蛰〔蟄〕
絷〔縶〕
搁〔擱〕
搂〔摟〕
搅〔攪〕
联〔聯〕
蒇〔蕆〕
蒉〔蕢〕
蒋〔蔣〕
蒌〔蔞〕
韩〔韓〕
椟〔櫝〕
椤〔欏〕
赍〔賫〕
椭〔橢〕
鹁〔鵓〕
鹂〔鸝〕
觌〔覿〕
硷〔鹼〕
确〔確〕
詟〔讋〕
殚〔殫〕
颊〔頰〕
雳〔靂〕
辊〔輥〕

辋〔輞〕
椠〔槧〕
暂〔暫〕
辍〔輟〕
辎〔輜〕
翘〔翹〕
【丨】
辈〔輩〕
凿〔鑿〕
辉〔輝〕
赏〔賞〕
睐〔睞〕
睑〔瞼〕
喷〔噴〕
畴〔疇〕
践〔踐〕
遗〔遺〕
蛱〔蛺〕
蛲〔蟯〕
蛳〔螄〕
蛴〔蠐〕
鹃〔鵑〕
喽〔嘍〕
嵘〔嶸〕
嵚〔嶔〕
嵝〔嶁〕
赋〔賦〕
睛〔賙〕
赌〔賭〕
赎〔贖〕
赐〔賜〕
赒〔賙〕
赔〔賠〕
赕〔賧〕
【丿】
铸〔鑄〕
铹〔鐒〕
铺〔鋪〕
铼〔錸〕
铽〔鋱〕
链〔鏈〕
铿〔鏗〕
销〔銷〕
锁〔鎖〕
锃〔鋥〕
锄〔鋤〕
锂〔鋰〕
锅〔鍋〕
锆〔鋯〕
锇〔鋨〕
锈〔銹〕
锉〔銼〕
锋〔鋒〕
锌〔鋅〕
锎〔鐦〕
锏〔鐧〕
锐〔鋭〕
锑〔銻〕
锒〔鋃〕
锓〔鋟〕
锔〔鋦〕
锕〔錒〕
犊〔犢〕
鹄〔鵠〕
鹅〔鵝〕
颋〔頲〕
筑〔築〕
筚〔篳〕
筛〔篩〕
牍〔牘〕
傥〔儻〕
傧〔儐〕
储〔儲〕
傩〔儺〕
惩〔懲〕
御〔禦〕
颌〔頜〕
释〔釋〕
鹆〔鵒〕
腊〔臘〕
腘〔膕〕
鱿〔魷〕
鲁〔魯〕
鲂〔魴〕
颍〔潁〕
飓〔颶〕
觞〔觴〕
惫〔憊〕
馇〔餷〕
馈〔饋〕
馉〔餶〕
馊〔餿〕
馋〔饞〕
【丶】
亵〔褻〕
装〔裝〕
蛮〔蠻〕
脔〔臠〕
痨〔癆〕
痫〔癇〕
赓〔賡〕
颏〔頦〕
鹇〔鷴〕
阑〔闌〕
阒〔闃〕
阔〔闊〕
阕〔闋〕
粪〔糞〕
鹈〔鵜〕
窜〔竄〕
窝〔窩〕
喾〔嚳〕
愤〔憤〕
愦〔憒〕
滞〔滯〕
湿〔濕〕
溃〔潰〕
溅〔濺〕
溇〔漊〕
湾〔灣〕
谟〔謨〕
裢〔褳〕
裣〔襝〕
裤〔褲〕
裥〔襇〕
禅〔禪〕
谠〔讜〕
谡〔謖〕
谢〔謝〕
谣〔謠〕
谤〔謗〕
谥〔謚〕
谦〔謙〕
谧〔謐〕
【乛】
属〔屬〕
屡〔屢〕
骘〔騭〕
巯〔巰〕
毵〔毿〕
翚〔翬〕
骛〔騖〕
缂〔緙〕
缃〔緗〕
缄〔緘〕
缅〔緬〕
缆〔纜〕
缇〔緹〕
缈〔緲〕
缉〔緝〕

缊〔緼〕
缌〔緦〕
缎〔緞〕
缑〔緱〕
缓〔緩〕
缒〔縋〕
缔〔締〕
缕〔縷〕
骗〔騙〕
编〔編〕
缗〔緡〕
骚〔騷〕
缘〔緣〕
飨〔饗〕

13笔

【一】

耢〔耮〕
鹉〔鵡〕
䴖〔鶄〕
韫〔韞〕
骜〔驁〕
摄〔攝〕
摅〔攄〕
摆〔擺〕
〔襬〕
赪〔赬〕
摈〔擯〕
毂〔轂〕
摊〔攤〕
鹊〔鵲〕
蓝〔藍〕
蓦〔驀〕
鹋〔鶓〕
蓟〔薊〕
蒙〔矇〕
〔濛〕
〔懞〕
颐〔頤〕
献〔獻〕
蓣〔蕷〕
榄〔欖〕
榇〔櫬〕
榈〔櫚〕
楼〔樓〕
榉〔櫸〕
赖〔賴〕
碛〔磧〕
碍〔礙〕
碜〔磣〕
鹌〔鵪〕
尴〔尷〕
殨〔殨〕
雾〔霧〕
辏〔輳〕
辐〔輻〕
辑〔輯〕
输〔輸〕

【丨】

频〔頻〕
龃〔齟〕
龄〔齡〕
龅〔齙〕
龆〔齠〕
鉴〔鑒〕
韪〔韙〕
嗫〔囁〕
跷〔蹺〕
跸〔蹕〕
跻〔躋〕
跹〔躚〕
蜗〔蝸〕
嗳〔噯〕
赗〔賵〕

【丿】

锗〔鍺〕
错〔錯〕
锘〔鍩〕
锚〔錨〕
锛〔錛〕
锝〔鍀〕
锞〔錁〕
锟〔錕〕
锡〔錫〕
锢〔錮〕
锣〔鑼〕
锤〔錘〕
锥〔錐〕
锦〔錦〕
锧〔鑕〕
锨〔鍁〕
锫〔錇〕
锭〔錠〕
键〔鍵〕
锯〔鋸〕
锰〔錳〕
锱〔錙〕
辞〔辭〕
颓〔頹〕
穇〔穇〕
筹〔籌〕
签〔簽〕
〔籤〕
简〔簡〕
觎〔覦〕
颔〔頷〕
腻〔膩〕
鹏〔鵬〕
腾〔騰〕
鲅〔鮁〕
鲆〔鮃〕
鲇〔鮎〕
鲈〔鱸〕
鲊〔鮓〕
稣〔穌〕
鲋〔鮒〕
鲍〔鮑〕
鲍〔鮑〕
鲏〔鮍〕
鲐〔鮐〕
颖〔穎〕
鸧〔鶬〕
飑〔颮〕
飕〔颼〕
触〔觸〕
雏〔雛〕
馎〔餺〕
馍〔饃〕
馏〔餾〕
馐〔饈〕

【丶】

酱〔醬〕
鹑〔鶉〕
瘅〔癉〕
瘆〔瘮〕
鹒〔鶊〕
阖〔闔〕
阗〔闐〕
阙〔闕〕
誊〔謄〕
粮〔糧〕
数〔數〕
滟〔灧〕
滠〔灄〕
满〔滿〕
滤〔濾〕
滥〔濫〕
滗〔潷〕
滦〔灤〕
漓〔灕〕

滨〔濱〕
滩〔灘〕
滪〔澦〕
慑〔懾〕
誊〔謄〕
鲎〔鱟〕
骞〔騫〕
寝〔寢〕
窥〔窺〕
窦〔竇〕
谨〔謹〕
谩〔謾〕
谪〔謫〕
谫〔譾〕
谬〔謬〕

【乛】

辟〔闢〕
嫒〔嬡〕
嫔〔嬪〕
缙〔縉〕
缜〔縝〕
缚〔縛〕
缛〔縟〕
辔〔轡〕
缝〔縫〕
骝〔騮〕
缞〔縗〕
缟〔縞〕
缠〔纏〕
缡〔縭〕
缢〔縊〕
缣〔縑〕
缤〔繽〕
骗〔騙〕

14笔

【一】

瑷〔璦〕
赘〔贅〕
觏〔覯〕
韬〔韜〕
叆〔靉〕
墙〔墻〕
撄〔攖〕
蔷〔薔〕
蔑〔衊〕
蔹〔蘞〕
蔺〔藺〕
蔼〔藹〕
鹕〔鶘〕
槚〔檟〕
槛〔檻〕
槟〔檳〕
槠〔櫧〕
酽〔釅〕
酾〔釃〕
酿〔釀〕
霁〔霽〕
愿〔願〕
殡〔殯〕
辕〔轅〕
辖〔轄〕
辗〔輾〕

【丨】

龇〔齜〕
龈〔齦〕
䴗〔鶪〕
颗〔顆〕
䁖〔瞜〕
暧〔曖〕
鹖〔鶡〕
踌〔躊〕
踊〔踴〕
蜡〔蠟〕
蝈〔蟈〕
蝇〔蠅〕
蝉〔蟬〕
鹗〔鶚〕
嘤〔嚶〕
罴〔羆〕
赙〔賻〕
罂〔罌〕
赚〔賺〕
鹘〔鶻〕

【丿】

锲〔鍥〕
锴〔鍇〕
锶〔鍶〕
锷〔鍔〕
锹〔鍬〕
锸〔鍤〕
锻〔鍛〕
锼〔鎪〕
锾〔鍰〕
锵〔鏘〕
锿〔鎄〕
镀〔鍍〕
镁〔鎂〕
镂〔鏤〕
镃〔鎡〕
镄〔鐨〕
镅〔鎇〕
鹙〔鶖〕
稳〔穩〕
箦〔簀〕
箧〔篋〕
箨〔籜〕
箩〔籮〕
箪〔簞〕
箓〔籙〕
箫〔簫〕
舆〔輿〕
膑〔臏〕
鲑〔鮭〕
鲒〔鮚〕
鲔〔鮪〕
鲖〔鮦〕
鲗〔鰂〕
鲙〔鱠〕
鲚〔鱭〕
鲛〔鮫〕
鲜〔鮮〕
鲟〔鱘〕
飗〔飀〕
馑〔饉〕
馒〔饅〕

【丶】

銮〔鑾〕
瘗〔瘞〕
瘘〔瘻〕
阚〔闞〕
鲞〔鯗〕
鲝〔鮺〕
糁〔糝〕
鹚〔鷀〕
潇〔瀟〕
潋〔瀲〕
潍〔濰〕
赛〔賽〕
窭〔窶〕
谭〔譚〕
谮〔譖〕
𫌀〔襀〕
褛〔褸〕
谯〔譙〕
谰〔讕〕
谱〔譜〕
谲〔譎〕

【乛】

鹛〔鶥〕

嫱〔嬙〕
骛〔騖〕
缥〔縹〕
骠〔驃〕
缦〔縵〕
骡〔騾〕
缧〔縲〕
缨〔纓〕
骢〔驄〕
缩〔縮〕
缪〔繆〕
缫〔繅〕

15笔

【一】

耧〔耬〕
璎〔瓔〕
叇〔靆〕
撵〔攆〕
撷〔擷〕
撸〔擼〕
聩〔聵〕
聪〔聰〕
觐〔覲〕
鞑〔韃〕
鞒〔鞽〕
蕲〔蘄〕
赜〔賾〕
蕴〔蘊〕
樯〔檣〕
樱〔櫻〕
飘〔飄〕
靥〔靨〕
魇〔魘〕
餍〔饜〕
霉〔黴〕
辘〔轆〕

【丨】

龉〔齬〕
龊〔齪〕
觑〔覷〕
瞒〔瞞〕
题〔題〕
颙〔顒〕
踬〔躓〕
踯〔躑〕
蝾〔蠑〕
蝼〔螻〕
噜〔嚕〕
嘱〔囑〕
颛〔顓〕

【丿】

镊〔鑷〕
镇〔鎮〕
镉〔鎘〕
镴〔鑞〕
镌〔鐫〕
镍〔鎳〕
镎〔鎿〕
镏〔鎦〕
镐〔鎬〕
镑〔鎊〕
镒〔鎰〕
镓〔鎵〕
镔〔鑌〕
𬭩〔鎓〕
篑〔簣〕
篓〔簍〕
鹛〔鶥〕
鹡〔鶺〕
鹞〔鷂〕
鲠〔鯁〕
鲡〔鱺〕
鲢〔鰱〕
鲣〔鰹〕
鲥〔鰣〕
鲤〔鯉〕
鲦〔鰷〕
鲧〔鯀〕
鲩〔鯇〕
鲫〔鯽〕
馓〔饊〕
馔〔饌〕

【丶】

瘪〔癟〕
瘫〔癱〕
齑〔齏〕
颜〔顏〕
鹣〔鶼〕
鲨〔鯊〕
澜〔瀾〕
额〔額〕
谳〔讞〕
褴〔襤〕
谴〔譴〕
鹤〔鶴〕
谵〔譫〕

【乛】

屦〔屨〕
缬〔纈〕
缭〔繚〕
缮〔繕〕
缯〔繒〕

16笔

【一】

䎬〔䎱〕
擞〔擻〕
颞〔顳〕
颟〔顢〕
薮〔藪〕
颠〔顛〕
橹〔櫓〕
橼〔櫞〕
鹥〔鷖〕
赝〔贋〕
飙〔飆〕
豮〔豶〕
錾〔鏨〕
辙〔轍〕
辚〔轔〕

【丨】

鹾〔鹺〕
螨〔蟎〕
鹦〔鸚〕
赠〔贈〕

【丿】

𫓬〔鐯〕
镖〔鏢〕
镗〔鏜〕
镘〔鏝〕
镚〔鏰〕
镛〔鏞〕
镜〔鏡〕
镝〔鏑〕
镞〔鏃〕
氇〔氌〕
赞〔贊〕
穑〔穡〕
篮〔籃〕
篱〔籬〕
魉〔魎〕
鲭〔鯖〕
鲮〔鯪〕
鲰〔鯫〕
鲱〔鯡〕
鲲〔鯤〕
鲳〔鯧〕
鲵〔鯢〕
鲶〔鯰〕

鲷〔鯛〕
鲸〔鯨〕
鲻〔鯔〕
獭〔獺〕
【丿】
鹧〔鷓〕
瘿〔癭〕
瘾〔癮〕
斓〔斕〕
辩〔辯〕
濑〔瀨〕
濒〔瀕〕
懒〔懶〕
黉〔黌〕
【乛】
鹨〔鷚〕
颡〔顙〕
缰〔繮〕
缱〔繾〕
缲〔繰〕
缳〔繯〕
缴〔繳〕

17笔

【一】
藓〔蘚〕
鹩〔鷯〕
【丨】
龋〔齲〕
龌〔齷〕
瞩〔矚〕
蹒〔蹣〕
蹑〔躡〕
蟏〔蠨〕
囒〔囒〕
羁〔羈〕
赡〔贍〕
【丶】
镢〔鐝〕
镣〔鐐〕
镤〔鏷〕
镥〔鑥〕
镦〔鐓〕
镧〔鑭〕
𬭊〔鐥〕
镨〔鐠〕
镩〔鑹〕
镪〔鏹〕
镫〔鐙〕
龂〔齗〕
鹪〔鷦〕
䲠〔鰆〕
鲽〔鰈〕
鲙〔鱠〕
鳃〔鰓〕
鳁〔鰮〕
鳄〔鱷〕
鳅〔鰍〕
鳆〔鰒〕
鳇〔鰉〕
𬶍〔鰌〕
鳊〔鯿〕
【丶】
鹫〔鷲〕
辫〔辮〕
赢〔贏〕
懑〔懣〕
【乛】
鹬〔鷸〕
骤〔驟〕

18笔

【一】
鳌〔鰲〕
鞯〔韉〕
餍〔饜〕
【丨】
歔〔歔〕
颢〔顥〕
鹭〔鷺〕
嚣〔囂〕
髅〔髏〕
【丿】
镬〔鑊〕
镭〔鐳〕
镮〔鐶〕
镯〔鐲〕
镰〔鐮〕
镱〔鐿〕
雠〔讎〕
[illegible]〔[illegible]〕
鳍〔鰭〕
鳎〔鰨〕
[illegible]〔[illegible]〕
鳑〔鰟〕
鳒〔鰜〕
【丶】
鹯〔鸇〕
鹰〔鷹〕
癞〔癩〕
冁〔囅〕
谳〔讞〕
【乛】
鹇〔鷳〕

19笔

【一】
攒〔攢〕
霭〔靄〕
【丨】
鳖〔鱉〕
蹿〔躥〕
巅〔巔〕
髋〔髖〕
髌〔髕〕
【丿】
镲〔鑔〕
籁〔籟〕
鳘〔鰵〕
鳓〔鰳〕
鳔〔鰾〕
鳕〔鱈〕
鳗〔鰻〕
鳙〔鱅〕
鳛〔鰼〕
【丶】
颤〔顫〕
癣〔癬〕
谶〔讖〕
【乛】
骥〔驥〕
缵〔纘〕

20笔

【一】
瓒〔瓚〕
鬓〔鬢〕
颥〔顬〕
【丨】
鼍〔鼉〕
黩〔黷〕
【丿】
镳〔鑣〕
镴〔鑞〕
臜〔臢〕
鳜〔鱖〕
鳝〔鱔〕
鳞〔鱗〕
鳟〔鱒〕
【乛】

骧〔驤〕

21 笔

蠼〔蠷〕
躏〔躪〕
鳢〔鱧〕
鳣〔鱣〕
癫〔癲〕
赣〔贛〕
灏〔灝〕

22 笔

鹳〔鸛〕
镶〔鑲〕

23 笔

趱〔趲〕
颧〔顴〕
躜〔躦〕

25 笔

镢〔钁〕
馕〔饢〕
戆〔戇〕